U0603763

信息服务企业对知识型劳动力的需求与高校学生供给的比较研究

胡 平 杨弘博 等/著

中国工程院信息与电子工程学部咨询项目资助

科学出版社

北 京

内 容 简 介

当前中国处于社会经济双转型过程中，高等教育改革高校学生数量激增，求职难的问题突出；信息服务业飞速发展，需要大量知识型员工。知识型劳动力供求是否匹配成为社会关注的热点问题之一。本书首先分析信息服务类企业员工需求现状，调研企业新员工就业情况。其次分析影响员工就业的求职途径、工作满意度和求职社会网络等因素；分析行业内员工流动的影响因素；并比较城市之间的差异。然后分析高校学生供给情况的现状；调研高校学生就业情况，分析影响高校学生就业能力、求职意愿和求职途径等因素的作用。最后比较企业新员工和高校学生两类群体的影响差异。

本书的结论对企业、高校以及政府相关部门解决就业问题和健全相关规章制度具有参考价值。

图书在版编目（CIP）数据

信息服务企业对知识型劳动力的需求与高校学生供给的比较研究 / 胡平等著. —北京：科学出版社，2018.7

ISBN 978-7-03-058206-5

Ⅰ.①信… Ⅱ.①胡… Ⅲ.①信息服务业-劳动力-需求-对比研究-大学生-劳动就业 Ⅳ.①F492 ②G647.38

中国版本图书馆 CIP 数据核字（2018）第 141335 号

责任编辑：徐 倩 / 责任校对：严 娜 王晓茜
责任印制：吴兆东 / 封面设计：无极书装

科学出版社 出版

北京东黄城根北街 16 号
邮政编码：100717
http://www.sciencep.com

北京虎彩文化传播有限公司 印刷
科学出版社发行 各地新华书店经销

*

2018 年 7 月第 一 版 开本：720×1000 1/16
2018 年 7 月第一次印刷 印张：32 插页：2
字数：624 000

定价：220.00 元

（如有印装质量问题，我社负责调换）

作 者 简 介

　　胡平，西安交通大学管理学院教授，管理学博士，加拿大埃尔伯特大学商学院访问学者。目前主要从事信息产业、社会网络等研究。曾兼任西安市政府信息化咨询专家。主持国家社会科学基金、国家"十一五"科技计划课题、中国工程院信息与电子工程学部咨询项目、国家自然科学基金委托项目、陕西省软科学课题及西安市软科学研究项目十余项，参与福特基金、联合国人口基金、国家统计局和省部级项目二十余项，发表论文七十余篇，近年出版专著《现代信息服务产业集群网络的区域模式比较研究》《西部信息相关产业发展研究》《地方政府公共信息共享机制和管理问题研究》，译著《战略管理的主要挑战》和《风险建模、评估和管理》。

　　杨弘博，西安交通大学管理学院管理科学与工程专业 2014 级博士生，主要从事社会网络和人力资源方向的研究。作为主要研究者参与中国工程院信息与电子工程学部 2014 年咨询课题项目"知识密集型劳动力供求与信息服务业发展"，并在攻读博士期间发表相关论文 5 篇。

序　一

就业问题是转型时期中国经济社会发展中的重要问题之一。研究高校毕业生就业和信息服务企业人才需求，并对人才需求与供给进行比较，是一个传统又创新的研究。

作者坚持走实证研究的道路，勇于尝试新的数据收集和分析的方法，从社会网络理论和分析方法入手，探讨社会与经济双转型背景下求职问题的影响和变化，从问题出发，融汇社会学、经济学和管理学等方法，使得研究结论具有理论上的新意。同时，研究的成果对于加速地区的第三产业发展、带动就业、支持社会发展有启示作用，而且为政府相关机构制定政策提供了咨询参考，促进政府管理更加有效。

作者力行从现实中发现问题的基本研究途径，并注重从理论回到实践中去。该书可为政府领导、企业管理者和经济管理学者提供参考。

2017 年 12 月于西安

序　二

　　伴随我国社会的稳步发展，人才供给与需求之间的匹配问题在越来越大的程度上决定着社会经济发展的步伐快慢，尤其是针对集中于第三产业发展过程中的知识密集型劳动力，这一问题更为突出。

　　作者基于我国当前社会发展进程中"双转型"的大背景，以第三产业中的信息服务类企业员工和高校毕业生为研究对象，采用规范的实证分析方法对人才供给与需求双方分别存在的问题进行了详细的理论和实践方面探讨。经过对人才需求与供给双方在求职过程中出现问题的比较与分析，得出了很有实践意义的研究成果，为我国劳动力市场在发展中建立、健全人才匹配机制，以及高校加强人才培养与社会需求间的衔接问题贡献了较为独到的观点。

　　该书对知识密集型人才的需求与供给问题有着深刻的思考和独树一帜的见解，对于相关领域的学者研究和企事业单位的进一步发展具有较大的借鉴意义。

2017 年 12 月于西安

前　言

就业问题向来都是一个国家或地区经济发展水平和民生改善的重要体现，而就业问题中的人才需求和供给似乎自古以来便是一对矛盾体，在不停地进行着彼此间均衡的博弈。

当前中国处于社会和经济双转型的过程中，一方面高等教育改革后高校学生数量激增，求职难的问题突出；另一方面信息服务业飞速发展，企业需要大量知识型的员工。以往研究劳动力求职的理论是否产生变化？知识型劳动力的供求是否匹配？高校学生求职是否有公平的竞争环境和公开的渠道？这些成为学术界和社会各界广泛关注的热点问题。

本书研究在信息服务类企业中知识密集型劳动力求职、工作满意度和流动状况。首先，根据以往研究总结归纳分析，指出信息服务类企业员工需求的现状。而后在2014年6~8月组织实施了深入上海、苏州、杭州、深圳、广州和西安6个城市的400余家信息服务类企业新员工就业情况的问卷调研。进而用调研获得数据，建立模型深入分析影响员工就业的求职途径、工作满意度、求职社会网络、家庭社会资本等因素；针对信息服务类企业员工流动频繁现象建立模型，分析行业内企业间员工流动的影响因素，指出员工就业的途径主要为正式的招聘和网络信息招聘，信息服务业员工的就业更多使用社交工具来获取信息，通过内部推荐就业的员工工作满意度更高，工作经验少或工作能力强的员工流动性大，企业文化越浓厚，岗位特性越适合，则员工的流动越小。比较西安、深圳和上海之间影响员工就业的因素，结果表明存在明显差异。

同时，根据以往的研究项目和文献资料分析，指出高校学生供给情况的现状。同时，在2014年6月~2015年3月组织实施了东部、中部和西部地区5所不同类型高校学生就业情况的问卷调研。而后用调研获得数据，建立模型深入分析影响高校学生就业的能力、求职意愿、求职途径、社会网络、工作满意度、家庭社会资本等因素的直接和间接作用，指出高校学生主动参与社团活动和实习，培养自身的就业能力，学生求职中最看重个人的发展机会，学生求职依靠学校和企业正式途径招聘的占一半，另一半靠社会网络等非正式途径，家庭社会资本多、就业能力强的大四学生工作满意度高。不同类型高校学生就业的比例有较大差异，原因在于培养的模式不同。

然后，比较不同地区和企业的新员工与高校学生两类群体在求职中直接和间接影响及差异，研究结果指出劳动力求职的理论产生变化，知识型劳动力的供求存在不匹配的问题，高校学生求职的环境基本是公平竞争，以公开的渠道为主。

最后，提出建议企业注重对新员工进行多方面综合素质培养的积极引导。实施统一而有区别的人才招聘政策，努力实现人才与岗位的有效匹配。有针对性地提高员工满意度，有效降低人才流动性。应借助社交网络的力量吸引更多竞争力强的员工。建议高校实行大类招生平衡供求关系，拓宽就业面，有利于培养复合型人才。注重高校学生的职业规划工作，让学生赢在知识、能力积累的起跑线上。把就业、创业指导融入课程中。加强校企合作、提供实习机会。为学生搭建课余实践平台，鼓励学生参加课外竞赛和活动，加强学生的实践动手能力和社会适应力。用社交工具提高就业市场信息流动的充分性，将企业需求信息更及时地传达给求职者。利用校友网络提高招聘信息的传播速度和辐射范围。提高对高校学生就业服务的精细化水平。各地区要加大吸引人才的力度，提升创新和领军的员工比例。完善地区企业和行业的宣传，加强网络宣传和网络招聘环境的建设，加强政府的网络服务，为人才的流通提供便利。

本书的出版要感谢中国工程院信息与电子工程学部的项目资助、调研支持和后续出版的支持。数据采集是很辛苦的，需要科学严谨的态度，本书的研究在调查资料的收集过程中得到了许多单位与领导的支持和热心协助，在各地企业和高校的调研，我们得到了企业家、高管和多位领导的大力支持，特别是苏州、上海、杭州、广州、深圳、西安等地校友会和众多西安交通大学校友的热心支持，使本书的调研得以顺利进行。在此一并表示衷心的感谢。

另外，感谢西安交通大学软件学院的王志老师在调研中开发和管理网络问卷调查平台，以及电信学院王鹏老师的组织协调。感谢西安交通大学管理学院的博士生杨弘博、邵鹏、时琛程和硕士生齐杰、卢磊、贺国珅、李坤参与资料收集和调研。本书的撰写分工如下：齐杰参与第 5、6 章；卢磊参与第 5、6、7 章；贺国珅参与第 4、8、9 章；时琛程参与第 11 章；杨弘博参与第 10、11、12、13 章；由马宇彤更新第 4、8 章的数据资料，完善部分章节的整理；由杨弘博和马宇彤协助补充各章节中地区和两类群体的比较分析，以及协助书稿最终的整理工作。

由于作者水平有限，书中难免会有疏漏之处，恳请广大读者批评指正。

胡 平

2017 年 12 月于西安

目　　录

第3部分 高校对信息服务类企业的学生供给

第4部分　高校学生和企业员工的求职差异对比

第5部分 结 论 建 议

第1部分　理论、方法与资料收集

1 绪　　论

1.1 研　究　背　景

就业问题是转型时期中国经济社会发展中的重要问题。随着我国高等教育从精英教育向大众教育转型，高校学生毕业人数与待业人数逐年攀升。2007 年全国高校毕业生人数为 495 万人，2013 年毕业生人数达到 699 万人，2014 年毕业生人数继续走高，达到 727 万人。2013 届高校毕业生中，有 81.8%的人毕业半年后受雇全职或半职工作，有 7.9%的人处于失业状态。高校毕业生总量压力进一步增大、用人需求结构性矛盾突出、就业难等问题一直困扰着政府，并引起社会和各界学者的关注。当下我国正处在深化改革和经济结构调整阶段，第三产业结构比重日益提高。2013 年服务业生产总值首次超过第二产业，电子商务、生物医药、装备制造等新兴产业和新兴业态发展迅猛，成为结构调整的亮点与重点，并且在吸收就业方面展现出巨大优势。与此同时，云计算、物联网、社交网络、移动互联网、大数据出现，信息服务业取得了引人瞩目的发展速度，这对扩大就业机会、增加就业岗位起到不容忽视的作用。

信息服务业是知识型人才就业的重要领域之一。信息服务业以其"产业带动能力强，转型提升作用大，提供就业机会多，创新关联范围广"等特点被各国和各个行业所关注。作为技术和知识的拥有者、传播者与创造者，人才是信息服务业发展中最活跃的因素，是产业发展和增长的核心关键要素之一。正是由于人才资源的重要作用，人才资源成为地区之间、企业之间争夺和竞争的主要资源之一，地区之间的信息服务业的竞争主要是科技、知识和人才的竞争。高校学生是我国重要的知识型人才，各高校均开设了信息服务相关专业，为产业培养和培训了大量的专业人才。由于信息服务的特殊性，信息服务业相关专业学生在就业过程中依然存在很多问题。信息服务业具有劳动密集、技术密集和知识密集的特点，其员工具有年轻化、高知识、高流动性等特征。在信息时代，信息发送和传递效率明显提高，这对于信息服务业企业员工获取和使用就业信息带来了便利。

与传统行业相比，信息服务业员工在通过不同求职途径找工作的过程中，以及工作满意度方面具有特殊性。目前存在的求职途径主要为两种：一种是正式途径，通过企业招聘、中介介绍、劳务市场进入信息服务业企业；另一种是非正式途径，借助家人、亲戚或者朋友等介绍推荐进入信息服务业企业。工作满意度是衡量求职效果的重要指标，然而 2012 届高校学生毕业半年后的工作满意度为 55%，即有 45% 的高校学生对自己的工作现状表示不满意。工作满意度这个问题对于信息服务业员工尤其突出。首先，我国经济发展呈现出区域不平衡，尤其是不同地区的信息服务业发展水平差异较大，导致大规模的人才向大中城市、东部沿海地区集中。其次，信息服务业企业发展迅速，对员工的需求也随着企业的发展而变化，普遍年轻化的员工对自身良好的培训与激励更加重视，对自我职业发展机会和平台越来越看重。这些都是有别于传统行业的问题，这些问题成为工作满意度研究的新方向。

1.2　问题的提出

知识密集型劳动力是企业提高经济效益和获得竞争优势的重要源泉。信息服务业是知识密集型行业，从业人员普遍特点是年轻化，处于工作能力提升的最佳阶段。我国虽拥有丰富的信息服务业人力资源，但是人才的利用效率较低，知识密集型劳动力结构不合理。信息服务业劳动强度高，工作压力较大，人才竞争较为激烈。如何寻找适合自身发展的岗位，掌握高效的工作技能，社会网络对从业人员职业生涯发挥着重要作用。随着信息服务业的快速发展，当前及今后一段时期，专业设置及人才需求方面可能仍然存在结构性矛盾，高校在专业型和复合型人才的培养方面需要做出积极探索。信息服务业企业员工流动性高，呈现西部地区向东南沿海发达地区流动的趋势，不同地区、行业的信息服务业管理部门应认识到影响知识密集型劳动力流动与集聚的因素，寻找适合当地的人才政策和产业发展定位。

本书的研究目标包括以下几个方面。

（1）从信息服务业相关专业人才供给视角出发，研究提升信息服务业知识密集型劳动力资源的途径。随着信息服务业的发展，高校在复合型人才培养方面做出了哪些举措？在促进就业方面做出了哪些举措？高校专业设置中，哪些可划归于信息服务业相关专业？

（2）从信息服务业发展对知识密集型劳动力需求视角出发，研究不同行业、地区信息服务业劳动力资源与产业发展中存在的问题。随着技术的发展，企业对知识密集型劳动力有哪些新的需求？企业制定了哪些提升知识密集型劳动力资源的途径？对员工是否有良好的培训与制度激励？

（3）探索提升知识密集型劳动力供需匹配效率的方法。社会网络中多种渠道的人才供需信息流动如何影响人才流动性？社会网络中多渠道信息流动对信息服务业员工获取就业信息又有怎样的帮助？信息服务业第三方机构对促进知识密集型劳动力供需有效对接做出了哪些尝试？对提升人才供需匹配效率制定了哪些方案和措施？

为实现上述研究目标，本书将通过"知识密集型劳动力的供给"和"信息服务企业对知识密集型劳动力需求"两方面研究知识密集型劳动力供求与信息服务业发展问题。

1.2.1 信息服务企业对知识密集型劳动力需求研究的问题和研究目标

从企业对知识密集型劳动力需求来看，企业招聘员工一般有校园招聘和社会招聘两种途径。本书研究入职 1 年左右的员工，是基于以下考虑：企业通过校园招聘或社会招聘获得大中专院校应届毕业生及有工作经验的员工，通过一段时间的入职培训进入试用期；在进入企业近 1 年的时间里，他们不仅要面临环境的改变，更重要的是将以前的积累向新工作所需的转化，在这期间一部分人员因不适应新工作而选择离开，留下来的新员工则一般在 1 年内可以选定适合自身发展的岗位，成为一名合格的员工。

通过问卷调研，研究信息服务业企业对人才的需求。分析企业中不同年龄、不同学历、不同专业的人才在人力资源管理中存在的问题；企业在招聘员工时，是通过产业网络还是通过个体网络来获得信息；企业不同岗位对人才特质的需求情况，是需求专业化人才还是复合型人才；是校园招聘、自己培养，还是社会招聘有工作经验的人才；人才在企业的流动性问题，即人才进入企业后是否能留得住；为了适应新技术的发展，未来企业对人才的需求如何等方面的内容。

企业对知识型劳动力需求方面的研究目标主要包括以下几个方面。

（1）人才需求的标准。

（2）招聘渠道。

（3）制度建设。

（4）绩效与流动性。

1.2.2 知识密集型劳动力的供给课题研究的问题和研究目标

从学校对知识密集型劳动力供给来看，学校层面会通过何种方式提高毕业生的就业竞争力；学校培养人才具有滞后性，不同的专业、学习实践以及学校的类别对学生能力提升有不同影响；从学习向工作转变过程中的实习阶段，学校如何帮助毕业生提高实践技能，如何寻找个人发展定位；不同地区的信息服务业发展水平不同，处于信息服务业相对发达地区的学校在培养人才方面有哪些优势等方面的内容需要研究。

通过二手数据挖掘和实地调研，研究信息服务业相关大中专院校的人才供给情况，包括招生人数、专业设置、实习情况、就业情况、在校培养情况等。随着信息服务业的发展，了解学校是否开设新的交叉学科和前沿学科专业培养复合型人才；为了有助于毕业生找到更合适的工作，学校层面通过何种方式提高毕业生的就业竞争力；研究不同地区信息服务业知识型人力资源供给现状、优势及存在的问题；中介机构如何发挥第三方优势，及时反馈知识型人才供需双方的信息，分析和预测未来行业人力资源供需变化趋势，更好地优化知识型人力资源匹配水平。

高校培养方面的研究目标主要包括以下几个方面。

（1）相关专业范畴界定。通过专家访谈等方式，研究在新的背景下，高校在人才培养方面所做的变革，以及在交叉学科融合方面的探索，得到在新的时代背景下，信息服务业专业的内涵及所包括的专业。

（2）就业情况演变分析。通过统计年鉴、蓝皮书、各高校就业中心等渠道获取相关数据，对我国信息服务业相关专业高校学生入学、就读、毕业、就业等数据进行时序研究，分析我国信息服务业领域人才培养的动态变化趋势及现状。

（3）外部影响因素分析。通过统计年鉴等方式获取数据，研究信息服务业外商直接投资（foreign direct investment，FDI）、研究与开发（research and development，R&D）、产值等经济因素对我国信息服务业相关专业高校学生就业的影响。通过宏观经济指标与就业数据的分析，探索高校学生就业的关键影响因素。

（4）人才地域流向研究。探索我国信息服务业人才培养与人才流向之间的地域性特征，找出影响高校学生就业的内在影响因素。通过高校就业指导中心，获取毕业生生源地信息、就读城市信息、就业目标城市信息，探寻不同生源、不同学校、不同地区高校学生就业选择的差异及规律。

1.3 研究的目的和意义

衡量一个国家的财富并不仅限于物质财富和自然资源，劳动力资源也越发成为一个重要因素。我国正在从人口资源大国转向人力资源强国，未来应更注重劳动力资源的发展。随着知识经济时代的到来，知识密集型劳动力作为产业长足发展的关键因素之一，已经成为企业提高经济效益和获得竞争优势的重要源泉，其相关研究议题也越来越受到企业界和理论界的广泛关注，人们对于知识密集型劳动力在经济增长中的作用越来越重视。知识密集型劳动力泛指那些有较高的学历背景，并在工作过程中主要依靠脑力劳动创造价值，运用智慧对知识进行创造、传播和应用的工作人员。在知识经济浪潮的推动下，知识密集型劳动力规模也在迅速扩大，并渗透到各行各业中，其中以信息技术、金融服务、法律服务、管理咨询等知识密集型行业领域尤为集中。

教育对知识密集型劳动力资源提升起到关键作用，我国教育经费支出占国内生产总值（gross domestic product，GDP）的比例逐年提高，2012 年已经达到 4%。然而，衡量人力资源发展不能仅关注劳动者受教育年限、国家教育经费支出和毕业生人数，还应关注知识密集型劳动力的供需匹配问题。信息服务业是知识密集型产业，对人才的专业性要求较高，人员在取得从业资格前必须经过严格的、系统的专业教育。学历教育是我国各类人才培养和输送的主要渠道，是数量最大、最稳定的来源。我国高校毕业生数量在 2000~2011 年增加了 6 倍，出现了高校毕业生供应过剩的现象，表明我国知识密集型劳动力供求配置出现了问题。

相关研究表明，依靠制造业去解决新增就业问题的空间已经极为有限，必须依靠大力发展服务业来解决就业问题。从全球服务业的水平看，服务业占 GDP 的比重平均在 60%左右，而我国到 2012 年年底，服务业占 GDP 的比重只有 44%。服务业中的信息服务业，是利用计算机和通信网络等现代科学技术对信息进行生产、收集、处理加工、存储、传输、检索和利用，并以信息产品为社会提供服务的专门行业的集合体。信息服务业连接信息设备制造业和信息用户，对生产与消费的带动作用大，产业关联度高，已经成为信息产业中发展速度快、技术创新活跃、增值效益较大的一个产业。随着信息技术向社会经济各领域日益广泛的渗透和扩散，信息技术越来越成为国家和企业竞争能力的重要组成部分，发展信息服务业的意义已经远远超出了其行业本身的范围，是关系到一个国家产业结构的优化升级乃至从工业社会向信息社会过渡的进程。

信息服务业属于创新型、低耗能、无污染、环保型、可持续发展的现代产业。长期以来，信息技术（IT）领域的摩尔定律、吉尔定律、麦特卡尔夫定律和贝尔定律主导了全球信息服务业的技术更新和升级换代，使得信息服务业发展具有增长速度快、变化周期短、更新频率高的主要特点。经济理论和各国发展实践表明，信息服务业的平均增长在较长的时间内会快于国民经济的平均增长速度。知识密集、技术更新迅速的特点，使得信息服务业是一个知识密集型产业，同时是一个人才依赖型的产业。由于信息服务业对从业人员素质要求较高，而大中专院校是专门培养高素质人才的重要场所，大力发展信息服务业是解决大中专院校毕业生就业问题的有效途径。

与传统行业相比，信息服务业员工的普遍特点是年轻化，正处于工作能力提升的最佳阶段，故企业应对知识密集型劳动力发展做出新的规划，对员工进行良好的培训与激励。此外，我国虽拥有丰富的信息服务业人力资源，但是人才的利用效率较低，知识密集型劳动力结构不合理，信息服务业人才供需双方及第三方中介机构应在促进知识密集型劳动力供需有效对接方面做出努力。信息服务业人才竞争较为激烈，劳动强度高，工作压力较大，从业人员应充分发挥社会网络带来的信息优势提升自身能力，寻找适合自身发展的岗位，掌握高效的工作技能。随着信息服务业的快速发展，当前及今后一段时期，专业设置及人才需求方面可能仍然存在结构性矛盾,高校应在专业型和复合型人才的培养方面做出积极探索。信息服务业人才流动性高,流失比较严重,基本上呈现向东南沿海发达地区涌现的趋势,不同地区、行业的信息服务业管理部门应认识到影响知识密集型劳动力流动与集聚的因素,进而寻找适合当地的人才吸引政策和产业发展定位。

综上所述,开展"知识密集型劳动力供求与信息服务业发展"咨询课题的研究意义重大,将为国家信息服务业知识密集型劳动力资源发展提供有力的政策建议,为促进各区域相关产业的发展提供有效的引导,具有很强的社会和经济效益。

1.4　研究内容和思路

1.4.1　研究思路

在经济社会与区域信息服务业发展的背景探讨下,明确了本书研究的意义。通过国内外大量文献的综述,界定了相关概念的具体含义。通过对前人在此领域所展开的研究的回顾,构建了本书研究的理论基础,确定了本书研究的范围。在前人关于人力资本、社会网络对求职途径影响模型的基础上,结合中国情境和互联网时代特点进行了扩展,构建了研究模型。从社会网络视角研究信息服务业员工求职问题,将讨论网、熟人网、相识网引入研究中。考虑信息搜寻、获取方式被社交工具改变,以及社交工具对人际关系的建立和维护的影响,将社交工具使用引入求职途径影响探讨中。

通过阅读文献,归纳总结了前人研究所使用的变量测度方法,采用客观题项和量表结合的方式,而网络测度方面使用的是提名法。通过问卷调查获取数据,通过回归分析和结构方程模型对数据进行分析。探究人力资本、社会网络、社交工具使用与求职途径的关系,并进一步探讨不同求职途径和社交工具的使用对工作满意度的影响。在结果的基础上得出本书研究的结论,提出建议,提出本书研究的局限性,并在此基础上对未来研究进行展望。

1.4.2　研究内容和框架

本书分为 5 个部分共 14 章。第 1 部分为基础篇,包括绪论、文献综述、研究方法;第 2 部分为企业篇:信息服务业对知识型劳动力的需求,包括我国信息服务业对知识型劳动力的需求现状、信息服务类企业中知识型劳动力的求职途径、工作满意度和流动性分析;第 3 部分为高校篇:高校学生对企业的求职,包括我国高校学生的供给现状、我国高校学生的在校培养情况、影响高校学生的求职意愿和途径与工作满意度因素;第 4 部分为比较篇,结合企业员工与高校学生两个群体之间的不同，比较分析求职途径和工作满意度影响因素的作用机制差异性。
第5部分为结论篇。研究框架如图1-4-1所示。

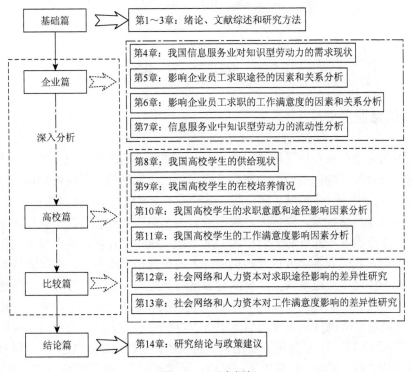

图 1-4-1　研究框架

2 文献综述

2.1 概念界定

2.1.1 信息服务业

随着信息服务业在国民经济中扮演着越来越重要的角色，众多学者、产业协会纷纷对它进行了深入的研究。在信息应用领域，美国信息产业协会把信息服务业分为以下八类——广播网、通信网、通信技术、集成技术、信息服务、信息包、软件服务以及信息技术。欧盟大多数国家认为信息服务业涉及的领域包含信息产业中除了信息设备产业外的一切行业（孙大岩，2006）。伴随着信息服务业在我国高速的发展，我国众多学者也开始更加深入地研究信息服务业。有学者认为，信息服务业不仅可以通过现代信息技术对数据进行采集、加工、处理，也能通过人工服务的形式使信息达到增值的目标（李南南和孙秋碧，2007）。本书认为信息服务业同传统服务业的区别表现为信息服务业以先进的信息技术为手段。因而，本书更认同以下的观点：信息服务业是以信息技术为手段，对信息进行一系列处理，包括信息的生成、采集、整理加工、存档、传送和应用，最终使信息的价值提升，并以信息产品形式供消费者使用（赵健东和廖军，2008）。

2.1.2 社会网络

社会网络的定义包括主体对象和之间关系两部分。社会网络最早由英国的人类学家布朗提出，认为它是一组个体或群体间形成的关系，这些关系是传递信息、物质、情感或观念等资源的纽带（Barnes，1954）。Barnes 系统地发展了这一概念，他把社会网络定义为联系跨界、跨社会的成员的一种关系（Cook and Hurt，1983），并将这个概念用来表示除正式关系外的非正式联系。之后，Burns 和 Mitchell 进一步将正式与非正式的人际关系都纳入社会网络概念。随后，Cook 进一步把社会网络的概念推广到组织层面，认为组织间的网络指"两个及以上组织的交换关系"。

随着社会网络含义从个人到组织的不断扩大延伸，社会网络的定义逐步进入结构视角界定。Laumann 等（1978）认为个体、群体、组织、国家等节点通过社会关系形成联系。Mitchell 认为社会网络至少包含下列三种构成元素：行动者、行动者之间的关系、行动者间连接的途径连带。Devine 和 Kiefer（1991）分析节点之间的连接方向，可以是双向或单向，强度可以分为强连接或弱连接，并且市场经济存在许多不完善之处，其一个表现是信息的不对称。"社会网络"可以等同于研究不同个人、组织间的关系，其中，不同的个人、组织可以视为社会网络中的"点"，而它们之间相互的联系可以视为"边"。社会网络研究的本质是通过关系数据构建网络，剖析网络中"关系"的结构特征（刘军，2004）。本书沿用结构视角，从社会网络结构特点进行分析。

现实中的网络具有多种类型和多个维度，并且在不断变化，因此，社会网络的类型也是丰富多样的。社会网络可以根据指向的核心问题不同，划分为讨论网、求职网等由不同关系人构成的网络。不同的网络由于有不同的特点，测度方法也有差别。本书使用的社会网络类型主要为讨论网、拜年网-熟人网和拜年网-相识网。讨论网使用"定名法"（Ruan，1998）测量核心网络，网络规模一般为 3～5人，询问与核心问题相关、联系紧密的网络成员的情况。拜年网以中国传统文化中春节拜年事件为切入点，了解人们在春节期间互相拜年的社交行为，采用"定位法"（Lin and Dumin，1986）了解拜年网网络特征和网络成员特点。

2.1.3　人力资本

人力资本起源于经济学领域。20 世纪 60 年代，美国经济学家 Schultz 第一次提出人力资本的概念，他认为人力资本的形成来源于人们对自身的教育、健康、职业培训等方面的有意识的投资行为。人力资本是个人作为生产者或者消费者都能具备的一种能力（Schultz，1961），是体现在个人身体上的知识储备和健康情况。Thurow 定义的人力资本为个人的生产技艺、才干和知识（Thurow，1970）。1992 年的诺贝尔经济学奖得主贝克尔对人力资本的定义增加了时间、健康和寿命（贝克尔，1987），不再局限于之前学者认为的知识、才能和技术。

国内学者李建民（1999）于人力资本所包含内容的理解更加综合，认为其是存在于人体之中、后天获得的能够创造经济价值的知识、技能、才干和健康等因素总和。李忠民（1999）从效用的角度解释了人力资本：凝结在人力内，能够物化于商品或服务，增加商品或服务的效用，并以此分享利益的价值。王金营（2001）将李建民和李忠民的定义进行了汇总，提出的人力资本定义包含两位学者的观点。香港大学教授程介明（2006）提出一个人力资本的新定义，广义地包括知识、技能，以及人们生活和工作必需的种种能力，在传统的人力资本定义上增加了达到成功生活的技能与能力（李忠民，1999）。

人力资本的定义有传统定义，也有在传统定义基础上进行延展的现代定义。无论传统定义还是现代定义中的人力资本都包括知识、技能两个要素，教育都是获得人力资本的重要途径。所以本书使用人力资本的核心观念，即人力资本是指个人拥有的知识和技术。

2.1.4 社交工具

在 20 世纪末，社交网络开始兴起，直到今天对于社交网络的定义还存在很大分歧，还没有形成统一的概念。目前主要有两种类型的定义，每种定义有各自的侧重点。第一种类型定义侧重于强调载体的概念。第一个界定社交网络概念的学者贝姆斯认为社交网络就是为人们提供在线交流，个人空间展示并与他人分享信息的网站，具体是帮助人们建立、管理和维系个人的网络平台，如 Facebook、人人网和腾讯微博等。第二种类型定义侧重于强调服务的概念。社交网站是支持用户组建和维护个人人际关系网的传输信息服务与网络应用服务。以 Garton 等（1997）为代表的学者认为社交网络由一群人通过一系列的社会关系联系而成，这些社会关系可以是出于友谊、共事或者信息交换等各种原因。Boyd 和 Ellison（2007）认为社交网络是一个有限的公开或半公开概要文件的系统，同时包含其他用户的列表，以及他们共享的连接。

本书认为第一种定义局限于网络媒体形式，而第二种定义比第一种定义更具有延展性，内容更加丰富，并且社交网络的独特之处不是网站等媒体形式的存在，而是通过网站等工具可以清晰地看到自己的人际关系网络，所以本书沿用社交网络第二种定义。社交网络有着不同的发展阶段，每个阶段有着不同的网络媒体形式，如邮箱、社交网站（SNS）、博客、微博、QQ 以及微信等。本书具体针对的是目前国内 QQ、微信等非网站工具，故本书使用社交工具名称以示区分。

2.1.5 求职途径

求职渠道指的是获得工作的具体方式和途径。对于求职途径的划分有着不同的分类。卢汉龙（1997）将我国城镇劳动者获得职业的渠道分为 4 种：计划体制渠道、劳务市场渠道、人力资本渠道和社会网络渠道。赵延东（2003a）将下岗再就业职工的求职渠道划分为三种：计划经济体制下制度化就业渠道、市场经济体制下制度化就业渠道和非制度化就业渠道。随着中国市场经济的发展和劳动力市场市场化程度的提高，之后的研究学者如陆德梅（2005）把个体求职的渠道分为正式渠道、非正式渠道和政府体制安排渠道三种，并且以正式和非正式渠道为主。正式渠道，主要包括广告招聘、职业介绍机构及人才市场等方式；而非正式渠道，主要包括运用各种社会关系获得求职信息和就业机会，如亲戚朋友的介绍和推荐等（边燕杰和张文宏，2001）。求职途径要依据时代背景和实际的劳动力市场情况而划分，在目前中国经济变革的宏观背景下，原有的计划经济体制逐渐退出，以市场经济体制为主导，所以本书将求职途径划分为两类：正式途径和非正式途径。

2.1.6 工作满意度

学术界对于工作满意度的研究有着很长的历史，成果丰富，拥有很多经典研究。Sørensen 和 Kalleberg（1981）认为工作满意度是个体对于他们正在从事的职业角色的整体感知。研究人员通常采用基于需求或者没有需求的模型来判断满意度。Herzberg（1959）在研究心理需求方面很著名。他通过研究会计师和工程师的工作满意度与生产率的关系，提出了著名的激励和保健双因素理论。Goldthorpe等（1967）认为工作满意度存在工作结构和职责与个性需求相一致的时候。之后，很多研究人员关注决定工作满意度的内外在因素。内在因素与工作本身有关，而外在因素与工作条件有关。Salancik 和 Pfeffer（1978）调研发现职业结构中的不同位置的工人有不同的心理需求，他们发现低层次员工的需求比较类似，而高层次员工需要全方位的工作满意度。有些学者不认为工作满意度就是满足需求。Walker等（1982）强调工作满意度中的个人价值。Kalleberg 和 Loscocco（1983）认为工作满意度取决于个人工作中突出的贡献。本书沿用 Kalleberg 和 Loscocco对工作满意度的认定，采用基于满足需求的模型进行测量，使用量表的方法测度工作满意度。

2.1.7 工作流动性

关于工作流动性的概念有狭义和广义之分，Price（1977）对广义概念进行了界定，认为工作流动性是个体作为组织成员状态的改变。遵循这一定义，员工有流入、流出两种状态，这两种状态发生在企业内部和外部时，表现形式不同。黄英忠（1992）认为员工流动即为劳动移动，是指员工从一个地方移至另一个地方（地域间移动），或从某一产业转移至另一种产业（产业间移动），或从一职业转移至另一个职业（职业间移动）的外部流动；和员工从一个部门转换到另一个部门，或者在同一部门的提升、降职或工作内容的改变等行为即某一特定组织员工的组织内部流入及流出。在此基础上，陈成文和许一波（2005）总结提出，工作流动性是指人们在社会职业分层结构中位置的变动，合理的职业流动是社会发展的必要条件，是社会良性运行的重要协调机制。

本书选取工作流动性的广义概念，即劳动者在不同职业之间的变动，是劳动者放弃又获得劳动角色的过程，以此概念作为本书的研究落脚点。根据前人的研究，想要测度员工的工作流动性大概分为以下几种方法：一是建立两分类的 0-1

虚拟变量,将发生过工作流动的员工的虚拟变量记为 1,而未发生过工作流动的员工的虚拟变量记为 0;二是通过计算员工自参加工作以来的换工作总次数来反映其工作流动情况,换工作次数越多,说明工作流动越频繁,反之,则说明工作流动越匮乏。

本书最终选择了第二种测度工作流动情况的方法,通过问卷调查员工的工作流动情况来直接测度该变量。问卷中 Q403 题项为:您有过几家企业的工作经历?将该变量记为 Q,员工的工作流动次数记为 M,若 $Q=1$,则该员工的工作流动次数 $M=Q-1=0$;若 $Q>1$,则该员工的工作流动次数 $M=Q-1>1$。通过建立工作流动次数变量来反映员工的换工作情况。因此本书所界定的工作流动是不同职业之间的变动,而非企业内部的岗位流动。

2.1.8　学生就业能力

早期的研究曾经将高校学生就业能力仅仅视为转移能力、核心能力、关键能力、基本能力等。上述概念在一定程度上是相同的,它们有共同的指向,都倾向于定义为一系列的个人技能,这些个人技能可以在大学期间学习和培养,而且一旦获得可以适用于未来的职业。但这些概念都没有涉及高校学生在大学期间所学习的专业知识和技能,就业能力比上述概念更为复杂,就业能力应该包含个人特质和信念、认知、技能和对自己经历的反思能力(Yorke and Knight,2005)。就业能力除了个人的实际操作能力外,还应该包括认知能力,并且结合高校学生这一特殊群体,还应该与其所学专业相联系。此外,就业能力也应该与高校学生的职业选择与未来职业的发展相关(Kavanagh and Drennan,2008)。

综上所述,本书将高校学生就业能力结构(度量标准)归纳为以下四个构成要素:专业能力、通用技能、人际交往能力、信息获取能力。但需要说明的是,这些就业能力结构的构成要素之间不是绝然割裂的,各能力结构的构成要素之间存在相关性,每一个能力结构的构成要素的提高都能提升高校学生就业能力。

(1)高校学生就业能力结构的专业能力要素。高校学生就业能力概念的提出,意味着在知识经济时代,在高等教育大众化进程加快的背景下,高校学生对自身的发展已经越来越要求其需要拥有与其学历相称的知识和技能,特别是符合社会需求的知识和技能。正如 Hillage 和 Pollard(1998)所指出的,在知识经济时代,高校学生就业能力已经成为其获得职业、维持职业和取得职业发展成功的最重要影响因素之一。全球一体化、知识经济、产业不断更新升级、工作环境和性质不断变化促使高校学生必须拥有就业能力,才能满足当今职业的复杂需求。

(2)高校学生就业能力结构的通用技能要素。很多研究都对通用技能的具体构成维度做了研究，很多研究是基于对雇主的调查和访谈展开的。英国高等教育学会的就业能力教育研究团队（The Pedagogy for Employability Group）在 2006 年发表了历经 25 年的研究成果，该团队的研究指出雇主最期望高校毕业生拥有的通用技能包括：想象力和创造力，适应能力和灵活性，乐于学习，独立工作能力和自主能力，团队工作技能，管理他人的能力，在压力下工作的能力，良好的口头沟通能力，良好的书面沟通能力，数理能力，注重细节，时间管理能力，承担责任并做出决策的能力，计划、协调和组织能力，运用新技术的能力。

（3）高校学生就业能力结构的人际交往能力要素。个人品质，在很多文献中也称为个人特征与态度、个人属性等。对于个人品质这一维度，有些学者将其定义为情商，有些学者将其界定为个人性格特征。情商，可以称为个人品质，也称为人格，或软技能，无论何种定义，都是指能够识别自身情绪或情感，进而能够激发自身，能够较好地管理或调整自身的情绪或情感（Mayer et al.，2004）。个人特征与态度（情商）是学生职业选择和职业发展获得成功的前提，情商可以在学生的大学学习期间得到很好的培养。

也有研究证明了具有高情商的毕业生在获得工作和职业发展中具有更好的前景，毕业生的内驱力强、自我效能感强能使其更容易获得工作和顺利度过学校到工作的转换，这些学生一旦进入工作角色，比内驱力弱、自我效能感低的学生更容易获得工作的满足感和高绩效（Judge and Bono，2001）。

（4）高校学生就业能力结构的信息获取能力要素。随着劳动力市场的变化以及工作环境的改变，一份稳定的终身职业已经成为少部分毕业生可以拥有的机会，在劳动力市场中获得稳定持续的劳动合同变得越来越困难，大部分的劳动合同将建立在个人的绩效基础上，并且可能是短期的。因此，对大部分毕业生来说，在其未来的职业生涯中，工作任务的持续改变将成为一种常态，职业角色的变化是必需的，因此毕业生要想在未来的职业选择和发展中适应这种变化，并取得职业发展的成功，需要毕业生对自己的职业生涯进行一定规划，拥有自身职业生涯的管理能力。因此毕业生要能够抓住最好的职业机会，并且能够在职业发展中获得满足和成功，在大学接受职业选择与发展管理的教育是必不可少的。能够较好地识别自身的职业目标、管理自身职业选择和发展的人，往往比没有职业管理能力的人具有更好的职业发展前景和更高的职业绩效（Day and Allen，2004）。

职业管理能力是指发现和运用职业信息、劳动力市场信息，从而能够定位、获取和维持职业机会，进而能够进一步拓展职业发展机会来获取更大的进步或获得理想结果的能力。职业管理能力贯穿毕业生未来的职业生涯，是高校毕业生获得、维持职业和取得职业发展成功必不可少的基础能力之一，是高校学生就业能力的重要组成部分。本书将专业技能和通用技能合并为专业技能来表示高校学生就业能力中的技能要素。

2.1.9　学生求职意愿

求职意愿，具体是指未实现真正就业的高校学生所持有的，对选择将来所要从事的工作所满足的相关条件的态度与看法。刘海玲（2010）认为，所谓求职意愿是指高校学生寻找工作之前的设想，这种设想与现实的匹配程度会影响其能否顺利实现就业。刘雪梅（2013）研究了高校学生的职业成功观对其求职意愿的影响，认为职业成功观是影响高校学生求职意愿的重要因素，其将职业成功观分为三类，即内在满足型、外在报酬型、和谐平衡型。她得出内在满足型和外在报酬型对高校学生的求职意愿存在较强的相关性。丁大建和高庆波（2004）对北京高校毕业生进行了就业调查发现，高校毕业生对将要就业的形势与实质还没有较为清醒的认识和思考。例如，在就业地区的选择上，呈现扎堆热门城市（如北京）的现象；在就业单位的选择上，只片面地看重工资薪酬的高低；对就业工资薪酬的预期过高；在就业信息的获取方面还不够充分，信息获取渠道过窄，等等，均说明了高校学生就业意愿的不成熟性，还需要自身和学校等组织机构的多方努力予以纠正。汪亚丽（2013）对护士实习期间求职意愿进行调研统计分析，她将求职意愿定义为对从事自身所学专业（护士）的对口工作的满意程度，分为三个档次：愿意从事、无所谓、不愿意从事。周石等（2012）对北京市"90后"高校毕业生求职意愿影响因素分析发现，高校毕业生的求职意愿更偏向和看中职业发展与经济收入。钱鑫和姜向群（2006）在对老年人求职意愿影响因素的研究中将求职意愿定义为是否愿意就业。尉建文（2009）将高校学生的求职意愿分为"入企"和"从政"两个类别。无论何种群体所讨论的求职意愿概念，无非是以下几种类型：①是否愿意放弃现有的状态（无业或失业）而寻找一份工作；②对（再）就业岗位的工资等福利待遇是否满意；③（再）就业岗位的未来发展前途是否符合自己的要求。这几种观点，即为我们所研究的求职意愿的概念所涵盖的基本范围。

在一级指标求职意愿的测度上，通过对相关变量的分析与合并我们发现可以用三个维度衡量，其中两个二级变量为潜变量（合成变量），一个为显变量（测量变量），它们分别是职业讨论频率、求职积极性和职业观念。

首先，职业讨论频率二级变量包括三个维度的测量变量：与老师讨论的频率、与同学讨论的频率和培训频率。结合问卷的测度问题和选项设置，我们分别使用问卷中第二部分的问题："Q201 您和专业导师或者专业课老师讨论就业问题频率"、"Q202 您和本专业同学、学长学姐讨论就业问题频率"和"Q203 您参加学校组织相关的职业选择与规划教育培训的频率"来测度，这里的数据使用的是将原答案编码重新编码后的数据，重新编码规则是用 6 减去原编码，则重新编码后数据值域为 1～5，数值越大表明讨论的频率越高。

其次，求职积极性二级指标我们采用浏览网站次数、浏览网站时间、信息充分度和信息匹配度等四个变量来测度，其中对应的问卷中的具体问题分别为第四部分的："Q408 您最近 6 个月内，平均每天浏览相应求职信息网站的次数"、"Q409 您最近 6 个月内，平均每天浏览相应求职信息网站的时间"、"Q410 您最近 6 个月内，您认为自己获得的求职信息充分程度"、"Q411 您最近 6 个月内，您浏览到的求职信息中认为适合自己条件的就业信息"。这几项问题的答案编码均直接使用问卷中的原始编码，不做重新编码处理，其数值越大表明次数越多、时间越长、程度越大、越适合自己。

最后，用一个显变量来测度求职者的职业观念，即自己所学专业与工作匹配的程度，对应问卷中的具体问题是 "Q402 您以后想从事的工作与所学的专业关系？"。对该问题的答案进行重新编码处理，新编码 = 6-原始编码，新编码的范围为 1~4，数值越大表明求职者所学专业与工作越相关。

2.1.10　家庭社会资本

Hogan 认为，家庭社会资本就是家庭的人际关系中可以利用的社会网络资源。郑洁（2004）指出，家庭是中国社会资本的核心，家庭社会关系网络是社会资本的载体。仇立平（2001）通过对子辈家庭地位与父母家庭地位的相关分析提出：尽管个人社会地位的获得主要依赖于自身，但是仍与父母家庭有较为密切的关系。即从代际流动的角度来看，家庭背景影响着子代就业机会的获得与就业质量。林南（2005）通过解析社会资源与地位获得之间的因果关系，提出地位获得是人们动用已掌握的资本进行投资和竞争的过程。高校学生的毕业资本存量主要是由家庭资本存量构成的，家庭社会经济地位就是高校毕业生社会资本存量的表现形式。

个体家庭背景差距划分的主要依据就是社会分层理论。20 世纪六七十年代，社会分层理论有了新的发展，美国社会学家 Blau 和 Duncan（1967）在他们的地位获得模型中提出，在分层的社会体系中，人与人之间的社会经济地位是有差别的、是不平等的，通过研究社会地位获得的继承机制和自致机制，分析了先赋因素（如父亲的受教育水平、父亲的职业地位）和自致因素在地位获得中的作用。后来的学者通过进一步对子辈家庭地位与父母家庭地位的研究证实，尽管教育在社会分层中的作用日益明显，使个人能力等自致因素的作用在提升，家庭背景等先赋性作用在下降，但它对地位获得的作用仍然显著。因此，本章将家庭社会资本分为家庭社会背景和家庭经济状况两部分。

父母的教育程度是衡量家庭社会资本的重要指标。吉登斯、帕金和戈德索普都是新韦伯主义的代表人物，他们在阶级阶层理论中坚持韦伯主义传统。吉登斯强调阶级划分的主要依据是人们的市场能力，包括生产资料的占用状况、教育资历的拥有状况、体力劳动能力，而帕金和戈德索普提出阶级分类的基本构建是职业结构，戈德索普在父母职业阶层的调查中将体力劳动和非体力劳动作为最基本的社会分割。总的来说，他们的本质都是受教育程度的不同决定的，受教育程度越高，其拥有的教育资历就越高，主要从事非体力劳动。可见教育程度的差异导致了家庭社会分层的现象，影响了不同家庭经济社会地位状况的差异。本章将教育程度变量设置为序次型变量，将父母学历由低到高进行编码（0~5），再取两者均值表示教育程度。

职业是社会分层中最基本的指标，在现代社会中，职业可以反映社会阶层的状况，衡量家庭社会地位和经济地位，是家庭社会经济地位的重要表现形式。在对职业等级的划分方面，陆学艺（2006）对当代中国社会阶层的结构进行了划分，其划分的依据是劳动力在劳动分工、权威等级、生产关系、制度分割中所处的不同位置和所占的不同资源。具体划分等级由高到低如下：国家与社会管理者、经理人员、私营企业主、专业技术人员、办事人员、个体工商户、商业服务业员工、产业工人、农业劳动者、城乡无业（失业、半失业）者。本章将沿用这一划分方法，对 10 个不同职业地位分层进行赋值，由低到高为 1~10，再选取父母二者最高的职业等级代表家庭职业等级。

2.2　影响员工求职途径的研究综述

求职理论又称为搜寻理论或职业搜寻。其最早由美国学者史第格尔提出，求职行为研究首先要关注劳动力市场的供需信息传播是否能充分及时，尤其对于新进入劳动力市场的求职者，信息显得更为重要。此后很多学者从社会学、经济学和心理学等不同角度对求职行为影响因素进行深入研究。求职途径研究是其中一个很重要的研究分支。目前，国内外对于求职途径影响因素主要集中在人力资本和社会资本两个方面。

人力资本研究首次出现在美国社会学家 Blau 和 Duncan（1967）研究的职业获得模型中，使用个人受教育程度作为影响因素进行分析，结果表明在现代工业社会中，个人教育影响个人职业选择和获得。Fugate 等（2004）认为求职者的人力资本在极大程度上影响获取就业机会的可能性。赵延东（2003a）分析了下岗职工求职渠道选择的影响因素，发现人力资本越高的求职者选择通过人才招聘市场求职方式的可能性越大。孟大虎等（2011）研究人力资本对于毕业生求职途径的影响，发现人力资本越高，选择校内招聘会和教师作为求职渠道的可能性越大；人力资本越低，选择家人或亲朋作为求职渠道的可能性越大。之后很多学者不断丰富、细化人力资本影响因素，陈成文与谭日辉（2004）研究发现外貌条件、所学专业、兼职实习经验和个人能力对高校毕业生能否就业及满意均有影响。岳昌君等（2004）通过实证调查研究发现学校、专业、证书情况与求职行为存在显著相关。李泽彧和谭净（2011）关注人力资本在不同学历群体求职过程中起到的作用。

很多研究均证实人力资本对于求职途径选择有显著影响，但国内外关注的研究对象多数为失业人员、下岗职工、高校毕业生这类群体，几乎没有人将信息服务业企业员工纳入研究范围。作为新兴行业的员工，他们本身具有较高的知识水平，员工人力资本整体比较高，他们在求职途径的选择上与传统研究的群体是否会有差别值得关注。

求职者在选择渠道过程中的社会关系网络的使用状况受到研究者的高度关注。社会网络是劳动力市场中重要的信息来源，很多实证研究都曾提供证据说明，许多劳动者是通过亲朋好友找到工作的。早在 20 世纪 60 年代就有学者（Blau and Duncan，1967）发现，大多数人在求职过程中都存在朋友或亲戚作为介绍人的情况。1970～1971 年，美国有 15%的失业人员是通过亲朋好友及熟人等社会关系网络寻找工作的，1991～1992 年这一比例增加到 23%（Ports，1993）。

社会网络资源对于非正式求职途径的使用有促进作用。Holzer（1996）认为，从雇主的角度而言，若有本公司现有雇员的推荐，雇主会认为求职者信息的可信度比直接求职者的可信度更高。Montgomery（1991）指出，社会网络资源丰富的员工更容易被熟人推荐而找到工作。Granovetter（1973）的弱连带优势理论都认为通过弱关系的圈子可以获得更多的求职机会，社会网络提供的信息越精确、非重复性越强，则信息量越大、质量越高，成功率越高。林南和俞弘强（2003）认为求职者总是偏向资源更加丰富的网络或团体移动，并且通过社会网络使用其中的资源。Aruoma 等（1989）研究认为社会网络中关系是在就业分配过程中获得成功的一个决定性因素，发现社会网络资源在雇用过程中是非常重要的，与传统的求职方式（如招聘广告、求职中介）相比较，借助于动员他们的社会网络资源（家庭、朋友、熟人等）来获得信息以增大求职成功的机会。此外，社会网络可以具体分为不同类型的网络。讨论网首次在 1985 年的美国综合社会调查中使用，由 Burt 等设计提出，国内阮丹青最早运用。之后边燕杰根据中国实际情况提出了拜年网、餐饮网等具有中国特色的社会网络类型。边燕杰（2004）针对中国劳动力市场的研究中提出了"熟、亲、信"网络在求职中的重要作用。

前人的研究大量集中在社会网络信息资源优势、强弱关系对于求职过程的影响，社会网络对于求职过程的影响在不同的宏观经济背景下，作用不同。在目前中国市场经济体制不断完备、经济政策改革不断深化的宏观形势下，社会网络对于求职途径选择影响是否发生变化，结论是否发生改变，值得继续研究验证。此外之前研究社会网络的影响，采用的大多是某单个社会网络类型，鲜有多个类型网络同时比对。

对于求职途径的研究，主要集中在人力资本和社会网络两个方面。根据美国学者史第格尔的观点，求职行为关注劳动力市场的供需信息传播是否充分及时，而信息对于新进入劳动力市场的求职最为重要。而当今时代，信息爆炸，互联网飞速发展，社交工具不断更新发展，信息发布、接收、交换等模式均发生了巨大改变，个人与周围亲人、朋友关系的建立、维持方式也会因社交工具的使用而不断变化。由此可见，新时代背景下，社交工具对于个人社会网络和求职过程都可能会产生影响，但之前的研究都没有对社交工具使用进行考虑，本书对之前的研究模型进行了拓展。

2.3　影响员工工作满意度的研究综述

工作满意度反映求职结果，同时可以代表就业质量。求职结果可以由很多指标来测量，概括起来可以分为三类：求职直接成果、求职定量成果以及就业质量（Saks，2006）。求职直接成果是求职活动最先得到的结果，如面试次数、offer 数量（Saks and Zikic，2006）；求职定量成果包括收入水平、就业速度等（Saks，2006）；就业质量是衡量就业结果的一个重要因素，通常包括工作组织匹配工作满意度和离职倾向等。工作满意度对于求职结果的测量，相比于直接使用 offer 数量这类直接数据，更加具有综合性，测度更加全面。

不同的求职途径与求职结果之间具有相关关系。工作搜寻方面，众多研究得出结论，通过亲戚朋友的非正式渠道搜寻工作更易求职成功，而只通过就业服务机构求职则效果不佳（Gregg and Wadsworth，2004；Addison and Portugal，1999）。Blau 和 Robins（1990）的研究也发现通过网络关系来搜寻工作，每次得到的工作聘约最多，聘约接受率均值也最高。求职过程的最终目标是要获得与个人特征和物质期望相符的工作，即获得满意的工作。Werbel 研究不同的求职渠道获得的薪资和工作满意度，发现渠道对于两者有着显著影响。Walton 和 McKersie（1991）研究模型中发现使用了现有雇员的关系而给公司带来了更高的利润，而那些通过社会关系获得推荐进入系统的员工的工资水平也更高，为数众多的研究验证了社会资本的使用与收入水平对所获得工作的满意度。Saks 和 Ashforth（2000）研究表明不同的求职行为（如正式渠道与非正式渠道）与 offer 数量之间存在明显相关关系，非正式渠道可以带来更多的 offer 数量。

不同的求职途径可以获得更多的工作信息，获得更多的机会，从而得到更满意的工作。Mika 和 Gangemi（2004）认为个体的关系网络能够提供一些通过正式网络无法获取的个人信息，而这些信息对求职往往有很大的帮助。Arksey 和 Knight

（1999）、Song 和 Kim（2006）认为在一个不完善的劳动力市场上，无论招聘公司还是求职的员工，关系的使用都可以提供更加有用有效的信息。此外，Bian（1997）和 Pennings 等（1998）的研究还发现可以通过内部的信息和联系来获得升职与加薪，即社会资本对求职者和员工的工资收入有正向的影响。Coleman 等（1966）指出通过不同的渠道识别和获得更多或者更优的工作信息能够使个体在获得稳定的工作上具备优势，如果不能有效利用个人网络，那么个体有可能错失很多只能通过个体网络获得的工作机会。Granovetter（1995）发现工作相关的信息并非可以公平到达每个人，求职者经常通过个人关系来获得有关信息。Hagan（1998）的研究探究了玛雅零售业中的男性工作者是如何将工作机会保留在他们的网络当中的，网络外部的申请者无法获得这些工作信息。

现有的研究主要围绕不同求职途径对于工作满意度的影响，非正式求职途径可以获得更多的求职信息，拥有更好的求职机会。中国市场在经济体制不断完备、经济政策改革不断深化的宏观形势下，不同的求职途径使用带来的满意度结果是否会有差异，仍需继续探讨。此外，之前文献研究非正式求职途径可以提供更多的工作信息，但缺乏对当今时代的新特点的考虑，当今时代互联网的发展改变人们的生活工作方式，人们对社交工具的使用改变了原有的信息的传播方式和途径，同样可以带来更多的求职信息，所以社交工具的使用对求职结果的影响值得进行探讨分析。

2.4 影响员工工作流动的研究综述

国内外对于员工工作流动的研究最早可以追溯到 20 世纪七八十年代。国外对于工作流动的研究分成很多学派，有人研究工作流动产生的社会问题，例如，Bartel（1979）研究了工作流动产生的家庭迁徙问题；也有人研究工作流动的轨迹，例如，Topel 和 Ward（1992）研究了一群年轻人的职业生涯的流动轨迹。还有研究工作流动的影响因素，例如，Keith 和 McWilliams（1999）研究了性别对工作流动的影响；de Luis Carnicer 等（2004）研究了合同种类、工作类别、任期、社会福利、工资水平等因素对工作流动的影响。

李若建（1995）对城市农民工的研究发现，文化水平越高，工作流动强度就会越大，越容易造成其社会地位的改变。黄健（1995）通过实证研究发现，工作流动首先从男性开始，此外工作流动与文化水平有较高的关联度。李许单（2006）认为，人力资本是工作流动的基础，在工作中，人力资本可以得到积累，为确保获得期望的职业地位，员工会选择向高职位流动。然而，柳延恒（2014）对农民工群体的研究发现，人力资本可以促使农民工群体的向上流动，工作流动次数增多。王晓飞（2014）则对 20 万的新生代劳工进行了调查，这些新生代劳工具有文化程度高，年龄在 20～30 岁的特点，作者发现劳工个人的流动决策受到工资收入、福利待遇的影响，一旦当前工作的工资水平满足不了劳工的能力水平，劳工便会选择工作流动。

高怡（2014）认为组织的内外部环境对于增强员工对组织的认同感和归属感具有重要的意义，好的组织环境不仅可以提高员工的满意度，更可以降低员工的离职率，减少企业成本。而美国心理学家 Bavelas 和 Lewin（1942）认为，一个人在某一个岗位上所能创造的绩效不仅与个人能力有关，还与他所身处的环境密切相关，由于个人对环境改变无能为力，个人提高绩效的方法就是离开原来的环境，从而转到一个更适合自己的工作环境。闫枫（2010）在对银行业员工流动问题的研究中，发现员工的流动选择会受到企业文化和工作环境的影响，找到适合自己的工作岗位和符合自身气质的企业文化是留住员工，发挥员工潜能的重要因素。在 20 世纪 80 年代，人与组织匹配研究主要是集中在 Chatman 的人与组织匹配模型下进行的。它基于 ASA（attraction-selection-attrition，吸引-选择-磨合）观点，认为组织吸引与之相似特质的员工，并选择他们进入组织工作，随着时间的推移，那些和组织特性不相似或有冲突的员工就会选择离开组织，从而导致组织的同质性逐渐增加，异质性逐渐降低。汉姆和格雷夫斯认为，工作流动与很多因素相关，其中便包括了对工作的满意程度。国内学者郑爱民（2007）也提出，员工流动和员工满意度是反向变动，即员工满意度越大，员工流动率越小。本书通过量表来测度员工在企业中 15 个方面的满意度，从而探究满意度和工作流动之间的关系。

美国社会学家 Granovetter（1983）给出了社会网络在工作流动中的作用。边燕杰首先提出在中国，工作流动者的社会网络主要由亲属和朋友两类强关系构成，社会网络发挥作用的形式以提供人情为主，以传递信息为辅。随后，边燕杰（2004）研究被调查者"朋友"、"相识"、"亲属"的网络规模、网络顶端、网络差异和网络关系强度构成四个网络特征对于职业流动的影响。而张文宏（2006）在研究城市居民社会网络资本的结构特征时，从社会网络规模、社会网络密度、社会网络异质性以及角色关系种类等方面测度个人社会网络情况，发现社会网络资源越丰富的个体越容易通过社会网络实现工作流动。

2.5　影响高校学生就业能力的研究综述

对于高校学生就业能力的分析，首先从就业能力的定义和相关概念开始，明确就业能力的具体含义和构成，然后以此为基础分析就业能力的影响因素。

（1）能力。能力是一个在实际应用领域含义非常广泛，在学术研究领域较难界定和测量的一个概念。由于研究视角和研究层次的不同，各种能力概念相互交织，很容易引起概念上的混淆。但从现有文献看，各种研究都基于组织和个人两个层次来研究能力，本书主要对个体能力的层次进行研究。

能力这个术语不仅在学术研究中而且在日常的生活中都得到广泛应用，包含多种内涵。能力相对应的英文词汇也很多，如 ability、aptitude、capability、competence、effectiveness、capacity、faculty 等，在中文文献中都可以翻译为能力，这就更加混淆了对能力内涵的理解。在当代简明牛津词典中使用的是 capability 一词，该词被解释为做事的个人素质或潜质。我国《辞海》将能力定义为顺利完成一定活动的心理特征，是以生理特征为基础，个人经过教育和培养，通过实践获得的经验和智慧（沈漪文，2009）。

从学科对能力研究的角度看，能力源自心理学，后来不同的学科都对能力进行了定义。不同的学科对能力的界定各有侧重，即使在同一学科中能力的界定也不尽相同，尚无统一的定义。心理学将能力定义为潜能说、动态知识技能说和个性心理特征说三种。潜能说认为能力是个人一些潜在行为在特定情境当中的显现。动态知识技能说认为能力是个人掌握的知识、技能。个性心理特征说认为能力是顺利完成某项任务心理特征的综合。因此基于高校就业能力开发的研究视角，认为心理学第二种观点是本书比较认同的观点，可以作为本书的理论基础。哲学的能力观与心理学的动态知识技能说类似，它认为能力是人的一种综合素质，包括知识。经济学对能力的定义则是从人力资本的角度展开的，它认为能力不仅指个人的能力，还有组织的能力，因此能力是个人或组织将其所拥有的资源转变为财富的本领。管理学也认同心理学的动态知识技能说，认为能力是个体在现实职业环境中表现出来胜任该项职位的才智、知识、技能和态度的整合（吴晓义，2006）。管理学认为能力是个体的一种复杂的素质结构，是胜任其职业要求的基础，这种综合素质结构是与个人的职业环境、职业岗位、职业角色联系在一起的，是通过个体完成某项特定工作展示出来的。本章将借鉴管理学的能力定义作为定义高校学生就业能力的基础，即认为能力是个体在现实职业环境中表现出来胜任该项职位的才智、知识、技能和态度的整合。

（2）就业能力。本书研究的高校学生就业能力首先是指一种高校学生的个体能力。因此要界定高校学生就业能力的内涵，首先要明确什么是能力。管理学将能力界定为知识、技能和态度的整合，并且是与特定的职业岗位的需求或职业角色相联系的，是劳动者在完成职业岗位中的任务中表现出来的。本书认为这一定义最具可操作性，与人才培养的范畴有一定的重合度，因此，这种定义与本书的高校学生就业能力的定义最为接近。

基于上述观点，Yorke 和 Knight（2007）认为高校学生就业能力是指能使高校毕业生更容易获得职业和在其所选择的职业中获得成功发展的一系列技能、知识和人格特征。结合国内外文献对就业能力的定义和我国高等教育人才培养的现状，本书将高校学生就业能力定义为高校学生在毕业时所具备的使其能够获得职业、保持职业和取得职业发展成功的知识、技能和态度。另外，高校学生就业能力究竟是由哪些内容所构成呢？我们发现基于不同研究视角的研究结论也有所区别，这里分为个人视角、组织视角和社会视角等方面来具体分析。

（1）个人视角。一些文献基于个人因素的角度提出了高校学生就业能力结构。这类研究认为高校学生就业能力的结构构成要素包括个人的基本社会属性、个人的态度、基本沟通技能和团队合作的技能。1990 年，美国培训与开发协会（ASTD）认为就业能力结构可拆分为基本技能、沟通技能、问题解决能力、团队合作能力和领导能力等五个方面。我国学者对就业能力的上述五个维度进行了细分，将就业能力结构扩展到八个因素，即获取相关资源的能力、人际沟通与协作能力、使用技术工具的能力、具有系统观的思维和组织能力、信息获取和评估能力、基本技能、个人品质和创新思维能力（沈漪文，2009）。

英国的高等教育质量理事会（Higher Education Quality Council）也对高校学生就业能力的构成进行了界定，其构成的内容包括创造性的思维能力、解决问题的基本能力、沟通能力、与他人的合作能力、执行能力、跨学科的意识。Yorke 和 Knight（2007）借助认知学和社会心理学的理论，对就业能力的构成进行了分层，首先将就业能力结构分为三个方面，即个人特质、核心技能和过程技能。在此基础上，进一步对三个方面进行了细分，将个人特质细分为情商、适应力、自信心、学习的意愿和环境反应能力等；将第二个方面细分为基本的计算能力、倾听技能、沟通技能和自我管理能力等基础的通用能力；将第三个方面细分为应用学科知识的理解力（即运用所学专业知识的能力）、使用计算机的技能、团队工作能力和谈判能力等。两学者又提出了受到广泛关注的 USEM 就业理论模型，该模型将高校学生就业能力的构成界定为专业理解力（U）、通用技能（S）、自我效能意识（E）和元认知能力（M）。

另外一些英国学者对就业能力结构的关键因素进行研究后，指出就业能力的构成应该包含职业相关的专业知识、实习经历、学历、逻辑推理能力、团队合作能力、忍耐力、沟通能力等一般能力；并且上述能力最终表现为自信心、自尊心和自我有效的管理。

（2）组织视角和社会视角。除了上述基于个人因素视角的就业能力结构，还有一些学者认为就业能力构成要素是多维度的，包括内部维度和外部维度（Forrier and Sels，2003）。内部维度包括个人与工作相关的知识与技能、持续学习的能力等；外部维度包括就业市场的状况（Lane，2000）等。从这一理解出发，这些观点认为就业能力应该包含影响就业结果的各种要素，如个体因素、个人家庭背景和外部因素，其实质是将就业能力视为一种就业绩效，即注重就业的实现效果。

上述个体因素可以进一步细分为个人的就业技能和属性、个人的人口特征、身体条件、职业信息搜索能力及适应性等；个人家庭背景即家庭的社会关系网络、家庭的收入水平等；外部因素包括劳动力市场因素、宏观经济发展水平和就业支持政策等。McQuaid 和 Lindsay（2005）通过一系列的文献回顾，也认为就业能力不仅包括个人特质、个人能力，而且受到外部因素影响，其中最重要的是劳动力市场中需求和供给因素。

综合前人的研究，本章所研究的高校学生就业能力可以作为一种个人能力，主要包括专业技能、通用技能、个人品质和职业规划能力。从本章对能力理论的综述出发，高校学生就业能力作为一种个人能力，可以通过高校对其进行培养而获得。高校对高校学生就业能力的培养，基于能力理论，等同于能力开发，因此能力开发理论和能力开发途径的综述对本书有重要的参考意义。而对高校学生就业能力的影响因素就是指高校影响高校学生就业能力结构各要素的各种因素。综合已有的文献所得出的结论，高校学生就业能力依赖于以下四个层次的影响因素。

第一是个人层次的就业能力影响因素，即高校学生应该从自身的角度来进行就业能力开发，包括自己的职业意识、合理的职业生涯规划、锻炼自身良好的心理素质等；第二是组织层次，即高校对高校学生就业能力的开发策略，包括改革调整人才培养的专业设置、创新教育理念、理论教育和实践教育相协调、加强毕业生就业服务等；第三是高校外部利益相关者对高校学生就业能力开发的支持，即产业界对高校的支持，包括企业全程参与学生的课程制定、与高校合作锻炼学生的实践能力、企业与学校签订就业契约、保障毕业生就业等；第四是宏观层次的影响因素，即政府支持或参与高校学生就业能力开发的过程，主要是政府应该建立高校学生就业服务平台和就业服务的制度与政策等。从上述四个层次的共同点考虑，它们都可以通过高校组织建立各种机制来实现。

学者普遍认为高校可以通过教学管理制度的改革来进行高校学生就业能力开发，包括专业调整和设置、将就业能力嵌入课程的教学改革、加强职业指导、增加学生的实习机会，倡导基于职业实际环境的学习和创业创新教育等。

2.6 影响高校学生就业意愿和工作满意度的研究综述

这里提出的求职意愿的概念，具体是指未实现真正就业的高校学生所持有的，对选择将来所要从事的工作所满足的相关条件的态度与看法。刘海玲（2010）认为，所谓求职意愿是指高校学生寻找工作之前的设想，这种设想与现实的匹配程度会影响其能否顺利实现就业。在已有的学者研究成果中，不乏对高校学生求职意愿影响因素的相关研究，刘雪梅（2013）研究了高校学生的职业成功观对其求职意愿的影响，并通过实证研究得出结论，认为职业成功观是影响高校学生求职意愿的重要因素。其中，作者将职业成功观分为三类，即内在满足型、外在报酬型、和谐平衡型。经过实证研究，作者得出了内在满足型和外在报酬型对高校学生的求职意愿存在较强的相关性，即对高校学生选择不同职业类型具有较大的影响；而职业成功观又受高校学生的人格特质（大五人格特质）影响较大。丁大建和高庆波（2004）对北京高校毕业生进行了就业调查问卷的发放，通过对其收集数据的整理和分析发现，高校毕业生对将要就业的形势和实质还没有较为清醒的认识和思考。例如，在就业地区的选择上，呈现扎堆热门城市（如北京）的现象；在就业单位的选择上，只片面地看重工资薪酬的高低；对就业工资薪酬的预期过高；在就业信息的获取方面还不够充分，信息获取渠道过窄，等等，均说明了高校学生就业意愿的不成熟性，还需要自身和学校等组织机构的多方努力予以纠正。汪亚丽（2013）在对护士实习期间工作满意度进行实证研究的过程中，通过发放调查问卷对其就业意愿进行数据统计和分析。其中，汪亚丽将其就业意愿定义为对从事自身所学专业（护士）的对口工作的满意程度分为三个档次：愿意从事、无所谓、不愿意从事。周石等（2012）在对北京市"90后"高校毕业生求职意愿影响因素进行分析时，发现北京市"90后"高校毕业生的求职意愿更偏向和看中职业发展与经济收入。钱鑫和姜向群（2006）在对老年人求职意愿影响因素的研究中，对求职意愿的定义为是否愿意就业。尉建文（2009）在研究家庭因素对高校学生就业意愿的影响时，将高校学生的就业意愿分为入企和从政两个类别。田奇恒和孟传慧（2007）在对四川地区城市低保人员就业意愿情况的分析中，将就业意愿情况分为三类：①对未来的期望，即积极地寻找工作，还是被动消极地得过且过；②愿意从事工作的横向比较，即所从事工作的性质差异，文献中使用了农民工与享受低保两种工作状态的比较；③对未来工作的待遇要求，即再就业者对未来再就业的工资待遇预期（分析结果显示低保享受者预期普遍偏高）。齐心（2007）在研究北京市低保人员求职意愿的影响因素中，同样将低保人员的求职意愿分为是否愿意就业、消极怠工、宁愿吃"低保"度日。

对于高校毕业生工作满意度的研究，不少学者都对其相关的影响因素进行了不同角度的分析，涂晓明（2007）在对高校毕业生工作满意度进行实证研究时，发现通过学校推荐或家庭社会关系帮助的非正式求职途径找到工作的高校学生，对其工作满意度较低（负向影响）；此外，高校学生对工作的期望值对工作满意度起到了负向影响，专业不对口也会导致毕业生工作满意度下降。刘雪莲（2007）在研究四川省高校毕业生工作满意度的相关影响因素时，发现毕业生的性别、专业等人口统计学特征对其工作满意度有显著影响，此外这些影响因素还与毕业生的内在价值维度和职业期望形成了交互作用，共同对其工作满意度产生了显著的影响。

潘杰（2010）在研究高校学生初次工作满意度的影响因素时，通过对上海财经大学毕业生的问卷调研和数据分析发现，高校学生的人力资本、就业期望、求职准备和求职强度等因素都对其工作满意度产生了显著的影响。方胜强（2014）则从高校学生的人力资本、社会资本和心理资本三个维度进行研究，并发现三类资本对高校学生工作满意度的影响都是正向显著的。

总结以上学者观点，无论对何种群体所讨论的求职意愿概念，无非是以下几种类型：①是否愿意放弃现有的状态（无业或失业）而寻找一份工作；②对（再）就业岗位的工资等福利待遇是否满意；③（再）就业岗位的未来发展前途是否符合自己的要求。这几种观点，即之前学者研究求职意愿的概念所涵盖的基本范围。但是，文献中概念所涉及的人群当中，多是下岗职工、低保人员、老年人等，即便是以高校毕业生为研究对象的学者，也大多是对高校毕业生选择工作所在地区、工资待遇或者是职业将来的发展前景的研究。很少有涉及就业之前的高校学生对于求职的看法和态度，以及将来的工作是否符合自身所学专业等问题对于高校学生找工作所造成的影响，所以这些方面有待于进一步的发掘和深层次的研究。

虽然众多学者对其影响因素的研究都涉及高校学生的人力资本、社会资本、求职途径等要素，但是对于工作满意度的定义较为笼统，而且很少有人将这些因素间的相互关系及其对工作满意度整体的影响进行分析，所以这方面也是本书研究的重点。

2.7 网络成本对社会网络使用效率的研究综述

Granovetter（1973）提出弱关系理论之后，社会网络的使用对求职结果的影响研究再次在学术界引起重视，随后的一系列学者，包括 Burt（1992）对结构洞的研究，Lin（2011）对社会资本的一系列研究，以及国内学者 Bian（1997，2015）、赵延东（2003a）、张文宏（2011）等对随机求职群体做的实证调研分析，均从不同的角度和对不同类型求职者个体的社会网络在其求职过程当中所起到的作用进行了验证，但无论是强、弱关系还是对特殊求职群体（下岗职工），社会网络总是能够为求职者带来有利的求职信息或者直接帮助，从而更有效地帮助求职者获得相对更好的求职结果，如较高的初始工资等。

然而，事物总有其两面性，社会网络也不例外。除了经过上述学者验证的网络积极影响的方面外，也有少数学者通过研究发现，当求职者个体的社会网络关系数量达到一定规模上界时，过多的网络资源反而会对其求职过程带来"麻烦"或负面的影响（即倒 U 形）。有学者认为是由于网络规模过大，从而导致个体能够获取的相关信息过多，超出了自己能够有效处理的范围而导致"信息阻塞效应"，从而降低了其工作匹配效率（Calvo-Armengol and Zenou，2005；Wahba and

Zenou，2005）。还有学者对社交网站上的个体关系网络的规模与个体人气值之间的关系进行研究，结果发现个体网络中规模过大会导致关系成员之间的不信任，从而对自身人气值造成负面影响（Tong et al.，2008）。

那么，究竟是什么原因导致了社会网络的负面影响呢？经过对相关文献的研究和梳理，我们发现原来个体社会网络关系并非是固定不变的，而是时刻在动态变化中的，在网络关系构建形成之后为了维持已有的关系存在和质量，个体仍需要采取主动的行为来防止关系的衰减（Dindia and Canary，1993），而这其中的关键就在于与网络成员的沟通和交流频率（Roberts and Dunbar，2015；Oswald and Clark，2003）。同样，Burt（2000）也在相关研究中发现，个体网络中的关系是需要个体付出一定的时间和精力去维护的，否则关系的强度和质量都会随着时间的流逝而慢慢消退。

根据 Dunbar（1998）最早提出的社会脑假设（social brain hypothesis，SBH）理论，从脑科学发展的角度出发，研究发现大脑的尺寸限制了灵长类动物（包括人类）社会网络规模的大小。具体原因在于：个体大脑对网络群体中关系数量和类型的记忆能力有限以及对关系信息的处理能力有限。随后，学者对 SBH 理论进行了延伸和扩展研究，Dunbar 和 Stiller（2007）提出的心理理论（theory of mind）认为个体维持网络资源的限制主要来源于个体认知能力（时间、精力）和信息处理能力（准确性和临近性）的限制。Dávid-Barrett 和 Dunbar（2013）进一步研究发现，网络规模越大，个体就会需要越复杂的信息处理过程，必然就会导致越大的"认知计算成本"，作者提出的社会复杂性假说（social complexity hypothesis，SCH）理论认为信息处理的复杂程度限制了网络规模的大小，而计算量巨大的认知能力决定了沟通能力的大小。即个体需要通过有限的沟通能力（维持成本）去维持自身已有的社会网络关系，也就从根本上限制了个体网络资源（规模）的有限性。

综上所述，可以得出以下几个基本观点：①网络成本在社会网络使用过程中的影响是始终存在的，无论个体社会网络的规模、关系强度等特点如何，网络维持成本都会始终随之变化并对网络使用效率产生相应的影响；②在网络成本会受到个体时间、精力、金钱等多方面的限制，并非可以无限增加以扩大社会网络所嵌入的资源；③在较大规模的社会网络中，随着社会网络成本的增加，其对个体社会网络的使用效率会造成显著的倒 U 形影响，即在较低水平上网络成本会增强网络的使用效率，随着网络成本的增加超过临界值后会对网络使用效率产生负向影响。但针对个体的小规模核心网络成员是否也会产生同样的倒 U 形影响，是值得进一步研究的问题。

2.8　研　究　启　示

首先，本章对使用的研究概念进行了界定，阐明了信息服务业、社会网络、人力资本、社交工具、求职途径以及工作满意度概念；其次，对求职途径影响因素进行相关文献综述，明确了前人主要研究的主要因素为人力资本和社会网络两个方面，并提出研究存在的局限性；最后，对工作满意度影响因素进行相关文献梳理，明确了前人研究求职途径对于工作满意度的影响分析，并针对研究结论进行评价分析。

对于之前的丰富研究，具体研究启示如下。

（1）很多研究均证实人力资本对于求职途径选择有显著影响，但国内外关注的研究对象多数为失业人员、下岗职工和高校毕业生这类群体，几乎没有人将信息服务业企业员工纳入研究范围。作为新兴行业的员工，他们本身具有较高的知识水平，员工人力资本整体比较高，他们在求职途径的选择上与传统研究的群体是否会有差别值得关注。

（2）之前的关于人力资本大量研究集中在学历教育及工作能力等方面，关于社会网络大量研究集中在社会网络信息资源优势、强弱关系对于求职过程的影响等方面，都具有时代背景的局限性。社会网络对于求职过程的影响在不同的宏观经济背景下作用不同。在目前中国市场经济体制不断完备、经济政策改革不断深化的宏观形势下，社会网络对于求职途径选择影响是否发生变化，结论是否发生改变，值得继续研究验证。此外之前研究社会网络的影响，采用的是某单个社会网络类型，而本书可以对多个类型网络同时进行比对。

（3）现有的研究主要围绕传统人力资本、社会网络、求职途径及工作满意度的相互影响关系讨论。当今时代，互联网飞速发展，社交工具不断更新发展，信息发布、接收、交换等模式均发生了巨大改变，个人与周围亲人、朋友关系的建立、维持方式也会因社交工具的使用而不断变化。由此可见，新时代背景下，社交工具对于个人社会网络和求职过程以及求职结果可能产生影响，但之前的研究都没有对社交工具使用进行考虑，本书对之前的研究模型进行了拓展。

（4）经过上述对国内外关于高校学生就业能力的相关文献的回顾，不难发现，国内外学者对高校学生就业能力的概念已经有较为深入的讨论。从研究的内容看，基于个人能力和就业结果视角的就业能力定义和就业能力构成的研究观点存在相同性，即基于就业结果的就业能力构成的研究也将个人与就业相关的能力包含进去，且两类视角对个人能力维度的结构基本一致。然而，在我国高等教育系统高校多样化的背景下，本书从高校视角出发，更加关注两类观点的共同点，即高校学生就业能力的个人能力属性来进一步探讨我国高校学生就业能力的内涵、就业能力的构成要素、就业能力的影响因素以及如何来开发高校学生就业能力等。这些是值得我们继续深入研究的内容和方向。

（5）之前学者对求职者求职意愿的研究中，大多数涉及的研究对象是失业群体、老年人再就业群体等，对高校学生求职意愿的研究较少；另外，对于高校学生求职意愿的相关研究大多是关于对工作报酬、工作地点和职业发展前景等因素，对于高校学生在校的相关就业态度和求职积极性等因素考虑较少。所以，以高校学生的求职意愿为研究视角，其相关的影响因素及其与其他变量之间的相互关系是值得进一步深入研究的地方。

（6）在对网络成本相关文献的研究中，我们发现较多学者针对较大规模的个体社会网络关系中维持成本与网络自身规模的影响变化规律，而对于个体小规模、强关系的"核心圈"群体网络关系维持成本与网络使用效率之间的关系研究涉及较少；此外，在求职领域中研究网络关系的维持成本及其使用效率的研究较少，尤其是针对个体核心网络群体的维持成本与其使用效率的关系，鲜有研究涉及。

3 研 究 方 法

3.1 研究的技术路线

本章通过两个子课题来深入研究新时期信息服务业就业问题。探索我国信息服务业知识密集型劳动力发展现状、知识密集型劳动力的管理问题，以及知识密集型劳动力对企业发展的促进作用；研究知识密集型劳动力的供需双方及第三方机构在知识密集型劳动力对接和匹配过程中，通过信号传递向对方发送有效的人才信息的举措；研究社会网络在知识密集型劳动力资源提升过程中发挥的作用。通过对供需双方的研究，对我国相关信息服务业就业问题提出合理的对策建议。技术路线图如图 3-1-1 所示。

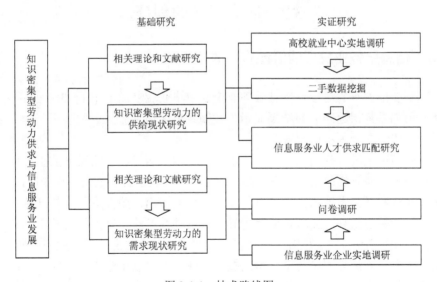

图 3-1-1 技术路线图

信息服务业知识密集型劳动力供给研究包括基础研究和实证研究两部分。实证研究部分选取不同地区有代表性的高校作为调研对象。通过对高校就业指导中心调研，获取被访高校历年就业的数据资料；通过相关专业院系专家的访谈，获得对信息服务业相关专业人才培养的观点和未来发展方向。环渤海地区的北京市、长三角地区的上海市和杭州市、西三角地区的西安市和成都市等城市是我国高校最为集中的城市，也是与信息服务业领域相关专业最多的地区。选择这些地区的代表性的高校进行实地调研，主要关注高校就业中心及当地与毕业生就业相关的部门机构，了解当地毕业生就业的问题。通过这些机构的实地调研，获取相关政策资料，以及历年的统计数据。通过实地调研发现高校就业中存在的普遍问题，通过历年数据分析发现就业的变化动态特征。

信息服务业知识密集型劳动力需求研究包括基础研究和实证研究两部分。实证部分首先通过对不同地区典型企业的访谈获取企业存在的问题，然后通过案例研究方法进行质性研究，最后通过大规模的问卷发放，获取企业不同层级员工的数据信息。环渤海地区的北京市、长三角地区的上海市和杭州市、珠三角地区的广州市和深圳市以及西三角地区的西安市和成都市，是我国信息服务业发展最具代表性的地区。这些地区不仅创造了巨大的信息服务业产值，而且创造了很多信息服务业人才的需求。通过对这些地区典型企业的实地调研，发现企业对人才的评价标准，包括专业技能和个人能力两方面。通过发放问卷，获取企业员工数据，问卷调研对象为新入职员工。

3.2　研究区域的划分

3.2.1　信息服务业发展的区域资料收集思路

本章实地调研的对象是信息服务业企业中毕业后参加工作 1～3 年的新员工。本团队前期系列课题研究的结果显示，我国各地区信息服务业发展不平衡，因此问卷调查应该在全国不同地区进行。

（1）西部地区选择的是西安市。陕西省是西部信息服务业发展的重要地区，西安市作为陕西省的政治、经济中心，对区域内发展起着举足轻重的作用，《西安市国民经济和社会发展第十二个五年规划纲要》指出，要促进科技与产业的深度融合，把战略性新兴产业培育成为先导性、支柱性产业。重点打造若干具有较强研发能力和核心竞争力、在国内外具有较强实力和地位的高技术企业和产业集团，形成一大批富有活力的民营中小型高技术企业。建立以企业为主体的技术创新体系，完善促进高技术企业创新的金融、财税等政策，实施中小企业技术创新计划和"瞪羚"计划，采取综合措施，鼓励企业提高研发投入，努力开发具有自主知识产权的核心技术和主导产品。其中明确列出了新一代信息技术产业的发展要求：重点发展新一代移动通信、下一代互联网、三网融合、物联网、云计算、集成电路、新型显示、高端软件等产业。建设中兴通信西安通信产业园、长安通信产业园、物联网产业园、华为全球交换技术中心及软件基地。这些都为西安市信息服务业发展提供了广阔的发展前景。西安的信息服务企业相对周边城市较多，以集聚发展的形式出现在类似于产业园区的组织和地区中，能够满足调研样本抽取的基本要求。

（2）珠三角地区选择的是广州市和深圳市。珠三角地区外向型经济总体水平较高，充分发挥了毗邻港、澳的地缘优势和侨胞遍及世界各地的有利条件，以国际市场为导向，以国内市场为依托，推动外向型经济高水平、快速度发展。其已经完成了从传统的农业经济向重要的制造业中心的转变，并成功实现了第二、第三产业双重主导的经济社会全面联动发展。广东省是全国经济发展水平最高、综合经济实力最强的几个地区之一。

2014年广东省规模以上服务业营业收入总额为13 511.9亿元，在全国省份中排名第三，与去年同期相比增长速度为8.2%；营业利润为2265.3亿元，全国排名第二，与去年同期相比增长速度为24.1%。从广东省部分规模以上服务业统计结果来看，全省调查单位数13 177户，93.7%的调查单位集中在珠三角，粤东西北地区仅占6.3%。从不同区域的规模以上服务业营业收入增速的对比来看，珠三角增长8.5%，东翼下降0.2%，西翼增长4.2%，山区增长1.5%，粤东西北地区服务业发展与珠三角差距持续扩大。特别是揭阳、清远、肇庆和阳江营业收入增速分别下降9.5%、1.2%、0.8%和0.2%。广东省在"十一五"规划中以较大篇幅专门论述信息服务业发展战略，出台许多强力的政策来激励本省信息服务业的发展。该区域资源配置的市场化程度较高，为加快信息服务业发展创造了良好的要素条件。

"十一五"时期是广州市信息化加快发展的重要时期。充分应用信息技术，深入开发利用信息资源，促进信息交流与知识共享，推动信息化与城市化全面融合发展，实现高度信息化、全面网络化的"信息广州"战略，推动广州市信息化发展取得长足进步。

深圳市拥有完善的电子信息产业链，在计算机、通信、软件、电子元器件、数字视听等领域形成了集群优势，已成为全球重要的电子信息产业基地。深圳市获批建设全国首个国家创新型城市、首个国家电子商务示范市、首批"三网融合"试点城市和云计算创新发展试点示范城市，相继出台了国家创新型城市总体规划、互联网产业振兴发展规划和政策、电子商务示范市和三网融合试点城市工作方案等一系列规划、政策和措施。深圳市创新创业氛围浓厚，形成了鼓励创新、宽容失败的人文环境。

（3）长三角地区选择的是上海市、苏州市和浙江省。2014年第一季度苏州市服务业经济发展势头良好。①服务业经济总量规模持续攀升。一季度全市实现服务业增加值1336.95亿元，同比增长12.1%，高于全市GDP和第二产业增加值增速3.6个百分点和6.3个百分点；②投资结构逐步优化。一季度全市实现服务业固定资产投资783.29亿元，同比增长13.1%，占全社会投资的比重达59.3%，同比提高 2.2 个百分点；③服务业税收稳步增长。一季度全市实现服务业税收 263.41 亿元，同比增长 4.5%，服务业税收占全部税收 38.6%；④私营个体不断扩大。截至 2014 年 3 月末，私营和个体服务业单位分别达到 15.87 万户和 38.95 万户，比去年末增加 1840 户和 1859 户。私营和个体服务业注册资本分别实现 6178.38 亿元和 233.56 亿元，同比增长 16.0% 和 18.8%。

所以，鉴于苏州市服务业经济发展的有利现状，各类信息服务类企业分布广泛，对于调研所需抽取样本要满足的基本数量是十分有利的，因此，最终确定了苏州市作为其中一个调研地点。

上海市在整个长三角地区发展中处于核心地位，《长江三角洲地区区域规划》指出要进一步强化上海国际大都市的综合服务功能，充分发挥服务全国、联系亚太、面向世界的作用，进一步增强高端服务功能，建成具有国际影响力和竞争力的大都市。加大自主创新投入，形成一批国际竞争力较强的产业创新基地和科技研发中心，发挥自主创新示范引领作用，带动长三角地区率先建成创新型区域。充分发挥上海浦东新区作为国家综合配套改革试验区的带动作用，率先形成更具活力、更加开放的发展环境。依托虹桥综合交通枢纽，构建面向长三角、服务全国的商务中心。优化功能分工，中心城区重点发展现代服务业，郊区重点建设先进制造业、高技术产业和现代农业基地，积极发展生产性服务业，形成合理的产业布局，带动产业转型与升级。可以看出，这些规划和政策都为上海市信息服务等产业发展提供了良好的发展基础。

2014 年，上海市全年实现 GDP 23 560.94 亿元，按可比价格计算，比上年增长 7.0%。其中，第三产业增加值为 15 271.89 亿元，增长 8.8%。第三产业增加值占上海市生产总值的比重达到 64.8%，比上年提高 1.6 个百分点。在第三产业中，金融、信息等现代服务业发展较快。2014 年，上海市实现金融业增加值 3268.43 亿元，比上年增长 14.0%；信息传输、软件和信息技术服务业增加值 1211.83 亿元，比上年增长 12.5%。在新兴产业中，以互联网金融、移动互联网、平台经济等为代表性的"四新经济"发展态势较好。无店铺零售额 957.9 亿元，比上年增长 21.7%。此外，上海逐渐加快服务业融入国际市场的步伐。其中，2014 年全年四季度，上海市信息传输、软件和信息技术服务业发展总产出为 3057.2 亿元，比去年同期增长 7.4%；且信息传输、软件和信息技术服务业资产总计 4595.85 亿元，同比增长 13.2%，营业收入 2588.72 亿元，比去年同期增长 7.4%，实现营业利润 297.98 亿元，同比增长 6.2%。

纵观上海市的历史发展轨迹，可以看出其服务业发展所占比重始终处于国际上较为领先的水平；毫无疑问，作为 21 世纪新兴产业的信息服务业在当地的发展也必定是风生水起。因此，我们最终确定了上海市作为其中一个调研地点。

杭州市充分发挥科技优势和历史文化、山水旅游资源，建设高技术产业基地和国际重要的旅游休闲中心、全国文化创意中心、电子商务中心、区域性金融服务中心，建设杭州都市圈。要求重点发展文化创意、旅游休闲、电子商务等服务业，成为长三角地区南翼的现代服务业中心。这些都为杭州市信息服务业发展提供了广阔的前景。

浙江省专门发布"十一五"信息服务业专项规划，信息服务业总量规模庞大。2014年，浙江省全年GDP达到40 154亿元，比上年增长7.6%。其中，第三产业增加值19 222亿元，三大产业分别增长1.4%、7.1%和8.7%。三大产业增加值结构由上年的4.7∶47.8∶47.5调整为4.4∶47.7∶47.9，第三产业比重首次超过第二产业。其中，第三产业的增幅比GDP增幅高出1.1个百分点，比第二产业增幅高出1.6个百分点，继续保持了增速连续多年超过第二产业这一发展态势。2014年，第三产业对GDP增长贡献率达52.1%，服务业为全省经济在新常态下保持健康稳健发展作出了突出贡献。杭州市是全国唯一集国家电子信息产业基地、服务外包基地、高技术产业基地、电子商务之都等称号于一体的城市。软件服务业综合竞争力列全国第四，仅次于北京、深圳和上海。信息软件产业发展迅速，2013年实现增加值678.72亿元，比上年增长23.5%。"十二五"以来年均增长率超过18%，占杭州市GDP的比重从上年的6.1%扩大到8.1%，提高了2个百分点，成为十大产业名副其实的"倍增器"；2013年信息软件产业合计实现利润总额408.74亿元，比上年增长57.7%；龙头企业对产业发展支撑作用明显，共有资产超10亿元的企业31家，收入超亿元的企业130家。

由于受到本地崛起的代表性的信息服务类企业的影响和辐射，杭州市本地的该类企业的发展理念新颖，发展类型多样化。在信息服务业类型企业发展方面，在长三角地区甚至全国处于领先地位，我们最终确定了杭州市作为其中一个调研地点。

3.2.2 高校学生资料收集思路

（1）一类为重点院校：985和211。西安交通大学是教育部直属重点大学，为我国最早兴办的高等学府之一。西安交通大学是"七五"、"八五"首批重点建设项目学校，是首批进入国家211和985工程建设，被国家确定为以建设世界知名高水平大学为目标的学校。今日的西安交通大学是一所具有理工特色，涵盖理、工、医、经济、管理、文、法、哲、教育和艺术等10个学科门类的综合性研究型大学。学校设有27个学院（部）、9个本科生书院和19所附属教学医院。现有教职工5982人，专任教师3072人，教授、副教授1700余人。现有全日制在校生30 682人，其中研究生14 697人。全校有本科专业84个，拥有27个一级学科、154个二级学科博士学位授权点、45个一级学科、242个二级学科硕士学位授权点，22 个专业学位授权点。学校有 8 个国家一级重点学科，8 个国家二级重点学科，3 个二级学科国家重点（培育）学科，27 个省（部）级一级重点学科，155 个省（部）级二级重点学科。25 个博士后流动站，5 个国家重点实验室，4 个国家工程研究中心，59 个省部级重点科研机构。

（2）二类为一般一本工科院校。杭州电子科技大学是一所电子信息特色突出，经管学科优势明显，工、理、经、管、文、法、艺等多学科相互渗透的教学研究型大学。学校前身为创建于 1956 年的杭州航空工业财经学校，属于军工事业单位，是我国较早成立的一所以信息技术学科为主导的高等院校。后经国务院批准，1980 年设立杭州电子工业学院，2004 年更名为杭州电子科技大学，学校先后隶属于第四机械工业部、电子工业部和信息产业部等中央部委。2000 年开始实行省部共建、省管为主的管理体制，并被浙江省列为重点建设的教学研究型大学。学校建有下沙、文一、东岳、下沙东及信息工程学院临安新校区共五个校区，占地面积 2500 余亩，现有普通全日制在校生 28 000 余人，教职员工 2200 余人。学校现有本科专业 57 个，分别隶属于工学、管理学、经济学、理学、文学、法学和艺术学等 7 个学科门类。学校具有深厚的电子信息产业背景和悠久的经管学科办学历史。现有计算机科学与技术等 2 个国家级综合改革试点专业，通信工程等 6 个教育部“卓越工程师教育培养计划”试点专业，电子信息工程等 7 个国家级特色专业建设点，会计学等 11 个浙江省“十二五”优势专业，软件工程等 6 个浙江省重点专业，工商管理等 9 个浙江省重点建设专业，自动化、电子信息工程 2 个国防特色重点专业，是省属高校中唯一拥有国防特色重点专业的高校。经过多年的建设和发展，学校已发展成为浙江省人才培养、科学研究和社会服务的重要基地，办学规模、水平、质量和效益等各项指标均位于浙江省属高校前列。本次调研主体为信息服务产业的知识密集型劳动力，因此我们在杭州电子科技大学众多专业中选出了符合我们要求的几个学院，分别为研究生院、电子信息学院、通信工程学院、自动化学院、计算机学院、软件工程学院、理学院、经济学院、管理学院。

西安邮电大学是由陕西省人民政府与工业和信息化部共建院校，是一所以工为主，以信息科学技术为特色，工、管、理、经、文、法、艺多学科协调发展的普通高等学校，是国家在西北地区唯一的邮电通信类高等学校、陕西高水平大学建设高校、教育部“卓越工程师教育培养计划”实施高校、中国人民解放军后备军官选拔培养基地、全国首批试办边防军人子女预科班的高校。现有全日制在校生 18 000 多人，设有研究生院、通信与信息工程学院、电子工程学院、计算机学院、自动化学院、理学院、经济与管理学院、人文社科学院、外国语学院、数字艺术学院、国防教育学院、国际教育学院、继续教育学院、体育学院、马克思主义教育研究院、物联网与两化融合研究院等教学科研机构。本次调研主体为信息服务产业的知识密集型劳动力，因此我们在西安邮电大学众多专业中选出了符合我们要求的几个学院，分别为研究生院、通信与信息工程学院、电子工程学院、计算机学院、自动化学院。

（3）三类为师范类学校。河南财经政法大学，该校位于河南省郑州市，地处中华腹地。学校由河南财经学院和河南省政法管理干部学院于 2010 年 3 月合并组建而成，是省属公办全日制普通高等学校，是河南省重点支持建设的骨干高校之一。学校以经济学、管理学、法学为主干，兼有文学、理学、工学、艺术学等七大学科门类。现有 59 个本科专业，有理论经济学、应用经济学、管理科学与工程、工商管理、农林经济管理、法学、哲学、地理学 8 个硕士学位授权一级学科，55 个学术型硕士学位授权二级学科，另有金融、应用统计、税务、国际商务、资产评估、法律、农业、工商管理、公共管理、会计 10 个硕士专业学位授权学科。学校拥有的师资队伍中现有教职工 1800 余人，其中专任教师 1200 余人，高级职称人数 600 多人，具有博士学位教师 335 人、硕士学位教师 801 人。全校现有全日制在校学生 28 000 余人。

杭州师范大学可追溯到创建于 1908 年的浙江官立两级师范学堂，1913 年更名为浙江省立第一师范学校，1978 年经国务院批准建立杭州师范学院。2000 年以来，杭州教育学院、杭州医学高等专科学校等相继并入，组建新的杭州师范学院。2007 年更名为杭州师范大学。学校初步形成了以教师教育、艺术教育和文理基础学科为主，医、工、经、管、法协调发展的综合性、开放性和交叉融合性的学科结构体系。下设 16 个学院、2 个基础教学部、1 个直属附属医院（市二医院）和 1 个独立学院（钱江学院）。现有全日制在校生 18 753 人（不含钱江学院本科生 8978 人），其中本科生 16 548 人、博士研究生 3 人、硕士研究生 2016 人；教职工 2267 人，其中专任教师 1410 人；教授等高级职称人员 916 人，具有博士学位的 726 人、共享院士 7 人。而本次调研的地点设在学生人数较多的仓前和下沙校区，而被调查的学生分别来自杭州国际服务工程学院（计算机学院）、人文学院、经济与管理学院、阿里巴巴商学院、理学院、医学院、材料与化学化工学院、生命与环境科学学院。这些专业的学生所学习的专业课程或多或少与信息服务有关，在将来的就业过程中，有很大的可能性进入信息服务产业，因此他们符合调研样本的特性。

3.3 问卷设计和在线问卷平台建设

3.3.1 高校学生就业情况调研问卷

（1）问卷的设计。问卷设计包括四个部分。第一部分为学生的基本情况，包括性别、年龄、婚姻状况、毕业院校、所学专业、出生地等问题。第二部分为学生上学期间培养情况，即被调研者曾经在校学习期间的课外活动、实践经历、实习培训以及取得的相关资格证书情况，这是本书定义的人力资本部分。第三部分为学生的求职意愿和途径情况调查，使用提名法测量"讨论网"，询问被调查者和哪些人讨论过求职问题，这些人和自己是什么关系，这些人的基本情况，这部分希望获取的是被调查者的核心交往圈。此外，还询问了被调研者的工作满意度。第四部分为学生的家庭情况，采用"拜年网"测量被调研者在春节期间和谁聚会，亲人、熟人、朋友有多少人，这些人从事的职业、工作单位类型，这部分是为了了解被调查者潜在的可以动用的社会网络关系。随着互联网的飞速发展，社交工具的使用，社交方式、交往关系的建立和维持都产生了变化。问卷中调查企业员工是否使用在线社交工具，包括使用频率、使用社交工具扩大交友范围、组织活动等情况。

（2）问卷的预调研和修正。预调查在西安交通大学的本科和研究生中进行。以学生宿舍楼为区域划分，进行抽样调研，兼顾男女生比例。采用进入宿舍当面发放问卷的形式，收集问卷和学生的意见反馈。在完成试调查工作后，为保证数据质量，建立数据字典，编制录入程序，进行数据录入工作。

根据试调查中反映出来的问卷设计和调查实施问题，对部分题项设置进行了调整和补充，对跳转进行逻辑测试；对于有疑惑的题项进行重新描述和补充说明；对于问题之间的逻辑跳转，进行了再次确认。项目课题组委托第三方开发了在线调研的电子问卷和统计控制系统，为后续异地企业员工调查提供了技术支持。通过对西安企业的电子问卷调查，收集了被调研者的意见，对于可能出现的技术问题进行进一步修正，得到了稳定的问卷调查系统。

3.3.2　企业员工就业情况调研问卷

为了将来进一步比较研究的需要，企业员工就业情况调研问卷的大部分内容与高校学生就业情况调研的内容相同。

问卷设计包括四个部分。第一部分为员工的基本情况，包括性别、年龄、婚姻状况、毕业院校、所学专业、出生地等问题。第二部分为员工上学期间培养情况，即被调研者曾经在校学习期间的课外活动、实践经历、实习培训以及取得的相关资格证书情况，这是本书定义的人力资本部分。第三部分为员工的求职情况调查，使用提名法测量"讨论网"，询问被调查者和哪些人讨论过求职问题，这些人和自己是什么关系，这些人的基本情况，这部分希望获取的是被调查者的核心交往圈。此外，还询问了被调研者的工作满意度。第四部分为员工的家庭情况，采用"拜年网"测量被调研者在春节期间和谁聚会，亲人、熟人、朋友有多少人，这些人从事的职业、工作单位类型，这部分是为了了解被调查者潜在的可以动用的社会网络关系。随着互联网的飞速发展，社交工具的使用，社交方式、交往关系的建立和维持都产生了变化。问卷中调查企业员工是否使用在线社交工具，包括使用频率、使用社交工具扩大交友范围、组织活动等情况。

3.3.3 在线问卷平台的设计和建设

调查技术发展从纸质问卷的手工统计、汇总，到单机问卷录入系统，问卷答案录入界面和纸质问卷、调研员录入，目前的新技术是在线问卷，调研员发放问卷地址，调查对象在线完成问卷。在线问卷的应用优势：①基于 Web 的问卷形式，用户无须安装认可客户端，可在计算机、移动终端上自助完成问卷回答；②匿名，用户填写问卷可在私人空间中完成，避免传统问卷填写过程的个人隐私泄露，系统在答案收集过程中不记录任何问卷题目外的私人信息；③自动的选项检查策略，提交前自动检查问卷空缺选项，自动控制问卷答案间的关联逻辑；④问卷题目自动跳转控制，根据用户选择的答案，自动完成题目板块跳转；⑤基于 IP 访问控制的安全保障，根据受访对象所处的 IP 段范围，在服务器端 IIS 中配置可访问服务器的 IP 地址；⑥问卷续填，用户可根据自身时间安排，分多次填写问卷，系统可自动恢复问卷已保存问题的答案；⑦问卷有效性自动判断，系统根据问卷完成情况，可自动筛选有效问卷，提高问卷的精准性与可信性；⑧动态的问卷完成情况统计，可实时汇总统计已分发问卷的激活、完成情况。

（1）本书选取在线问卷调查为主的原因：①在线问卷技术自身的优势；②本书涉及西部、中部、东南沿海诸多省份，调查范围广，为了节省调研时间和人力成本，提高数据收集效率，故选用在线问卷的数据收集方式；③西安交通大学电子与信息工程学院智能空间实验室的计算机技术专家为本书提供技术支持，计算机系独立的服务器提供硬件保障。

（2）问卷的设计策略：①基于前期试调查的纸质问卷的反馈情况采用多问卷并存的问卷设计策略；②针对不同类型的问卷（企业、学生）搭建各自独立的网站；③针对同种类型不同地区问卷，分配独立数据库。

（3）问卷的提交和保存策略：方案一，实时动态保存：用户每次操作单一均动态保存结果。优点：完整记录用户每次选择，不易丢失用户选择。缺点：频繁提交服务器，当并发用户数量较多时对服务器造成压力。方案二，分部保存：按照问卷问题结构，用户完成每部分问卷后统一保存。优点：一次性提交数据，服务器压力小。缺点：当某一部分问卷未完成时中断，会造成该部分未保存问卷数据丢失。本系统根据问卷特点，选择第二种方案。

基于 Web 的在线问卷系统结构：多用户在线并发，各种终端对应服务器中多个数据库。技术架构为服务器操作系统：Windows Server 2012，应用服务器：IIS

7.0，系统程序：ASP.NET 4.0 + C#，开发环境：Visual Studio 2012，数据库：Microsoft SQL Server 2012。

（4）问卷的分发策略：方案一，统一地址分发（西安邮电大学和杭州电子科技大学数据收集部分采用）。实施：①问卷分发时采用统一地址，用户访问系统时自动生成问卷实例；②采用浏览器 cookie 技术，记录用户填写问卷编号信息，支持用户问卷续填。优点：分发地址简单，为访问系统用户自动生成独立问卷。缺点：①问卷跟踪性差，无法追踪具体问卷完成情况；②问卷中断续填性差，当用户更换浏览器或清除缓存时，无法继续填写，造成残缺问卷；③不支持不同用户使用同一台计算机填写各自问卷。

方案二，独立地址分发（企业问卷分发的主要方式）。实施：①问卷对每一个用户采用独立地址分发，用户通过各自地址填写问卷；②采用问卷访问地址隐含问卷编号的方式，地址与问卷编号唯一对应。优点：①问卷可跟踪性强，可实时查询每一份问卷的完成情况；②每一个用户使用独立的地址区别，可随时随地访问自身的问卷；③多个用户可共享设备完成问卷填写。缺点：分发地址工作烦琐，需为每一个用户分配独立的访问地址。本系统根据课题分发、收集问卷特点，采用两种方案结合的方式。

（5）保证反馈率和问卷质量的措施：①事前的准备——问卷为匿名填写，问卷问题采用中性问题，降低问卷主题的敏感度（如家庭收入等问题设置为 5 级量表）；问卷各部分填写完毕提交后自动跳转，相关填写表格自动生成；正式发放前由调查员使用各种浏览器与操作系统填写问卷，保证兼容性；学校调查对象为高校学生，企业调研对象为 IT 服务业员工，文化程度较高，熟悉互联网；②具体的措施——事先邮件、电话联系企业人力资源管理者（HR），高校就业中心负责人，说明情况后根据实际情况进行问卷编码与发放，企业调研按照企业名单逐个联系，高校调研直接将分配好的网址 IP 发放给每个高校中心负责人，调查员亲自到企业、高校发放问卷并现场进行问卷填写说明与示范，同时保证受访者遇到问题随时可以进行填写指导，每天登录后台统计网站了解问卷回收情况，对回收率较低的单位进行定期提醒，为问卷填写单位分发西安交通大学明信片作为纪念品。

3.4　调研样本的选取

3.4.1　调研地区选择说明

在信息服务类企业调研工作 1～3 年的新员工就业情况，本次调研的设计每个城市拟回收有效问卷数量为 200 份，根据以往调研问卷 30%回收率的经验把握，此次发放问卷需要在 500 份以上。

（1）西部地区的西安市。首先在确定不同产业科技园区的地理位置分布情况下，将其在地图上进行初步分区编号，其中一部分未在园区内分布的企业单独进行区域编号以区分，按照上述方法总共分为 8 个区域，共完成对 80 家信息服务类型企业的问卷调查工作。

（2）长三角地区的苏州市、上海市和杭州市。在苏州市，根据西安交通大学苏州研究院、苏州市电子软件协会和苏州工业园区科技发展有限公司的联系和介绍，首先在确定不同产业科技园区的地理位置分布情况下，将其在地图上进行初步分区编号，其中一部分少数未在园区内分布的企业单独进行区域编号以区分，按照上述方法总共分为 9 个区域，共完成对 78 家信息服务类型企业的问卷调查工作。

在杭州市，根据西安交通大学浙江校友会和浙江互联网协会的联系和介绍，首先确定不同产业园区在杭州的地理位置分布以及不同企业的聚集情况的前提下，按照便于分配调查员工作的原则，将拟确定名单的调研企业进行分区并分别进行编号，按照上述方法杭州地区的调研企业总共分为 5 个区域，共完成对 58 家信息服务类型企业的问卷调查工作。

在上海市，通过上海市发展和改革委员会与经济和信息化委员会的领导，以及上海张江科技园管理委员会的介绍和联系，首先在确定不同产业科技园区的地理位置分布情况下，先按照浦东和浦西在地图上初步分为两个区域，再按其中一部分少数分布较偏远的企业单独进行区域编号以区分，按照上述方法总共分为 4 个区域，共完成对 52 家信息服务类型企业的问卷调查工作。

（3）珠三角地区的深圳市和广州市。在深圳市，通过西安交通大学深圳校友会、深圳软件协会和深圳市科技经贸创新委的校友联系和介绍，在确定深圳市不同产业科技园区的地理位置分布情况下，按照南山区、罗湖区、蛇口区、福田区在地图上分为 4 个区域，按照上述方法总共分为 4 个区域，根据每个区域的企业情况列出了明确的调研企业名单，共完成对 51 家信息服务类型企业的问卷调查工作。

在广州市，通过西安交通大学广东校友会和广东省发展和改革委员会与广东省科技厅的校友联系和介绍，用两种方式获取调研企业。首先联系 2012 年调研过的企业，其次通过当地联络人新增联系企业，最后通过当地联络人代发问卷。因此，将调研企业分为三类并编号，共完成对 39 家信息服务类型企业的问卷调查工作。

3.4.2 调研高校选择说明

在高校调研学生就业情况，本次调研的设计每个学校拟回收有效问卷数量为

200 份，根据以往调研问卷 30%回收率的经验把握，此次发放问卷需要在 500 份以上。

（1）西安交通大学的学生以本科生为主，但也有不少研究生，而研究生与本科生在同一个校区。我们首先了解了各学院的招生情况和培养目标，筛选出符合本次调研，且与信息服务产业相关专业的学院，包括研究生院、管理学院、计算机学院、理学院、经金学院、公管学院、电信学院、自动化学院等。接着，我们分别对不同学院的同学按照宿舍楼所在区域进行调研。

根据宿舍楼所在区位置，我们对宿舍楼进行初步编号，由于问卷是纸质问卷的形式，每份问卷都有一个特定的编码，西安交通大学调研编号如下：问卷的编码形式为 ID = 01011001，01 代表西安，01 代表西安交通大学，1 代表不同宿舍楼区域，001 为顺序码。

近年来，西安信息服务业发展取得了很大的成绩，已成为推动西安信息化进程的重要力量和不可或缺的组成部分。西安信息化进程因世纪之交"西部大开发"战略的启动与实施而进入了一个崭新的、实质性的发展阶段，西安志在打造"数字西安"，将发展信息服务产业作为其转型的重要目标。西安将培育一批创新能力强、成长速度快、市场占比大的科技服务小巨人企业，完善产业链，促进产业上下游配套，加快产业规模发展，主要包括：信息服务领域的卫星应用服务、软件与集成电路设计和测试服务、电子商务、移动互联网等；文化与科技融合领域的数字出版、动漫游戏、以文化为内容的重大科技创新。因此，西安对于信息服务型的人才将供不应求，许多西安本地高校已经开始着手培养能够在信息服务产业中发挥作用的学生，并考虑将他们留在西安工作，因此选择西安作为调研的对象城市是合适的。在西安众多高校中，我们最终选择了西安邮电大学，原因在于西安邮电大学是一所以信息技术为重点专业的院校。因此，学校与很多本地的信息服务类公司产生了许多人才培养、交流的合作机会。每年，该校任职于信息服务企业的毕业生的比例非常可观，因此西安邮电大学培养了不少信息服务型的人才，并且凭借着其地理位置优势，为人才培养打下了夯实的基础。

（2）西安邮电大学的学生以本科生为主，但也有不少研究生，而研究生与本科生不在同一个校区，本科生全部分布在新校区，而研究生主要分布在老校区。我们首先了解了各学院的招生情况和培养目标，筛选出符合本次调研，且与信息服务产业相关专业的学院，包括研究生院、通信与信息工程学院、电子工程学院、计算机学院、自动化学院。接着，我们分别对两个校区的学生进行调研。

根据学院位置，我们对学院进行初步编号，由于问卷是电子问卷的形式，每份问卷都有一个特定的编码，西安邮电大学调研编号如下：①第一阶段调研对象为电子工程学院以及研究生院，其中电子工程学院主要是本科生，分布于新校区，问卷的编码形式为 ID = 01021001，01 代表西安，02 代表西安邮电大学，1 代表发放员编码，001 为顺序码，因此，发放员编码中 1～3 表示电子工程学院三位辅导员，而研究生院主要是研究生，分布于老校区，编码形式与前面相同，但以 4～6 表示研究生院三位发放员；②第二阶段调研对象为通信与信息工程学院、计算机学院、自动化学院、理学院，问卷编码形式为 ID = 01020101，01 代表西安，02 代表西安邮电大学，01 代表学院，01 为顺序码，因此，学院码中 01 代表通信学院，02 代表计算机学院，03 代表理学院，04 代表自动化学院。

（3）在全国的中部地区调研部分，我们选取了河南省作为中原地区较有代表性的调研区域，考虑到该省的教育资源分布情况的特点，我们选取了教育资源分布较为集中、高校毕业生就业问题相对典型以及作为本省行政、经济和文化中心的省会——郑州市作为调研区域的具体确定。在确认的范围内，我们经过前期了解和实地走访发现，当地的高校分布特点是 985、211 类重点高校的数量极少，只有郑州大学一所 211 院校；而绝大部分是普通的一本、二本等类型的高校，其占据着该地区高等教育资源的主体部分。

所以，选取一所较有代表性的一本或二本院校成为本次调研的对象选取基本原则，据此，我们初步选择了河南财经政法大学（原河南财经学院）为本次调研对象。在进一步选择具体的调研对象时，考虑到该院校以前的毕业生在省内的影响力主要集中在财经类、管理及金融类专业的毕业生上，因此本次调研对象主要针对的学院范围基本确定为此类专业。接下来，负责该地区数据调研与搜集的调研员，通过与该校共青团团委书记的接洽和进一步深入的了解，使对方清楚了解了课题组本次调研的基本情况和所要达成的基本目标，同时，我方也根据学校的实际情况，确定了此次调研的大致路径和具体实施方案。

（4）杭州市作为浙江省的省会，经济得到了高速的发展，其悠久的历史、教育文化辐射到了周边众多城市。最重要的是，杭州市如今已经成为了全国电子商务发展的重镇，阿里巴巴、网易等大公司在杭州市起航，带动了杭州市互联网金融的快速发展，因此，杭州市对于信息服务型的人才常常供不应求，许多杭州市本地高校的毕业生，无论本地的还是外地的，均考虑留在杭州市工作，因此选择杭州市作为调研的对象城市是合适的。杭州师范大学是阿里巴巴创始人马云先生的母校，因此，学校与阿里巴巴等互联网公司产生了许多人才培养、交流的合作机会。每年，该校会向阿里巴巴定点输送人才，因此杭州师范大学培养了不少信息服务型的人才，并且凭借着其地理位置优势，即杭州师范大学仓前新校区与阿里巴巴的公司新址在同一辖区，为人才培养打下了夯实的基础。

（5）杭州电子科技大学是一所理工类院校，学校致力于培养信息技术类人才，因此，学校与阿里巴巴等互联网公司产生了许多人才培养、交流的合作机会。每年，该校前往阿里巴巴等著名 IT 企业任职的毕业生不在少数，因此杭州电子科技大学培养了不少信息服务型的人才，并且凭借着其地理位置优势，杭州电子科技大学也可以向周边城市的信息服务业输送人才，如上海、苏州等地，为人才培养、发展打下了夯实的基础。最后，杭州电子科技大学开设的电子信息学院、通信工程学院、自动化学院、计算机学院、软件工程学院、理学院、经济学院、管理学院等，所培养的人才目标符合本次调研的范畴，因此选择杭州电子科技大学的学生作为调研对象是合理的。

3.5 调研组织和实施

3.5.1 调研组织安排

1）本地调研

西安交通大学的调研"小分队"的成员有若干名本科生、7 名硕士生、1 名博士生并由导师带队；时间安排上，从 2014 年 6 月 16 日开始正式启动调研活动，外出发放纸质版问卷，最终调研结束时间为 7 月 16 号，总共历时 30 天。

西安企业的调研"小分队"的成员有 5 名硕士生、2 名博士生并由导师带队；时间安排上，从 2014 年 7 月 16 日开始正式启动调研活动，外出发放在线问卷的专用网址，另外补充纸质版问卷，最终调研结束时间为 8 月 1 号，总共历时 15 天。

西安邮电大学的调研"小分队"的成员有 2 名硕士生、1 名博士生并由导师带队；时间安排上，从 2014 年 9 月 16 日开始正式启动调研活动，外出发放在线版问卷的专用网址，最终调研结束时间为 11 月 10 号，总共历时 1 个多月。

2）异地调研

长三角和珠三角地区企业调研的 2 个"小分队"，每队成员有 2 名硕士生、1 名博士生并由导师带队；时间安排上，每个地方进行为期三天调研问卷的发放。

在出发之前，调研小组在导师的指导下所做的准备工作如下：①联系预定调研的企业或高校相关负责联系人，以确定具体需要调研高校中学院或产业园中企业的名单和时间；②在初步确定名单后，进一步明确高校及企业的地理位置属性，以便开展调研工作；③在初步确定名单后，进一步明确企业的地理位置属性（如是否属于同一个产业园区或是否在地理位置上较为集中分布）从而将名单中的预调研企业明细分区，分别分配给予不同的地区编码，以便后期问卷编码的设置。

3.5.2 调研进度与问卷发放过程

1）企业员工

在明确调研对象及调研范围后，按照制定的调研企业名单，调研小组利用课余时间及假期展开对企业的调研工作。调研周期从 2014 年 6 月持续到 2014 年 8 月底。

调研问卷采取纸质版和电子版结合的方式。在调查中，电子问卷具有明显优势，被调查者填写更加方便，而且电子问卷具有强大的逻辑跳转能力，减少被调查者的认知负担。此外电子问卷还能缩短调研时间，具有更广阔的调研范围，较快的填写反馈，降低了调查成本。最重要的是，电子问卷填写过程被调查者与调查者分离以及匿名的特点，更能满足填写者对于个人信息保密的安全性要求，提高了数据填写的真实性和数据质量。在数据录入整理方面，通过电子问卷获得的数据直接进入数据库，减少了中间录入的错误，提高了数据质量。

对于某些无法通过电子问卷调研的企业，或者当电子问卷出现技术问题时，我们通过纸质问卷的方式予以补充，即纸质版和电子版结合的调研方式能更好地获取有效数据。

调研过程分为四个阶段：整体设计阶段、组织实施阶段、回访答疑阶段、问卷回收阶段。

（1）整体设计阶段。

本次调研设定每个城市最低回收有效问卷数量为 200 份，根据试调研问卷回收率的经验，以 30%～40%的回收率计算，每个城市发放问卷至少需要 500～800 份。按照制定的企业调研名单，根据企业的人员规模动态调整。

（2）组织实施阶段。

问卷统一编码。每份在线问卷有唯一的 ID，编码方式根据不同地域编码，企业的问卷访问地址有着不同的地域标志，便于调研员在后期问卷数据回收阶段在线查看和统计问卷回收。总体来看，问卷调研的每个环节的程序性安排都是彼此衔接的，每个环节的完成质量都对整体调研工作是否能够最终顺利完成起到至关重要的作用。

在课余时间和暑假期间，按照事先分配好的调研小组，对西安和深圳地区的企业展开调查。按照确定的预调研企业名单，与不同产业园区的联络人进行沟通，在当地联络人的协助下，有计划地对园区内信息服务业类型相关企业进行电子问卷发放，并在问卷发放之时与企业负责人互留联系方式，方便后期问卷填写质量的监督和问卷填写问题的及时反馈。

调研的过程中也会遇到很多问题，如被调查公司拒绝调查、被调查企业搬迁、联系人没有办法及时取得联系等。此时，调查小组做好了应变方案，与导师及时沟通，对调研企业名单进行增减调整，以便保证问卷调研工作的顺利进行。

（3）回访答疑阶段。

问卷发放后，通过后台查看电子问卷的填写情况。统计指标分为填写数量、完成数量和未完成数量三个数据。如果填写数量过少，或者未完成数量过多，会及时和公司负责人联系，询问是否在问卷填写方面有出现疑惑，电子问卷是否能够正常填写。

（4）问卷回收阶段。

具体而言，西安地区企业共被分为 8 个区、共 80 家，深圳地区企业共被分为 4 个区、共 51 家。通过企业回访，可以提高电子版最终的回收数量。如果在某个企业发放了纸质版问卷，调查员会再次前往企业收取纸质版问卷，而后手动录入数据。

2）高校学生

（1）2014 年 5 月。

在西安交通大学调研过程中采用了纸质调查问卷的形式，问卷发放后，我们会给予学生一定的时间进行自主填写，在填写完后，我们将再次拜访，并回收问卷。为了能够了解每份问卷的出处，在调研前期准备时，我们需要对每份问卷进行编码，在问卷发放以及问卷数据回收后，我们能够通过编码得知被调查者的基本情况。

那么，在明确并完成了上述准备工作后，我们的调研小队就此开启了西安高校调研大幕。按照我们事先确定的学院名单，调研员分头行动，在每组负责人的带领下，有计划地对学院内信息服务业类型相关专业的学生进行纸质版问卷的发放，并在问卷发放之后与学生宿舍的学生互相留下联系方式，从而方便后期问卷填写质量的监督和问卷填写问题的及时解决。

（2）2014 年 9 月。

对西安邮电大学的调研由西安交通大学的调研"小分队"执行。成员有 2 名硕士生、1 名博士生并由导师带队；时间安排上，从 2014 年 9 月 26 日开始正式启动调研活动，外出发放在线版问卷的专用网址，最终调研结束时间为 11 月 10 日，总共历时 1 个多月。

采用电子调查问卷的形式进行。对该校本科生部分的调研，我们首先通过校学生处的介绍，与负责各院的学生辅导员负责人联系上，之后通过该负责人的介绍与相关专业的院系学生辅导员见面后，详细介绍了本次课题调研的目的及调研对象选取的基本要求，并对电子调查问卷的发放（给负责人复制访问网址）及回收（后台数据的直接查看）方式进行了具体的说明和演示。随后，我们就问卷发放数量与相关学生负责人进行了说明，考虑到以往发放问卷时回收率的经验，我们向不同年级的辅导员发放了适量（超出所需数据量）的电子调查问卷访问地址。

在实地调研过程中，我们的调研员留下了总负责人的联系方式以及各院系负责人的联系方式，这样我们既可以通过总负责人催促和了解问卷填写情况，便于对问卷填写问题的收集和解决；同时，也方便我们对不同院系学生填写问卷的情况有更深入的了解，具体问题具体分析和解决。

由于后期数据的回收进展缓慢，后又增加了对该校研究生部分的调研，我们通过校研究生院的介绍进行，方法同上。最终补充发放调研问卷网址，实现了调研目标。

对河南财经政法大学的调研由西安交通大学的调研"小分队"执行。成员有1名硕士生、1名博士生；时间安排上，从2014年9月30日开始正式启动调研活动，外出发放在线版问卷的专用网址，最终调研结束时间为10月20日，总共历时20天。

采用电子调查问卷的形式进行，所以问卷的发放及数据回收的路径和方式较传统的纸质问卷有所差别。对该校本科生部分的调研，我们首先通过校团委书记的介绍，与负责各院系团支部工作的学生团支部书记的负责人联系上，之后通过该负责人的介绍与相关专业的院系学生团支部书记见面后，详细介绍了本次课题调研的目的及调研对象选取的基本要求，并对电子调查问卷的发放（给负责人复制访问网址）及回收（后台数据的直接查看）方式进行了具体的说明和演示。随后，我们就问卷发放数量与相关学生负责人进行了说明，考虑到以往发放问卷时回收率的经验，我们向不同院系的学生团支部书记发放了适量（超出所需数据量）的电子调查问卷访问地址。至此，实地调研的具体工作基本完成，接下来的工作就属于后期数据回收的阶段。

在实地调研过程中，我们的调研员留下了总负责人的联系方式以及各院系负责人的联系方式，这样我们既可以通过总负责人催促和了解问卷填写情况，便于对问卷填写问题的收集和解决；同时，也方便我们对不同院系同学填写问卷的情况有更深入的了解，具体问题具体分析和解决。

针对样本中研究生部分的调研，由于该校研究生总体样本数量的限制，在校学术型研究生的毕业生总体人数仅有150人左右，问卷发放的规模和形式受到了一定的约束。在研究生调研样本中我们挑选了5位联系人，每人负责发放20份问卷，我方调研员负责分别与5位联系人沟通和后期跟进工作。由于当下毕业生毕业论文工作及工作实习等客观因素的存在，研究生及本科生的问卷点击和回收率问题均受到了一定的影响。

（3）2015年3月。

杭州调研"小分队"的成员有1名硕士生、1名博士生并由导师带队；时间安排上，从2015年3月11日开始正式启动调研活动，外出发放电子问卷，最终调研结束时间为3月21日，总共历时10天。

　　在出发之前,调研小组在导师的指导下所做的准备工作如下:①联系杭州预定调研的高校相关负责联系人,以确定具体需要调研高校中学院的名单和时间;②在初步确定名单后,进一步明确高校及学院的地理位置属性,以便开展调研工作。

　　杭州师范大学的学生以本科生为主,我们首先了解了各学院的招生情况和培养目标,筛选出符合本次调研,且与信息服务产业相关专业的学院,包括国际服务工程学院(计算机学院)、理学院、经济与管理学院、阿里巴巴商学院等,分布多在仓前和下沙两个校区,考虑人员和时间因素,其他校区未调研。

　　杭州师范大学下沙校区调研编号如下:材料与化学化工学院编码为 1,生命与环境科学学院编码为 2,医学管理和理学院编码为 8;仓前校区调研编号如下:杭州国际服务工程学院(计算机学院)编码为 3 和 4,阿里巴巴商学院编码为 5,经管学院编码为 6,人文学院编码为 7。

　　杭州电子科技大学的学生以本科生为主,但也有不少研究生,而学生分布在不同的几个校区,大多数学生被安排在下沙校区。我们首先了解了各学院的招生情况和培养目标,筛选出符合本次调研,且与信息服务产业相关专业的学院,包括研究生院、电子信息学院、通信工程学院、自动化学院、计算机学院、软件工程学院、理学院、经济学院、管理学院。接着,我们分别对不同学院的同学进行调研。

　　由于问卷是电子问卷的形式,每份问卷都有一个特定的编码,杭州电子科技大学调研编号如下:问卷的编码形式为 ID = 03021001,03 代表杭州,02 代表杭州电子科技大学,1 代表本科生/2 代表研究生,001 为顺序码。

3.5.3　调研数据的质量控制和回收情况

　　由于此次调研采用在线网络调查问卷的形式进行,问卷的发放及数据回收的路径和方式较传统的纸质问卷有所差别。因此,在调研前期准备、问卷发放以及问卷数据的回收上都有着较以往不同的程序和内容。

　　具体地,由于此次电子调查问卷采用的是网页版在线填写、点击提交的形式,每份问卷的在线访问网址就需要我们调研员细心地逐一编写,这里也就考察到了前期我们将企业按地域分布的差异进行编码的工作质量了。不同地域编码企业的问卷访问地址有着不同的地域标志,这同时便于调研员在后期问卷数据回收阶段在线查看和统计问卷回收率。总体来看,问卷调研的每个环节的程序性安排都是彼此衔接的,每个环节的完成质量都对整体调研工作是否能够最终顺利完成起到至关重要的作用。

　　那么,在明确并完成了上述准备工作后,我们的调研小队就此分两路前往异地企业调研，按照我们事先确定的预调研企业名单，调研成员分头行动，在联系了不同产业园区的负责人后，在其带领下，有计划地对园区内信息服务业类型相关企业进行电子问卷的发放，并在问卷发放之后与企业负责人互相留下联系方式，从而方便后期问卷填写质量的监督和问卷填写问题的及时解决。与此同时，我们的调研成员也随时应对临时添加的调研企业，以便做出临时编码的电子问卷访问地址。

1）本地调研

（1）西安交通大学学生调研。

按照预定计划，于 2014 年 7 月 16 日，西安交通大学高校的调研工作基本完成，总体来说，调研活动开展顺利，结果达到了本次调研的基本目标。西安交通大学总发放问卷 1000 份，共回收 460 份问卷，回收率为 46%。具体来说，西安交通大学参与调研的本科生来自 7 个学院，共发放调查问卷 700 份，回收问卷 317 份，回收率为 45.3%；西安交通大学参与调研的研究生，共发放调查问卷 300 份，回收问卷 143 份，回收率为 47.7%。

接下来，是对回收的 460 份问卷进行详细的数据清洗工作，以便筛选和确定有效问卷的数量和质量，供今后进一步深入分析所使用。

本次调研活动涵盖了西安交通大学的本科生和研究生，主要包括本科生各年级，以及少量研究生和博士生，从年级来讲，本科生与研究生比例大概在 2∶1，其中本科生三年级和研究生二年级的被调查者居多；在专业方面，本次调研对象主要来自与信息服务产业相关的 7 个专业，其中工学、管理学专业的被调查者居多，因此调研样本具有普遍的代表性。

（2）西安信息服务类企业员工调研。

按照预定计划，调研小组基本完成了对西安地区预调研企业的调研工作，其中也不乏临时添加的调研企业对象，总体来说在西安的调研工作紧张而有序地持续了十多天之后，顺利达成并超出了预期的调研目标。具体来说，西安地区企业共被分为 8 个区、共 80 家，共发放电子调查问卷 800 份，回收问卷 373 份，回收率约为 46.6%。

（3）西安邮电大学学生调研。

西安邮电大学的调研"小分队"的成员有 2 名硕士生、1 名博士生并由导师带队；时间安排上，从 2014 年 9 月 26 日开始正式启动调研活动，外出发放电子问卷，最终调研结束时间为 11 月 26 日，总共历时 2 个月。

在出发之前，调研小组在导师的指导下所做的准备工作如下：①联系西安邮电大学预定调研的高校相关负责联系人，以确定具体需要调研高校中学院的名单和时间；②在初步确定名单后，进一步明确高校及学院的地理位置属性，以便开展调研工作。

　　按照预定计划，于 2014 年 11 月 26 日，西安邮电大学高校的调研工作基本完成，总体来说，调研活动开展顺利，结果达到了本次调研的基本目标。西安邮电大学总发放问卷 1500 份，共回收 617 份问卷，回收率为 41.1%，其中完整入库 324 份问卷，未完成入库 293 份问卷。具体来说，西安邮电大学参与调研的本科生来自 5 个学院，共发放电子调查问卷 900 份，回收问卷 360 份，回收率为 40%，其中完整入库数为 208 份，未完成入库数为 152 份，研究生共发放 600 份问卷，回收问卷 257 份，回收率为 42.8%，其中完整入库数为 116 份，未完成入库数为 141 份，达到了预期回收问卷数量目标。

　　2）异地调研

　　（1）长三角地区企业员工调研：苏州-杭州-上海。

　　按照预定计划，调研小组基本完成了对苏州地区预调研企业的调研工作，其中也不乏临时添加的调研企业对象，总体来说在苏州的调研工作紧张而有序地持续了 3 天之后，顺利达成并超出了预期的调研目标。具体来说，苏州地区企业共被分为 9 个区、共 78 家，共发放电子调查问卷 918 份，回收问卷 428 份，回收率约为 46.6%，有效问卷 394 份，达到并超出了预期回收问卷数量的 200 份目标。

　　按照预定计划，调研小组基本完成了对上海市地区预调研企业的调研工作，其中也不乏临时添加的调研企业对象，总体来说在上海的调研工作紧张而有序地持续了 4 天之后，顺利达成并超出了预期的调研目标。具体来说，上海地区企业共被分为 4 个区、共 52 家，共发放电子调查问卷 771 份，回收问卷 382 份，回收率为 49.5%，有效问卷 354 份，达到并超出了预期回收问卷数量的 200 份目标。

　　按照预定计划，调研小组基本完成了对杭州市地区预调研企业的调研工作，其中也不乏临时添加的调研企业对象，总体来说在杭州的调研工作紧张而有序地持续了 4 天之后，顺利达成并超出了预期的调研目标。具体来说，杭州地区企业共被分为 5 个区、共 58 家，共发放电子调查问卷 1110 份，回收问卷 372 份，回收率为 33.5%，有效问卷 338 份，达到并超出了预期回收问卷数量的 200 份目标。

　　（2）珠三角地区企业员工调研：深圳-广州。

　　按照预定计划，调研小组基本完成了对深圳市地区预调研企业的调研工作，其中也不乏临时添加的调研企业对象，总体来说在深圳的调研工作紧张而有序地持续了 5 天之后，顺利达成并超出了预期的调研目标。具体来说，深圳地区企业共被分为 4 个区、共 51 家，共发放电子调查问卷 510 份，回收问卷 322 份，回收率为 63.1%。

　　按照预定计划，调研小组基本完成了对广州市地区调研企业的调研工作，其中也不乏临时添加的调研企业对象，总体来说在深圳的调研工作紧张而有序地持续了 5 天之后，顺利达成并超出了预期的调研目标。具体来说，广州地区企业共 39 家，共发放电子调查问卷 585 份，回收问卷 271 份，回收率为 46.3%。

（3）河南财经政法大学学生调研。

本次对河南地区高校应届毕业生的问卷调研情况如下：研究生发放问卷100份，回收 98 份，其中有效问卷 83 份，回收率为 98%；本科生发放问卷 1210 份，回收问卷 678 份，其中，有效问卷为 536 份，回收率为 56.03%；共发放 1310 份问卷，总体回收问卷 776 份，其中问卷总体回收率为 59.2%。根据相关调研经验（50%的回收率即可分析和使用，59.24%已经属于较高水平），可以推断此次抽样调查的问卷回收率属于较高水平，能够据此样本推断出该地区总体的高校应届毕业生就业的基本情况。

（4）杭州师范大学和杭州电子科技大学学生调研。

按照预定计划，杭州仓前区高校的调研工作基本完成，总体来说，调研活动开展顺利，结果达到了本次调研的基本目标。杭州师范大学总发放问卷 6500 份，共回收 2045 份问卷，回收率为 31.5%，其中完整入库 1647 份问卷，未完成入库 398 份问卷。具体来说，杭州师范大学仓前校区共为 4 个学院，共发放电子调查问卷 3500 份，回收问卷 1246 份，回收率为 35.6%，其中完整入库数为 993 份，未完成入库数为 253 份，达到了预期回收问卷数量目标。

按照预定计划，杭州电子科技大学高校的调研工作基本完成，总体来说，调研活动开展顺利，结果达到了本次调研的基本目标。杭州电子科技大学总发放问卷 2000 份，共回收 364 份问卷，回收率为 18.2%，其中完整入库 260 份，未完成入库 104 份问卷。具体来说，杭州电子科技大学参与调研的本科生来自 5 个学院，共发放电子调查问卷 1000 份，回收问卷 184 份，回收率为 18.4%，其中完整入库数为 134 份，未完成入库数为 50 份；杭州电子科技大学参与调研的研究生，共发放电子调查问卷 1000 份，回收问卷 176 份，回收率为 17.6%，其中完整入库数为 122 份，未完成入库数为 54 份。

问卷数据质量对研究至关重要，在整个调研过程中，采取多种方式保证问卷质量。问卷设计阶段质量控制、电子问卷填写控制程序、实施过程的监督以及试调研对问卷的测试和修改，都有助于提高正式调研过程中获取数据的质量。

问卷设计阶段对质量进行控制，除了明确调查目的、内容和对象基本要素外，在充分了解项目背景之后，问卷问题设计做到了通俗易懂，措辞得当，尽量减少专业术语的使用，确保被访者对问题含义的理解一致；同时，还要避免出现复合的问题，即一个问题出现两次。当涉及敏感问题时，向被访者传递此次调研严格的保密制度，使被调查者相信个人信息不会被第三方获取。被调研者群体尽量保持男女比例均衡，学历范围则应体现公司整体新员工的学历情况，被调查员工的岗位并没有进行限制。

实施过程质量监控与补充调查。调查的实施阶段中，除了要求调查员严格按照调查计划的要求和调查进展安排开展调查工作外，作为实地调查工作管理者、指导者和质量监控者的研究人员做到了对这一阶段中各个方面的工作的全面、及时的把握。其主要任务包括：定期召集调查员会议，听取调查员每天的调查工作汇报；建立方便实用的管理和联系方式，及时解决调查中遇到的新情况和新问题。

对在线问卷调研的反思：①部分问题回答控制不严格，如多选项问题等，造成问卷题项失效，应严格控制；②对于分发方式上选用同一地址分发的调研对象，由于 IP 随机生成，无法控制，造成后续追踪失效，问卷回收率较低。

3.5.4　调研数据的质量分析

调研完成后关闭在线数据库，将问卷数据导出成 Accesss 数据库，而后转换成 Excel 表格及 SPSS 统计软件的表单形式。课题组对问卷的数据进行清洗，主要包括对有效样本数量的检测、缺失值的检测和异常值的发现；同时，对问卷数据逻辑一致性进行检查，剔除逻辑不一致的数据，形成调研的初步报告。经过数据清洗、删除、逻辑检查，具体样本情况描述如表 3-5-1 和表 3-5-2 所示。

表 3-5-1　六个地区企业员工调研情况

地区	调研企业	发放问卷数	回收问卷数	回收率/%
深圳	51	510	322	63.13
广州	39	585	271	46.32
苏州	78	918	428	46.62
杭州	58	1110	372	33.51
上海	52	771	382	49.55
西安	80	800	373	46.62
合计	358	4694	2148	—

表 3-5-2　五所高校学生调研情况

学校	发放问卷数	回收问卷数	回收率/%
西安交通大学	1 000	460	46.00
西安邮电大学	900	360	40.00

续表

学校	发放问卷数	回收问卷数	回收率/%
河南财经政法大学	1 310	776	59.24
杭州师范大学	6 500	2 045	31.46
杭州电子科技大学	2 000	364	18.20
合计	11 710	4 005	—

3.6　研究方法的选择

本书使用实证分析方法，按照提出问题、分析问题、理解问题和实证假设检验的逻辑思路进行分析。从现实背景中提出问题，进行相关理论和文献的综述，从人力资本、社会网络理论进行分析，梳理前人主要的研究内容，发现研究不足。

在明确研究问题，梳理好研究思路后，采用问卷调研法获取数据。问卷调研法是实证分析中最常用的方法，通过实地调研，向被调查者发出设计好的问卷，请对方填写对有关问题的意见和看法，从而获得材料和信息。本书将信息服务业企业新员工作为调研对象，参考前人的调研问卷进行问卷设计。在问卷中主要了解被调查者个人基本情况、求职途径、工作满意度以及社交工具使用情况。

本书采用回归分析和结构方程模型进行数据的定量分析。定量分析主要使用SPSS软件和AMOS软件进行处理，借此分析变量之间的因果关系，通过数据验证假设的真实性。

第 2 部分　信息服务类企业对知识型劳动力的需求

4 我国信息服务业对知识型劳动力的需求现状

2010 年以来，在大数据和云计算广泛兴起的背景下，我国的信息服务业焕发了新的生机，走上了高速发展之路。与此同时，信息服务业对知识型劳动力的需求也急剧增加，出现了比较严重的供求不平衡问题。这里的供求不平衡不仅仅体现在数量上，也体现在劳动力质量上，即使高校培养人才的规模越来越大。

另一个不平衡就是地区之间发展水平的不平衡，存在东西部差异。在这样的大背景下，我们有必要对中国经济社会发展做一个简单回顾，并对全国各地区信息服务业的发展情况有一个比较完备的认识。改革开放以来，中国的经济社会经历着翻天覆地的变化，经济高速发展、社会变化日新月异，企业对新员工的需求迅速变化，越来越多的继续教育形式也在不断出现，影响着信息服务业的发展。在本章中，我们就对整个经济和社会的发展现状以及企业对人才的需求与培训进行回顾和展望。

4.1 中国经济社会转型发展背景

改革开放以来，取得的伟大成就获得了世界的瞩目。在经济发展的同时，社会建设和社会结构调整也在不断推进。随着经济、社会、金融等领域全面的国际化，中国的国际地位也不断提高，但是其中也存在一定问题。社会和文化的升级速度赶不上经济的火箭式发展，而社会结构的调整也无法及时满足经济发展的需求，种种问题都是中国未来经济社会发展必须面临的问题。本节中，在回顾中国改革开放的历史进程后，进一步对中国经济社会发展趋势做深入探讨。

4.1.1 改革开放以来经济发展总体趋势

改革开放以来，中国经济建设取得了举世瞩目的成绩，这是与中国经济外向发展的政策取向及其践履分不开的。在我国由封闭经济逐步走向开放经济发展的过程中，实质上也同时演绎着由经济内向发展向经济外向发展转变的独特发展过程。中国经过 40 年的改革开放，尽管目前依然存在所谓"外向型经济"与"开放型经济"概论之争，尽管绝大多数的人们都意识到开放经济比外向型经济具有更多的内涵和外延。但人们对中国经济的外向发展却取得了几乎一致的看法，都认识到如果没有中国经济改革开放以来的外向发展，就没有中国经济高速增长的今天。

4.1.1.1　改革开放以来中国经济发展的初级阶段（1979～1992 年）

这里的"初级阶段"指一国开始打破封闭状况，以"出口导向"战略代替"进口替代"战略，以出口"量"的扩张促进经济增长的阶段。这一阶段主要依靠政策的推进，在吸收外资、出口贸易、对外直接投资、金融的国际化等几个方面具有明显的初始性和粗放性。

这一阶段的中国经济发展，以区位的开放和出台大量鼓励发展外贸的政策为主要特征。1978 年十一届三中全会打破了中国经济封闭发展的状况，走向了开放发展的新的道路，经济外向发展非常明显。地理区位的渐次开放成为政府政策的首选，1979 年中央批准成立深圳、厦门为经济特区，1980 年 8 月又增加了珠海、汕头两个经济特区，成立之初的经济特区要求产品都要出口，具有明显的外向发展特征。1984 年把天津、上海、大连等 14 个城市设为沿海开放城市，扩大经济管理自主权实行对外开放。1985 年 2 月又进一步把珠江三角洲、长江三角洲、闽南三角洲地区的 51 个县开放为沿海经济开发地带。1992 年 4 月中央决定开发上海浦东。1992 年后开放从沿海向内地纵深推进，形成了"沿海"、"沿边"、"沿江"及内地省会的开放格局。中国在这个时期，也出台了大量鼓励发展外贸的政策，外贸政策由"出口导向"取代了此前的"进口替代"，经济外向发展受到了有力的政策推动，期间，一系列探索性的"试点"与"暂行办法"也凸显了中国经济外向发展的初级性。

虽然对外的经济开发极大提高了市场的积极性，但是这一阶段中，居民的总体收入和消费情况并没有十分显著的增长，收入和消费的显著增长主要体现在第二阶段（1992～2005 年），如图 4-1-1 所示。

第一阶段的另一个特点是出口贸易量化扩张迅速。改革开放之初，我国利用国际产业大转移和升级的有利时机，利用国内劳动力成本优势，积极发展劳动密集型工业进行出口创汇。我国出口额由 1979 年的 136.60 亿美元迅速增加为 1992 年的 849.40 亿美元，增长了 5 倍，年均增长 16.00%，出口额占 GDP 的比重也由 1979 年的 5.00%增到 1992 年的 17.50%，提前 8 年实现了预定的 2000 年出口额达到 1600 亿美元的战略任务，出口贸易成绩与过去封闭时期相比是天壤之别，出口量的迅猛扩张对经济产生了巨大的拉动作用。

但这个时期进出口贸易基本上属于增长性逆差阶段，而且对外贸易也尚处于粗放型的初级阶段。一是出口产品结构水平低。1980 年以来，虽然中国出口产品由矿产资源等初级产品出口为主逐步向工业制成品转变，但历经十多年后，1992 年

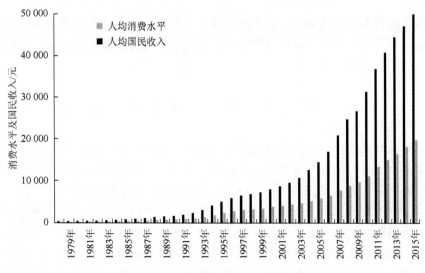

图 4-1-1　人均国民收入与消费统计图

初级产品出口的比重仍占 20.10%，且工业制成品也仍以资源密集型和劳动密集型的粗加工产品为主，深加工尤其是技术含量高附加值高的产品极少。二是出口产品流向地过于集中，这个时期主要与东亚诸国、美国、德国等国家发展贸易往来，出口贸易受到这些国家的控制或影响明显。

　　而在 1978～1992 年，利用外资也处于起步阶段。1979 年中国利用外资仅42 亿美元，1981～1985 年年均仅 20 多亿美元，1992 年时也只有 192.01 亿美元，约是 1979 年的 4.50 倍，年均增长 11.50%。虽增长速度不算慢，但基础弱，很长一段时间处于徘徊阶段，相对于以后来看，这一阶段每年利用外资的规模是很小的，且利用外资的类型也比较单一。1989 年以前我国基本上只能以借贷方式吸引外资，这种方式利用外资我国要承担的外债风险大，原因在于我国基础设施发展的限制，国外也缺少对中国开放的了解和信任。1989 年后外商直接投资才逐渐增多，中外合作、合资企业和独资企业才慢慢涌进中国。

　　从开放伊始到 1992 年，中国对外投资处于探索阶段，这期间共兴办海外企业148 家，累计对外投资 10.60 亿美元，相对庞大的利用外资量来说，中国对外直接投资主要是实现了从无到有。投资主体开始主要是一些经贸所和部分省市国际经济技术合作公司组成经贸公司，后来一些一定规模的大型企业也开始对外投资，项目规模也逐步扩大，对外投资的领域逐步扩大到资源开发、商品生产、工程开发等领域。

　　改革开放以来，金融国际化局部试点也逐渐展开。为了适应经济外向发展要求，我国金融业首先在深圳市试行对外开放，逐步扩大到北京、上海等城市和海南省。这个时期开放有明显的地域限制，且业务开通范围较窄，仅个别试点外资银行可以经营人民币业务,中国金融业走出去更少,范围仅在香港与美国等。金融国际化程度低也影响了我国外贸结算,如与非洲难做生意就是此故。中国经济外向发展的初级性非常明显。

4.1.1.2　改革开放以来中国经济发展的一般阶段(1993~2001年)

经济外向发展的一般发展阶段是指一国在具备一定数量出口企业的前提下,开始实施由"量的扩张"转向"以质取胜"的出口战略,更好地利用外资和技术积极实施"走出去",从而使出口贸易在国民经济中产生质的飞跃的阶段。

国家开放政策的重大转变和调整成为进入这一阶段的主要动因。1992年邓小平南方谈话突破了"姓社"、"姓资"的争论,十四大提出了建立社会主义市场经济体制的改革目标,结束了1992年前一段时间相对徘徊前进的局面,十四届三中全会提出了实现经济体制从计划经济转变为市场经济、增长方式从粗放型向集约型转变的"两个转变",这就为我国改革开放和经济外向发展奠定了新的理论和政策基础。有关倾向于出口导向的制度和法规不断调整与完善,开始重视出台有关出口质量的政策。1993年以来连续多次降低关税,到2000年我国关税降到15%,减少非关税方向,采取了与世界各国同轨非关税壁垒代替高关税保护政策。在汇率方面,我国改变了汇率高估的局面,1996年实现了经常项目下的自由兑换。期间由强调地理区位的开放转移到了对体制的改革,理论和政策上逐步成熟,也成为中国经济外向发展进入一般发展阶段的重要标志。

出口贸易突出"以质取胜"。1993年以来外贸出口依存度呈上升趋势,出口创汇在国民经济发展中的作用非常明显,弥补了内需不足的缺口,成为这几年经济增长平均达9.70%的重要推进器。这一阶段我国对外贸易彻底向逆差告别,呈现单边的增长性顺差,期间年均顺差185.00亿美元。从出口结构上看,1992年以来,随着经济发展战略的调整,出口商品结构从以粗加工、低附加值工业制成品为主转变为以精深加工、高附加值制成品为主,技术含量附加值高的工业制成品出口比重明显上升(田川,2009)。

吸引外资集约化发展方向渐显。1994~2001年连续8年成为全球仅次于美国的第二大外资流入国,而且外资企业的出口占中国出口总额中的份额也越来越高,2001年占中国出口额的50.00%。而1992年以前只占12.00%。中国利用外资在这期间基本上呈现了一个较大基数上稳定增长的局面,这种稳定性也表明了中国经济外向发展日渐成熟。此外,利用外资方式也开始由粗放向质量效益型转变,即由过去多数外资投资于周期短、见效快的加工制造企业,又有计划地引导外资投向基础设施的建设。

金融国际化发展明显。1992年以后,我国金融业体制改革步伐加快,政府取消外资银行营业性分支机构的地域限制，允许外资金融机构在中国设置代表处、外国银行分行、合资及独资银行、外国独资及中外合资财务分行。外国金融机构和业务基本覆盖了所有经济发达地区，截止到 2001 年底，共有 19 个地区和国家的外资银行在我国建立了 190 家营业机构，其中 31 家外资银行获得经营人民币业务，外资银行资产达 440.00 亿美元，贷款 186.00 亿美元，存款 65.00 亿美元，资本金额 30.00 亿美元。外资银行在外汇款和国际结算业务领域分别达到 20.00% 和 30.00% 的市场份额。

4.1.1.3　中国经济外向发展进入高级阶段（2002 年至今）

加入世界贸易组织（WTO）使中国改革开放和经济外向发展进入了新的历史阶段。我国于 2001 年底成功加入 WTO，进入了全面对外开放的崭新阶段。2002 年开始中国对外开放政策逐渐与世界贸易运行机制接轨。过去一定范围和一定程度上的开放转变为全方位全面的开放。中国经济外向发展的战略也因之转变，依靠科技提升核心竞争力成为中国企业的共同追求，出口较高附加值的产品成为中国企业决战世界市场的选择。中国对外贸易政策也发生了改变，在 WTO 许可的范围内极力保护和鼓励出口，并对出口产品的增值税和消费税实行出口退税制度，规范出口市场次序和完善外贸管理体系，有力地促进了中国经济的外向发展。

对外贸易持续高速增长，出口产品结构进一步优化。2002 年以来中国外贸顺差年均达 469.00 亿美元，2005 年更是突破了 1000 亿美元，对中国经济的持续发展产生重大影响。且出口产品结构也进一步优化，工业制成品和科技产品逐渐成为中国的主要出口商品，但我国真正拥有自主知识产权的高新技术产品还可进一步提高。

引进外资规模巨大且平稳发展。2002 年中国利用外商直接投资突破 500 亿美元，利用外商直接投资首次跃居世界首位，此后逐年稳定增长，2005 年超过 600 亿美元，利用外资的方式与质量都有较大的提高。在利用外资方式上，外商独资与跨国并购逐渐成为外商投资的主要形式，跨国公司来华投资意向显著增长，世界 500 强中有 400 多家企业已经进入中国，并在中国设立总部与研发中心，且外资投向多为制造业，尤其是高新技术产业和机电产业等（田川，2009）。

金融国际化进程进一步加快。2001 年以来中国严格履行加入 WTO 的承诺，继续加强金融业的对外开放与合作，不断提高外汇管理水平，2001 年之后，中共中央又对外资银行开放了多个城市的人民币业务，2004 年在我国 62 家外资银行开设的 204 个营业机构中，有 105 家获准经营人民币业务。我国银行金融机构利用外资总额也达到 131.87 亿美元。另外，证券市场的发展在 2002 年以后达到了前所未有的高度，2002 年 11 月 8 日中国银行和中国证券会联合公布《合格境外机构投资者境内证券投资管理暂行办法》，外资金融机构进入中国市场开始了实质性阶段。

2006～2016 年，我国对外直接投资从数十亿美元迅速攀升至 1700 多亿美元（不含金融类投资），保障我国大规模海外投资的利益，并让我国的资本全球化惠及更多的发展中国家和地区、实现合作共赢。特别是近年来提出的"一带一路"倡议：2015 年 3 月 28 日，国家发展和改革委员会、外交部、商务部联合发布了《推动共建丝绸之路经济带和 21 世纪海上丝绸之路的愿景与行动》。"一带一路"经济区开放后，承包工程项目突破 3000 个。2015 年，我国企业共对"一带一路"相关的 49 个国家进行了直接投资，投资额同比增长 18.20%。2015 年，我国承接"一带一路"相关国家服务外包合同金额 178.30 亿美元，执行金额 121.50 亿美元，同比分别增长 42.6%和 23.45%。2016 年 6 月底，中欧班列累计开行 1881 列，其中回程 502 列，实现进出口贸易总额 170 亿美元（刘卫东，2017）。

4.1.2　改革开放以来社会发展总体趋势

改革开放以来，中国社会的发展是通过社会结构转型和经济体制转轨的方式实现的，中国社会发展与社会转型有着不可分离的内在联系。中国社会发展与社会转型的实际，以及对它们的理论概括和提升，又都有自己独特的轨迹，显示出浓厚的中国特色。

回顾改革开放以来的经济发展历程，工业化、市场化、经济全球化的快速推进创造了举世瞩目的经济发展成就，中国已经进入工业化后期。随着中国经济总量的扩大和居民收入的提高，加上资源和环境的紧约束，产业结构的升级优化越来越迫切，即加快供给侧结构性改革和发展方式转变已经成为中国全面建成小康社会的根本保障（郭旭红和武力，2017）。

我国当前的社会转型是由传统社会向现代社会的转型，是由"人的依赖性"为特征的社会向"以物的依赖性为基础的人的独立性"社会转型。郑杭生（2013）在《社会学概论新修》（第 3 版）中，用经济学的视角对我国 1978 年以后社会转型的特点加以概括：特点之一是社会转型的目标是从传统型社会向现代型社会转型；特点之二是社会转型的主要形式是改革开放；特点之三是社会转型的速率明显加快；特点之四是包括社会结构、社会运行机制、社会价值观念的全方位转换。

近 30 年来，中国的社会发展取得了很大的成就。在这一时期，第一要义即发展，核心是以人为本，基本要求是全面协调可持续，根本方法是统筹兼顾。科学发展肯定了初级发展中的最主要的精华之点。所谓发展是硬道理，正是发展创造了中国奇迹。科学发展适应新的发展要求，适时地提出一系列创新之点。科学发展把以人为本作为自己的核心。这就是把人的全面发展作为自己的根本目标,特别是包含着要让社会弱势群体共享发展成果的深意,从而开始纠正过去的种种发展,多多少少都把弱势群体当做发展代价甚至当做发展牺牲品的弊病,当然这种纠正的过程还有很长的路要走。

第一,社会结构的协调。所谓社会结构,就是指社会系统的各个组成部分及要素之间持久的、稳定的、相互联系模式,即社会系统的静态构成状况。社会结构的整合就是指对社会结构的调整、优化和重新组织,以便适应社会生产力的发展和人的发展要求。社会转型实际上就是对社会的经济结构、政治结构和文化结构进行调整,以促成三者的协调发展,也就是调整与社会发展不相适应的不合理的社会结构,并重新组织,使其顺应社会的发展,促进社会的进步。

第二,社会经济制度的更新。我国社会转型在经济制度方面的表现是由计划经济向市场经济转变,计划经济是指以国家指令性计划来配置资源的经济形式,而市场经济是承认并维护私人拥有生产资料和鼓励自由竞争、通过市场交换中的价格调节供求和资源分配的经济运行体制。计划经济向市场经济的转变预示着市场将成为人们社会活动的新舞台,跟随市场经济而来的是激烈竞争,竞争促进了经济和社会的发展。

第三,价值观念的转变。社会转型不仅包含社会层面各种要素的转变,也包含思想方面,也就是价值观念方面。价值观是人们关于什么是价值,怎样判断价值,如何创造价值等问题的根本观点,是人们使自己的认识和实践活动达到自觉的重要标志。这些改变是社会发展总体趋势的一个集中体现。全面,就是双赢互利或共赢互利,就是使构成我们社会的各方、参与我们社会发展的各方,特别是强势和弱势各方,都能获得共赢互利,而不是通过牺牲一方来使另一方得益获利;协调,就是社会方方面面的关系良性互动和协调发展,就是全体人民各尽其能、各得其所而又和谐相处;可持续,就是既满足当代,又不伤害后代。这实际上指出了那种通过牺牲一方来使另一方得益获利的零和游戏式的发展,是片面的、不协调的、不可持续发展的旧式发展。科学发展把统筹兼顾作为自己的根本方法。统筹兼顾就是对于经济和社会、城市和乡村、东中西部不同区域、人和自然、国内发展和对外开放等这些主要关系各方,都获得自己应有的发展而不是片面地重视一方,而轻视甚至损害一方(郑杭生,2009)。

4.1.3 近五年中国经济社会转型态势

经济社会双转型是一个新时期战略目标。而这种经济社会转型在近五年的中国经济社会发展中体现得尤为突出。李克强总理所强调的保增长的同时也要调结构,让中国的产业结构和经济社会发展态势都有了新的动向。

4.1.3.1　经济社会转型的总体方向

社会转型的总体方向，就是要加快推进初级城市化社会转向高级城市化社会。具体来讲，要实现"四大转变"：一是从城乡二元冲突型社会向城乡协调型社会转变；二是从本地与外地户籍人口分割型社会向本地与外来人口融合型社会转变；三是从矛盾多发的不稳定社会向阶层和谐的稳定社会转变；四是从不协调、不全面发展的社会向以人为本、全面协调发展的社会转变（郑杭生，2009）。

4.1.3.2　经济社会转型的具体表现

加快转方式、调结构、扩内需，推动经济社会转型升级，已成为国人共识，已上升为国家战略。但对于转成什么方式，如何转方式，似乎还颇有争议，甚至在许多地方存在误区，本书认为首先要重点解决以下几个问题。

科学认识转方式，真正弄清需转成怎样的方式。简单一句话，在我国现阶段，所谓转方式就是要从以工业化为主导拉动经济社会发展转变为以服务化为主导拉动经济社会发展。以历史唯物主义为指针，总结人类发展史，可以概括为原始化、游牧化、农业化、工业化、服务化五个阶段。人类经历前四个阶段发展到后工业时代，特点是以科技发明创新为动力，以品牌打造为引领，以现代金融和物流为支撑，主导经济社会发展同时内需扩张，各种新型消费性服务业如康体、娱乐、教育、观光、度假等休闲业快速发展，此阶段可称为服务化阶段。

我国正处在工业化阶段的中后期，工业化时期难以解决的各种矛盾已显现，如农田锐减、能耗飙升、环境恶化、两极分化等，特别是我国工业化属追赶型，而非欧美式的自创型（或首创型），多数工业技术不是从头开始、自主创新，而是已经掌握在别国手里。这致使我国的工业化长期处于产业链的低端，消耗极大，效益极低，而技术、市场、品牌掌握在别国手里，主动权和绝大部分利润自然也掌握在别人手里。我国必须从工业化阶段迅速提升到服务化阶段，否则必然陷入"中等收入陷阱"，而中国服务化的基础是大力发展生产性服务业。

发展生产性服务业，首先要大力发展为当地现有制造业服务的服务业。有许多人认为我国之所以产业结构不合理、服务业不发达，是因为我国是制造业大国，制造业比重太大。这是一个认识上的严重误区。制造业发达恰恰应该是服务业发达的基础和前提。因为制造业的发展本身就内生对服务业的巨大需求。而发展服务业的一个重要目的，又恰恰是进一步把现有的制造业做大做强，绝不是放弃现有产业，再去另搞一套属于"无源之水、无本之木"的服务业。要成为经济强国，必须有强大的现代工业，而强大的现代工业必须由发达的现代生产性服务业作为支撑，主要包括现代科技信息、品牌打造、市场营销、现代金融、现代物流等。我国是制造业大国，但许多企业没有自己的核心技术、没有自己的品牌，处于制造业产业链的最低端。因此我们要成为现代工业强国，必须通过市场化的手段，面向社会、面向世界、组织技术攻关和市场营销（胡鞍钢和马伟，2012）。

4.1.3.3 经济社会转型中存在的问题

中国社会转型的一个重要标志表现在不同阶层对自身利益的诉求有了较为完善的表达机制，尽管其愿望和结果实现之间仍有不小的差距。这种差距在很大程度上源于经济转轨的市场化的不完整、不彻底。通过市场手段试图有效解决的利益分配，由于中国社会与经济双重转型，仅靠市场手段无法解决。

中国改革开放的历史进程，是在以经济全球化为主要特征的世界发展大背景下，由计划经济转向社会主义市场经济的经济体制转轨，由以集权、人治为主要特征的臣民社会向以民主、法治为主要特征的公民社会的社会体制转型日渐深化的历史进程。20 世纪 80 年代中期以后，经济转轨进程加速，以国有企业改革为核心内容的一系列改革措施出台，金融体制改革、财政税收体制改革、政府管理体制改革逐步深化，以公有制为主体、多种所有制经济共同发展的社会主义基本经济制度日臻完善，实现中华民族的伟大复兴所必需的稳定坚实的制度性框架亦日渐明晰。在这一制度性框架生长发育的过程中，经济转轨起着主导性作用。在经济转轨的过程中，社会转型亦渐趋发生。但随后的发展表明，经济转轨在相当程度上滞后于社会转型，由此导致一系列经济社会问题的发生。

在经济体制转轨的过程中，迄今为止，中国经济遭遇到了三次不同程度的冲击。第一次发生在 1989～1991 年，国内政治风波对我国经济发展造成了严重的影响。但随着 1992 年邓小平南方谈话，中国经济又一次踏上了快速发展的道路。第二次在 1997～2001 年，期间经历 1997 年亚洲金融危机，2000 年纳斯达克泡沫破裂，2001 年"9·11"事件，以出口导向型为特征的中国经济首次受到外需紧缩的压力。中国政府通过增加国内投资，特别是增加基础设施建设的投入，有效地缓解了外部需求下滑对经济的拖累。第三次冲击是 2008 年爆发的全球性金融危机。发轫于美国的金融危机对全球经济造成极大的震荡，迄今仍没有确切明晰的企稳迹象。此次全球性金融危机对中国经济的冲击大不同于前两次的影响。最大的区别在于中国融入全球经济的程度已今非昔比，因此受到的冲击也极为不同。

从经济转轨的过程看，我们发现，政府这只"看得见的手"实际上在左右着经济体制转轨的进程。而经济体制转轨进程的复杂性所导致的一些问题特别是垄断企业改革的延宕，甚至会让人揣测，经济体制转轨成功与否完全取决于政府（中央政府和地方政府）对市场发展的容忍度，这种容忍度体现为政府对经济的控制（即对主要商品生产的控制、对重要利益分配的控制）被市场挑战的程度（金正一和王玥琪，2009）。

　　中国经济体制转轨的实质是政府公权逐渐与市场私权相脱离，政府公权主要用于对市场秩序的维护，而非与市场私权相纠结、利益相互输送、投之以桃报之以李。政府所做的只是加强对市场秩序的监管，而不是对市场主体应有权利的限制或剥夺，甚至深度介入利益的纷争，外假公义而内挟私心。按照"十一五"规划，2010 年我国将完成计划经济体制向市场经济体制的转变，建立起完善的社会主义市场经济体制。2016 年开始，我国坚持以推进供给侧结构性改革为主线，大力推进经济体制改革，有效激发了市场主体活力和社会创造力，有力保障了经济平稳健康发展和社会和谐稳定。供给侧结构性改革就是用改革的办法和市场化法治化手段推进"三去一降一补"。以钢铁、煤炭等为重点扎实有效去产能，2017 年上半年全国工业产能利用率为 76.40%，比上年同期提高 3.40 个百分点（中国证券报，2017）。改善供给结构、建立有效的激励约束机制和处理好政府与市场的关系是供给侧改革需要解决的问题。针对我国供给侧存在的突出问题，着力解决体制性、制度性障碍，增强经济的持续增长能力，是供给侧改革的要义所在。但从经济体制转轨的过程来看，社会主义市场经济体制的完全成熟还有相当长的一段路要走。为什么 21 世纪以来中国社会的矛盾和问题似乎越来越尖锐？而各种矛盾和冲突恰恰发生在无论经济总量还是人均产出都有了飞跃式的增长的背景之下。本书认为，矛盾和问题的根源就在于经济转轨和社会转型的不匹配上，或者说，经济转轨在相当程度上落后于社会转型，抑或说，社会转型所需要的利益诉求无法通过滞后的经济转轨来实现。经济发展已经不能承受社会冲突之重。经济转轨和社会转型犹如中国发展之双毂，一大一小不均衡必将影响发展的质量和速度，甚至会使发展脱离既定轨道。

　　社会主义初级阶段的基本矛盾是人民日益增长的美好生活需要和不平衡不充分的发展之间的矛盾。在这一基本矛盾的范畴内，经济转轨与社会转型的冲突或者不和谐体现在多个方面：市场配置资源机制不完善，国民收入分配格局扭曲，城乡二元体制固化，公共服务体制落后，等等。当前我国收入分配不合理现象极为严重，甚至成为影响社会和谐的关键因素，其根源就来自于市场经济所要求的平等竞争原则在生产领域并没有得到很好的体现，由此决定了分配领域的不合理。收入分配不合理与社会的不和谐没有必然的联系，一些发达国家基尼系数比中国还高，但也没有听说已经成为威胁社会稳定的主要因素。其区别就在于我国生产领域的市场化程度结构性差异严重，这必然造成经济转轨与社会转型的冲突。中国的经济和社会已经发展到了这一阶段，必须按照科学发展观的要求，不断完善社会主义经济制度，加快推进社会转型，缓解甚至消弭经济转轨和社会转型之间的矛盾冲突，这将决定着我们能否顺利实现第三步发展战略，能否推进中国政治、经济、文化、社会的全面发展。

在总结经验和教训的基础之上可以得知，我国的经济发展要实现成功的转型，需要坚持创新发展导向，可持续发展导向，市场发展导向，公平发展导向。这些发展导向既是我国社会经济转型的目标，也是其发展的动力（王雪娅，2016）。

4.1.4　中国经济社会未来发展趋势

中国未来 20 年经济社会的发展将针对"人民日益增长的美好生活需要和不平衡不充分的发展之间的矛盾"的转变展开，稳中求进的高质量发展是经济发展的方向，生活和生命质量的提高是社会发展的方向。

党的十九大报告提出，我国社会主要矛盾已经转化为人民日益增长的美好生活需要和不平衡不充分的发展之间的矛盾。国务院参事室特约研究员、原国家统计局总经济师姚景源（2018）指出，中国内在矛盾的转变与中国人对"吃"的需求相关，1978 年到 90 年代初，中国人处于吃"饱"阶段，从 90 年代起到了吃"好"的阶段，现在要求吃得"健康"。姚景源指出，表面上是从追求吃的数量变成追求吃的质量，实质上就折射出社会主要矛盾的变化，中国经济的增长开始由追求高速度增长转变为追求高质量增长。

4.1.4.1　经济的未来发展趋势

国家发展和改革委员会学术委研究员、中国国际经济交流中心首席研究员张燕生（2018）认为，2018 年的政府工作报告有几个非常重要的指标：①过去五年的消费贡献率从 54.9% 上升到 58.8%。过去 30 多年的经济增长动力靠投资和出口。近 5 年老百姓的终端消费对经济的贡献成为拉动中国经济增长最强劲的力量。②服务业和高新技术制造业，服务业比重从 45.3% 上升到 51.6%，高技术制造业年均增长 11.7%。过去 30 年，经济中很重要的指标是制造业率不断上升，制造业占 GDP 的增加值不断上升，出现制造业的服务化，即"微笑曲线"开始向两端延伸，向左端延伸是研发、设计、人才、资讯等对制造业生产率增长的贡献越来越大。向右端延伸，制造业做大做强做好，降低了商流、物流、资金流、信息流、人才流的成本，提高了它的效率。这是经济结构优化发展最重要的变化。③城镇化率从 52.6% 提高到 58.5%，8000 多万农业转移人口成为城镇居民。新型城镇化、城市群、特大城市、超大城市、大中小城市的协调发展，是拉动经济增长、拉动结构优化、拉动经济形态转型的重要力量。④科技进步贡献率由 52.2% 提高到 57.5%。一个新的动力正在培养起来，也就是靠创新驱动、靠智慧驱动发展的力量正在形成。⑤贫困发生率由 10.2% 下降到 3.1%，脱贫减贫取得了非常大的成绩。

国务院发展研究中心副主任王一鸣（2018）在中央经济工作会议强调，推动高质量发展是当前和今后一个时期确定发展思路、制定经济政策、实施宏观调控的根本要求。高质量发展标定中国经济发展新方位。国际金融危机后，我国经济出现高速增长转向中高速增长的深刻变化，经历了较长时期的波动下行。随着近两年供给侧结构性改革深入推进，市场预期有效改善，经济增速由降转稳，波动幅度明显收窄，已连续 10 个季度稳定在 6.7%～6.9%，提高质量和效益正在成为经济发展的主旋律。高质量发展阶段的主要任务就是要转向"质量追赶"，以提高供给体系质量为主攻方向，提升产业价值链和产品附加值，提高劳动生产率、投资回报率和全要素生产率，显著增强我国经济质量优势。

高质量发展开启了由"要素驱动"转向"创新驱动"的新阶段。随着近年来劳动年龄人口逐年减少，人口数量红利快速消失，土地、资源供需形势发生变化，生态环境硬约束强化，支撑经济发展的主要驱动力已由生产要素高强度投入转向提高生产效率。这个阶段，制约发展的瓶颈是创新能力不足，建议把发展基点放在创新上，依靠创新推动经济发展的质量变革、效率变革、动力变革，不断增强我国经济创新力和竞争力。建议针对社会生产力发展不平衡不充分的问题，推动经济发展从数量扩张为主转向质量提升为主。坚持稳中求进，从容应对国内外环境深刻复杂变化。从国际看，世界经济在经历多年艰难调整后，投资、贸易和工业生产回升，呈现出自 2010 年以来首次覆盖范围较广、回升势头较强的复苏态势。但主要经济体货币政策收紧可能引发金融市场动荡，美国减税法案可能加剧主要经济体竞争性减税，地缘政治动荡也可能冲击全球经济复苏进程。从国内看，我国经济运行稳定性增强，经济结构出现重大变革，消费对经济增长的贡献率提高，服务业占比上升，创新支撑作用增强，质量和效益改善。但实体经济仍面临困难，民间投资和制造业投资增势疲弱，创新能力仍不够强，金融和实体经济、金融和房地产、金融体系内部结构性失衡仍然突出，潜在风险不容小觑。

4.1.4.2 社会未来发展趋势

中国社会科学院社会学专家连续 20 年跟踪研究中国的社会和预测发展趋势，李培林等（2015）以中国迈入全面建成小康社会决胜阶段的社会发展为主题，认为 2016 年及整个"十三五"时期的经济社会发展，要坚决贯彻落实创新、协调、绿色、开放、共享五大发展理念，继续认真做好调结构、惠民生、转方式、补短板、防风险的工作。要加强劳动力培训，提升劳动力素质，让劳动力人口质量红利替代人口数量红利推动经济社会发展；要注意稳定城乡居民收入增长，继续调节收入分配关系，扩大社会中间阶层（中等收入者）群体规模。要继续推进劳动关系调节工作，加快国家和社会治理现代化进程，高度重视新时期公众的社会心态调整，重视互联网发展进入全民微信时代的网络舆情新态势。要加快社会事业改革发展进程，继续完善社会保障体系，全面贯彻落实精准扶贫的反贫困新战略。

他们分析发现：当前社会发展质量继续提高，社会结构调整进展显著。常住人口城镇化水平稳步上升，加快户籍城市化进程提上议事日程。社会中间阶层（中等收入者群体）规模不断扩大，劳动关系调节工作力度加大，职工工资增长明显，职工生产安全形势持续稳定好转。随着人口老龄化的加速，国家人口政策有了重大调整，二孩政策普遍推行，受到社会各界普遍欢迎。城乡居民收入同比增长速度继续超过了国内生产总值、企业利润和国家财政收入的同比增速，城乡收入差距继续小幅收缩，城乡居民生活质量和消费水平继续提升，精准扶贫成为反贫困总体战略，引领全国反贫困事业跨入新阶段。劳动就业在经济增长速度继续回落的情况下总体稳定；社会保障覆盖面继续扩大，待遇水平继续提高。国家和社会治理现代化进程加快，社会组织发展加速。

经济增速的回落对社会发展的影响不容忽视。劳动力市场需求和供给连续多个季度下降，但需求下降显著大于供给下降，给未来实现比较充分的劳动就业带来潜在压力。城乡居民收入增长速度回落，粮价大幅下跌导致农村居民收入增速回落更快。居民收入增速回落导致居民消费增速回落，对扩大居民消费不利。劳动关系调节面临新的问题，劳动争议继续反弹增加，征地问题、环保问题等引发的群体事件仍然多发。城乡社区分化发展趋势更加凸显，基层社会治理创新要求不断增强。医疗卫生体制改革处于胶着状态，"看病贵、看病难"问题仍然被广大民众排在当前中国重大社会民生问题中的首位。社会保障体系覆盖面和统筹层次仍待继续提高，社会救助待遇水平仍然偏低。网络发展进入全民微信时代，国家思想宣传工作与民众网络舆论之间的平衡工作难度加大。

他们指出，需要继续深化改革，加大创新力度，做好调结构、惠民生、转方式、补短板、防风险的工作。需要继续推进新型工业化和城镇化进程，加快推进城乡和区域协调发展进程，继续着力扩大城乡居民消费并加速城乡居民消费升级进程，推进创新引领的增长动力结构转变。继续实施积极就业政策，推动创业带动就业，加大就业培训工作力度，提升劳动力素质以适应劳动力市场的结构性转变。要继续做好稳定城乡居民收入增长、调节收入分配关系的工作，要继续加大农业生产补助力度，进一步完善补助执行机制，完善国家粮食收购制度。要全力实施精准扶贫战略，认真总结以往的经验教训，真正按照精准原则开展产业扶持、转移就业、异地搬迁工作。深化医疗卫生体制改革，在继续推进基层医疗机构改革、基本药物制度改革、公立医院改革、医保支付制度改革等重大改革的同时，大力发展非公立医疗卫生机构，增加多样化的医疗卫生服务供给，在"体制内"解决不了的问题，交由"体制外"力量解决，从而反过来带动"体制内"问题的解决，显著缓解城乡居民"看病贵、看病难"的问题。要继续推进国家和社会治理现代化进程，通过治理体系和治理能力的现代化和创新，解决好国家和社会治理中存在的各种问题、矛盾和面临的挑战。

2016 年继续以"扩大中等收入群体规模，构建现代橄榄形社会"为主题，围绕供给侧结构性改革形势下的经济增长、劳动就业、居民收入和消费、中等收入群体、社会保障制度改革、教育和医疗卫生体制改革、不同社会群体的社会态度和价值取向、网络舆情、社会秩序、食品药品安全和环境安全等问题，对 2017 年中国经济社会发展形势进行了全面分析（李培林等，2016）。

2017 年以"新时代的社会发展"为主题，围绕全面建成小康社会决胜阶段和经济社会发展进入新时代的总体形势，分析了劳动就业质量、居民收入和消费、社会治安形势、互联网舆情等社会发展各领域的状况，还分析了高校学生群体、都市新白领、城乡困难群体、老年人群体、产业工人、农民和小微企业（业主）等不同社会群体的生存状况、社会态度和价值取向。他们指出，今后一个时期，亟须注意发展不平衡问题。在社会发展领域，劳动力失业风险因为市场不稳定性增强而有可能增大，就业质量尚需进一步提高，新白领群体的工作生活焦虑和压力亟待纾解；收入差距仍然较大，地区之间、城乡之间和社会阶层之间收入分配格局的平衡性、公平性仍待进一步增强；社会保险基金形势仍不容乐观，养老保险全国统筹将成为社会热点问题；新医改仍在不断试错中前进，要进一步强化"医保"的基础性作用，同时解决好因病致贫、流动人口健康等问题；在社会治安、食品药品安全、环境安全以及网络安全等社会公共安全领域，也出现了一些新情况、新问题和新挑战，需要妥善应对（李培林等，2018）。

4.1.5　与经济社会转型对应的高校学生择业观的变化

改革开放以来，随着社会主义改革在经济、政治、文化等各个领域的发展，中国社会逐步进入由计划经济社会向市场经济社会过渡的转型时期，邓小平"三步走"战略的有序实施，不断快速地推进了现代化进程，完成了社会转型与经济增长方式的转变。这让追求自我能力的展现和自我价值的实现也成为一种可能，高校学生的择业行为也开始出现明显的变化。择业行为的最大表现并非体现在不同行业，而是不同城市。北京、上海、广州等大型城市逐渐成为毕业生热捧的对象，如表 4-1-1 所示（刘妍，2011）。

表 4-1-1 高校学生理想就业区域抽样统计结果

地区	第一位		第二位		第三位	
	排名	占比/%	排名	占比/%	排名	占比/%
珠三角、长三角地区的沿海开放城市	1	44.10	1	40.20	5	5.30
北京等非珠三角、长三角地区的发达城市	2	34.60	2	28.10	6	3.10
内地省会城市	4	7.20	6	2.10	1	37.90
内地中小城市	5	2.80	3	13.70	4	11.00
人才匮乏的偏远地区，如西部或农村地区	6	2.30	5	5.20	3	12.50
国外	3	7.60	4	9.50	2	28.80
其他地区	7	1.40	7	1.20	7	1.40

截止到 2010 年，我国的改革开放已经基本实现了党在十四届五中全会上确立的两个具有全局意义的根本性转变：一是经济体制从传统的计划经济体制向社会主义市场经济体制转变；二是经济增长方式从粗放型向集约型转变。这两个转变一方面促进了经济的发展、社会的进步和市场对人才的需求，另一方面也加强了高校学生的就业压力和竞争力。高新科技的应用提高了经济效率和经济效益，促使经济增长方式由粗放型向集约型转变，即由主要依靠投资和增加人力资源向依靠投资和增加高科技含量的转变。新的集约型增长方式不仅能够有效提高经济效率和经济效益，而且明显节约了人力和物力，造成部分劳动者失去工作，而我国每年新增劳动力将近 2000 万，这就造成了社会就业的压力不断增大，同时影响了高校学生的就业进程。

所以，高校学生要想在这巨大的就业压力面前找到适合自己的出路，除了要认真学习，加强自身的素质和能力外，还要以市场的眼光看待当前的就业形势，转变就业观念和行为。随着政治制度的改革，人们不断明确自己的社会地位和政治角色，开始拥有充分的自主权，使高校学生的择业观念和行为开始走向自主。"自主择业"的就业制度让高校学生毕业后走向市场，自己选择就业单位，能够充分发挥高校学生的能力和专长，增强了择业意识和行为的自主性，高校学生选择适合自己的工作，工作的热情和积极性也会明显提高。当今高校学生处在社会转型的重要时期，新旧观念的交织错杂、知识信息的"速食"、人才市场需求的巨大转变，都在一定程度上影响着当代高校学生的择业观念，这种影响是一把双刃剑，既促进了高校学生形成就业竞争意识，积极主动地迎接就业挑战；同时在部分高校学生中又产生固守"铁饭碗"的陈旧观念、就业心理素质偏低、理想信念缺失等问题，因此，当代高校学生在择业过程中所表现出的不同思想、态度和行为，反映了其各不相同的择业价值观（康铭，2017）。

4.2　中国各地区信息服务业发展

近年来，我国信息服务业持续快速发展，产业规模不断扩大，产业结构不断完善，创新能力显著增强，产业集聚效应日益明显，国际化水平持续提高，人才队伍逐步壮大，对国民经济和社会发展的支撑作用不断增强。信息服务业成为我国经济发展中发展速度较快、技术创新较密集、效益较好的产业之一。本节从电信服务业和内容服务业两方面分析信息服务业。其中，内容服务业包括传统和数字内容服务业，传统内容服务业包括传统的新闻出版、广播影视、图书情报、市场调查等，数字内容服务业包括数字影音的生产和制作、动漫网游的开发、数据库服务等。而技术服务业包含软件产品、维护服务、信息咨询与集成服务、营运服务等方面。2016 年，国家发布一系列利好政策，大力促进信息技术服务业发展。《"十三五"国家信息化规划》、《关于深化制造业与互联网融合发展的指导意见》和《软件和信息技术服务业发展规划（2016—2020 年）》等重大政策为信息技术服务业开拓了新的广阔发展空间，为产业发展提供了更多的创新突破口。展望未来，随着国家级规划文件的实施，各地将结合自身优势出台促进大数据、云计算等新兴信息技术发展的配套措施和支持政策。信息技术服务业的政策环境将得到进一步优化，为信息技术服务业突破式发展提供新机遇。

我国政府出台了一系列政策以及资金方面的扶持给信息产业的发展带来了新的活力，一系列信息产业产品也不断崛起，各类国家级的信息系统和网络也纷纷建成并运行，软件业与通信业的不断强大也证明了信息服务业在国民经济中的重要地位（肖红，2017）。

新一代信息技术和通信技术加快融合，云计算、物联网、移动互联网等蓬勃发展，信息通信技术的应用融合渗透到经济和社会生活各个领域，将培育众多新的产业增长点，为整个产业带来更为广阔的创新发展空间。本节将分地区分析中国各个地区信息服务业发展情况。下面数据部分来自于《中国统计年鉴》和各地区的统计年鉴。

4.2.1　环渤海经济带信息服务业发展态势

4.2.1.1　发展概览

环渤海地区是指环绕着渤海全部的沿岸地区所组成的广大经济区域，包括北京市、天津市、河北省、山东省和辽宁省。党的十四大报告中提出要加快环渤海地区的开发、开放，将这一地区列为全国开放开发的重点区域之一，国家有关部门也正式确立了"环渤海经济区"的概念,并对其进行了单独的区域规划。区域间的经济合作、横向联合、优势互补为环渤海地区开拓了广阔的发展空间。继珠三角、长三角成为中国经济最活跃的地区之后,以京津为核心的环渤海经济圈正在加速崛起,其日益成为中国经济板块乃至东北亚地区极具影响力的经济隆起地带,成为中国经济增长的第三极。

环渤海经济带以北京为中心,辐射整个渤海地区。北京作为中国的经济、文化中心,对全国的辐射作用也相当显著。21世纪以来,软件和信息服务全面渗透到经济和社会发展的各个领域,软件技术创新不断深化,商业模式加速变革,产业格局深刻调整,为我国软件和信息服务业的发展创造了重要战略机遇。在实施"人文北京、科技北京、绿色北京"战略,建设"世界城市"的历史进程中,软件和信息服务业作为重大战略性支柱产业,将对北京提升自主创新能力,促进经济发展方式转变,加快经济结构调整,发挥核心支撑和高端引领作用。根据北京市委市政府关于制定国民经济和社会发展第十三个五年规划的总体部署,市发展和改革委员会印发了《北京市"十三五"时期服务业发展规划》(以下简称《规划》),《规划》提出,到2020年,服务业增加值占地区生产总值的比重达到80%以上,"北京服务"品牌效应更加彰显,服务业对外开放水平显著提升。在这五年的规划期限中,整个环渤海经济带的信息服务业得到了飞速发展。大连、天津等信息服务业产业聚集地区,也得到了很好的产业升级。其中,大连的信息服务业发展呈如下特点:软件与信息服务业出口增长加快。2003~2016年,大连的软件信息服务出口翻了两番。同时,海外的信息服务业龙头企业如IBM、NEC等企业也纷纷入驻大连,成为重要的国际信息服务外包聚集地。

环渤海经济带作为中国第三个重点建设的经济带,其经济、政治、文化环境都有着很强的地域特色。经济环境:环渤海地区总人口数为2.54亿人,占全国人口的18.51%,实现GDP16.10万亿元,占全国22.28%,人均GDP为63 467.70元。环渤海地区是中国最大的工业密集区,是中国的重工业和化工业基地,拥有大量大型的具有重要战略地位的企业。环渤海地区第三产业发展速度超过第二产业,表明传统产业向现代产业换代速度较快,具有较高的产业优化度。环渤海地区区域内经济发展悬殊较大,除北京和天津两大都市的竞争力较强、人均收入较高外,其余省份的综合竞争力和人均收入水平不高,与京津两市经济发展的差距很大,一定程度上造成区域内市场狭小。此外,环渤海地区行政区划意识比较强,区域经济一体化水平不高,跨行政区进行产业结构调整和资源整合的机制尚未形成,区域内各城市未形成有机的产业体系,地缘优势未能充分发挥。

近年来,京津冀区域的经济水平日益提高,区域地位逐渐增强,现代服务业水平不断提高,成为京津冀区域经济发展的重要引擎。地区的工业化进程中,人均可支配收入不断提高,形成了对现代服务业的巨大需求,即产生了对文化、体育、娱乐等服务业的需求，为现代服务业的发展创造空间，现代服务业发展的同时也为城市经济结构转型提供服务支撑。现代服务业作为低污染、低消耗的产业是提升和转变地区工业化水平的重要途径，二者是相互影响的，但工业化水平是地区现代服务业发展基础，是影响地区现代服务业的差异的重要因素之一。从京津冀工业发展道路看，北京处于后工业社会发展时期，天津处于工业化后期发展阶段，河北则处于工业化中后期阶段，各自的工业发展水平也决定了京津冀现代服务业的区域差异。京津冀地区也越来越重视地区现代服务业的发展，相继出台各项政策大力推动现代服务业的发展。但京津冀区域仍然存在较大差距，这种区域发展差异造成了各区域的分工不明确，资源优势得不到充分利用，区域内的经济增长潜力并没有充分开发出来，进而影响到该区域整体经济的发展。现代服务业作为社会经济发展的趋势，越来越成为一个国家或地区经济发展水平的重要标志，对区域经济的发展也有不可替代的作用，推动京津冀现代服务业协同发展也是实现京津冀地区协同发展的重要途径之一。2014 年 2 月，在京津冀协同发展专题座谈会中，习近平总书记强调要不断推进区域内的资源整合，并就实现京津冀协同发展这项重大国家战略，提出了七项要求，这体现了国家对该区域发展的重视。京津冀协同发展是在我国加快产业结构调整和经济发展方式转变的大背景下提出的，是适应我国社会经济发展要求的，这有利于破解三地发展的瓶颈，实现京津冀现代服务业的优势互补，推动环渤海经济的发展，加快京津冀区域现代服务业发展，对于促进京津冀区域产业协同，提升区域的整体经济实力有着重要意义（胡晓威，2015）。

产业科技环境：2010～2015 年，环渤海经济带所获得的科研经费投入逐年攀升。到了 2015 年，该地区研究与试验发展经费达到 2416.21 亿元以上，占全国总经费的 24.13%；拥有科技人员 50.50 万人，占全国科技人员总数的 19.14%。2015 年 8 月，李克强总理在环渤海经济带发展研讨会上指出，环渤海经济带的主要发展方向有三个：用制度创新服务实体经济；借"一带一路"契机服务和带动环渤海经济；突出航运，打造航运税收、航运金融等特色。环渤海地区是中国科研实力最强的地区，仅北京重点高校占全国的 1/4，而天津也拥有 30 多所高等院校和国家级研究中心。当前政府也正推动各类研发机构与企业联合，在我国信息服务业新的发展阶段，研发及促成产业科技成果转化对于整个地区发展具有重要推动作用。

政策环境：环渤海地区将信息服务业作为第三产业的重中之重来发展，天津市出台"十二五"信息服务业专项规划，北京、河北、山东、辽宁都在"十三五"发展规划中以较大的篇幅谈及信息服务业的发展战略，并发布各项鼓励信息服务业发展的优惠措施。国家工业信息安全发展研究中心、社会科学文献出版社发布了《工业和信息化蓝皮书：世界智慧城市发展报告（2016—2017 年）》。其中，在环渤海地区，北京积极打造以高端软件和信息技术服务业等为代表的"高精尖"产业体系；天津新能源汽车及航空航天产业成为发展重点；石家庄着力发展高端生物医药产业。2000～2010 年信息服务业发展的时序性来看，有两个节点值得关注——2001 年和 2008 年。2001 年全国各个地区对电信行业执行新的资费政策，采用新的不变单价，统计口径也出现变化，另外当年电信行业受到世界网络寒流影响，致使 2001 年珠三角地区信息传输服务出现较大滑坡，部分指标变为负增长；2008 年，金融危机来袭，虽然信息网络服务业和传统内容服务业保持稳健，但对于技术服务业和现代内容服务业部分指标带来不小影响，特别是一些对外依存度高的一些行业，如软件出口和外包、嵌入式系统、IC 设计等行业增速下降明显。

但是在环渤海经济带近几年信息服务业发展的过程中，也存在一些瓶颈问题。平台化发展能力不足，软硬协同效应未能充分发挥。以北京为例，北京软件和信息服务企业多数采取"平台跟随"战略。随着国际主流厂商发展软件、硬件、运营、服务一体化的整合平台，北京企业的市场空间和利润空间受到挤压。加快软件和硬件的融合发展，形成一批"软件拉动硬件发展，硬件带动服务消费"的自主平台产品已成当务之急。传统优势领域增速趋缓，新兴领域产业化需要提速。以大连为例，原本就具有优势的一些传统软件和信息服务市场已基本成熟，信息服务外包业达到了一个很高的水平，难以继续保持快速增长的态势。新兴产业领域市场尚处培育之中，企业的商业模式尚需探索，短期内难以成为拉动产业发展的新引擎。此外，同软件和信息服务先进国家相比，环渤海经济带大企业数量还远远不够，小企业"不够专不够精"。骨干企业整合发展资源的能力不足，带动产业链的作用不突出。产业联盟、技术联盟支撑产业发展的效果还不明显。产业转型发展所需的关键技术、高端人才供应不足。企业初创期的风险投资难以满足要求，企业成长期的并购机制尚不完善，企业规模扩张期的土地资源供给不足，引进企业和初创企业的扶植政策尚需优化。

4.2.1.2 主要发展阶段

第一阶段（2006～2010 年），电信业务量持续增加，但增幅一直减少。第二阶段（2010～2011 年），电信业务呈负增长。第三阶段（2011～2015 年），电信业务增速呈波浪形趋势。内容服务业：传统内容服务业小幅度增长，数字内容服务成为新时期规划的重点；技术服务业：进入稳定高速期，2000～2010 年软件业务收入（注：本书出现的所有软件业务收入的统计口径为主营业务收入 100 万元以上的软件和信息技术服务业企业的收入）总量增加 20.21 倍，年平均增长率为 35.00%。

环渤海地区软件业务收入从 2000 年的 224.00 亿元增长至 2010 年的 4532.00 亿

元。2002 年 9 月国务院颁发了《振兴软件产业行动纲要（2002—2005 年）》，加大对软件产业发展的支持力度，受相关政策强有力的促进作用，2003～2004 年，环渤海地区软件业务收入的增幅都超过了 50%，增长速度十分惊人。2006～2009 年，软件业务速度历经超高速增长后，回落至 30% 以内，软件产业进入稳定高速期。2010 年，软件业务速度增速有 44.00%。

　　环渤海地区信息服务业总量在全国处于领先水平。从信息服务业的市场结构来看，软件业务收入比例进一步增加，电信业务总量与软件业务收入比从 2000 年的 4.19∶1 下降至 1.28∶1，数字内容服务业也崭露头角。从发展形势看，历经 2002～2007 年的高速增长后，2008 年、2009 年、2010 年增速分别下降至 20.90%、13.80%、17.86%，电信业务面临转型。2000～2010 年环渤海地区传统内容服务业的增长速度呈波浪式上扬，2010 年公共图书馆总藏量增幅达到 5.44%，传统内容服务业焕发新的生机。软件业在 2003 年迎来增长高峰，其后逐渐进入平稳的高速增长期，年平均增长率仍然达到 35.00%。2011～2015 年，环渤海地区软件业收入持续增加，但增速逐年下降，迎来平稳发展阶段。从 2011 年的 6227.35 亿元到 2015 年的 13 369.30 亿元，2013～2015 年软件业收入的年增长率分别为 22.75%、18.85% 和 11.38%。具体发展状况如图 4-2-1 和图 4-2-2 所示。电信业收入和传统内容服务业比例下降，软件业和数字内容服务业收入比例提高。

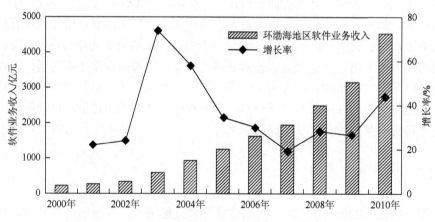

图 4-2-1　2000～2010 年环渤海地区软件业务收入及增长率

4.2.2　长三角信息服务业发展态势

4.2.2.1　发展概览

　　长三角地区包括上海、浙江、江苏三个省市，位于亚太经济区、西太平洋西

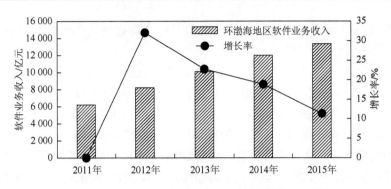

图 4-2-2 2011～2015 年环渤海地区软件业务收入及增长率

岸的中间地带,处于西太平洋航线要冲,具备成为东亚重要门户的优越条件;地处我国东部沿海地区与长江流域的结合部,拥有连接南北、辐射中西部的密集陆路交通网和现代化江海港群,交通位置居中,经济腹地广阔,对长江流域乃至全国发展具有重要的带动作用。《长江三角洲地区区域规划》对长三角地区发展的战略定位是:亚太地区重要的国际门户、全球重要的现代服务业和先进制造业中心、具有较强国际竞争力的世界级城市群,其作为我国经济社会最发达、人口和产业最密集、发展最具活力的地区之一,在我国经济社会发展中具有举足轻重的地位(朱宗尧,2012)。

经济环境:2015 年,长三角地区总人口数为 1.59 亿人,占全国人口的 11.62%,实现 GDP13.81 万亿元,占全国 19.11%,人均 GDP 为 86 708.30 元。长三角地区农业基础良好,制造业轻重适宜,服务业全面发展,重化工业、高新技术产业以及加工制造业均较发达,国资、民资、外资投资多元混合,是我国综合实力最强的经济区。2015 年,长三角地区第三产业增加值为 7.25 亿元,比上年增长 11.30%,较第二产业增速高出 8.63%,占地区生产总值的 52.45%,比第二产业高 9.20%,无论增速还是占比都稳居鳌头,为我省服务业的进一步发展提供了强劲的动力。

产业科技环境:2015 年,长三角地区规模以上工业企业研究与试验发展经费达到 2834.32 亿元,占全国总经费的 28.30%;拥有科技人员 85.30 万人,占全国科技人员总数的 32.33%;三种专利(发明、实用新型、外观设计)申请授权数为 83.56 万件,占全国总数的 31.93%;高等学校普通本、专科在校学生数 321.84 万人。历史悠久,开放程度较高,拥有底蕴深厚的吴越与维扬文化以及东西融合的海派文化,科教事业发达。

政策环境:在发展现代服务业的同时,通过"互联网+"、高端装备制造业等新兴产业的培育,来破题产业发展能级不足的问题,提成为长三角"十三五"的共识。江苏省委对"十三五"规划的建议中提出,进一步完善以高新技术产业为主导、服务经济为主体、先进制造业为支撑、现代农业为基础的现代产业体系。

建设具有国际竞争力的先进制造业基地和具有全球影响力的产业科技创新中心（21世纪经济报道，2015）。

长三角地区信息服务业总量规模庞大。从信息服务业的市场结构来看，电信业务总量与软件业务收入比从2000年的7.13∶1下降至1.34∶1，软件业成为长三角地区信息服务业的主要支柱之一。传统内容服务业逐年增幅不大，市场比例较小，数字内容服务作为一个全新的行业出现并受到重视，成为长三角地区信息服务业的新增长点。从发展形势看，历经2002～2007年的高速增长后，电信业发展增速呈波浪式发展，2009年增速下降至10.30%，2010年增速又回升到25.78%，市场容量稳中有升。传统内容服务则继续保持小幅增长，随着重点规划政策的实施和用户需求的提高，数字内容服务业将迎来爆发式的增长。软件业进入一个比较平稳高速增长阶段，年平均增长率仍然达到42%以上。2011～2015年持续增加，且增速呈波浪式发展。未来发展中，电信业收入和传统内容服务业比例将继续下降，软件业和数字内容服务业收入比例将继续攀升。

4.2.2.2　主要发展阶段

长三角地区电信业务量在2006～2015年持续呈波浪式增长，其中2007年、2010年、2013年和2015年为电信业务增长率曲线的四个峰值，2015年增长率达到36.99%，如图4-2-3所示。

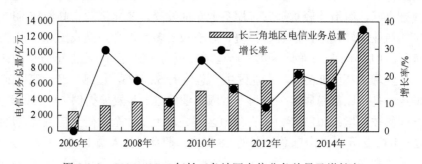

图4-2-3　2006～2015年长三角地区电信业务总量及增长率

长三角地区的电信业务总量从2006年的2441.83亿元增长到2015年的12 558.52亿元，总量提升了4.14倍，年平均增长速度为20.26%。第一阶段（2006～2010年），增速呈波浪形，2007～2009年增速下降，2010年增长速度上升至25.78%；第二阶段（2011～2015年），增速同样呈波浪形，2014年增速下降，2015年增长速度上升至36.99%。

在技术服务业方面，处于黄金发展期，长三角地区软件业务收入从2000年的

119.00 亿元增长至 2010 年的 3868.00 亿元，总量增加 32.48 倍，年平均增长率为 42.00%，处于黄金发展时期。长三角地区软件业起步早，但早期规模较小。2001～ 2005 年，长三角地区依靠巨大的政策优势，软件产业发展速度迅猛，到 2005 年末，软件业务收入突破 1000 亿元；2006～2010 年，年增长速度有所下降，但仍然持续稳定在高水平；2011～2015 年，年增速同样逐年下降，而软件业收入持续增加，增速维持在 17% 以上，2015 年收入为 13 481.10 亿元，略微超过环渤海地区。具体发展状态如图 4-2-4 和图 4-2-5 所示。

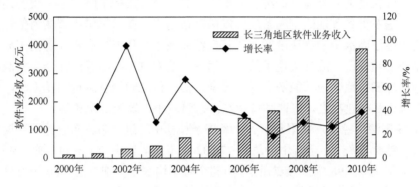

图 4-2-4 2000～2010 年长三角地区软件业务收入及增长率

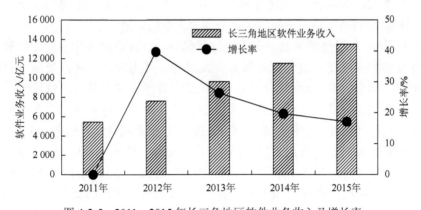

图 4-2-5 2011～2015 年长三角地区软件业务收入及增长率

4.2.3 珠三角信息服务业发展态势

4.2.3.1 发展概览

本书研究的珠三角地区是指涵盖了广东、福建、广西、海南四省区的泛珠三角地区，称为广义珠三角地区。四省区均位于珠江入海口附近，地理上相互毗邻，环境相似,其中既包括了经济发达省份(广东),也包括了经济相对落后的省区(广西、海南)。

根据 2012~2014 年的调研情况,总结出珠三角信息服务业的总体经济特点。

经济环境:珠三角地区位于祖国南部,面积为 57.19 万平方公里,占全国土地面积的 5.96%。珠三角地区经济持续快速增长,2015 年,珠三角地区总人口数为 2.04 亿人,占全国人口的 14.88%,实现 GDP11.93 万亿元,占全国 16.51%,人均 GDP 为 58 493.87 元,是全国经济发展水平最高、综合经济实力最强的几个地区之一。珠江三角地区外向型经济总体水平较高,充分发挥了毗邻港、澳的地缘优势和侨胞遍及世界各地的有利条件,以国际市场为导向,以国内市场为依托,推动外向型经济高水平、快速度发展。其已经完成了从传统的农业经济向重要的制造业中心的转变,并成功实现了第二、第三产业双重主导的经济社会全面联动发展。但是珠三角地区内部经济发展不平衡,四省份之间经济总量相差很大,广东大幅度领先,福建次之,广西和海南经济总量较小,发展层次较低。

2015 年深圳经济规模不断扩大,经济增长稳中有进,第三产业的发展速度尤为惊人。初步核算全年全市生产总值 17 502.86 亿元,比上年(下同)增长 9.38%,增速比上年降低 0.98 个百分点,比全国和全省平均水平分别高出 3.80 个百分点和 2.00 个百分点。分产业看第一产业增加值为 6.65 亿元,比上年增长 19.18%;第二产业增加值 7207.94 亿元,比上年增长 5.81%;第三产业增加值 10 288.28 亿元,比上年增长 12.02%。经济规模继续居于国内大中城市第四位。

2015 年广东部分规模以上服务业运行稳健,以互联网为代表的现代新兴服务业等发展方兴未艾,成为拉动服务业发展的主要力量。同时,受国内外经济环境影响,部分大型企业增幅回落,经营成本费用持续上升,经营困难,效益有所下滑。在世界经济持续萎靡,国内经济呈现新常态背景下,广东部分规模以上服务业运行稳健,全年广东规模以上服务业企业实现营业收入 15 048.7 亿元,同比增长 9.7%,增幅比上年提高 1.5 个百分点,比前三季度提高 1.0 个百分点。效益稳步提高,全年实现利润总额 2300.9 亿元,增长 11.1%。营业税金及附加、应交增值税两项合计 484.0 亿元,增长 16.5%。创造的就业岗位增加,平均从业人员人数 340.9 万人,同比增长 2.1%。珠三角经济运行的主要外部环境情况如下。

产业科技环境:2010 年,珠三角地区研究与试验发展经费达到 1955.63 亿元,占全国总经费的 15.18%;拥有科技人员 53.26 万人,占全国科技人员总数的 20.19%;三种专利(发明、实用新型、外观设计)申请授权数为 48.59 万件,占全国总数的 18.57%;高等学校普通本、专科在校学生数 354.90 万人。

政策环境:珠三角地区四省区也普遍出台积极的产业政策来促进信息服务业的发展。省区不同,信息服务业相关政策具有差异,广东省和福建省在"十三五"

以较大篇幅专门论述信息服务业发展战略，出台许多强力的政策来激励本省信息服务业的发展，包括基本建立开放型区域创新体系。加快建设创新驱动发展先行省，构建创新型经济体系和创新发展新模式。全面推进科技创新取得重大突破，初步形成开放型区域创新体系和创新型经济形态，国家级高新技术企业大幅增长，自主创新能力居全国前列，综合指标达到创新型国家水平。基本建立具有全球竞争力的产业新体系。现代服务业和先进制造业发展水平不断提高，战略性新兴产业快速发展，农业现代化取得明显进展，基本建成产业新体系，三次产业结构进一步优化。相对而言，海南和广西比较滞后，对信息服务业的出台的专项政策较少，特别是广西，出台的信息服务业地方政策很少，对信息服务业的扶持力度较小。

　　珠三角地区区域市场化改革起步较早，经济快速发展，其中一条重要经验就是抓住了各个时期的高增长行业。该区域资源配置的市场化程度较高，为加快信息服务业发展创造了良好的要素条件。以广东省为例，改革开放尤其是 1992 年以来，广东积极扩大对外开放，信息服务业吸收利用外资发展迅速，对广东弥补信息服务业发展资本短缺、学习国际服务业先进技术与管理经验、促进本地信息服务市场竞争、提高信息服务业竞争力发挥了重要作用。但是与广东制造业利用外资水平、全球服务业资本流动态势以及构建开放型经济新体制的要求相比，目前广东信息服务业利用外资仍存在行业结构层次低、区域发展不平衡以及资金来源地单一等问题。

　　针对上述信息服务业发展中存在的问题，利用外资是我国对外开放基本国策的重要内容，进一步提高利用外资尤其是提高现代信息服务业利用外资水平是广东构建开放型经济新体制的重要工作着力点。有学者认为：广东应从优化信息服务业利用外资产业结构、改善外商直接投资空间分布结构以及拓宽服务业外资来源地等三方面进一步提高信息服务业利用外资水平（魏作磊和詹迁羽，2017）。

4.2.3.2　主要发展阶段

　　第一阶段（2006～2010 年），电信业务总量增加，但年平均增速开始平稳下降；第二阶段（2011～2015 年），电信业发展增速呈波浪式发展。2006～2015 年传统内容服务业市场容量稳中有升，未来继续保持小幅增长，而数字内容服务业呈现高速增长态势，如图 4-2-6 所示。

　　从图 4-2-6 可以看到，珠三角地区的电信业务总量从 2006 年的 3656.91 亿元增长到 2015 年的 14 346.91 亿元，电信业务量增加 2.92 倍，年平均增长率为 16.50%。珠三角地区电信业务总量的发展趋势可以分为两个阶段：第一阶段为 2006～2010 年，珠三角地区的电信业务总量逐年增加，年增长速度平稳下降，2010 年珠三角地区

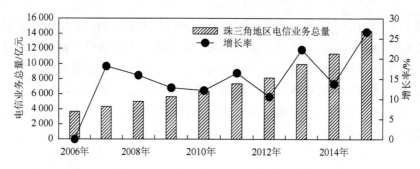

图 4-2-6　2006～2015 年珠三角地区电信业务总量及增长率

信息服务业总量年增长率下降至 12.11%，为 2007 年来最低增长速度。此外，移动通信仍是电信业务收入的主要组成部分，珠三角地区移动电话用户增长趋势呈下降趋势，固定本地电话业务经过较快的成长期后，进入阶段性的盘整期。第二阶段为 2011～2015 年，珠三角地区电信业务总量缓慢增长，增速呈波浪式，平均增速为 18.30%，趋近稳定状态。

此外，我们从两个方面分析珠三角地区的电话用户数的变化趋势：珠三角地区的固定电话用户数从 2006 的 6273.30 万户减少至 2015 年的 4306.30 万户，减少了 31.36%。说明珠三角地区电话用户数在已经达到饱和状态后，慢慢走下坡路。移动电话用户数年平均增长率为 9.79%，其中 2012 年的年增长率为 14.97%，为 10 年的峰值，2015 年移动电话数量出现负增长，减少了 2.36%。

综上所述，2006～2015 年珠三角地区电信业务总量逐年增长，增长趋势放缓，进入成熟期，部分业务（如固定电话业务）的市场出现萎缩。相对于传统内容服务业，近年来珠三角地区数字内容服务业则呈现出高速增长态势。作为产业前沿，数字内容产业的增长点主要集中在广东和福建两省。广州、深圳、珠海、福州四市承载了发展数字内容产业的重大部署，使其成为信息服务业的支柱产业之一。

从图 4-2-7 和图 4-2-8 中可以看到，珠三角地区软件业务收入从 2000 年的 172.00 亿元增长至 2010 年的 3049.00 亿元，总量增加 17.67 倍，年平均增长率为 33.00%。2004 年，国际和国内软件业形势大好，珠三角地区软件业务收入迎来爆发式增长，年增长率超过 60%。2011～2015 年，珠三角软件业务持续发展，其中 2013 年和 2014 年收入年增速持续上升，2014 年增速达 26.87%，2015 年增速有所下降，但也有 18.68% 的增速；2015 年末珠三角软件业收入达到 9049.80 亿元。珠三角地区软件服务业一直保持高速增长，相对电信业而言，软件业规模较小，处于快速成长期。珠三角软件产业主要集中分布在以深圳、广州、珠海、福州、厦门为代表的信息化程度比较高地区，并形成了具有一定的产业规模和市场竞争力的软件企业集团。五市都有自己的明星企业，通过专业化的协作分工，形成了集中度较高、关联密切、特色鲜明的产业群，明显提高了区域的竞争力。

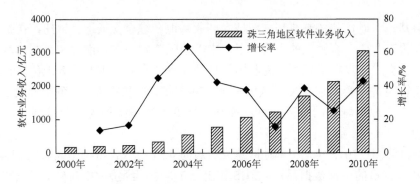

图 4-2-7　2000～2010 年珠三角地区软件业务收入及增长率

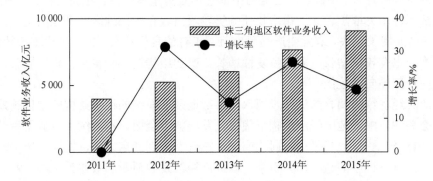

图 4-2-8　2011～2015 年珠三角地区软件业务收入及增长率

互联网及相关行业成为发展的新引擎。近年来，广东互联网和相关服务业持续快速增长，经济规模和效益稳步提高。以腾讯为龙头，迅雷、财付通、酷狗、珍爱、网易等一大批互联网企业迅速发展壮大。2014 年，互联网和相关服务业实现营业收入 550.00 亿元，增长 36.30%，比平均增速高出 28.10 个百分点，实现利润170.40 亿元，增长 19.30%。相关的软件和信息技术服务业实现营业收入 1038.50 亿元，增长 11.90%；邮政业在网络购物迅速兴起的带动下，实现营业收入 224.20 亿元，增长 47.20%。

4.2.4　中西部地区信息服务业发展态势

4.2.4.1　中部地区发展概览

国家对中部地区（山西省、吉林省、黑龙江省、安徽省、江西省、河南省、湖北省和湖南省）确立了"三个基地、一个枢纽"的定位：粮食生产基地、能源原材料基地、现代装备制造和高新技术产业基地和综合交通运输枢纽，在扩大内需和加快工业化、城镇化的大背景下，中部地区广阔的市场潜力和承东启西的区位优势将会进一步得到发挥，在我国经济社会发展全局中占有重要地位，长期以来为全国经济社会发展作出了重大贡献。2006 年，中共中央、国务院颁发了《关于促进中部地区崛起的若干意见》等一系列重大政策措施为中部发展注入了强大动力。

经济环境：2015 年，中部地区总人口数为 4.31 亿人，占全国人口的 31.41%。2015 年 8 月份的中部数据显示，2015 年上半年，中部经济稳中向好：工业增势缓中趋稳，投资增速稳中略升，消费平稳增长，财政收入增长回升，进出口和实际利用外资有所好转。中部经济走势与中部总体走势基本一致，经济发展稳中有进，但经济下行压力依然较大，稳增长任务仍较艰巨。在中部地区的产业结构中，第一、三产业增长较快。农业生产呈现出前所未有的良好势头，大多省份增长较快。第三产业也有较快增长，多为恢复性增长，产业结构进一步得到优化。同时，中部外向经济外向度较低。

随着经济结构调整的进一步深入，中部地区所面临的经济结构问题也越发受到社会关注。中部地区经济结构不优化，发展就不全面、不持续，也就无后劲可言。2015 年是"十二五"规划收官、"十三五"规划开启之年，在这个历史转折之际，只有坚持以调整结构为引擎，以提高经济发展质量和效益为中心，实施产业多元发展和中部核心区一体化等"多轮驱动"战略，才能开创中部核心区转型发展的新局面。在经济发展新常态下，结构调整必须适应产业发展的新趋向，中部创新转型核心区作为产业结构调整的引领区域，应发挥更加突出的结构调整带动作用。

产业科技环境：2015 年是中部推动创新转型核心区发展重要的一年，而科技功能中最重要的就是利用好科技优势。应该把科技优势和中部地区的地方特色、产业结构进行深入分析，找到结合点和切入点。要进一步明确科技工作的定位，主动适应经济发展新常态，抓住并用好新常态蕴含的新机遇，开创经济工作新局面。中部创新转型核心区应带动高新产业与传统产业同步做大、做强，着力在扩大规模、聚集产业、配套完善、引进高新技术上下功夫；为大企业、大项目发展中小型配套企业，推动产业链向下游延伸，提高产品附加值；还应集中布局，从源头抓起，促使传统工业企业向"高、精、特、优"方向转变，向国际国内中高端市场发展。2015 年，中部地区研究与试验发展经费达到 1551.23 亿元，占全国总经费的 15.49%；拥有科技人员 41.69 万人，占全国科技人员总数的 15.80%；三种专利（发明、实用新型、外观设计）中部地区申请授权数为 30.44 万件，占全国总数的 11.63%；高等学校普通本、专科在校学生数 745.07 万人。中部科技发展水平相对前三个地区较低。

政策环境：中部地区大都是农业大省，政策方面向信息服务业倾斜程度较小。扶持力度较大的省份主要是湖南、湖北、安徽三省。中部地区侧重促进与传统产业结合紧密的信息服务领域，达到提振传统产业，促进产业升级的目的，故此类政策较普遍。同时中部地区较东部地区的基础设施比较落后，对信息服务业单位吸引力度没有东部地区大。

4.2.4.2 西部地区发展概览

我国西部地区幅员辽阔，资源丰富，但是由于自然、历史和社会的原因，西部地区的经济发展较为落后，尚属于欠发达和待开发地区。同时，西部地区城市化水平与东部地区相比也有较大差距，而我国大部分贫困地区都聚集在西部，因此导致了西部地区社会生产力的发展相对落后，也制约着西部地区信息服务业的发展。

经济环境：西部地区总人口数为 3.71 亿人，占全国人口的 27.09%，实现GDP14.50 万亿元，占全国 20.06%，人均 GDP 为 39 053.92 元。一直以来，西部地区的经济发展普遍落后于东南地区。由于地理环境、商贸往来等关系，西部地区地缘劣势较为明显。而随着 2015 年以来"一带一路"倡议的跟进，西部的发展得到了新的能量。长期以来，由于资源禀赋、地理位置的差异，中国经济发展并不均衡，呈现"东部沿海领先、中西区欠发达"的局面。横贯中国东中西部、联通国际国内的"一带一路"倡议，给中国经济均衡发展提供了新契机。已有数据显示，区域经济格局的调整，成为中国经济发展的重要特点之一。近年来，中西部省份地区生产总值增速，普遍高于东部地区。

"一带一路"倡议的提出，是基于中国中西部开发开放、东部转型升级的现实需要。中国与沿线有关国家将在基础设施建设、进出口贸易、能源开发等领域加强合作，这将对沿线地区经济发展提供新动力，推动沿线地区形成新的经济增长极和城市群。

产业科技环境：2015 年，西部地区研究与试验发展经费达到 1011.32 亿元，占全国总经费的 10.09%；随着"一带一路"倡议的推进，西部地区的科研环境也将向更好的方向发展。西部地区的产业环境比较独特。首先，与东南沿海相比，西部地区的军工研究企业明显较多，科研实力雄厚。其次，西部地区在高新技术产业与东部地区并没有特别大的差距。随着"西部信息科技港"的建成，西部地区从"十二五"向"十三五"迈进，而科学技术的发展也将逐步向高精尖领域发展。政策环境：西部地区作为西部大开发的战略主体，在政策上享受较多的优惠。对于新兴的信息服务业而言，由于起步较晚、经济限制等诸多因素，西部地区的还未能形成完善的政策体系以支持产业的发展。西部地区信息服务业政策主要体现在人才、税收、投资、市场准入等比较基本的方面，各省份根据自身情况，差异较大。其中，四川、陕西对信息服务业实施重点规划，政策力度加强，细分和详细程度也较高，重庆近年来加大对信息服务业的扶持力度，新疆、云南、甘肃等地区的政策严重滞后。2017 年 11 月 10 日，第七届中国信息技术服务产业年会在陕西西安召开。年会上，工业和信息化部（简称工信部）信息化和软件服务业司巡视员李颖表示，近期国务院常务会审议通过了《深化"互联网 + 先进制造业"发展工业互联网的指导意见》，这是利用网络信息技术促进实体经济发展，规范和指导我国工业互联网发展的指导性文件。接下来，工信部信息化和软件服务业司将深入贯彻落实党的十九大报告精神，积极开展工作，继续推动信息技术服务业迈上新的台阶。此外，西安市将围绕新时期中国软件名城创建工作的战略导向，以及丝绸之路经济带新起点的经济社会发展需求，积极探索以西安特色创建综合型软件名城的新路径和新模式，加大政策扶持和应用引导，促进西安软件和信息技术服务业实现跨越式发展，打造质量和效益突出、特色鲜明、产业和城市生态融合发展的中国软件名城。

4.2.4.3　中西部地区发展阶段

中部地区软件业务收入从 2000 年的 25 亿元增长至 2015 年的 2550.27 亿元，总量增加 102.01 倍，年平均增长率为 37.49%。中部地区软件业起步较晚，进入 2000 年时软件业务收入才 25 亿元，基础比较薄弱规模较小。受国家和地区鼓励政策引导，2000～2004 年，中部地区软件业务收入年增长速度在 50% 以上，各地软件业开始历经从无到有的蜕变。2005～2010 年，中部地区软件业进入平稳的快速发展期，年增速保持在 20% 以上。2013 年软件继续迅速发展，这一年增速达 38.60%；2014～2015 年增速有所减缓，但也维持在 19% 左右，仍属于快速发展期。

中部地区信息服务业总量规模中等。从信息服务业的市场结构来看，电信业务总量与软件业务收入比从 2000 年的 40.30：1 下降至 6.27：1，电信业仍然是中部地区信息服务业的主要支柱。中部地区软件业起步低，发展规模较小。传统内容服务业逐年增长不大，数字内容服务业发展也比较滞后。从发展形势看，中部电信业仍然保持一个较高的增长速度，虽然电信业增速有下降趋势，但 2015 年增速仍达 27.04%，电信行业发展保持巨大活力。传统内容服务业短期内不会很大的变动，新型的数字内容服务业可能会被中部地区重点部署。软件业务收入将会以 40% 速度增长，逐渐成为中部地区的支柱之一。

西部地区软件业务收入从 2000 年的 52 亿元增长至 2015 年的 4397.33 亿元，总量增加 84.56 倍，年平均增长率为 32.74%。西部地区软件业起步较低，基础设施较为薄弱。2002 年西部地区年增速达到 95.00%，为历年最高，这一年西部地区的陕西和四川两省在优惠政策、园区、专项资金的强力促进下，软件业实现跨越式发展。2003～2010 年，西部地区保持比较稳定的高速增长，其中，2010 年增速达到 41.90%。2012～2015 年，西部地区软件业收入持续上升，但增速有所减缓，2015 年为 17.55%。

西部地区信息服务业规模较小，整体上发展相对落后于东部沿海地区。从信息服务业的市场结构来看，电信业务总量与软件业务收入比从 2000 年的 11.5：1 下降至 1.13：1，电信业仍然是西部地区信息服务业的主要支柱，但软件业的重要性日益提高。整体而言，西部地区软件业起步低，发展极不平衡，陕西和四川两省是主力军。传统内容服务业稳定增长，数字内容服务业发展水平很低。从发展形势看，西部电信业仍然保持一个很高的增长速度，2015 年增速保持在 30.39% 以上，电信行业是信息服务业的主导力量。西部地区信息服务业发展趋势大多为持续增长型。一方面是由于全国整体的水平在不断上升，另一方面，西部大开发战略逐渐带动西部地区经济的发展，信息服务业发展速度较快。

从整个西部地区来看，陕西和四川两省的信息服务业发展水平较高。以陕西省为例，2015 年末，全市共有信息传输、软件和信息技术服务业企业法人单位 7021 个，相关行业城镇从业人员 10.23 万人，分别比 2010 年末增长 1.15 倍和 44.08%。其中西安市的信息传输、软件和信息技术服务业企业法人单位中，内资企业占 97.10%，港、澳、台商投资企业占 0.50%，外商投资企业占 2.40%。在信息传输、软件和信息技术服务业企业法人单位从业人员中，内资企业占 93.50%，港、澳、台商投资企业占 1.70%，外商投资企业占 4.80%。

4.2.5 不同地区信息服务业发展的比较

总体而言，长三角、环渤海、珠三角地区的信息服务业发展环境优于中西部地区。首先，东部沿海的三个地区经济环境相对中西部地区具有较大优势，作为全新的高科技行业，信息服务业的是经济发展到一定层次的产物。良好的经济环境为信息服务业的发展提供了优越的资金、基础设施、人才、交通等条件。其次，东部沿海三个地区聚集了大批的高科技人才、研究机构和具有充足的科研经费，信息服务业是一门高技术行业，信息技术具有更新速度快、周期短的特点，极大地依赖于区域科技环境。我国各地区的科技环境极度不平衡，中西部地区科技发展滞后现象比较严重。最后，东部沿海的三个地区的信息服务业相关政策上享有较大优势。现阶段，信息服务业的发展与国家和地区的政策激励息息相关。长三角、环渤海、珠三角地区由于有能力承载较高层次的现代服务业和具备更加开放的经济体系，国家和地区内部对信息服务业的扶持政策更加完善和具体。中西部虽然受"中部崛起"和"西部大开发"的政策扶持，但在其更多地集中于农业、工业和传统服务业方面，而现代信息服务业的政策环境不如前三者。

长三角、环渤海、珠三角和中西部地区的信息服务业发展环境存在差异（表4-2-1）。长三角和珠三角地区的经济结构存在一定相似性，是我国最具发展活力、经济水平最高的两个地区。环渤海地区形成了中国重要的工业密集区，区域经济发展相对于珠三角和长三角落后，且区域内部交流不如珠三角和长三角地区般密切，一体化程度较低，但其拥有全国最高水平的产业科技环境，对高科技人才对信息服务业具有巨大的推动作用。中部和西部地区的信息服务业发展环境也存在较大差异。中部地区经济环境要优于西部，整体经济发展由中往西规模梯度推进。在西部大开发背景下，西部地区享有众优惠政策和专项资金，西部地区人力和土地成本比较低廉，信息服务业的政策和人力环境具有优势。

表 4-2-1　各地区信息服务业发展态势比较

地区	信息服务业发展态势
环渤海	环渤海地区贯通南北、连接陆海，总人口 2.5 亿人，GDP 以及投资、消费、进出口等主要指标都约占全国的 1/4。就环渤海地区自身而言，由于该地区长期依赖重化工业，服务业比重较低，正处于转型发展的关键阶段，加之该地区区域内部资源分配尚待优化，这就意味着该地区经济有着更大的增长空间和潜力
长三角	近几年长三角两省一市信息服务产业发展迅速，社会公共服务领域信息应用走向深入，信息服务业分类指标历年走势一直呈现增长态势，在电子政务、电子商务、医疗、教育、企业信息化等领域出现了令人瞩目的成果。其中，上海市政府为促进信息服务业发展，提出了建设七大基地、六大中心以及四大平台的目标。如国家软件产业基地、张江国家级网游动漫产业基地、国际信息服务外包基地等。其中移动电话、固定电话和有线电视等基础信息服务发展迅速，基础分类指标呈历年上升趋势。江苏省信息服务业主要体现在软件业和基础电信相关服务，如固定电话与移动电话上升较快，基础信息服务分类指标历年呈增长趋势。浙江信息服务业涉及面较广，数字娱乐、数字电视、电子商务、软件业发展迅速
珠三角	珠三角作为国家级"两化融合"试验区，集成电路设计、嵌入式软件、行业应用软件等领域发展水平居全国前列，信息服务对传统产业深度渗透，推动通信设备、汽车制造、机械装备、家用电器等优势传统制造业的核心竞争力快速提升。现代信息服务业与传统产业融合发展的效益日益显现 布局逐步优化，集聚效应初现。珠三角现代信息服务业产业布局一体化进程加快，以广州、深圳、珠海为中心辐射区，以国家级和省级软件及信息服务业园区（基地）为重要载体的产业布局逐渐形成，促进了大型信息服务企业和高端人才的集聚，为产业的集群化、规模化发展奠定了基础
中西部	中西部地区信息服务业规模较小，整体上发展相对落后于东部沿海地区。整体而言，中西部地区软件业起步低，发展极不平衡，陕西和四川两省是主力军。传统内容服务业稳定增长，数字内容服务业发展水平很低 从发展形势看，中西部电信业仍然保持一个很高的增长速度，电信行业是信息服务业的主导力量。中西部地区信息服务业发展趋势大多为持续增长型。一方面是由于全国整体的水平在不断上升，另一方面，西部大开发战略逐渐带动西部地区经济的发展，信息服务业发展速度较快

2006～2015 年五大区软件业务收入呈接近指数函数曲线增长，年平均增速超过 30%，整体上都处于高速发展期。中西部地区起步较晚，基础比较薄弱，故其产值相对同时期的其他三个地区要小很多，同时，信息服务市场结构中，中西部地区软件业务收入相对电信业务总量的比例还很低，而长三角、环渤海、珠三角地区软件业已经成为信息服务业的主要构成之一，短期内有可能超过电信业成为核心。

如果继续划分各个省份的信息服务业发展水平，差距就更加明显。如表 4-2-2 所示，根据不同省份的信息服务业发展阶段系数可以得知：北京、上海、天津依然是全国信息服务业发展的龙头地区。而同处于环渤海经济带的河北省则被远远甩在了后面。因此做好经济带内部的平衡发展也是一项很重要的工作。

林昌华（2014）对整体效率值强度即规模效率值强度（规模效率和纯技术效率值）以 90% 为有效界限进行空间分类，对 2012 年我国信息服务业区域发展的有效性进行划分。23 个省份信息服务业 DEA 效率分解情况如下：第一种为"效率双高型"，即纯技术效率和规模效率均在 90% 以上的省份；第二种为"效率高低型"，即信息服务业发展的纯技术效率高于 90%。规模效率低于 90% 的情形；第三种为"效率低高型"，即信息服务业发展的纯技术效率低于 90%，规模效率高于 90%；第四种为"效率双低型"，即纯技术效率和规模效率均低于 90%。

表 4-2-2 "十一五"期间不同地区信息服务业发展阶段系数

地区	发展阶段系数	地区	发展阶段系数	地区	发展阶段系数
上海	32 769.93	辽宁	24 218.53	重庆	30 531.38
北京	33 072.24	内蒙古	21 044.12	陕西	22 515.80
天津	27 343.91	河北	21 628.97	海南	22 351.77
浙江	31 673.39	吉林	20 203.59	湖南	25 101.36
江苏	27 611.74	黑龙江	24 224.36	四川	24 391.89
广东	23 583.86	山西	22 836.80	江西	17 498.33
山东	24 132.15	湖北	24 338.88	安徽	23 207.87
福建	23 418.69	河南	23 931.11	云南	20 932.90

4.3 企业对新员工的需求

在撰写本书之前，课题组曾连续多年在长三角、珠三角、环渤海经济带，以及信息服务业相对落后的西部地区进行广泛调研。在对不同地区的连续调研后发现，不同地区不同类型的信息服务企业在招聘新员工的过程中存在很多共识，同样遇到了很多相似的问题。本节将基于课题组的调研情况并结合相关学术文献和社会现状，对新形势下的信息服务业员工供给与用人单位需求进行深入探讨。

4.3.1　社会对人才的总体需求

从社会总体来看，基于本课题组从调研中获取的一线企业信息，我们发现新形势下的企业用人不再仅仅看学历，更多的是看实力。企业更希望一个新员工在最短的时间内给企业创造更大的价值。另外，新员工贵在"适合"，而不是"优秀"。企业更希望一个新员工具有适合自己岗位的专业技能，而不是虚无缥缈的个人能力。一般来说企业需要的大多是综合素质高的人才，无论哪个公司对于人才要求主要还是会看是哪个缺哪种岗位，再筛选人才，也就是不同岗位有不同的需求，现在这些企业最需要的主要是高级管理人才和专业技术人才。

由于目前，有些高校毕业生在职业选择过程中，眼高手低，好高骛远，不能正确认识自身情况，对自己的职业没有准确的定位，经常出现不满现状、频频跳槽，或是安于现状、不思进取等现象，给企业造成不同程度的损失，为此，企业呼吁高校应对高校学生及时实施职业生涯规划，引导高校学生树立正确的职业定位，充分认知自我，更好地适应社会和企业需求。

在学历上，虽然都说看不同的岗位再决定需哪种学历的人才，但是大多数的企业还是比较偏重于专业型的人才。在薪资与学历上，挂钩并不是很大，若是刚入某企业，大多数企业并不会根据学历的高低来评定薪资的多少。企业在录用应届毕业生时对于其毕业院校声誉、成绩优秀、学历的高低或党员的身份及或是学生干部并不是很看重，只是做一个参考，并不是一个决定因素，而在社会实践、专业学习及实践工作经验上大多数企业是非常看重的，除专业能力，在思想素质能力上也非常重视，在调查的这些企业上，大多数企业认为员工的思想素质能力和专业技术能力与企业的经济效益是息息相关的，且相关程度达80%以上，思想素质能力与专业能力对于企业的经济效益，大多数服务企业认为是同样的重要，在企业招聘时，他们认为能力比专业更重要，会优先考虑能力，这也印证了许多毕业生在毕业后走了与自己专业不是太相关的路。

在复合型人才的需求上，复合型人才应该是在各个方面都有一定能力，在某一个具体的方面要能出类拔萃的人。专家指出，复合型人才应不仅在专业技能方面有突出的经验，还具备较高的相关技能。例如，随着信息技术完全融入银行、保险、证券等行业之中，那么，复合型人才将在未来几年内十分抢手。

4.3.2　信息服务业对新员工的需求

根据项目组的调研结果，我们发现信息服务业企业对员工的需求不仅仅包括专业技能需求，还包括很多复合型技能。信息服务业具有很强的专业性，主要的专业性需求主要包括扎实的专业知识、良好的文档编写能力和编码规范化能力、良好的学习能力逻辑思维等。

4.3.2.1　信息服务业新员工专业技能需求

信息服务业具有很强的专业性，主要的专业性需求主要包括扎实的专业知识、良好的文档编写能力和编码规范化能力、良好的学习能力逻辑思维等。至顶网某项调查显示，信息服务业新员工应该具备的素质包括如下几个方面。

扎实的专业知识。信息服务业主涉及的行业领域很广，例如，很多信息服务业从事石油、电信、银行、电子政务、电子商务等行业领域的产品开发。但是无论在哪一行业，一名要想获得更大发展空间和持久竞争力的研发人员拥有扎实的专业知识是前提条件。

良好的文档编写能力和编码的规范化。良好的文档是正规研发流程中非常重要的环节，一个好的程序是先写好设计文档再进行编程的，在设计文档的指导下，才能写出安全的代码。如果你不写文档，一开始就写程序，这样你就不会按已设计好的路线走，而是想到哪写到哪。小功能还好说，要是大功能，就容易混乱甚至失控。编码能力直接决定了项目开发的效率，这就要求软件工程师至少精通一门编程语言，例如，当前国内企业常用的 C/C＋＋、Java 语言，要熟悉它的基本语法、技术特点和应用程序编程接口（API）。

程序员需要良好的学习能力、逻辑思维、积极主动，并需要不断地学习、充电。信息服务业的知识体系更新得太快了，可能几年后你现在掌握的知识就没用了。所以要不断地关注新事物，开阔眼界、学习知识。积极主动的人，定会不断自我更新，从而避免工作上的危机。

具有团队协作精神，良好的沟通能力，良好的心理素质和积极的生活态度。企业希望招聘到的程序员个人能力不一定很强，但需要很好的合作意识。现代软件的开发项目，已经不再是过去那样仅仅凭借一两个人就可以做到的事情了。在现实中，十几人、几十人甚至上百人的软件开发团队随处可见，所以，团队协作是员工必须具备的素质。团队协作精神的基础是和谐的人际关系和良好的心理素质。没有良好的人际关系，是不可能有人与人之间的真诚合作的；没有良好的心理素质，也是很难做到相互宽容、乐于奉献、积极进取的。项目团队中所有成员应该及时有效沟通，相互理解。团队中出现意见分歧时，分歧双方的基本态度应该是说服对方而非强制对方，裁决两种不同意见的唯一标准是看哪一种意见更有利于推动项目的正常进行。

较好的英语水平，充分利用网络资源掌握最丰富的程序开发资源。如今信息技术发展得很快，而大部分的技术最先出现的时候都是英文版本的，要几个月甚至是几年以后才有中文版本的书出来，因此要想跟上步伐，一定要努力提高自己的英文水平，这样才能同步跟上信息技术。作为基础软件工程师，具有一定的英语基础对于提升自身的学习和工作能力极有帮助。

有较强的求知欲和进取心。软件行业是一个不断变化和不断创新的行业，软件人才的求知欲和进取心就显得尤为重要，它是在这个激烈竞争的行业中立足的基本条件。工作积极上进，能够积极乐观地面对挫折与压力，善于总结经验教训，能够在逆境中开拓进取。个人的综合素质，包括对研发有浓厚的兴趣、较强的责任心、良好的道德品质、吃苦耐劳的精神和一定的坚韧性、具有创新能力和创新意识、独立自主的能力、个人的生活习惯、谈吐以及修养等。

4.3.2.2　信息服务业员工综合技能需求

信息服务业员工在具备技术能力的同时，还需要掌握一些软技能。现在来看这些软技能其实并不是什么新鲜事物，只是信息服务业员工所需的这些软技能的范围与数量正在不断增加着。至顶网在 2013 年通过问卷调查，得出了信息服务业员工应该具备的附加能力。用人单位录用毕业生时所考虑的要素如图 4-3-1 所示。

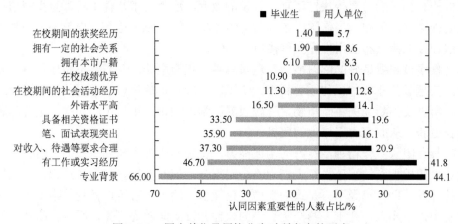

图 4-3-1　用人单位录用毕业生时所考虑的要素

调查显示，近六成（59.70%）受访单位对文理科类毕业生均有招录。有 23.70% 以招录理工类毕业生为主，有 11.40% 以文科类为主，有 5.20% 以其他类为主。相比之下，理工类毕业生更受青睐，高于文科类毕业生 12.30 个百分点。连续四年对应届高校毕业生的调查结果显示，理工类就业形势始终好于文科类学生，就业形势受用人单位需求的影响较大。

信息服务业员工需要具备哪些技术能力，要取决于其就职于哪家企业。但无论哪家企业的 IT 部门员工都需要具备同样的"软技能"。这些技能包括以下几个方面。

交易谈判与会议技巧。信息服务业需要人与技术相结合来制造产品以保证企业业务能继续运营下去。项目的实施过程中，只要有"人"的因素包含在其中的时候，出现分歧就成为了必然，但最终所有人必须要达到某种程度上的团队一致性，以确保实现项目的最终目标。这对于信息服务业员工牺牲自我以求共识的能力有着较高的要求。

较强的沟通能力。信息服务业员工的表达、阅读、编写能力是必须要加强的。即任何方式的沟通在企业内部都是非常有必要的。每年企业 IT 报告上的那些主意不错却最终失败的 IT 项目，大多都是因为人员之间缺乏沟通而导致的。

项目管理能力。有一些课程培训可以帮助信息服务业员工提高项目管理水平。但是，对大部分人来说，真正提高 IT 项目的管理能力需要积累很多年时间的工作经验，如果要将这种判断项目状况的能力变为一种"直觉"，则需要更长的时间。天生的项目管理者拥有项目管理第六感，在很多情况下这样的天赋甚至是无法后天培养的。

换位思考能力与团队合作能力。信息服务业员工通常都是与技术打交道的，因此他们一般不太容易理解一位非技术型最终用户在实际应用中所面临的困难。这就要求信息服务业员工需要学会站在他人的角度来看待技术问题，了解最终用户的实际处境，尽量使企业内部 IT 应用更加人性化，易于其他部门的同事学习与使用。乐于钻研的信息服务业员工很容易陷入孤立的人际交往状态。只有当成员真正能融入其团队内，顺利地与其他同事进行沟通与合作时，才能体现出其真正的价值，这些人被列为未来的职位晋升候选人的概率也更大。

知识分享能力。信息服务业员工经常需要为其他部门的最终用户讲解如何使用新开发的应用，同时信息服务业员工也是企业内部 IT 培训的重要人力资源。如果信息服务业员工能够在平时就与那些最终用户协同工作并提供帮助与支持，他们就将变得更有价值——因为真正的信息培训最需要在实际的工作中进行。更为重要的是，信息服务业员工需要具有主动分享其知识的意愿，同时能耐心地倾听他人讲述自己遇到的困难。

解决人为因素问题。信息服务业员工大都喜欢在"二进制"那种黑白分明的世界里埋头工作。不幸的是，项目实施中的很多问题都是由于人为因素所引起的。在这些问题中往往没有绝对的正确或错误，也就是所谓的"黑白不分明"。但最终，找到一种大家都能接受的解决方案仍然是有必要的。优秀的信息服务业员工应该有能力找到问题的根源,并准确地向其他人解释清楚,最终在大家的面前再将问题解决。此举必将有助于清除项目实施障碍,同时缩短项目周期。

4.4 信息服务企业的就业政策和行业发展政策

现阶段,我国信息传输、计算机服务和软件业城镇单位就业人员达到 349.9 万人,占全国城镇就业人员的 1.94%,每年新增就业人员占全国城镇新增就业 4.00%。随着信息和软件业持续向服务化、网络化及平台化模式发展,数据处理和存储服务收入大幅增加,2015 年全年可完成 6000 亿元以上的收入,相对于 2014 年同比增长 31.90%,增速居全行业首位,占全行业收入比重 18.00%,比上年提高 1.20 个百分点(籍佳婧,2013)。信息服务业是一个飞速发展的行业,其对人才的需求量呈逐年上升趋势,因而信息服务业的就业问题也是国家相关部门和各地区政府非常重视的一项工作(周屹等,2014)。

4.4.1 国家和各地区信息服务业发展政策

4.4.1.1 国家信息服务业发展总体政策

第一,以软件产业为突破口,延伸至多种现代信息服务业。

我国已形成良好的信息服务业发展氛围,特别是 2000 年国务院 18 号文件《鼓励软件产业和集成电路产业发展的若干政策》、2002 年国办 47 号文件《振兴软件产业行动纲要》发布以来,国家良好的政策激励、国内信息化建设内需拉动实现了信息服务业快速发展,软件业、数字内容、电子商务、互联网服务、信息安全等产业均带来良好的经济和社会效益。

发展到"十一五"时期,国家对信息服务业实施重点规划,政策力度加强,产业细分和政策内容详细程度也提高。从政策类型看,信息服务业相关政策也不再局限于软件产业,已扩散至多种产业,规划内容可分为综合规划、软件、园区、人才、电子商务、动漫等专项。国家成功以软件产业为切入点,打开信息服务业各产业的巨大市场。2008 年"核高基"科技重大专项(包括 8 个项目,20 个子课题,涵盖操作系统、数据库、中间件和应用软件等领域),2009 年《电子信息产业调整和振兴规划》为全国信息服务业注入了一股"强心剂",信息服务业开始向各个领域渗透,蓬勃发展。

2011 年 2 月 9 日,国务院办公厅发布了《国务院关于印发进一步鼓励软件产业和集成电路产业发展若干政策的通知》,即"国发〔2011〕4 号"文件(业界俗称"新18号文"，以下统称"新18号文"）。"新18号文"是对"18号文"政策的延续与升华。在支持政策的数量上看，主要体现在支持政策"从少到多"、"从无到有"等变化，表现为支持政策的细化，其针对性更强、更具体。其原有的财税优惠政策，取消了采购的优惠，特别强调了投融资、研发政策，鼓励企业做大做强，鼓励产业进行重组和区域整合。2013年，《鼓励软件产业和集成电路产业发展政策》、《软件企业认定标准及管理办法（试行）》和《软件产品管理办法》这三条政策的出台，吹响了大力发展信息服务业的号角，从投融资、税收、技术、出口到收入分配机制、采购、软件企业认定、知识产权保护等多方面，对软件产业给予全方位的支持。2013年9月，国务院又出台了《振兴软件产业行动纲要》（国办发〔2013〕47号），2014年2月，国务院九部委联合召开了贯彻落实《振兴软件产业行动纲要》大会，拟订了十三个相关"实施办法"，为我国软件产业的发展提供了良好的政策环境，《振兴软件产业行动纲要》提出要在以信息化带动工业化方针的指导下，准确定位政府、企业、市场的作用，依靠创新利用国内外两种资源两个市场，努力满足国内市场需求，积极扩大出口，壮大产业规模，提升我国软件产业的国际竞争力。"十五"发展阶段，政策多为纲领性、框架性文件，信息服务业发展政策主要集中在软件产业领域，扶持方式以投融资、税收、人才培养三方面最为常见。

"十三五"规划中强调培育发展战略性新兴产业，新一代信息技术产业作为七大新兴产业受到重视。建设下一代通信网络，下一代互联网和数字广播电视网，建设物联网应用示范工程，实施网络产品产业化专项。"十三五"规划主要考虑落实《关于加快科技服务业发展的若干意见》（国发〔2014〕49号）重要部署，以及李克强总理在2016年中央经济工作会议上指出的"激发市场转化科技成果强力，培育技术和股权期权市场，拓展技术和知识产权交易平台，发展科技服务业"的新要求，以满足科技创新需求和提升产业创新能力为导向，重点选择研究开发及其服务、技术转移、创业孵化、知识产权、科技咨询、科技金融、检验检测认证、综合科技服务等八个方向。在具体部署上，重点开展科技资源精准服务技术、网络化检测终端装备、虚拟孵化精准需求匹配与智能推送技术、知识产权数据挖掘与深度加工技术等领域关键技术研发，制定相关科技服务业业务标准，建设科技咨询公共服务平台、知识产权运营公共服务平台等科技服务业平台，实施技术转移服务应用示范、创业孵化综合服务平台应用示范、知识产权服务应用示范等，加强科技创新和商业模式创新，培育和壮大科技服务市场主体；《"十三五"国家科技创新规划》（以下简称《规划》）为大幅增强服务科技创新能力，明显提升科技服务市场化水平和国际竞争力，实现2020年基本形成覆盖科技创新全链条的科技服务体系做好部署，为实现科技服务业产业规模达到8万亿元做好支撑；《规划》提出"十三五"期间将主要从投入、人才和创新政策等三个方面进行部署。在投入方面，以形成多元投入机制为重点，引导各类资金投入现代服务业科技创新。在人才供给方面，坚持引进与培养相结合，创新人才培养模式，完善现代服务业学科和人才培养体系。在构建创新政策体系方面，重点强化现代服务业创新成果的知识产权保护、加快完善高新技术企业和技术先进型服务企业认定标准、完善新商业模式的准入管理机制等。"十三五"期间将主要从建设新型智库、布局重大创新基地、提升企业创新能力、构建创新网络等四个方面进行部署。在建设新型智库方面，重点支持一批有条件的综合研究机构建设成为现代服务业新型智库。在优化创新基地布局方面，继续支持及新部署一批现代服务业国家重点实验室、国家工程（技术）研究中心，同时建立和完善政府资助的现代服务业创新服务平台绩效考核评价、财政补助和推优升级制度。在提升企业创新能力方面，主要考虑通过企业技术创新中心建设，提升创新能力，支持有条件的现代服务业企业独立或联合高校、科研院所建立企业技术中心，大力吸引外资企业在我国单独或联合设立现代服务业技术研发中心。在构建创新网络方面，要积极主动融入全球创新网络，统筹考虑国家现代服务业发展需求和战略目标，开放部分现代服务业科技计划项目，同时推动现代服务业自主标准国际化（中华人民共和国科学技术部，2017）。

第二，优惠领域不断扩大，支持力度不断加强。

（1）从资金面支持逐渐过渡到政策面支持。

企业的发展离不开资金的支持，通过政策吸引投资，鼓励投资能够很好地帮助行业的发展，促进行业的整体成长。

"新 18 号文"投融资鼓励政策包括两条：一是要多方筹集资金，加大对软件产业的投入，包括两条途径——建立软件产业风险投资机制和在"十五"计划中适当安排一部分预算内基本建设资金用于软件产业和集成电路产业的基础设施建设和产业化项目；二是为软件企业在国内外上市融资创造条件，包括开辟证券市场创业板、放宽资产评估条件、境外上市融资三方面。"新 18 号文"对投融资的表述比较笼统，属于引导性政策。

《振兴软件产业行动纲要（2002—2005 年）》对"新 18 号文"中落实投融资政策进行具体化，强调"十五"期间，中央财政预算内资金向软件产业的投入不少于 40 亿元。其中，电子信息产业发展基金、863 计划专项经费、国家科技攻关计划经费、产业技术研究与开发资金、科技型中小企业技术创新基金等可用于软件产业发展的资金，通过调整结构，向软件产业倾斜，集中不少于 30 亿元的资金专项用于软件产业；同时，为了确保软件产业发展目标的实现，体现国家政策的导向和扶持作用，2003~2005 年，中央政府再安排 10 亿元，专项用于支持软件产业发展。

之后在 2006 年《软件产业"十一五"专项规划》中，强调要建立多元化投融资机制和加强投融资环境建设。《信息产业"十一五"规划》提到要提高利用外资水平,建立普遍服务基金,完善金融环境,鼓励创新型中小企业发展。2008 年"核高基"专项基础软件部分中的 20 个子课题,每个子课题中央配套资金在 1000 万～1 亿元,每年的扶持资金规模可能超过 10 亿元。2009 年《电子信息产业调整和振兴规划》再次强调加大国家投入和完善投融资环境,支持金融机构为中小电子信息企业提供更多融资服务。2013 年"新 18 号文"在积极拓宽企业的融资渠道和融资力度方面迈出了坚实的一步。例如,通过现有的创业投资引导基金等资金和政策渠道,引导社会资本设立创业投资基金,支持中小软件企业和集成电路企业创业;积极支持符合条件的软件企业和集成电路企业采取发行股票、债券等多种方式筹集资金,拓宽直接融资渠道;支持和引导地方政府建立贷款风险补偿机制,健全知识产权质押登记制度,积极推动软件企业和集成电路企业利用知识产权等无形资产进行质押贷款。充分发挥融资性担保机构和融资担保补助资金的作用,积极为中小软件企业和集成电路企业提供各种形式的贷款担保服务;同时明确了政策性金融机构和商业性金融机构的支持范围等。这就从资金面支持过渡到政策面支持,保证产业的可持续发展。

（2）从基本五条税收优惠扩展至营业税优惠。

税收政策直接影响到产业的发展,通过对行业企业减免税收负担,可以使得更多的投资进入行业,增强企业竞争实力。同时,税收的减少能够有效地增加企业收益。

"新 18 号文"财税优惠政策主要包含五条:2010 年前对软件产品按 17%的法定税率征收增值税,对实际税负超过 3%的部分即征即退;新创办软件企业经认定后,自获利年度起,享受企业所得税"两免三减半"的优惠政策;对国家规划布局内的重点软件企业,当年未享受免税优惠的减按 10%的税率征收企业所得税;达到相关要求的产品均可免征关税和进口环节增值税;软件企业人员薪酬和培训费用可按实际发生额在企业所得税税前列支。

（3）从简单应用人才培养到高层次、复合型人才引进与激励机制。

信息服务业属于高科技行业,人才占据着非常重要的地位。发展信息服务业,必须要能够吸引各类创新人才,促进人才交流,保证行业的创造性。

"新 18 号文"人才吸引和培养主要包括三方面:扩大软件人才培养规模,并依托高等院校、科研院所建立一批软件人才培养基地;高级人才软件园区所在地落户政策;全球化人才战略,吸引国内外软件技术人员在国内创办软件企业。到"十一五"专项规划时期,强调进一步建立健全软件人才培训体系,形成多层次的人才梯队,重点培养国际化、高层次、复合型软件人才。加快建设和发展人才培训基地,推动实用型人才的培养。加大国际化人才引进力度,大力引进国内外优秀软件人才。引入竞争激励机制,制定激发人才创造才能的奖励政策和分配机制,提高技术人才和管理人才的积极性和创造力,创造有利于软件人才发展的宽松环境。

在此基础上，"新 18 号文"提出加快完善期权、技术入股、股权、分红权等多种形式的激励机制，充分发挥研发人员和管理人员的积极性和创造性。各级人民政府可对有突出贡献的软件和集成电路高级人才给予重奖。这是对相关人才进行多种形式激励的重大措施。

（4）其他类型。

鼓励"走出去"："新 18 号文"，强调支持企业"走出去"建立境外营销网络和研发中心，推动集成电路、软件和信息服务出口，但是相关细节方面无大的改动。

强化和细化知识产权保护：多数文件都强调依照国家法律对已经登记的软件予以重点保护，打击走私和盗版，内容相对笼统。随着产业的发展，知识产权的保护政策逐渐细化，内容逐渐丰富起来。"新 18 号文"规定，凡在我国境内销售的计算机（大型计算机、服务器、微型计算机和笔记本电脑）所预装软件必须为正版软件，禁止预装非正版软件的计算机上市销售，大力引导企业和社会公众使用正版软件。

规范市场制度和加强监管：前期政策较少涉及软件产业市场方面措施，"新 18 号文"根据形势对这一领域作了专门阐述，变化较大。主要包括以下三条：积极引导企业将信息技术研发应用业务外包给专业企业；规范市场，反垄断，打击不正当行为；完善网络环境下消费者隐私及企业秘密保护制度逐步，在各级政府机关和事业单位推广符合安全要求的软件产品。这使软件外包前景更加广阔，安全产品得到进一步发展。

新增鼓励研发政策：早期政策多将研究开发作为其中一个要点，在后续的规划中研发的重要性逐步加强，现阶段，已经将研发作为单独一个大分项提出，具体阐述实施要则，旨在进一步加强国内研究与开发（R&D）的投入比例，从而促进中国高端软件的快速发展。以培养和发展战略性新兴产业为契机。

4.4.1.2　各地区信息服务业发展政策

第一，长三角地区信息服务业发展政策（表 4-4-1）。

（1）政策更新及时，较好地把握新兴行业发展方向。

长三角地区三省（市）都出台了对信息服务业的专项规划，贯彻落实国家对软件业的各类优惠政策，其产业政策细分程度高，对相关产业具有较完整和规范的表述。特别是对几年来出现的信息服务业新兴产业，如动漫设计、数字出版、物联网等领域，长三角地区在短时间内就颁布优惠政策扶持其发展。长三角地区对新兴产业发展趋势反应灵敏，把握得当，能对有潜力的产业方向迅速做出反应。

表 4-4-1 长三角地区对信息服务业发展的地方性政策

省市	重视程度	政策数量	政策重点扶持领域
上海	高度重视	非常多	电子商务、电子政务、软件外包、文化创意产业、软件产业基地、数字内容产业基地、智能家庭、3G、消费类软件、动漫、电子出版、嵌入式软件、行业应用软件、Linux 软件、网络增值服务、IC 设计、金融信息服务
江苏	高度重视	非常多	电子商务、服务外包、软件园区建设、动漫游戏产业化基地、应用软件和基础软件、嵌入式软件和系统、共性中间件、电力、电信应用软件、专业化软件和信息技术服务
浙江	高度重视	非常多	网络基础设施、嵌入式软件、软件外包、信息系统集成、行业应用软件、基础软件产品、数字内容服务业、动画产业基地、政务信息服务工程、电子商务与现代物流建设、企业信息服务、农业信息服务

（2）细化政策，操作和可执行性强，政府配套投入高。

2001 年，《上海市人民政府关于本市鼓励软件产业和集成电路产业发展的若干政策规定》中确定，由市政府安排 5 亿元软件产业发展专项资金，支持软件产业基础设施建设、重点软件项目、软件技术成果转化和产业化，并为相关国家项目提供匹配资金。市经委、市科委、市信息办等有关部门和区县政府每年从其掌握的各类科技发展资金中安排不低于 25%的资金，用于支持操作系统、大型数据库管理系统、网络平台、开发平台、信息安全、嵌入式系统、大型应用软件系统等基础软件和共性软件项目的研究、开发。而江苏省相关部门安排的各类科技发展资金应向软件产业和集成电路产业倾斜。"十五"期间，江苏省高技术风险投资公司、江苏省信息化建设投资公司要将风险资金优先投向省内软件和集成电路产业。浙江省在原软件产业发展专项资金的基础上设立了信息服务业发展专项资金，专项用于支持软件产业和信息服务业的发展。而浙江省在 2009 颁布《关于进一步推进信息服务业发展的若干意见》，分十个小节阐述了切实加大信息服务业的资金扶持力度的相关规定。

在电子政务方面，以浙江省为例，随着浙江省经济的稳步发展，互联网用户数快速增加，电子政务发展迅速，城乡居民用于信息消费的支出不断增加。2015 年，全省互联网用户数达到 1936.80 万户，其中互联网宽带接入用户达到 1906.80 万户，分别比上年增长 48.27%和 49.42%。全省已建成了统一的电子政务网络，省市县三级政府网站开通率达 100%，电子政务在改善公共服务、加强社会管理、强化综合监管、完善宏观调控等方面发挥了重要作用。浙江省应用消费持续扩展和深化，信息化发展溢出效应明显。2015 年，应用消费指数和发展效果指数均达到 0.90。随着全省经济的稳步发展，互联网用户数快速增加，电子政务发展迅速，城乡居民用于信息消费的支出不断增加。从应用消费指数二级指标来看，2015 年，"互联网宽带普及率指数"、"政府门户网站综合应用水平指数"和"全体居民人均通信支出指数"分别为 1.10、0.81 和 0.80，较上年分别提高 0.025、0.021 和 0.018（浙江省经济和信息化委员会，2016）。随着全省信息化发展环境和支撑因素的不断优化，信息化对经济发展的溢出效应日益显现。2016 年浙江省城镇居民人均信息消费支出为 30 068.00 元，增长 4.90%，扣除价格因素实际增长 2.80%。农村常住居民人均生活消费支出 17 359.00 元，增长 7.80%，扣除价格上涨因素实际增长 5.90%。从消费支出类别看，对城镇常住居民来说，交通通信支出增速排在第三位，人均支出为 5101.00 元，增长 7.30%。对农村常住居民来说，交通通信支出增长最快，人均支出 3076.00 元，增长 19.90%（浙江新闻，2017）。2016 年，信息化发展效果指数达到 94.79%。2015 年，全省规模以上电子信息制造业增加值 1631.88 亿元，占规模以上工业增加值的比重为 9.48%，同比提高 0.38 个百分点；R&D 经费支出为 8 535 689.00 万元，相当于地区生产总值的比重为 2.00%，同比提高 0.08 个百分点；人均 GDP 为 77 426.41 元，同比增长 6.16%。

（3）加大企业所得税优惠力度。

上海市规定凡在沪注册并缴纳所得税的企业用 2000 年 1 月 1 日以后企业税后利润投资于经认定的本市软件企业，形成或增加企业资本金，且投资合同期超过 5 年的，与该投资额对应的已征企业所得税本市地方收入部分，由同级财政给予支持；浦东软件园、上海软件园、国家信息安全（东部）基地和上海集成电路设计产业化基地内的软件企业，当年企业所得税实际税负超过 10% 的地方收入部分，由同级政府在专项资金中支持相关园区、基地，用于园区的建设和发展。江苏省在 2003 年出台的《江苏省国家税务局关于明确软件和集成电路产品有关增值税问题的通知》对软件行业中增值税优惠做了详细说明。浙江省则主要按国 18 号文件享受税收、收入分配方面的优惠政策。以苏州为例，2015 年第一季度全市服务业税收同比增长 4.50%，增幅比去年同期减少 8.60 个百分点。房地产市场的低迷是服务业税收增速放缓的主要原因。受去年高基数影响，今年房地产行业税收增速大幅下滑，一季度房地产行业同比增长 1.70%，增幅比去年同期下降 23.50 个百分点。

（4）细化人才建设条例。

上海市在软件企业人员出国、计算机和软件专业建设、科研机构建设、智力引进等方面做了较详细规定。《上海市信息服务业发展行动计划（2006—2008 年）》中进一步阐述了人才培养、激励机制。江苏省 2007 年出台《江苏省软件产业促进条例》中用较大篇幅介绍人才保障措施（13 条）。浙江省在 2005 年《关于加快我省信息服务业发展的若干意见》对信息服务业人才的培养和引进方面做了说明。

（5）扶持高智能、高增值、可持续发展领域为主，数字内容、IC 设计等新兴行业紧跟国际，领先全国。

上海、江苏、浙江三个地区政策数量都较多，各有侧重点，形成互补之势。扶持的领域中许多都已经超越附加值较低的信息资源开发利用、信息提供服务等内容，而深入到软件开发、增值服务、互联网应用等附加值较高的市场领域。在关注产业增值的同时，这些省区也开始注重信息安全、关键基础平台建设等保障性配套设施建设。可见我国东部省区的信息服务业的发展已经开始向智能化、高增值化和可持续发展的更高阶段迈进。从政策实施效果来看，长三角地区已经形成信息服务业的集聚，辐射特征明显，IC 设计、数字内容等新兴领域发展较好，在全国范围内具有较大优势。

"十三五"期间，江苏省经济社会发展将会呈现出更多依靠消费引领、服务驱动的新特征，服务业发展也将面临诸多机遇和挑战。江苏省政府办公厅以苏政办发〔2016〕133 号文件印发了《江苏省"十三五"现代服务业发展规划》（以下简称《规划》），对"十三五"期间江苏省现代服务业发展明确了目标，指明了方向。

《规划》分生产性服务业和生活性服务业两大类分别提出了 8 个重点领域。生产性服务业突出抓好金融服务、现代物流、科技服务、商务服务、信息技术服务、服务贸易等六大重点服务产业，培育壮大电子商务、节能环保服务等两个服务业细分领域和行业。省发展和改革委员会服务业处相关人士表示，按照省政府今年早些时候颁布的文件，正着力推进生产性服务业"双百工程"，即在江苏省培育形成 100 家在全国有较强影响力和示范作用的生产性服务业集聚示范区及 100 家处于行业领先地位、具备显著创新能力的生产性服务业领军企业，这对促进江苏省产业逐步由生产制造型向生产服务型转变有很大作用。例如，科技服务业发展中，就要求积极开展创业孵化服务，建设一批"双创"示范基地，发展天使、创业、产业等投资，打造众创、众包、众扶、众筹平台。深化科技和金融结合，创新科技金融服务体系，这对解决江苏省部分生产性行业中存在的创新驱动不足具有实际意义。

随着信息技术集成应用，"机器换人"成为越来越多企业转型升级的共识，长三角企业纷纷加强智能装备、管理软件、设计工具、电商平台的应用，信息化应用水平大幅提升。以浙江省为例，从基础设施二级指标来看，2015 年，浙江省"四上"企业（即规模以上工业企业、有资质的建筑业企业、限额以上批零住餐企业、规模以上服务业企业）中，"企业每百人计算机使用量指数"和"企业拥有网站的比重指数"分别为 0.802 和 0.773，较上年分别提高 0.020 和 0.013。

第二，珠三角地区信息服务业发展政策（表 4-4-2）。

（1）与国家政策匹配程度高，适度超前，抢得先机。

珠三角地区四省区普遍出台积极的产业政策来促进信息服务业的发展。按省区不同，信息服务业相关政策具有差异。从地区间比较看，广东省信息服务业政策数量最多,与国家政策匹配程度高,和国家出台政策步调一致甚至超前,其政策细分程度高和对信息服务业扶持力度大,特色优势产业明显,对下一代核心技术和关键领域技术比较重视,对软件基地建设规划详细;福建省信息服务业政策较多,侧重扶持通信技术、集成电路设计、动漫游戏、软件出口及信息技术外包等,特色鲜明,重视人才建设和利用区位优势发展对台交流;广西信息服务业基础薄弱,专项政策和详细规划较少,政策出台时间滞后,大部分按国家政策配套,支持的力度较小;海南省信息服务业的相关政策较少,对信息服务业的促进作用也较小,但是近两年发布政策扶持力度较大,重点推进海南软件园和创意园的建设。

2015 年,珠三角地区服务业规模及结构上新台阶,服务型经济特征明显。服务业规模不断扩大,发展速度快于整体 GDP 增长。以广州市为例,第三产业占地区生产总值的比重由 2011 年的 61.51%上升至 2015 年的 67.11%,增幅高于全省同期 2.70 个百分点,实现较快增长,对地区经济结构调整的作用增强。2015 年珠三角地区实现第三产业增加值56142.74 亿元,是 2006 年的 3.33 倍,年均增长 14.34%。

深圳市的第三产业发展也同样十分迅速。2015 年,深圳市第三产业增加值占 GDP 比重达 58.78%,比上年提高 1.39 个百分点。2016 年,深圳第三产业增加值 11785.88 亿元,增长 10.40%,第三产业增加值占全市生产总值的比重为 60.50%。在现代产业中,现代服务业增加值 8278.31 亿元,比上年增长 11.60%在第三产业中,交通运输、仓储和邮政业增加值 594.81 亿元,比上年增长 10.00%;四大支柱产业中,金融业增加值 2876.89 亿元,比上年增长 14.60%;物流业增加值 1984.50 亿元,增长 9.40%;高新技术产业增加值 6560.02 亿元,增长 12.20%。(深圳统计局,2017)珠三角地区区域市场化改革起步较早,与国家政策具有高匹配,进一步细化和强化,出台的政策往往具有前瞻性,取得先机。

(2)细化政策,扩大优惠领域。

在珠三角四省区普遍实施国家投融资政策的基础上,根据本省实际情况作相应的调整。如广东省经济金融环境较好,在国家政策出台后颁布相应更具优惠的投融资政策或实施细则。2001 年,为贯彻"新 18 号文",《广东省人民政府关于扶持软件产业发展的实施意见》提出省有关部门在安排年度计划时,应从其掌握的科技发展资金中各拿出一部分,用于支持基础软件开发或软件产业化孵化。国家级软件产业基地、软件园建设项目,地方财政争取按中央财政拨款的一定比例落实配套资金等。2007 年,广东省《关于加快发展我省现代信息服务业的意见》中设立现代信息服务业发展专项资金,即从 2008 年起共 5 年,省财政每年安排 2 亿元作为现代信息服务业发展专项资金,主要用于:支持现代信息服务业的关键共性技术、产业基地、重大项目建设、品牌培育等方面,并且规定各级政府要进一步加大对发展现代信息服务业的扶持力度,科技三项经费、自主创新资金、技术改造资金、扶持中小企业发展专项资金和关键领域重点突破资金的安排都要向现代信息服务业有所倾斜。

广东省各市和地方园区大多都出台相应的投融资细则扶持当地信息服务业的发展，政策的可执行程度较高。福建省信息服务业领域投融资虽然在多个政策或规划中都被提及，但内容相对比较笼统，属于方向引导。

（3）更具优惠的税收扶持。

广东现代信息服务企业经认定为国家重点扶持高新技术企业的，从 2008 年起，减按 15%的税率征收企业所得税；符合条件的新办现代信息服务企业，经认定为高新技术企业的，可自获利年度起两年内免征企业所得税，两年后按 15%的税率征收企业所得税。另外，企业开发新技术、新产品、新工艺发生的研究开发费用，在计算应纳税所得额时可以加计扣除；符合国家规定的动漫企业自主开发、生产动漫产品，可申请享受国家现行鼓励软件产业发展的有关增值税、所得税优惠政策；动漫企业自主开发、生产动漫产品涉及营业税应税劳务的（除广告业、娱乐业外），暂减按 3%的税率征收营业税。企业进行技术转让，以及在技术转让过程中发生的与技术转让有关的技术咨询、技术服务、技术培训的所得，年净收入在 30 万元以下的，暂免征收企业所得税。此外，鼓励企业加大自主创新投入力度，允许企业按照实际发生的技术开发费和职工教育经费以一定比例抵扣企业所得税，允许企业加速用于研究开发仪器设备的折旧，具体标准根据《印发广东省促进自主创新若干政策的通知》（粤府〔2006〕123 号）执行。进一步深化改革，实现业务再造。目前，广东规模以上服务业一些大型企业的发展已进入速度偏低的缓慢发展阶段，传统体制、商务模式已经成为一种束缚，为此，企业应加强内部结构优化升级，寻找新的经济增长点，重塑企业辉煌。

（4）细化人才建设条例。

广东福建两省由于大学、研究机构较多，对人才的重视程度较高。《广东省人民政府关于扶持软件产业发展的实施意见》提出了三大条吸引和培养各类软件人才的具体措施。《关于加快福建省信息产业人才队伍建设的若干意见》对福建省信息产业人才队伍建设作了非常详细的规定和实施意见。

（5）高端新兴信息服务、"两化融合"产业转型升级两者并重，形成产业聚集，辐射省内地区。

具体分析政策内容，广东省和福建省采用重点发展型发展模式，在其产业规划中以信息产业或服务业为信息服务业的上位概念，将信息服务业作为发展服务业或信息产业的重点，通过发展信息服务业促进本地区经济和社会发展；广西和海南是以传统经济为主的省区，对于信息服务业的政策与传统产业结合紧密，其主要目的在于通过优先发展高增值、低消耗的现代服务业，提升本地区产业结构水平，并达到使用信息技术提升传统服务业和传统产业的目标，具体表述上，多强调信息化对于产业结构升级的促进作用，对于政策扶持的领域也比较松散，较少在具体产业上聚焦。珠三角地区政策一方面鼓励高端信息服务业的发展，另一方面也重视对传统优势产业的升级改造，两者并重，相互补充。结合园区分析，珠三角地区已经形成产业集聚，且针对周边具有强大辐射作用，说明政策实施效果良好。

广东省发展和改革委员会网站发布了《广东省现代服务业发展"十三五"规划》（以下简称《规划》）。《规划》提出，以建设粤港澳世界一流湾区为导向，加快建设以珠三角尤其是广州、深圳为辐射中心，以汕头、湛江和韶关为次中心，延伸到市县两级以及乡镇的辐射扩散式服务网络，各地根据不同情况发展有专业特点的区域服务，形成中心辐射与专业分工相结合的服务业发展格局。

其中，珠三角地区要建成世界级现代服务业基地，成为服务泛珠三角、辐射全国及东南亚地区的服务业中心区。广州要围绕建设国际航运中心、物流中心、贸易中心、现代金融服务体系和国家创新中心目标，大力发展航运物流、科研与设计、总部经济、金融服务等服务于区域经济的机构和业态，促进产业集聚，占据现代服务业链条高端。深圳要围绕国家自主创新示范区以及科技和产业创新中心为目标，充分发挥在证券、银行、保险及跨境金融等方面的优势，建设金融业对外开放试验示范窗口，大力发展信息经济，打造国际信息港。

进一步分析各省政策内容，得出表 4-4-2，"高度重视"指地方政府专门发布了信息服务业专项规划或类似专项规划或地方政府虽未出台专门规划，但在各类规划中辟出专门章节或以很大篇幅专述信息服务业发展战略，具体阐述信息服务业发展的重点领域、发展方向和政策扶持的具体措施。"一般重视"指地方政府在其展规划中提及发展信息服务业的重要性，但并未谈及具体发展方略，也没列出详细的扶持方案不重视则指地方政府在"十一五"发展规划中未提及信息服务业概念，或只是提及一些相关概念。

表 4-4-2　珠三角地区信息服务业发展的地方性政策

省区	重视程度	政策数量	政策重点扶持领域
广东	高度重视	非常多	电子商务、电子政务、软件和集成电路设计业、软件外包、软件产业基地、嵌入式系统、Linux 软件、公共信息服务、动漫与网络游戏业、数字内容产业、数字设计与文化创意业、数据库业、增值电信服务、远程教育
福建	高度重视	较多	电子商务、电子政务、信息咨询、动漫与网络游戏业、数字设计与文化创意业、集成电路设计、软件外包、应用软件
广西	不重视	较少	无
海南	一般重视	一般	三农信息服务、数字内容产业、增值电信服务

第三，中部地区信息服务业发展政策（表 4-4-3）。

表 4-4-3　中部地区信息服务业发展的地方性政策

省区	重视程度	政策数量	政策重点扶持领域
安徽	高度重视	较多	电子商务、电子政务、通信基础设施、软件基地建设、服务外包、应用软件、语音产业、企业信息化、城市信息化、数字内容产业、三农信息
湖南	高度重视	较多	电子商务、电子政务、通信基础设施、软件产业基地、增值电信、动漫产业、外包服务、现代物流、嵌入式软件、多媒体数字软件、管理软件
湖北	高度重视	较多	电子商务、互联网服务、通信基础设施、数字内容、增值电信、软件外包、信息咨询、现代物流
河南	一般重视	一般	电子政务、产业升级、公共信息服务、三农信息
吉林	一般重视	一般	电子商务、电子政务、互联网服务、公共信息服务、三农信息、基地建设、软件外包、地理信息服务业
黑龙江	一般重视	一般	电子商务、电子政务、服务外包
内蒙古	一般重视	较少	软件产业基地、信息咨询、中介服务
江西	一般重视	较少	服务外包、动漫产业、中介服务
山西	一般重视	较少	产业升级、金融信息服务、现代物流、社区信息服务、科技服务

（1）以国家政策为主，具有时滞性。

依靠"中部崛起"战略和成本劳力优势，中部地区出台优惠政策刺激当地信息服务业的发展。其中以湖南、湖北、安徽三省政策数量较多，重视程度较高，其他各省政策相对较少。中部地区政策多是以匹配国家政策为主，部分省区相关配套政策的出台具有一定滞后性。

（2）地方政策不够细化，优惠领域较少。

以政府资金投入为主的投融资优惠：中部地区投融资政策主要根据"新 18 号文"制定相应的实施方案，政策细化程度较低，优惠领域的扩展较少。以湖南省为例，湖南从省高新技术产业引导资金中安排不少于 20% 的资金用于软件产业化项目；规定省计委、省经贸委、省科技厅等部门每年在安排归口管理的相关经费时，应从其掌握的资金中各拿出一部分，用于支持软件产业发展；凡获得省级经费支持的软件项目，市、州也应配套投入。

又如《河南省"十三五"信息化发展规划》提出，到 2020 年，全省经济社会各领域信息化发展水平进入全国中上游行列，信息化融合创新生态环境基本形成，网络经济新业态和新模式实现跨越发展，网络经济强省建设取得重大成就。并提出了实施新型制造模式推进工程、电子商务推广普及工程、智能终端发展工程、国家大数据综合试验区建设工程等 18 项主攻任务。明确了"十三五"发展目标：信息基础设施进一步完善，建成高速、移动、安全、泛在的新一代信息基础设施，建成 3～5 个全国大型云计算中心，形成支撑全省网络经济发展的云服务基地；传统产业加速转型升级，先进制造业、现代服务业、现代农业等领域信息化应用水平大幅提升，"两化"融合达到全国中上游水平，电子商务交易额超过 2.6 万亿元；电子信息产业竞争力大幅提升，建设全球重要的智能终端研发制造基地；社会和公共服务信息化水平显著提升，支撑社会运行的智慧管控体系基本建立，"互联网＋"政务公共服务体系基本形成；信息化发展环境进一步优化，行业监管、数据开放、知识产权保护等领域改革加快推进，制约信息化发展的制度障碍和政策瓶颈得到有效化解（河南日报，2017）。

不过，从中部地区总体上来看，受经济等因素影响，中部地区缺少地方税收优惠。进出口政策、购政策、知识产权保护等方面涉及较少，在产业市场培育方面颁布较多措施。由于经济环境不是能够在很短的时间内改善的，中部地区信息服务业与全国其他地区的差距也不是几年之内就可以赶上的，还有很长的路要走。

（3）鼓励应用行业为主，关注传统产业转型升级，虽然两湖地区在个别领域具有优势，但尚未形成产业集聚。

总体而言，中部重点发展包括基中介服务、社区信息服务、信息资源开发利用、三农信息服务等，都属于信息服务业的具体应用层或者信息化建设，中部各省重视推动第一、第二产业和传统服务业升级与发展。其中，以安徽、湖南、湖北三省的发展政策数量较多，行业细分程度较高。内蒙古、江西、山西的政策数量较少，当地政府支持力度不高。此外，从其他政策类型分析，安徽、湖南、湖北对于软件产业和集成电路产业的鼓励政策较多，扶持力度较大。以武汉的东湖新技术开发区为例，在 2014 年，武汉东湖新技术开发区通过大力度的政策优惠，吸引了一定数量的信息服务技术型产业落户武汉。几乎每个高新企业都可以获得 50 万～500 万的创业和创造奖励。这样直接的现金奖励模式，目前在全国各地区都在普遍使用。这也体现了各地区政府不惜血本想要发展高新技术产业的决心。

安徽、湖南、黑龙江和江西对服务外包产业的促进力度较大，将其作为当地特色支柱服务业发展；湖南和江西开始鼓励动漫产业这一新兴产业的发展，颁布多条优惠措施；在知识产权方面的保护方面，黑龙江、河南和内蒙古具有专门的政策支持。中部地区尚未形成信息服务业的集聚，虽然两湖地区在个别领域具有优势，但尚未形成较大规模。

"十三五"时期，湖北省为全面贯彻落实《国务院关于促进中部地区崛起"十三五"规划的批复》（国函〔2016〕204 号）和《国家发展改革委关于印发促进中部地区崛起"十三五"规划的通知》（发改地区〔2016〕2664 号）精神，推动国家促进中部地区崛起战略在湖北的顺利实施，加快实现"建成支点、走在前列"战略目标，结合实际，制定本方案。本方案实施期限与《促进中部地区崛起"十三五"规划》规划期限一致，为 2016～2020 年，重大问题展望到 2025 年。

坚持改革创新、开放合作。把体制改革和科技创新作为根本动力，深化供给侧结构性改革，以改革激发市场和社会活力，以创新推动产业结构优化升级、新旧动能转换。实行更加积极主动的开放战略，进一步拓展开放合作领域和空间，充分利用外部市场和资源，打造内陆开放新高地（湖北省人民政府办公厅，2017）。

第四，西部地区信息服务业发展政策（表4-4-4）。

表4-4-4 西部地区信息服务业发展的地方性政策

地区	重视程度	政策数量	政策重点扶持领域
四川	高度重视	非常多	电子商务、产业升级、电子政务、文化产业、农村信息服务、现代物流、金融信息服务、通信基础设施、数字内容、产业基地、软件外包、互联网服务、公共信息服务、下一代网络
陕西	高度重视	非常多	电子商务、电子政务、信息基础设施、软件基地、农业信息化、互联网信息服务、增值电信服务、软件外包、信息咨询、科技服务、软件产品
重庆	高度重视	较多	软件外包、创意产业、产业基地、基础软件、工具软件、嵌入式软件、数字内容、公共信息服务、关键基础软件产品
云南	一般重视	较少	电子商务、互联网服务、电子政务、增值电信、基础地理信息资源、信息咨询
新疆	不重视	较少	电子政务、软件二次开发、嵌入式软件、节水灌溉系统数字化设计软件
宁夏	一般重视	较少	动漫产业、服务外包、文化产业
甘肃	不重视	较少	农业信息化
贵州	不重视	较少	信息化

（1）川陕渝与国家政策匹配程度高，其他省区未能形成完善的政策体系，滞后较严重。

西部地区作为西部大开发的战略主体，在政策上享受较多的优惠。信息服务业发展水平上，西部各省相差较大。四川、陕西两省处于领先水平，政策支持力度很大，门类较齐全，细化程度高，"十一五"后，重庆也加大对信息服务业的扶持力度。由于起步较晚、经济限制等诸多因素，其他各省多按国家政策配套，内部政策内容也相对笼统，且政策的出台具有较大滞后性，对产业发展趋势反应不灵敏，还未能形成完善的政策体系以支持产业的发展。同时由于"一带一路"倡议的落实，截止到2015年，西安市通过西咸新区及内陆港的快速建设，一定程度上带动了本地服务业的发展。西安地区科研院所众多，在国家经济政策的鼓励下，科研投入逐渐增多，科研人员的待遇也在逐年上涨。因此，西安市在整个西部地区的信息服务业发展中起到了一个很好的带头作用。

（2）川陕渝投融资政策较为详细，具有较高执行力。

由于各地区经济发展程度不同，投融资的难度也不尽相同，四川、陕西、重庆等地区在引资上较为容易，其投融资政策较为详细，具有较高执行力；甘肃、云南等经济欠发达地区投融资环境较差，虽部分省市有较为系统的引资政策，但效果不佳。陕西政府每年财政预算拨付 3000 万元，用于建立对信息产业部配套的电子发展基金。如甘肃省规定，国内的外商投资企业在甘肃省再投资，其再投资项目外资比例超过 25%（含 25%）的，视同外商投资企业，享受相应的优惠政策。西安的信息传输、软件和信息技术服务业企业法人单位中，内资企业占 97.10%，港、澳、台商投资企业占 0.50%，外商投资企业占 2.40%。在信息传输、软件和信息技术服务业企业法人单位从业人员中，内资企业占 93.50%，港、澳、台商投资企业占 1.70%，外商投资企业占 4.80%。

（3）限于经济实力，缺少地方税收优惠。

各省市主要按照财政部、国家税务总局、海关总署《关于鼓励软件产业和集成电路产业发展有关税收政策问题的通知》（财税〔2000〕25 号）〔28〕执行相关税收政策。各省市根据自身情况，在具体数额上有一定变动，但变动的范围很小。四川省在《四川省人民政府关于加快发展生产性服务业的实施意见》中规定，信息服务企业全面享受有关土地使用、用电价费、税收、工商登记等方面的优惠政策。

（4）川陕制定较为完善的人才政策，其他省区政策吸引力较低。

由于四川、陕西具有较多高等院校，在人才政策上具有较为完善的规定，重庆、云南、甘肃等地也有一定的人才引进措施，相较而言，宁夏、贵州在人才引进政策上较少。西部地区人才吸引政策的普遍特点是：优惠力度大，给予全方位支持，形式自由。如甘肃省规定，引进人才既可专职，也可兼职；既可调入本省长期工作，也可智力引进、技术入股、技术承包、聘请讲学、聘请顾问、短期招聘，可不转人事组织关系；不限在甘肃工作时间，保证来去自由。企业引进人才类型、待遇，由企业自主决定。各类高级人才（包括副高职称以上人才、高级技能人才）和拥有各类知识产权的特殊人才来本省长期工作，优先解决落户及编制问题，在兰州市以外工作的可以在兰州市落户；其工龄和服务年限连续计算；养老、医疗、失业等社会保险，由接受单位办理转接手续，享受应有社会保险待遇。重庆市规定，大力吸引国内外具有从事外包经验和对国际外包市场熟悉的外包人才，特别是熟悉国际外包业务流程管理、能与国外外包客户进行直接业务沟通的中高级人才。云南省提出实施高层次创新人才培养工程。结合自主创新战略，围绕高新技术产业发展的六大重点领域、相关产业创新平台建设和重大项目的实施，吸引聚集一批高层次的技术和管理人才，发展产学研合作教育，着力培养造就一批创新能力强、管理水平高的学科带头人和企业管理者，形成具有云南特色的高层次创新人才团队。

（5）四川重视数字娱乐，陕西重视信息服务外包，川陕初现产业聚集，重庆追随川陕，其余各省发展极其落后。

陕西、四川两省扶持的重点向较高级别的领域发展，如四川重视数字娱乐、下一代网络、金融信息服务等,陕西重视发展互联网信息服务、信息咨询、服务外包等。近年来,重庆也进一步加大了对信息服务业的支持力度,从软件业、服务外包到新兴的创意产业、文化产业都颁布了较为详细和优惠政策,大力引导特色信息服务的发展。云南、新疆、宁夏、甘肃、贵州等地区信息服务业发展政策较少,重点扶持的领域主要集中在基础设施、传统产业升级等方面。从政策实施效果分析,四川、陕西两省已经初步出现信息服务业集聚,重庆由于政策出台时间较短,尚未形成规模,其他各省发展层次很低,与四川、陕西两省差距巨大。

2016年12月23日,中共中央政治局常委、国务院总理李克强主持召开会议,审议通过《西部大开发“十三五”规划》,部署进一步推动西部大开发工作。李克强指出,西部开发在加大中央和东中部支持的同时,根本上要依靠改革开放创新增强内生动力。要持续深化简政放权、放管结合、优化服务等重点领域改革,继续落实好减税降费各项政策措施,降低制度性交易成本,促进形成营商环境好、要素成本低、市场潜力大的叠加优势,迸发全社会创业创新热情,吸引各类资本特别是民间资本踊跃参与西部建设。全面提升对内对外开放水平,发挥好自贸试验区示范引领作用,使西部由“跟跑”开放成为新的开放前沿。多方调动人的积极性,鼓励大众创业、万众创新,依托“互联网+”等发展新技术、新产业、新业态、新模式。在有条件的领域,力争在培育新动能上与东部比翼齐飞(京华时报,2016)。

4.4.2　信息服务企业主要就业优惠政策

第一,信息服务业小微企业吸纳新员工优惠政策。

国务院2014年发布《国务院关于进一步支持小型微型企业健康发展的意见》(国发〔2014〕14号),为小型微型企业发展创造良好环境,推动小型微型企业在转型升级过程中创造更多岗位吸纳高校毕业生就业。由于信息服务业系统庞大,虽然领军企业可以在相关领域占有足够大的市场份额,但是信息服务业的细分领域越来与宽,非常适合行业内的小微企业生存。对于信息服务业的小微企业吸纳高校毕业生,国家给予了相应的优惠政策。政策包括:对小型微型企业新招用毕业年度高校毕业生,签订1年以上劳动合同并按时足额缴纳社会保险费,给予1年的社会保险补贴,政策执行期限截至2015年年底。科技型小型微型企业招收毕业年度高校毕业生达到一定比例的,可申请最高不超过200万元的小额担保贷款,并享受财政贴息。对小型微型企业新招用高校毕业生按规定开展岗前培训的,要求各地根据当地物价水平,适当提高培训费补贴标准。

第二,对吸纳就业能力强的信息服务相关企业的优惠政策。

大力发展吸纳就业能力强的相关细分产业和企业。创新信息服务服务业发展模式和业态，支持发展商业特许经营、连锁经营，大力发展金融租赁、节能环保、电子商务、现代物流等生产性服务业和旅游休闲、健康养老、家庭服务、社会工作、文化体育等生活性服务业，发挥小微信息服务企业就业主渠道作用，打造新的经济增长点，提高服务业就业比重。加快创新驱动发展，推进产业转型升级，培育战略性新兴产业和先进制造业，提高劳动密集型产业附加值；结合实施区域发展总体战略，引导具有成本优势的资源加工型、劳动密集型产业和具有市场需求的资本密集型、技术密集型产业向中西部地区转移，挖掘第二产业就业潜力。推进农业现代化，加快转变农业发展方式，培养新型职业农民，鼓励有文化、有技术、有市场经济观念的各类城乡劳动者根据市场需求到农村就业创业。

第三，对吸纳高校毕业生的信息服务企业适当拓宽融资渠道和减免税收。

拓宽创业投融资渠道。运用财税政策，支持风险投资、创业投资、天使投资等发展。运用市场机制，引导社会资金和金融资本支持创业活动，壮大创业投资规模。按照政府引导、市场化运作、专业化管理的原则，加快设立国家中小企业发展基金和国家新兴产业创业投资引导基金，带动社会资本共同加大对中小企业创业创新的投入，促进初创期科技型中小企业成长，支持新兴产业领域早中期、初创期企业发展。鼓励地方设立创业投资引导等基金。发挥多层次资本市场作用，加快创业板等资本市场改革，强化全国中小企业股份转让系统融资、交易等功能，规范发展服务小微企业的区域性股权市场。开展股权众筹融资试点，推动多渠道股权融资，积极探索和规范发展互联网金融，发展新型金融机构和融资服务机构，促进大众创业。

支持创业担保贷款发展。将小额担保贷款调整为创业担保贷款，针对有创业要求、具备一定创业条件但缺乏创业资金的就业重点群体和困难人员，提高其金融服务可获得性，明确支持对象、标准和条件，贷款最高额度由针对不同群体的5万元、8万元、10万元不等统一调整为10万元。鼓励金融机构参照贷款基础利率，结合风险分担情况，合理确定贷款利率水平，对个人发放的创业担保贷款，在贷款基础利率基础上上浮3个百分点以内的，由财政给予贴息。简化程序，细化措施，健全贷款发放考核办法和财政贴息资金规范管理约束机制，提高代偿效率，完善担保基金呆坏账核销办法。

加大减税降费力度。实施更加积极的促进就业创业税收优惠政策，将企业吸纳就业税收优惠的人员范围由失业一年以上人员调整为失业半年以上人员。高校毕业生、登记失业人员等重点群体创办个体工商户、个人独资企业的，可依法享受税收减免政策。抓紧推广中关村国家自主创新示范区税收试点政策，将职工教育经费税前扣除试点政策、企业转增资本分期缴纳个人所得税试点政策、股权奖励分期缴纳个人所得税试点政策推广至全国范围。全面清理涉企行政事业性收费、政府性基金、具有强制垄断性的经营服务性收费、行业协会商会涉企收费，落实涉企收费清单管理制度和创业负担举报反馈机制。

4.4.3 信息服务业创业优惠政策

中国正在研究制定"互联网＋"行动计划，用新的思路和工具解决交通、医疗、教育等公共问题，助力大众创业（熊励和张潇，2015）。在促进互联网创业上，国家推出的优惠政策主要包括如下几个方面。

第一，降低准入门槛。

高校毕业生申请与软件、信息服务相关个体工商业、合伙企业、独资企业登记，不受出资数额限制；对共同出资开办注册资本在 10 万元以下的科技型、环保节能型有限责任公司，首期出资额达到 3 万元即可登记；投资设立其他类型有限责任公司，允许在 2 年内分期注入资金，首期注入资本放宽到注册资本总额的20%；允许创业高校毕业生将家庭住所、租借房、临时商业用房等作为创业经营场所。允许能有效划分的同一地址登记为多家企业或个体工商户的住所（经营场所）。经合法批准的公共用地可作为创业者从事个体经营的场所。

第二，税费减免。

该政策针对全部行业，国家鼓励各种形式的高校学生创业，因此针对高校学生创业的行为全部予以相应税收减免政策。高校毕业生从事个体经营，且在工商部门注册登记日期在其毕业后两年以内的，自其在工商部门登记注册之日起 3 年内免交有关登记类、证照类和管理类收费；高校毕业生持《就业失业登记证》（附《高校毕业生自主创业证》）从事个体经营的（限定性行业除外），在 3 年内按每户每年 8000 元为限额依次扣减其当年实际应缴纳的营业税、城市维护建设税、教育费附加和个人所得税。

第三，信贷支持。

对符合条件的高校毕业生在软件与信息行业自主创业的，可在创业地按规定申请额度上限为 10 万元、期限不超过 2 年的小额担保贷款。对合伙经营和组织起来就业的，可根据实际需要适当提高贷款额度。对申请小额担保贷款从事微利项目的，由财政据实全额贴息；对从事非微利项目的，给予 50%的贴息。

第四，创业补贴。

对就业困难的高校毕业生初次自主创业，经营 6 个月以上、能带动其他劳动者就业且正常申报纳税的，给予一次性创业补贴。对符合就业困难人员条件的灵活就业高校毕业生，按规定落实社会保险补贴政策。

第五，培训补贴。

组织有创业意愿的高校毕业生参加创业培训，按规定给予职业培训补贴。从

2013 年起，将创业培训补贴政策期限从目前的毕业年度调整为毕业学年（即从毕业前一年 7 月 1 日起的 12 个月）。

4.5　员工培训与继续教育

服务业主要为客户提供综合性、多样化、个性化服务，如何充分发挥员工的主动性、积极性和创造性成为人力资源管理面临的一个主要课题。本书分析了服务业人员培训的必要性和可行性，并提出必须以高素质员工为基础，以建设高效、稳定的员工队伍为目标，最终让价值观成为员工的"心理"契约，并使之成为引导员工的自觉行动。

现代服务业的发展呼唤高职人才培养模式的不断创新。加大高技能人才培养模式的改革力度，推进高技能人才培养机制的不断创新，建设一支适应现代服务业发展要求的高技能创新人才队伍，形成高素质的现代服务业产业大军，对实现现代服务业的产业优化、提高现代服务业的核心竞争力具有不可或缺的重要作用。

进入 21 世纪，快速发展的现代服务业对金融、保险、证券、信息技术等方面的高技能人才的培养提出了新的要求，现代服务业的发展呼唤高职人才培养模式的不断创新。加大现代服务业领域高技能人才培养模式的改革力度，推进现代服务业领域高技能人才培养机制的不断创新，促进现代服务业人才脱颖而出，对现代服务业的又好又快发展，显得尤为紧迫而重要。

4.5.1　信息服务业对员工进行培训的主要模式

组织培训的模式有多种，如讲授法、演示法、案例法、讨论法、视听法、角色扮演等各种培训方法都有其自身的优缺点，为了提高培训质量，达到培训目的，往往需要各种方法配合起来，灵活使用，下面着重分析讲授法、演示法、案例法三种常用方法，在培训时可根据培训方式、培训内容、培训目的而选择一种或多种配合使用。

4.5.1.1　一般企业培训及其特点

现代信息服务业的快速发展需要大量的既具有比较扎实的理论素养与知识水平，又具有比较高超的动手能力与操作技艺，能适应现代服务业发展需要的，素质高、技能强的服务业创新人才。建设一支适应现代服务业发展要求的高技能创新人才队伍，形成高素质的现代服务业产业大军，对实现现代服务业的产业优化、提高现代服务业的核心竞争力具有不可或缺的重要作用。适应现代服务业发展需要的高技能创新人才的本质属性是掌握了必需的现代服务业专业知识，练就了较强的专业基本技能，具备了良好的实际应用能力和创造能力的创新型应用技术专门人才。即适应现代服务业发展需要的高技能创新人才既要掌握"必须够用"的现代服务业专业理论知识，又要掌握基本的专业实践技能，关键是要具有综合职业能力和专业基本素质，熟练掌握现代服务业专门知识和技术，具备精湛的操作技能，能够在工作实践中运用关键技术来创造性地解决复杂工艺，进行技术改造和技术创新，能够在加快现代服务业产业升级、加快现代服务业发展进程等方面发挥重要作用。可见，适应现代服务业发展需要的高技能创新人才职业特征明显，职业岗位重要，社会需求急迫，我们应该深刻理解适应现代服务业发展需要的高技能创新人才的职业特征，努力掌握现代服务业高技能创新人才的特点和成长规律，积极探索适应现代服务业发展需要的高技能创新人才的培养模式，创新适应现代服务业发展要求的高技能创新人才培养机制，促进现代服务业人才脱颖而出，使现代服务业的人才队伍的建设和培养步入良性、健康、持续的发展轨道。

信息服务业一般企业培训主要有如下特色。

第一，一体化。

"服务"的几个传统特性——非实物性、生产与消费的同时性、不可存储性以及不可贸易性正受到空前的挑战。例如，信息技术的发展使得服务的生产与消费的同时性、不可存储性一并被打破，同时服务业务也被大量地体现在跨国和跨地区的贸易之中；此外，知识经济和信息技术革命正在使传统意义上的服务与商品的边界越来越模糊，服务与商品的有机组合与叠加已越来越成为密不可分的统一体。

第二，扩张化。

服务业扩张化的最显著的特征是服务型跨国公司的全球性拓展和垄断经营格局的形成。一些发展中国家正在从"世界工厂"变为"世界办公室"。服务型的跨国公司利用其在资金、技术、信息、品牌和网络上的巨大优势，在全球范围内配置资源，抢占发展中国家的服务市场来实现服务产业链的延伸、拓展和扩张。部分发展中国家的区域中心城市因此逐步显现出"总部经济"效应。随着服务业市场壁垒的进一步降低，全球正掀起以服务业为主导的新一轮国际产业转移的浪潮。为了能够向遍布世界各地的消费者提供快捷、优质的服务，全球网络型组织构架正成为目前许多服务型跨国公司所采用的组织形式，如跨国性的旅游酒店集团、商业零售商店等。此外，项目外包则成为跨国公司广泛应用的经营形式。

第三，主导化。

服务业正在向生产领域渗透，其范围也逐渐同生产领域相融合。这一趋势使得从生产领域内独立出来的服务业越来越呈现出一种主导性和核心化趋势。当代经济中的许多生产部门已成为服务业的附属部分，它们的生产将围绕着"服务"

这一主导目标而展开。例如，新兴的会计咨询、法律咨询等中介服务部门，这是现代服务业最重要的特征，也是现代服务业的最终发展趋势。从发达国家和地区的经验来看，经过产业的结构升级，国民经济的实际增长大都来自于为生产者服务的现代服务业。在一个比较完整的现代经济结构中，制造业与服务业（尤其是生产性服务业）是互动的，制造业的整体水平和产品品质的提升，依赖于服务的附加和服务业的整合。

第四，创新化。

随着以知识创新为动力的新经济逐步取代传统的工业经济，在现代服务业的内部结构中也开始越来越多地体现出新经济的典型特征。这主要表现在：以金融、保险、房地产和商务服务为代表的现代服务业的增加值的比重增加最多，其他服务业部门的比重变化不大；知识密集的服务行业发展最为迅速，新兴服务行业主要以知识密集型服务业为主；服务业的发展越来越离不开自身的创新活动，成为新技术最主要的使用者，促进了多项技术之间的相互沟通和发展。正是由于能够不断地吸纳最新的信息、知识和科技成果，现代服务业已成为发达经济中的主导产业之一，成为推动经济增长和可持续发展的重要动力。

第五，知识化。

现代服务业科技含量高且能为消费者提供知识的生产、传播和使用服务，使知识在服务过程中实现增值。现代服务业本身就是依托电子信息等高技术或现代经营方式和组织形式而发展起来的现代产业，它植根于信息化，是由现代的经营理念发展而来或经过信息化和现代的经营理念改造提升而来。尽管传统服务业经过改造提升也可发展成为现代服务业，但现代服务业在更大程度上是信息化进程的产物和结果，是人类社会由以能源为主向以信息为主转变中产生的新兴行业，是对传统产业的技术改造和升级。

4.5.1.2　校企合作培训

校企合作是实现现代服务业人才培养模式创新的有效之举。因为高职院校是培养现代服务业高技能创新人才的摇篮，现代服务企业是高技能创新人才成才的重要基地，高技能创新人才培养的许多关键环节必须在实际生产岗位及在接近或等同企业的实际工作环境中完成。因而校企合作应该作为现代服务业人才培养模式创新的主要路径。高职院校必须打破封闭式的办学模式，实施工学结合、校企联姻、学工交替、打包配送、任务驱动、项目导入，进行校企共建（合作）办学。真正打开校门，走出去，请进来，建立起较为紧密的校企合作平台，与企业合作办专业，合作办班级，实行"订单教育"，真正实现"近距离"办学。在校企合作培养现代服务业高技能创新人才的过程中，需要解决好两个问题：一是如何理解企业在技能人才培养中的主体性作用；二是如何发挥学校的育人优势，并充分利用和挖掘企业的资源。校企双方应充分意识到，高技能创新人才的最终使用者是企业，所以，必须从企业的用人标准出发、从企业生产岗位的实际需求出发，去设计培养方案和教学模式，特别是技能训练环境必须接近或等同企业的实际工作环境，尽量利用生产现场和岗位进行实训，或建立校内生产性实训基地，按照技能人才的成长规律，科学、合理地去培养现代服务业高技能创新人才。为此，必须强调：

第一，实施培养方案共商。

这是建立新型的校企合作关系，进行现代服务业高技能人才培养模式改革与创新的关键。培养方案共商是指人才培养方案需由学校和企业共同谋划商定，它至少应包含理论教学体系和实践教学体系两大支柱。院校和企业要依据国家职业资格标准，按照企业岗位的实际要求，通过设立咨询机构、定期召开咨询会议等形式，联合商定人才培养方案，联合制定课程标准，联合开发项目课程，联合编写教学教材及其他实训教材，确定培训考核方法。在合作模式上，可以采取校企联培、合作培养、订单培养、工学结合、学工交替、顶岗实习等多种方式。

第二，实施育人资源共享。

这是学校和企业合作进行现代服务业高技能创新人才培养的条件保障。对高等职业技术学院来讲，常用的基本实验实训的设备是必需的。同时，建立紧密型的校外实训基地，把实践教学尽可能搬进现代服务业企业，搬进校外实训基地，不但可以解决学校设备不足的问题，而且可以充分利用合作企业经验丰富、技能出色的兼职实训老师，大大提高职业院校实践教学的质量。同时，高职院校也应该建立校内生产性实训基地，聘请有实践经验的企业工程技术人员来校进行实训教学。

第三，实施校企订单联培。

校企订单联合培养模式是指由现代服务业企业根据其对不同规格的人才需求情况，提出订单，由学校按照企业提出的规格、数量进行培养。订单式的校企联合培养模式，实现了学生入口、培养过程、出口的有机统一，按订单要求培养的学生，由于其既了解企业的实际，又熟悉企业的作业流程，具有较强的职业岗位能力，进入角色迅速，可以迅速成为适应现代服务业发展需要的高技能创新人才，因而，深受企业欢迎。

第四，实施工学交替方式。

工学交替方式也是在校企双方联合办学的过程中逐步形成的人才培养模式，它与"订单式"教育培养模式是紧密联系的。所谓工学交替，即把整个学习过程分为校内学习和企业工作交替进行的互动过程。在教学组织上采取分段式教学，第一学年在校内学习文化、基础理论课模块的课程，第二、三学年学习专业模块课程时，实行工学交替制，安排在岗培训，进行顶岗实习。

4.5.2　员工进行继续教育的主要方式

在职教育是指在职人员通过业余时间到学校学习提升个人职业素质的一种重要方式，一般的在职教育指的是在职人员以公司员工的身份或脱产、或利用业余时间去参加学校的学习。按照通过在职教育是否可以得到学历证书可以分为以下四种：在职学历教育、在职培训、非学历教育和同等学力申硕等。

第一，在职学历教育。

在职学历教育，即以在职人员的身份报考、学习、考试，通过考试后正式去所报考的学校进行脱产学习，如委培生。此外，还有定向培养研究生，是指在招生时即通过合同形式明确其毕业后工作单位的研究生，其学习期间的培养费用按规定标准由国家向培养单位提供。

第二，在职培训。

在职培训，即通过短暂的学习来提高自己某一方面技能的一种方式。目前，我国在职培训存在的问题有（黄光国，2017）：①对员工在职培训的重要性认识不足。我们在对员工进行在职培训，首先是需要相关的人员对这方面是要有一个正确的、全面的认识，但是在实际的过程中他们认为员工的在职培训不仅不能够有效地提升员工的能力和素养的，而且会浪费企业和员工的工作时间，使在职培训的效果大打折扣，而且有的管理者认为员工的在职培训的成本是比较高的，并且进行培训是得不偿失的，将资金用在员工在职培训从某种程度上讲是一种浪费。即使是有些企业在员工在职培训方面投入了资金，但是资金的投入是比较少的，而且没有发挥这些资金在员工在职培训方面的作用。②缺少系统性的规划，培训流于形式。我国现在对企业员工进行在职培训的时候，培训体系的建立不是很完善，而且在对员工进行培训教育的时候存在着很大的盲目性，例如，我们对企业的员工进行在职培训，但是培训的内容是比较老旧的，在培训的过程中也没有将企业的实际情况与相关的培训理论结合在一起，而且在培训的过程中也没有将培训的内容进行全面的、系统的、详细的规划，这就会使得对员工的在职培训往往是流于形式的，并没有发生较大的作用。③培训监督不力，沟通渠道单一。我们在做任何事情的时候，由于人的惰性，这就需要对一些事情是要进行监督的，其实我们在职培训也是需要进行监督的，这样才能够更好地发挥员工在职培训的效果和质量。我们要及时地向讲师和管理层反映员工进行在职培训的状况，并且在进行反馈的时候要对一些出现的问题进行改进，这样才能够使得培训是有效果的。我们在进行培训的过程中，有的学员是获益匪浅，而有的学员却收获很少，这也就说明沟通是存在着问题的。而且在进行培训的时候,很多员工对自己要求不高,企业组织培训,他们抱着完成任务的心态。没有进行充分的准备,在进行学习的时候也没有将培训的内容与企业的实际情况联系在一起,也没有将一些没有弄懂的问题进行思考,没有与讲师和培训的老师进行沟通和交流。

建议的改进的措施有:①重视在职培训。要想员工在职培训发挥应有的作用,首先是需要管理者重视对员工的在职培训。因为我们在对员工进行在职培训的时候还是需要企业进行组织的,而且要对员工进行相关的安排,这样不仅要花费大量的时间与精力,而且要资金的支持,但是由于员工在职培训想要获得利益是要经过长时间投入的,这就使得一些管理者对这方面重视是不够的,但是在职培训并不是没有回报的。对员工的在职培训不仅可以激发员工工作的积极性,而且可以避免人才的流失,吸引新的员工投入到企业的建设当中来,这是十分有利于企业的发展的。②改进培训的方式。我们之前在对员工进行在职培训的方式是比较单一和传统的,而且在进行培训的时候主要是以课堂讲课和实地的观摩为主的。在进行课堂讲授的时候主要是以"填鸭式"的教育方式为主的,讲师在课堂上进行讲授,而员工则是昏昏入睡,学习的效率是比较低的。而且企业对员工的培训的方式是比较简单的,在培训的过程中是没有调动起员工学习的积极性,员工只是将在职培训看做一种任务,培训完事了,任务也就完成了。但是现代的培训方式是各种各样的,而且在进行培训的时候主要是以员工为主的,并且让员工带着问题进行学习,将在课堂上学习与企业的实际结合在一起,做到学以致用,这就不断地提高了培训的质量和效果。③完善企业的员工在职培训制度。我们想要做好对企业员工的在职培训,这就需要我们是要建立一套完善的员工在职培训制度,这样我们才能够不断的加强对员工的培训,发挥员工的作用。如果一家企业是没有专门的结构和制度来针对员工进行在职培训,那么对员工的在职培训是很难取得较好的效果的,一个企业想要获得较快的发展,对人才的需求是十分重要的,而对员工的在职培训则恰恰是一个重要的方面,所以这就需要企业不断地完善现有的员工在职培训制度,这样才能够不断地促进企业的发展,提高企业的经济效益。

第三,非学历教育。

非学历教育,即以同等学力的身份报考的非学历教育,就是先进行课程班的学习,等满足国家规定的同等学历报考的要求后通过报名参加每年国家组织的同等学力的联考来申请学位,如非学历研究生教育。

非学历研究生教育是指:不参加国家统一组织的硕士生入学考试,没有学籍。毕业时也不能获得毕业证书,学历不变。研究生非学历教育大致有以下几种:参加研究生课程进修班,同等学力申请硕士学位,在职攻读专业学位,高校教师在职攻读硕士学位、中等职业学校教师攻读硕士学位。研究生非学历教育工作由国务院学位委员会负责。在职场中，各行各业对吸纳人才的要求越来越高，不仅需要员工有高学历，而且需要有与之相匹配的研究实践水平。这就需要在职的人员不断地提升自己，进一步深造。而学位是指学习的水平能力达到了研究生水平，学历主要指的学生在学校学习的过程。

第四，同等学力申硕。

根据《中华人民共和国学位条例》的规定，具有研究生毕业同等学力的人员，都可以按照《国务院学位委员会关于授予具有研究生毕业同等学力人员硕士、博士学位的规定》的要求与办法，向学位授予单位提出申请。授予同等学力人员硕士学位是国家为同等学力人员开辟的获得学位的渠道。这对于在职人员业务素质的提高和干部队伍建设都能起到积极的作用。申请人通过了学位授予单位及国家组织的全部考试，并通过了学位论文答辩后，经审查达到了硕士学位学术水平者，可以获得硕士学位。

4.5.3　信息服务业员工培训与教育目前存在的问题

在我国，越来越多的企业开始重视员工培训，努力建立完善的员工培训体系，以辅助企业战略目标的实现，但企业斥巨资于员工培训，效益却不能令人满意。其中比较普遍的问题和原因在于企业培训发展体系的"缺"、"散"、"粗"、"慢"（李旭，2017）。

第一，"缺"的表现："缺"即企业缺乏一批真正懂得培训、懂得组织学习的从业者。培训部门要真正成为员工绩效顾问、业务部门的合作伙伴和企业转型促动者这"三位一体"的角色，从业者需要职业素养的积累和打造。

第二，"散"的表现："散"即培训体系与人力资源模块、业务模块之间，培训体系内部模块之间缺乏联动性。这一方面将导致培训工作与员工的绩效提升、考核激励和职业发展缺乏联系；另一方面也将导致培训工作缺乏计划性和系统性，难以有效地与战略和业务相结合，因而就无法为战略落地提供强有力的支持。

第三，"粗"的表现："粗"即课程粗放、内容粗放。课程粗放表现在没有针对不同人的不同岗位要求、不同发展阶段，制定不同的培训方案；内容粗放则表现在缺乏开展富有针对性、实效性的培训项目，缺乏开发定制化培训课程的能力。

第四，"慢"的表现："慢"即培训发展滞后于企业战略发展要求。人才匮乏已经成为企业领导层最为头痛的问题，大多数企业的战略发展不是受制于资金而是受制于人才。企业没有专职的课程开发团队，没有固定的培训项目开发人。

总结，我国企业应该依据现代企业员工培训的特点和发展趋势来改进培训中出现的这些问题，根据自身行业不同的特点建立起适合自己企业的培训体系，为企业的培训进行功能定位。同时要加大企业内部培训人员的素质建设关注度，组建一支高学历、有智慧、有才能的培训团队，从提高内部培训机构做起，不断强化内部培训讲师的培训水平，才能为企业员工培训注入活力。

4.6　本 章 小 结

改革开放以来，中国经济的发展走上快车道，但是其中也存在一定问题。社会和文化的升级速度赶不上经济的火箭式发展，而社会结构的调整也无法及时满足经济发展的需求，种种问题都是中国未来经济社会发展必须面临的问题。

在本章中，回顾了30多年来发展主要的三个阶段。近五年来，我国在发展经济的同时也在不断调整内部结构。社会转型的总体方向，就是要加快推进初级城市化社会转向高级城市化社会。具体来讲，要实现"四大转变"：一是从城乡二元冲突型社会向城乡协调型社会转变；二是从本地与外地户籍人口分割型社会向本地与外来人口融合型社会转变；三是从矛盾多发的不稳定社会向阶层和谐的稳定社会转变；四是从不协调，不全面发展的社会向以人为本，全面协调发展的社会转变。

在这样的基础上，中国各地区的信息服务业发展也各有特色。长三角、环渤海、珠三角地区的信息服务业发展环境优于中西部地区。首先，东部沿海的三个地区经济环境相对中西部地区具有较大优势，作为全新的高科技行业，信息服务业的是经济发展到一定层次的产物。良好的经济环境为信息服务业的发展提供了优越的资金、基础设施、人才、交通等条件。其次，我国各地区的科技环境极度不平衡，东部沿海三个地区聚集了大批的高科技人才、研究机构和具有充足的科研经费，中西部地区科技发展滞后现象比较严重。最后，东部沿海的三个地区的信息服务业相关政策上享有较大优势。现阶段，信息服务业的发展与国家和地区的政策激励息息相关。长三角、环渤海、珠三角地区由于有能力承载较高层次的现代服务业和具备更加开放的经济体系，国家和地区内部对信息服务业的扶持政策更加完善和具体。中西部虽然受"中部崛起"和"西部大开发"的政策扶持，但在其更多的集中于农业、工业和传统服务业方面，而现代信息服务业的政策环境不如前三者。

未来20年，随着资本效率和资产管理水平的不断提升，资本将在中国扮演更加举足轻重的角色，金融市场的规范，地下金融的漂白，民间投资规模的增大，民间资本的壮大是未来20年金融发展的主旋律。中国将迅速形成规模惊人的民间金融财团，而它成为中国金融市场的一股重要力量，这股力量与国家资本一道形成颇具影响力的中国资本，可能在未来的20年内发动局部的金融战争，成为国际金融不可忽视的组成部分。

5　影响企业员工求职途径的因素和关系分析

5.1　模型与假设

5.1.1　研究思路

在经济社会与区域信息服务业发展的背景探讨下,明确本书研究问题的意义。通过国内外大量文献的综述,界定相关概念的具体含义。通过对前人在此领域所展开研究的回顾,构建本研究的理论基础,确定本研究的范围。在前人关于人力资本、社会网络对求职途径影响模型的基础上,结合中国情境和互联网时代特点进行了扩展,构建了研究模型。从社会网络视角研究信息服务业员工求职问题,将讨论网、熟人网和相识网引入研究中。考虑信息搜寻、获取方式被社交工具改变,以及社交工具对人际关系的建立和维护的影响,将社交工具使用引入求职途径影响探讨中。

通过阅读文献,归纳总结了前人研究所使用的变量测度方法,采用客观题项和量表结合的方式,而网络测度方面使用的是提名法。通过问卷调查获取数据,通过回归分析和结构方程模型对数据进行分析。探究人力资本、社会网络、社交工具使用与求职途径的关系,在结果的基础上得出本书研究的结论,提出建议,提出本书研究的局限,并在此基础上进行未来研究展望。

5.1.2　研究概念模型

在文献回顾的基础上,发现在人力资本对于求职途径的影响研究中,对人力资本正向影响求职途径得到了一致的结论,即人力资本越高越有可能选择正式的求职途径,对于亲人、朋友等社会关系的依赖程度越小。例如,Strobl(2003)研究手工业市场,发现通过正式途径应聘的求职者比通过非正式途径找到工作的求职者的平均受教育年限高 1.3 年。孟大虎等(2011)研究毕业生群体时,发现人力资本越高,选择校内招聘会和教师推荐作为求职渠道的可能性越大;人力资本越低,选择家人或亲朋作为求职渠道的可能性越大。从研究对象来看,前人的研究大都集中于下岗职工、高校毕业生、农民工等群体,鲜有对信息服务业这样的知识密集与技术密集型行业展开针对性研究。信息服务业员工作为新兴行业的求职群体具有特殊性，学历普遍较高，年轻化，平均人力资本较高，他们对于求职途径选择是否与之前结论一致，有必要进行探讨。在本书研究的模型中，选择学历、在校社团活动、实习经历和工作经验作为人力资本测度因素，探讨人力资本对于求职途径选择影响，同时将个人性别和年龄作为控制变量。

社会网络作为求职途径的重要影响因素，得到了研究者的关注。相关研究结果表明，社会网络中嵌入的社会资本越丰富，求职者越会选择非正式求职途径。例如，赵延东和风笑天（2000）讨论了下岗职工求职渠道选择，发现社会资本越高，通过社会关系网络找工作的可能性越大。然而，不同的社会时代背景下，社会网络对于求职途径选择发挥的作用或有不同。随着国内信息服务业的快速发展，国家与地区政策的不断出台和调整，在新形势下的新行业中，社会网络对求职途径选择的影响是否发生改变，仍值得进一步验证。本书选取了网络规模、网络职业异质性、网顶和网差作为社会网络的测度指标，并且从讨论网、熟人网和相识网三种类型网络探讨社会网络特征对于求职途径的影响。

技术的发展产生了很多便捷的信息沟通工具，这对于求职者获取求职信息势必起到一定的影响作用。这也使得前人针对求职途径的研究模型具有一定的时代局限性，原因是没有能够考虑互联网时代信息技术发展对于信息传播的影响，尤其是社交工具使用对信息获取方式和人际交往方式的巨大改变。社交工具使用最重要的目的之一就是信息的获取和分享，通过社交工具可以获得与搜索要求匹配度更高的信息。信息的传播速度更快，范围更广泛，大大促进了劳动力市场信息流动的充分性。同时，通过社交工具，人们普遍将线下活动转移到线上，开始基于网络与亲人、朋友或者素未谋面的陌生人进行交流、分享、讨论、娱乐等。Hossain和Silva（2009）指出线上交往和线下交往一样，人们通过线上交往也可以保持社会关系。Wellman和Haythornthwaite（1996）指出随着线上交往时间逐步增加，线上关系变得更加亲密，在线关系最终可以发展成为和线下一样亲密的关系。Garton等（1997）指出线上社会关系和线下社会关系一样，会因为交往频度增加，相互交换、互利互惠、情感支持而形成强关系。社交工具使用突破了地理空间的限制，更好地帮助个人建立和维护社会关系，加强了与亲人、朋友、同学等群体的联系，扩大了社交的范围。因此，在求职过程中需要帮助时，积极的社交工具使用者可能获得更多、更有效的帮助。综上所述，在互联网这个特殊的时代背景下，社交工具使用对求职途径的影响不可忽视，值得探讨分析。本书在传统模型基础上，增加了社交工具使用这一因素，通过使用频率、组织活动、扩大交友三个方面测度社交工具使用程度，分析社交工具使用对求职途径的影响，还探讨了求职途径影响因素之间的关系，即社交工具、人力资本和社会网络特征三者之间的关系。

不同的求职途径选择会产生不同的工作满意度。相关研究表明非正式求职途径可以获得更高的工作满意度。本书研究的信息服务业员工普遍年轻化，具有较高的流动性，更注重自我价值的实现，所以此类人群的求职途径选择对于工作满意度的影响应该进行重新验证。此外，社交工具使用是否对工作满意度有影响，也是本模型探讨的内容。

综上所述，本章研究的概念模型如图 5-1-1 所示。

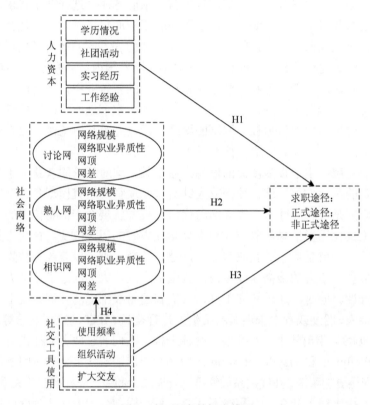

图 5-1-1　研究的概念模型

5.1.3　假设提出

1）人力资本对求职途径的影响

早期的人力资本研究主要关注的是教育水平的影响。Jimeno 和 Bentolila（1998）发现，学历高低对于求职途径的选择有显著影响，学历越低越可能动用社会关系找寻工作。Mau 和 Kopischke（2001）进一步验证，发现受教育水平较高的群体更加青睐正式的途径，愿意在于高校毕业生寻找的工作岗位具有较强的专业性和技术性，而这样的工作岗位的聘用筛选环节往往较为规范和正式。国内学者中，钟云华和应若平（2007）关注找工作的不同阶段中，求职者对途径选择是否会有不同的机制。研究发现无论在信息收集阶段还是在求职进行阶段，学历对选择非正式的求职渠道有显著负影响。关于人力资本和求职途径影响分析，陈成文和谭日辉（2004）通过外貌条件、所学专业、工作经历和工作能力作为影响因素。岳昌君等（2004）通过实证调查研究发现，学历、学校、专业、学业情况、英语四六级证书、双学位等与求职途径存在显著相关，而普通的技能证书与求职途径的关系不显著。李泽彧和谭净（2011）从人力资本因素中选取了所学专业、学校类别、工作经验等，认为研究生就业竞争中主要是人力资本的竞争。陆德梅（2005）利用高校毕业生调查数据进行分析，发现与人力资本较低的个体相比，高人力资本的个体对社会网络的依赖性较小。从国内外的研究中可以发现，人力资本对求职途径有显著影响，由此提出假设 H1。

H1：信息服务业中员工人力资本越高，求职过程中越可能选择正式途径。

H1a：员工学历越高，越可能选择正式途径求职。

H1b：员工在校社团实践活动越丰富，越可能选择正式途径求职。

H1c：员工实习经历越丰富，越可能选择正式途径求职。

H1d：员工工作经验越丰富，越可能选择正式途径求职。

2）社会网络对求职途径的影响

个人所拥有的社会网络对求职途径及其结果具有巨大的影响力，这一点得到了各种经验研究的证实。Granovetter（1983）的研究表明，在求职过程中社会关系网络具有比较重要的作用。Yener 和 Coşkun（2013）对求职渠道的使用状况进行了深入研究，发现 1994 年美国仅有 15%的失业人员使用社会网络找寻工作，而到了 1998 年这一数字猛增到 50%。Logan 等（1997）在有关城市居民求职行为的一项研究中发现：人们倾向于通过关系网络来获得工作。赵延东（2003b）在对武汉下岗职工再就业情况的调查中，发现社会关系网络对下岗职工能否获得工作岗位具有显著影响。在从网络结构视角分析对求职途径影响研究中，边燕杰（2004）研究春节拜年网网络规模、网络顶端、网络差异和网络构成四个网络特征对于求职的影响。张文宏（2006）在研究城市居民社会网络资本的结构特征时，从社会网络规模、社会网络密度、社会网络异质性以及角色关系种类等方面测度个人社会网络情况，发现社会网络资源越丰富的个体越容易通过社会网络实现工作变动。由此可见，社会网络中的资源对于求职途径的选择有显著影响，而社会网络的结构测度可以体现资源丰富情况。因此，本书提出如下假设。

H2：信息服务业员工社会网络特征对非正式求职途径选择有正向促进作用。

H2a：社会网络规模越大的员工越可能选择非正式途径求职。

H2b：员工所拥有的社会网络中职业异质性越高，越可能选择非正式途径求职。

H2c：员工所拥有的社会网络网顶越大，越可能选择非正式途径求职。

H2d：员工所拥有的社会网络网差越大，越可能选择非正式途径求职。

3）社交工具使用对求职途径和社会网络的影响

社交工具的研究最初源于互联网的使用。早期研究（Kraut et al.，1998）认为，互联网使用减少了人们同家庭成员之间的交流，缩小了人们社会活动的范围，会让人有孤独寂寞感觉。Nie 和 Erbring（2000）认为上网的时间挤占了日常现实生活社会交往。随着互联网的快速发展和普遍应用，成为人们日常生活的一部分时，相关研究发现互联网可帮助人们积累社会资本，但这种积累与人们的网上活动类别有关。信息搜集类活动有益于社会资本的积累，而娱乐消遣类活动不利于社会资本的积累。美国学者 Wellman 等（2001）对"国家地理网站"的访问者调查发现，并不是所有的网络使用行为都与人们的现实活动存在冲突，互联网的使用并没有增加或减少人们的现实交往，互联网对社会资本产生怎样的影响，取决于人们如何使用它。随后，Boyd 和 Ellison（2007）开发了社交网站使用程度量表，包涵了使用时长、频率和网络人际规模等指标，研究社交网络和社会资本的关系。Hoffman 等（1999）使用了 Williams 提出的线上社会资本量表（ISCS），研究发现社交网站的使用程度与黏性社会资本是相关的。

学者进一步研究社交网站的使用对于网络强弱关系的影响。有学者（Arauzo-Carod and Segarra-Blasco，2005）认为使用社交网站建立的弱关系网络中，人群具有较大背景跨度。Donath（1996）认为信息技术的应用降低了维持弱关系的成本，而且使得人与人的沟通更加方便快捷，因此首次提出了线上社交网络不可能增加用户的"强关系"数量，但是可以增加那些"弱关系"。Hagan（1998）根据用户目的将搜索他人的行为分成两类：一类是"社交搜索"；另一类是"社交浏览"。研究结果表明，虽然用户使用社交网站的目的更倾向于"社交搜索"，但是只是对潜在关系的信息搜索行为，即"社交浏览"行为与社会资本是相关的。

由上述文献可以看出，社交工具使用从初期互联网使用研究逐步发展到社交网站使用研究，并且发现社交网站使用方式和程度与社会资本有关，能够降低维持关系的成本，有利于建立更多的弱关系。从网络的视角看，社交工具使用能够增大网络规模，增加网络异质性，增加网络中的资源和信息，可以为使用网络者带来更多的认同和互惠，对于求职者会提供更多的帮助。因此，本书提出如下假设：

H3：信息服务业员工社交工具使用频率越高，越容易使用非正式途径求职。

H3a：员工使用社交工具频率越高，越容易使用非正式途径求职。

H3b：员工使用社交工具组织活动越多，越容易使用非正式途径求职。

H3c：员工使用社交工具结交新友，越容易使用非正式途径求职。

H4：社交工具使用对员工社会网络有正向促进作用。

H4a：社交工具使用有助于增加员工社会网络规模。

H4b：社交工具使用有助于增加员工社会网络中的网络职业异质性。
H4c：社交工具使用有助于提高员工社会网络中的网顶。
H4d：社交工具使用有助于提高员工社会网络中的网差。

5.2　数据收集处理和变量测度

5.2.1　样本选取与数据处理

样本选取了我国信息服务业发展有突出特点及地域均衡性特征的几个地区，其中西部地区选择经济和文化发展中心的西安市，其具有集聚发展规模和形式的信息服务业产业园区；东部地区选择了服务业起步较早的上海市，以及信息服务业发展较有特点和规模的苏州市和杭州市；南部地区则选择了经济、文化发展水平名列前茅的深圳市和广州市。问卷发放过程中，首先在西安交通大学的学生中进行纸质问卷的预调研，并在调研结果分析的基础上进行问卷修改。调研正式实施采用的是在线问卷平台，在选中的地区中按不同产业园区或不同地域分布的原则，从中随机抽取一定比例发放固定编码的问卷填写网址，而后通过在线统计平台监督和跟踪调研质量和数量。

在完成上述调研后，首先对后台数据库收集的数据进行提取、整理，然后再对有效问卷进行初步的清洗、筛选工作。经处理后不同地区的问卷样本数据发放与回收情况如表 5-2-1 所示。

表 5-2-1　各地区样本发放回收情况分布

地区名称	发放问卷/份	回收问卷/份	有效问卷/份	有效回收率/%
西安	800	373	197	24.63
深圳	510	322	203	39.80
广州	585	271	245	41.88
苏州	918	394	330	35.95
杭州	1110	338	194	17.48
上海	771	354	297	38.52
合计	4694	2052	1466	—

通过对筛选后有效样本的性别、居住地和学历情况等基本特征进行描述性统计分析，结果显示调查样本中的男、女员工比例为 49.73：50.27，来自农村和城市的员工数量比例为 50.55：49.45，两者比例基本相同；而员工的学历分布上除了拥有本科学历的员工占大多数外（比例为 63.50%），本科以下学历的员工数量占比

23.67%，相比研究生及以上学历人数（占比 12.83%）较多，不同学历的人数分布基本符合现阶段信息服务业企业员工的构成比例现状。

5.2.2　变量的构成与测度

5.2.2.1　人力资本

参考前人的研究，本书选择学历作为教育水平的测度变量，社团活动、实习经历和工作经验作为实践经验的主要变量。其中，"学历"在问卷中主要分为博士、硕士、本科、大专、高中/中专/技校和初中及以下 6 个选项。调研对象为信息服务业员工，大都具有较高的知识教育水平，所以最终将变量重新编码为本科及以上学历和本科以下学历两类。本科以下学历为参考组，设为 0，本科及以上学历设为 1。"社团活动"在问卷中的测度问题是"在校期间您是否参加学校社团组织"，设参加过社团活动为 1，未参加为 0。"实习经历"在问卷中测度问题是"在校期间您是否参加过实习，实习的次数是多少"，对该变量的结果进行重编码，实习次数为 0～2 次，表示缺乏实习经验，设为 0。将实习次数大于等于 3 次设为 1。"工作经验"在问卷中测度问题是"您有过几家企业的工作经历"，对于该变量重新编码，0～2 次表示缺乏工作经验，设为 0，大于等于 3 次，表示工作经验丰富，设为 1（陈成文和谭日辉，2004；岳昌君等，2004；Blau and Duncan，1967）。

5.2.2.2　社会网络

对于社会网络的测度指标，许多学者提出了自己的测度观点。边燕杰（2004）认为，社会资本由四个因素决定——网络规模、网络顶端、网差以及网络的构成，利用这四个指标可以测量个人层次的社会资本。赵延东和罗家德（2005）使用提名法和定位法，其中提名法指根据被调查者所提供的网络成员的姓名，具体来询问每个网络成员的特征、与被调查者之间的关系等。张文宏（2006）在研究城市居民社会网络结构特征时，从社会网络规模、密度、异质性以及角色关系的种类等方面测度个人社会网络情况。王卫东（2006）将社会网络视为社会资本的主要形式之一，提出的模型中包括的指标有网络规模、网络成员的 ISEI（国际标准职业社会经济指数）均值、网络密度，网顶、网差以及社会网络资本总量。Campbell 等（1986）利用网络规模、网络多样性、网络密度等指标来测度社会网络。Seibert 等（2001）将可使用的社会资本的测度多元化为网络结构、可以使用的信息、可以使用的资源等，利用结构方程模型验证了社会资本对工资收入、工作满意度的正向作用。Beaman（2012）通过网络规模、有长期工作的熟人的数量来测度社会网络，研究其对求职的影响。

根据前人的相关研究，本书中社会网络测度指标选择使用较多的网络规模、网络异质性、网顶和网差。具体测度方法如下。

（1）网络规模测度。网络规模是指网络中参与者的数量，学者对这个概念界定较为一致。本书使用的网络中总人数，分别是问卷中采用提名法询问在近半年内和调查对象讨论过就业问题的人，拜年网中熟人人数，拜年网中相识人数。

（2）网络异质性测度。网络异质性是指网络中成员与其他成员的差别。本书使用的职业异质性具体是指网络中成员职业和被调查者不同的数量。分别是问卷中讨论网职业异质性、拜年网熟人职业异质性和拜年网相识人职业职业性。网络职业异质性计算主要分为 3 个步骤：①将问卷中 20 种职业按照《中华人民共和国职业分类大典》进行分类，具体分类结果如表 5-2-2 所示；②分类后重新编码，按照大类序号分别编码为 1～7；③计算网络中不同职业类别的数量。按照新分类后的职业类别情况，统计讨论网职业不同的人数、拜年网熟人职业不同的人数和拜年网相识人职业不同的人数。

表 5-2-2 职业分类

类别	职业分类标准	问卷题项
第一类	国家机关、党群组织、企业、事业单位负责人	（1）党政干部；（3）国企经理；（4）非国企经理/所有者；（6）企业管理人员
第二类	专业技术人员	（8）企业技术人员；（11）企业财务人员；（12）教师；（15）科研人员；（16）法律工作者；（17）医疗工作者；（18）文艺工作者
第三类	办事人员和有关人员	（2）机关事业单位人员
第四类	商业、服务业人员	（5）个体所有者/经理；（7）企业服务人员；（10）企业销售人员
第五类	农、林、牧、渔、水利业生产人员	（19）农民
第六类	生产、运输设备操作人员及有关人员	（9）企业生产人员
第七类	不便分类的其他从业人员	（13）学生；（14）自由职业者；（20）无职业

（3）网顶和网差测度。网顶和网差的计算核心就是测度网络中参与者的社会地位。关于社会地位的测度指标主要有社会经济地位、职业地位、国际标准职业社会经济指数三种。关于社会地位的评价有着丰富的研究成果，相关总结如表 5-2-3 所示。在郑杭生和刘精明（2004）的社会阶层划分主要原则中，将其划分为下岗失业、工人、自雇佣者、办事员、专业技术人员、管理干部等 6 个等级变量。陆学艺（2002）提出应以职业分类为基础，将组织资源、经济资源和文化

资源的占有状况作为标准划分社会阶层,将中国当代社会阶层分成 10 个社会阶层和 5 种社会经济地位等级。仇立平(2001)将上海的五个主要社会阶层划分为党政机关各类组织负责人阶层,办事人员阶层,专业技术人员阶层,商业工作者和服务性工作人员阶层,生产运输设备操作人员及有关人员、工人、农民。李强(2000)在 1997 年、1998 年的两次对北京市居民 100 种职业调查,得到每种职业地位得分。

表 5-2-3 职业地位研究总结

研究学者	职业地位
郑杭生和刘精明(2004)	将其划分为下岗失业、工人、自雇佣者、办事员、专业技术人员、管理干部等 6 个等级
陆学艺(2002)	根据组织资源、经济资源和文化资源的占有状况为标准作为划分社会阶层,把中国当代社会阶层分成 10 个社会阶层和 5 种社会经济地位等级
仇立平(2001)	在上海居民进行调查,进行职业地位评价,最终划分为党政机关各类组织负责人阶层,办事人员阶层,专业技术人员阶层,商业工作者和服务性工作人员阶层,生产运输设备操作人员及有关人员、工人、农民
李强(2000)	对北京市居民 100 种职业进行两次调查,进行地位测评
蒋来文等(1991)	北京大学社会学系"职业声望课题组"对 80 种职业的调查,在北京和广州对 1141 位居民 80 种职业的调查
Ganzeboom 等(1992)	国际标准职业社会经济指数,使用了包括从最不发达到最发达的 16 个国家的 31 套数据

根据上述文献研究,其他学者的地位测评调研局限在北京或者上海等某个特定城市,缺乏代表性,本书对于网顶、网差的概念沿用边燕杰教授的定义,选用国际标准职业社会经济指数确定不同职位地位得分。本书研究职业的得分具体如表 5-2-4 所示。之后根据职业地位得分表,计算网顶和网差。具体包括讨论网网顶,拜年网中熟人网顶,拜年网中相识网顶;讨论网网差,拜年网中熟人网差,拜年网中相识网差。

表 5-2-4 职业地位得分

职业名称	得分	职业名称	得分
(1)党政干部	86.0	(8)企业技术人员	58.5
(2)机关事业单位人员	50.3	(9)企业生产人员	40.5
(3)国企经理	90.2	(10)企业销售人员	48.1
(4)非国企经理/所有者	74.6	(11)企业财务人员	49.3
(5)个体所有者/经理	62.0	(12)教师	50.7
(6)企业管理人员	69.0	(13)学生	0
(7)企业服务人员	48.4	(14)自由职业者	0

续表

职业名称	得分	职业名称	得分
（15）科研人员	55.1	（18）文艺工作者	42.3
（16）法律工作者	66.0	（19）农民	13
（17）医疗工作者	62.3	（20）无职业	0

5.2.2.3　社交工具使用

对于社交工具使用测量，国内外有很多学者进行研究。国外以 Facebook 为典型社交网站使用为主，国内以校内网、微博等典型社交网站使用为主，学者对此进行调查分析。本书参考了 Boyd 和 Ellison（2007）、韦路和胡雨濛（2014）在"微博使用情况调查"的调查问卷，以及赵茂磊（2005）非交易类虚拟社区成员的参与动机调查问卷，进行变量的设计。具体来说，"社交工具"变量使用问卷中的三个问题进行测度，"Q506：您家里人通过社交工具和他们的联系的频率是？""Q507：您家里人通过社交工具联系组织他们一起娱乐活动的机会？""Q508：您家里人通过社交工具是否新认识其他人或者和原本不太熟悉的人熟悉起来？"三个问题的答案均为标准利克特五级量表。

5.2.2.4　求职途径

求职途径往往被分为正式途径和非正式途径，本书参考赵延东和罗家德（2005）的划分方法，正式途径包括：政府和单位安置、通过劳务市场或中介机构求职、单位招聘；非正规途径则主要朋友亲人介绍，熟人推荐，找人帮忙。根据以上划分方法，其核心是在询问求职者在求职过程中是否获得了外界帮助，在此本书问卷使用的问题"目前这份工作的获得有多少人帮忙"。没有人帮忙为正式途径，设值为 0，有人帮忙为非正式途径，设值为 1。

综上所述，这里所涉及所有变量的构成及测度情况总结如表 5-2-5 所示。

表 5-2-5　各级变量的构成和测度

一级变量	测量变量	变量的具体测度
人力资本	学历情况	本科以下 = 0，本科及本科以上 = 1
	社团活动	参加社团活动 = 0，未参加 = 1
	实习经历	缺乏实习 = 0，实习丰富 = 1
	工作经验	缺乏经验 = 0，经验丰富 = 1

续表

一级变量	测量变量	变量的具体测度
社会网络	网络规模	网络中的具体人数
	职业异质性	不同于被调查者职业数量
	网顶	网络中地位最高的得分
	网差	网络中地位最高与最低的差值
社交工具	使用频率	（1）从不（2）很少（3）有时（4）较多（5）经常
	组织活动	（1）从不（2）很少（3）有时（4）较多（5）经常
	扩大交友	（1）从不（2）很少（3）有时（4）较多（5）经常
求职途径	求职过程是否有人帮忙	没有人帮忙视为正式求职途径，赋值为 0；有人帮忙视为非正式求职途径，赋值为 1

5.3　影响员工选择求职途径的因素分析

5.3.1　各因素的描述性统计

通过对信息服务类企业问卷调研，最终有效样本总计 1466 份，本书分别对人力资本、社会资本、社交工具使用三个方面因素进行描述性统计分析。

（1）人力资本因素。在人力资本因素中，主要考虑学历、社会活动、实习和工作经验四个测量变量。性别和年龄为人口特征变量。东西部地区总样本中，男性比例为 54.50%，女性比例为 45.50%，由于信息服务业是技术密集型行业，样本性别比例反映了男员工相对较多的实际情况；样本年龄主要集中 20～30 岁，平均年龄为 27.40 岁，调研对象主要集中在新入职员工，反映了信息服务业员工年轻化的特征；调研对象学历情况，硕士 16.50%，本科 58.80%，专科及以下 24.70%；实践经历主要侧重在校期间社团活动、实习锻炼和工作经验的情况，被调查对象中，在校期间参加社团活动比例 60.00%，未参加社团活动比例 40.00%，参加实习 74.30%，未参加实习 25.70%，工作经验贫乏 50.80%，工作经验丰富 49.20%。

（2）社会网络因素。本书社会网络主要有三种类型的网络，分别是讨论网、拜年网-熟人网和拜年网-相识网，具体测度包括了三种类型网络的网络规模、网络职业异质性、网顶和网差。具体描述性分析见表 5-3-1，总体上可以得出使用非正式求职途径的网络特征值均大于使用正式求职途径的网络特征值。

表 5-3-1 社会网络描述性统计分析

网络类型	社会网络因素	N	极小值	极大值	求职途径		标准差
					非正式	正式	
讨论网	网络规模	400	1.00	9.00	4.43	3.92	2.25
	网络职业异质性	400	0.00	9.00	1.92	1.87	2.10
	网顶	400	13.00	90.00	66.85	57.12	18.05
	网差	400	0.00	77.00	13.44	11.31	15.47
拜年网-熟人网	网络规模	400	2.00	66.00	6.72	5.14	7.11
	网络职业异质性	400	0.00	7.00	2.46	2.02	1.90
	网顶	400	13	90.00	52.25	44.02	33.48
	网差	400	0.00	77.00	20.29	15.09	25.18
拜年网-相识网	网络规模	400	3.00	60.00	7.79	6.77	10.45
	网络职业异质性	400	0.00	7.00	2.47	2.04	1.87
	网顶	400	0.00	90.00	55.90	47.14	34.04
	网差	400	0.00	77.00	24.04	17.71	25.63

注：N 表示样本数。

在讨论网中，网络规模最小为 1，最大为 9，非正式求职途径的网络规模均值为 4.43，正式途径的网络规模均值为 3.92，可见非正式求职途径的网络规模大于正式途径的网络规模；网络职业异质性最小值为 0，最大为 9，非正式求职途径的职业异质性均值为 1.92，正式求职途径的职业异质性均值为 1.87，可见非正式求职途径的职业异质性大于正式途径的职业异质性；网顶最小值为 13，最大值为 90，非正式求职途径的网顶均值为 66.85，正式求职途径的网顶为均值为 57.12，可见非正式求职途径的网顶高于正式途径的网顶；网差最小值为 0，最大值为 77，非正式求职途径的网顶均值为 13.44，正式求职途径的网差为均值为 11.31，可见非正式求职途径的网差高于正式途径的网差。

在拜年网-熟人网中，网络规模最小为 2，最大为 66，非正式求职途径的网络规模均值为 6.72，正式途径的网络规模均值为 5.14，可见非正式求职途径的网络规模大于正式途径的网络规模；网络职业异质性最小值为 0，最大为 7，非正式求职途径的职业异质性均值为 2.46，正式求职途径的职业异质性均值为 2.02，可见非正式求职途径的职业异质性大于正式途径的职业异质性；网顶最小值为 13，最大值为 90，非正式求职途径的网顶均值为 52.25，正式求职途径的网顶为均值为 44.02，可见非正式求职途径的网顶高于正式途径的网顶；网差最小值为 0，最大值为 77，非正式求职途径的网顶均值为 20.29，正式求职途径的网差为均值为 15.09，可见非正式求职途径的网差高于正式途径的网差。

在拜年网-相识网中，网络规模最小为 3，最大为 60，非正式求职途径的网络规模均值为 7.79，正式途径的网络规模均值为 6.77，可见非正式求职途径的网络规模大于正式途径的网络规模；网络职业异质性最小值为 0，最大为 7，非正式求职途径的职业异质性均值为 2.47，正式求职途径的职业异质性均值为 2.04，可见非正式求职途径的职业异质性大于正式途径的职业异质性；网顶最小值为 0，最大值为 90，非正式求职途径的网顶均值为 55.90，正式求职途径的网顶为均值为 47.14，可见非正式求职途径的网顶高于正式途径的网顶；网差最小值为 0，最大值为 77，非正式求职途径的网顶均值为 24.04，正式求职途径的网差为均值为 17.71，可见非正式求职途径的网差高于正式途径的网差。

（3）社交工具使用因素。社交工具使用测度问题包括社交工具使用频率、社交工具使用组织活动和使用社交工具扩大社交。如表 5-3-2 所示，社交工具使用频率的均值为 3.14，较一般程度稍微高；社交工具使用组织活动的均值为 2.69，即组织活动机会相对较小；使用社交工具扩大社交为 2.55，即平均使用社交工具真正扩大社交范围的作用有限。

表 5-3-2　社交工具变量描述性统计分析

变量测度	题项 1	题项 2	题项 3	数值 4	数值 5	均值	标准差
使用频率	9.0%	21.3%	29.8%	26.8%	13.3%	3.14	1.164
使用组织活动	11.8%	36.5%	28.3%	17.8%	5.8%	2.69	1.073
扩大社交	17.3%	34.3%	29.3%	14.5%	4.8%	2.55	1.082

5.3.2　各因素的相关分析

（1）人力资本因素相关关系。

求职途径为 0-1 变量，将人力资本变量、控制变量与求职途径进行交叉表分析，判断各个变量因素在求职途径方面是否存在显著差异性。

交叉分析见表 5-3-3，在求职途径的选择方面，性别没有明显的差别，即男女在求职途径的选择上没有明显差别，因此在接下来的分析中不再考虑性别的影响。年龄对于求职途径选择没有显著影响，即不同年龄的员工在求职途径的选择上没有明显差别。本书的研究对象是信息服务业新员工，员工普遍年轻化，年龄主要分布在 20～30 岁，所以以年龄对于求职途径的选择差异性很小，因此在接下来的分析不再考虑年龄的影响。

表 5-3-3 人力资本变量交叉列联表分析

变量		求职途径		变量		求职途径	
		正式途径	非正式途径			正式途径	非正式途径
性别	女	43.8%	46.4%	社团活动	未参加	36.5%	41.8%
	男	56.2%	53.6%		参加	63.5%	58.2%
	$\chi^2 = 0.244$, df = 1, $p = 0.621$				$\chi^2 = 1.066$, df = 1, $p = 0.302$		
年龄	均值	27.64	27.36	工作经验	未参加	42.3%	55.1%
					参加	57.7%	44.9%
					$\chi^2 = 5.902$, df = 1, $p = 0.016$		
学历	本科以下	32.8%	20.5%	实习经历	未参加	23.4%	27.0%
	本科及以上	67.2%	79.5%		参加	77.6%	73.0%
	$\chi^2 = 0.624$, df = 1, $p = 0.0430$				$\chi^2 = 7.334$, df = 1, $p = 0.472$		

注：χ^2表示卡方值；df表示自由度；p表示显著性水平，下同。

学历因素在求职途径方面有着显著差异，非正式求职途径中高学历所占比例明显高于正式求职途径中高学历所占比例。社团活动与求职途径的交叉表分析，发现社团活动参与情况对于求职途径的选择没有显著影响。工作经验与求职途径的交叉表分析，发现正式求职途径中工作经验丰富者所占比例高于非正式求职途径中工作经验丰富者所占的比例，说明工作经验对于求职途径的选择有影响。实习经历和求职途径的交叉表分析结果不显著，表明实习经历对于求职途径的选择没有显著影响。

（2）社会网络因素相关关系。

社会网络主要包含了三个网络，分别是讨论网、拜年网-熟人网、拜年网-相识网，用皮尔逊相关系数讨论每种网络指标之间的相关关系，结果可知讨论网、拜年网-熟人网、拜年网-相识网每种网络的网络指标之间都具有较强的相关性，在接下来研究不同的网络特征对于求职途径影响时，分别讨论不同的网络特征影响情况，以避免共线性问题的出现。

（3）社交工具使用变量相关关系。

社交工具使用包括三个变量，使用社交工具的频率、使用社交工具组织活动的频率、使用工具扩大交友，之后进行相关分析，结果显示两两变量之间具有一定的相关性，相关系数分别为 0.626、0.508 和 0.737。因社交工具使用变量之间具有较高的相关性，所以可以采用因子分析法提取主成分，合成社交工具使用这样一个变量。累积解释总方差为 76.36%，其中使用频率因子载荷为 0.818，使用组织活动因子载荷为 0.924，扩大社交因子载荷为 0.876。

5.4 影响员工选择求职途径因素的直接关系分析

5.4.1 人力资本对求职途径的影响

在求职途径影响因素的回归分析中，分析学历水平、社团活动、实习经历和工作经验的影响。模型 1-1～1-4 是 4 个变量分别对求职途径影响分析，模型 1-5～1-7 是所有变量同时对求职途径的影响及各地区间的差异性分析。采用 Logit 回归结果如表 5-4-1 所示。

表 5-4-1　人力资本对求职途径影响的 Logit 回归分析结果

变量	模型 1-1	模型 1-2	模型 1-3	模型 1-4	模型 1-5（西安）	模型 1-6（深圳）	模型 1-7（上海）
学历情况（参照组：本科以下）	0.818*				0.793*	0.537*	0.555**
社团活动（参照组：未参加活动）		0.988			1.115	0.992	1.001
实习（参照组：缺乏实习经历）			0.968		1.389	2.014	0.815
工作经验（参照组：缺乏工作经验）				0.560***	0.671*	0.481**	0.622*
常数项	0.527	0.476	2.219	0.786	2.641	0.476	2.737
−2 对数似然值	1950.244	1953.66	1953.606	1925.192	242.404	257.417	398.691
卡方值	3.429*	1.426	0.737	28.481***	2.99	10.001**	7.903*
自由度	1	1	1	1	1	1	1
N	1466	1466	1466	1466	197	203	297

*** $p<0.01$，** $p<0.05$，* $p<0.1$，下同；表中变量系数为 Exp（B）值，下同。

模型 1-1 是学历对于求职途径的回归分析。整个模型显著，−2 对数似然值为 1950.244，学历对于求职途径的影响在 0.1 显著性水平下显著，Exp（B）为 0.45，可见如果本科以下学历选择非正式求职途径的概率为 1.00，那么本科及以上学历选择非正式求职途径的概率是 0.45，降低了一半多；说明学历对于求职途径的选择具有显著影响，相比于本科以下的员工，高学历员工更有可能选择正式途径。

模型 1-2 是社团活动对于求职途径的回归分析。整个模型不显著，社团活动系数不显著，说明社团活动对于求职途径的选择没有具有显著影响。

模型 1-3 是实习对于求职途径的回归分析。整个模型不显著，实习变量的系数并不显著，表明实习对于求职途径的选择没有具有显著影响。

模型 1-4 是工作经验对于求职途径的回归分析。整个模型显著，−2 对数似然值 1925.192，工作经验对于求职途径的影响在 0.01 显著性水平下显著，Exp（B）为 0.56，可见如果工作经验缺乏者选择非正式求职途径的概率为 1.00，那么工作经验丰富者选择非正式求职途径的概率是 0.56，有明显降低。说明工作经验对于求职途径的选择具有显著影响，和工作经验缺乏的员工相比，员工自身工作经验丰富者越有可能选择正式的求职途径。

由表 5-4-1 中模型 1-1～1-4 可知，人力资本影响因素中学历情况和工作经验对求职途径的直接影响分别在 p 值的 0.1 和 0.01 水平上起到了显著性影响，而社团活动和实习经历两个变量对求职途径的影响作用并不显著。因此，在下述回归过程中，仅将人力资本中的学历情况和工作经验两个变量作为控制变量放入相应的回归方程当中。这里，假设 H1 得到了部分验证，即其中 H1a 和 H1d 得到了验证，H1b 和 H1c 没有得到验证。

综上所述，人力资本对于求职途径的影响模型中，学历水平和工作经验对于求职途径的选择有显著性影响，社团活动和实习对于求职途径的选择没有显著影响。这可能因为：信息服务业中，学历越高的员工比学历低的员工具有更好的专业技能，如信息技术，高学历员工往往综合素质相对较高，具备更好的快速学习能力，能够更好地适应企业的发展速度，在劳动里市场中具有更高的竞争力，所以更可能选择正式的求职途径。工作经验丰富的员工，具有更强的工作能力，能够独立完成工作任务，为企业带来更好收益，不需要企业花费较大的培训成本，比工作经验少的员工更受企业青睐。因此人力资本越高，员工越会选择正式求职途径。而社团活动和实习经验对于员工求职的影响不明显，员工从社团活动和实习中获得的求职能力提升有限，很难获得有价值的锻炼和培训，对于员工日后求职技能和岗位胜任能力都没有显著提高，所以对于正式求职途径选择没有显著影响。至此假设 H1 得到部分验证。

此外，从模型 1-5～1-7 中的西部、珠三角和长三角不同地区间的比较分析结果看出，学历水平对于求职途径选择的影响在上海地区要强于西安和深圳地区，而社团活动和实习经历对于求职途径选择的影响在三个地区均没有显著影响，而工作经验对于求职途径选择的影响在深圳地区要强于西安和上海地区。表明员工学历越高，员工越可能选择正式途径求职的现象在上海地区更普及，而员工工作经验越丰富，员工越可能选择正式途径求职的现象在深圳地区更普及。

5.4.2　社会网络对求职途径的影响

本书将社会网络区分为讨论网、熟人网和相识网三个类别进行研究，仍然采用 Logit 回归分析方法，来分别讨论网、熟人网和相识网的网络特征对于求职途径的影响。每种类型的网络特征分别从网络规模、职业异质性、网顶和网差分析对于求职途径的影响。根据 5.4.1 节对于人力资本的讨论，学历和工作经验对于求职途径有显著影响，在此讨论在学历和工作经验两个人力资本因素下，讨论网、熟人网和相识网网络特征对求职途径选择的影响。从相关分析结果可知社会网络指标之间具有较强的相关性，所以分别讨论网络指标对于求职途径的影响，避免共线性。

第一，讨论分析讨论网的相关特征对求职途径的影响，具体回归分析结果见表 5-4-2。

表 5-4-2　讨论网对求职途径影响 Logit 回归分析结果（总体）

变量	模型 2-1（求职途径）	模型 2-2（求职途径）	模型 2-3（求职途径）	模型 2-4（求职途径）
学历	0.600***	0.610***	0.594***	0.612***
工作经验	0.510***	0.506***	0.502***	0.512***
讨论网规模	1.073**			
讨论网职业异质性		1.229***		
讨论网网顶			1.015***	
讨论网网差				1.006***
常数项	3.494	1.974	1.367	2.768
−2 对数似然值	1888.835	1883.368	1876.428	1898.253
卡方值	64.838***	70.305***	77.245***	55.420***
自由度	3	3	3	3
N	1466	1466	1466	1466

第二，使用总样本进行分析，模型 2-1～2-4 分析讨论网的网络规模、网络职业异质性、网顶和网差对于求职途径选择影响，具体结果如表 5-4-2 所示。模型 2-1，讨论网规模对于求职途径选择影响的模型显著，−2 对数似然值为 1888.835，网络规模对于求职途径影响显著，Exp（B）为 1.11，讨论网网络规模每增大 1，使用非正式求职途径的概率就为之前的 1.07 倍。表明讨论网规模对于求职途径的选择具有正向影响，员工讨论网规模越大，越有可能选择非正式求职途径。模型 2-2，讨论网职业异质性对于求职途径选择影响的模型显著，−2 对数似然值为 1883.368，讨论网职业异质性对于求职途径影响显著，Exp（B）为 1.23，讨论网网络职业异质性每增大 1，使用非正式求职途径的概率就为之前的 1.23 倍。表明讨论网职业异质性对于求职途径的选择具有正向影响，员工讨论网职业异质性越大，越有可能选择非正式求职途径。模型 2-3，讨论网网顶对于求职途径选择影响的模型显著，−2 对数似然值为 1876.428，讨论网网顶对于求职途径影响显著，Exp（B）为 1.02，讨论网网顶每增大 1，使用非正式求职途径的概率就为之前的 1.02 倍。表明讨论网网顶对于求职途径的选择具有正向影响，员工讨论网网顶越大，越有可能选择非正式求职途径。模型 2-4，讨论网网差对于求职途径选择影响的模型显著，−2 对数似然值为 1898.253，讨论网网差对于求职途径影响显著，Exp（B）为 1.01，讨论网网差每增大 1，使用非正式求职途径的概率就为之前

的 1.01 倍。表明讨论网网差对于求职途径的选择具有正向影响，员工讨论网网差越大，越有可能选择非正式求职途径。

第三，使用分地区样本进行同样的回归分析，以比较不同地区中信息服务企业员工的讨论网对于求职途径的影响，结果如表 5-4-3 所示。分析结果发现讨论网规模、异质性和网差对于求职途径选择的影响在上海地区和深圳地区要强于西安地区，而讨论网网顶对于求职途径选择的影响在三个地区均没有显著影响。表明员工讨论网规模、异质性、网差越高，员工越可能选择非正式途径求职的现象在上海、深圳地区更普及。

表 5-4-3 讨论网对求职途径影响 Logit 回归分析结果（分地区）

变量	模型 3-1（西安地区）	模型 3-2（深圳地区）	模型 3-3（上海地区）
学历	0.601	0.538**	0.589**
工作经验	0.510*	0.522**	0.674
讨论网规模	1.031	1.164**	1.083**
讨论网职业异质性	1.159	1.384***	1.319***
讨论网网顶	1.035***	1.028***	1.010*
讨论网网差	1.003	1.013	1.012***
常数项	3.494	1.791	1.367
−2 对数似然值	229.609	253.668	394.258
卡方值	15.785***	13.750***	12.335***
N	197	203	297

第四，是对熟人网的网络规模、网络职业异质性、网顶和网差对求职途径选择的影响进行分析，具体结果如表 5-4-4 所示。模型 4-1，熟人网规模对于求职途径选择影响的模型显著，−2 对数似然值为 1871.387，熟人网规模对于求职途径影响显著，Exp（B）为 1.01，熟人网网络规模每增大 1，使用非正式求职途径的概率就为之前的 1.01 倍。表明熟人网规模对于求职途径的选择具有正向影响，员工熟人网规模越大，越有可能选择非正式求职途径。模型 4-2，熟人网职业异质性对于求职途径选择影响的模型显著，−2 对数似然值为 1871.682，熟人网职业异质性对于求职途径影响显著，Exp（B）为 1.09，熟人网职业异质性每增大 1，使用非正式求职途径的概率就为之前的 1.09 倍。表明过节熟人网职业异质性对于求职途径的选择具有正向影响，员工过节熟人网职业异质性越大，越有可能选择非正式求职途径。模型 4-3，熟人网网顶对于求职途径选择影响的模型显著，−2 对数似然值为 1872.166，熟人网网顶对于求职途径影响显著，Exp（B）为 1.01，熟人网

网差每增大 1，使用非正式求职途径的概率就为之前的 1.01 倍。表明过节熟人网网顶对于求职途径的选择具有正向影响，员工熟人网网顶越大，越有可能选择非正式求职途径。模型 4-4，熟人网网差对于求职途径选择影响的模型显著，−2 对数似然值为 1878.231，熟人网网差对于求职途径影响显著，Exp（B）为 1.00，熟人网网差每增大 1，使用非正式求职途径的概率就为之前的 1.00 倍。表明熟人网网差对于求职途径的选择具有正向影响，员工过节熟人网网差越大，越有可能选择非正式求职途径。

表 5-4-4　熟人网对求职途径影响 Logit 回归分析结果（总体）

变量	模型 4-1（求职途径）	模型 4-2（求职途径）	模型 4-3（求职途径）	模型 4-4（求职途径）
学历	0.604***	0.612***	0.615***	0.608**
工作经验	0.500***	0.499***	0.489***	0.494**
熟人网规模	1.006			
熟人网职业异质性		1.088***		
熟人网网顶			1.005**	
熟人网网差				1.004
常数项	3.199***	2.733***	2.625***	3.152***
−2 对数似然值	1871.387	1871.682	1872.166	1878.231
卡方值	48.610***	56.041***	55.558***	49.493***
自由度	3	3	3	3
N	1466	1466	1466	1466

第五，使用分地区样本进行同样的回归分析，以比较不同地区中信息服务企业员工的熟人网对于求职途径的影响，结果如表 5-4-5 所示。本书发现熟人网规模对于求职途径选择的影响在三个地区均无显著影响，而熟人网网络异质性对于求职途径选择的影响在西安地区和上海地区要强于深圳地区，熟人网网络网顶对于求职途径选择的影响在深圳地区和上海地区要强于西安地区，熟人网网络网差对求职途径选择的影响在西安地区要强于深圳和上海地区。

表 5-4-5　熟人网对求职途径影响 Logit 回归分析结果（分地区）

变量	模型 5-1（西安地区）	模型 5-2（深圳地区）	模型 5-3（上海地区）
学历	0.411***	0.571*	0.535**
工作经验	0.512***	0.464**	0.609**
熟人网规模	1.047	1.036	1.003

续表

变量	模型 5-1（西安地区）	模型 5-2（深圳地区）	模型 5-3（上海地区）
熟人网职业异质性	1.292***	1.052	1.130**
熟人网网顶	1.006	1.012**	1.007*
熟人网网差	1.017**	1.002	1.005
常数项	4.238***	3.314***	2.559***
−2 对数似然值	236.038	258.768	396.137
卡方值	9.356**	10.925**	8.167**
N	197	203	297

第六，是对相识网的网络规模、网络职业异质性、网顶和网差对求职途径选择的影响进行分析，具体结果如表 5-4-6 所示。模型 6-1，相识网规模对于求职途径选择影响的模型显著，−2 对数似然值为 1870.623，相识网规模对于求职途径影响显著，Exp（B）为 1.00，相识网规模每增大 1，使用非正式求职途径的概率就为之前的 1.00 倍。表明相识网规模对于求职途径的选择具有正向影响，员工相识网规模越大，越有可能选择非正式求职途径。模型 6-2，相识网职业异质性对于求职途径选择影响的模型显著，−2 对数似然值为 1874.709，相识网职业异质性对于求职途径影响显著，Exp（B）为 1.07，相识网职业异质性每增大 1，使用非正式求职途径的概率就为之前的 1.11 倍。表明相识网职业异质性对于求职途径的选择具有正向影响，员工相识网职业异质性越大，越有可能选择非正式求职途径。模型 6-3，相识网网顶对于求职途径选择影响的模型显著，−2 对数似然值为 1873.613，相识网网顶对于求职途径影响显著，Exp（B）为 1.00，相识网网顶每增大 1，使用非正式求职途径的概率就为之前的 1.00 倍。表明相识网网顶对于求职途径的选择具有正向影响，员工相识网网顶越大，越有可能选择非正式求职途径。模型 6-4，相识网网差对于求职途径选择影响的模型显著，−2 对数似然值为 1878.540，相识网网差对于求职途径影响显著，Exp（B）为 1.00，相识网网差每增大 1，使用非正式求职途径的概率就为之前的 1.00 倍。表明相识网网差对于求职途径的选择具有正向影响，员工相识网网差越大，越有可能选择非正式求职途径。

表 5-4-6　相识网对求职途径影响 Logit 回归分析结果（总体）

变量	模型 6-1（求职途径）	模型 6-2（求职途径）	模型 6-3（求职途径）	模型 6-4（求职途径）
学历	0.600***	0.612***	0.606***	0.604***
工作经验	0.502***	0.498***	0.496***	0.500***
相识网规模	1.004			

续表

变量	模型 6-1（求职途径）	模型 6-2（求职途径）	模型 6-3（求职途径）	模型 6-4（求职途径）
相识网职业异质性		1.070**		
相识网网顶			1.004***	
相识网网差				1.003
常数项	3.203	2.908	2.824	3.171
−2 对数似然值	1870.623	1874.709	1873.613	1878.540
卡方值	50.345***	53.015***	54.111***	49.184***
自由度	3	3	3	3
N	1466	1466	1466	1466

第七，同样使用分地区样本进行相关的回归分析，以比较不同地区中信息服务企业员工的熟人网对于求职途径的影响，结果如表 5-4-7 所示。本书发现相识网网络规模、异质性、网顶、网差对于求职途径选择的影响在西安地区皆要强于上海和深圳地区。

表 5-4-7　相识网对求职途径影响 Logit 回归分析结果（分地区）

变量	模型 7-1（西安地区）	模型 7-2（深圳地区）	模型 7-3（上海地区）
学历	1.063	0.545***	0.533**
工作经验	0.565**	0.489***	0.615**
相识网规模	1.059**	0.994	1.006
相识网职业异质性	1.552***	0.967	1.090
相识网网顶	1.011**	1.004	1.001
相识网网差	1.024***	0.999	0.998
常数项	4.995	3.521	2.628
−2 对数似然值	230.899	258.803	399.128
卡方值	14.504***	8.615**	7.465*
N	197	203	297

根据三种类型网络的分析结果可以看出，讨论网网络规模、熟人网网络规模、相识网网络规模对于求职途径的影响显著。这是因为信息服务业中，网络结构不同嵌入的网络资源不同。网络规模较大，可以寻求帮助的人会更多，员工更容易向自己网络中成员求助。网络异质性较高的求职员工，可以寻求帮助的人会更多，

如更多领域、更多行业以及更多岗位的招聘信息,并且获得信息的及时性和准确性都更高。同时,在求职过程中,拥有较大的网顶和网差的员工,他们通过社会网络中的成员更容易获得有效和实质性的求职帮助,如职业介绍和就业机会推荐等,这样有可能获得更多的求职机会和更好的求职结果。因此,此类员工更愿意使用网络中成员的帮助来求职。综上所述,员工网络规模越大,网络异质性越高,网顶和网差越大,越愿意使用非正式的求职途径。至此,假设 H2 得到全部验证。

5.4.3 社交工具使用对求职途径的影响

根据相关性分析可见,社交工具使用和求职途径之间具有显著相关性,所以为避免共线性,分别使用社交工具联系频率、通过社交工具组织活动的频率、通过社交工具扩大交友范围对于求职途径进行回归分析。模型 8 的因变量均为求职途径,模型 8-1 表示联系频率对于求职途径的影响,模型 8-2 表示使用社交工具组织活动对于求职途径影响,模型 8-3 表示使用社交工具扩大交友对于求职途径的影响。模型 8-4 分析合成的社交工具使用变量对于求职途径的影响,具体结果如表 5-4-8 所示。

表 5-4-8　社交工具使用对求职途径影响 Logit 回归分析结果(总体)

变量	模型 8-1(求职途径)	模型 8-2(求职途径)	模型 8-3(求职途径)	模型 8-4(求职途径)
学历	0.603***	0.601**	0.604*	0.591***
工作经验	0.505***	0.498**	0.500**	0.503***
联系频率	1.125***			
组织活动		1.118**		
扩大交友			1.102*	
社交工具使用(合成)				1.440***
常数项	2.302	2.475	2.599	2.913
−2 对数似然值	1868.149	1870.793	1870.682	1896.246
卡方值	53.788***	52.112***	51.255***	57.427***
自由度	3	3	3	3
N	1466	1466	1466	1466

模型 8-1 检验社交工具使用频率对于求职途径的影响。模型卡方值显著,表明模型整体显著,模型估计出的系数值具有可信性。社交工具使用频率在 0.01 的显著性水平下显著,Exp(B)为 1.13,社交工具使用频率每增大 1,使用非正式

求职途径的概率就为之前的 1.13 倍，可见社交工具使用频率对于求职途径有正向促进作用，使用社交工具联系越频繁，越可能选择非正式求职途径进行求职。

模型 8-2 检验使用社交工具组织活动对于求职途径的影响。模型卡方值显著，表明模型整体显著，模型估计出的系数值具有可信性。使用社交工具组织活动在 0.01 的显著性水平下显著，Exp（B）为 1.12，社交工具论组织活动的频率每增大 1，使用非正式求职途径的概率就为之前的 1.12 倍，使用社交工具组织活动对于求职途径有正向促进作用。结果说明使用社交工具组织活动越频繁，越容易选择非正式求职途径进行求职。

模型 8-3 检验使用社交工具扩大交友对于求职途径的影响。模型卡方值显著，表明模型整体显著，模型估计出的系数值具有可信性。使用社交工具组织活动在 0.01 的显著性水平下显著，Exp（B）为 1.10，社交工具扩大交友频率每增大 1，使用非正式求职途径的概率就为之前的 1.10 倍，使用社交工具组织活动对于求职途径有正向促进作用。结果说明使用社交工具结交新友越频繁，越容易选择非正式求职途径进行求职。

模型 8-4 检验社交工具使用合成变量对于求职途径的影响。模型卡方值显著，表明模型整体显著，模型估计出的系数值具有可信性。使用社交工具在 0.01 的显著性水平下显著，Exp（B）为 1.44，社交工具使用程度每增大 1，使用非正式求职途径的概率就为之前的 1.44 倍，可见使用社交工具对于求职途径有正向促进作用，积极的社交工具使用者越容易选择非正式求职途径进行求职。

使用分地区样本进行同样的回归分析，以比较不同地区中信息服务企业员工的社交工具使用对于求职途径的影响，结果如表 5-4-9 所示。分析结果发现联系频率对于求职途径选择的影响在西安地区要强于深圳地区，而上海地区最弱；利用社交工具进行组织活动、扩大交友对于求职途径选择的影响在西安和深圳地区要强于上海地区；而社交工具使用对于求职途径的影响同样在西安和深圳地区要强于上海地区。至此，假设 H3 得到全部验证。

表 5-4-9　社交工具使用对求职途径影响 Logit 回归分析结果（分地区）

变量	模型 9-1（西安地区）	模型 9-2（深圳地区）	模型 9-3（上海地区）
学历	0.415[***]	0.558[**]	0.539[**]
工作经验	0.544[***]	0.518[**]	0.614[**]
联系频率	1.461[***]	1.248[*]	0.991
组织活动	1.371[**]	1.277[**]	1.138
扩大交友	1.310[*]	1.331[**]	0.946
社交工具使用（合成）	1.951[**]	1.984[**]	1.440

变量	模型 9-1（西安地区）	模型 9-2（深圳地区）	模型 9-3（上海地区）
常数项	1.974	2.882***	2.218***
−2 对数似然值	238.698	254.270	397.079
卡方值	6.695**	13.149***	9.514**
自由度	3	3	3
N	197	203	297

5.4.4　社交工具的使用对社会网络的影响

　　由之前的相关分析可知，社交工具使用测度变量之间具有较高相关性，因此在分析社交工具使用对三种不同类型社会网络的影响时，使用合成的社交工具变量。

　　首先，对社交工具和社会网络相关性进行分析。本书社会网络包括三种网络，即讨论网、熟人网和相识网。每种类型社会网络的特征均包括网络规模、网络职业异质网顶和网差。分析社交网络使用与这些社会网络结构特征的相关关系。结果显示，社交工具使用与熟人网和相识网的网络规模、职业异质性、网顶和网差都有显著的相关性，但与讨论网的网络规模、职业异质性、网顶和网差没有显著相关性。从相关系数来看，社交工具与熟人网的各个网络特征相关系数均大于与相识网网络特征的相关系数。

　　其次，是对社交工具使用和社会网络因果关系分析。由相关性分析可知，社交工具使用和讨论网网络特征均不相关，和熟人网和相识网的网络特征有明显相关性。所以在回归分析时，应该分别分析社交工具的使用对于熟人网和相识网不同网络特征的影响。模型 10-1～10-4 分别检验的社交工具使用对熟人网网络结构特征的影响。模型 11-1～11-4 分别检验的社交工具使用对于相识网网络特征的影响。

　　由表 5-4-10 可见，模型 10-1 检验社交工具使用对熟人网网络规模影响，模型 F 值为 4.950，在 0.01 显著性水平下显著，整个模型拟合较好。社交工具使用系数为 1.27，在 0.01 显著水平下显著，表明社交工具使用对熟人网规模有显著影响，社交工具的使用程度越高，越有可能提高熟人网网络规模。

　　由表 5-4-10 可见，模型 10-2 检验社交工具使用对熟人网职业异质性影响，模型 F 值为 19.917，在 0.1 显著水平下显著，整个模型拟合较好，社交工具使用系数为 0.38，在 0.05 显著性水平显著，表明社交工具使用对熟人网职业异质性有显著影响，社交工具使用程度越高，熟人网的职业异质性可能越高。

由表 5-4-10 可见，模型 10-3 检验社交工具使用对熟人网网顶影响，模型 F 值为 9.030，在 0.05 显著性水平下显著，整个模型拟合较好，社交工具使用系数为 5.17，在 0.05 显著性水平下显著，表明社交工具使用对熟人网网顶有显著影响，社交工具的使用程度越高，越有可能提高熟人网网顶。

由表 5-4-10 可见，模型 10-4 检验社交工具使用对熟人网网差影响，模型 F 值为 5.22，在 0.01 显著性水平下显著，整个模型拟合较好，社交工具使用系数为 2.80，表明社交工具使用对熟人网网差有显著影响，社交工具的使用程度越高，越有可能提高熟人网网差。由此可以发现，社交工具的使用对于熟人网网络结构有显著影响。因此对熟人网来说，假设 H4 得到部分验证。

表 5-4-10　社交工具使用对熟人网影响线性回归分析结果（总体）

自变量	模型 10-1（熟人网规模）	模型 10-2（职业异质性）	模型 10-3（熟人网网顶）	模型 10-4（熟人网网差）
常数项	6.129	2.310***	47.354***	15.607***
社交工具使用	1.268**	0.381***	5.167***	2.803**
R^2	0.059	0.015	0.079	0.060
F	4.950**	19.917**	9.030***	5.22**
N	1466	1466	1466	1466

由表 5-4-11 可见，模型 11-1 检验社交工具使用对相识网网络规模影响，模型 F 值为 2.793，在 0.01 显著性水平下显著，整个模型拟合较好，社交工具使用系数为 2.71，在 0.01 显著水平下显著，表明社交工具使用对相识网规模有显著正向影响，社交工具的使用程度越高，越有可能提高相识网网络规模。

由表 5-4-11 可见，模型 11-2 检验社交工具使用对相识网职业异质性影响，模型 F 值为 12.246，在 0.1 显著水平下显著，整个模型拟合较好，社交工具使用系数为 0.36，在 0.05 显著性水平显著，表明社交工具使用对相识网职业异质性有显著正向影响，社交工具使用程度越高，相识网的职业异质性可能越高。

由表 5-4-11 可见，模型 11-3 检验社交工具使用对相识网网顶影响，模型 F 值为 12.782，在 0.05 显著性水平下显著，整个模型拟合较好，社交工具使用系数为 6.70，在 0.05 显著性水平下显著，表明社交工具使用对相识网网顶有显著正向影响，社交工具的使用程度越高，越有可能提高相识网网顶。

由表 5-4-11 可见，模型 11-4 检验社交工具使用对相识网网差影响，模型 F 值为 5.299，在 0.01 显著性水平下显著，整个模型拟合较好，社交工具使用系数为 3.01，表明社交工具使用对相识网网差有显著影响，社交工具的使用程度越高，越有可能提高相识网网差。综上由此可以发现，社交工具的使用对于相识网网络结构有显著影响。

表 5-4-11　社交工具使用对相识网影响线性回归分析结果（总体）

自变量	模型 11-1（相识网规模）	模型 11-2（网络异质性）	模型 11-3（相识网网顶）	模型 11-4（相识网网差）
常数项	8.854***	1.809***	39.484***	15.752***
社交工具使用	2.705*	0.364***	6.695***	3.005**
R^2	0.044	0.092	0.094	0.060
F	2.793*	12.246***	12.782***	5.299**
N	1466	1466	1466	1466

综上所述，社交工具的使用对于讨论网各个网络结构指标没有显著影响，对于熟人网和相识网的网络结构指标具有显著影响。在大多数社交网站和工具的使用，用户不希望认识新朋友或网络，而是维持与他们现有的群朋友和熟人。至此假设 H4 得到部分验证。

5.5　影响员工选择求职途径因素的间接关系和中介作用分析

5.5.1　因素间的间接关系分析

前面分别探讨了人力资本、社会网络和社交工具使用对于求职途径的影响，在此将这些变量共同纳入求职途径影响因素的结构方程模型中进行讨论。首先对社交工具与各类型社会网络变量进行相关分析，结果如 5.4 节所示。

由于每种社会网络测度指标具有较强的相关性，可考虑将讨论网、熟人网和相识网分别采用因子分析方法合成新变量，命名为讨论网网络特征、熟人网网络特征和相识网网络特征。讨论网中，合成的讨论网网络特征累积解释总方差为 57.07%，网络规模因子载荷为 0.81，网络职业异质性因子载荷为 0.87，网顶因子载荷为 0.55，网差因子载荷为 0.75。熟人网中，合成的熟人网网络特征累积解释总方差为 63.17%，网络规模因子载荷为 0.43，网络职业异质性因子载荷为 0.91，网顶因子载荷为 0.85，网差因子载荷为 0.89。相识网中，合成的相识网网络特征累积解释总方差为 61.92%，网络规模因子载荷为 0.29，网络职业异质性因子载荷为 0.91，网顶因子载荷为 0.86，网差因子载荷为 0.92，具体结果如表 5-5-2 所示。

如图 5-5-1 所示，社会网络网络特征和社交工具使用均为由测度变量合成。根据前面的回归分析结果，社交工具的使用对于求职途径和社会网络特征具有一定影响，而社会网络特征对于求职途径具有显著影响。本节对社会网络的中介效应进行分析，具体包括讨论网网络特征、熟人网网络特征和相识网网络特征的中介效应。结构方程模型整体检验的相关指标数值如图 5-5-1 所示，表明整体模型拟合情况很好。

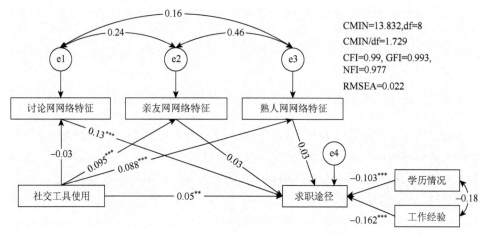

图 5-5-1   求职途径影响因素结构方程模型

*** p＜0.01；** p＜0.05；* p＜0.1，下同

5.5.2   社会网络变量中介作用的分析

在模型拟合良好的情况下，接下来讨论社会网络的中介效应，具体分为三组关系讨论，分别为社交工具、讨论网和求职途径，社交工具、熟人网和求职途径，以及社交工具、相识网和求职途径三组。按照温忠麟等（2006）提出的中介效应检验程序进行中介效应检验。

（1）分析在社交工具使用对求职途径影响中，讨论网网络特征起到的中介效应。由 5.2 节分析可知，社交工具使用对求职途径选择有显著影响。同时可以看出，社交工具使用对于讨论网的影响不显著，并且系数为–0.029，可见讨论网的中介效应不存在。

（2）分析在社交工具的使用对求职途径的影响中，熟人网网络特征起到的中介效应。由 5.2 节分析可知，社交工具使用对于求职途径选择有显著影响。使用 Amos 21.0 软件中 Bootstrap 分析方法对其中存在间接效应进行分析发现，结果如表 5-5-1 所示。

表 5-5-1   熟人网中介作用模型简介关系分析结果

自变量	内生变量	
	熟人网网络特征	求职途径
社交工具使用		

续表

自变量	内生变量	
	熟人网网络特征	求职途径
直接效应	0.093***	0.056**
间接效应	0	0.006***
整体效应	0.093***	0.062**

由表 5-5-1 可知，社交工具对求职途径的整体效应、直接效应和间接效应均显著；社交工具对熟人网影响的整体效应和直接效应也显著，故熟人网网络特征很有可能在社交工具对求职途径的影响过程中起到部分中介作用。社交工具使用对于熟人网网络特征影响的标准化路径系数为 0.093，标准差为 0.028，即 $a = 0.093$，$S_a = 0.028$；熟人网网络特征对于求职途径标准化路径系数为 0.066，标准差为 0.027，即 $b = 0.066$，$S_b = 0.027$，按照 Sobel 检验公式计算得出检验值 $z = 1.969$，查阅 MacKinnon 临界值表可知 $1.969 > 0.90$（$p < 0.05$），所以熟人网网络特征的部分中介效应显著。

（3）分析在社交工具使用对求职途径影响中，相识网起到的中介效应。由 4.2 节回归分析可知，社交工具使用对于求职途径选择有显著影响。使用 Amos 21.0 软件中 Bootstrap 分析方法对其中存在间接效应进行分析发现，结果如表 5-5-2 所示。

表 5-5-2　相识网中介作用模型简介关系分析结果

自变量	内生变量	
	相识网网络特征	求职途径
社交工具使用		
直接效应	0.086***	0.057**
间接效应	0	0.005**
整体效应	0.086***	0.062**

由表 5-5-2 可知，社交工具对求职途径的整体效应、直接效应和间接效应均显著；社交工具对相识网影响的整体效应和直接效应也显著，故相识网网络特征很有可能在社交工具对求职途径的影响过程中起到部分中介作用。进一步采用 Sobel 检验判断是否存在中介效应，社交工具使用对相识网网络特征影响的标准化路径系数为 0.086，标准差为 0.029，即 $a = 0.086$，$S_a = 0.029$；相识网网络特征对于求职途径影响的标准化路径系数为 0.057，标准差为 0.027，即

$b = 0.057$，$S_b = 0.027$，按照 Sobel 检验公式计算得出检验值 $z = 1.720$，查阅 MacKinnon 临界值表可知 $1.720 > 0.90$（$p < 0.05$），所以相识网的部分中介效应显著。

5.5.3　社会网络中介作用的分地区比较分析

根据上述对求职途径中介作用的分析可知，熟人网和相识网的社会网络特征在社交工具对求职途径的影响中间，起到了显著的部分中介作用，但讨论网的中介作用并不显著。即求职者对社交工具的使用能够通过对社会网络的影响对求职途径选择造成显著的间接影响，从而结合社交工具的直接影响最终对求职途径选择造成综合影响。

5.5.3.1　中介作用模型中分地区路径系数的差异比较

参照中西部、长三角和珠三角地区三个地区中不同城市的样本数量以及不同城市对相应地区的代表性，这里按照上海、深圳和西安三个具有代表性的三个地区进行具体划分，再对不同地区样本的社会网络中介作用模型进行多群组分析，从而分析不同地区间中介作用模型中路径系数的差异性，以及不同地区间中介作用分析结果的异同。这里采用 Amos 21.0 进行多群组分析，对 5.5.2 节中提出的社会网络中介作用模型在不同地区的稳定性和差异性进行具体分析和检验，分组后的样本量分布情况为：上海 297，深圳 203，西安 197。

通过对社会网络中介作用模型的多群组分析，结果显示整体模型拟合的相关指标均达到了理想值范围内，其中卡方值 CMIN = 27.682，df = 24，卡方自由度之比 CMIN/df = 1.153，小于 2，处于较为理想的范围内，CFI = 0.987 > 0.95 达到了理想值水平，NFI = 0.921 < 0.95 未达到理想值水平，但差距不大可以接受，GFI = 0.989 > 0.9 也达到了理想值水平，RMSEA = 0.015 < 0.08 也达到理想值标准，所以综上所述，社会网络中介作用模型多群组分析的总体拟合度较为理想。

此外，在上述整体模型拟合程度较好的基础上，我们来具体分析不同地区间标准化路径系数的差异性，具体三个地区的标准化路径系数如表 5-5-3 所示。

表 5-5-3　基于地区的多群组结构方程模型分析标准化路径系数

变量间关系	上海	深圳	西安
讨论网网络特征←社交工具使用	−0.14**	0.008	0.001
熟人网网络特征←社交工具使用	−0.014	0.183***	0.196***

变量间关系	上海	深圳	西安
相识网网络特征←社交工具使用	0.024	0.168**	0.086
求职途径←社交工具使用	0.035	0.148**	0.151**
求职途径←学历	−0.107*	−0.121*	−0.003
求职途径←工作经验	−0.1*	−0.143**	−0.138**
求职途径←讨论网网络特征	0.16***	0.236***	0.074
求职途径←熟人网网络特征	0.071	0.056	0.065
求职途径←相识网网络特征	−0.026	−0.084	0.215***

　　由表 5-5-3 中标准化路径系数的显著性水平可知，不同地区之间存在着显著的差异性，如在社交工具的使用方面，上海地区的求职者在求职过程中通过对社交工具的使用，能够对其求职讨论网相关网络特征造成相对更显著的负向影响，而珠三角和中西部地区的求职者则相对较弱。初步分析其原因在于上海地区的社会、经济发展起步相对较早且企业员工生活节奏相对较快，对于社交工具的使用率相对更高，反而对其求职过程讨论网的构建造成了不利的影响，即社交工具的使用只能增强线上社会网络的关系，并不能增加实际社会网络关系的构建（Gil de Zúñiga and Valenzuela，2011；Zhong，2014）。而珠三角和中西部地区的企业员工在日常生活中，社交工具的使用与网络关系形成之间却体现出相对更高的相关性，故路径系数的显著性相对较强。而社交工具的使用对求职途径的影响也类似，由于对社交工具的依赖性相对更高，中西部地区和珠三角地区的企业员工对社交工具的使用对其求职途径的选择更敏感，能够造成相对更显著的影响。长三角地区的企业员工由于长期习惯于社交工具的使用，对其求职途径的选择造成的影响则较小。

　　在人力资本中学历水平和工作经验对求职途径选择的影响上，由于长三角和珠三角地区的企业员工以人力资本相对较高为特点，相对来说中西部地区的企业对于应聘员工的人力资本要求相对较低，所以造成了长三角和珠三角地区员工在求职过程中人力资本对求职途径选择造成了显著的负向影响，即更倾向于选择正式求职途径；相反，中西部地区求职者的人力资本对求职途径选择影响显著性相对较低。而对于不同类型社会网络对求职途径的影响方面，路径分析结果与总样本分析结果差异不大，但也由于受到分样本的部分影响，三个地区的标准化路径系数显著性不一而足，其中上海和深圳地区员工所处的社会经济环境相对较为成熟，因此与周围的人进行求职方面讨论的网络关系对其求职途径的选择会造成显著的影响。相反，西安地区的求职者相对更重视生活中相识的弱关系所带来的好处，讨论网关系的构建相对不够成熟，故相识网的网络特征对其求职途径的选择造成了显著的正向影响。

5.5.3.2　求职途径中介作用分地区的差异性比较

这里将原样本中的西安、深圳和上海三个地区中的社会网络中介作用进行比较分析，进一步分别考察每个地区的中介模型中社会网络变量中介作用的差异性，由于中介变量的个数不只一个，这里将不同类型社会网络中介作用的地区差异分别分析。由于在总模型中讨论网的中介作用并不显著，且在随后的地区差异分析中也不显著，这里不再将其结果进行展示和分析。不同类型社会网络中介作用模型中不同地区标准化路径系数如表 5-5-4 所示。

表 5-5-4　三类网络中介作用模型不同地区中的标准化路径系数

变量间关系	标准化系数（西安）	标准化系数（深圳）	标准化系数（上海）
讨论网网络特征←社交工具使用	−0.002	0.008	−0.133**
求职途径←社交工具使用	0.181***	0.151**	0.039
求职途径←学历	0.012	−0.082	−0.144***
求职途径←工作经验	−0.106*	−0.115*	−0.132***
求职途径←讨论网网络特征	0.134*	0.232***	0.173***
熟人网网络特征←社交工具使用	0.195***	0.182***	−0.015
求职途径←社交工具使用	0.15**	0.135*	0.015
求职途径←学历	0.018	−0.102*	−0.14***
求职途径←工作经验	−0.131**	−0.145**	−0.119**
求职途径←熟人网网络特征	0.154**	0.07	0.102*
相识网网络特征←社交工具使用	0.089	0.168**	0.021
求职途径←社交工具使用	0.162**	0.152**	0.013
求职途径←学历	−0.026	−0.098*	−0.140***
求职途径←工作经验	−0.151**	−0.137**	−0.117**
求职途径←相识网网络特征	0.26***	−0.016	0.029

首先，对熟人网中介作用的地区差异进行检验，多群组路径分析结果中社交工具对求职途径和社会网络变量的直接效应、间接效应和整体效应的显著性水平，以及在三个地区的不同结果如表 5-5-5 所示。

表 5-5-5 三个地区熟人网络中介作用中间接关系分析结果

自变量	内生变量（西安）		内生变量（深圳）		内生变量（上海）	
	熟人网网络特征	求职途径	熟人网网络特征	求职途径	熟人网网络特征	求职途径
社交工具使用						
直接效应	0.195**	0.15	0.182***	0.135**	−0.015	0.015
间接效应	0	0.030**	0	0.013	0	−0.001
整体效应	0.195**	0.180**	0.182***	0.148**	−0.015	0.014

由表 5-5-5 可知，在上海地区，社交工具对求职途径影响的三种效应均不显著，故不存在熟人网络的中介作用。而在深圳地区，社交工具对求职途径的整体效应、和直接效应显著；社交工具对熟人网影响的整体效应和直接效应也显著，但是社交工具对求职途径的间接效应不显著，故熟人网网络特征有可能在社交工具对求职途径的影响过程中起到部分中介作用。进一步采用 Sobel 检验判断是否存在中介效应，社交工具使用对熟人网网络特征影响的标准化路径系数为 0.182，标准差为 0.068，即 $a = 0.182$，$S_a = 0.068$；熟人网网络特征对于求职途径影响的标准化路径系数为 0.07，标准差为 0.063，即 $b = 0.07$，$S_b = 0.063$，按照 Sobel 检验公式（1）计算出的检验值 $z = 1.026$，查阅 MacKinnon 临界值表可知 1.026＞0.90（$p < 0.05$），所以熟人网在深圳地区的部分中介效应显著。

由表 5-5-5 还可知，在西安地区社交工具对求职途径影响的整体效应和间接效应均显著，同时，社交工具对熟人网的整体效应和直接效应也均显著，故这里熟人网很有可能起到了完全中介作用。进一步采用 Sobel 检验判断是否存在中介效应，社交工具使用对熟人网网络特征影响的标准化路径系数为 0.195，标准差为 0.068，即 $a = 0.195$，$S_a = 0.068$；熟人网网络特征对于求职途径影响的标准化路径系数为 0.154，标准差为 0.068，即 $b = 0.154$，$S_b = 0.068$，按照 Sobel 检验公式计算得出检验值 $z = 1.777$，查阅 MacKinnon 临界值表可知 1.777＞0.90（$p < 0.05$），所以熟人网在西安地区的完全中介效应显著。

其次，对相识网中介作用的地区差异进行检验，多群组路径分析结果中社交工具对求职途径和社会网络变量的直接效应、间接效应和整体效应的显著性水平，以及在三个地区的不同结果如表 5-5-6 所示。

表 5-5-6 三个地区相识网络中介作用中间接关系分析结果

自变量	内生变量（西安）		内生变量（深圳）		内生变量（上海）	
	相识网网络特征	求职途径	相识网网络特征	求职途径	相识网网络特征	求职途径
社交工具使用						

续表

自变量	内生变量（西安）		内生变量（深圳）		内生变量（上海）	
	相识网网络特征	求职途径	相识网网络特征	求职途径	相识网网络特征	求职途径
直接效应	0.089	0.162**	0.168***	0.152**	0.021	0.013
间接效应	0	0.023	0	−0.003	0	0.001
整体效应	0.089	0.185**	0.168***	0.149**	0.021	0.014

由表 5-5-6 可知，在上海地区社交工具对求职途径的影响的三种效应均不显著，且对相识网影响的三种效应也不显著，故这里相识网的中介作用并不存在。

在深圳地区，社交工具对求职途径影响的整体效应和直接效应显著，但是间接效应不显著，同时社交工具对相识网的整体效应和直接效应均显著，故这里相识网的中介作用有可能存在。进一步通过 Sobel 检验公式计算可得，检验值 $z = -0.224$，查阅 MacKinnon 临界值表可知 $-0.224 > -0.90$（$p < 0.05$），所以相识网在深圳地区的中介作用并不显著。

由表 5-5-6 还可知，在西安地区社交工具对求职途径影响的整体效应和直接效应均显著，但是间接效应并不显著；同时社交工具对相识网影响的整体效应和直接效应均不显著。但是由表 5-5-6 中标准化路径系数显著性可知，相识网对求职途径的影响显著，所以相识网的有可能存在部分中介作用。进一步采用 Sobel 检验判断是否存在中介效应，社交工具使用对相识网网络特征影响的标准化路径系数为 0.089，标准差为 0.070，即 $a = 0.089$，$S_a = 0.070$；相识网网络特征对于求职途径影响的标准化路径系数为 0.260，标准差为 0.064，即 $b = 0.260$，$S_b = 0.064$，按照 Sobel 检验公式计算得出检验值 $z = 1.213$，查阅 MacKinnon 临界值表可知 $1.213 > 0.90$（$p < 0.05$），所以相识网在西安地区的部分中介效应显著。

5.6　本章小结

本章主要探讨了人力资本、社会网络和社交工具使用对求职途径的影响，运用 SPSS19.0 和 Amos 21.0 对模型假设进行检验。此外，本书还考虑了社交工具使用对社会网络特征的影响，运用结构方程模型方法探讨了社会网络的中介效应。总体而言，人力资本、社会网络特征和社交工具使用都会影响求职途径的选择。具体研究结果如下。

（1）社交工具使用程度越高，员工越有可能选择非正式求职途径。社交工具以互联网技术为依托可以支持使用者的社会互动行为，实现社会情境。同一行为在不同的时间、不同的场合会具有不同的意义。社会互动可以是面对面的，也可以在非面对面的场合下发生。社交工具的使用更好地支持了在线社会互动在特定的情境下进行。并且很明显,在线社会互动还会对互动双方及他们之间的关系产生一定的影响,甚至有可能对整体虚拟社会环境形成一定的作用。社交工具使用频率、在线社交互动行为、在线交友圈的扩大等有利于使用者以较低的成本,建立和维护大量多样化的人际联系。积极有效的社交工具使用者可以更好地维护个人的交际网络,从而获得更高的信息资源交互效率,增加与联系人的感情和信任程度,在求职过程需要帮助时,可以更便捷有效地获得支持。这样使求职者更愿意依赖非正式求职途径求职。在分地区比较中,本书发现联系频率对于求职途径选择的影响在西安地区要强于深圳地区,而上海地区最弱;利用社交工具进行组织活动、扩大交友对于求职途径选择的影响在西安和深圳地区要强于上海地区;而社交工具使用对于求职途径的影响同样在西安和深圳地区要强于上海地区。

(2)社会网络会对求职途径产生影响。讨论网、熟人网和相识网的网络特征会促进非正式求职途径的选择。网络特征不同,嵌入网络中的资源也不同。在完全市场条件下,信息是最重要的资源,弱关系相对于强关系能够提供更多的社会就业机会。根据林南(2005)的研究,拥有较大的网络规模和较高的网络异质性的求职者,可以获取到及时准确的信息资源,形成信息优势(如更多领域、更多行业以及更多岗位的招聘信息)。同时,拥有较高网顶和网差的求职者,可以获得更多的有效的支持和实质性的帮助(如介绍、推荐等),从而得到更多求职机会和更好的求职结果,这与边燕杰(2004)的研究结论一致。因此,求职者更愿意通过网络中成员的帮助来求职。综上所述,求职者网络规模越大,网络异质性越高,网顶和网差越大,越愿意使用非正式的求职途径。在分地区的比较中,发现上海、深圳地区的信息服务企业员工使用讨论网的频率更高,因此讨论网对于上海、深圳地区的员工有更高的影响力,从而更显著地影响其求职途径的选择,而西安地区的员工受到相识网的影响更高,因此相识网对于西安地区员工的求职途径选择具有更高的影响。而熟人网对于三个地区的信息服务企业员工的影响相差不大。

(3)社交工具对于熟人网和相识网的网络特征有影响,对于讨论网没有影响。同时发现,在社交工具使用对求职途径的影响关系中,熟人网网络特征和相识网网络特征起到了中介效应,而讨论网不具有中介效应。在互联网时代,社交工具具有技术属性和社会属性双重特点。基于社交工具使用搭建起个人社交平台,实现人际互动、信息的互联互通以及与社会生活的融合。社交工具在建立和维护人际关系中发挥着重要作用,有利于人与人之间产生新的关系,可以扩大网络规模,丰富网络中大量的弱关系,但却很难直接建立起网络中强关系。熟人网和相识网属于网络规模较大,网络中弱关系较多的网络类型,社交工具的使用可以更好地维护这种类型的网络;而讨论网是小核心网络,一般为3~5人,网络中强关系较多，社交工具的使用很难改变讨论网自身属性特点。这个研究发现与之前 Boyd 和 Ellison（2007）研究结果相一致，新兴社交工具的使用对于网络特征相对松散、弱关系较多的熟人网和相识网的网络特征有显著影响，而对于小核心的讨论网网络特征没有影响。所以社交工具的使用可以通过影响熟人网和相识网网络特征，从而影响求职途径的选择，即熟人网和相识网网络特征在社交工具使用对求职途径影响关系中起部分中介作用。

（4）在分地区比较不同类型网络中介作用的差异性过程中，由于讨论网的中介作用并不显著，这里并没有讨论其地区差异性。在熟人网中介作用的分地区比较分析中，深圳和西安地区的熟人网分别起到了显著的部分中介作用和完全中介作用，而上海地区的熟人网和总结作用并不显著。此外，由相识网中介作用的分地区比较结果可知，只有西安地区的相识网起到了显著的部分中介作用，上海和深圳地区的相识网并没有起到显著的中介作用。究其原因，主要在于相对上海地区来说深圳和西安地区的社会、经济发展水平相对较低，尤其西安地区是三个地区当中相对水平最低的，所以这类地区中求职者对社交工具的使用对网络关系的影响更显著，且社会网络关系对求职途径选择的影响更敏感，求职者对网络关系的依赖性更强，故最终对社交工具的使用通过社会网络对求助途径造成的影响就会在深圳和西安地区更显著，即熟人网和相识网的中介作用会更显著。

（5）人力资本高的员工，越会选择正式求职途径，其中主要是学历和工作经验的影响作用明显。学历高的员工比学历低的员工具有更好的专业技能（如信息技术）、较高的综合素质、快速的学习能力。相对于低学历员工，高学历员工能够更好地适应企业的发展速度，在劳动市场中具有更高的竞争力，所以更可能选择正式的求职途径。此外，那些具有丰富工作经验的员工，大都具有很强的工作能力，不需要企业花费更多的培训成本就能够独立完成工作任务，因此比工作经验少的员工更受青睐，更易于通过正式途径求职，这与之前很多学者研究一致。而社团活动和实习经验对于员工求职的影响不明显，员工从社团活动和实习中获得的求职能力提升非常有限，很难获得有价值的锻炼和培训，对于员工日后求职技能和岗位胜任能力都没有显著提高，所以对于正式求职途径选择没有显著影响。在分地区比较中，发现学历对于求职途径选择的影响在上海地区要强于西安和深圳地区，即上海地区信息服务企业员工受到高学历影响而选择正式途径的现象更明显；而工作经验对于求职途径选择的影响在深圳地区要强于西安和上海地区，即信息服务业员工工作经验越丰富，员工越可能选择正式途径求职的现象在深圳地区更明显。

因此，求职者在求职的过程中，在加强自身"硬实力"（人力资本）的同时，也要考虑到身处的社会发展环境具体情况如何，为了实现最终满意的求职结果也应该在适当的环境下恰当地使用社会网络关系来助一臂之力，从而达到事半功倍的求职效果。在提高了工作满意度的情况下，同时加强了求职者与其竞聘岗位的匹配程度。

综上所述，本章假设验证情况汇总如表 5-6-1 所示。

表 5-6-1 研究结果

研究假设	验证结果
H1：信息服务业员工人力资本越高，求职过程中越可能选择正式途径	部分验证
H1a：员工学历越高，越可能选择正式途径求职	验证
H1b：员工在校社团实践活动越丰富，越可能选择正式途径求职	未验证
H1c：员工实习经历越丰富，越可能选择正式途径求职	未验证
H1d：员工工作经验越丰富，越可能选择正式途径求职	验证
H2：信息服务业员工社会网络特征对非正式求职途径选择有正向促进作用	验证
H2a：社会网络规模越大的员工越可能选择非正式途径求职	验证
H2b：员工所拥有的社会网络中职业异质性越高，越可能选择非正式途径求职	验证
H2c：员工所拥有的社会网络网顶越大，越可能选择非正式途径求职	验证
H2d：员工所拥有的社会网络网差越大，越可能选择非正式途径求职	验证
H3：信息服务业员工社交工具使用频率越高，越容易使用非正式途径求职	验证
H3a：员工使用社交工具频率越高，越容易使用非正式途径求职	验证
H3b：员工使用社交工具组织活动越多，越容易使用非正式途径求职	验证
H3c：员工使用社交工具结交新友，越容易使用非正式途径求职	验证
H4：社交工具使用对员工社会网络有正向促进作用	部分验证
H4a：社交工具使用有助于增加员工社会网络规模	部分验证
H4b：社交工具使用有助于增加员工社会网络中的网络职业异质性	部分验证
H4c：社交工具使用有助于提高员工社会网络中的网顶	部分验证
H4d：社交工具使用有助于提高员工社会网络中的网差	部分验证
中介效应	验证结果
讨论网网络特征在社交工具对于求职途径的影响关系中起到部分中介作用	未验证
熟人网网络特征在社交工具对于求职途径的影响关系中起到部分中介作用	验证
相识网网络特征在社交工具对于求职途径的影响关系中起到部分中介作用	验证
讨论网网络特征在社交工具对求职途径影响关系之间的中介作用存在显著的地区间差异	未验证
熟人网网络特征在社交工具对求职途径影响关系之间的中介作用存在显著的地区间差异	验证
相识网网络特征在社交工具对求职途径影响关系之间的中介作用存在显著的地区间差异	验证

6 影响企业员工求职的工作满意度的因素和关系分析

6.1 模型与假设

6.1.1 研究思路

本章同样在经济社会与区域信息服务业发展的背景探讨下，明确了本书研究的意义。通过国内外大量文献的综述，界定相关概念的具体含义。通过对前人在此领域所展开研究的回顾，构建本书研究的理论基础，确定本书研究的范围。在前面章节对人力资本、社会网络、社交工具使用对求职途径影响模型的基础上，结合中国员工的工作满意度进行扩展，构建研究模型。从社会网络视角研究信息服务业员工的工作满意度问题。

通过阅读文献，归纳总结前人研究所使用的变量测度方法，采用客观题项和量表结合的方式，网络测度方面使用的是提名法。通过问卷调查获取数据，通过回归分析和结构方程模型对数据进行分析。探究求职途径、社交工具使用和工作满意度之间的关系，以及人力资本、社会网络、社交工具使用、求职途径与工作满意度之间的整体关系，在结果的基础上得出本书研究的结论。

6.1.2 概念界定

本章对于概念社会网络、求职途径、人力资本的界定采用前面的综述。下面仅对工作满意度的概念进行描述和界定。学术界对于工作满意度的研究有着很长的历史，成果丰富，拥有很多经典研究。Kalleberg 和 Loscocco 等（1983）认为工作满意度是个体对于他们正在从事的职业角色的整体感知。研究人员通常采用基于需求或者没有需求的模型来判断工作满意度。Herzberg（1959）在研究心理需求方面很著名。Goldthorpe 等（1967）认为工作满意度存在工作结构和职责与个性需求相一致的时候。在之后，很多研究人员关注决定工作满意度的内外在因素。内在因素与工作本身有关，而外在因素与工作条件有关。Grilenberg 调研发现职业结构中的不同位置的工人有不同的心理需求，他发现低层员工的需求比较相同，而高层次的员工需要全方位的工作满意度。有些学者不认为工作满意度就是满足需求。Walker 等（1982）强调工作满意中个人价值。Kalleberg 和 Loscocco（1983）认为工作满意度取决于个人工作中突出的贡献。

本书沿用 Kalleberg 和 Loscocco（1983）对工作满意度的认定，采用基于满足需求的模型进行测量，使用量表的方法测度工作满意度。

6.1.3 研究概念模型

众所周知，中国社会在改革开放以来，社会经济结构转型促使中国经济发展的市场化程度不断加深，与之相关的市场化特点也日益凸现。有学者认为在中国逐步开放的经济环境中，劳动力市场运作机制的改变更多地限制了传统社会中对社会网络关系的使用（Guthrie，1998；Hanser，2002）；且求职者在求职过程中使用社会网络的各种信息优势或直接帮助正在逐步减少，而市场经济中的完全竞争机制对个体人力资本所发挥的决定性作用日益凸显（Zhang and Cheng，2012）。然而，也有学者研究发现，在中国转型期间求职者对社会网络的使用有增无减，尤其是在转型后期更是持续增加（Zhao，2013），并且进一步证明网络关系中的强、弱关系均能为求职者带来明显的求职优势，进而在求职领域中不断受到重视（Bian and Huang，2015）。显然，上述两种观点存在明显的矛盾之处，那么现实情况又是如何的呢？

有学者认为，中国社会转型的特点是十分突出的，在经济社会转型的过程中并非仅仅是市场驱动下的向自由主义市场经济转变，而是始终由政府主导的经济发展，同时鼓励资本经济、自由市场的综合经济体制。所以，基于如此复杂的经济环境，在中国现阶段的社会发展过程中，各种经济行为依旧是嵌入在社会网络关系当中的，劳动力市场的运作规律也无出其右（Fligstein and Zhang，2011；Lin，1995；Bian et al.，2015）。同样，在社会结构转型过程中，人们由宗族社会关系网络嵌入性逐步向业缘关系网络嵌入性的模式转变（Lin，1995），即在中国社会转型过程中人们的社会阶层变动并未改变个体社会行为的网络嵌入性。

此外，如今各类在线社交工具和社交平台在国内的使用率和普及范围都处于较高水平，且呈现出一种爆发式增长的态势，如腾讯公司推出的 QQ、微信等一些成功案例均有力地佐证了这一点。这些新技术和新媒介的出现与不断发展潜移默化的改变了求职者在寻找工作的过程，此类社交工具的使用对于求职途径的选择，以及工作满意度都会产生影响。研究结果显示，随着在线社交工具的使用对维持和扩大社会网络关系起到了重要作用（Hossain and Silva，2009）。而马倩（2013）提出求职者的社会网络相关特征（如联系强度、中心性等）又会对其工作满意度造成显著的积极影响。那么，信息服务业员工使用移动社交工具对其工作满意度的影响究竟如何，也就成为了十分值得探讨的问题。此外，社交工具的使用对于求职者不断扩大交际圈并逐步积累自身的社会资源和资本都有着积极的影响（Hoffman et al.，1999），同时能够降低其维持社会网络关系的成本（Lin，2011）。

求职者如果拥有较强的网络关系或较大的网络规模等特征都会促使求职者更倾向于选择非正式求职途径（Bian et al.，1997；van Hoye et al.，2009）。而孟大虎等（2011）提出求职者的学历、工作经验等相关的人力资本因素越高对其选择正式求职途径会产生显著的影响，本书使用相关人力资本因素作为控制变量进一步验证其有效性。相关研究结果显示使用非正式的渠道相对更有可能获得较高的收入和较高的工作满意度（Villar et al.，2000）。因此，在信息服务业企业的求职群体当中，社会网络因素、社交工具以及人力资本因素会对求职途径选择和工作满意度产生何种影响，又是否会通过求职途径的中介作用对工作满意度产生显著影响，这其中的影响因素作用机制就成为了本章研究的关键问题。

综上所述，本章研究的概念模型如图 6-1-1 所示。

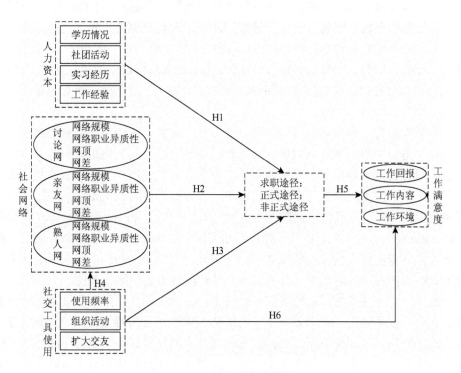

图 6-1-1　研究的概念模型

6.1.4　假设提出

1）求职途径对员工满意度的影响

Villar 等（2000）指出在求职过程中，使用非正式的关系更有可能获得较高的收入和较高的工作满意度。Forsé（1999）指出对于拥有相同教育背景的求职者而言，那些能够更好地利用其社会资本的个体更有可能找到较好工作。Mekersie 和 Ullman（1966）研究发现，对哈佛大学的毕业生而言，那些使用了个人关系获得工作的人的平均薪酬要高于通过正规渠道求职的毕业生。Guppy 和 Gutteridge（1991）发现借助非正式工作信息的求职者比借助正式渠道（如大学就业中心求职中介）的求职者获得的薪酬水平要高。Larsen 等（2008）给出社会资本对求职结果产生影响的解释：一方面，拥有较高社会资本的求职者更有可能使用个人关系来获得工作；另一方面，个人关系的使用可以带来更高的收入水平。可见，非正式求职途径对工作满意度的提高有正向作用。

H5：非正式求职途径能获得更高的工作满意度。

H5a：非正式求职途径能获得更高的工作回报满意度。

H5b：非正式求职途径能获得更高的工作内容满意度。

H5c：非正式求职途径能获得更高的工作环境满意度。

2）社交工具使用对工作满意度影响

社交工具使用在一定程度上会影响使用者的现实生活中个人行为和生活感知。Shah 等（2001）在对社会资本的研究中发现，社交网络的使用者较重视个人的人际信任、自我满足与公民参与。Valenzuela 等（2016）发现，Facebook 的使用强度与用户的满意度、信任、社会、政治参与都具有正相关关系。郑素侠（2008）认为互联网的内容偏好和使用动机会对人际交往、人际信任、社团参与和生活满意感造成不同程度的影响，社交网站提供的内容中"建立个人形象"、"了解好友状况"维度对线下社团参与意愿有着显著的影响，"分享公共信息"维度对网络交往的信任度有着显著的影响。综上所述，社交网络可以带给使用者更多人际信任，现实生活的积极参与动力，还有生活的满意感。既然社交网络可以影响使用者的行为和感知，那么使用社交工具程度较高的求职者，在使用社交工具过程中也可以获得更高的人际信任度和满意度。因此，提出如下假设。

H6：员工社交工具使用程度越高，越能获得更高的工作满意度。

H6a：员工使用社交工具越频繁，越能获得更满意的工作回报满意度。

H6b：员工使用社交工具越频繁，越能获得更满意的工作内容满意度。

H6c：员工使用社交工具越频繁，越能获得更满意的工作环境满意度。

此外，基于上述研究概念模型中不同变量之间的间接关系，提出求职途径变量在其中可能起到的中介作用的假设。

H7：求职途径在社交工具对工作满意度影响的过程中起到了显著的中介作用。

H7a：求职途径在社交工具对于工作回报满意度的影响关系中起到部分中介作用。

H7b：求职途径在社交工具对于工作内容满意度的影响关系中起到部分中介作用。

H7c：求职途径在社交工具对于工作环境满意度的影响关系中起到部分中介作用。

H7d：求职途径在社交工具对于工作回报满意度的影响关系中起到部分中介作用存在显著的地区差异。

H7e：求职途径在社交工具对于工作内容满意度的影响关系中起到部分中介作用存在显著的地区差异。

H7f：求职途径在社交工具对于工作环境满意度的影响关系中起到部分中介作用存在显著的地区差异。

6.2 数据收集处理和变量测度

6.2.1 数据收集与处理

1）样本选取与实地调研

样本选取了我国西部、东部和南部地区中信息服务业发展有突出特点的六个地区，其中西部地区选择西安市；东部地区选择苏州市、杭州市和上海市；南部地区选择深圳市和广州市。问卷发放过程中，首先在西安交通大学的学生中进行纸质问卷的预调研，并在调研结果分析的基础上进行问卷修改。调研正式实施采用的是在线问卷平台，在选中的六个城市中按不同产业园区或不同地域分布的原则，从中随机抽取一定比例发放固定编码的问卷填写网址，而后通过在线统计平台监督和跟踪调研质量和数量。

2）数据回收及质量

在完成上述调研后，首先对后台数据库收集的数据进行提取、整理，然后再对有效问卷进行初步的清洗、筛选工作。六个城市的问卷发放与回收情况如表 6-2-1 所示，最终使用的有效问卷数量为 1466 份。

通过对筛选后有效样本的性别、居住地和学历情况等基本特征进行描述性统计分析，结果显示，调查样本中的男、女员工比例为 49.73∶50.27，年龄主要分布在 20～30 岁，占到总样本比例的 86.43%，符合信息服务业员工年轻化的实际情况，来自农村和城市的员工数量比例为 53.80∶46.20，两者比例基本相同；学历主要集中在硕士和本科，占到了总人数的 75.85%，也符合信息服务业中员工具有较高知识水平的特点。

表 6-2-1 各地区样本发放回收情况分布

地区名称	发放问卷/份	回收问卷/份	有效问卷/份	有效回收率/%
西安	800	373	197	24.63
深圳	510	322	203	39.80
广州	585	271	245	41.88
苏州	918	394	330	35.95

地区名称	发放问卷/份	回收问卷/份	有效问卷/份	有效回收率/%
杭州	1110	338	194	17.48
上海	771	354	297	38.52
合计	4694	2052	1466	—

6.2.2　变量构成与测度

本章中人力资本、社会网络、社交工具使用及求职途径变量的测度方式与5.2.2 节中的测度相同，因此，本章不再赘述，这里仅将工作满意度变量的测度和处理情况展示如下。

工作满意度的测量方法主要有单一整体评估法、综合要素评估法、层次分析法、二级模糊综合评价方法。本章采用利克特量表测评，测量变量参考 Montgomery 量表。主要测度项如表 6-2-2 所示。

表 6-2-2　工作满意度变量测度

二级变量	一级变量	变量类型	变量测度（利克特量表）
工作满意度	工作回报	离散变量	（1）薪水 （2）福利待遇 （3）奖惩制度 （4）单位/公司内升迁的机会
	工作内容	离散变量	（5）工作自主性 （6）对以后发展的帮助 （7）知识、经验的积累 （8）工作量 （9）工作难度
	工作环境	离散变量	（10）工作条件与设施 （11）工作地点与住址的距离 （12）与同事的关系 （13）与老板/上司的关系 （14）职业的社会地位 （15）领导的支持与帮助

6.3　影响员工工作满意度的因素分析

6.3.1　变量的描述性统计

按照设计问卷时的理论构建，工作满意度的量表共包含 15 个题项，每个题项都是 1～5 的程度提问，分别是非常不满意、比较不满意、一般满意、比较满意和非常满意。工作满意度描述性分析结果如表 6-3-1 所示。

表 6-3-1　工作满意度描述性分析结果

二级变量	一级变量	变量测度（利克特量表）	均值	方差
工作 满意度	工作回报	（1）薪水	2.93	0.996
		（2）福利待遇	3.00	1.014
		（3）奖惩制度	3.04	1.005
		（4）单位/公司内升迁的机会	2.95	0.938
	工作内容	（5）工作自主性	3.52	0.923
		（6）对以后发展的帮助	3.32	0.964
		（7）知识、经验的积累	3.49	0.968
		（8）工作量	3.37	0.982
		（9）工作难度	3.46	0.897
	工作环境	（10）工作条件与设施	3.48	0.955
		（11）工作地点与住址的距离	3.51	1.062
		（12）与同事的关系	3.90	0.843
		（13）与老板/上司的关系	3.73	0.865
		（14）职业的社会地位	3.37	0.903
		（15）领导的支持与帮助	3.57	0.882

工作回报相关的 4 个题项中，均值最大的奖惩机制的分数是 3.04，薪水、福利待遇和升迁机会分值都未超过 3，可见信息服务业员工对于目前工作薪酬满意度不高。

工作内容相关的 5 个题项中，均值最大的工作自主性的分数为 3.52，接近比较满意；对以后发展的帮助、知识、经验的积累、工作量和工作难度的得分在 3.32～3.49，也都接近比较满意。表明信息服务业员工对于目前工作的工作内容还是比较满意的。

工作环境相关的 6 个题项中，均值最大的是与同事的关系，分数 3.90，接近比较满意程度；工作条件与设施、工作地点与住址的距离、与同事的关系、与老板/上司的关系职业的社会地位、领导支持与帮助的得分在 3.37～3.73，也都偏向于比较满意。表明信息服务业员工对于目前工作的工作环境比较满意，尤其是工作中良好的人际关系、与同事关系融洽、工作氛围和谐，这也与信息服务业企业现实情况相符。

6.3.2 变量的信度与效度分析

本章运用 Amos 21.0 进行验证性因子分析，检验工作满意度量表的信度和效度，包括验证性因子分析的模型修订、内部一致性检验（Cronbach's α 信度系数分析）、聚合效度分析和区分效度分析。

1）验证性因子分析及模型修正

采用量表测量工作满意度，根据问卷设计时的理论构建，验证性因子分析模型如图 6-3-1 所示。在满意度验证性因子分析中，模型整体检验卡方值 260.551，自由度为 80，卡方值与自由度的比值为 3.257，略大于 2，但该指标并不是决定性指标。模型拟合结果，CFI、GFI、NFI 值分别为 0.959、0.922、0.943，均大于 0.90，RMSEA 为 0.075，小于 0.08，显示整个模型拟合情况还是比较好的，具有可靠的验证性因子分析结果。结构方程模型中变量之间的路径系数显著。根据验证性因子分析结果可知条件设施、工作地点与同事的关系因素负荷量低于 0.70，信度系数小于 0.50，可以删除这三个测度项。

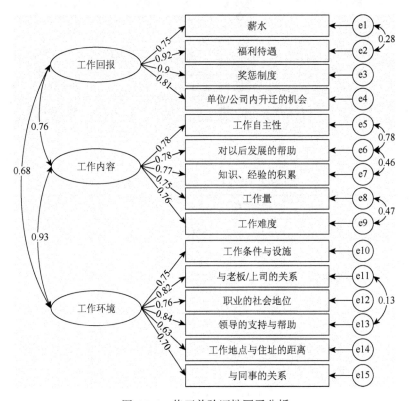

图 6-3-1 修正前验证性因子分析

　　删除工作地点与同事的关系两个变量后，修正后的模型如图 6-3-2 所示。模型整体检验卡方值 122.721，自由度为 36，卡方值与自由度的比值为 3.409。模型拟合结果指标中，CFI、GFI、NFI 值分别为 0.972、0.946、0.961，均大于 0.90，RMSEA 值为 0.078，小于 0.08，RMR 为 0.022，小于 0.05。表明整个模型拟合情况比较好，结构方程模型中变量之间的路径系数显著。具体系数如表 6-3-2 所示。

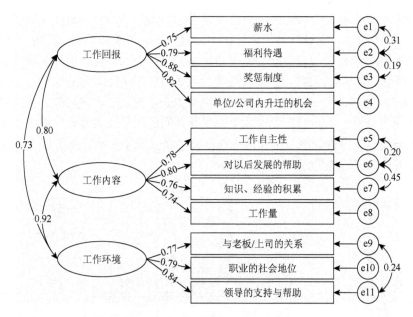

图 6-3-2　修正后验证性因子分析

表 6-3-2　修正模型后验证性因子分析

变量	测量题项	因素载荷	信度系数	测量误差	α 系数	CR	AVE
工作回报	薪水	0.750	0.567	0.428	0.897	0.888	0.665
	福利待遇	0.790	0.618	0.391			
	奖惩制度	0.890	0.772	0.230			
	单位/公司内升迁的机会	0.820	0.676	0.285			
工作内容	工作自主性	0.780	0.606	0.335	0.897	0.863	0.612
	对以后发展的帮助	0.800	0.635	0.339			
	知识、经验的积累	0.760	0.580	0.393			
	工作量	0.740	0.548	0.435			

续表

变量	测量题项	因素载荷	信度系数	测量误差	α系数	CR	AVE
工作环境	与老板/上司的关系	0.770	0.590	0.307			
	职业的社会地位	0.790	0.630	0.301	0.869	0.874	0.698
	领导的支持与帮助	0.840	0.711	0.224			

注：CR 为组合信度；AVE 为平均提取方差值。

2）信度分析

根据分析结果，量表中的潜变量，即工作回报满意度、工作环境满意度和工作内容满意度的 α 信度系数均大于 0.70，表明内部一致性较好。

3）效度分析

（1）内容效度。研究中的变量测度建立在前人研究的基础上，通过具有研究经验的专家学者的审查，并通过预调研的结果对问卷进行了测试，因此本书量表具有较高的内容效度。

（2）聚合效度。修正后的工作满意度模型分析结果显示，各因素负荷量均大于 0.70，组合信度分别为 0.89、0.86、0.87，均大于 0.80；AVE 分别为 0.67、0.61 和 0.70，均大于 0.60；说明量表具有较好的聚合效度，模型内在质量理想。

（3）区分效度。Fornell 和 Bookstein（1982）指出当某一变量的 AVE 的算术平方根大于该变量与其他任意变量的相关系数时，表示该量表区分效度比较好。由表 6-3-3 可知，对角线值都大于非对角线值，即所有变量的 AVE 的算术平方根都大于该变量与其他任一变量之间的相关系数，所以通过区分效度检验。

表 6-3-3　满意度量表区分效度

变量	工作回报	工作内容	工作环境
工作回报	0.816		
工作内容	0.686***	0.783	
工作环境	0.635***	0.761***	0.835

6.3.3　变量间的相关性分析

1）社交工具

根据验证性因子分析结果，采用因子分析方法，将测度项分别对应合成新变量，即工作回报、工作内容和工作环境三个变量。结果显示，在社交工具和工作满意度三个维度的相关关系中，社交工具使用对工作回报和工作内容间均都存在统计学意义上显著的相关性，对于工作环境相关关系不显著。这些发现将有助于接下来回归分析中变量的选取。

2）求职途径与工作满意度相关关系

在本章研究中，求职途径是类别变量，工作满意度三个维度工作回报、工作内容、工作环境是连续变量。分析类别变量和连续变量之间的关系，应采用 ETA^2 系数进行判断。一般而言，ETA^2 系数越大，变量间相关关系越强。分析结果显示，两两变量之间都具有统计学意义上的相关关系。求职途径和工作满意度具有正向相关性，而非正式求职途径更可能会带来较高的工作回报满意度、工作内容满意度和工作环境满意度。

6.4　影响求职途径因素的直接关系分析

6.4.1　求职途径与工作满意度的关系

模型 1-1～模型 1-3 分别检验了求职途径对工作回报、工作内容和工作环境满意度的影响关系，具体结果如表 6-4-1 所示。模型 1-1 检验求职途径对于工作回报满意度影响，模型 F 值为 4.870，在 0.05 的显著水平下显著，表明模型整体显著性良好。求职途径对于工作回报系数 0.118，且在 0.05 显著水平下显著，具有正向影响，表明相比于正式求职途径，非正式的求职途径可以带来更高的工作回报满意度。

模型 1-2 检验求职途径对于工作内容满意度影响，模型 F 值为 9.450，在 0.01 的显著水平下显著，表明模型整体显著性良好。求职途径对于工作回报系数为 0.165，在 0.01 显著水平下显著，并且具有正向影响，表明相比于正式求职途径，非正式的求职途径可以带来更高的工作内容满意度。

模型 1-3 检验求职途径对于工作回报满意度影响，模型 F 值为 5.019，在 0.05 显著性水平下显著，表明模型整体显著，求职途径对于工作环境系数为 0.120，在 0.05 显著水平下显著，并且具有正向影响，表明相比于正式求职途径，非正式的求职途径可以带来更高的工作环境满意度。

表 6-4-1　求职途径对于工作满意度的线性回归分析结果

变量	模型 1-1（工作回报）	模型 1-2（工作内容）	模型 1-3（工作环境）
求职途径	0.118**	0.165***	0.120**
常数项	−0.073**	−0.101**	−0.074*

续表

变量	模型 1-1（工作回报）	模型 1-2（工作内容）	模型 1-3（工作环境）
R^2	0.003	0.006	0.003
F	4.870**	9.450***	5.019**
N	1466	1466	1466

综上所述，相关假设验证情况如下。

H5：非正式求职途径能获得更高的工作满意度，得到全部验证。

H5a：非正式求职途径能获得更高的工作回报满意度，得到验证。

H5b：非正式求职途径能获得更高的工作内容满意度，得到验证。

H5c：非正式求职途径能获得更高的工作环境满意度，得到验证。

6.4.2 社交工具使用对工作满意度的影响

本章探讨社交工具对工作满意度的影响，包括工作回报满意度、工作内容满意度和工作环境满意度三方面影响，分别对应表 6-4-2 中的模型 2-1、模型 2-2 和模型 2-3。

如表 6-4-2 所示，模型 2-1 检验的是社交工具使用对工作回报满意度的影响。整个模型 F 值达到了 12.197，且在 0.01 的置信水平下达到了显著，表明模型整体显著性良好。社交工具使用在 0.01 的显著水平下通过检验，系数为 0.091，说明社交工具的使用对工作回报满意度有正向影响。社交工具使用程度越高，越有可能获得较高的工作回报满意度。模型 2-2 检验的是社交工具的使用对工作内容满意度的影响。整个模型 F 值达到了 11.690，且在 0.01 的置信水平下达到了显著，表明模型整体显著性良好。社交工具使用变量在 0.01 的显著水平下通过检验，系数为 0.089，说明社交工具的使用对工作内容满意度有正向影响，社交工具使用程度越高，越有可能获得较高的工作内容满意度。模型 2-3 检验的是社交工具的使用对工作环境满意度的影响。整个模型 F 值达到了 5.933，达到显著，表明模型整体显著性通过。社交工具使用变量在 0.05 的显著水平下通过检验，系数为 0.064，说明社交工具的使用对工作环境满意度有正向影响，社交工具使用程度越高，越有可能获得较高的工作环境满意度。

表 6-4-2 社交工具使用对于工作满意度回归分析结果

变量	模型 2-1（工作回报）	模型 2-2（工作内容）	模型 2-3（工作环境）
社交工具使用	0.091***	0.089***	0.064**

续表

变量	模型 2-1（工作回报）	模型 2-2（工作内容）	模型 2-3（工作环境）
常数项	−0.000	0.000	−0.000
R^2	0.008	0.008	0.004
F	12.197***	11.690***	5.933**
N	1466	1466	1466

综上所述，从模型 2-1～模型 2-3 中可以看出，社交工具的使用对于工作回报、工作内容、工作环境具有较明显的显著性，表明社交工具使用程度越高，越可能获得较满意的工作回报、工作内容以及工作环境。

综上所述，相关假设内容的验证情况如下。

H6：社交工具使用程度越高越能获得更高的工作满意度，完全验证。

H6a：使用社交工具程度越高越能获得更满意的工作回报，完全验证。

H6b：使用社交工具程度越高越能获得更满意的工作内容，完全验证。

H6c：使用社交工具程度越高越能获得更满意的工作环境，完全验证。

6.5　影响求职途径因素的间接关系和中介作用分析

6.5.1　求职途径影响因素间的间接关系分析

在以上相关变量处理及假设提出的基础上，这里将因素间相互作用关系考虑进来，使用结构方程模型中的路径分析方法进行分析，具体使用统合模型进行具体分析，标准化路径系数如图 6-5-1 所示。由标准化路径系数分析结果可知，在考虑了因素间相互关系的基础上标准化路径系数的检验结果较为理想，从模型各项拟合指数来看整体拟合程度较为良好。

具体来看，人力资本因素中学历水平和工作经验两个控制变量对求职途径有显著性影响（0.01 水平上），即人力资本越丰富越倾向于选择正式求职途径。社交工具的使用对相识网和熟人网的网络特征有显著性影响，但是对讨论网的网络特征影响并不显著。而社会网络对求职途径的影响中，只有讨论网的网络特征对求职者选择何种求职途径造成了显著影响（0.01 水平上），其他两类网络的影响并不显著。

社交工具的使用对工作满意度中的工作回报满意度和工作内容满意度产生了正向的显著影响，而对工作环境满意度影响并不显著。这里假设 H6 得到了部分验证，即 H6a 和 H6b 得到了验证，H6c 未得到验证。

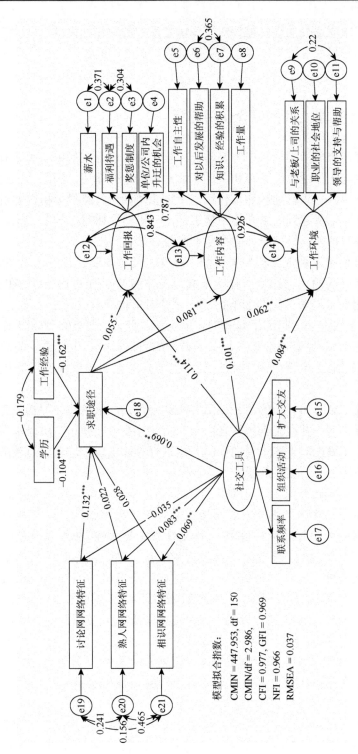

图 6-5-1 工作满意度影响因素的统合模型标准化路径系数图

同样，求职途径的选择差异对工作满意度中的工作回报满意度和工作内容满意度有正向的显著性影响，对工作环境满意度影响不够显著，即假设 H5 得到了部分验证。

6.5.2　影响因素之间的中介作用分析

从上述统合模型的分析中容易看出，模型中可能存在的中介关系有两类，这里主要讨论与工作满意度直接相关的求职途径的中介作用，因此从上述统合模型中选取社交工具、求职途径和工作满意度变量单独进行路径分析，并进一步验证求职途径在其中所起到的中介作用显著性，分析结果如图 6-5-2 所示，由拟合指数和路径系数可知，模型总体的拟合程度较好。

由标准化路径系数分析结果可知，社交工具对求职途径的选择在 0.05 的水平上起到了显著的正向影响；社交工具对工作满意度的三个维度均在 0.01 显著性水平上起到了显著的正向影响；求职途径对工作满意度的三个维度分别在 0.1 和 0.05 显著性水平上起到了显著的正向影响；此外，学历水平和工作经验对求职途径均在 0.01 显著性水平上起到了显著的负向影响。上述结论与总体模型路径分析结果相比，结论一致且相对更加显著，即证明该中介作用分析模型拟合程度较好。

由上述中介作用模型的路径系数分析结果可知，求职途径因素在工作满意度的三个测量维度与社交工具因素之间很有可能存在中介作用，所以本书分别从工作满意度三个维度对求职途径的中介作用进行具体检验。这里将总效应、直接效应和间接效应的分析结果列于表 6-5-1 中。

（1）验证在社交工具使用对工作回报满意度影响中，求职途径起到显著的部分中介效应。由表 6-5-1 中的间接关系分析结果可知，社交工具对于工作内容满意度影响的整体效应在 0.05 水平上体现出显著性，故可以对其中求职途径的中介效应进行检验；又社交工具对于求职途径的直接影响系数体现出在 0.05 水平上的显著性。同时，社交工具对工作内容满意度的间接影响系数也在 0.05 水平上体现出显著性，说明此时中介效应已经存在。在考虑求职途径的影响后，社交工具对于工作内容满意度的路径系数依然显著，说明此中介效应为部分中介效应。采用 Sobel 检验计算得出检验值 $z = 1.554$，查阅 MacKinnon 临界值表可知 $1.554 > 0.90$（$p < 0.05$），表明求职途径的中介效应显著。此外，通过计算可知，该中介作用在社交工具对工作回报满意度影响的总效应中所占的比例为 2.99%。

（2）验证在社交工具使用对工作内容满意度影响中，求职途径起到显著的部分中介效应。由表 6-5-1 中的间接关系分析结果可知，社交工具对于工作回报满

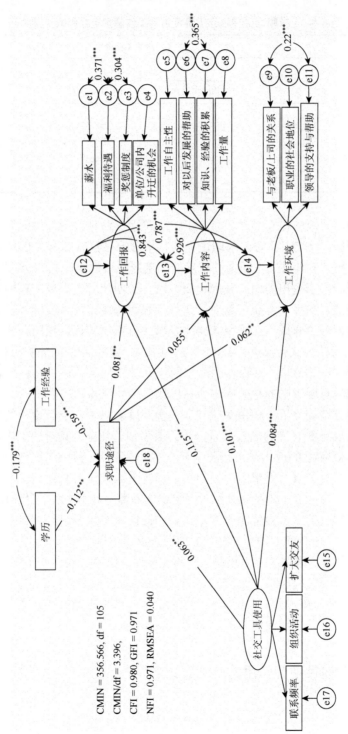

图 6-5-2 求职途径中介作用的标准化路径系数图

表 6-5-1　求职途径在社交工具使用与工作满意度之间的间接关系

自变量	内生变量			
	求职途径	工作满意度		
		工作回报满意度	工作内容满意度	工作环境满意度
社交工具使用				
直接效应	0.063^{**}	0.115^{**}	0.101^{**}	0.084^{**}
间接效应	0	0.003^{**}	0.005^{**}	0.004^{*}
整体效应	0.063^{**}	0.118^{**}	0.106^{**}	0.088^{**}

意度影响的整体效应在 0.05 水平上体现出显著性，故可以对其中求职途径的中介效应进行检验；社交工具对于求职途径的直接影响系数体现出在 0.05 水平上的显著。同时，社交工具对工作回报满意度的间接影响系数也在 0.05 水平上体现出显著性，根据温忠麟提出的中介效应检查方法，说明此时中介效应已经存在。在考虑求职途径的影响后，社交工具对于工作回报满意度路径系数依然显著，说明此中介效应为部分中介效应。采用 Sobel 检验进行再次验证，按照公式进行计算。按照 Sobel 检验公式计算得出检验值 $z = 1.815$，查阅 MacKinnon 临界值表可知 $1.815 > 0.90$（$p < 0.05$），表明求职途径的中介效应显著。该中介作用在社交工具对工作回报满意度影响的总效应中所占的比例为 4.85%。

（3）验证在社交工具使用对工作环境满意度影响中，求职途径的部分中介效应显著。由表 6-5-1 中的间接关系分析结果可知，社交工具对于工作环境满意度影响的整体效应在 0.05 水平上体现出显著性，故可以对其中求职途径的中介效应进行检验；社交工具对于求职途径的直接影响系数体现出在 0.05 水平上的显著。同时，社交工具对工作环境满意度的间接影响系数也在 0.1 水平上体现出显著性，根据侯杰泰提出的中介效应检查方法，说明此时中介效应已经存在。在考虑求职途径的影响后，社交工具对于工作回报满意度路径系数依然显著，说明此中介效应为部分中介效应。采用 Sobel 检验进行再次验证，按照公式进行计算。按照 Sobel 检验公式计算得出检验值 $z = 1.633$，查阅 MacKinnon 临界值表可知 $1.633 > 0.90$（$p < 0.05$），表明求职途径的部分中介效应显著。该中介作用在社交工具对工作回报满意度影响的总效应中所占的比例为 4.58%。

6.5.3　求职途径中介作用的分地区比较

根据上述对求职途径中介作用的分析可知，求职途径在社交工具对工作满意度三个维度的影响中均起到了显著的部分中介作用，即求职者对社交工具的使用能够通过对求职途径的影响对最终的工作满意度造成显著的间接影响，从而结合社交工具的直接影响最终对工作满意度造成综合影响。

6.5.3.1　中介作用模型中分地区路径系数的差异比较

接下来按照上海、深圳和西安三个具有典型代表性三个地区对样本进行划分，并分别对三个地区求职途径的中介模型中的路径系数差异进行对比分析，从而对比不同地区求职途径中介作用模型的差异性。本节采用 Amos 21.0 软件中的多群组分析方法，对前面提出的中介作用模型进行样本分组后，采用多群组分析的方法进行具体分析，分组后的样本分布为：上海 297 人，深圳 203 人，西安 197 人。

通过对求职途径中介作用模型的多群组分析，结果显示整体模型拟合的相关指标均达到了理想值范围内，其中卡方值 CMIN = 539.468，df = 315，卡方自由度之比 CMIN/df = 1.713，小于 2 达到了较为理想的范围内，CFI = 0.964＞0.95 达到了理想值水平，NFI = 0.918＜0.95 未达到理想值的水平，但差异不大可以接受，GFI = 0.915＞0.9 达到了理想值水平，RMSEA = 0.032＜0.08 达到理想值水平，综上所述，求职途径中介作用模型多群组分析的总体拟合度较为理想。

由表 6-5-2 中不同地区的标准化路径系数显著结果可知，学历水平和工作经验等人力资本对求职途径的影响在上海和深圳地区相对更加显著，而在西安地区并不显著，这也与东部和南部沿海地区的企业更加注重求职者的人力资本有关。而社交工具的使用对求职途径选择的影响上，西安地区反而比上海和深圳地区都更加显著，这也说明了西部地区的求职者在求职过程中对社交工具使用过程中所蕴含的关系和相关帮助相对更加依赖。对于求职途径对工作满意度的影响方面，三个地区的差异性并不明显。

表 6-5-2　基于地区的多群组结构方程模型分析标准化路径系数

变量间关系	上海	深圳	西安
求职途径←学历	−0.134**	−0.123*	0.023
求职途径←工作经验	−0.112*	−0.159**	−0.109
求职途径←社交工具	0.018	0.141**	0.153**
工作回报←求职途径	0.048	0.18**	0.074
工作内容←求职途径	0.114*	0.04	0.185**
工作环境←求职途径	0.039	0.048	0.126
工作回报←社交工具使用	0.021	0.065	0.168**
工作内容←社交工具使用	0.087	0.117	0.117
工作环境←社交工具使用	0.128*	0.034	0.075

　　然而，社交工具对工作满意度的影响方面，上海、深圳和西安三个地区相互比较来看，影响的显著性差异性较大，其中西安地区的求职者对社交工具的使用更多的是对其工作回报满意度的影响，说明经济相对不发达地区的求职者更注重的是工作薪酬方面的回报水平高低，对此方面的影响更为敏感；相反，在上海地区求职者对社交工具的使用更多的是对其工作环境满意度的影响，即说明了在经济相对发达的地区求职者对于工作环境的敏感度是相对更高的；而在深圳地区，社交工具的使用对工作满意度的影响并未体现出一定的显著性，相较于总体中介作用模型的分析结果有所差异。

6.5.3.2　求职途径中介作用分地区的差异比较

　　根据中介作用模型多群组分析的样本量要求，西部仅有西安市一个地区，会对总体模型的拟合造成较大偏误，因此这里在分析比较不同地区中介作用差异性的时候，仅对样本中的珠三角和长三角地区进行多群组分析比较，样本量分别为448 和 821，随后按照这样的分组对求职途径中介作用模型进行多群组分析。模型的整体拟合相关指标分别为：其中卡方值 MIN = 412.861，df = 208，卡方自由度之比 CMIN/df = 1.985，小于 2，达到了理想值水平，CFI = 0.981＞0.95 达到了理想值水平；NFI = 0.963＞0.95 达到了理想值的水平；GFI = 0.962＞0.9 达到了理想值水平，RMSEA = 0.028＜0.08 达到了较为理想值水平。两组模型中的标准化路径系数图分别如图 6-5-3 和图 6-5-4 所示。

　　由图 6-5-3 中直接效应的路径系数结果及对整体效应和间接效应的分析结果可知，社交工具仅对工作回报满意度影响的总效应显著，且由直接效应的分析结果可知，社交工具对工作回报满意度的直接效应结果显著；但是，社交工具对工作回报满意度的间接影响不显著。同时，社交工具对求职途径的直接影响和求职途径对工作回报满意度的直接影响均不显著。所以，在珠三角地区求职途径在社交工具对工作回报满意度影响的关系中并未起到显著的中介作用。社交工具对工作内容满意度和工作环境满意度的整体效应并不显著，故这里不存在求职途径的中介作用，不再做过多的解释。

　　由间接关系分析结果可知，社交工具对工作满意度三个维度影响的总效应均显著，同时对三个维度满意度水平的直接效应和间接效应均显著。所以，求职途径在此三对影响关系中均起到显著的部分中介作用，且通过计算可得出三个部分中介作用分别占总效应的比例为 2.15%、3.35% 和 2.14%。

　　总结上述分析结果，由求职途径的中介作用在两地区的显著性水平可知，该变量的中介作用在长三角地区均显著，而珠三角地区均不显著。究其原因，在长三角地区由于社会经济发展状况相对更好，人们的生活工作节奏更快，求职者在

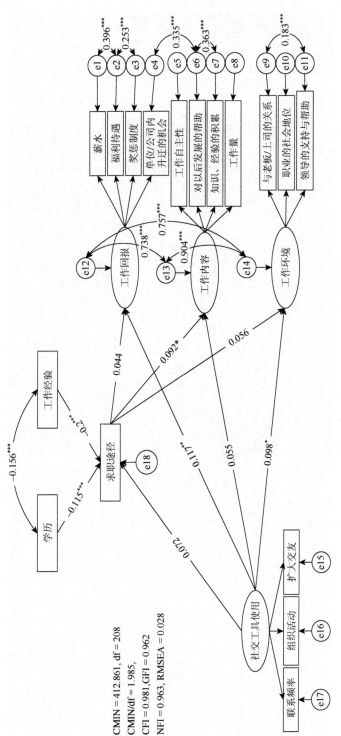

图 6-5-3 珠三角地区求职途径中介作用模型标准化路径系数图

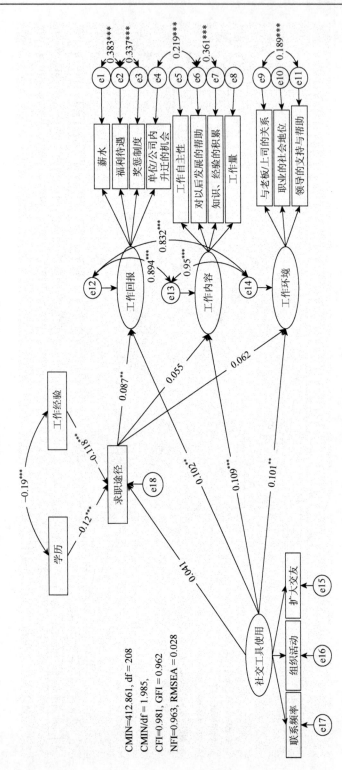

图 6-5-4 长三角地区求职途径中介作用模型标准化路径系数图

求职过程中对社交工具的使用更加频繁,从而对最终工作满意度的影响更加显著。相反,珠三角地区的社交工具的使用对工作满意度的影响相对较弱。此外,在求职途径对工作满意度的影响方面,长三角地区体现得更为显著。虽然这两个地区中求职者求职过程中都很看重人力资本,其对求职途径的影响也都很显著,但从社交工具使用对求职结果的影响方面可以看出,长三角地区的求职者对于关系的使用更为敏感,故选择不同途径进行求职对于最终的工作满意度的影响更显著。反之,在珠三角地区的求职途径对工作满意度的影响显著性相对较弱。综上所述,求职途径在社交工具使用与工作满意度之间的中介作用在长三角地区体现得更为显著。

6.6　本 章 小 结

本章主要探讨了社交工具使用、求职途径对工作满意度的影响,运用SPSS19.0和 Amos 21.0 对模型假设进行验证。此外,由第 5 章的分析可知,社交工具使用对于求职途径也有影响,所以运用结构方程模型方法,探讨了求职途径的中介效应。并在之前研究的基础之上,最后进行了整体模型的分析和比较。具体的研究结果如下。

(1)社交工具使用程度越高,员工越有可能获得更高的工作回报满意度、工作内容满意度和工作环境满意度。社交工具的使用建立了更为有效的多维度、双向沟通机制,促进信息的传播和扩散,更好地推动求职信息在雇主和雇员之间充分流动,降低劳动力市场的信息不对称性。积极的社交工具使用者可以获取更丰富、有效和差异化的求职信息,形成信息优势,提升信息资源配置效率。同时,通过社交工具的使用求职者可以与潜在雇主进行在线沟通,实现更充分的自我展示。所以,在求职过程中,积极的社交工具使用者可能更容易获得自己理想的工作,对于自己的工作报酬和从事的具体工作内容更接近自己的期望值。此外,虽然积极的社交工具使用者可以获得更好的工作回报满意度和工作内容满意度,但对于工作环境满意度,社交工具的使用带来的帮助非常有限。工作环境本身如工作地点、与上下级关系改善,一方面源于工作自身的客观情况,难以通过自身的努力很快改变(如工作地点),另一方面需要在实际工作的过程中进行面对面的有效沟通和人际互动。由此可见,社交工具的使用不能完全替代实际交往中的传统人际关系互动方式,只起到了补充作用。

(2)非正式求职途径有可能获得更高的工作回报满意度和工作内容满意度。非正式的求职途径可以拥有更多信息资源和人情资源。求职者通过非正式求职途径可以获得及时、充分和有效的求职信息,强关系带来的实质性帮助,这样求职者容易获得更多的求职机会,从而可以获得更接近自己期望值的工作和回报。本书的结论和 Larsen 等（2008）的研究结果一致，均认可非正式求职途径对于工作回报满意度的影响，而对于工作环境满意度的影响，没有显著影响。在求职过程中求职者往往最关注工作薪酬回报问题，其次是具体从事工作是否符合自己的专业技能和喜好，而对于工作环境的要求和关注相对很少。与此同时，信息服务业行业整体工作环境水平比较好，员工工作满意度较高；整个行业内企业工作环境比较相似，行业内工作环境不存在巨大差异，所以求职途径的选择并不会影响工作环境满意度。

（3）在社交工具使用对工作回报满意度、工作内容满意度和工作环境满意度的影响关系中，求职途径均起到了显著的部分中介作用。求职途径的中介作用可以理解为，社交工具的使用促进了在线社会互动，建立了同事、朋友、亲人甚至是招聘人员之间有效的沟通渠道，便于维护人际关系，增进与联系人的关系强度。当双方建立起了良好的信任和情感基础，求职者就更愿意借助他人帮助求职，倾向于选择非正式途径，带来更高的工作内容、工作回报满意度和工作环境满意度。

（4）进一步比较各地区求职途径在社交工具对不同工作满意度起到的中介作用：由于西部样本量很少，会对总体拟合造成较大偏误，只讨论珠三角和长三角地区的比较情况。求职途径在社交工具对工作回报满意度的中介作用的分地区比较分析中，仅有长三角地区的求职途径在此关系中都起到部分中介作用；求职途径在社交工具对工作内容满意度的中介作用的分地区比较分析中，长三角地区的求职途径在该关系中起到部分中介作用，但珠三角的求职途径在该关系中不起任何中介作用；同样地，求职途径在社交工具对工作环境满意度的中介作用的分地区比较分析中，长三角地区的求职途径在该关系中起到部分中介作用，而珠三角地区的求职途径在在该关系中没有中介作用。究其原因，在长三角地区由于社会经济发展状况相对更好，人们的生活工作节奏更快，求职者在求职过程中对社交工具的使用更频繁且对不同求助途径更敏感，选择不同途径进行求职对于最终的工作满意度的影响更显著。反之，在珠三角地区的求助途径对工作满意度的影响显著性相对较弱。所以，求职途径在社交工具使用与工作满意度之间的中介作用在长三角地区体现得更为显著。

综上所述，本章节假设验证情况如表 6-6-1 所示。

表 6-6-1　研究结果总结

研究假设	验证结果
H5：非正式求职途径能获得更高的工作满意度	部分验证
H5a：非正式求职途径能获得更高的工作回报满意度	验证
H5b：非正式求职途径能获得更高的工作内容满意度	验证

续表

研究假设	验证结果
H5c：非正式求职途径能获得更高的工作环境满意度	未验证
H6：员工社交工具使用程度越高，越能获得更高的工作满意度	部分验证
H6a：员工使用社交工具越频繁，越能获得更满意的工作回报满意度	验证
H6b：员工使用社交工具越频繁，越能获得更满意的工作内容满意度	验证
H6c：员工使用社交工具越频繁，越能获得更满意的工作环境满意度	未验证
中介效应	验证结果
H7：求职途径在社交工具对工作满意度影响的过程中起到了显著的中介作用	部分验证
H7a：求职途径在社交工具对于工作回报满意度的影响关系中起到部分中介作用	验证
H7b：求职途径在社交工具对于工作内容满意度的影响关系中起到部分中介作用	验证
H7c：求职途径在社交工具对于工作环境满意度的影响关系中起到部分中介作用	验证
H7d：求职途径在社交工具对于工作回报满意度的影响关系中起到部分中介作用存在显著的地区差异	未验证
H7e：求职途径在社交工具对于工作内容满意度的影响关系中起到部分中介作用在显著的地区差异	验证
H7f：求职途径在社交工具对于工作环境满意度的影响关系中起到部分中介作用在显著的地区差异	验证

7 信息服务业中知识型劳动力的流动性分析

7.1 模型与假设

7.1.1 研究思路

本章的研究问题是信息服务业中知识型劳动力的职业流动情况以及探究导致员工发生流动的因素。在明确了研究问题之后，通过大量的文献阅读界定了相关概念及理论。在前人关于该领域的研究基础上，本章构建了自己的研究概念模型，并提出了相应的理论假设。本章将从两个基本变量入手——一是知识型员工的人力资本，二是信息服务企业的组织环境——来研究它们对员工职业流动的影响。此外，本章结合中国情景和大数据时代的特点，从知识型员工的社会网络视角来揭示员工的社会网络结构对于其职业流动的影响。在此基础上，本章探究了影响因素之间的关系，并探讨了因素的中介作用，以及个人特征变量的调节作用。

通过问卷调查的方式，本章得到了六个城市的数据，分别代表我国的东部、中部、西部三个地区。借鉴前人的研究，本章采用了传统的变量测度方法，建立回归模型和结构方程模型，以分析变量之间的关系。根据本章的数据分析，在最后提出了本章的结论、建议。

7.1.2 研究概念模型

首先，根据李若建（1995）的研究发现，文化水平越高，职业流动强度就会越大，越容易造成其社会地位的改变。而文化水平高的员工，一般其人力资本相对也较高，因此本章认为人力资本对于员工流动有着正向的影响，而根据任国鹏（2010）的研究发现，人力资本则使用工作知识经验、工作能力、工作健康等方面来进行测度。而一个企业的环境也会影响着其员工的职业流动行为，高怡（2014）认为组织的内外部环境对于增强员工对组织的认同感和归属感具有重要的意义，好的组织环境不仅可以提高员工的满意度，更可以降低员工的离职率，减少企业成本。因此，本章认为组织环境对于员工流动具有反向的影响，好的组织环境下，员工流动将减少。

其次，边燕杰和张文宏（2001）认为职业流动者的社会网络主要由亲属和朋友两类强关系构成,社会网络发挥作用的形式以提供人情为主,以传递信息为辅。本章认为职业流动者的强关系社会网络,可以为流动者提供更多有利信息,从而帮助其完成职业流动。因此,员工所拥有的社会网络规模、密度、异质性、关系强度越大,便越容易促进员工进行职业流动,即社会网络和员工流动之间有着正向的关系。

此外,本章想要探讨知识型员工的人力资本和其社会网络、所在企业组织环境之间的关系,以及组织环境和人力资本之间的关系。本章认为一个具有高人力资本的员工必然有一个很好的人际交往圈,这个交际圈会使得其拥有一个规模、密度、异质性较大的社会网络。此外,他与社会网络的关系强度也会更密切。因此,本章认为人力资本对社会网络有一个正向的影响。同样地,好的企业组织环境能够使得其员工之间、上司与下属之间形成良好的伙伴关系,因此,组织环境对于知识型员工的社会网络形成也具有正向的影响。最后,本章认为组织环境对于提高员工人力资本具有正向影响。例如,蒋晓军等(2013)认为,员工的个体特征会受到不同的组织环境的影响。张学和(2012)提出,知识型员工的个体创新的影响因素主要来自两个方面,即个体层次影响因素和组织层次影响因素。因此,组织环境对于人力资本的积累和提升具有正向作用。

基于以上分析,本章提出了研究知识密集型劳动力流动性的分析概念模型,如图 7-1-1 所示,并针对该模型提出了以下几点研究假设,在本章后面部分,将对这些假设进行一一论证。

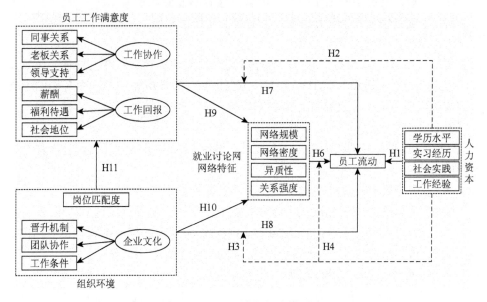

图 7-1-1 研究的概念模型

7.1.3　假设提出

1）人力资本对职业流动的影响

人力资本有狭义和广义之分，而本章采纳的是其广义之意，即个人的智力、教育水平、健康以及能力。李许单（2006）认为，人力资本是职业流动的基础，在工作中，人力资本可以得到积累，为确保获得期望的职业地位，员工会选择向高职位流动。本章的人力资本主要指员工的工作能力。然而，柳延恒（2014）在农民工群体中的研究发现，人力资本可以促使农民工群体的向上流动，职业流动次数增多。具体地，从业时间越长，经验越多的农民工更倾向于"继续从事当前工作"。王晓飞（2014）则对 20 万的新生代劳工进行了调查，这些新生代劳工具有文化程度高，年龄在 20~30 岁的特点，作者发现劳工个人的流动决策受到工资收入、福利待遇的影响，一旦当前工作的工资水平满足不了劳工的能力水平，劳工便会选择职业流动。因此，本章认为合适的福利待遇和工资水平可以确保员工的稳定。根据以上分析，发现劳动力的人力资本与职业流动之间存在着显著的联系，由此提出假设 H1。

H1：人力资本对员工的职业流动有显著影响。

H1a：知识型员工的学历水平越高，越容易发生职业流动。

H1b：知识型员工的实习经历越多，越容易发生职业流动。

H1c：知识型员工的社会实践越多，越容易发生职业流动。

H1d：知识型员工的工作经验越丰富，越容易发生职业流动。

2）人力资本的调节作用和社会网络的中介作用假设

结合前面综述可知，人力资本在显著影响员工流动的同时，也很有可能由于知识型员工自身人力资本特征的差异性对其他因素的影响关系产生显著的调节作用，就此提出相关假设 H2、H3 和 H4；由上述综述和研究概念模型中各影响因素间的关系假设可知，社会网络因素在其中可能存在相应的中介作用，就此提出相关假设 H5。

H2：知识型员工的人力资本在员工的工作满意度对员工流动的影响中具有调节作用。

H2a：人力资本在工作环境满意度对员工流动的影响中具有调节作用。

H2b：人力资本在工作回报满意度对员工流动的影响中具有调节作用。

H3：知识型员工的人力资本在组织环境对员工流动的影响中具有调节作用。

H3a：人力资本在企业文化对员工流动的影响中具有调节作用。

H3b：人力资本在岗位匹配度对员工流动的影响中具有调节作用。

H4：知识型员工的人力资本在社会网络特征对员工流动的影响中具有调节作用。

H4a：人力资本在网络规模对员工流动的影响中具有调节作用。

H4b：人力资本在网络密度对员工流动的影响中具有调节作用。

H4c：人力资本在网络异质性对员工流动的影响中具有调节作用。

H4d：人力资本在网络关系强度对员工流动的影响中具有调节作用。

H5：信息服务业中员工的就业讨论网络特征在员工的工作满意度和组织环境对员工流动影响的关系中分别起到了中介作用。

3）社会网络对职业流动的影响

社会网络对职业流动的研究是目前比较热点的研究问题。早在 20 世纪 80 年代，美国社会学家 Granovetter（1983）提出了社会网络在职业流动中的作用这一问题。之后，近 30 年的研究证明了社会网络在职业流动中的作用。从网络结构视角分析对职业流动影响研究中，边燕杰（2004）教授研究被调查者"朋友"、"相识"、"亲属"的网络规模、网络顶端、网络差异和网络关系强度构成四个网络特征对于职业流动的影响。张文宏（2006）在研究城市居民社会网络资本的结构特征时，从社会网络规模、社会网络密度、社会网络异质性以及角色关系种类等方面测度个人社会网络情况，发现社会网络资源越丰富的个体越容易通过社会网络实现工作变动。由此，本章提出了以下假设。

H6：社会网络对于员工的职业流动具有促进作用。

H6a：网络规模越大，越容易促使员工发生职业流动。

H6b：网络密度越高，越有利于员工发生职业流动。

H6c：网络异质性越高，越容易促使员工发生职业流动。

H6d：社会网络的关系强度越大，越容易促使员工发生职业流动。

4）员工的工作满意度对员工流动的影响假设

相关研究中，不少学者以不同类型高新信息服务类企业员工为对象展开，结果均发现员工的工作满意度水平越高越不容易发生人才流动（龚晓麒，2006），这里的工作满意度包括工作内容、回报，与同事和领导关系等多方面，即工作满意度对员工流动有正向影响。就此提出以下假设 H7。

H7：信息服务业中知识型员工的工作满意度越低，员工流动越频繁。

5）组织环境对职业流动的影响

本章对于组织环境的定义采用任国鹏（2010）的研究，将组织环境分为岗位特性（匹配性）以及企业文化。而美国心理学家 Bavelas 和 Lewin（1942）认为，在某一岗位上，个人绩效和个人能力、条件、环境之间具有函数关系，提出公式 $B = f(p, e)$，其中 B 为个人绩效，p 为个人能力和条件，e 为工作环境。该函数意为，一个人在某一个岗位上所能创造的绩效不仅与个人能力有关，还与他所身处的环境密切相关，由于个人对环境改变无能为力，个人提高绩效的方法就是离开原来的环境，从而转到一个更适合自己的工作环境。而闫枫（2010）在对银行业员工流动问题的研究中,发现员工的流动选择会受到企业文化和工作环境的影响,找到适合自己的工作岗位,以及符合自身气质的企业文化是留住员工,发挥员工潜能的重要因素。在 20 世纪 80 年代,人与组织匹配研究主要是集中在 Chatman 的人与组织匹配模型下进行的。它基于 ASA 观点,认为组织吸引与之相似特质的员工,并选择他们进入组织工作,随着时间的推移,那些和组织特性不相似或有冲突的员工就会选择离开组织,从而导致组织的同质性逐渐增加,异质性逐渐降低。由此可见,组织环境下的几个要素与职业流动之间存在着必然的联系,因此,本章提出以下假设。

H8:组织环境对员工的职业流动有显著的负作用。

H8a:信息服务企业的企业文化越好,则越不容易促使员工发生职业流动。

H8b:信息服务企业的岗位特性越匹配,则越不容易促使员工发生职业流动。

6)员工的工作满意度对员工就业讨论网络特征的影响假设

关于员工的工作满意度与员工关系网络特征之间的关系研究,相关研究相对较少,王宇(2008)通过研究发现,工作满意度低的员工越倾向于离职,但是如果其社会网络的规模、关系强度、密度不大,很难实现真正的离职,只能产生离职的想法。由此可见,员工的工作满意度对员工的关系网络特征具有显著的负影响。由此,本章提出以下假设。

H9:信息服务业中知识型员工的工作满意度越高,员工就业讨论网络特征越匮乏。

7)组织环境对员工就业讨论网网络特征的影响假设

组织环境与员工关系网络之间存在显著性的关系,有学者研究发现,企业文化的类型在一定程度上能够决定企业员工间社会关系网络的结构模式;即员工的就业讨论网会随着企业组织环境的优化而变弱,对岗位流动的讨论和意愿就会显著减弱(谭福河和董立刚,2007)。也有学者对岗位匹配性的影响进行研究,结果发现匹配度越好,员工的离职意愿就越弱,越不倾向于构建就业讨论网(吴杲和杨东涛,2014)。分析可见,组织环境对员工的关系网络特征具有显著的影响。由此,本章提出以下假设。

H10:信息服务业中员工所在组织的环境越好,员工就业讨论网网络特征越匮乏。

8)组织环境对员工的工作满意度的影响假设

国内外学者关于企业文化对员工的工作满意度均有相关的研究,例如,Tampubolon(2010)提出企业文化对于提高企业员工的工作满意度有着举足轻重的作用。随后,刘松琦和甘怡群(2007)则以 165 名企业员工为调查对象,探究企业文化与员工的工作满意度之间的关系,结果发现两者之间有显著影响关系,且人格起到调节作用。此外,也有国内学者的相关研究发现,专业与岗位的匹配度等多方面匹配度越高，就越能够提高工作效率，减轻工作压力，从而显著提升员工的工作满意度（池于慧，2013；赵慧娟和龙立荣，2009）。由此可见，组织环境对员工的工作满意度具有显著的影响。由此，本章提出以下假设。

H11：信息服务业中员工所在组织的环境越好，员工的工作满意度越高。

7.2 数据选择处理和变量测度

7.2.1 数据选择

在本章研究知识密集型劳动力流动性中，使用的各城市样本分布情况如表7-2-1所示，其中，西安地区样本量为290，深圳地区样本量为267，广州地区样本量为246，苏州地区样本量为353，杭州地区样本量为202，上海地区样本量为317。最终，六个地区的总样本数为1675。

表 7-2-1 各地区信息服务类企业问卷发放与回收情况

编号	地区名称	发放问卷/份	回收问卷/份	有效问卷/份	有效回收率/%
1	西安	800	373	290	36.25
2	深圳	510	322	267	52.35
3	广州	585	271	246	42.05
4	苏州	918	394	353	38.45
5	杭州	1110	338	202	18.20
6	上海	771	354	317	41.12
	合计	4649	2052	1675	—

资料来源：实地发放问卷数据整理。

由表7-2-1可知，问卷回收率达到了44.14%，在实地调研问卷回收率中处于可以接受的水平，经过对数据的清洗和筛选后，最终得到的有效样本数量为1675份，有效回收率达到了23.59%，属于统计学上的大样本研究对象，可以作为后续数据分析的支持。

从样本总体情况的描述性统计分析可知，样本中男女比例相近，男性比例稍高，符合信息服务业中男性多于女性的现状。年龄主要分布在20～30岁，符合信息服务业员工年轻化的实际情况。出生地包括城市、县级和农村，农村和非农村比例接近1∶1，样本包含人群比较合理。学历主要集中在硕士和本科，符合信息服务业中员工具有较高知识水平，知识密集型的特点。综上所述，样本整体具有较好的代表性，有助于后续研究的展开。

7.2.2 变量的测度及处理

研究概念模型中涉及相关变量的构成和测度方法，以及相关的信、效度检验结果如下。

1）因变量员工流动变量的测度

根据前人的研究，想要测度员工的职业流动大概分为以下几种方法，一是建立两分类的 0-1 虚拟变量，将发生过职业流动的员工的虚拟变量记为 1，而未发生过职业流动的员工的虚拟变量记为 0；二是通过计算员工自参加工作以来的换工作总次数来反映其职业流动情况，换工作次数越多，说明职业流动越频繁，反之，则说明职业流动越匮乏。

本章最终选择了第二种测度职业流动情况的方法，通过问卷调查员工的职业流动情况来直接测度该变量。问卷中 Q403 题项为"您有过几家企业的工作经历？"将该变量记为 Q，员工职业流动次数记为 M，若 $Q=1$，则该员工的职业流动次数 $M=Q-1=0$；若 $Q>1$，则该员工的职业流动次数 $M=Q-1>1$。通过建立职业流动次数变量来反映员工的换工作情况。因此本章所界定的职业流动是不同职业之间的变动，而非企业内部的岗位流动。

2）人力资本因素的构成与测度

人力资本因素主要由学历水平、实习经历、社会实践和工作经验四个测量变量构成，四个变量均作出 0-1 二分处理变为离散型变量，其中学历水平重新编码为本科以下为 0，本科及以上为 1；实习经历则为 0～2 次为匮乏编码为 0，大于 2 次编码为 1；社会实践答案中未参加社团编码为 0，参加社团次数大于等于 1 的编码为 1；工作经验中参加工作起 5 年及以下编码为 0，大于 5 年重新编码为 1 表示经验相对丰富。具体变量的构成及相关问卷题项如表 7-2-2 所示。

表 7-2-2　一级指标人力资本变量的测度模型

二级指标	测度变量	问卷题项
人力资本	学历	Q104 请问您的学历是？
	实习经历	Q210 请问您是否有实习经历？如有，实习次数为多少？
	社会实践	Q208 您是否作为活动组织者参加社团活动？
	工作经验	Q402 您参加工作年数？5 年及以下为 0，否则为 1

3）员工就业讨论网因素的构成与测度

面对科技发展的大环境，企业员工之间的联系从传统的点对点、面对面，逐渐演变成网络式的群体交际，这个群体交际的最大特点就是加强了成员之间的信息流通。而作为在信息服务业内工作的知识型员工，他们使用高科技网络产品，如 QQ、微博、微信等与朋友、家人、同事交流的现象已经非常普遍，因此社会网络对员工的各种行为有很大的影响，也是稳定和团结企业工作团队的重要因素。本章希望从社会网络的视角对员工流动进行研究。基于文献的研究，本章发现大部分的社会网络学者都关注于网络规模、网络强度和网络中心性、异质性这几个要素，因此，本章也从这几个切入点研究员工社会网络对其职业流动的影响。而根据前面的研究，本章认为社会网络要素构成由以下几部分构成。

（1）社会网络的结构视角。

以社会网络的结构作为研究视角，一般分为三个维度，即网络规模、网络中心性以及网络异质性。网络规模是所有网络节点和关系的载体，已有研究（边燕杰，2004）认为社会资本即为社会网络关系，个人的社会网络关系越多则资本存量越大。对特定目标员工而言，网络规模越大就能获得越多的资源，从而寻找到对自己职业流动有利的信息的可能性便越大。每一个被调查者在求职的过程中都会形成一个自己的讨论网，在这个网络中，被调查者可以向他们寻求帮助、建议或获取直接的就业资源。网络密度的概念源自格拉诺维特的社会网络理论，其主要是通过测度一个网络中具有联系的节点的比例密度。

网络异质性是指员工网络中不同年龄、职业、行业、教育背景等的个体的比例，比例越大说明网络异质性越高。前人研究均表明，网络异质性越大说明网络节点成员从事不同的职业，处于不同岗位，资源和信息就具有互补性，而且需要获得不同的好处就需要不同的关系。

（2）社会网络的关系视角。

以网络关系为研究视角，一般通过测度关系强度来确定个体在网络中的作用。网络关系是指产生于关系并通过关系产生作用的资源，它主要包括信任、道德规范、义务、期望以及认可。边燕杰（1998）特别强调在中国背景下，人情关系的强弱在求职过程中起到关键作用，人际关系越强，行动者越容易获得较好的职位。网络测度指标研究汇总如表 7-2-3 所示。

表 7-2-3　员工满意度变量测度表

研究者	社会网络测度指标
边燕杰	社会网络规模、网络顶端、网络差异、网络关系强度
张文宏	社会网络规模、网络密度、网络异质性、网络关系种类
罗家德和赵延东	社会网络规模、网络成分、网络密度
宿芳	社会网络规模、网络异质性以及网络中心性
吕青	社会网络规模、密度、同质性以及关系种类

综上所述，社会网络因素的变量测度沿用之前学者的测度方法，具体采用网络规模、网络密度、网络异质性和关系强度四个变量来测度就业讨论网的网络特征。其中，网络规模直接使用员工就业讨论网中网络成员的人数来衡量；而网络密度的测度，已有关系与理论关系数量的比值越大，网络密度越大。网络异质性变量的测度，是员工就业讨论网中与其自身职业类别不同的人数来衡量。对于网络关系强度的测度，这里从"电子邮件联系频率"、"电话联系频率"、"见面联系频率"三个维度进行测量，数值越大表明联系强度越大。随后将三个维度联系频率的数值相加除以网络规模，计算出平均值联系频率作为网络关系强度。现将社会网络因素的测度变量汇总如表 7-2-4 所示。

表 7-2-4　社会关系网络特征指标测度表

变量名称	变量类型	测度方式
网络规模	连续型	社会网络中网络成员的总人数
网络密度	连续型	网络成员关系分布与完备图之间的比值
网络异质性（职业地位）	连续型	网络成员职业地位的差异程度
网络关系强度	离散型	被调查者与网络成员通过电子邮件、电话、见面三种方式的平均联系频率

4）员工满意度因素的构成与测度

本章采用传统的标准利克特量表法进行测量，测量变量参考了卢嘉等的研究，从工作回报满意度（薪水、福利待遇、奖惩制度）和工作环境满意度（与同事的关系、与老板/上司的关系、领导的支持与帮助）这两个方面进行研究（卢嘉和时勘，2001），随后的验证性因子分析（CFA）及其信效度检验会对变量构成进行筛选。员工工作满意度的具体测度及变量构成情况如表 7-2-5 所示。

表 7-2-5　员工工作满意度变量测度表

二级变量	一级变量	变量类型	变量测度（利克特量表）
员工工作满意度	工作回报	离散型	（1）薪水
			（2）福利待遇
			（3）奖惩制度
	工作环境	离散型	（4）与同事的关系
			（5）与老板/上司的关系
			（6）领导的支持与帮助

5）组织环境因素的构成与测度

受前面综述内容启示，本章拟从企业文化和岗位匹配两个维度来测度员工感知的组织环境优劣。其中，企业文化作为潜变量存在二级测量变量，具体构成如表 7-2-6 所示。

表 7-2-6　一级指标组织环境变量的测度模型

二级指标	测度变量	问卷题项
企业文化	晋升机制	Q422_4 请问您对贵单位/公司内升迁的机会的满意度？
	知识积累	Q422_7 对公司内知识、经验积累满意度？
	工作条件	Q422_10 请问您对公司的工作条件和设施的满意度？
岗位特性	工作的职业匹配度	Q411 请问您目前工作与所学的专业的相关性？

综上所述，现将各变量的构成与测度情况汇总如表 7-2-7 所示。

表 7-2-7　各变量的构成与测度情况

一级变量	二级变量	变量类型	变量测度
（因变量）	员工流动	二分变量	您有过几家企业工作经历？答案（0）1 家，（1）1 家以上
人力资本	学历水平	离散型	您的学历？本科以下为 0，本科及以上为 1
	实习经历	离散型	您参加实习次数？0-2 次表示缺乏为 0，否则为 1
	社会实践	离散型	您参加社团次数？未参加社团为 0，参加过设为 1
	工作经验	离散型	您参加工作年数？5 年及以下为 0，否则为 1
就业讨论网络	网络规模	连续型	就业讨论网的成员人数（边燕杰，2004）
	网络密度	连续型	网络成员关系分布与完备图之间的比值（张文宏，2001）
	异质性	连续型	不同于求职者自身职业类型的人数（陆学艺，2002）
	关系强度	连续型	与网络成员联系频率的均值（边燕杰，2004）
员工工作满意度	工作回报满意度 薪水	离散型	采用 Kalleberg（1981）提出的相关定义，并用标准利克特五级量表：（1）非常不满意（2）比较不满意（3）不确定（4）比较满意（5）非常满意
	福利待遇	离散型	
	奖惩制度	离散型	
	工作环境满意度 与同事的关系	离散型	
	与老板/上司的关系	离散型	
	领导的支持与帮助	离散型	

续表

一级变量	二级变量	变量类型	变量测度
组织环境	企业文化	晋升机制	离散型	对公司内升迁机会满意度？标准利克特五级量表
		知识积累	离散型	对公司内知识、经验积累满意度？标准利克特五级量表
		工作条件	离散型	您对公司工作条件和设施满意度？标准利克特五级量表
	岗位匹配度	工作的职业匹配度	离散型	您目前工作与所学的专业的相关性？（1）完全不相关（2）不太相关（3）比较相关（4）紧密相关

资料来源：根据文献设计的调查问卷整理得出。

6）对相关变量的信效度检验

对员工工作满意度和组织环境二个潜变量进行 CFA，在修正后的 CFA 结果中，虽然卡方与自由度之比为 5.96 仍然大于 2，但是考虑到企业文化与员工满意度存在高度相关的影响，也是可以接受的。此外，其他模型的拟合指数取值均在理想范围之内，故接受该模型 CFA 结果。由表 7-2-8 可知，三组变量信度系数 α 的值分别为 0.709、0.693 和 0.735，CR 分别为 0.88、0.93 和 0.86，均大于 0.8，表明各组变量的内部一致性较好。各变量在相应潜变量上的载荷数均大于 0.7 以上，且各潜变量的 AVE 分别为 0.72、0.82 和 0.68，故有较好的收敛效度；又由三个潜变量的相关系数可知，AVE 的平方根均大于相应的相关系数值，即潜变量之间拥有很好的区别效度。

表 7-2-8　潜在变量验证性因子指标检验表

潜变量	测量指标	因素负荷率	测量误差	信度系数	CR	AVE
工作回报	薪水	0.87	—	0.709	0.88	0.72
	福利待遇	0.93	0.024			
	奖惩制度	0.73	0.024			
工作环境	与同事的关系	0.93	—	0.693	0.93	0.82
	与老板/上司的关系	0.99	0.013			
	领导的支持与帮助	0.77	0.016			
企业文化	晋升机制	0.80	—	0.735	0.86	0.68
	知识积累	0.84	0.031			
	工作条件	0.83	0.032			

对改组变量的效度检验主要包括内容效度、收敛效度和区分效度三方面

的检验。首先，本章所研究潜变量的构建是以前人文献研究为基础，经过专家、学者的复查，并通过实证检验之后的结果，因此本章的量表具有高度的内容效度。

收敛效度指的是量表与同一构念的其他指标确实相互关联的程度。收敛效度可通过 CFA 检验，观察测量项目在构念上的负载（loading），如果标准化估计值（standardizes estimate）大于 0.5，且 t 值大于 1.96，AVE 大于 0.6，CR 大于 0.7，通常认为收敛效度较高。根据表 7-2-8，所有观测变量的系数均大于 0.5，CR 均大于 0.7，且各指标的 AVE 均大于 0.6。所以，综合这三项指标可以表明模型具有较好的收敛效度，模型内在质量理想。

区分效度指的是一个构念与其他应该有所不同的构念之间不相互关联的程度。区分效度可通过 CFA 检验，如果各个因子的 AVE 的平方根比该因子与其他因子之间的相关系数都大，则区分效度较高。

从表 7-2-9 中可以看到，工作回报和工作环境的 AVE 平方根分别为 0.49 和 0.64，均大于其相关系数 0.21。虽然工作回报与工作环境之间的相关关系显著，但是其构念的区分效度通过了检验，表明区分效果较好。而企业文化的 AVE 平方根为 0.48，与其余两个变量的 AVE 分别都大于 0.24 和 0.44，表明三者之间的区分效度均通过了检验。因而，本章认为模型中潜在变量之间的区分效度较好。

表 7-2-9　区分效度检验表

变量	工作回报	工作环境	企业文化
工作回报	1		
工作环境	0.21***	1	
企业文化	0.24***	0.44***	1

7.2.3　数据的预处理及描述性统计分析

1）对数据的预处理

第一，是对相关变量的重新编码。从问卷的题项中可以发现有些题项的选项编码与我们所期望的结果不尽相同，因此需要在做实证分析前对这些题项进行重新编码。

对学历变量的测度进行重新编码，由于学历越高，表明该员工的工作知识越丰富，学历越高赋值应该越大，对此，我们将原编码作以下处理，现编码 = 7-原编码，如原来硕士的编码为 2，重编码后变为 5。

对实习经历变量的测度进行重新编码该变量有两个选项构成，第一个选项是0-1变量选项，若选择 1 则表明参加过实习，若选择 0 则表明没参加过实习；第二个选项是实习次数变量。本章将两个选项合并为一个变量，记为实习经历，若第一个选项选择 1，则实习经历 = 实习的次数；若第一个选项选择 2，则实习经历 = 0。

对就业讨论网的网络规模的重新编码，本章对总体网络规模的界定为被调查者所在的就业讨论网络中的个体数目，该值最大为 15，最小为 0，其中重复提到的人只计算一次，经过人工计算，得出结果变量，记为网络规模。对就业讨论网的网络密度进行重新编码，本章首先计算出各节点之间实际的联系数，接着计算出理论上的总联系数，然后通过求取比值算出该网络的密度。前提假设为：如果 A 认识 B，那么 B 同样也认识 A，联系没有方向性。

每个被调查者的讨论网各节点（包括被调查者）之间的实际关联情况，根据调查问卷中 Q429 的关系矩阵值得到，记为变量 Actual Relationship，实际关系最小值为 0，表明有部分被调查者没有填写自己的讨论网情况，最大值为 120，表明被调查者的讨论网由全部 16 个不同的人（包括其自己）构成，且这 16 个人中任何两个人都是相识的，即构成了一个全联通的网络。而变量 Total Relationship 表明被调查者的讨论网的最大关系数，因此网络密度由变量 Actual Relationship 以及变量 Total Relationship 的比值决定。

对就业讨论网的网络异质性的重新编码。就业讨论网的网络异质性指的是，被调查者与其讨论网成员在某一特征方面的差异程度。本章主要以教育背景和工作岗位为特征指标，研究网络中教育程度和工作岗位的异质性，在本章使用的调查问卷中，将教育程度划分为以下 6 类：博士研究生、硕士研究生、本科、大专、高中/中专/技校、初中及以下。在计算教育程度的异质性指标时，本章选取被调查者作为网络成员中教育程度的代表（不包括在校生），计算他与网络成员教育程度的异质性情况，即网络中成员与其学历不同的人数占网络中总人数的比例，记为网络教育异质性变量。同样地，本章在 Q421 中对被调查者的岗位职务做了调查分为行政、财务、技术研发、项目、营销和其他，分别对应 Q428 职业编码中的企业管理人员和企业服务人员、企业财务人员、企业技术人员、企业生产人员、企业销售人员。本章试图计算他与网络成员职业地位的异质性情况，即网络中成员与其职业地位不同的人数占网络中总人数的比例，记为网络工作岗位异质性变量。陆学艺等对当代中国社会阶层的结构进行了划分，其划分的依据是劳动力在劳动分工、权威等级、生产关系、制度分割中所处的不同位置和所占的不同资源。根据陆学艺的研究，中国的社会阶层被分为国家与社会管理者、经理人员、私营企业主、专业技术人员、办事人员、个体工商户、商业服务业员工、产业工人、农业劳动者和城乡无业（失业、半失业）者。本章对 10 个不同阶层依次赋值为 1～10，而本书所调查的对象均为信息服务企业中的员工，因此均属于第四个阶层，即商业服务业员层级，因此赋值为 4；根据 Q428 中对网络成员职业的询问，通过将 20 个职业编码对应转换为 10 个不同的职业地位层级，再以地位层级为标准，计算出被调查者网络中职业地位异质性变量。

对就业讨论网的网络关系强度进行重新编码。本章中的关系强度指被调查者与讨论网中的亲属、朋友以及同学之间的熟识程度，本章采用频率评分法来量化这种熟识程度。首先，将三个频率变量重新编码，将选项 1 "每天"赋值为 5，而选项 5 "每半年"赋值为 1，选项 6 "无"赋值为 0，表明频率越小，关系得分越高；其次，将再编码后的三个频率变量加总，然后除以最大得分值 15，这样使得最终的关系强度值转化为一个区间为[0,1]的值。如果关系强度变量值越趋近于 1，表明该被调查者与所选对象之间的关系程度越高，即两人关系很密切；如果关系强度变量值越趋近于 0，表明该被调查者与所选对象之间的关系程度越低，即两人关系很生疏。经过计算，最终得出了所有样本与其讨论网中人员的关系程度。通过上述计算，我们得到了被调查者与每一个讨论网成员的关系程度，然而本章研究所关心的是被调查者与整个讨论网的关系强度，如果这种关系强度越大，那么说明被调查者在求职的过程中越依赖于讨论的帮助或建议，讨论网对于该被调查者的价值也就越大。因此，本章通过计算每一个讨论网的平均关系强度来刻画这种总体程度。

$$网络关系程度 = \sum 讨论网成员关系程度/网络规模$$

根据上述公式，便可以得到每一个被调查者与其相应的就业讨论网之间的关系强度，即网络关系强度，记为关系强度变量。

第二，是对数据缺失值的处理。数据清理保证数据值在定义的范围之内，没有冗余的数据以及缺失值。本次收集的数据就存在缺失值，处理缺失值的方法主要有两种，第一种是删除含有缺失值的个案，这种方法主要适用于删除小部分个案并不影响分析目的的情况；第二种是采用可能值插补缺失值法，思想在于以最可能的值来插补缺失值比删除个案所产生的丢失信息要少，因为有时候一个属性值的缺失就可能放弃大量的其他属性值，就无法达到分析的目的。可能值插补缺失值法主要有均值插补、利用同类均值插补、极大似然估计、多值插补。

均值插补，如果数据的属性是定距型，就以该变量的平均值来插补缺失值，如果是非定距型，就以众数来插补缺失值；利用同类均值插补，用层次聚类模型预测缺失变量，再以该类型的均值插补。假设 $X = (X_1, X_2, \cdots, X_p)$ 为信息完全的变量，Y 为存在缺失值的变量，那么首先对 X 或其子集进行聚类，然后按缺失个案所属类来插补不同类的均值。极大似然估计，在缺失类型为随机缺失的条件下，通过观测数据的边际分布可以对未知参数进行极大似然估计；多值插补的思想来源于贝叶斯估计，认为待插补值是随机的，该值来自于已观测到的值。本次收集数据存在缺失值，我们采用插补缺失值法，按照可选择的离散数据进行随机插补。

2）对相关变量的描述性统计分析

本章所采用的数据均来自对我国长三角地区、珠三角地区以及西部地区信息服务业企业员工的问卷调查。经过对回收的数据样本进行筛选、清理，最终得到的有效样本量为 1675 份。下面将对研究模型中所涉及的主要变量分别进行描述性统计分析，以初步掌握各变量的基本特性。

（1）人力资本与员工流动变量。

人力资本变量主要为知识型员工的学历、实习经历、社会实践以及工作经验。此外，人力资本中还包含部分控制变量，如员工的性别、年龄、出生地、政治身份和院校级别，各变量的具体分布情况如表 7-2-10 所示。在六个地区 1675 个总样本中，男性员工占 51%，略高于女性员工，这符合信息服务业中男性员工较多的现实情况。年龄方面，被调查员工的年龄分布在 20~48 岁，其中 20~26 岁的员工占比为 59.6%，26 岁以上员工占比为 40.4%，平均年龄在 26.5 岁左右，表明样本符合知识型员工年轻化的特性。此外，来自农村的员工占比为 50.2%，略高于来自城市和县级市的员工；员工中有 25.3% 的人已成为党员，但大部分不是；而员工中有 41.9% 的人毕业于一本院校，虽然低于来自一本以下院校的员工，但该比例仍能反映出知识型员工的毕业院校相较于其他类型的员工要更好。

表 7-2-10　人力资本的变量和描述性统计结果

变量	统计量	变量	统计量
学历/%		年龄组/%	
本科及以上学历（1）	74.6	20~26 岁（0）	59.6
本科以下学历（0）	25.4	26 岁以上（1）	40.4
实习经历/%		出生地/%	
拥有实习经历（1）	77.5	非农村（0）	49.8
没有实习经历（0）	22.5	农村（1）	50.2
社会实践/%		政治身份/%	
拥有社会实践（1）	54.7	非党员（0）	74.7
没有社会实践（0）	45.3	党员（1）	25.3
工作经验/%		院校级别/%	
工作经验丰富（1）	59.7	一本以下院校（0）	58.1
工作经验欠缺（0）	40.3	一本及以上院校（1）	41.9
性别/%		员工流动/%	
男（1）	51.0	流动（1）	57.4
女（0）	49.0	未流动（0）	42.6

被调查的员工中拥有本科及以上学历的占比为 74.6%，说明该行业的员工学历普遍偏高。实习能够增加员工的工作实践能力，在校期间，拥有实习经历的员工占比为 77.5%。而社会实践主要集中于校外兼职、勤工助学，而参与过社会实践的员工占了 54.7%。工作经验主要测度员工的工作时长，时长越久，员工的人力资本越高，本章将拥有 3 年以上的工作经验的员工视为工作经验丰富，占59.7%。被调查员工中，发生过流动行为的员工占57.4%，而未发生过流动的员工占42.6%，可知发生过流动的员工比例高于未发生过流动的员工，这也表明信息服务业中员工流动率高的特点。

（2）组织环境变量。

组织环境变量主要包括企业文化和岗位匹配度两个一级指标，而一级指标下，主要由 5 个变量进行测度，分别为晋升机制、知识积累、工作条件、第一份工作的职位匹配度、现任工作的职业匹配度。企业文化方面，三个变量的测度评分为1～5，分数越高表明该变量所代表的企业文化越好。从表 7-2-11 中可以看到，知识积累和工作条件的平均得分为 3.5 以上，均大于晋升机制的得分，表明信息服务业员工对知识积累和工作条件方面的企业文化的认可度更高。

而岗位匹配度方面，两个变量的测度评分为 1～4，分数越高表明岗位与专业的匹配度越高，信息服务业员工在现任工作上，职业的匹配度均大于 2，表明工作匹配度较高，这也与信息服务业工作要求的特殊性相符合。

表 7-2-11 组织环境的变量和描述性统计结果

二级指标	一级指标	测度变量	均值	方差
组织环境	企业文化	晋升机制	2.92	1.069
		知识积累	3.35	1.122
		工作条件	3.37	1.166
	工作的职业匹配度		2.52	1.097

（3）员工的工作满意度变量。

员工的工作满意度变量主要包括工作回报和工作环境两个方面，每个一级变量下都有三或四个直接变量进行测度，如薪水、福利待遇等。每个工作满意度测度指标分为 5 个程度，分别为非常不满意、比较不满意、一般满意、比较满意和非常满意。从表 7-2-12 中可以看到，工作回报方面，职业的社会地位的均分最高，达到3.45，表明信息服务业中员工的职业社会地位满意度是比较高的，信息服务业在各行各业中的地位较高。而薪水是最低的，意味着该行业的员工期望能够得到更高的薪水。

而工作环境方面，整体的均值水平都很高，员工对同事关系的满意度最高，均值达到 3.36，表明无论同事还是上下级之间，信息服务业员工的工作环境满意度都处于一个较高的水准。同事之间的和睦相处，上下级之间的互相信任、支持，这是信息服务业工作情况的新特点。

表 7-2-12　员工满意度的变量和描述性统计结果

二级变量	一级变量	测度变量	均值	方差
员工工作满意度	工作回报	（1）薪水	2.62	1.343
		（2）福利待遇	2.77	1.344
		（3）奖惩制度	2.87	1.289
			3.45	0.703
	工作环境	（4）与同事的关系	3.36	1.828
		（5）与老板/上司的关系	3.25	1.785
		（6）领导的支持与帮助	3.30	1.436

（4）社会网络变量。

本章的社会网络指标主要分为网络规模、网络密度、网络异质性和网络关系强度。在员工的职业讨论社交网络中，网络规模最小为 0，最大为 15，均值为 6 左右，表明有些员工不曾与任何人讨论过就业问题，而有些则最多与 15 个人讨论过就业问题，平均与 6 个人左右讨论就业问题。密度最小为 0，最大为 1，表明有些网络中的人都相互联系，但密度为 0 主要由于网络规模为 0。网络异质性最小为 0，最大为 12，意味着网络中最多有 9 个成员的职业地位不同。而网络关系强度方面，三种方式的关系强度最小均为 0，最大分别为 15、14、13，平均值中邮件大于电话，而电话大于见面，说明信息服务业中，员工通过邮件交流就业问题的现象最普遍，其次为电话，面对面交流则最少。指标具体的描述性统计结果如表 7-2-13 所示。

表 7-2-13　员工关系网络特征的变量和描述性统计结果

网络指标	极小值	极大值	平均值	标准差
网络规模	0	15	6.01	3.47
网络密度	0	1	0.58	0.31
网络异质性	0	8	1.82	1.57
邮件网关系强度	0	15	4.56	3.71
电话网关系强度	0	14	2.06	1.82
见面网关系强度	0	13	1.50	1.77

7.3 影响知识型劳动力流动的因素及其直接影响分析

7.3.1 知识型劳动力的流动性概况分析

（1）上海、深圳信息服务业中的知识型员工流动性最大，而西安信息服务业中的知识型员工流动性相对最小。

首先，从各城市信息服务业中的知识型员工的流动性来看，如表 7-3-1 所示，六个城市的总体水平为 4.12 年中流动 1.96 次，即这 1675 个被调查者平均工作年限为 4.12 年，这是从他们开始进入劳动力市场算起。在他们进入职场的 4.12 年内，每个人平均换工作的次数约为 2 次。接着，从这六个城市的数据来看，低于总体水平的城市有两个：一个是西安，另一个是广州，但是广州的被调查员工的平均工作年限仅为 2.79 年，因此，广州知识型员工的流动性在一定意义上也比较高。但西安的知识型员工在 4.17 年内，平均流动次数仅为 1.25，说明代表西部地区经济中心的西安，其信息服务业中员工的流动性要低于其他城市。此外，上海信息服务业中员工的流动性是最高的，3.76 年内平均流动次数就达到了 2.84 次。而深圳、苏州等城市流动性也比较高，仅次于上海。由此可以看出，行业竞争较激烈的城市的信息服务业内人才的流动性也比较频繁，而上海正是信息服务业发展的最好的城市，因此，其业内的人才流动较大。

表 7-3-1 职业年限与流动性指标分析表

	西部地区	珠三角地区			长三角地区				总体
	西安	深圳	广州	合计	苏州	杭州	上海	合计	
平均工作年限	4.17	5.45	2.79	4.17	4.64	3.71	3.76	4.10	4.12
平均流动次数	1.25	2.45	1.65	2.07	2.34	2.00	2.84	2.44	1.96
样本量	290	267	246	513	353	202	317	872	1675

（2）长三角地区信息服务业中知识型员工流动性最大，其次是珠三角地区，西部地区信息服务业中知识型员工的流动性相对最小。

同样，从表 7-3-1 中可以看出，长三角地区信息服务业中的员工的平均工作年限为 4.10 年，在他们进入职场的 4.10 年内，每个人平均换工作的次数约为 2.44次，而珠三角地区的员工平均工作年限为 4.17 年，在这期间，每个人平均换工作的次数约为 2.07 次，最后，西部地区的员工平均工作年限为 4.17 年，在这期间，每个人平均换工作的次数仅为 1.25 次。由此可知，经济发达地区的信息服务业内竞争比较激烈，人才的流动性也较频繁，而经济相对落后的地区相关行业内的人才流动也较缓慢，这是由地区本身的性质和行业性质所决定的。

（3）从城市来看，苏州地区信息服务业中员工职业流动率最高，而西安最低，从地区来看，长三角地区信息服务业的员工职业流动率最高。

从表 7-3-2 中可以看出，在职业流动率方面，六个地区的总体被调查者中，有 52.1%的员工曾经发生过职业流动。而从不同的城市来看，苏州是职业流动率最高的城市，其次是深圳、杭州以及上海，这几个城市的职业流动率均高于总体水平，而西安、广州的职业流动率最低。从地区来看，长三角地区的职业流动率高于珠三角地区，而西部地区则最低。

表 7-3-2　职业流动率分析表

	西部地区	珠三角地区			长三角地区				总体
	西安	深圳	广州	合计	苏州	杭州	上海	合计	
因变量：流动率	0.279	0.652	0.341	0.503	0.717	0.564	0.527	0.612	0.521
性别：									
男	0.302	0.624	0.347	0.492	0.724	0.531	0.514	0.599	0.506
女	0.252	0.691	0.333	0.519	0.711	0.594	0.538	0.623	0.537
出生地：									
非农村	0.244	0.645	0.295	0.460	0.698	0.589	0.507	0.600	0.504
农村	0.305	0.657	0.402	0.548	0.735	0.538	0.541	0.625	0.539
学历：									
本科以上学历	0.253	0.595	0.293	0.437	0.659	0.523	0.461	0.549	0.460
本科以下学历	0.369	0.792	0.605	0.730	0.826	0.702	0.743	0.777	0.701
样本量	290	267	246	513	353	202	317	872	1675

（4）女性知识型员工的流动率高于男性，来自农村的知识型劳动力的流动率高于非农村的，本科以下学历的知识型员工的流动率则高于本科以上学历的员工。

从总体水平来看，如表 7-3-2 所示，女性知识型员工的流动率要高于男性，来自农村的知识型劳动力的流动率高于非农村的，本科以下学历的知识型员工的流动率则高于本科以上学历的员工。这表明，在信息服务业中，女性的流动性更高，农村出身的员工的流动性更高，此外，学历低的员工流动性也更高。另外，从各个城市来看这一规律，西安、广州、苏州这三个城市的女性员工流动率要低于男性，不满足这一规律。而杭州城市的员工流动率不满足出生地的规律，即在杭州信息服务业中，非农村出身的员工流动率要高于来自农村的员工。最后，对于高学历的员工流动率低于低学历的员工这一规律，六个城市均满足。

7.3.2 劳动力流动影响因素的直接影响分析

7.3.2.1 变量间的相关关系分析

基于上述对变量的构成和处理，这里将对研究框架部分提出的相关假设进行分析和检验。首先是对相关变量的相关关系分析，具体分析结果如下。

（1）人力资本与员工流动的相关关系。

本章通过交叉列联分析的卡方检验，以判断人力资本变量之间以及员工流动与各变量之间的相关性。具体结果如表 7-3-3 所示。

表 7-3-3　人力资本与员工流动的交叉列联分析

变量		学历	实习经历	社会实践	工作经验	性别	年龄	政治身份	院校级别
实习经历	卡方值	0.00	1						
	显著性	0.991							
社会实践	卡方值	3.30	138.91***	1					
	显著性	0.069	0.000						
工作经验	卡方值	6.84***	10.359***	17.97***	1				
	显著性	0.000	0.001	0.000					
性别	卡方值	16.51***	2.646	3.393	0.081	1			
	显著性	0.000	0.104	0.065	0.776				
年龄	卡方值	0.011	28.79***	19.71***	577.02***	10.381***	1		
	显著性	0.916	0.000	0.000	0.000	0.001			
政治身份	卡方值	83.08***	0.502	4.87*	24.833***	3.950*	0.039	1	
	显著性	0.000	0.479	0.027	0.000	0.047	0.844		
院校级别	卡方值	280.61***	0.403	0.809	8.278**	12.438***	6.415*	31.168***	1
	显著性	0.000	0.525	0.368	0.004	0.000	0.011	0.000	
员工流动	卡方值	83.60***	0.605	0.046	429.45***	2.490	193.58***	64.621***	31.666***
	显著性	0.000	0.437	0.831	0.000	0.115	0.000	0.000	0.000

学历和工作经验变量与其他自变量的相关关系相对较弱，但与控制变量之间的相关关系较强。而实习经历和社会实践变量与控制变量之间的相关关系较弱，

但与其他自变量之间的关系较强。控制变量中，只有性别与其他变量的相关关系较强，其他变量均只与1~2个变量呈强相关关系。因此，在后面的分析中，将对四个主要自变量依次放入模型中，以减弱多重共线性的影响。而自变量与因变量员工流动之间的相关关系中，实习经历和社会实践与员工流动的相关性较差，而学历、工作经验与员工流动的相关性较强，表明学历、工作经验对员工流动有着显著的影响。

（2）员工的工作满意度和组织环境的相关关系。

员工的工作满意度主要包括两个变量，分别为工作回报满意度以及工作环境满意度，而组织环境也主要包括两个变量，分别为企业文化和岗位匹配度。本章根据探索性因子分析（EFA）的变量结构，对三个潜在变量进行因子分析，将标准化后的因子得分作为潜在变量的测度，使得潜在变量转化为可观测变量，为下面的回归做好准备。为防止多重共线性问题的出现，本章对以上变量进行相关性分析，鉴于变量均属于连续变量，因此，使用皮尔逊相关系数来刻画这种相关关系。从结果可以看出，工作回报和工作环境之间，以及组织环境和企业文化之间，均存在着显著的相关关系，对于下面的回归分析将产生一定的影响，因此，在下面分析变量对员工流动的影响机制时，本章将变量单一进行回归，随后再将变量一同放入回归模型中，以讨论各变量之间，以及变量与员工流动之间的影响情况。

（3）社会网络特征的相关关系。

社会网络特征指标主要由网络规模、网络密度、网络异质性和网络关系强度构成，通过对其进行皮尔逊相关分析，分析结果显示网络关系强度和网络规模、网络密度之间有着显著的相关关系，因此，在下面分析中将分开讨论各网络变量与员工流动之间的影响情况。

（4）员工的工作满意度和社会网络与员工流动的相关关系。

员工的工作满意度和组织环境的潜在变量在进行因子分析后，均属于连续型自变量，且网络特征指标也属于连续型自变量，但是员工流动却属于定类型变量，因此本章使用 ETA^2 系数对该类型下的变量进行相关性分析。分析结果显示，除了网络关系强度变量与因变量之间没有显著的相关关系，其他变量均与因变量之间有显著的相关关系，表明工作回报满意度、工作环境满意度、岗位匹配度、企业文化以及网络规模、密度、异质性对员工流动有着显著的影响。

7.3.2.2　变量间的直接影响关系分析

接下来对人力资本、社会网络和员工的工作满意度对员工流动的影响的相关假设进行验证，由于因变量员工流动是 0-1 二分类变量，采用 Logit 回归，分析结果如表 7-3-4 所示。

表 7-3-4　人力资本、社会网络和员工的工作满意度对员工流动的影响

自变量 \ 因变量	模型 1-1（Logit）Exp（B）系数 员工流动	模型 1-2（Logit）Exp（B）系数 员工流动	模型 1-3（Logit）Exp（B）系数 员工流动
常数项	1.018	6.329***	0.186***
性别	0.790**	0.720***	0.754**
年龄	1.987***	5.992***	5.137***
党员	0.456***	0.375***	0.369***
毕业院校	0.726**	0.480***	0.532***
学历水平	0.534***	—	—
实习经历	1.089	—	—
社会实践	1.455***	—	—
工作经验	8.395***	—	—
工作回报	—	0.219***	—
工作环境	—	0.171***	—
网络规模	—	—	1.141***
网络密度	—	—	4.318***
网路异质性	—	—	1.157***
网络关系强度	—	—	1.693**
-2 似然比值	1713.449	1823.567	1855.508
预测准确率/%	75	72.1	69.8
χ^2	572.038***	461.919***	429.979***
df	8	6	8

由表 7-3-4 可知，模型 1-1 中分析结果显示，除了实习经历外，其他三个变量均对员工流动产生了显著的影响。具体数据显示，人力资本对员工流动具有显著的影响，整体模型的卡方检验显著，-2 对数似然值为 1713.449，预测准确率为 75%。其中学历对员工流动的影响在 0.01 的显著性水平下显著，其 Exp(B)系数为 0.534，意味着如果本科及以下学历的员工发生流动的概率为 1，那么本科以上学历的员工发生流动的概率将是 0.534，学历越低的员工流动越频繁。实习经历对员工流动的影响不显著；社会实践对员工流动具有显著的正向影响，其 Exp（B）系数为 1.455，意味着如果没有参与社会实践的员工发生流动的概率为 1，那么参与社会实践的员工发生流动的概率将是 1.455，社会实践经验越丰富的员工流动越频繁。工作经验对员工流动同样具有在 0.01 的显著性水平下显著影响，其 Exp（B）系

数为 8.395，意味着如果没有工作经验的员工发生流动的概率为 1，那么拥有工作经验的员工发生流动的概率将是 8.395，因而具有工作经验的员工流动越频繁。假设 H1 得到了部分验证。

表 7-3-4 中的模型 1-2 和模型 1-3 分析结果显示，员工工作满意度和社会网络对员工流动均产生了显著性水平较高的影响，其中员工工作满意度对员工流动影响 Exp 系数小于 1，即满意度越高、组织环境越好会使员工越不容易发生流动。相反的是，社会网络因素中的四个变量对员工流动影响的 Exp 系数均大于 1，即社会网络资源越丰富越容易导致员工流动行为的发生。

接下来对员工满意度对社会网络的直接影响进行分析，具体分析结果如表 7-3-5 所示。模型 2-1 显示员工工作满意度中工作回报和工作环境对网络规模具有显著的负向影响，但工作内容对网络规模没有显著影响。整体模型的 F 检验显著，拟合优度为 0.023。工作回报对网络规模的影响在 0.01 的显著性水平下显著，其影响系数为–0.938，意味着工作回报满意度越高，员工的就业讨论关系网络的网络规模越低。工作环境对网络规模的影响在 0.05 的显著性水平下显著，其影响系数为–0.730，意味着工作环境满意度越高，员工的就业讨论关系网络的网络规模越低。

表 7-3-5　员工工作满意度对社会网络相关变量的影响

自变量 ＼ 因变量	模型 2-1（OLS）B 系数 网络规模	模型 2-2（OLS）B 系数 网络密度	模型 2-3（OLS）B 系数 异质性	模型 2-4（OLS）B 系数 关系强度
常数项	6.795***	0.665***	2.074***	0.350***
性别	−0.275	−0.006	0.06	−0.003
年龄	0.579***	0.033**	0.205***	0.046***
党员	−0.441***	0.02	−0.076	0.002
毕业院校	−0.136	−0.02	−0.023	−0.019
工作回报	−0.938***	−0.104***	−0.518***	0
工作环境	−0.730**	−0.094***	−0.289*	−0.072***
R^2	0.023	0.022	0.019	0.015
F	6.584***	6.349***	5.353***	4.316***
df	6	6	6	6

模型 2-2 同样显示员工的工作满意度中工作回报和工作环境对网络密度具有显著的负向影响，但工作内容对网络密度没有显著影响。整体模型的 F 检验显著，拟合优度为 0.022。工作回报对网络密度的影响在 0.01 的显著性水平下显著，其

影响系数为-0.104，意味着工作回报满意度越高，员工的就业讨论关系网络的网络密度越低。工作环境对网络密度的影响在0.01的显著性水平下显著，其影响系数为-0.094，意味着工作环境满意度越高，员工的就业讨论关系网络的网络密度越低。

模型2-3显示员工的工作满意度中工作回报和工作环境对网络异质性具有显著的负向影响。整体模型的 F 检验显著，拟合优度为0.019。工作回报对网络异质性的影响在0.01的显著性水平下显著，其影响系数为-0.518，意味着工作回报满意度越高，员工的网络异质性越低。工作环境对网络规模的影响在0.1的显著性水平下显著，其影响系数为-0.289，意味着工作环境满意度越高，员工的网络异质性越低。

模型2-4显示工作回报对网络关系强度没有显著的影响，工作环境对网络关系强度具有显著的负向影响，且整体模型的 F 检验显著，拟合优度为0.015。意味着工作环境满意度越高，员工的网络关系强度越低。至此，假设H6、H7得到全部验证，H9得到了部分验证。

由表7-3-6中的模型3-1分析结果可知，控制变量和组织环境变量对员工流动的回归分析中整体模型显著，-2对数似然值为1904.613，卡方检验值为380.873且在0.01水平上显著，企业文化和岗位匹配度变量均对员工流动均产生了在0.01水平上显著的影响，即假设H8得到了全部验证。企业文化对员工流动影响的Exp（B）系数为0.405，意味着如果企业文化水平较低的员工发生流动的概率为1，那么企业文化相对较高的员工发生流动的概率将是0.405，即企业文化水平越高的员工越不容易发生流动。同样，岗位匹配度对员工流动影响的系数Exp（B）系数为0.693，意味着如果岗位匹配度较低的员工发生流动的概率为1，那么岗位匹配度较高的员工发生流动的概率将是0.693，即企业文化水平越高的员工越不容易发生流动。

表7-3-6　组织环境对员工流动、社会网络和员工工作满意度的影响

自变量 \ 因变量	模型3-1 (Logit) Exp (B) 系数 员工流动	模型3-2 (OLS) B 系数 网络规模	模型3-3 (OLS) B 系数 网络密度	模型3-4 (OLS) B 系数 异质性	模型3-5 (OLS) B 系数 关系强度	模型3-6 (OLS) B 系数 工作环境	模型3-7 (OLS) B 系数 工作回报
常数项	5.241***	6.771***	0.622***	1.977***	0.410***	0.435***	0.299***
性别	0.736***	-0.26	-0.007	0.063	0	-0.009	0.011
年龄	5.527***	0.589***	0.033**	0.212***	0.044***	-0.032***	-0.008
党员	0.382***	-0.458**	0.017	-0.089	0.005	0.021	0.028*
毕业院校	0.517***	-0.113	-0.018	-0.011	-0.019	0.003	-0.023
企业文化	0.405***	-0.909**	0.027	-0.323*	-0.087***	0.086***	0.140***

续表

自变量 ＼ 因变量	模型 3-1 （Logit）Exp（B）系数 员工流动	模型 3-2 （OLS）B 系数 网络规模	模型 3-3 （OLS）B 系数 网络密度	模型 3-4 （OLS）B 系数 异质性	模型 3-5 （OLS）B 系数 关系强度	模型 3-6 （OLS）B 系数 工作环境	模型 3-7 （OLS）B 系数 工作回报
岗位匹配度	0.693***	−0.136*	−0.021***	−0.047	−0.024***	0.01	0.012*
−2 似然比值	1904.613	—	—	—	—	—	—
χ^2	380.873***	—	—	—	—	—	—
R^2	—	0.018	0.009	0.009	0.027	0.013	0.016
F	—	4.993***	2.607**	2.526**	7.683***	3.634***	4.504***
df	6	6	6	6	6	6	6

由模型 3-2 的结果可知，企业文化和岗位匹配度对网络规模具有显著的负向影响，整体模型的 F 检验显著，拟合优度为 0.018。企业文化对网络规模的影响在 0.05 的显著性水平下显著且系数为负，意味着企业文化越好，员工的网络规模越低。岗位匹配度对网络规模的影响在 0.1 的显著性水平下显著且系数为负，意味着岗位匹配度越高，员工的网络规模越低。

由模型 3-3 的结果可知，岗位匹配度对网络密度具有显著的负向影响，企业文化对网络密度影响并不显著，整体模型的 F 检验显著，拟合优度为 0.009。岗位匹配度对网络密度的影响在 0.01 的显著性水平下显著且系数为负，意味着岗位匹配度越高员工的网络密度越低。

由模型 3-4 的结果可知，企业文化对异质性具有显著的负向影响，岗位匹配度对异质性的影响并不显著，整体模型的 F 检验显著，拟合优度为 0.009。企业文化对异质性的影响在 0.1 的显著性水平下显著，其影响系数为−0.323，意味着企业文化越好，员工的异质性越低。

由模型 3-5 的结果可知，企业文化和岗位匹配度对关系强度具有显著的负向影响，整体模型的 F 检验显著，拟合优度为 0.027。企业文化对关系强度的影响在 0.01 的显著性水平下显著，其影响系数为−0.087，意味着企业文化越好，员工的网络规模越低。岗位匹配度对关系强度的影响在 0.01 的显著性水平下显著，其影响系数为−0.024，意味着岗位匹配度越高，员工的关系强度越低。就此，假设 H10 也得到了部分验证。

由模型 3-6 的结果可知，企业文化对工作环境满意度具有显著的正向影响，但岗位匹配度对工作环境满意度没有显著影响，整体模型的 F 检验都显著，拟合优度为 0.013。企业文化对工作环境满意度的影响在 0.01 的显著性水平下显著，其影响系数为 0.086，意味着企业文化越好，员工的工作环境满意度越高。

由模型 3-7 的结果可知，企业文化和岗位匹配度对工作回报满意度具有显著的正向影响，整体模型的 F 检验显著，拟合优度为 0.016。企业文化对工作回报满意度的影响在 0.01 的显著性水平下显著，其影响系数为 0.140，意味着企业文化越好，员工的工作回报满意度越高。岗位匹配度对工作回报满意度的影响在 0.1 的显著性水平下显著，其影响系数为 0.012，意味着岗位匹配度越高，员工的工作回报满意度越高。就此，假设 H11 也得到了部分验证。

7.4 影响知识型劳动力流动因素的中介效应分析

7.4.1 劳动力流动影响因素间的间接关系分析

由于社会网络变量有可能在员工的工作满意度与员工流动之间和组织环境与员工流动之间两组关系中起到中介作用，本节将这两组关系中的间接关系以及中介作用分别进行分析，首先，对两组关系的间接关系分别进行模型拟合与结果分析。

1）社会网络在员工的工作满意度对员工流动影响关系中的间接关系

首先，对该组变量关系进行结构方程模型的构建，将社会网络、员工的工作满意度、员工流动和组织环境等因素变量同时纳入模型中，随后将组织环境对社会网络和员工的工作满意度的路径系数设置为 0，以消除其对该中介效应的影响。使用 Amos 21.0 软件进行分析，并按照修正指数 MI 的提示进行模型修正后，得到路径模型标准化系数图如图 7-4-1 所示。由图 7-4-1 中模型拟合指数可知，卡方自由度之比虽然没有小于 2，但由于变量过多卡方值累积过大也可以接受。此外，模型各个拟合指数均处于理想水平，修正后的模型拟合效果较好。从各路径系数的显著性也可以看出，组织环境、员工的工作满意度和社会网络对员工流动的影响与前面单方程分析的结果基本一致，员工的工作满意度对社会网络的影响同样全部显著，再次验证了员工流动影响因素作用的稳定性，完全符合前面对各变量间的直接影响关系的分析结果。

2）社会网络在组织环境对员工流动影响关系中的间接关系

类似于上述分析间接关系的过程，首先构建该组关系的结构方程模型，即将上述模型中路径系数设置为 0 的关系更改为组织环境对员工的工作满意度和员工的工作满意度对社会网络的影响分别设置为 0，以消除其对该组中介作用的影响。经过模型修正后的标准化路径系数图如图 7-4-2 所示。由图 7-4-2 中所示各类拟合指数的数值可知，均处于较为理想范围内，即该模型拟合程度较为理想可以接受。此外由路径系数及其显著性与第一组中介作用分析模型差异不大，基本与前面员工流动的直接影响因素分析结果完全相符。

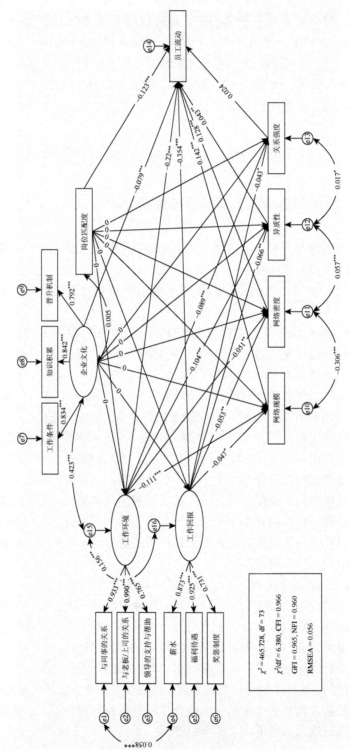

图 7-4-1　社会网络在员工的工作满意度与员工流动之间的间接关系标准化路径系数图

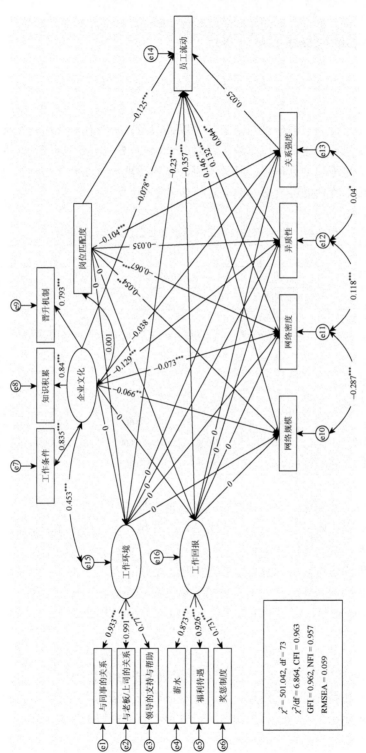

图 7-4-2　社会网络在组织环境与员工流动之间的中介作用标准化路径系数数图

7.4.2　社会网络的中介效应分析

同样,社会网络的中介效应分析也分为上述两组关系分别进行分析,结果如下。

1) 社会网络在员工的工作满意度对员工流动影响关系中的中介作用

从上述路径系数的分析结果中,可以提取员工的工作满意度对社会网络和员工流动等变量的直接和间接影响关系及其显著性水平,从而判断社会网络在其中是否起到了显著的中介作用。具体来说,工作环境满意度和工作回报满意度对社会网络和员工流动的各类影响效应总结如表 7-4-1 所示。

表 7-4-1　社会网络在员工满意度和员工流动之间的间接关系

自变量	内生变量				
	工作满意度				员工流动
	网络规模	网络密度	异质性	关系强度	
工作环境满意度					
直接效应	-0.111^{***}	-0.051^{**}	-0.104^{***}	-0.089^{***}	-0.22^{***}
间接效应	0.000	0.000	0.000	0.000	-0.029^{***}
整体效应	-0.111^{***}	-0.051^{**}	-0.104^{***}	-0.089^{***}	-0.249^{***}
工作回报满意度					
直接效应	-0.047^{*}	-0.053^{***}	-0.066^{**}	-0.043	-0.354^{***}
间接效应	0.000	0.000	0.000	0.000	-0.017^{***}
整体效应	-0.047^{*}	-0.053^{**}	-0.066^{**}	-0.043	-0.371^{***}

由表 7-4-1 可知,网络规模、网络密度和异质性三个变量在员工的工作满意度和员工流动影响关系中起到了显著的中介作用,员工的工作满意度对员工流动的直接影响显著,起到部分中介作用。由于关系强度对员工流动直接影响不显著,且工作回报满意度对关系强度直接影响也不显著,其在工作回报满意度与员工流动之间未起到中介作用;而工作环境满意度对关系强度的影响显著,所以需要做进一步 Sobel 检验,结果显示检验值 $z = -1.174$ 小于 MacKinnon 临界值表中的标准 -0.97($p < 0.05$),通过了 Sobel 检验。即关系强度在工作协作满意度与员工流动之间起到了显著的部分中介作用。就此,假设 H5 得到了部分验证。

2) 社会网络在组织环境对员工流动影响关系中的中介作用

基于上述路径分析的结果,从其中提取相关变量的直接效应、间接效应和整体效应的影响结果,即可分析出其中是否存在社会网络的中介作用,具体结果如表 7-4-2 所示。

表 7-4-2 社会网络在组织环境和员工流动之间的间接关系

自变量	内生变量				
	工作满意度				员工流动
	网络规模	网络密度	异质性	关系强度	
企业文化					
直接效应	−0.066**	−0.073***	−0.129***	−0.038	−0.078***
间接效应	0.000	0.000	0.000	0.000	−0.026***
整体效应	−0.066**	−0.073***	−0.129***	−0.038	−0.104***
岗位匹配度					
直接效应	−0.054**	−0.067***	−0.035	−0.104***	−0.125***
间接效应	0.000	0.000	0.000	0.000	−0.021***
整体效应	−0.054**	−0.067***	−0.035	−0.104***	−0.146***

由表 7-4-2 所示，网络规模、网络密度和异质性在企业文化和员工流动之间起到了显著的部分中介作用；企业文化对关系强度的直接影响不显著，且路径系数显示关系强度对员工流动的直接影响也不显著，故关系强度在企业文化与员工流动之间未起到中介作用。网络规模和网络密度在岗位匹配度和员工流动之间起到了显著的部分中介作用；而岗位匹配度对异质性的直接影响不显著，但由前面直接影响分析的结果可知，异质性对员工流动的直接影响显著，所以这里需要进行 Sobel 检验，结果显示检验值 $z = -1.252$，查 MacKinnon 临界值表可知−1.252小于−0.97（$p < 0.05$），通过了 Sobel 检验，如表 7-4-2 所示，即异质性在岗位匹配度与员工流动间起到了显著的部分中介作用。类似地，关系强度在岗位匹配度与员工流动之间的中介作用也需要 Sobel 检验，检验值 $z = -0.000277$ 大于−0.97，未通过 Sobel 检验，即关系强度未起到显著的中介作用。即假设 H5 也得到了部分验证。

7.4.3 社会网络中介效应的分地区比较

由于样本量的构成中涉及我国不同地区信息服务业员工，这里对上述两个中介作用模型进行地区间的稳健性检验，从而检验该模型在不同地区间的稳定性，以及地区间路径系数的差异和联系，使用 Amos 21.0 进行分析。具体来说，根据地区变量将总体样本拆分为长三角地区、珠三角地区和西部地区三个分样本，样本数量分别为 872、513 和 290。同样采用前面使用的将特定路径系数设定为 0 的结构方程模型，分别检验两种中介模型的稳定性。

1）对社会网络在员工的工作满意度和员工流动之间的中介作用模型的稳健性检验

按照上述样本划分原则进行多群组分析，模型总体的适配指标中，χ^2 值为 656.891，df 值为 243，χ^2/df 值为 2.703，CFI、NFI、IFI、GFI 拟合指标的值分别为 0.965、0.946、0.965、0.951，均达到了理想值水平，RMSEA 的值为 0.032，说明各地区模型整体拟合效果较好。三个地区的标准化路径系数模型图这里不再展示，具体路径系数分地区的稳健性检验结果如表 7-4-3 所示，在员工的工作满意度对员工流动的直接影响方面，三个地区的路径系数均显著，表明员工工作满意度对员工流动的负向影响在三个地区都成立。其中，相比于珠三角地区和西部地区，长三角地区的工作回报满意度对员工流动的影响系数更大，而工作环境满意度对员工流动的影响系数更小，从中可以看出长三角地区信息服务业的员工在工作中更看重工作回报的满意度，而珠三角地区和西部地区的员工更看重工作环境满意度。原因在于珠三角和西部地区的信息服务企业相对更注重对员工技术、专业以外的配合精神，员工往往需要相互配合、相互协作才能更高效率地完成工作，因而这两个地区的员工会更加看重与同事、上司的协作关系，这种关系的好坏会直接影响其流动行为。

表 7-4-3　满意度-网络-员工流动模型路径系数的分地区稳健性检验结果

变量间关系	珠三角地区	长三角地区	西部地区
网络规模←工作回报	−0.036*	−0.048*	−0.04*
网络密度←工作回报	−0.052**	−0.064**	−0.062**
异质性←工作回报	−0.049**	−0.066**	−0.056**
关系强度←工作回报	−0.132***	−0.06*	0.073
网络规模←工作环境	−0.107***	−0.11***	−0.117***
网络密度←工作环境	−0.046*	−0.042*	−0.053*
异质性←工作环境	−0.106***	−0.108***	−0.119***
关系强度←工作环境	−0.109**	−0.096***	−0.072
员工流动←工作环境	−0.229***	−0.203***	−0.246***
员工流动←工作回报	−0.28***	−0.399***	−0.295***
员工流动←网络规模	0.138***	0.146***	0.130***
员工流动←网络密度	0.126***	0.146***	0.112***
员工流动←异质性	0.038*	0.04*	0.035*
员工流动←关系强度	0.081**	0.018	0.004

在员工讨论网网络特征对员工流动的影响方面，网络规模、网络密度和异质性对员工流动的影响在长三角地区、珠三角地区和西部地区均显著，但关系强度

对员工流动的影响仅在长三角地区显著,而在珠三角地区和西部地区不显著。长三角地区的员工在建立网络渠道方面比西部地区员工更有优势,书中涉及的讨论网主要是员工与同事、朋友之间的弱关系,员工弱关系的主导作用在长三角等经济发达地区更明显,而在西部等经济发展相对滞后地区中,员工主要通过与家人之间的强关系进行员工流动,强关系的建立难度比弱关系更大。因此,西部地区员工的流动性为受网络规模、密度的影响更小,而长三角和珠三角地区的员工在流动过程中更希望寻求网络的帮助,获取更多的就业信息,就业信息的获取面比西部地区的员工更大。

在员工的工作满意度对社会网络的影响方面,珠三角地区和长三角地区的结果相差不大,西部地区员工的工作满意度对网络特征的影响较弱。工作回报和工作环境的不满会使得长三角地区和珠三角地区的员工更倾向于在身边建立就业讨论网,而就业讨论网中的成员主要是同事、朋友,属于员工的弱关系,而西部地区的员工更愿意找家人帮助,家人的强关系网络比较难建立,因此员工的工作满意度对网络特征的影响不明显。

总体来看,三个地区路径系数的显著性程度基本一致,除了网络关系强度涉及的影响关系在珠三角和长三角地区比西部地区更显著之外,检验结果说明结构方程模型在三个地区间关系稳定性较强,社会网络在员工的工作满意度和员工流动之间的中介作用模型比较稳定。

2)对社会网络在组织环境和员工流动之间的中介作用模型的稳健性检验

类似于上述模型稳健性检验过程,模型总体适配度指标中,χ^2 值为 703.234,df 值为 245,χ^2/df 值为 2.870,CFI、NFI、IFI、GFI 拟合指标的值分别为 0.961、0.942、0.961、0.947,均达到了理想值水平,RMSEA 的值为 0.033,各地区模型整体拟合效果较好。路径系数分地区的稳健性检验结果如表 7-4-4 所示,在组织环境对员工流动的直接影响方面,三个地区的路径系数中企业文化和岗位匹配度对员工流动的影响均显著,但由系数的大小可知,长三角和珠三角地区的影响系数要略微大于西部地区,表明这两个地区的信息服务业的员工更重视组织环境对自身工作的影响。此外,西部地区的企业在构建企业文化方面比长三角和珠三角地区的企业弱,因此,长三角和珠三角地区员工的流动行为受企业文化的影响更明显,而西部地区的员工在这方面的效应较弱。岗位匹配度对员工流动的影响与企业文化类似,在长三角地区和珠三角地区更强,经济发达地区的岗位要求更高,一旦专业和岗位匹配性不一致,就会导致员工发生流动,这一方面,西部地区较弱。

表 7-4-4　组织环境-网络-员工流动模型路径系数的分地区稳健性检验结果

变量间关系	珠三角地区	长三角地区	西部地区
网络规模←企业文化	−0.063[**]	−0.064[**]	−0.051[**]

续表

变量间关系	珠三角地区	长三角地区	西部地区
网络密度←企业文化	−0.072***	−0.066***	−0.062***
异质性←企业文化	−0.136***	−0.135***	−0.112***
关系强度←企业文化	−0.062	−0.04	−0.03
网络规模←岗位匹配度	−0.049**	−0.049**	−0.05**
网络密度←岗位匹配度	−0.07***	−0.063***	−0.075***
网络异质性←岗位匹配度	−0.039	−0.039	−0.041
关系强度←岗位匹配度	−0.089**	−0.023	−0.144**
员工流动←企业文化	−0.086***	−0.091***	−0.066***
员工流动←岗位匹配度	−0.123***	−0.129***	−0.120***
员工流动←网络规模	0.143***	0.149***	0.136***
员工流动←网络密度	0.128***	0.149***	0.117***
员工流动←异质性	0.039*	0.041*	0.036*
员工流动←关系强度	0.085**	0.016	0.006

在员工讨论网网络特征对员工流动的影响方面，珠三角地区的路径结果均显著，而长三角和西部地区的路径系数有三个显著。这种结果的原因与前面类似，在于经济发达地区的员工更有建立网络的优势，且更愿意通过弱关系获取就业信息，其流动行为更受到身边社会网络的影响。

在组织环境对社会网络的影响方面，总体来看三个地区的路径系数显著性差异不大。具体分析，其中企业文化均对关系强度的影响不显著，而岗位匹配度均对网络异质性的影响不显著。而长三角地区的岗位匹配度对关系强度不显著，表明珠三角和西部地区的员工在对岗位匹配度不满意时相对来说更愿意建立就业讨论网，并从中获取就业信息，从而发生流动行为。但是这种效应在长三角地区显得稍弱。

综上所述，社会网络对员工流动的影响方面三个地区的结果基本一致，除了该中介模型各路径系数的显著性水平仅在涉及关系强度的两组关系上有一定的差异，这也与地区间不同的经济发展水平和发展环境有关，此外该模型各地区间的稳健性较好。

7.5 影响知识型劳动力流动因素的调节效应分析

7.5.1 人力资本在工作满意度对劳动力流动影响过程中的调节作用

将员工的工作满意度和组织环境中的企业文化潜变量均退化为显变量，放入结构方程模型中进行具体分析。经检验发现，社会网络中除关系强度变量外，其他三个变量在员工的工作满意度与员工流动和组织环境与员工流动之间分别起到了显著的部分中介作用，故假设 H5 得到了部分验证。所以这里在分析调节作用时暂不考虑关系强度变量，仅将直接调节作用显著的相关结果展示如下。

将员工的工作满意度和组织环境中的企业文化潜变量均退化为显变量，放入结构方程模型中进行具体分析。经检验发现，社会网络中除关系强度变量外，其他三个变量在员工的工作满意度与员工流动和组织环境与员工流动之间分别起到了显著的部分中介作用，故假设 H5 得到了部分验证。所以这里在分析调节作用时暂不考虑关系强度变量，仅将直接调节作用显著的调节作用结果表述如下。

首先，对学历水平变量的调节作用进行检验。将学历水平与员工的工作满意度变量相乘后的交乘项放入结构模型中进行路径分析，观察模型中交乘项的系数显著性来判断调节作用，标准化路径系数如图 7-5-1 所示。

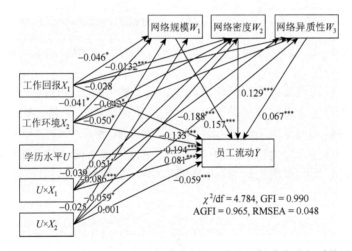

图 7-5-1　学历水平对员工工作满意度的调节作用标准化路径系数图

学历水平对工作回报满意度起到了显著的正向直接调节作用，对工作环境满意度起到了显著的负向直接调节作用。此外，学历与工作回报满意度交乘项对网络密度（0.051，$p = 0.035^*$）和网络异质性（-0.086，$p = 0.00^{***}$）影响显著，再加上网络密度和网络异质性对员工流动的直接影响也显著，故学历水平对工作回报满意度调节作用是有中介的调节作用，即调节作用还通过社会网络的变量对员工流动产生了间接影响。同理，学历与工作环境满意度的交乘项对网络密度（-0.059，$p = 0.014^*$）影响显著，网络密度对员工流动影响也显著，故学历对工作环境满意度的影响也是有中介的调节，即调节作用会通过网络密度对员工流动产生间接影响。

其次，实习经历对工作环境满意度起到了显著的负向直接调节作用，标准化系数图以及相关模型拟合指数如图 7-5-2 所示。此外，实习经历与工作环境满意度的交乘项对网络密度（0.051，$p = 0.014^*$）影响显著，再加上网络密度对员工流动的直接影响也显著，故实习经历对工作环境满意度调节作用是有中介的调节作用，即调节作用还通过社会网络密度对员工流动产生间接的负向影响。

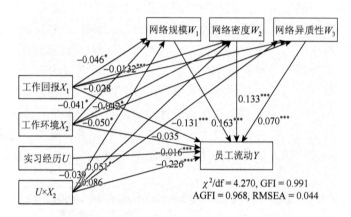

图 7-5-2　实习经历对员工工作满意度的调节作用标准化路径系数图

最后，工作经验对员工的工作满意度起到了显著的正向直接调节作用，即会减弱员工的工作满意度原本对员工流动产生的负向影响，标准化系数图及相关模型拟合指数如图 7-5-3 所示。工作经验与工作回报满意度的交乘项对网络密度（-0.044，$p = 0.035^*$）影响显著，再加上网络密度对员工流动的直接影响也显著，故工作经验对工作回报满意度的影响也是有中介的调节，即调节作用还通过社会

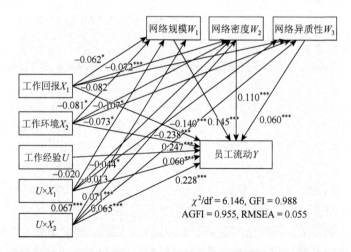

图 7-5-3　工作经验对员工工作满意度的调节作用标准化路径系数图

网络密度对员工流动产生间接负向影响。同理，工作经验与工作环境满意度的交乘项对网络规模（0.067，$p=0.001^{***}$）、网络密度（0.071，$p=0.003^{***}$）以及网络异质性（0.065，$p=0.002^{***}$）均显著，三者对员工流动的影响均显著，故工作经验对工作环境满意度的影响也是有中介的调节，即调节作用会通过社会网络的三个变量对员工流动产生间接的正向影响。就此，假设 H2 得到了大部分验证。

7.5.2 人力资本在组织环境对员工流动影响过程中的调节作用

类似上述调节作用的分析过程，这里仅将调节效应显著的结果展示如下。

首先，是实习经历对组织环境的调节作用，路径分析的结果如图 7-5-4 所示，实习经历对组织环境起到了显著的负向直接调节作用，即实习经历越丰富，组织环境对员工流动的负向影响作用就越强。此外，实习经历与企业文化的交叉项对网络密度（−0.044，$p=0.02^{**}$）和网络异质性（0.121，$p=0.00^{***}$）影响显著，同时网络密度与网络异质性对员工流动的影响也显著，故实习经历对企业文化的影响也是有中介的调节，即调节作用还会通过社会网络的变量对员工流动产生间接影响。同样，实习经历与岗位匹配度的交乘项对网络密度（−0.074，$p=0.02^{**}$）和网络异质性（−0.175，$p=0.00^{***}$）影响显著，所以实习经历对岗位匹配度也起到了有中介的调节作用，即调节作用还会通过社会网络对员工流动产生间接的负相影响。

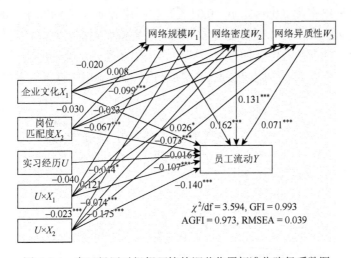

图 7-5-4 实习经历对组织环境的调节作用标准化路径系数图

其次，是社会实践对组织环境的调节作用，标准化路径系数图以及相关模型拟合指数如图 7-5-5 所示。社会实践仅对岗位匹配度起到了显著的正向直接调节作用，即减弱了其对员工流动的负向影响。此外，社会实践与岗位匹配度的交叉项对社会网络三个变量的影响均不显著，经过相应的 Sobel 检验发现其中并不存在显著的中介作用，即社会实践对岗位匹配仅存在显著的直接调节作用。

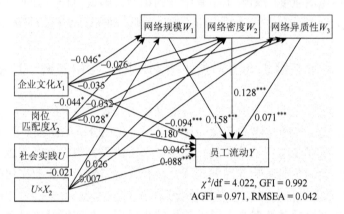

图 7-5-5　社会实践对组织环境的调节作用标准化路径系数图

最后，是工作经验对组织环境的调节作用，模型拟合程度较好，标准化路径系数图以及相关模型拟合指数如图 7-5-6 所示。工作经验仅对岗位匹配度起到了显著的正向直接调节作用，即工作经验越丰富的员工，越会减弱岗位匹配度对员工流动的负向影响。此外，工作经验与岗位匹配度的交乘项对网络规模（0.050，$p = 0.04^*$）、网络密度（0.084，$p = 0.01^{***}$）和网络异质性（0.47，$p = 0.05^*$）均呈现显著的正向影响，又社会网络对员工流动的直接影响均显著，故工作经验对岗位匹配度的影响也是有中介的调节，即中介作用还通过社会网络对员工流动产生显著的正向间接影响。至此，假设 H3 得到了大部分验证。此外，路径系数显示

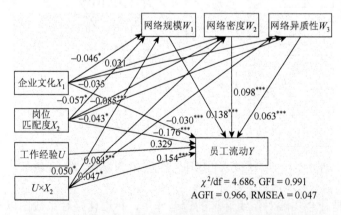

图 7-5-6　工作经验对组织环境的调节作用标准化路径系数

组织环境对员工流动有负向显著性影响，且对社会网络呈现部分的显著负向影响，即假设 H8 得到验证，假设 H10 得到大部分验证。

7.5.3 人力资本在社会网络对员工流动影响过程中的调节作用

由于社会网络变量在两组中介关系中均起到显著的部分中介作用，在分析人力资本对社会网络的调节作用时把员工的工作满意度和组织环境同时纳入模型中。首先，学历水平对社会网络变量的调节作用分析，路径分析结果如图 7-5-7 所示。其中，学历水平仅对网络异质性起到了显著的正向调节作用，即加强了网络异质性原本对员工流动所产生的正向影响。由于网络异质性在员工的工作满意度与员工流动之间和组织环境与员工流动之间均起到显著的中介作用，学历水平对社会网络的影响也是有中介的调节，且显著增强了网络异质性的中介作用。

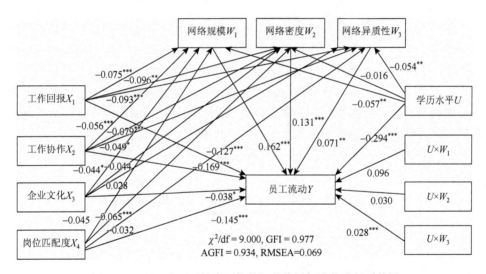

图 7-5-7　学历水平对社会网络的调节作用标准化路径系数图

其次，是实习经历对社会网络变量调节作用的分析，标准化路径系数图以及相关模型拟合指数如图 7-5-8 所示。实习经历对网络规模变量产生了显著的正向调节作用，对网络异质性则产生了显著的负向调节作用，而对网络密度的调节作用不显著。此外，结合社会网络的中介作用可知，实习经历对社会网络的影响也是有中介的调节，由于对网络规模的调节作用为正，对网络异质性的调节作用为负，实习经历对网络规模的调节作用显著增强了网络规模的中介作用，而对网络异质性的调节作用则相应减弱了其所起到的中介作用。

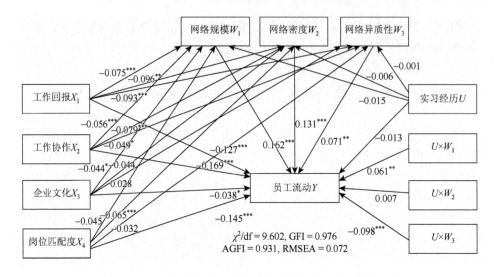

图 7-5-8　实习经历对社会网络的调节作用标准化路径系数图

　　然后，社会实践对社会网络的调节作用分析。模型拟合指数及标准化路径系数如图 7-5-9 所示。由分析结果可知，社会实践对网络规模产生了显著的正向调节作用，对网络密度变量则产生了显著的负向调节作用，而对网络异质性的调节作用不显著。此外，结合社会网络的中介作用，社会实践对社会网络的影响是有中介的调节，即对网络规模的显著正向调节增强了其原本的中介作用，而对网络密度的显著负向调节则减弱了其原本的中介作用。

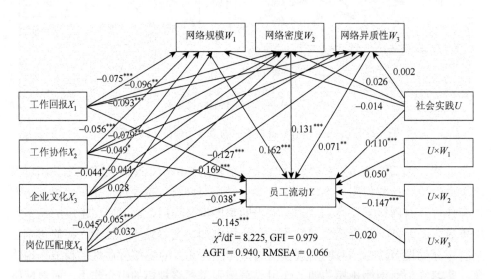

图 7-5-9　社会实践对社会网络的调节作用标准化路径系数图

　　最后，工作经验对社会网络变量的调节作用分析。标准化路径系数图以及相关模型拟合指数如图 7-5-10 所示，分析结果显示整体模型拟合程度较好，工作经验对社会网络的三个变量均产生了显著的负向调节作用，即减弱了原本社会网络对员工流动所产生的正向影响作用。加上社会网络本身的中介作用，工作经验对社会网络的影响是典型的有中介的调节，由于直接调节作用均呈现负向显著，工作经验对社会网络的调节作用显著减弱了其原本所起到的中介作用。至此，假设 H4 得到了大部分验证。此外，路径系数显示员工的工作满意度对社会网络起到了负向的显著影响，即假设 H9 得到了全部验证。而且通过单方程回归也可发现，组织环境对员工的工作满意度的影响中除了岗位匹配对工作协作满意度不显著外，其他均呈现出正向显著影响，即假设 H11 得到了部分验证。

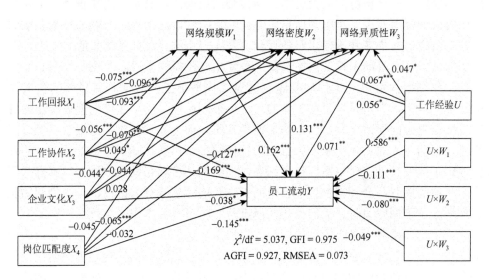

图 7-5-10　工作经验对社会网络的调节作用标准化路径系数图

7.6　本 章 小 结

　　本章分别将人力资本、组织环境、社会网络下的各影响因素对员工流动作了 Logit 多元回归模型，以揭示它们之间的线性关系。此外，本章也探讨了各影响因素之间的关系，通过建立路径模型进行分析。根据结果可以发现，回归模型的拟合效果较好，虽模型拟合优度比较低，但很多模型通过了 F 检验，达到了显著性水平，表明模型与数据之间的匹配度较好。并且，自变量的影响系数也均达到了显著性水平，说明变量间的影响关系客观存在。从上述模型的分析中，本章可以得出以下几点结论。

（1）概念模型中相关因素的直接影响关系结果。

人力资本、工作满意度、组织环境以及社会网络是知识型员工流动的直接影响因素。其中，讨论网的社会网络特征包括网络规模、密度、异质性以及关系强度。

传统的员工流动研究认为，员工的人力资本、工作满意度以及组织环境对员工的流动具有负效应，但是大多数研究的对象集中于第一和第二产业的员工。本章验证了这一负效应同样适用于信息服务业中的知识型员工。社会实践越多、工作经验越丰富的知识型员工，其发生行业内流动的可能性也更大，原因在于这些有经验的业内人才总是希望得到更好的工作岗位、更高的工作报酬，他们通过行业内的流动来实现职业目标，这也成为人力资源合理配置的途径之一。而实习经历较多的员工并没有以上现象，可能是由于国内企业的实习并没有有效地使实习生积累经验，提升自身的人力资本。与传统结论相反，高学历的知识型员工在行业内的流动反而更少。考虑到信息服务业的特殊性，高学历意味着高技术要求的岗位，这样的岗位在我国信息服务行业内是比较少的，因此在信息服务业中，高学历的员工反而流动困难，往往选择了一家起点较高的公司，便长期工作下去。

工作回报满意度和工作环境满意度对知识型员工的流动具有显著的负向影响。也就是说，当员工对目前工作的薪水、福利待遇、奖惩制度的整体看法越好时，他们更倾向于留下来，而不是贸然换工作。但当他们的实际回报小于期望回报时，他们可以通过流动来改善自己的工作回报。再者，知识型员工的工作特殊性决定了他们在工作时更需要得到同事、上级的认可与帮助，如果处理不好与同事、上司的关系，会使得他们在公司的工作开展寸步难行。因此，当他们感知到工作协作低于期望值时，他们也会选择流动，从而改善工作的现状。

而组织环境对于员工流动的影响同样也是显著的。知识型员工十分重视企业的文化氛围，在好的企业文化氛围下，员工不仅可以通过竞争得到工作岗位上的提升，也可以在企业中学习有价值的知识，积累经验，提升自身的能力。因此，企业文化对知识型员工来说十分重要，如果员工感知到企业文化较差，不利于自身的发展，那么就会选择流动。另外，岗位匹配性对员工的长期职业发展也十分重要，员工的专业所长与所从事的岗位匹配度越高，越有利于员工的职业发展，那么其流动的可能性越低。因此，好的企业文化氛围和有效合理的岗位配置可以减少知识型员工的流动行为。

（2）社会网络在员工满意度和组织环境与员工流动之间分别起到了部分中介作用。

在员工的工作满意度与员工流动影响关系之间，社会网络四个变量基本都起到了部分中介的作用，仅有关系强度变量在工作回报满意度和员工流动之间的中介作用不显著。即企业通过对员工工作满意度的提升，可以间接通过影响员工就业讨论网的形成从而进一步降低员工的流动概率，而不必去干预员工社会网络关系的构建。在组织环境与员工流动的影响关系之间社会网络中的网络规模、网络密度和异质性均起到了显著的部分中介作用，而关系强度变量的中介作用不显著，即组织环境也能够通过对员工就业讨论网络形成的负向影响，从而间接降低员工流动的概率。此外，上述两个中介模型也通过了不同地区间的稳健性检验，不同地区间的路径系数差异性总体来看并不明显，验证了该中介模型具有较好的适用性。

（3）学历水平、实习经历和工作经验对员工的工作回报满意度和工作环境满意度有显著的调节作用。

学历水平对工作回报满意度和工作环境满意度分别起到了显著的正向和负向直接调节作用，即学历较高的员工工作回报满意度对员工流动的负向影响较小，而工作环境满意度对员工流动的影响却会因为学历水平的提高而增强，但是正向调节作用明显大于负向调节作用，且两调节作用分别通过网络密度、网络异质性和网络密度对员工流动产生了间接影响。实习经历则仅对工作环境满意度产生了显著的负向调节作用，即实习经历越丰富的员工工作环境满意度对员工流动的负向影响越大，且调节作用通过网络密度对员工流动产生了间接影响。工作经验则对工作回报满意度和工作环境满意度产生了显著的正向影响，即工作经验越丰富，员工的工作满意度对员工流动的负向影响越小，员工越容易发生流动。且对工作回报满意度调节作用会通过网络密度对员工流动产生间接影响，而对工作环境满意度的调节作用则通过社会网络三个变量对员工流动产生了显著的间接影响。社会实践对员工满意度的调节作用不显著。

（4）实习经历、工作经验和社会实践对组织环境的调节作用显著。

实习经历对企业文化和岗位匹配度均起到了显著的负向调节作用，即实习经历越丰富的员工组织环境对员工流动的负向调节作用越显著，且二者调节作用均通过网络密度和网络异质性对员工流动产生了间接影响。社会实践仅对岗位匹配度产生了显著的正向调节作用，且对员工流动并不存在显著的间接影响。工作经验仅对岗位匹配产生了显著的正向调节作用，即工作经验越丰富的员工岗位匹配对员工流动的负向影响会越弱，且该调节作用通过社会网络三个变量对员工流动产生显著的间接影响。

（5）学历水平、实习经历、社会实践和工作经验对社会网络的调节作用均显著，并对社会网络的中介作用有影响。

对社会网络的调节作用中，学历水平仅对网络异质性产生了显著的正向直接调节作用，又因为网络异质性起到的中介作用，则学历水平的调节作用加强了网路异质性对员工流动的影响和在两组关系中的中介作用。实习经历对网络规模和网络异质性分别产生了显著的正向和负向调节作用，即分别增强了网络规模和减弱了网络异质性对员工流动的直接影响和原本的中介作用，但负向影响显著大于正向影响。社会实践对网路规模和网络密度分别产生了显著的正向与负向调节作用，即分别增强了网络规模和减弱了网路密度对员工流动的直接影响与原本的中介作用，且正向调节作用的影响显著大于负向影响。工作经验则对网络规模、网络密度和网络异质性均产生了显著的负向调节作用，即减弱了社会网络对员工流动的直接影响和原本的中介作用。

总体来看，员工的学历水平越高会促使员工的工作满意度和社会网络变量对员工流动产生正向影响，即促使员工流动；并通过社会网络的中介作用增强学历对员工的工作满意度调节作用，以及增强社会网络原本的中介作用。实习经历越丰富的员工，会促使员工的工作满意度、组织环境和社会网络变量对员工流动产生负向影响，即促使员工不流动；并通过社会网络的中介作用增强其对员工的工作满意度和组织环境的调节作用，以及减弱社会网络原本的中介作用。社会实践经验越丰富，会促使组织环境对员工流动产生正向影响，即促使员工流动；却会促使社会网络对员工流动产生负向影响，即促使员工不流动，并减弱社会网络原本的中介作用。工作经验丰富的员工，则会促使员工的工作满意度和组织环境对员工流动产生正向影响，促使员工流动，并通过社会网络的中介作用得以加强；而对社会网络则会产显著的负向影响，即促使员工不流动，并减弱了社会网络原本的中介作用。

因此，企业在试图降低员工流动率的过程中，应该重视员工对就业讨论网的构建行为，因为其在对员工流动的影响中不仅起到了直接影响，还在不同影响因素之间起到了关键的中介作用。但是，最终还是应该从企业自身出发，从人才发展所处的组织环境和影响员工工作满意度的因素入手，更有效地解决员工流动率高的问题。此外，作为员工自身所具备唯一客观的、相对不变的特征因素，人力资本在影响员工流动的过程中起到了关键作用，为企业判断和及时调整不同人力资本特征的员工岗位或待遇，力求最大限度地减少因为员工流动为企业所带来的损失提供了十分重要的实践和理论依据。

综上所述，本章假设验证情况如表 7-6-1 所示。

表 7-6-1　研究结果总结

研究假设	验证结果
H1：人力资本对员工的职业流动有显著影响	部分验证
H1a：知识型员工的学历水平越高，越容易发生职业流动	验证
H1b：知识型员工的实习经历越多，越容易发生职业流动	未验证
H1c：知识型员工的社会实践越多，越容易发生职业流动	验证
H1d：知识型员工的工作经验越丰富，越容易发生职业流动	验证
H2：知识型员工的人力资本在员工的工作满意度对员工流动的影响中具有调节作用	部分验证
H2a：人力资本在工作环境满意度对员工流动的影响中具有调节作用	部分验证

研究假设	验证结果
H2b：人力资本在工作回报满意度对员工流动的影响中具有调节作用	部分验证
H3：知识型员工的人力资本在组织环境对员工流动的影响中具有调节作用	部分验证
H3a：人力资本在企业文化对员工流动的影响中具有调节作用	部分验证
H3b：人力资本在岗位匹配度对员工流动的影响中具有调节作用	部分验证
H4：知识型员工的人力资本在社会网络特征对员工流动的影响中具有调节作用	部分验证
H4a：人力资本在网络规模对员工流动的影响中具有调节作用	未验证
H4b：人力资本在网络密度对员工流动的影响中具有调节作用	部分验证
H4c：人力资本在网络异质性对员工流动的影响中具有调节作用	部分验证
H4d：人力资本在网络关系强度对员工流动的影响中具有调节作用	部分验证
H5：信息服务业中员工的就业讨论网络特征在员工的工作满意度和组织环境对员工流动影响的关系中分别起到了中介作用	部分验证
H6：社会网络对于员工的职业流动具有促进作用	全部验证
H6a：网络规模越大，越容易促使员工发生职业流动	验证
H6b：网络密度越高，越有利于员工发生职业流动	验证
H6c：网络异质性越高，越容易促使员工发生职业流动	验证
H6d：社会网络的关系强度越大，越容易促使员工发生职业流动	验证
H7：信息服务业中知识型员工的工作满意度越低，员工流动越频繁	全部验证
H8：组织环境对员工的职业流动有显著的负作用	全部验证
H8a：信息服务企业的企业文化越好，则越不容易促使员工发生职业流动	验证
H8b：信息服务企业的岗位特性越匹配，则越不容易促使员工发生职业流动	验证
H9：信息服务业中知识型员工的工作满意度越高，员工就业讨论网络特征越匮乏	部分验证
H10：信息服务业中员工所在组织的环境越好，员工就业讨论网络特征越匮乏	部分验证
H11：信息服务业中员工所在组织的环境越好，员工的工作满意度越高	部分验证

第3部分　高校对信息服务类企业的学生供给

8 我国高校学生的供给现状

改革开放的前 20 年，我国高等教育发展总体上处于稳定增长态势。1999 年扩招前在学人数达到 600 多万人的总规模，毛入学率为 9.80%。2010 年以后总规模超过 3000 万人，稳居世界第一。随着高校扩招的进一步推行，我国的高等教育机构人才输出也呈逐年上升的趋势。

未来 10 年，将是我国由大变强的关键时期。从国际看，世界多极化、经济全球化深入发展，科学进步日新月异，人才竞争日趋激烈，我国必将深度开发人力资源、全方位参与国际竞争。面对新形势下的新要求，应该清醒地看到，我国高等教育发展还存在不少困难和问题：一是拔尖创新人才培养能力较为薄弱，"钱学森之问"（即"为什么我们的学校总是培养不出杰出人才？"）就是针对这一问题；二是高等教育持续发展条件不足不稳。

同时，随着经济社会转型，社会需求在不断变化，人口红利也在不断减少。因此要考虑高校学生的供给现状，就必须从各个角度分析，才能得到一个完整的综合情况。本章即对近年来我国高校的人才供给情况进行简要综述。

8.1 高等教育发展的背景

近 30 年来，我国高等教育发展总体上处于稳定增长态势。1999 年扩招前在学人数达到 600 多万人的总规模，毛入学率为 9.80%。2016 年，我国高等教育毛入学率已经达到 42.70%（人民网，2017）。此外我国初步形成了若干所向国际一流水平冲击的研究型大学、一批高水平大学和重点学科，培育了一大批前沿新兴学科和交叉学科，高校每年输送的毕业生从不到百万人达到 2016 年的 765 万人（21 世纪经济报道，2017），科技创新与社会服务能力不断增强。

8.1.1 改革开放以来高等教育发展概览

改革开放以来，我国初步形成了若干所向国际一流水平冲击的研究型大学、一批高水平大学和重点学科，培育了一大批前沿新兴学科和交叉学科，高校每年输送的毕业生从不到百万人增长到 2016 年的 765 万人，科技创新与社会服务能力不断增强。由于扩招，为数以千万计适龄青年提供了上学机会，从而改变一生，才使我国在参与国际竞争中体现出人才资源优势。扩招后毕业生正在成为各行各业特别是高技术产业、现代服务业中的业务骨干，如"嫦娥一号"工程有上万名科技人员在30岁以下，如果没有扩招就不可能有这么充足的科技人才供给能力。实际上，当我国高等教育进入"大众化"阶段时，大多数国家也都在扩招，特别是北美、欧洲和大洋洲地区的国家纷纷迈入"普及化"阶段（粗入学率超过50%），我国扩招后毛入学率在世界排位仅上升不到10位。如果不实施扩招，我国高等教育同世界水平的差距将更为巨大，相应地，全面建设小康社会进程也会受到不小影响，因此，世纪之交高教扩招为我国人力资源能力建设所作出的贡献，是不可低估的。

未来10年，将是我国由大变强的关键时期。从国际看，世界多极化、经济全球化深入发展，科学进步日新月异，人才竞争日趋激烈，我国必将深度开发人力资源、全方位参与国际竞争。从国内看，我国经济建设、政治建设、文化建设、社会建设以及生态文明建设全面推进，工业化、信息化、城镇化、市场化、国际化深入发展，人口、资源、环境压力日益加大，经济发展方式加快转变，都凸显了提高国民整体素质、培养高素质专门人才特别是拔尖创新人才的重要性和紧迫性。最为关键的是，我国在迈入世界经济大国门槛的同时，从人口大国已经转变为人力资源大国，今后若迈向经济强国，必然需要人力资源强国作为基础。高等教育将发挥比以往更为重要的作用，这是我国深入实施科教兴国战略、人才强国战略和可持续发展战略的客观需要，也是《国家中长期教育改革和发展规划纲要（2010—2020年）》对高等教育的改革发展提出的整体要求。

2010年，我国普通高校学生人均预算内教育事业费仅为7500元左右，是同期发达国家相近统计口径的1/5，而且不同的省区之间能相差6倍之多。扩招后毕业生就业竞争压力较大，对高等学校学科专业结构优化及增强学生社会适应能力等提出新的更高要求。另外，制约发展的许多体制机制障碍还比较突出，分别体现在人才培养模式、考试招生制度、办学体制和管理体制等方面，高等教育的科学发展，面临着老困难和新挑战并存的复杂局面。

推动高等教育事业的科学发展，必须靠改革来提供源源不断的动力。《国家中长期教育改革和发展规划纲要（2010—2020年）》以人才培养体制改革为核心，全面谋划了教育体制改革的新思路新方向，其中大部分内容都涉及高等教育领域，展现了一系列新的改革切入点和政策措施亮点，如更新人才培养观念、创新人才培养模式、改革教育质量评价和人才评价制度、考试招生制度改革等。又如，第一次明确提出了建设现代学校制度的整体构想，明确了"依法办学、自主管理、民主监督、社会参与"的现代学校制度内涵，要求构建政府、学校、社会之间的新型关系。

相比中小学而言，建设现代学校制度、落实和扩大学校办学自主权的重点在于高等学校，关键在于完善中国特色现代大学制度，包括坚持和完善党委领导下的校长负责制，探索教授治学的有效途径，探索建立高等学校理事会或董事会，健全社会支持和监督学校发展的长效机制，推进产学研用相结合，等等。与此相关，在高等教育领域，深化办学、管理体制改革的主要着眼点：一是明确政府办教育管教育的权责边界；二是依据法律法规和宏观政策引导学校完善内部治理；三是形成社会参与办学、监督学校绩效的有效机制。

8.1.2　21 世纪以来高等教育发展态势

国家教育体制改革试点项目由国家教育体制改革办公室在全国范围内实施。根据国务院办公厅 2011 年印发实行的《国家中长期教育改革和发展规划纲要（2010—2020 年）》，一批改革目标明确、政策措施具体的教育改革项目完成备案程序，标志着国家教育体制改革试点工作全面启动。

8.1.2.1　教育体制改革

深化教育体制改革要立足基本国情，遵循教育规律，解放思想，勇于实践，大胆突破，努力形成有利于教育事业科学发展的体制机制。要坚持以人为本，着力解决重大现实问题；坚持统筹谋划，确保改革协调有序推进；坚持因地制宜，鼓励各地各校大胆试验。要以改革推动发展，以改革提高质量，以改革增强活力，使教育更加符合时代发展的要求，更加适应经济社会发展的需要，更加顺应人民群众对接受更多更好教育的新期盼。推动高等教育事业的科学发展，必须靠改革来提供源源不断的动力。《国家中长期教育改革和发展规划纲要（2010—2020 年）》以人才培养体制改革为核心，全面谋划了教育体制改革的新思路新方向。

本次教育体制改革力求在四个方面提升国内教育质量：第一，在人才培养体制改革上取得新突破，着力推进教育教学内容和方法、课程教材、考试招生和评价制度改革，探索减轻中小学生课业负担、推进素质教育的有效途径和方法；第二，在办学体制改革上取得新突破，着力推进落实高等学校办学自主权，改革职业教育办学模式，改善民办教育发展环境，提高中外合作办学水平；第三，在管理体制改革上取得新突破，着力建立健全加快学前教育发展的体制机制，全面推进义务教育均衡发展、多种途径解决择校问题，深化高等教育管理方式改革、建设中国特色现代大学制度；第四，在保障机制改革上取得新突破，着力健全教师管理制度、加强教师队伍建设，完善教育投入机制、提高教育保障水平，推进教育信息化进程、提高教育现代化水平。

要顺利实现高等教育事业发展目标，完成好各项改革发展任务，没有必要的经费支持和良好的制度安排是根本不行的，高等教育必须在强化政策措施保障方面迈开新的步伐。《国家中长期教育改革和发展规划纲要（2010—2020 年）》部署的保障措施，特别提出要加强高等学校教师队伍建设，在经费方面实行以举办者投入为主、受教育者合理分担培养成本、学校设立基金接受社会捐赠等多渠道筹措经费的投入机制。值得注意的是，为了加强经费管理，明确提出设立高等教育拨款咨询委员会，增强经费分配的科学性，在高校试行设立总会计师职务，公办高校总会计师由政府委派，这也比照了国际通行做法，目的就是要强化制度监督、社会监督、媒体监督，让高等教育领域公共资源配置在阳光下运行。还有国家加快教育信息化进程，高等学校既是优质资源普及共享的受益者，更是优质资源开发和应用的主要参与者，势必发挥更为重要的作用。在《国家中长期教育改革和发展规划纲要（2010—2020 年）》已经启动实施的重大项目和改革试点中，涉及高等教育发展和改革的项目内容也有不少。如果组织领导和措施配套能够很好地到位，相信我国高等教育事业定会沿着科学发展的道路再创新的辉煌，从而为把我国建成人力资源强国、人才强国和创新型国家提供更好的支持和作出更大的贡献。

8.1.2.2　高校扩招

高校扩招，也称为大学扩招或高校学生扩招，是指我国自 1999 年开始的，基于解决经济和就业问题的扩大普通高校本专科院校招生人数的教育改革政策，简单来说就是自 1999 年开始的高等教育（包括大学本科、研究生）不断扩大招生人数的教育改革政策。扩招源于 1999 年教育部出台的《面向 21 世纪教育振兴行动计划》。文件提出到 2010 年，高等教育毛入学人数将达到适龄青年人数（18～22岁）的 15%。进入 2008 年后，教育部表示 1999 年开始的扩招过于急躁并逐渐控制扩招比例，并且在 2009 年环球金融风暴的背景下，教育部开始了研究生招生比例的调节。

经过了十余年的高校扩招，扩招的优点和缺点也都显露出来。根据中国社会科学院人与劳动经济研究所的调查与研究（吴要武和赵泉，2010），高校扩招主要有如下好处：第一，提高高中升学率，使更多学生圆了大学梦。以前，上大学等于拿到了"铁饭碗"。大学急剧扩招，升学率持续上升，进入普通高校不是难事。现在家长、学生和高中所关心的侧重点不再是能否上大学，而是上什么样的大学。第二，提高国民素质，提升学历，缩小与国外受教育水平差距。2002 年，我国高等教育总规模达 1600 万人，全国普通、成人高等学校本科、高职在校生、研究生从数量上上涨。20 世纪 80 年代初，我国高等教育毛入学率仅为 2%～3%，经过近几年的扩展，我国高等教育毛入学率远超过 15%，初步进入到大众化教育阶段。第三，推迟初次就业时间，缓解就业压力。当前阶段，人口特别多，教育可以使更多的人呆在学校，减少当前的就业人数，降低就业压力。庞大的群体一旦进入就业队伍，势必对就业造成巨大压力。发展高等教育是缓解就业压力的有效办法，也是按学龄期学生人数比例发展教育的必要措施。第四，发展经济，拉动内需。近年来我国国民经济发展进入低谷，大幅度发展我国高等教育规模，借此拉动内需，形成新的经济增长点，并带动经济的增长。扩大和发展了教育产业，使教育成为一门热门投资行业，增加了人们对教育的投资和消费，也增加了教育从业人员，带动了教育相关行业的发展。第五，实现教育发展阶段性飞跃。我国大规模扩招，提升教育发展阶段，是使更多的适龄青年享受教育的一个措施。

但是，高校扩招同样存在消极影响：第一，扩招政策首先导致的问题是教育质量的下滑和基础设施的不足。以北京大学为例，1999 年，扩招导致北京大学宿舍吃紧，部分学生需要自行解决住宿问题。2002 年，北京市教委对 50 所高校做过一次调查，发现 65.00%的学校由于师资力量缺乏而没有能力继续扩招，86.00%的学校出现了硬件不足和经费短缺的问题。第二，师资力量的缺乏导致了学校教学质量的大幅下滑，以湖南为例，从 1998~2005 年，高校在校生数量增加了 4.20倍，而教师数量仅仅增加了 2.10 倍。师资力量严重滞后于学生增长速度，但是如果快速扩大教师队伍又会严重地影响师资水平。第三，从第一批扩招的高校学生进入社会的 2003 年开始，高校学生就业问题就开始成了全社会关注的话题。由于高校学生包分配取消不到 10 年，扩招后的高校学生就进入了就业市场，客观上，扩招政策扭曲了高校毕业生的供求体系，直接导致了高校学生就业率和薪水的下降。2009 年，中国有 700 万高校学生需要解决就业问题。除了庞大的就业需求之外，扩招导致的教育质量下滑，专业与课程结构不合理，不适合市场需求也成了高校学生就业难的一大原因。由于 2009 年中国受到金融危机冲击下的严重就业压力，政府开始将一部分高校学生安排在基层工作，此外，还采取扩招研究生的办法解决就业压力，但是由于之前扩招的影响，很多人对此政策并不赞同。很多高校迫于就业率低的压力出现了就业率作假的问题。第四，为了解决基础设施缺乏的问题，很多高校在扩招之后大规模扩建，掀起了高校基建热。结果因为基建规模太大，导致很多学校背上了巨额债务。为了偿还贷款，一些学校不惜提高学费，降低分数录取。由于债务问题，很多高校的信用评级大幅度下降。

具体扩招数据如表 8-1-1 所示。

表 8-1-1　高校扩招以来高考情况年表

年份	录取人数/万人	报考人数/万人	录取比例/%
1999	160.00	—	—
2000	180.00	—	—

续表

年份	录取人数/万人	报考人数/万人	录取比例/%
2001	260.00	—	50（首次突破）
2002	320.00	—	—
2003	382.00	—	—
2004	420.00	—	—
2005	504.00	867.00	58.00
2006	530.00	880.00	60.00
2007	567.00	—	—
2008	599.00	1050.00	57.00
2009	629.00	1020.00	62.00
2010	657.00	957.00	69.00
2011	675.00	933.00	72.00
2012	685.00	915.00	75.00
2013	691.00	912.00	76.00
2014	698.00	939.00	74.00
2015	700.00	942.00	74.00
2016	772.00	940.00	82.00

数据来源：教育部官方网站招生考试数据统计。

8.1.2.3　2017～2020 年发展规划

面对全面建设小康社会关键时期的多方面需求及其多样化挑战，《国家中长期教育改革和发展规划纲要（2010—2020 年）》提出，2010～2020 年，高等教育总规模从 2979 万人增加到 3550 万人，毛入学率从 24.20%提高到 40.00%，体现了高等教育发展达到一个高位平台后稳步增长的趋势，预示着今后一个时期的高等教育发展。未来将会在规模有限扩展的基础上更加注重提高质量：

第一，人才规模扩大。从规模增长看：我国 2002 年进入高等教育大众化阶段，到 2010 年的 9 年间，宽口径规模年均增长率为 9.28%，后期增幅已有放缓，2010年比上年增加 72.00 万人，增长率为 2.48%。按上述预期，到 2020 年前每年只需增长 1.60%，每年平均增长 50 万人左右即可达到 3550 万人的目标，这意味着今后每年招生增幅特别是普通高校以外的学生增幅将呈递减态势。再从毛入学率看，这一指标的分子是宽口径高等教育在学人数，而分母是 18～22 岁人口，据预测，这组人口将从 2010 年的 1.23 亿人减至 2020 年的 8900 万人左右，即使维持目前在校生规模不变，毛入学率也会自然提高到 34%，也就是说，只需增加 6 个百分点，年均增长 50 万人左右，即可达到 40%的目标，这仅是中等发达国家 20 世纪

末的平均水平。未来 10 年我国高等教育的增量，将主要用于优化结构，增加高等
职业教育和应用人才培养（含专业学位研究生），提高民办高等教育和中外合作办
学的能力，保持公办本科教育稳定，促进高等教育事业的科学发展。估计到 2020
年我国高等教育毛入学率的全球排位可能上升 20 位以上，为下一阶段进入高等教
育"普及化"阶段打下基础。

　　同时，《国家中长期教育改革和发展规划纲要（2010—2020 年）》在人力资
源开发存量方面，提出了与高等教育相关的两项指标，一是主要劳动年龄人口
（20～59 岁）受过高等教育的比例，2010～2020 年将从 9.90% 提高到 20%，标志
着我国高端人力资源开发将达到全球范围内前 1/3 的水平，从而为建设人力资源
强国奠定坚实的基础。二是具有高等教育文化程度的人数，同期将从 9830.00 万
人增至 1.95 亿人，今后每 10 年将增加 1 亿人，如果保持年均 1000 万人的增幅，
到 2050 年达到 5 亿人，占当时总人口的比例约为 1/3，这同许多发达国家相比，
依然相差 30～50 年。所以，我国高等教育的规模扩展，将是小步走、不停步的
总体态势。

　　第二，人才结构转变。当今我国高校存在的一个比较严重问题是：学术型、
应用型和技能型的人才培养发展不平衡，应用型和技能型的大量短缺，学术型人
才中复合交叉型少、单一学科多。

　　2014 年，教育部规划司副司长陈锋认为，按照社会需求，可以将大学分为研
究型、应用技术型和其他类型，大学不能都是研究型的，经济社会发展需要一批
应用技术型的大学。然而，现实需求和大学定位之间存在巨大反差。地方高校追
求"高大上"的冲动普遍存在，专科升本科、学院更名大学，贪大求全，却忽视
自己脚下的沃土，以至于迷失了办学方向（豆丁网，2016）。

　　虽然研究型人才对国家非常重要，但是，社会发展需求量更多的是应用技
术类人才。我国产业领军人才、高层次技术专家和高技能人才严重匮乏。在电
信行业，现有高端人才占全行业专业技术人员比例仅有 0.14%；在海洋领域，我
国在世界海洋专家数据库中登记的专家不足百人，不到全球总量的 1%；在电子
信息产业中，技师、高级技师占技术工人比例仅为 3.20%，而发达国家一般在
20%～40%。因此，我国在未来十年内亟待培养出一批具有专业技术的应用类人
才。在这样的转型需求下，地方本科高校转型就成了当今高等教育发展的一个
新形态。

　　地方本科高校转型，目的是培养本科层次的职业技术人才，使毕业生既接
受系统的理论训练，又有一定的技能。有了本科层次的应用技术人才，就连接
了已有的中职、专科层次的高职和侧重应用性的专业硕士，构建起各个层次的
技术技能型人才培养体系，为技术技能型人才打通上升通道，使职业教育的发
展停顿的格局得以打破。通过转型发展，能够推动地方高校科学定位，全面深

度融入区域发展、产业升级、城镇建设和社会管理。这也是高等教育内涵式发展的重要内容，有利于破解我国高等教育发展同质化、重数量轻质量、重规模轻特色问题。

第三，培养复合型人才。复合型人才应该是在各个方面都有一定的能力，在某一个具体的方面要能出类拔萃的人。专家指出，复合型人才应不仅在专业技能方面有突出的经验，还具备较高的相关技能。例如，随着信息技术完全融入银行、保险、证券等行业之中，那么，复合型人才将在未来几年内十分抢手。

科学技术的迅猛发展使多学科交叉融合、综合化的趋势日益增强。当今的时代，任何高科学技术成果无一不是多学科交叉、融合的结晶。因此，如何培养出高质量的"复合型"创新型人才以满足形势发展的需要，已是摆在高等教育面前的十分突出的问题，这就引发了高等教育的深层次的变革。此外，培养复合型人才还可以很大程度上缓解部分新兴行业人才紧缺的问题。对于复合型人才的讨论详情请见 8.2.3.2 节。

8.1.3　高等教育的发展趋势

我国高等教育发展速度非常快，经过过去十几年额飞速发展，我国已经进入高等教育大众化阶段。在这样的大趋势下，我国的高等教育发展呈现了新的趋势（以下部分趋势描述参考国家开放大学官方网站以及中国高等教育网）。

第一，中国高等教育毛入学率接近发展中国家平均水平，但平均每 10 万人口高等教育在校生数明显低于发达国家和世界平均水平。

经过十几年的快速发展，中国已进入高等教育大众化阶段。2015 年中国高等教育毛入学率在 40%左右，大部分省区高职高专院校基本采取单独招生，甚至是注册式入学，但很多高职高专院校仍然完不成招生计划数，相当数量的高职高专院校出现了"零投档"的情况；高等教育大省而非强省的河南，2016 年高考录取率 85%、高职高专院校文科 175 所院校分数线上无生源，理科 183 所院校分数线上无生源。美国学者马丁·特罗提出高等教育发展历程可以分为精英、大众和普及三个阶段，当高等教育毛入学率达到 15%时，高等教育就进入了大众化阶段；达到 50%时，高等教育就进入了普及化阶段。事实说明我国高等教育已经进入大众化后期阶段，一些省区甚至已经进入了高等教育普及化阶段（罗艾花和胡军浩，2017）。

第二，中国高等教育在校生规模居世界第一，但其中专科层次学生所占比例偏大。

自 1999 年 1 月我国提出《面向 21 世纪教育振兴行动计划》以来，高校扩招，高等教育规模迅速扩大。据教育部统计，截至 2014 年我国普通高校与成人高校共有 2824 所，各类高等教育在校生规模为 3559 万人，在校生规模居世界第一（胡德鑫和王漫，2016）。而专科层次学生占比偏大且有继续上升的趋势：1978～2015年，中国高校和研究机构培养的专科学生一直以较高的速率增长，其中研究生招生数的年均增长率为 11.71%，在校研究生的年均增长率为 14.98%，毕业本科生的年均增长率 10.58%，但毕业专科生的年均增长率则是高达 51.13%（李金华，2017）。

第三，中国对高等教育投入的重视程度居世界前列，但财政性高等教育经费占国内生产总值（GDP）的比例却低于发达国家以及世界平均水平。

2012 年，中国财政性教育经费支出 2.2 万亿元，占当年 GDP 的 4.28%；2013年，中国教育经费超过 3 万亿元，是 2009 年的 2 倍，其中 80%是国家财政性教育经费。同时，中国教育基础设施得到普遍改善，教育信息化水平整体提升。目前学校互联网、数字教育设备资源应用已遍及全国 6.40 万个教学点，城市学校的覆盖率已达 95%，农村也达到 79%，偏远农村地区的学生由此也享受到了优质的教育资源，但中国对高等教育的财政投入力度还有待提高（李金华，2017）。

第四，职业教育发展相对较慢，教师增长速度低于学生增长速度。

2014 年 6 月，中国政府颁布了《国务院关于加快发展现代职业教育的决定》，提出到 2020 年要建成具有中国特色、世界水平的现代职业教育体系，明确职业教育要适应社会发展需求，产业发展要与教育深度融合、中等职业教育要与高等职业教育相衔接、职业教育要与普通教育相互沟通融合，并且特别强调职业教育要体现终身教育理念，要建设"双师型"教师队伍，注重实践能力培养，以产学结合为途径，建立符合职业教育特点的专业研究生学位制度。然而，相对普通高校教育，中国的职业教育发展速度明显偏慢。1978～2000 年，中等职业教育的毕业生数没有统计数据。有数据的 2000～2005 年，中等职业教育的毕业生数年均增长率为 5.23%。从专任教师的增长率看，1978～2015 年，普通的高校专任教师的年均增长率为 5.65%，而中等职业教育中有数据的 2005～2015 年，专任教师的年均增长率仅为 1.99%。这清楚地表明，中国职业教育明显落后于普通教育（李金华，2017）。

第五，中国是世界上出国留学人数最多的国家，约占世界留学总人数的25.00%，值得一提的是，我国在美留学本科生首超研究生，本科留学生增速明显快于研究生，留学低龄化现象更加明显。但来华留学生仅占全球留学生总数的3.70%。

中国是高等教育出国留学生数量最大的国家，2009 年，中国高等教育出国留学人数超过 50 万人，约占全球高等教育留学生总数的 15.00%；但同年，来华留学人数仅 6 万多人，约占全球留学生总数的 1.80%。比较而言，中国仍然是以输出留学生为主的国家。1978~2015 年，中国选派出国的留学生和归国留学生也呈逐年增长趋势，年均增长率分别为 18.92%和 22.17%（李金华，2017）。

第六，中国高校的国际声誉在发展中国家处于领先地位，但与发达国家相比还有较大差距。随着"985 工程"等高校建设项目的不断推进，中国目前已有一定数量的大学在国际上具有良好的认可度，在高校综合排名中表现渐佳。2016 年，中国内地在名为"QS"的世界大学排名和英国《泰晤士报高等教育专刊》世界大学排名中，进入前 200 名的高校分别有 7 所和 4 所。但中国高校的总体评价与美国、英国、德国、加拿大、澳大利亚等发达国家相比仍有较大差距。

教育体制改革 30 余年后的今天，如何推进公共教育体制的改革已成为未来改革中牵动全局的大问题。中国的公共教育改革必须重新审视自己的功能及其运行方式，必须对社会发展所带来的新经济、新技术和新观念做出及时的回应。尽管我们对当下教育的这种变化还缺乏一种精确的把握，但从当前中国社会变迁的实际状况，从社会对教育的功能要求及其发挥的实际可能性来看，传统的学校界限将被打破，一种多元化的、更灵活的教育制度将会替代现行的教育制度，向每一个学习者提供更多的发展可能性（劳凯声，2015）。

8.2　高校与信息服务业相关专业设置

本节主要介绍我国现阶段高等教育专业设置中，与信息服务业有关的专业设置情况，主要参考教育部 2012 年颁布的《普通高等学校本科专业目录》，并对 2012 年《普通高等学校本科专业目录》与往年目录的区别进行探讨。

8.2.1　与信息服务业直接相关的专业设置

在 2012 年最新的教育部学科设置名录中，与信息服务业直接相关的专业由原来的 11 个学科门类缩减合并为 6 个，合并情况如表 8-2-1 所示。这体现了国家培养复合型人才的趋势，在专业合并的同时，专业课的设置也会有所调整

表 8-2-1　最新学科设置及合并详情

2012 年新编号	2012 年学科名称设置及备注	以往学科编号	以往学科名称设置
080901	计算机科学与技术（注：可授工学或理学学士学位）	080605	计算机科学与技术
		080638S	仿真科学与技术
080902	软件工程	080611W	软件工程
		080619W	计算机软件

续表

2012 年新编号	2012 年学科名称设置及备注	以往学科编号	以往学科名称设置
080903	网络工程	080613W	网络工程
080904K	信息安全（注：可授工学、理学或管理学学士学位）	071205W	信息安全
		071204W	科技防卫
080905	物联网工程	080640S	物联网工程
		080641S	传感网技术
080906	数字媒体技术	080628S	数字媒体技术
		080612W	影视艺术技术

根据最新的《教育部学科设置名录附则》，这六个与信息服务业有直接关联的学科门类分别定义如下。

1）计算机科学与技术

计算机科学与技术是系统性研究信息与计算的理论基础以及它们在计算机系统中如何实现与应用的实用技术的学科。它通常被形容为对那些创造、描述以及转换信息的算法处理的系统研究。计算机科学包含很多分支领域；有些强调特定结果的计算，如计算机图形学；而有些是探讨计算问题的性质，如计算复杂性理论；还有一些领域专注于怎样实现计算，如编程语言理论是研究描述计算的方法，而程序设计是应用特定的编程语言解决特定的计算问题，人机交互则是专注于怎样使计算机和计算变得有用、好用，以及随时随地为人所用。

有时公众会误以为计算机科学就是解决计算机问题的事业（如信息技术），或者只是与使用计算机的经验有关，如玩游戏、上网或者文字处理。其实计算机科学所关注的，不仅仅是去理解实现类似游戏、浏览器这些软件的程序的性质，更要通过现有的知识创造新的程序或者改进已有的程序（维基百科，2017a）。

作为与信息服务业关联最大的专业，该学科所培养的学生往往会成为信息服务业的核心力量，因此必须具备相应的基本能力。这些能力主要包括：具备扎实的数据基础理论和基础知识；具有较强的思维能力、算法设计与分析能力；系统掌握计算机科学与技术专业基本理论、基本知识和操作技能；了解学科的知识结构、典型技术、核心概念和基本工作流程；有较强的计算机系统的认知、分析、设计、编程和应用能力；掌握文献检索、资料查询的基本方法、能够独立获取相关的知识和信息，具有较强的创新意识；熟练掌握一门外语，能够熟读本专业外文书刊（孙忠胜和孟浩，2011）。

2）软件工程

软件工程专业是一门研究用工程化方法构建和维护有效的、实用的和高质量的软件的学科。它涉及程序设计语言、数据库、软件开发工具、系统平台、标准、设计模式等方面。在现代社会中，软件应用于多个方面。典型的软件包括电子邮件、嵌入式系统、人机界面、办公套件、操作系统、编译器、数据库、游戏等。同时，各个行业几乎都有计算机软件的应用，如工业、农业、银行、航空、政府部门等。这些应用促进了经济和社会的发展，使得人们的工作更加高效，同时提高了生活质量。

软件工程学科是计算学科的分支，包括绑定、大问题的复杂性、概念和形式模型、一致性和完备性、效率、演化、抽象层次、按空间排序、按时间排序、重用、安全性、折中与决策等 12 个基本概念。数学方法、系统科学方法在软件工程学科中占有重要地位。此外，软件工程还十分重视管理过程，以提高软件产品的质量、降低开发成本、保证工程按时完成。系统性、规范性、可度量性也是软件工程非常关注的。软件工程学科的理论基础是数学、计算机科学。软件工程的研究和实践涉及人力、技术、资金、进度的综合管理，是开展最优化生产活动的过程；软件工程必须划分系统的边界，给出系统的解决方案。因此，软件工程的相关学科有计算机科学与技术、数学、计算机工程、管理学、系统工程和人类工程学等（维基百科，2017b）。

3）网络工程

网络工程专业在国内高校中并没有广泛开展，但是其设置是十分有必要的。

网络工程专业的出现的另一背景是从 20 世纪 90 年代，计算机网络技术及其应用得到迅猛发展的背景下提出的，从专业定名、培养目标和专业课程设置都反映出是面向网络工程建设的专业。在教育界对此专业的设置的定名和内涵有不同的意见：即应当设置为技术内涵更广的计算机网络技术专业还是限于网络工程建设的专业。部分大学在不能更改专业名称的前提下，已经开始将该专业的培养目标定位为计算机网络技术专业，以适应更广泛的需要。以下对网络工程专业的介绍，主要是针对以"网络工程建设"为培养目。

一般而言，网络工程师不进行日常的系统管理工作，而是专注于网络设备和基础设施，如路由器、网络交换机、线缆、介质和网络设备连接用的协议。网络工程师的职责还包括网络的规划、组建、设计、网络设备的安装调试，以及后期的网络故障排除网络的维护。网络工程专业培养掌握网络工程的基本理论与方法以及计算机技术和网络技术等方面的知识，能运用所学知识与技能去分析和解决相关的实际问题，可在信息产业以及其他国民经济部门从事各类网络系统和计算机通信系统研究、教学、设计、开发等工作的高级科技人才。计算机网与通信网（包括有线、无线网络）的结合是本专业区别于其他高校网络工程专业的显著特色（维基百科，2017b）。

4）信息安全

信息安全专业，根据教育部 2012 年颁布的《普通高等学校本科专业目录》，专业代码为 080904K，属于计算机类（0809）。具有全面的信息安全专业知识，使学生有较宽的知识面和进一步发展的基本能力；加强学科所要求的基本修养，使学生具有本学科科学研究所需的基本素质，为学生今后的发展、创新打下良好的基础；使学生具有较强的应用能力，具有应用已掌握的基本知识解决实际应用问题的能力，不断增强系统的应用、开发及不断获取新知识的能力。努力使学生既有扎实的理论基础，又有较强的应用能力；既可以承担实际系统的开发，又可进行科学研究。

信息安全专业是计算机、通信、数学、物理、法律、管理等学科的交叉学科，主要研究确保信息安全的科学与技术。培养能够从事计算机、通信、电子商务、电子政务、电子金融等领域的信息安全高级专门人才。信息安全的概念经历了一个漫长的历史阶段，20 世纪 90 年代以来得到了深化。进入 21 世纪，随着信息技术的不断发展，信息安全问题也日显突出。如何确保信息系统的安全已成为全社会关注的问题。国际上对于信息安全的研究起步较早，投入力度大，已取得了许多成果，并得以推广应用。目前国内已有一批专门从事信息安全基础研究、技术开发与技术服务工作的研究机构与高科技企业，形成了我国信息安全产业的雏形，但由于国内专门从事信息安全工作技术人才严重短缺，阻碍了我国信息安全事业的发展。信息安全专业是十分具有发展前途的专业信息安全的领域在最近这些年经历了巨大的成长和进化。有很多方式进入这一领域，并将之作为一项事业。它提供了许多专门的研究领域，包括安全的网络和公共基础设施、安全的应用软件和数据库、安全测试、信息系统评估、企业安全规划以及数字取证技术等（维基百科，2017f）。

5）物联网工程

物联网工程专业是整个学科体系中最为新颖的一个学科，也是近年来信息服务业发展的一个重要方向。但是从现阶段各个高校的开展情况来看，物联网工程专业的学科发展还有很长的路要走。目前，教育部审批设置的高等学校战略性新兴产业本科专业中有"物联网工程"、"传感网技术"和"智能电网信息工程"三个与物联网技术相关的专业。此三个专业从 2011 年首次招生，目前为止还没有毕业生，所以，无法从往年的就业率来判断未来的就业情况，但可从行业的整体发展趋势和人才市场的需求等方面了解该专业未来的就业形势。

作为国家倡导的新兴战略性产业，物联网备受各界重视，并成为就业前景广阔的热门领域，使得物联网成为各家高校争相申请的一个新专业，主要就业于与物联网相关的企业、行业，从事物联网的通信架构、网络协议和标准、无线传感器、信息安全等的设计、开发、管理与维护，也可在高校或科研机构从事科研和教学工作（维基百科，2017e）。

6）数字媒体技术

数字媒体技术主要包含场景设计、角色形象设计、游戏程序设计、多媒体后期处理、人机交互技术。主要针对游戏开发和网站美工还有创意设计这类工作设计的专业。

数字媒体技术主要研究与数字媒体信息的获取、处理、存储、传播、管理、安全、输出等相关的理论、方法、技术与系统。由此可见，数字媒体技术是包括计算机技术、通信技术和信息处理技术等各类信息技术的综合应用技术，其所涉及的关键技术及内容主要包括数字信息的获取与输出技术、数字信息存储技术、数字信息处理技术、数字传播技术、数字信息管理与安全等。其他的数字媒体技术还包括在这些关键技术基础上综合的技术，例如，基于数字传输技术和数字压缩处理技术的广泛应用于数字媒体网络传输的流媒体技术，基于计算机图形技术的广泛应用于数字娱乐产业的计算机动画技术，以及基于人机交互、计算机图形和显示等技术的且广泛应用于娱乐、广播、展示与教育等领域的虚拟现实技术等（维基百科，2017c）。

8.2.2　与信息服务业交叉的相关专业设置

这里所说的交叉的相关专业，是指学科的设置本身并非以为信息服务业培养人才为目的，但是随着信息时代发展，相应专业所培养出来的人才可以在信息服务业中发挥直接或间接的促进作用。根据教育部最新的学科门类设置，其中有 6 类与信息服务业交叉的专业。

1）电气信息类

该专业培养具有良好的科学素养，系统地掌握计算机科学与技术包括计算机硬件、软件与应用的基本理论、基本知识和基本技能与方法，能在科研部门、教育单位、企业、事业、技术和行政管理部门等单位从事计算机教学、科学研究和应用的计算机科学与技术学科的高级专门科学技术人才。

信息技术的发展程度已成为衡量一个国家现代化水平的重要标志，我国已将信息技术列为 21 世纪发展战略计划的首位，信息工程专业的重要性不言而喻，因为它就是针对信息技术的开发所设立的。信息工程专业是电子和信息工程方面的厚基础、宽口径专业。厚基础是指它的基础课扎实；宽口径是指它覆盖了原电子信息类多数专业及光电信息工程、遥感信息工程等专业的内容，涵盖了电磁场与电波传播、电路分析基础、信号与系统、模拟电子技术、通信电子线路、微机原理、数字信号处理等知识。信息工程是电气信息类专业中比较基础的专业，像电气信息工程、电子信息工程等专业都是它与其他学科的交叉衍生物。由此来看，把信息工程比做电气信息类专业的"排头兵"绝不为过。信息工程专业融合了计算机、通信、网络、数学、信息论等学科,具有多学科的兼容性。毕业生可从事通信理论、通信系统、通信设备及信息工程相关专业的设计、制造、运营和管理工作,就业单位包括航空航天、电信部门、中国联通、中国移动、广播电视系统、电子设备生产企业等,涉及面非常广。

2)自动化类

自动化专业主要研究的是自动控制的基本原理和方法、自动化单元技术、集成技术及其在各类控制系统中的应用。它以自动控制理论为基础,以信息电子技术、电力电子技术、传感器与自动检测技术、计算机技术、网络与通信技术为主要工具,面向工业生产过程自动控制及各行业、各部门的自动化。它具有"控(制)管(理)结合,强(电)弱(电)并重,软(件)硬(件)兼施"鲜明的特点,是理、工、文、管多学科交叉的宽口径工科专业,主要从事与电气工程有关的系统运行、自动控制、电力电子技术、信息处理、试验分析、研制开发、经济管理以及电子与计算机技术应用等领域的工作。电气自动化在工厂里应用比较广泛,可以这么说,电气自动化是工厂里唯一不能缺少的东西,是工厂里的支柱。如果对电气自动化比较精通,就会被用人单位立刻录用,无论什么单位,最好是电子厂,因为电子厂天天用到自动化编程、设计。

3)医学技术类

医学技术一级学科所包括专业的主要研究方向与研究内容是与相关临床医学专业医学工程技术应用诊断治疗技术和专业发展密切结合,在相关专业培养中注重技术应用、技能培养和医学工程与技术的研究发展。

医学技术主要是培养紧密配合临床医生医疗服务工作中掌握特殊医疗技术与医疗技能的高级技师和治疗师,其中包括医学影像技师、呼吸治疗师、康复治疗师、听力师、视光师、营养治疗师等。形成适应现代医学发展趋势人才培训规范要求的医学技术教育体系,以培养适应我国国家建设实际需要,具有从事医学技术工作必需的人文科学、理学、基础医学、临床医学、医学技能等方面的基本理论知识和实际工作能力的高级医学技术人才。

该类专业的就业主要集中在在放射科、核医学科、超声科从事技术工作;呼吸治疗与危重症:在重症加强护理病房(ICU)、呼吸科等从事呼吸治疗师的工作;康复医学亚专业:在康复中心、骨科、神经科等科室从事物理治疗、作业治疗、言语治疗等方面的工作;营养与膳食亚专业:临床营养工作、社区营养工作;视光学亚专业:医院眼科、科研单位。

4)管理科学与工程类

管理科学与工程是综合运用系统科学、管理科学、数学、经济和行为科学及工程方法,结合信息技术研究解决社会、经济、工程等方面的管理问题的一门学科。这一学科是我国管理学门类中唯一按一级学科招生的学科，覆盖面广，包含了资源优化管理、公共工程组织与管理、不确定性决策研究和项目管理等众多研究领域，是国内外研究的热点。

该学科是管理理论与管理实践紧密结合的学科，侧重于研究同现代生产、经营、科技、经济、社会等发展相适应的管理理论、方法和工具，该学科培养学生具有扎实系统的管理理论基础，合理的知识结构。正确地应用系统分析方法及相应的工程技术方法解决管理方面的有关理论与实际问题。学生在完成两年的基础课和管理类必修课学习后，根据社会需求和个人志愿可在信息管理与信息系统、工程（项目）管理、物流（供应链）管理等专业方向选择专业，进行专业知识学习。

5）工商管理类

工商管理类专业是研究盈利性组织经营活动规律以及企业管理的理论、方法与技术的学科。该专业的范围比较广，所学课程较多，涵盖了经济学、管理学的很多课程，工商管理是一门基础宽的学科，个人可以就此根据自己的爱好选择专业方向。该专业培养具备管理、经济、法律及企业管理方面的知识和能力，能在企、事业单位及政府部门从事管理以及教学、科研方面工作的工商管理学科高级专门人才。该专业学生主要学习管理学、经济学和企业管理的基本理论和基本知识，受到企业管理方法与技巧方面的基本训练，具有分析和解决企业管理问题的基本能力。

工商管理类专业中，包含了本书重点关注的专业类别——电子商务。电子商务从英文的字面意思上看就是利用先进的电子技术从事各种商业活动的方式。电子商务的实质应该是一套完整的网络商务经营及管理信息系统。再具体一些，它是利用现有的计算机硬件设备、软件和网络基础设施，通过一定的协议连接起来的电子网络环境进行各种各样商务活动的方式。这是一个比较严格的定义，说得通俗一点，电子商务一般就是指利用国际互联网进行商务活动的一种方式，如网上营销、网上客户服务，以及网上做广告、网上调查等。电子商务 Internet 上的电子商务可以分为三个方面：信息服务、交易和支付。其主要内容包括：电子商情广告；电子选购和交易、电子交易凭证的交换；电子支付与结算以及售后的网上服务等。主要交易类型有企业与个人的交易（B to C 方式）和企业之间的交易（B to B 方式）两种。参与电子商务的实体有四类：顾客（个人消费者或企业集团）、商户（包括销售商、制造商、储运商）、银行（包括发卡行、收单行）及认证中心。

电子商务通常是指在全球各地广泛的商业贸易活动中，在 Internet 开放的网络环境下，基于浏览器/服务器应用方式，买卖双方不谋面地进行各种商贸活动，实现消费者的网上购物、商户之间的网上交易和在线电子支付以及各种商务活动、交易活动、金融活动和相关的综合服务活动的一种新型的商业运营模式。电子商务是利用微计算机技术和网络通信技术进行的商务活动。各国政府、学者、企业界人士根据自己所处的地位和对电子商务参与的角度和程度的不同，给出了许多不同的定义。

注意：在这里，作者强调一下工商管理类和工商管理专业的区别。工商管理专业就是指单一工商管理专业，而工商管理类则是部分高校按大类招生的办法，即大一、大二不分专业，大三才选专业，从工商管理类中选择诸如工商管理、人力资源管理等。

6）图书情报与档案管理类

现阶段，该类专业主要延伸出两个新方向：一个是电子图书服务与电子数据库的构建；另一个是情报学。图书馆学是研究和开发文献信息资源的，主要为各类图书馆、科研单位和情报机构培养具有图书馆学和情报学的基本理论，掌握图书资料与情报信息的收集、分类、编目、流通、参考咨询、文献检索、情报服务等方面知识与技能的专门人才。情报学是研究情报的产生、传递、利用规律和用现代化信息技术与手段，使情报流通过程、情报系统保持最佳效能状态的一门科学。它帮助人们充分利用信息技术和手段，提高情报产生、加工、储存、流通、利用的效率。

8.2.3 专业设置与社会需求、产业结构对接情况

高校专业结构与社会需求、产业结构之间具有紧密的联系。我国高校专业设置存在一些问题，制约着产业结构的优化升级和经济社会的发展，并造成高校毕业生结构性失业。高校专业设置与产业结构对接的思路是根据产业结构的现状和发展趋势调整高校专业结构，通过对高校专业结构的调整引导产业结构的优化与升级，建立科学有效的高校专业设置与产业结构对接机制。

8.2.3.1 专业设置于社会需求、产业结构对接中存在的问题

产业结构与社会需求总是走在前，专业设置则总有些滞后；而且即便当社会存在需求时马上产生一个新专业，人才的培养也需要四年甚至更长的时间。这种延迟的过程，导致了专业设置与社会需求、产业结构之间的诸多问题。

首先，专业结构变化与产业结构变化不一致。第一产业、第二产业就业人口比重呈现明显下降、第三产业就业人口比重呈现明显上升的趋势，然而1997年以来大部分学科毕业生比例基本维持不变，这说明高校专业结构并未与产业结构保持高度的一致。同时，我国专业目录的设置基本遵循学术性导向，

侧重适合培养研究型、学术型人才，缺乏职业型导向。市场经济发展需要更多知识和技能复合型人才，而我国专业目录的制定主要是教育行政部门主导的，使得高校专业设置的自主性有限，导致人才培养规格趋同，不能适应新兴产业和社会对人才需求多元化的需求。另外，一些基础性的学科专业受到忽视，如哲学、历史学学生人数所占比例持续下降，这个比例与我国经济社会的迅速发展是不相适应的，因为经济社会的发展需要精神文化的支撑与引导，在发达国家，哲学、历史等人文社会科学专业是受到高度重视的（刘爱群和王国权，1995）。

其次，高校学科专业设置雷同现象相当严重，不利于产业结构的优化与升级。尽管国家对高校的专业设置进行了持续的改革，特别在 1998 年对本科专业目录进行了较大幅度的修订，使得专业口径过窄、社会适应度低的状况得到有效的解决，但高校专业设置雷同的情况仍然大量存在。以某重点大学为例，2013 级的本科专业人才培养方案，有 7 个院系 12 组专业，涵盖的专业数有 28 个，专业必修课的雷同度超过了 85%（新华社，2017）。又如，中国人民大学教育学院教授李立国所说："像新闻学，我印象当中，全国 3000 多所本科院校，900 多所都开设了新闻学本科专业，每年培养的新闻学专业人才将近 50 万人，大量的毕业生不从事新闻专业有关的工作"（新华每日电讯，2017）。此外，我国人才结构十分不合理。目前，按照国际统一口径，我国高等教育毛入学率已经达到 26%，即 18～22 岁年龄段的青年在接受各类大学教育的比例达到 26%，进入大众化阶段，2020 年毛入学率将达到 40%。时任教育部规划司副司长陈峰认为，按照社会需求，可以将大学分为研究型、应用技术型和其他类型，大学不能都是研究型的，经济社会发展需要一批应用技术型的大学。然而，现实需求和大学定位之间存在巨大反差。

虽然研究型人才对国家非常重要，但是，社会发展需求量更多的是应用技术类人才。中华职业教育社总干事陈广庆说，我国产业领军人才、高层次技术专家和高技能人才严重匮乏。他举例说，2014 年，在电信行业，现有高端人才占全行业专业技术人员比例仅有 0.14%；在海洋领域，我国在世界海洋专家数据库中登记的专家不足百人，不到全球总量的 1%；在电子信息产业中，技师、高级技师占技术工人比例仅为 3.20%，而发达国家一般在 20%～40%。虽然地方高校转型为应用技术类大学，各方已经达成初步共识，但是，转型仍然面临许多挑战和障碍。其中，凸显的矛盾是观念跟不上、师资队伍不适应，没有对高校进行分类管理的体制机制、大学既得利益的阻碍。许多专家认为，转型的最大障碍在于观念。

观念的冲突来自多方面。例如，绝大多数家长和学生宁愿选择三本类院校，也不愿意选择就业看好的职业技术学院，普遍认为学习实用技术低人一等。现实中，用人单位包括一些企业在选聘高校毕业生时，盲目追求名校及高学历，忽视对毕业生实际技能的考察。观念不适应固然有历史传统的原因，更重要的是观念背后的社会地位、经济待遇差距。观念不会凭空产生，它与目前职业技术学院毕业生经济收入不高、社会地位偏低有密不可分的关系。有些中专或职业高中的毕业生在工作岗位上技术精湛、勇于创新、表现突出，完全达到了工程师的水平，可是仅仅因为学历低而不能评工程师。这样的情况在现实中非常普遍。

在本课题组的相关项目研究中，采访了大量企业一线员工和中高层领导干部，通过这些企业内部人事对人才需求的描述，我们不难发现：高校的确是培养了一批又一批所谓的人才，但是这样的人才并非是企业需要的。

中国电子软件研究院云计算总工程师陈屹力就表示，在招聘方面有与高校的合作，但是合作成功的不多。当然这些失败不完全与高校有关。该公司本来很想跟高校合作，但是跟高校合作的项目并没执行，主要就是因为学生的专业素质不够高，这些项目也就没合作成功。

8.2.3.2　对接过程中存在问题的解决

对于对接中存在的问题，解决的思维模式主要有两种：第一种是传统的"拉"式方法，即根据市场需求的变化，高校调整内部专业设置和人才培养模式；第二种是现在广泛采用的"推"式方法，这种人才培养模式旨在培养学生各个方面的能力，让学生成为复合型人才，以不变应万变。

第一，传统的"拉"式人才培养模式——根据需求定制人才。

在"拉"式人才培养模式下，要根据产业结构的现状和发展趋势调整高校专业结构。首先，新兴产业的兴起与发展创造了新职业门类发展的契机。对此，教育行政部门应根据新职业门类发展需要，创新专业培养目标，及时设计新的专业，拓宽专业目录，调整专业课程计划和培养规格，使人才培养与经济社会发展对接。其次，随着产业结构的不断优化，不同行业在国民经济中的比重不断变化，对相关人才的需求也随之变化。因此高校要定期研究产业结构和劳动力市场的需求，在此基础上对已有专业的招生规模进行适当的调整，根除因人设专业、专业设置盲目求全求大等突出问题。此外，通过专业结构的调整引导产业结构的优化与升级产业结构是衡量一个地方经济现代化程度的重要指标。我国许多地方经济发展滞后，其重要根源就是产业结构不合理，附加值大的产业比重较小，传统产业有待升级。高校作为人才、知识的聚散地，应该通过专业设置调整，以专业结构的优化来引导产业结构的优化与升级，使传统的劳动密集型产业、附加值小的产业向科技密集型产业、附加值大的产业发展（朱建和刘巨钦，2010）。

第二，新型"推"式人才培养模式——培养复合型人才。

如今，很多高校都打出了培养复合型人才的旗号。前面已经提到，由于推式的人才培养模式无法避免与需求结合的时间差，那么何不把人才培养成一才多能，以不变应万变呢？复合型人才在当今社会上的需求非常广泛，正是因为他们可以很好地迎合社会需求的改变，是产业升级转型中最有力量的一个群体。

复合型人才必须具备跨学科门类的多学科知识，而且能够让不同学科领域的知识有机地组合起来，交叉融合、贯通成为多学科综合知识。只有跨学科门类的多学科知识而不善于融会贯通则只能说是多才多艺，其知识结构是松散的拼盘式的。复合型的知识结构，既有相对独立的学科知识又有交融在一起的多学科结合，是"八宝粥"式的结构。现、当代科学技术发展的一个显著特征就是现代化信息量的急剧增加和知识技术的迅速更新，另一个突出特征就是各种知识技术的高度综合化。此两大特征使得社会上专业概念逐渐淡化，人们在从事一项工作或转移到另一个新的工作领域时，除扎实的基础知识外，宽广的知识面就显得尤其重要。因此，各高等院校在教育内容上要紧跟上新技术革命的形势，要不断更新技术，更注重课程配套，知识结构和层次结构的完整性，以培养学生具有宽广的知识面，经过两个或多个专业的训练以后就能够适应不同专业、跨学科领域的工作和研究。

目前，很多高校学生成绩非常优秀，知识基础扎实、知识面广，但缺乏知识的运用能力，不能把知识活用，不能在现实社会生活和工作中很好地运用所学知识，出现"高分低能"的现象，不能满足知识经济发展的需要，浪费和闲置了个人本身所具有的丰富的知识资源。因此，各高校越来越重视学生知识的运用能力，通过各种途径来提高广大同学的知识运用能力，例如，师范类高校通过让学生参与试讲、见习、实习等活动来激活师范类学生脑中的丰富的知识，调整、优化学生的知识结构，提高学生在实际教学中的知识运用能力。

8.3　高校招生与就业服务现状

8.3.1　招生政策与招生服务现状

国家出台的招生基本政策主要体现在我国的三部法律中，即《中华人民共和国高等教育法》、《中华人民共和国职业教育法》、《中华人民共和国民办教育促进法》。本节首先对这三部法律中的主要招生政策与近年来的变化进行分析，再对新形势下自主招生政策和其他招生政策进行简单介绍。

8.3.1.1 高校基本招生政策

在整个教育和招生领域，全国人民代表大会及其常务委员会先后制定了《中华人民共和国学位条例》、《中华人民共和国义务教育法》、《中华人民共和国教师法》、《中华人民共和国教育法》、《中华人民共和国职业教育法》、《中华人民共和国民办教育促进法》、《中华人民共和国高等教育法》等有关教育的法律。国务院制定了《教师资格条例》、《高等学校设置条例》、《中外合作办学条例》等 20 余项教育行政法规，各地方省、市、区人民代表大会也相继制定了 138 项地方性的教育法规；国家教育行政部门也颁布了覆盖教育各方面工作的有关教育规章 200余项；各地方省、市、区人民政府也制定了符合当地教育发展需要的地方性教育规章。

《中华人民共和国高等教育法》是为了发展高等教育事业，实施科教兴国战略，促进社会主义物质文明和精神文明建设，根据宪法和教育法，制定的法规。

高等教育法的主要原则和内容包括：保证教育的社会主义性质与方向；符合事物发展的一般规律，促进人的全面发展。此外，高等教育法还规定了高校自治原则和学术自由原则。因此，高等教育法是我国高等教育的主要法律。根据法律法规的上下优位原则，高等教育法对整个高等教育招生政策有一个统领作用。

《中华人民共和国高等教育法》的主要特点如下：第一，我国高等教育实行学历教育和非学历教育；第二，我国高等教育采用全日制和非全日制教育方式；第三，我国高等教育实行学位制度，学位分为学士、硕士和博士；第四，我国高等教育采取政府办学为主、社会各界广泛参与的多种形式办学体制（王革，1999）。

8.3.1.2 2017 年最新高考政策改革与未来高考政策前瞻

自 2014 年国家启动考试招生制度改革以来，目前全国大部分省区都已出台了高考改革的方案。

第一，上海、浙江："3＋3"模式。

2017 年高考，上海、浙江这两个高考改革排头兵的考试科目将采用"3＋3"模式。所谓"3＋3"，就是除语数外 3 门主要科目外，再选三门选考科目。但在确定三门选考科目的方法上，上海和浙江的方案略有不同。上海采用"6 选 3"模式，即从思想政治、历史、地理、物理、化学、生物 6 个科目中自主选择 3 科作为考试科目。浙江则采用"7 选 3"模式，除了以上所提到的 6 科，还多了"技术"（含通用技术和信息技术）这一科目。另外，浙江、上海两地外语考试均提供两次考试机会，两地高中生可选择其中较好的一次成绩计入高考总分。而评价一名学生，不仅仅注重"考三天"，还要"看三年"。即除了统考之外，将推行高中学业水平考试和综合素质评价。

第二，北京、海南、山东、天津：高考改革蓄势待发。

北京、海南、山东高考改革方案也将采用"3＋3"模式，确定选考科目实施方案与上海类似，从思想政治、历史、地理、物理、化学、生物6个科目中自主选择3科。考生高考成绩将由语文、数学、外语3门必考科目的成绩与3门选考科目的成绩构成。外语同样提供两次考试机会，以最好成绩入分。天津的改革方案大同小异，只是在原有的英语听力两次考试的基础上，实行高考英语笔试两次考试，取笔试和听力各两次考试中较高的分数，计入高考总分。

第三，2018年：高考改革启动井喷年。

2018年将是高考改革启动井喷年，广东、安徽、河北、江苏、山西、西藏、辽宁、黑龙江、贵州、四川、吉林、重庆、湖北、福建、湖南、青海、江西、河南、内蒙古等19个省区将启动各自的高考改革方案。其余省区除新疆未公布高考改革方案外，宁夏、广西、陕西、甘肃、云南等5个省区的改革则将于2019年展开。

教育部部长陈宝生在接受采访时就特别强调，教育改革是有生命周期的，它是渐进式的，大体上三年一个周期。并且跟大家说到今年高考改革的"小目标"。一是抓好上海、浙江的高考招生制度改革，总结经验，为全面推广做好准备。二是做好全国高考招生改革，确保考试过程的安全和招生信息的安全。三是准备在北京、天津、山东、海南这四个省市开始进行高考招生制度的改革试点，探索一些新的路子。最终的"小目标"是，经过这么三五年时间的努力，能够建立起一个分类考试、综合评价、多元录取的高等教育考试招生制度体系。同时，也能够在这个基础上，形成各个学段、各类教育能够互通互认、互相转换的终生学习的立交桥（搜狐新闻，2017）。最后，在高考加分政策上，除了少数民族加分政策以外，其他加分政策都将取消。这一改革也将教育的公平化进一步扩大。

与高考政策相对的是高校招生政策。根据2015年最新高校改革动向，目前，已经有近百所原来为本科的高校，转为职业技术学校。此外，在如今的政策驱动下，高校招生正在逐步向社会需求并拢。在2014年以前，高校所培养的学生，尤其是研究生，其课程和考核方式均为学术型路线。随着教育改革的一步步推进，高校招生也将同时发展两条路线。第一条路线即为学术型高考。其目的在于给高校和科研院所提供能够促进国家科学和经济发展的研究型人才。第二条路线则是通过新的高考和招生政策改革而新提出的路线。高考模式是技术技能人才的高考，考试内容为技能＋文化知识；第二种高考模式就是现在的高考，学术型人才的高考。技能型人才的高考和学术型人才的高考分开。

将技能型人才选拔和学术型人才选拔分开，进行两种模式的考试，这是高考改革总体方案的一部分。这一做法的目的是将占考生数量近一半的中等职业院校学生"解放"出来,不再与高考"陪绑"。很多报考高职院校的毕业生并不擅长选拔性的普通高考。而实际上因为招生困难,一些高职院校已经将高考录取分数线降低到 100 多分、200 多分,这样的高考成绩在录取中几乎没有意义。另外,高校所需要的学生职业技能的展示又无法通过高考体现出来,因此对中等职业院校学生的考查方式需要进行变革。实际上现在浙江和上海等省市部分高职已经在试点进行"专业技能测试"参考高中阶段成绩进行录取。

技能型高考,其实并非新词。它是湖北、辽宁 2012 年在全国首创并推行的一项重要高考改革,高校招收中职学校毕业生,以技能操作考试为主、文化考试为辅,这一创新性举措为中职学校的学生进入高等院校提供了一种新途径。

技能型人才无需参加统一高考。据了解,今后的技能型人才高考将由两部分成绩组成:专业技能测试 + 高中学业水平考试成绩。也就是说,参加技能型人才高考的学生无需参加高三的统一高考,只需向学校提供高中学业水平考试成绩并参加招生校的专业技能测试。根据改革方案"3 年早知道"原则,新的高考方案和招生录取方式将在 2017 年正式实行。

8.3.1.3 近年来的自主招生政策

自主招生主要选拔具有学科特长和创新潜质的优秀学生,也就是所谓的"偏才怪才",是对现行统一高考招生按分数录取的一种补充。2003 年开始启动试点,目前试点高校共有 90 所,招生人数约占试点高校招生总数的 5%,2017 年自主招生报名人数破 60 万人大关,比 2016 年增加约 12 万人。总体来看,这项探索取得了积极成效,据高校调查,经自主招生录取的学生进入高校后在学业、科研、创新、组织管理等方面潜力普遍比较突出。但自主招生也存在一些问题,部分高校自主招生定位不明确,热衷于"掐尖"、"抢生源";部分高校以联盟形式在高考前组织大规模文化考试,被社会称为"小高考",增加了考生负担,影响了中学正常教学秩序;个别高校招生程序不够完善,过程不够公开透明,还需要进一步完善和规范。

为贯彻落实教育部关于完善和规范自主招生的工作部署,教育部成立了由部领导和考指委专家组成的双组长制自主招生改革文件起草小组,在对所有试点高校自主招生情况全面系统摸底调研的基础上,认真吸纳媒体、网民、考生和家长的意见建议,广泛征求各省区教育厅(教委)、90 所自主招生试点高校以及国家教育考试指导委员会委员的意见。经充分论证、反复修改、不断完善,形成了《关于进一步完善和规范高校自主招生试点工作的意见》,经国家教育体制改革领导小组会议审议后由教育部印发。适合参加自主招生的学生类型以及流程如表 8-3-1 所示。

表 8-3-1　　2017 年自主招生政策主要变化

流程环节	改革前	改革后	显著变化
网申	12 月前后	3 月底	联盟取消
初审	3 月前后	4 月底	无
笔试	考前	考后	可能部分取消
面试	考前	考后	可能比重加大

教育部等五部委明确规定：在 2014 年取消奥赛生保送资格。但是全国奥赛获奖者通过自主招生有机会降至一本线上清华大学、省级奥赛获奖凭一本分数进入西安交通大学等。所以随着学科竞赛加分项目的全面取消，自主招生的加分显得尤为重要。

2015 年起，所有试点高校自主招生考核统一安排在高考结束后、高考成绩公布前进行。试点高校不得向中学分配推荐名额，考核内容倾向与考查考生的学科特长和创新潜质，笔试考试不得超过两门，考核过程全程录像，以防作弊。招生考核实行四级信息公开制度，严查各类违规行为，涉嫌犯罪的，移送司法机关处理。往年自主招生"三大联盟"的高校占据了自主招生院校的半壁江山，每个联盟都有一个统一的报名平台，这三个报名平台十分相似。联盟之外的高校有自己专门的自主招生报名申请平台。这些平台的申请流程方式五花八门，各不相同。从最新的自主招生规定来看，未来的自主招生可能会像高考一样选取一个统一的报名入口。在《关于进一步完善和规范高校自主招生试点工作的意见》第六节加强信息公开公示中提到："在教育部阳光高考平台建立统一的自主招生信息管理系统，加强对报名、审核、公示各个环节监督管理。"这句话也许意味着今后自主招生报名都必须登录阳光高考平台，统一报名。如果采用了统一的报名入口，可以大大减轻申请多所自主招生高校的工作量和难度。同时，自主招生的公平性也能得到更好的保障。

2015 年自主招生新政策改革后，众多教育人士猜测，未来自主招生热度会急剧下降，参与自主招生的考生也会越来越少，但实际表明，参与人数却是越来越多，主要原因有以下三点：第一，高校审核环节放宽。从近三年自主招生初审人数来看，虽前两年初审人数较少，但 2017 年整体初审人数有较大的提升，自主招生在线团队综合研究各大高校 2017 年自主招生条件发现，招生条件并未有明显的变化，这在一定程度上说明，高校初审审核环节有所放宽。第二，各大竞赛奖项获奖人数提升。例如，2017 年生物联赛、信息学竞赛都在一定程度上提高了获奖人数比例。获奖人数的上升，意味着更多的考生将会参加自主招生。第三，越来越多综合成绩优秀的考生开始关注自主招生近年来，众多考生凭借综合成绩优秀拿到自主招生优惠资格，这让低年级的考生看到希望，也导致越来越多的考生参与进来。第四，自主招生低龄化加剧该低龄化是指关注自主招生的人群年龄越来越低，很多家长在孩子刚刚初中毕业，就开始关注自主招生，并为自主招生备考做相关准备（高考频道，2015）。

8.3.1.4 高校自主招生政策存在的问题

自主招生考试作为高考录取的重要方式，对提升教育发展方面有着重要的意义。然而，我国一些地区、一些高校在自主招生时有失公平与效率。公平与效率问题也逐渐成为人们所争议的问题。

首先是自主招生公平性问题探讨。确保自主招生考试的公平性是录取的前提，如果一个高校在考试录取方面没有确保公平性，那将不利于中国的教育发展。陈恒星（2016）总结出以下几个有失公平性的问题：第一，自主招生的区域差别；第二，自主招生的城乡与学校差异；第三，招生过程的公平性。前面提到，有一些高校的自主招生生源可以来自高中推荐，高校的自主招生权利也越来越大。这往往导致一些高中存在"寻租现象"，即一些高中在学生推荐时进行暗箱操作，助长了自主招生的公平性缺失。

其次是自主招生效率性问题探讨。自主招生考试需要高校投入一定的人力和财力，录取的高效性是除了公平性之外的另一个要求。每年高校都需要投入巨大的成本用于自主招生，受到招生成本的控制，资金安排的不合理往往导致效率性问题的发生。从当前形式来看，我国很多高校在成本与效率问题处理上略有提升，但是如何更高效地自主招生，依旧是高校招生提升的方向。当然，生源录取的高效性也是必须提升的重点，如何在有限的条件下录取到符合本校录取目标的学生，体现了自主招生的高效性。高校在处理公平与效率问题上还需要进一步借鉴与学习，才能完善自主招生制度，落实招生的公平性和效率性。

鉴于此，未来高校招生制度的未来发展趋势究竟如何，有学者研究指出以下几个主要方向。

第一，扩大招生制度的多元化。当今的招生制度虽然已经初见规模，但是制度的不灵活和死板性却一直限制着人才招纳的过程，许多优秀的学生会因为一些固有的门槛而被拦截在外。因此，招生制度的改革迫在眉睫，只有完善和改革，才能打破招生的固有屏障，实现人才的广泛招纳，帮助我国人才培养战略的实现，促进自主创新国家的建设。

第二，扩大高校招生的自主性。当然，生源的综合素质考核和评价，同时更被纳入了改革的范畴。那么，为了提高社会的认可支持度，高校招生制度需要做好对社会大众们的调查，根据人民的利益，提出改革的具体方针，制定合理的改革计划，以实现最广泛人民的利益。站在全国统考的标准线上，合理利用各种分类型的考试制度，突破旧有的命题和打分屏障，从各省市的实际状况入手，放宽大家的自主招生权限，促进各省市在命题和分数上的等值化和公平化。

第三，实现高校招生的公平性。如果从高校组织者的角度，可以发现，招生制度的最大控制者是政府。政府起着完全的主导作用，而这种主导，显然是同当前社会的发展以及结构调整背道而驰的。那么这种主导权，应该要归到社会的手中，政府应只是起一个辅助的作用。我国在招生中，就必须紧抓以人为本的思想，录取学生时不仅关注学业成绩，更要关注应用技能和素质能力。这样一来，应用技术型的人才得以被录用，如此将大大促进我国产业结构的变革，推动市场经济的发展（李文静，2017）。

第四，探索形成以学科和学习者相统一的"类"。当前，高校进行的大类招生，突破了以往按专业招生的限制。所谓大类招生，一般是指按相同或相近的学科门类进行招生，入校学习1~2年之后再进行专业分流。例如，考生报考工商管理类，入校学习后分流的专业包括工商管理、市场营销、会计学等。除此之外，一些高校的"基地班"、"实验班"在招生和培养上也打破专业的壁垒，进行趋向"通才教育"的改革探索。应当肯定的是，高校实施大类招生符合当今社会对于人才培养的要求。

第五，将大类招生与大类培养结合起来。大类招生只是第一项工作，招生的目的是择天下之英才而育之，后续的培养工作任重道远、意义重大。相对于以往的按专业招生而言，大类招生是一种趋向"通才教育"的改革。大类培养在课程体系、教学模式等方面都应当进行综合创新，而不是简单延续传统的单一专业人才培养机制。以专业、学科为中心进行人才培养，是现代大学重要的内容，具有重要的意义。

第六，做好相关的配套改革措施。高校探索进行大类招生的改革，所要撬动的是原有人才培养的专业、学科的中心地位，以达成通识教育与专业教育相结合，从而真正培养宽口径、厚基础的高素质人才。因此，完善和健全相关的配套改革措施，才能推动大类招生改革的深入进行，从而真正提升人才的培养质量（韦汉吉，2017）。

8.3.2 就业政策与就业服务工作现状

在就业形势日趋严峻的时代，国家、地区和高校各自的就业政策就成了一个很重要的工作。与招生工作相比，就业服务工作所面临的环境要复杂很多，从国家政策到地区环境都是要考虑的问题。因此，就业政策与就业服务工作的显示情况往往也是因地制宜。

本节从国家就业的"大政策"、各个地区的就业政策以及各个高校的特色就业政策与服务三个方面进行观察和探讨。

8.3.2.1 国家推行的主要就业政策

在十八届三中全会上，再次强调了"就业是民生之本，是人民改善生活的基本前提和基本途径。"这一重要思想。近年来国家推行的主要就业政策以增加就业岗位和促进创业为主要导向。

中国政府从国情出发，通过实践探索并借鉴国际经验，制定和实施了一系列积极的就业政策。目前，中国已建立起市场导向的就业机制，计划经济时期形成的企业富余人员问题基本得到解决，在经济发展和经济结构调整中就业规模持续扩大，就业结构逐步优化，就业渠道不断拓宽，就业形式更加灵活，总体上保持了就业形势的基本稳定。

根据《中国就业现状与政策白皮书》与十八届三中全会中与就业政策有关的会议精神，现阶段的国家就业政策主要在三个方面着手：创造岗位、活跃劳动力市场、再就业。

1）创造岗位

通过发展经济扩大就业。中国政府始终将促进就业作为国民经济和社会发展的战略任务，将控制失业率和增加就业岗位作为宏观调控的主要目标，纳入国民经济和社会发展计划，坚持实行扩大内需的方针，实施积极的财政政策和稳健的货币政策，保持国民经济平稳较快的发展，并积极调整经济结构，提高经济增长对就业的拉动能力。

发展第三产业，扩大就业容量。中国政府坚持把发展服务业作为扩大就业的主要方向，鼓励发展社区服务、餐饮、商贸流通、旅游等行业，更多地增加这些行业的就业岗位。近年来，中国政府制定了大力发展第三产业、拓展传统服务业领域的就业渠道、努力发展旅游业等增加就业岗位的扶持政策，重点是开发社区公益性就业岗位，帮助和促进下岗失业人员和其他就业困难群体再就业。

鼓励发展多种所有制经济，拓宽就业渠道。中国政府注重发挥劳动力资源优势，积极发展具有比较优势和市场需求的劳动密集型产业和企业，特别是就业容量大的私营、个体经济和中小企业，吸纳的劳动力占城镇就业增量的80%左右。2009年9月，国务院以国发〔2009〕36号印发《关于进一步促进中小企业发展的若干意见》，进一步规范和推动了中小企业的发展。发展灵活多样的就业形式，增加就业途径。中国政府鼓励劳动者通过灵活多样的方式实现就业，积极发展劳务派遣组织和就业基地，为灵活就业提供服务和帮助。政府制定了非全日制用工、临时就业人员医疗保险等政策，在劳动关系、工资支付、社会保险等方面建立制度，促进和保障灵活就业人员的合法权益。

2）活跃劳动力市场

建立市场导向的就业机制。中国政府积极培育和发展劳动力市场，逐步确立企业作为劳动力市场的用人主体、劳动者作为供给主体的地位。同时，协调推进社会保障制度、住房制度、户籍制度等项改革，劳动力市场发育的客观环境明显改善，市场机制已经在劳动力资源配置中发挥基础性作用。

发展完善公共就业服务体系。20 世纪 90 年代后期以来，中国政府大力加强劳动力市场科学化、规范化、现代化建设，建立公共就业服务制度。目前在大中城市和部分有条件的小城市，市、区两级普遍建立了以公共职业介绍机构为窗口的综合性服务场所，地级以上城市基本建立了街道社区劳动保障工作平台，完善了基层就业服务组织网络。在全国近 100 个大中城市建立了劳动力市场信息网，实现了市、区就业服务机构的信息计算机联网，部分城市已经将信息网络连接到街道、社区。全国已有 89 个大中城市按季向社会发布劳动力市场职业供求分析信息，对促进劳动力资源合理配置和职业培训事业的发展起到了引导作用。政府还鼓励和规范民办职业介绍机构的发展。

3）再就业

在中国长期处于劳动力供大于求的背景下，随着经济结构的不断调整，从传统产业分流了一大批下岗失业人员。1998~2003 年，国有企业累计下岗 2818 万人。近年来，中国政府提出了一整套促进下岗失业人员再就业的政策。

（1）建立再就业服务中心。中国政府组织各方力量在有下岗职工的国有企业普遍建立再就业服务中心，为下岗职工提供基本生活保障，代缴养老、医疗等社会保险费，并为他们提供一次职业指导、三次就业信息服务和一次免费的职业培训机会。

（2）实行税费减免和小额担保贷款扶持政策。例如，2016 年，《财政部国家税务总局关于全面推开营业税改征增值税试点的通知》（财税〔2016〕36 号）附件 3 营业税改征增值税试点过渡政策的规定：对下岗失业人员自谋职业，从事个体经营的，三年内免征有关税费；对下岗失业人员自谋职业和自主创业提供小额担保贷款，由政府建立担保基金，并提供财政贴息。

（3）实行社会保险补贴和减免税收政策。对各类服务型企业和商贸企业新增岗位招用国有企业下岗失业人员，由政府提供社会保险补贴。为鼓励企业多吸纳下岗失业人员，对服务型企业、商贸企业、劳动就业服务企业中的加工型小企业，以及街道社区具有加工性质的小企业实体，在当年新增岗位中招用下岗失业人员达到 30% 以上的，三年内减免有关税收。

（4）通过再就业援助帮助就业困难对象。对有就业能力和就业愿望的男 50 周岁、女 40 周岁以上就业困难的下岗失业人员，作为就业援助的主要对象，提供即时岗位援助等多种帮助。政府投资开发的公益性岗位优先安排大龄就业困难对象。在社区开发公益性岗位安排原国有企业的大龄就业困难职工就业，政府给予社会保险补贴和岗位补贴。

（5）鼓励国有大中型企业分流安置富余人员。鼓励国有大中型企业通过主辅分离、辅业改制，分流安置本企业富余人员。对改制企业以及兴办的经济实体安置富余人员达到一定比例的，三年内可免征企业所得税。

（6）加强对下岗失业人员的就业服务。在各级公共职业介绍机构中，对下岗失业人员实行求职登记、职业指导、职业介绍、社会保险关系接续"一站式"就业服务，并开展免费职业介绍和职业培训。运用现代化的信息网，为下岗失业人员及时准确地提供就业信息。对下岗失业人员自谋职业和自主创业，在有条件的地方设立专门窗口，实行工商登记、税务办理、劳动保障事务代理等"一条龙"服务。组织开展多层次、多形式的再就业培训，提高下岗失业人员的就业能力。对有开业条件的人员开展创业培训和开业指导，提供项目咨询、跟踪扶持等服务，通过培养创业带头人带动更多人就业。

8.3.2.2 各地区的主要就业政策

由于中国幅员辽阔，各地区发展情况并不均衡，不同地区的就业政策也有所不同。近年来随着各个地区性就业网站的建立，在国家总体大政策的指导下，各个地区的毕业生就业服务业发展的各具特色，各有千秋。

但是就目前的实施情况来看，地区的就业服务并没有达到预期效果。根据本课题组在西安地区毕业生招聘会上的调研信息，大部分企业对区域就业信息平台的使用率并不高。与企业的低利用率相对应的，学生对地区性的就业和招聘服务网站的利用率也不高（各地区就业信息网站见表 8-3-2）。与经济发展不平衡相对应，各个地区的就业政策与就业服务水平也有很大的差异。北京和上海的就业服务走在全国前列，而东北、西部地区的就业服务水平并没有显著提高。此外，部分地区的招生政策和优惠条件都在互相效仿，并没有真正做出适合本地区战略发展规划的就业服务。因此，地区就业服务还有比较长的路要走。

表 8-3-2 调研地区毕业生就业信息网站

地区	就业信息网站
西安	西安市人力资源和社会保障局网（http://www.xahrss.gov.cn）
上海	上海学生就业创业服务网 http://www.firstjob.com.cn/
杭州	杭州就业网 http://hzjy.zjhz.hrss.gov.cn/
苏州	苏州毕业生就业网 http://www.szbys.com/bys/default.aspx
广州	广州市人力资源和社会保障局 http://www.hrssgz.gov.cn/gzbys/index.htm
深圳	深圳人才网 http://www.szhr.com.cn/

8.3.2.3　高校就业政策与就业服务现状

在本书调研过程中，项目组成员与多所高校的就业中心进行接触，得到了各个高校就业政策的第一手资料。通过对相关领导干部和基层工作人员的采访，本课题组对目前高校的就业政策和就业服务整体现状有了一个深入的了解。教育部从 2014 年开始要求高校把每年的就业质量报告公布在自己的官方网站上，并把相应链接发给教育部。

为应对高校毕业生的就业压力，2014 年国务院办公厅发出通知，要求各地区、各有关部门采取切实有效措施，拓宽就业门路，促进高校毕业生就业，并相继出台了一系列促进高校毕业生就业的政策措施。

基于国家的总体政策，各个高校也推出了许多帮助就业和鼓励创业的新政策。包括鼓励高校学生到到基层中去，鼓励高校学生应征入伍成为高水平国防力量等。近几年，由于国家对科研工作的扶持越来越大，高校毕业生在参与项目研究期间，享受劳务性费用和有关社会保险补助，户口、档案可存放在项目单位所在地或入学前家庭所在地人才交流中心。聘用期满，根据需要可以续聘或到其他岗位就业，就业后工龄与参与项目研究期间的工作时间合并计算，社会保险缴费年限连续计算。国家对高校学生创业的扶持力度也逐年增大。为支持高校学生创业，国家和各级政府出台了许多优惠政策，涉及融资、开业、税收、创业培训、创业指导等诸多方面。对打算创业的高校学生来说，了解这些政策，才能走好创业的第一步。这些扶持政策集中在中国的大中城市。以北京为例，创业高校学生可享受最多高达 50 万的创业贷款，且由区财政进行贴息。除拥有北京《再就业优惠证》的人员外，持有北京户口的未就业高校毕业生想要从事个体经营或自主、合伙开发创办小型企业自筹资金不足的，也可申请小额担保贷款。

此外，现在各大高校都建成了就业指导中心。而西安交通大学则走在了全国的前列，在全国高校的就业中心里有非常好的声誉和口碑。西安交通大学就业指导中心在 1999 年才被称为就业中心，那个时候是无级别的中心。2004 年独立成有级别的部门，并于 2004 年 7 月份开始运行，在全国是比较领先的。

在招生与就业的对接上，西安交通大学学生就业创业指导服务中心的郑旭红主任介绍说，目前，就业指导中心计划做招生办、就业中心、就业单位的联动机制。局域网的时代只有我们内部的信息，企业和学生都很麻烦。现在全部上升到大平台，包括签约、企业的进入、不同专业学生的签约工作以及数据统计都变得非常容易。包括教育部在内的很多组织也来学习我们学校的网上签约的经验。在给社会输送人才的方面，学校的就业质量报告上有非常明确的数据支撑。从就业率来看，以西安交通大学的本科生和研究生就业为例，人文学院的就业率一直不太理想，而比较好的工科专业需求很旺，这些年的就业也是很好的。郑旭红主任还强调："即使前两年金融危机来交大的企业反而更多了，那一年来的单位还挺多的。2015 年统计的供需比平均达到了 1∶9，不好的专业供需比也达到了 1∶3。"在这两年学生的个性化的择业观更加明显，导致学生就业比较多元化。2015 年西安交通大学毕业生就业情况喜人。C9 高校就业结果统计显示：硕士生就业率高达 99.13%，位列 C9 高校第二（清华大学第一）；本科生就业率高达 97.43%，位列 C9 高校第五。

在学生的就业服务中，包括西安交通大学在内的部分高校提供了就业指导选修课和职业规划选修课。以西安交通大学为例，每年大概要举办 50 多场职业生涯规划的讲座。同时，西安交通大学就业指导中心还利用网络资源，设立网上学堂。总共有 100 多节。每年大概有 10 万元的网上学堂的投资，可以覆盖到全体学生。把职业规划工作从纯粹的选修课程提升到通识教育的高度，是西安交通大学的一个新的尝试。毕竟，在成为网络通识教育之前，就业指导课程一直是以宣传为主，非常被动。如果把相关课程挂在网上，并放在学生们的课外八学分（西安交通大学要求学生必须完成满八个学分的课外活动和实践活动），就可以做到更大的覆盖。现在大一的入学教育就有职业生涯规划的课程。去年开始，研究生的就业指导课程也开始实行了，必修选修都有。课程是互动性的，教学方式都是小组教学，团队合作。

在信息流通上，西安交通大学学生就业创业指导服务中心也有所作为。西安交通大学学生就业指导中心于 2015 年 7 月更名为西安交通大学学生就业创业指导服务中心。现在的信息主要是网上全部发布。网站首页包含学生服务、单位服务、中心简介、新闻资讯、宣讲日历、创业创新、国际组织任职、企业展示等 8 个模块。如果企业有特别的需求。例如，国家机关等不让在网上公布，还是要通过学院直接把学生拉过来。现在每个学院、书院依然有就业领导小组，每年都会接受考核，目的是：希望每个学院都能找到自己的实习基地，像能动机械等传统学院都有自己很固定的实习基地。

目前，西安交通大学学生就业创业指导服务中心已经建立了名为西安交大就业创业的微信公众号，希望以后能够在手机上实现就业网络和信息的大部分功能。将来就可以随时查阅信息，随时登录。有了手机客户端就可以主动推送就业指导的信息。此外，名为西安交通大学就业中心的微博粉丝也达到了一万多粉丝（微博是 2009 年推出的），还是很充分地运用了各种方式和手段。去年还召开了网络招聘会，给那些人过不来的企业提供条件。

近年来，西安交通大学学生就业创业指导服务中心举办的招聘会甚至已经成了西北地区找工作的中心。例如，近期做的招聘会中，西安交通大学学生入场人次为 1600 人，而外校的学生人次达到了 9000 人。这 700 多场招聘会，2/3 是外校的。教育部正在想以西安交通大学学生就业创业指导服务中心做示范中心。西安交通大学学生就业创业指导服务中心现在主要的目标就是把数据集成起来,无论公司招聘还是学生应聘,这些数据都是很宝贵的,做出来之后就可以充分利用这些数据。西安交通大学学生就业创业指导服务中心给创业项目提供了很多团队发展的机会,毕竟国家对创业工作十分重视。现在,被雇佣已经只是就业的一部分了,另外还有自己雇用自己的方式。

然而,西安交通大学学生就业创业指导服务中心的数据采集量还不够,而且,西安交通大学学生就业创业指导服务中心设计的问卷也不是很标准,还有待提高。总体来看企业的反响还是很好的,希望以后每年都能做下去,教育部质量报告的要求是这样规定的。走出去的部分,西安交通大学学生就业创业指导服务中心会有一些学生协会每年寒暑假去调研。此外,西安交通大学学生就业创业指导服务中心自己也会深入企业调研,但是每年也就是做 10 多个,数量是不够的。样本太少。希望以后通过大型招聘会,要把这个利用上。

为了支持高校学生就业,政府也出台了一系列的政策,对毕业生就业的重视程度不断加深,相应的支持措施也日益完善。但总体而言,这些措施往往以应急、特事特办为主,缺乏统一的政策规划,治标不治本;高校学生就业支持政策可操作性有欠缺、激励性不够,有待进一步落实;促进高校学生就业的立法基本尚为空白,公开、公平与公正的高校学生就业市场难以建立;适应市场需求的高等教育改革进展缓慢(董元梅,2010)。

8.4　人口红利与知识型劳动力

2017 年,我国经济发展面临的国际、国内环境仍然非常复杂,但在"稳增长、调结构、促改革"等政策推动下,我国经济有望实现 6.50%左右的增速,在此背景下,我国劳动力市场需求将总体保持稳定。劳动力供给方面,2012 年以来我国劳动年龄人口总量就逐步趋于下降,同时就业参与率也在逐年下滑,农村剩余劳动力日趋枯竭,在这些因素作用下我国的人口红利期将逐步结束,除个别细分市场外,劳动力供给紧缺局面将逐步显现,从而推动劳动力成本进一步上升。

在这样的大背景下,知识型劳动力的供应务必会受到越来越少的人口红利影响。未来几年随着人口出生率的进一步减少,人才供应也会由于人口红利的降低而趋于不足。

8.4.1　现阶段中国人口与劳动力总体情况概览

当前,我国农村劳动力市场结构性矛盾突出;另外,劳动力市场新老更替,就业需求开始转变:老一代倾向于回归农村务农,新一代由于受教育程度较高,倾向于工资高、工作环境好的工作；还有，农村劳动力主要从中西部到东部发达城市，呈现非均衡转移（闫德友，2016）。

国家统计局发布：2016 年，中国的城市化率水平为 57.40%，意味着中国这样一个具有几千年农业文明历史的农民大国，将进入城市社会为主的新成长阶段。人们生活方式、生产方式、职业结构、消费行为以及价值观念都会随之发生极其深刻的变化。换句话说，继工业化之后，城市化将成为中国经济社会发展的巨大引擎。

然而，城市化的推进也让中国面临着一些新的挑战。北京大学中国国民经济核算与经济增长研究中心副主任蔡志洲接受媒体采访时指出，随着农村人口向城市转移，如何解决新生劳动力的就业问题急需研究。此外，中国改革基金会国民经济研究所副所长王小鲁也表示，在城市化推进的情况下，社会保障应该如何尽快实现全面覆盖。

除城乡结构外，中国人口的年龄构成也受到各方关注。国家统计局发布数据显示，2016 年底，中国大陆总人口达 138271 万人，比上年增加 809 万人。其中，60 岁及以上人口占总人口的比例为 16.70%，比上年提高了 0.60 个百分点，65 岁及以上人口的占比为 10.80%，比上一年增加 0.30 个百分点，15～64 岁劳动年龄人口占比为 65.60%，比上年下降 0.40 个百分点。

根据中国社会科学院人口与劳动经济研究所的调查，中国人口变化趋势不可逆转。老龄化程度的加剧，意味着人口红利的持续衰减。到 2025 年，中国的人口红利将彻底消失。要实现经济的腾飞，中国必须力争在此之前完成发展方式的转变。图 8-4-1 为中国四次人口普查的人口金字塔形态，重心明显呈上升趋势。

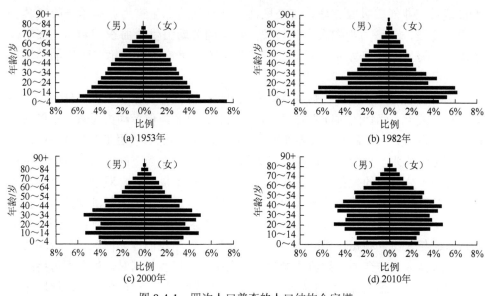

图 8-4-1　四次人口普查的人口结构金字塔

　　1978 年，农村劳动力占全部劳动力的比重高达 76.30%，随着非农产业化和城市化的发展，2009 年这个比重下降到 60.10%。根据国家统计局抽样调查，2009 年末农村外出就业人员超过 1.49 亿人，加上在本地企业的从业人员 0.88 亿人，在非农部门就业的农民工总量已经达到 2.37 亿人，也就是说农村劳动力的 51% 以上已经实现了就地或外出转移就业。按照目前的农业劳动生产水平，农业生产尚需要近 1.80 亿劳动力。因此，从 2009 年农村就业人员 4.69 亿人中，依次扣除转移就业的 2.37 亿人和农业生产所需要的 1.80 亿人，实际剩余劳动力仅为 5200 万人，40 岁以下的只有 4600 万人左右，大大低于通常认为的农村剩余劳动力占农村总劳动人口的 1/3 或者有 1.50 亿农村剩余劳动力需要转移就业的说法。我国农村剩余劳动力规模已经大幅下降，仅占农村劳动力总数的 11.10%，易于转移就业的 40 岁以下人员仅占 10.00% 左右，农村剩余劳动力已经不再无限供给。

　　诺贝尔经济学奖获得者、发展经济学的领军人物、经济学家阿瑟·刘易斯（Arthur Lewis）在 1954 年发表了题为《劳动无限供给条件下的经济发展》的文章。在这篇论文中，刘易斯提出了自己的"二元经济"发展模式。他认为，经济发展过程是现代工业部门相对传统农业部门的扩张过程，这一扩张过程将一直持续到把沉积在传统农业部门中的剩余劳动力全部转移干净，直至出现一个城乡一体化的劳动力市场时为止。刘易斯的"二元经济"发展模式可以分为两个阶段：一是劳动力无限供给阶段，此时劳动力过剩，工资取决于维持生活所需的生活资料的价值；二是劳动力短缺阶段，此时传统农业部门中的剩余劳动力被现代工业部门吸收完毕，工资取决于劳动的边际生产力。由第一阶段转变到第二阶段，劳动力由剩余变为短缺，相应的劳动力供给曲线开始向上倾斜，劳动力工资水平也开始不断提高。经济学把连接第一阶段与第二阶段的交点称为"刘易斯拐点"。

　　这个拐点的到来预示着剩余劳动力无限供给时代即将结束，人口红利正在逐渐消失。关于"确切的时间"是何时，当然见仁见智，但劳动力短缺在中国的出现绝非危言耸听，它总有一天会到来，而且时间不会很久，"用工荒"就是劳动力市场变化的征兆。毋庸讳言，数目庞大的廉价劳动力在当下的中国经济崛起过程中扮演着十分重要的角色。一旦这个重要角色出现市场短缺，对于整个经济大戏的挑战是巨大的。以前那种粗放的、低水平的、劳动力密集的经济增长点，将面临严重的萎缩。人口发展规律告诉我们，人口红利不可能无限期延续。因此我们必须考虑与人口红利相伴相随的"人口诅咒"——当我们过分依赖廉价劳动力优势时，久而久之便会失去创新的能力，以致在人口红利枯竭时，处于不可持续发展的境地。这个意义上，"刘易斯拐点"为一种"倒逼"，跨过这道坎，展现在我们面前的将是一番崭新的广阔天地。

但是人口红利的拐点也是形成一个健康的劳动力市场制度的良好契机。一方面，用工荒实际上是用工权利荒，用工短缺实际上是权利短缺或制度短缺，这就需要我们在保护用工权利方面做更多的工作；另一方面，要加强教育供给，尤其是职业技能教育供给，提高劳动力质量和水平，满足产业升级后的劳动力市场需求。专家提醒：沿海、珠三角地区"刘易斯拐点"已经到来，产业调整尤应注意力度。不过，人力资本要求比较高，在创新环境和制度文化等方面也必须作出调整和改善。简而言之，再有足够的人口红利时，是人求工作，不涨工资也会有源源不绝的劳动力；在人口红利锐减之后，是工作求人，不涨工资就找不到合适的员工。春节后，沿海地区和内地同时出现严重的缺工现象。其中，2016 年广东用工缺口峰值达 100 万人。常年约有 1200 万农民外出打工的人口大省、用工大省安徽，如今也出现了"用工荒"。有专家指出，中国经济发展的人口红利正在枯竭，用工荒正成为内地普遍现象，传统劳动密集型产业将加速丧失优势。

早在 2007 年，中国社会科学院的中国人口研究发展报告就曾提醒，我国的劳动力正由过剩向短缺转变，拐点将在"十一五"期间出现，确切的时间可能是在 2009 年。当时从珠三角到长三角出现的"招工难"，也为这种观点提供了部分验证。没料到随后爆发国际金融危机，外部需求萎缩，出口加工业收缩，大批农用工被迫返乡，有机构预测就业岗位缺口达千万个之多。一时间，"刘易斯拐点"之说似乎不攻自破。可是，随着经济强劲反弹，"保增长"大局已定"用工荒"又浮出水面，而且大有从沿海地区向内陆地区蔓延之势。其实，如果不是将"刘易斯拐点"的出现机械地设定在某个时间点，而是将其视为一个过程，经济危机等因素有可能提前或延后"拐点"的出现，那么，判断中国正在或即将出现"刘易斯拐点"是基本符合实情的（王金营和蔺丽莉，2006）。

整体经济上，人口红利的下降也给家庭的经济带来了更大的负担。家庭作为劳动力供给的最小单位，其劳动供给决策决定了社会的劳动供给状况。人口老龄化主要从时间决策和分工决策两个方面影响了家庭劳动供给。首先从时间决策来看，人口老龄化将在货币成本和时间成本上对家庭劳动力供给决策产生两方面相反的影响：一方面，人口老龄化使社会的老年抚养系数增大，在家庭内部则表现为一对夫妇所需赡养的老人数目增加，赡养负担加重；另一方面，家庭中的老人特别是一些因年老、疾病或伤残导致生活不能自理的老人，需要其他家庭成员的特殊护理和照顾。在没有雇用外来家政人员的情况下，家庭中的其他成员不得不减少原本用于闲暇和工作的时间来照顾老人，甚至还有可能因承担的家务过重而被迫放弃外出工作。其次从分工决策来看，由于家务负担的加重，家庭成员还不得不做出分工决策，即根据家庭总收益最大化的原则，做出由谁外出工作，由谁负责家务的分工（张楠和李婷，2008）。

8.4.2　知识型劳动力现状

近年来，技能型人才的短缺日益成为制约我国由制造业大国向制造业强国转变的重要因素。本书主要以制度经济学作为分析工具，认为引起技能型人才供给不足的原因主要是制度性因素，如企业技术培训中存在"囚徒困境"，而政府未能通过公共服务体系进行协调，职业教育与学历教育非均衡发展，人才评价体系长期扭曲且知识型人才与技能型人才严重分割，职业资格认证体系缺乏公信力等。针对这些原因，本章提出了治理技能型人才供给不足问题的若干制度安排。

8.4.2.1　知识型劳动力的供求现状

中国的扩招从 1999 年开始，2008 年到高潮，招生从 300 万人增加到约 700 万人，适龄人口从一直徘徊在 2000 万~2500 万人，再到 2013 年的 1800 万人，2014 年开始减少到 1300 万人；2016 年毛入学率增加到 42.70%。这可以看出，1998 年开始，每年社会农民工的总供给约 1500 万人，而从 2013 年开始，每年的总供给减少为 600 万人，并且持续减少；而随着四五十岁的农民工干不动了退休，每年的数量约 2000 万人，供给 600 万人，农民工每年减少超过 1500 万人。从现在的年龄劳动力产业主要分布看，四五十岁的农民工主要从事建筑矿业等行业，二三十岁的农民工主要进厂；低端劳动力退休减少的速度更快；而相比于普通劳动力，高校学生等知识型劳动力的供给每年净增 700 万人，就业压力会很大，未来会趋于进厂等体力劳动。

以全国主要城市劳动力市场各季度的职业供求分析数据为例，2001 年以来，各技术等级均处于需求人数大于求职人数的状况，求人倍率（即招聘岗位与求职人数的比例）相对较高的是高级工（职业资格三级）、技师（职业资格二级）和高级技师（职业资格一级），这三类技能型人才的求人倍率自 2004 年以来一直在 1.70 以上。在 2006 年第四季度，初级工、中级工求人倍率分别达到 1.34 和 1.55，高级工、技师和高级技师求人倍率达到 1.81、2.20 和 2.38，远高于高校毕业生的求人倍率。在高校毕业生中，专科、本科、硕士及以上人员的求人倍率分别为 0.89、0.93 和 1.32。从 2001 年以来，技能型人才的需求大于供给的形势非但没有减轻，反而呈现加剧的现象。其中，2002 年是供需变化发生转折的关键年份，技能型人才迅速转向供不应求。巧合的是，这一年正是我国高校 1999 年以来大规模扩招后的第一批专科生毕业。

在发达国家，技术工人占劳动力的比例高达 75%，高级技工占技术工人的比例一般在 30%~40%，中级工占 50% 以上，初级技工只占 15%。而目前，我国城镇劳动者近 2.60 亿人，技术工人 8720 万人，只占城镇从业人员的 1 / 3 左右，且多数为初级技工，其中高级工 1500 万人，占技术工人的比例仅为 17%；技师和高级技师 360 万人，占技术工人的比例仅为 4%。然而，企业对技师和高级技师的需求为 14%，供需相差 10 个百分点。在经济发达的广东省，高技能人才占技能人才的比重也仅有 15.40%，广东省 1996~2006 年新增技术工人中，初级工和中级工分别占了新增技术工人的 44.80%和 48.31%，而高级工及以上高级技能型人才仅占新增技术工人的 6.89%。因而，技能型人才的短缺更多地表现为高级技能型人才的短缺，结构性问题十分严重。种种迹象表明，工业化发展到今天，技能型人才的局部短缺已经演变成普遍的供给不足。

我国"知识型失业"的发展现状，可以概括为四个方面：第一，"知识型失业"的主要领域在城市正规部门；第二，"知识型失业"的主要对象是文科专业学生；第三，"知识型失业"是智力投资预期目标与现实困境矛盾的结果；第四，"知识型失业"是职业规划缺失的结果（龙琼和曹国辉，2016）。

8.4.2.2 知识型劳动力的培养中存在问题

作为培养知识型人才的"摇篮"，近年来，高等教育机构开始面临与社会需求对接的延迟效应，高等职业技术教育也未能得到良好发展，高等教育在教育结构中的失衡成为制约知识型人才供给的重要原因。

首先，高等教育的突破式扩张大大改变了青年对高等教育与中等职业技术教育的选择。显然，近年来知识型人才的短缺与我国高等教育在 20 世纪 90 年代末的大规模扩招存在较强的相关性，其原因是高等教育大规模的扩大招生，使得上大学相对容易，在对高等教育高回报率的预期下，必然有更多的青年选择上大学。事实上，高校毕业生的起薪也远远高于一般职业技术学校毕业生，甚至远远高于有多年工作经历的技工的工资，高校毕业生与一般技术工人收益上也存在巨大差异；在当时的背景下，接受高等教育还有很强的心理收益，而进入职业院校则存在负的心理收益。当普通高等教育的闸门打开的时候，在更高的录取概率和更高的教育收益预期的引导下，越来越多的青年选择接受普通高等教育，而放弃高等教育的机会，包括中专、职业高中和职业技术学校在内的中等高等教育面临生源困境。

制约技能型人才供给的另一个障碍是不适当的人才评价体系。由于我国的人才评价体系尚停留在以学历文凭为主导的阶段，知识型人才和技能型人才在管理制度和薪酬待遇方面均存在严重分割：知识型人才属于干部，而技能型人才属于职工，分别归属人事部门和劳动部门管理。同样是毕业生，技校毕业生的劳动就业问题由劳动部门管理，而大中专毕业生由于属于"干部"系列，由教育厅和人事厅管理。在劳动力市场上，形成了"灰领"与"白领"、工人与干部的二元分割，这种二元分割，大大强化了工人和干部的界限，也强化了劳动力市场上劳动力资源的配置结构和学历结构。

当市场化程度越来越高时，这种人才管理上的分割，人为地造成了社会身份和待遇上的差异，知识型人才收益远远低于技能型人才的收益，不但在无形之中使社会形成了片面的人才观，而且增加了劳动力流动的成本，降低了劳动力市场的配置效率。在我国的公有部门，"工人"和"干部"的分割尤为为严重。长期以来，大中专毕业生拥有干部身份，而技校毕业生则是工人身份。普通高校毕业生的起薪往往高于高职院校毕业生；即便是中专毕业生和技校毕业生，两者的待遇也存在较大差异：拥有干部身份的中专毕业生可以通过评职称不断得到升迁，而属于工人身份的技校毕业生只能沿着"普通工—初级工—中级工—高级工—技师—高级技师"的路径成长，身份始终是工人，就算经过很多年成长为高级工，其工资、福利、住房等方面的待遇也往往不如低职位的管理干部，被扭曲的人才评价体系直接导致知识型人才的劳动力价格被压低。从工人一生的收入现值来看，沿着技能提升的职业路径来发展，反而不如沿着学历进修从而跻身"白领"阶层的路径来发展，后者终生预期收入的现值更大。在这种情况下，便出现了大量青年工人宁肯通过成人教育、电大、自学考试等途径获得学历文凭，也不愿意花钱去接受职业技能培训。

其次，知识型人才的知识、技能相比于工程型、技术型等类型人才的知识或技能，其通用性低，而专用性强，承受的市场风险更大，更容易受到产业结构调整和技术进步的冲击，知识型人才更有可能因此而失业。这种人力资本的折旧风险也降低了知识型人才的终身收益现值。

在制度层面上，虽然我国从 1993 年起就实施了职业资格证书制度，但在实践中却存在层次多样、名目繁杂的资格鉴定，标准不统一，通用性和透明度较差。从全国用工制度看，到 2016 年末，仅劳动部门规定必须持证上岗的行业就多达90 个，人事部门在全国 23 个行业建立了专业技术人员职业资格证书制度。我国类似上岗证、资格证书等进入市场的准入制度有不断增多的趋势。从理论上说，作为一种第三方认证，职业资格认证体系在劳动力市场中履行着重要的信号功能和筛选功能，具有公信力的职业资格认证体系可以保证职业资格证与实际能力之间的对应关系，减少信息的不对称，大大降低劳动力市场上供需双方的交易成本。但部分劳动力市场由于规则本身的不适当却很有可能抑制市场功能的正常发挥，致使劳动力市场出现信息失灵问题。例如，对一些并没有严格安全和技能要求的职业（最明显的是秘书和营销师）盲目设立职业资格制度人为设置制度壁垒，显然不利于提高劳动力市场的运行效率。

在我国，职业资格认证已经成为许多政府部门、事业单位进行设租和寻租的重要工具。一些受认证利益主导的行政部门和认证机构，对职业资格的认证不够严格、不够权威。有的职业资格证只要缴纳足够的费用就能获取，认证过程粗糙、滥发证书的现象比较严重，职业资格证的"信号功能"和甄别功能大打折扣。由于公信力不够，相当一部分职业资格证得不到企业和其他用人单位的认可，大大弱化了人们参加职业资格认证的积极性，损害了职业资格认证体系的健康运作。从劳动部职业技能鉴定中心和中国就业培训技术指导中心披露的数据来看，1996 年职业资格鉴定通过率为 79.90%，1997 年、1998 年则攀升到了 88.40% 和 89.60%，1999 年和 2000 年的通过率也超过了 86%，分别为 86.50% 和 87.60%。通过率过高，认证过于容易，这从一个侧面反映了我国职业资格认证体系公信力不足的现状，职业资格证书的权威性难免不会受到冲击。从技术层面上说，我国职业分类技术、职业标准制定技术、命题技术、教材开发技术、考务管理技术、信息统计技术水平也相对滞后，同样影响了我国职业技能鉴定的效率和质量。

职业资格认证体系中的上述问题，加大了企业甄别合格知识型人才的难度，大大提高了招聘过程的搜寻成本，也提高了企业在招聘后进行考核监督的成本，以及在雇用后发现不合格者的解聘成本，使得原本为了矫正"市场失灵"的认证制度反而成为"市场信息"失灵的根源。因此，没有足够权威的职业认证资格体系和严格的职业资格管理认证程序，是我国许多职业资格认证在行业中无法得到尊重与认可的原因。职业资格证的有效性无法被用人单位广泛接受，反过来影响了青年人参与技能培训和获取职业资格认证的积极性，抑制了知识型人才的供给。

此外，陈婧（2015）运用劳动经济学原理，从宏观和微观两个方面，从供给、需求两个角度对高校学生就业难与企业"用工荒"矛盾并存问题的成因进行了辨析。

第一，就微观方面来说，由于市场分割的存在，高校学生劳动力具有工资水平高、无差异曲线平缓的特点，市场分割的存在可解释我国就业市场上高校学生就业难与企业用工荒并存的结构性失业现象。

第二，就宏观方面来说，具有高附加值的第三产业仍发展缓慢，对高人力资本劳动力的吸纳能力很不乐观，导致高校学生就业有效需求严重不足。将供求情况联系起来总体分析，不难发现在农民工就业市场面对日益萎缩的劳动力供给与持续旺盛的劳动力需求，则必将导致巨大的供不应求状况；另外，在高校学生市场面对不断增多的劳动力供给与有效需求严重不足，则必将导致供给过剩的现状。故造成了高校学生就业难与用工荒并存的矛盾。

第三，通过对劳动力供给结构和需求结构分析，劳动力供给结构与产业结构的不匹配才是高校学生就业难与企业"用工荒"矛盾并存的结构性失业问题的本质原因。

第四，考虑造成高校学生失业与企业空岗并存的结构性失业问题的微观原因，则可以发现若从缓解工资收入差距和改善就业环境两个视角提出建议，则对结构性失业问题仅能起缓解作用却无法根治，而从宏观原因入手，通过解决劳动力供求结构失衡的问题才能从根本上治理高校学生失业与企业空岗并存的结构性失业问题。

8.4.3　知识密集型劳动力如何应对人口红利减少

多年来的计划生育确实解决了当初中国发展的燃眉之急。几十年后的今天，人口红利不断减少就成了快速发展的一种代价。人口红利的减少对劳动市场最大的打击体现在低端工作岗位，如生产线员工、建筑工人等。这也是国内劳动力紧缺，劳动力价格快速上涨的重要原因。

人口红利在不断减少的同时相对应的高等教育机构和院校的不断扩招。在人口红利逐渐减少的同时，我们却看到了高等教育输出的"人才"数量总体呈上涨趋势。但是，从目前来看，高等院校的入学率已经超过了 75%，大学已经不是一个拥有顶尖才华和思维的人才能进入的地方。这也导致了一大部分毕业生的真实实力达不到社会对其需求，因此才会出现就业率逐年下降、就业形势越来越严峻的情况。中华人民共和国成立以来经历四次人口普查，人口的金字的重心也在不断上移。

2015 年后的 20 年，中国人口金字塔的重心将会进一步上移，如图 8-4-2 所示。我们可以发现，20 年后的中国人口红利将不会存在，整个人口金字塔已经彻底不再是锥形而是柱形。从国家完全开放"二孩政策"到人口总量再次出现可观增长，仍需要经历一个较长的过程。因此，无论想要解决普通劳动力紧张还是解决知识密集型劳动力稀缺，都要通过多种辅助方式进行解决。

8.4.3.1　人口红利应尽快转化为人才红利

中国要从过去依靠"人口红利"的发展模式向依靠人才红利的发展模式转变。人才是中国经济实现成功转型的关键，经济要保持中高速发展，向中高端水平迈进，经济发展方式必须从劳动力和资本投入驱动型，转向主要依靠创新和生产率提高驱动型，这需要人才作支撑，需要充分激发人才红利，经济转向才会成功。

我国在 2015~2016 年的全球人才竞争力指数排名第 13 位，这说明我国人才红利的潜能是比较大的。

如何最大限度地激活这个潜能，有三个主要群体是不容忽视的。

一是高校学生，从 2003~2016 年，12 年间全国普通高校毕业生累计接近

1 亿人，2016 年高校应届毕业生达到 770 万人，这一群体合理培养，将会成为我国高层次的科技创新人才的主力军。

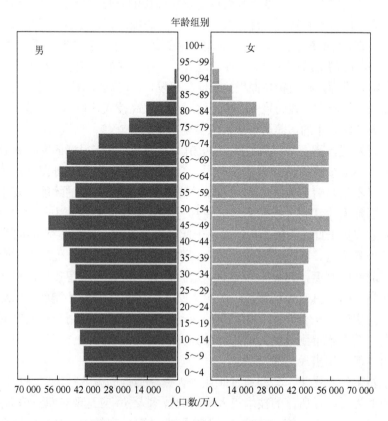

图 8-4-2　2035 年中国人口金字塔预测图

二是海外人才，教育部公布 2016 年度我国出国留学人员总数为 54.45 万人，2016 年度与 2015 年度的统计数据相比较，我国出国留学人数和留学回国人数均稳中有升。出国留学人数增加 2.08 万人，增长了 3.97%；留学回国人数增加 2.34 万人，增长了 5.72%。我国成为全球最大留学生输出国。到 2013 年年底，中国海外移民存量已达到 934.30 万人，留学生、移民这个海外群体是我国引进国际性科技人才的重要渠道。

三是新生代农民工，这一代农民工较老一代而言，受教育程度高，见识面广，接受新鲜事物快，有较高职业期望，是新技术工人的重要潜在资源。

对于高校学生，目前最大的问题是高校毕业生就业能力与市场人才需求严重脱节。这是由于我国高校在办学定位和人才培养层次上，还存在着人才培养模式单一、千校一面的同质化问题；在人才培养观念上还存在着重知识传授、轻创新能力培养问题等。要解决这些问题，我们可以借鉴美国、英国等一些发达国家高校培养模式。例如，美国尊重学生的个性发展和重视学生创造力的培养，提倡高等教育同产业界的协作与交流，用人单位的要求和建议以及对高校的整体评价等，能通过报刊、基金会和政府部门等各种渠道与途径反馈到高校，高校则根据这些反馈信息不断调整其专业、课程设置和教学内容，这很好地促使了高等人才培养与市场需求紧密对接。英国的一些高校聘请政府官员、企业管理者、一线优秀的高级职员作为学校的特聘教授或者特聘讲师，共同参与课程的设计与研发，同时高校通过自身拥有的资源加强与周边企业的合作，共同培养学生。这两个国家高校人才培养各有亮点，也有共同点：高等学校人才的培养与市场需求实现了很好的对接。

中国要发展，需要一批具有很好的国际视野同时又有很好的文化基础的人来推动。拥有那么多优秀海外人才的中国。当然，也可以学习海外国家，出台一些引进海外（不仅是海归人才）人才政策，充分发挥海外人才的才能，真正获取较为丰厚的国际人才红利。因而必须创建具有国际竞争优势的人才制度。一方面，要顺应人才聚集于此、发展于此、成功于此的普遍需求，建立具有全球发展视野、突出公正平等价值、激发创新创业活力、强调市场配置作用、促进人才全面发展等具有普遍性的制度，为吸引、集聚、造就世界一流人才预留接口。另一方面，要建立和完善凸显具有中国特色、中国道路、中国优势的人才制度。以最低的门槛和成本，实现最符合人才自身意愿的流动，并在此基础上用最短的时间实现最佳的配置，使人才得到最快的成长和最充分的发展，获得最合理的收益，价值得到最大的体现，作出最大的贡献。

对于新生代农民工，怎样通过职业培训提高他们的就业技能，使他们从农民工顺利转型为新产业所需的技术工人和专业技术人才，应是现在职业培训的重点。这一点，我们可以借鉴德国的"双元制"职业教育。在德国，在行业协会等主管部门的监督下，企业与学校共同承担高等职业教育，分别负有明确的责任，为各个行业培养输送专业人才。任何一个普通高中毕业的学生都可以选择适合自己的职业并到招收学生的企业报名，录取后与企业签订培训合同，学制3年，学习形式为3个月在学校学习理论知识，3个月在企业学习实际操作技能和知识。大型企业建立自己的培训中心，用最现代化的设备、教学设施和手段对学生（包括企业职工）进行专业技能培训。德国的这种"双元制"职业教育适应经济社会发展的需要，培养了大量的专业人才，为德国日后的经济起飞奠定了坚实的基础。

8.4.3.2　人口红利应提升为人力资源红利

1978年以来，中国一直在追求从人口包袱向人力资源财富的转变，从人力资本负债向净人力资本红利的重大转变。比较中国劳动年龄人口占世界比重和中国人力资本总量占世界比重两条曲线可以发现，尽管前者从 20 世纪 90 年代以来就开始下降，但后者却一直处于不断上升的过程中。特别是，到 2000 年中国总人力资源占世界的比重达到 24.10%，已经超过劳动年龄人口占世界的比重（22.20%）。也就是说，改革开放以来中国确实享受到了人口红利和教育红利。由于平均受教育年限不断提高，尽管劳动年龄人口占总人口的比重在下降，但中国总人力资本占世界比重在不断提高。表 8-4-1 展示了中国和美国在国民受教育平均年限的情况，我国预计在 2030 年达到美国的水平。虽然离现在不过短短 15 年，在人口红利逐渐消失的现在，这 15 年也是相当难熬的（胡鞍钢，2011）。

表 8-4-1 中国和美国平均受教育年限对比与预测

年份	平均受教育年限/年	
	中国	美国
1950	3.00	8.40
1960	4.00	9.20
1970	5.20	10.80
1980	6.30	12.00
1990	8.40	12.10
2000	8.90	12.70
2010	9.50	12.20
2020	10.00	12.30
2030	12.00	12.50

数据来源：Roben J, Lee W. A New Data Set of Educational Attainment in the World, 1950-2010, NBER Working Paper.

由于人口红利的减少和少子化现象的严重，很多小学中学等基础教育机构目前都很难招到适龄的学生，未来还会出现明显下降的趋势。这种情况势必会导致基础教育的教师职位减少，教师的岗位稳定性会变弱。但是从整个社会的角度来看，这也会促进教师的优胜劣汰，加之我国对教育的投资比例加大，有利于解决教育发展不均衡的问题。

此外，实现人力资源红利的另一个条件是保证人力资源的适当流动性。人才只有合理流动，才能有效解决人才供求矛盾，优化人才结构，促进人才使用社会化，充分发挥每个人的潜力。一个人只有在适合的工作岗位上才能充分施展其才华，而人才流动是个人寻找适合工作岗位、企业寻找合适人才的一条重要途径，有利于人才资源的最佳配置。

目前制约人才流动的因素有很多，最根本的是来自体制方面的障碍，地方、行业、部门或单位之间仍存在体制壁垒。除了体制性障碍，阻碍人才流动的因素还有制度性、政策性原因，主要表现在由于户籍管理制度、人事管理制度、社会保险等涉及身份管理的制度体系的约束。另外,对人才流动的法律规范尚不完善,目前人才流动的有关规范主要为部门立法,因而法律位阶较低,且立法程序具有封闭性,不能满足人才在全国范围内流动的需要,不适应建立统一规范的社会主义市场经济秩序的客观要求。

要使人才合理流动,充分挖掘人才红利,需有一个机会均等、竞争公平、制度健全、补偿透明的人才流动环境。因而,在体制机制层面,需在国家政策宏观调节下,按照市场规律,以利益驱动为前提,通过建立完善人才流动的竞争机制、激励机制、柔性流动机制等方式,按社会主义市场经济资源配置效益理论来引导人才资源的合理流动,逐步解决人才供需矛盾。在制度层面,需通过法律建立人才产权制度、解除人才流动的户籍限制、破除人才流动中的身份限制等,使人才资源在更广阔领域里优化配置。

8.5 本 章 小 结

近年来,技能型人才的短缺日益成为制约我国由制造业大国向制造业强国转变的重要因素。本章主要以制度经济学作为分析工具,认为引起技能型人才供给不足的原因主要是制度性因素,如企业技术培训中存在"囚徒困境",而政府未能通过公共服务体系进行协调,职业教育与学历教育非均衡发展,人才评价体系长期扭曲且知识型人才与技能型人才严重分割,职业资格认证体系缺乏公信力等。针对这些原因,本章提出了治理技能型人才供给不足问题的若干制度安排。

中国的扩招从 1999 年开始,2008 年到高潮,本科专科共招生从 300 万人增加到约 700 万人,适龄人口从一直徘徊在 2000 万~2500 万人,再到 2013 年的 1800 万人,2014 年开始减少到 1300 万人;2016 年全国各地本科招生 325.39 万人,2016 年毛入学率增加到 42.70%。作为培养知识知识型人才的"摇篮",近年来,高等教育机构开始面临与社会需求对接的延迟效应,高等职业技术教育也未能得到良好发展,高等教育在教育结构中的失衡成为制约知识型人才供给的重要原因。

在制度层面上,虽然我国从 1993 年起就实施了职业资格证书制度,但在实践中却存在层次多样、名目繁杂的资格鉴定,标准不统一,通用性和透明度较差。从全国用工制度看,到 2016 年底,仅劳动部门规定必须持证上岗的行业就多达 90 个,人事部门在全国 23 个行业建立了专业技术人员职业资格证书制度。

多年来的计划生育确实解决了当初中国发展的燃眉之急。几十年后的今天,人口红利不断减少就成了快速发展的一种代价。人口红利的减少对劳动市场最大的打击体现在低端工作岗位,如生产线员工、建筑工人等。这也是国内劳动力紧缺,劳动力价格快速上涨的重要原因。人口红利在不断减少的同时相对应的高等教育机构和院校在不断扩招。从目前来看,高等院校的入学率已经超过了 75%,

大学已经不是一个拥有顶尖才华和思维的人才能进入的地方。一大部分毕业生的真实实力达不到社会对其需求，因此才会出现就业率逐年下降、就业形势越来越严峻的情况。

中国要从过去依靠人口红利的发展模式向依靠人才红利的发展模式转变，人才是中国经济实现成功转型的关键。经济要保持中高速发展，向中高端水平迈进，经济发展方式必须从劳动力和资本投入驱动型，转向主要依靠创新和生产率提高驱动型，这需要人才作支撑，需要充分激发人才红利。此外，实现人力资源红利的另一个条件是保证人力资源的适当流动性。人才只有合理流动，才能有效解决人才供求矛盾，优化人才结构，促进人才使用社会化，充分发挥每个人的潜力。一个人只有在适合的工作岗位上才能充分施展其才华，而人才流动是个人寻找适合工作岗位、企业寻找合适人才的一条重要途径，有利于人才资源的最佳配置。

9 我国高校学生的在校培养情况

9.1 研究框架与假设

本章是对高校学生就业能力结构要素及其影响因素的实证分析,通过对就业能力结构要素(因变量)和就业能力影响因素(自变量)的综述,得出高校学生就业能力的要素和影响因素。根据前人的研究以及本书研究的目标提出了本章研究的主题概念模型框架和相应的研究假设。

9.1.1 就业能力影响因素的相关综述

社会经济发展水平是国家综合实力的重要体现,而决定社会经济发展水平的除了发展环境和国家政策外,最重要的影响因素是人才供给水平及其才能得到发挥的程度。近年来,随着我国高校招生人数的不断扩张以及 GDP 增长速度进入相对缓慢的"6"时代,高校毕业生的低就业率与日益激增的毕业生人数之间矛盾更加凸显,就业难的问题是当下学者关注的热点。

如何提高高校学生就业能力,有哪些关键因素对其起到了怎样重要的影响作用,许多学者从不同的研究视角做出了自己的解释。首先,对就业能力的定义,被广泛接受的是美国教育与就业委员会给出的解释:求职者获得和保持工作的能力,即使劳动力在人才市场内通过充分的就业机会,实现潜能的自信(刘宏妍,2007)。也有学者从就业能力定义发展的历史进程来描述就业能力,最终统一于获得和保持工作能力这一核心内涵(陈勇,2012)。本章沿用这一基本定义,然而如何才能不断培养和提高高校学生的就业能力,它涉及具体的构成要素和影响因素。关于就业能力的构成要素,Hillage 和 Pollard(1998)认为高校学生就业能力由四个维度构成:就业资产、表现能力、规划能力和环境;Bennett 等(1999)通过研究认为应该包含五要素,即特定专业的知识、专业技能、职业意识、职业(实习)经历和通用能力。Yorke 和 Knight(2004)则提出了相应的 USEM 模型,具体包括专业理解力、技能、自我效能感和元认知等四个关键要素;随后,Pool 和 Sewell(2007)也提出了 Career EDGE 模型,认为就业能力结构应包括专业知识、认知和技能,通用技能,情商,职业发展知识和社会工作经历等五个基本要素。Bridgstock(2009)则认为就业能力应包括个性和个人特征、特定的专业技能、通用能力、自我管理能力和职业开发能力等五个要素；国内学者黄炳超（2015）提出高校学生就业能力构成因素包括基础知识技能（基本因素）、专业知识技能（核心因素）、创造开发能力（创造因素）和个体心理特征（心理因素）等四个关键维度。上述学者研究成果各异，但不难看出其中所拥有的共同之处。但无论就业能力是怎样的结构，就业能力衡量的是高校学生内在的获得工作的能力，而非仅仅是某些机构给出的几项指标，正如 Harvey（2001）提出的理论。本章将在此基础上构建更加全面的高校学生就业能力构成要素。

此外，不少学者对高校学生就业能力的影响因素进行过探索，陈勇（2012）从专业能力、通用技能、个人品质和职业规划能力等四个方面进行了研究；施炜（2012）从可能性因素、现实性因素两个层次，个人自身条件、环境条件、发展就业能力相关的活动三个因素，即从求职者个体自身因素和外部环境因素两个方面对高校学生就业能力的影响因素进行分析（许宪国，2015）。Juhdi 等（2010）从职业管理实践、工作经验、培训、教育水平与工作时间等四个维度，来研究其对就业能力的内部和外部构成因素的影响。Dávid-Barrett 和 Dunbar（2013）从软技能、问题解决能力、毕业前经验、实用技能和学术声誉等五个方面构建了就业能力的影响因素指标体系。Erik 等（2006）的研究发现，求职者的人力资本、初级市场细分要素和经济市场的繁荣程度对就业能力会产生显著性影响，Washington（1999）还发现提升求职者的自我效能感也有助于提高自身的就业能力。当然，也有学者从主观层面对就业能力的影响因素进行过探索，发现就业态度和自我形象影响因素的作用（曾丽，2010）；以及专业承诺水平对高校学生就业决策自我效能和就业能力的影响（赵维燕等，2014），但是，涉及求职者主观求职态度对就业能力影响的研究还相对较少，尤其是主观求职意愿在不同因素间的相互作用关系及其对就业能力形成的重要性方面较为欠缺。

然而，实际上当高校学生面临就业的具体情况时，自我效能感普遍偏低（高志利，2012），究竟高校学生就业能力究竟有哪些影响因素，以及如何有效提高高校毕业生的就业能力就成为亟待研究和解决的问题。本章从三个方面构建了高校学生就业能力的基本要素，即专业技能、人际交往能力和信息获取能力；同时从求职意愿、高校就业服务和课外活动三个维度对影响高校学生就业能力的影响因素进行研究，期望通过构建相关影响因素的结构方程模型探讨各影响因素对就业能力的影响，进而验证高校学生求职意愿等关键影响因素间的相互作用机制。

9.1.2　就业能力变量的遴选

9.1.2.1　就业能力结构要素（因变量）的遴选

从以往对高校学生就业能力结构的研究看，无论各国教育研究组织给出的就业能力结构，还是学者得出的就业能力结构，都是基于高校学生就业能力的构成要素提出的，其中一些研究还加入了影响高校学生就业结构的外部因素，如劳动力市场状况等。

从国内外关于就业能力结构研究的文献看，国内外的学者提出了较多就业能力结构和高校学生就业能力结构的观点，这些观点都试图去清晰地界定高校学生就业能力结构的构成要素，但是一些研究提出的观点过于简单，它们将高校学生就业能力简单定义为高校学生获得工作的能力，以至于无法将高校学生就业能力这一复杂的问题进行阐述；有些研究则太过于理论化而缺少实践的应用性；有些研究则涉及的因素过于广泛，因而无法聚焦。基于上述判断，根据国内外众多的文献研究（表 9-1-1），本章认为以下这些关于就业能力结构的研究可以作为本书解析高校学生就业能力结构的参考和理论依据的一部分（陈勇，2012）。

表 9-1-1　国外学者对高校学生就业能力构成要素的探讨

文献来源	高校学生就业能力模型
Hillage 和 Pollard（1998）	高校学生就业能力结构有四个元素构成："就业资产"，由高校学生的知识、技能和个人态度构成；"表现能力"，指高校学生在求职过程中表现其知识、技能和态度的能力；"规划能力"，指职业生涯管理能力和战略能力；"环境"，指个人背景和劳动力市场状况
Bennett 等（1999）	就业能力结构五要素模型：一是特定专业的知识；二是特定专业技能；三是职业意识；四是职业（实习）经历；五是通用能力
Yorke 和 Knight（2004）	就业能力结构的 USEM 模型：专业理解力（知识）；技能（包括关键技能）；自我效能感（包括自我发展意识）；元认知（包括学会如何学习的能力）
Pool 和 Sewell（2007）	就业能力结构的 Career EDGE 模型：一是专业知识、认知和技能；二是通用技能；三是情商；四是职业发展知识；五是社会工作的经历
Bridgstock（2009）	该模型指出高校学生就业能力包含五个组成部分：学生的个性和个人特征；特定的专业技能；通用能力；自我管理能力；职业开发能力

表 9-1-1 中关于高校学生就业能力结构的观点，在相关研究文献中引用的较多，也是学者较为认可的观点。上述五个模型对高校学生就业能力结构构成要素的解析，都指出高校学生就业能力首先是与专业能力相关的，都赞同高校学生就业能力结构的多要素论。上述模型都是基于个人角度研究展开，指出就业能力结构还应包括通用技能，个人品质和个人职业规划能力。因此本章将以上述观点作为解析高校学生就业能力结构的依据。

高校学生就业能力的培养现在已经成为许多国内外高校人才培养的共识，但早期的研究仅仅将高校学生就业能力视为如转移能力、核心能力、关键能力、基本能力等。上述这些概念在一定程度上是相同的，它们有共同的指向，都倾向于定义为一系列的个人技能，这些个人技能可以在大学中学习和培养，而且一旦获得就可以适用于未来的职业。但这些概念都没有涉及高校学生在大学期间所学习的专业知识和技能，真实的就业能力比上述概念更为复杂，就业能力应该包含个人特质和信念、认知、技能和对自己经历的反思能力（Yorke and Knight，2007）。真实的就业能力除了个人的实际操作能力外，还应该包括认知能力，并且结合高校学生这一特殊群体，应该与其所学专业相联系。此外，就业能力也应该与高校学生的职业选择与未来职业的发展相关（Kavanagh and Drennan，2008）。

综上所述，本章将高校学生就业能力结构（度量标准）归纳为以下三个构成要素：专业知识和技能、人际交往能力、信息获取能力（表 9-1-2）。这些就业能力结构的构成要素之间不是绝然割裂的，各能力结构的构成要素之间存在相关性，每一个能力结构的构成要素的提高都能提升高校学生就业能力。

表 9-1-2　就业能力结构要素及其具体测量指标

就业能力结构要素	具体指标
专业知识和技能	解决问题的能力
	实习经历次数
	把知识运用到实践中的能力
	把技能运用到实践中的能力
人际交往能力	学业上的交流合作能力
	作为活动组织者的领导能力
	已有关系的维系能力
信息获取能力	获取信息的数量
	搜索信息的时长
	获取信息的质量

第一，高校学生就业能力结构的专业能力要素。高校学生就业能力概念的提出，意味着在知识经济时代，在高等教育大众化进程加快的背景下，高校学生的发展已经越来越需要拥有与其学历相称的知识和技能，特别是符合社会需求的知识和技能。正如 Hillage 和 Pollard（1998）所指出的，在知识经济时代，高校学生专业能力已经成为其获得职业、维持职业和取得职业发展成功的最重要影响因素之一。全球一体化、知识经济、产业不断更新升级、工作环境和性质不断变化促使高校学生必须拥有就业能力，才能满足当今职业的复杂需求。

第二，高校学生就业能力结构的通用技能要素。有很多的研究都对通用技能的具体构成维度做了研究，很多的研究是基于对雇主的调查和访谈展开的。英国高等教育学会的就业能力教育研究团队在 2006 年发表了历经 25 年的研究成果，改团队的研究指出雇主最期望高校毕业生拥有的通用技能包括：想象力和创造力；适应能力和灵活性；乐于学习；独立工作能力和自主能力；团队工作技能；管理他人的能力；在压力下工作的能力；良好的口头沟通能力；能为不同目的和读者而拥有的书面沟通能力；数理能力；注重细节；时间管理能力；承担责任并做出决策的能力；计划、协调和组织能力；运用新技术的能力。

第三，高校学生就业能力结构的人际沟通能力要素。个人品质，在很多文献中也称为个人特征与态度、个人属性等。对于个人品质这一维度，有些学者将其定义为情商、有些学者将其界定为个人性格特征。情商，可以称为个人品质，也称为人格，或软技能，指能够识别自身情绪或情感，进而能够激发自身，能够较好地管理或调整自身的情绪或情感（Mayer et al.，2004）。个人特征与态度（情商）是学生职业选择和职业发展获得成功的前兆，情商可以在大学学习期间得到很好的培养。也有研究证明了具有高情商的毕业生在获得工作和职业发展中具有更好的前景，毕业生的内驱力强，自我效能感强能使其更容易获得工作和顺利度过学校到工作的转换。一旦进入工作角色，这些学生比内驱力弱，自我效能感低的学生更容易获得工作的满足感和高绩效（Judge and Bono，2001）。

第四，高校学生就业能力结构的信息获取能力要素。随着劳动力市场的变化，工作环境的改变，一份稳定的终身职业只是少部分毕业生可以拥有的机会，如今获得稳定持续的劳动合同越来越困难，大部分劳动合同建立在个人的绩效基础上，并且可能是短期的。因此，对大部分毕业生来说，在其未来的职业生涯中，工作任务的持续改变将成为一种常态，职业角色的变化是必需的。毕业生要想在未来的职业选择和发展中适应这种变化，并取得职业发展的成功，需要毕业生对自己的职业生涯进行一定规划，也就是拥有自身职业生涯的管理能力。毕业生要能够抓住最好的职业机会，能够在职业发展中获得满足和成功。能够较好地识别自身的职业目标、管理自身职业选择和发展的人，往往比没有职业管理能力的人具有更好的职业发展情景和更高的职业绩效（Day and Allen，2004）。

职业管理能力是指发现和运用职业信息、劳动力市场信息，从而能够定位、获取和维持职业机会，进而能够进一步拓展职业发展机会来获取更大的进步或获得理想结果的能力。职业管理能力贯穿毕业生未来的职业生涯，是高校毕业生获得、维持职业和取得职业发展成功必不可少的基础能力之一，是高校学生就业能力的重要组成部分。在本章的研究中，我们将专业技能和通用技能合并为"专业技能"来表示高校学生就业能力中的技能要素。

9.1.2.2　就业能力影响因素（自变量）的遴选

本章中高校学生就业能力的影响因素就是指高校影响高校学生就业能力结构

各要素的各种因素。综合已有的文献所得出的结论，高校学生就业能力依赖于以下四个层次的影响因素。

第一是个人层次的就业能力影响因素，即高校学生应该从自身的角度来进行就业能力开发，包括自己的职业意识、合理的职业生涯规划，锻炼自身良好的心理素质等。

第二是组织层次，即高校对高校学生就业能力的开发策略，包括改革调整人才培养的专业设置、创新教育理念、理论教育和实践教育相协调、加强毕业生就业服务等。

第三是高校外部利益相关者对高校学生就业能力开发的支持，即产业界对高校的支持，包括企业全程参与学生的课程制定、与高校合作锻炼学生的实践能力、企业与学校签订就业契约、保障毕业生就业等。

第四是宏观层次的影响因素，即政府支持或参与高校学生就业能力开发的过程，主要是政府应该建立高校学生就业服务平台和就业服务的制度与政策等。

上述四个层次的共同点都可以通过高校组织建立各种机制来实现。高校学生就业能力的获取可以通过高校进行就业能力开发来实施，这一结论已经达成共识。从文献综述部分中可以看到，学者都认为高校可以通过教学管理制度的改革来进行高校学生就业能力开发，包括专业调整和设置、将就业能力嵌入课程的教学改革、加强职业指导、增加学生的实习机会，倡导基于职业实际环境的学习和创业创新教育等。

从对高校学生就业能力结构模型的分析中可以看到，高校学生个人层次对高校学生就业能力的影响因素可以通过高校的培养来实现，而从本章对高校学生就业能力的定义出发，政府的宏观层次的因素是影响高校学生就业结果的一个重要因素，本章界定的高校学生就业能力也是影响高校学生就业结果的一个重要因素，与宏观层次的影响因素处于同一层面，是非包含与被包含的关系。因此，结合对高校学生就业能力结构模型的构建和分析问题的出发点——基于高校这一组织的角度分析高校学生就业能力开发，本章注重于从高校这一层次，即基于组织层次的视角来分析高校学生就业能力的关键影响因素。

基于高校这一组织层次的高校学生就业能力开发就是大学如何来进行高校学生的就业能力开发，其能力开发目标是使高校学生获得和提升关于获得职业机会和促进职业生涯成功发展可能的能力，进而使高校学生在未来职业生涯中取得高绩效，提升人才培养质量和高等教育质量。因此，高校学生就业能力开发其实质是高校如何通过能力开发途径的创新来进行人力资源开发。基于此，本章将结合文献回顾、访谈和案例分析，来进行高校学生就业能力关键影响因素的识别。

第一，半开放式访谈。本次调研不仅采访了国内 5 所高校的就业指导相关工作人员，更深入企业对用人单位的员工做了比较详尽的访谈。一方面从高校角度考察培养学生就业能力的现状和主要发展方向，另一方面从用人单位的角度对社会需求和高校培养做以匹配。

纵观国内外关于研究方法的论述，访谈是一种较好收集一手资料的研究方法。该方法适用适用面较广，通过建立融洽的访谈氛围，一定程度上可以使被访谈对象坦率直言，尤其是学术研究的匿名访谈，能够使被访谈对象放松紧张的情绪，从而使访谈者获得其他方法无法获得的深层次的研究信息，为此一定程度上可以提高研究结果的信度和效度（王重鸣和徐琴美，1990）。因此，本章在基于文献回顾基础上，首先通过半结构化深度访谈的方法收集关于影响高校学生就业能力因素的资料和数据，并对访谈内容运用内容分析法进行分析，获得高校学生就业能力的影响因素。

第二，国外高校学生就业能力开发实践的探索性案例分析（表 9-1-3）。从我国高等教育进入大众化后，高等教育系统内部的多样化趋势不可避免，高等教育系统内部多样化趋势表现为：各种不同类型高校的出现，各高校培养的人才类型的差异性等。例如，我国的独立学院就是以培养本科应用型人才为目标，一流研究型大学肩负着培养拔尖创新型研究型人才的任务。本章主要研究高校学生就业能力开发，研究对象属于本科人才培养的范畴，与博士生、硕士生的能力开发模式与路径存在着差异性，因此探索时需要对上述普适的能力开发模式的构成要素与本章的研究目的和内容进行结合。高校学生就业能力开发以就业能力的培养和提升为目标，在能力开发模式的构成要素基础上进行具体化，针对就业能力结构的构成要素进行高校学生就业开发模式的构建，如职业选择与发展规划的指导、培养结果的反馈机制等。基于此，本章将通过国外高校学生就业能力开发的实践来总结高校学生就业能力开发的影响因素。

表 9-1-3　开放式案例研究结果汇总

影响因素	具体表现
确定清晰的培养目标	英、美、日都非常注重高校学生就业能力培养，并制定战略计划
专业设置机制	英国注重专业与社会需求的对接
为了培养能力的课程体系	英、美、日都注重课程体系设计，将就业能力培养嵌入到课程设计中去
职业环境培养	英、美、日都注重高校学生参与各种实践活动，基于工作导向的学习
职业规划指导机制	英、美、日的高校都设置了高校学生职业发展指导工作的部门
与企业产业的合作	美、日注重学生能力与企业或产业的对接
建立就业反馈机制	英国高校对每个学生都建立能力发展档案，有良好的反馈机制
⋮	⋮

通过半开放式的访谈和开放式的案例研究，我们得到了很多前人已经研究过的就业能力影响因素。本章研究所探讨的就业能力影响因素主要是在个人层面和高校层面的。因此对以上就业能力影响因素做一整合，最终确定的就业能力影响因素分为三个方面，并针对这三个方面提出影响因素（表9-1-4）并通过实证研究验证。第一，高校就业服务。如高校提供给学生的就业指导、高校教师提供给学生的就业指导、高校提供的朋辈就业促进平台等因素；第二，择业倾向。高校学生对就业目标和就业地区的选择倾向也会潜移默化地影响其对自身就业能力的培养；第三，课外活动。指学生在学习生活之余参加的业余活动，包括高校学生自发组织的社团活动、学生主动参加的社会兼职活动等。

表 9-1-4　就业能力影响因素及其具体指标

就业能力影响因素	具体指标
择业倾向	择业时所考虑的多种因素
	择业时对就业地区的倾向
	对工作性质的选择
高校就业服务	高校提供的就业培训和课程
	高校教师提供的就业指导
	高校为学生提供的朋辈交流平台
课外活动	学生参与社团活动的频率
	学生参与社会工作和兼职的频率
	学生参与与专业学业相关的活动的频率

9.1.3　研究理论框架

9.1.2节对高校学生就业能力影响因素进行了相关的文献综述，发现了高校学生所拥有的就业能力会受到择业倾向、高校就业服务、课外活动等因素的影响。这些因素不仅可能会影响到高校学生就业能力，也可能存在相互的影响，甚至使其中的某个方面的因素成为一个中介变量，产生调节作用。

目前为止，上述结论均是由相关文献综述及理论推导出来的基本结论，其是否成立还需要接下来的实证数据分析来检验，这里仅依据现阶段的推导结论对我们将要研究内容的概念模型进行构建。结合对本次调查问卷中涉及问题与上述文献综述的理论分析内容，我们将上述三个影响变量的潜变量与测量变量的具体构成给予了基本的确定，整体概念模型的具体构成及相关影响关系如图9-1-1所示。

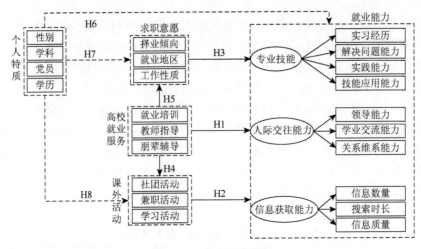

图 9-1-1　本章研究框架

9.1.4　研究假设

基于以上的框架假设，我们提出相应的研究假设。这些假设有些是前人已经研究过的，在此加以验证；有些影响因素是前人未研究过的，其间的关系需要进行实证研究来探索。

1）高校就业服务对就业能力的影响

就业服务从哪些方面、又是如何影响高校学生就业能力的，前人的研究并不多。基于上述理论基础以及概念框架的设计，可以看出参与高校就业服务的高校学生对其人际交往能力和信息获取能力影响是积极的，而高校学生过多的参与高校就业服务会使其无法对专业技能的提升投入更多精力，即会对专业技能的提高造成不利的影响。就此，本章提出如下假设。

H1：高校就业服务能够显著影响高校学生就业能力。

H1a：高校就业服务工作会降低高校学生专业知识和技能。

H1b：高校就业服务工作能够提升高校学生的人际交往能。

H1c：高校就业服务工作能够提升高校学生的信息获取能力。

2）课外活动对就业能力的影响

Kaur 等（2008）归纳出问题解决和适应能力、人际交往技能、英语语言能力、ICT 能力、个人组织和时间管理技能、领导技能和沟通技能等 7 个因素，使用了 55 个具体的测量变量构建了高校学生就业技能的指标体系。Mallough 和 Kleiner（2001）在研究中发现，使求职者获得和保持一份工作的就业能力包括管理能力、计算机与其他技术能力、交流能力、组织能力等 11 个因素。可以看出，课外活动因素能够作为社交、人际交往技能等方面的关键影响因素对就业能力产生影响，也有国内学者在研究中发现高校学生学生干部组织和参与活动的能力对高校学生就业能力有显著影响（刘巧芝，2012）。基于此，本章提出如下假设。

H2：提升参加课外活动的频率有利于提升高校学生就业能力。

H2a：提升参加课外活动的频率能够提升高校学生专业知识和技能。

H2b：提升参加课外活动的频率能够提升高校学生的人际交往能。

H2c：提升参加课外活动的频率能够提升高校学生的信息获取能力。

3）求职意愿对高校学生就业能力的影响

刘海玲（2010）在对高校学生就业意愿方面的实证研究中发现名校生比一般高校毕业的高校学生在就业意愿的选择中，对工作的专业对口率更加注重。因为名校在一定程度上隐含着毕业生本身具有相对较高的人力资本，所以高校学生更"有资本"对未来的就业岗位与自身专业的对口程度提出更高要求。参照刘雪梅（2013）对求职意愿的描述，这里使用职业成功观的相关概念对求职意愿的水平进行测度，即将求职意愿区分为是否偏向于外在报酬型或内在满足型。据此，本章提出如下相应假设。

H3：外在报酬型求职者相对拥有更高的就业能力。

H3a：外在报酬型求职者拥有更好的专业知识和技能。

H3b：外在报酬型求职者拥有更好的人际交往能力。

H3c：外在报酬型求职者拥有更好的信息获取能力。

4）高校就业服务对课外活动和求职意愿的影响

假设 H4 和假设 H5 是对假设 H2 和假设 H3 的补充研究。由于高校就业指导工作的影响是多方面的，根据文献综述部分中前人的研究结果，我们发现高校就业服务的加强，会使得高校学生对参与课外活动的积极性降低，而把更多的时间用在相关理论和技能培训上；同时，接受更多的高校就业服务会使高校学生对于就业的目的和实质有更透彻的了解，所以对于求职意愿的影响会有更显著的影响。为此，本章提出假设 H4 和 H5。

H4：高水平的高校就业服务会降低高校学生参与课外活动的频率。

H5：高水平的高校就业服务能够显著影响高校学生的求职意愿。

5）个人特质对相关变量的影响

个人特质的相关变量在本书中是控制变量，由于是从高校学生求职者个人角度出发考虑的，该组控制变量仅对求职意愿、课外活动和就业能力存在影响。Eivis等（2014）研究发现，高校学生的性格特征以及相关学科领域的差异对就业能力起到了显著作用。所以，本章提出如下假设。

H6：个人特质对高校学生就业能力有显著影响。

H7：个人特质对高校学生求职意愿有显著影响。

H8：个人特质对课外活动的参与度有显著影响。

9.2 样本选择和变量测度

在选择样本前，首先要对通过调研问卷搜集的数据进行清理。问卷数据质量对研究至关重要，在整个调研过程中，采取多种方式保证问卷质量。问卷设计阶段质量控制、电子问卷填写控制程序、实施过程的监督以及试调研对问卷的测试和修改，都有助于提高正式调研过程中获取数据的质量。

在问卷设计阶段中，除了明确调查目的、内容和对象基本要素外，在充分了解项目背景之后，问卷问题设计做到了通俗易懂，措辞得当，尽量减少专业术语的使用，确保被访者对问题含义的理解一致；同时，还避免出现复合的问题，即一个问题两次出现。另外，涉及敏感问题时，向被访者传递此次调研严格的保密制度，使被调查者相信个人信息不会被第三方获取。被调研者群体尽量保持男女比例均衡、学历范围则应体现公司整体新员工的学历情况，被调查员工的岗位并没有进行限制。

9.2.1 汇总样本基本情况

将五所高校的高校学生的样本汇总并进行清洗和筛选。数据清洗的原则为根据理论概念框架模型对汇总的数据进行变量提取。筛选的控制变量集中在问卷的第一部分，自变量和因变量集中在调研问卷的第二和第四部分。将这些问题中存在空缺变量的样本删除，样本经过筛选后的总量为 3307 个。这 3307 个样本即为本章进行实证研究的对象，总体样本的问卷发放回收情况总结如表 9-2-1 所示。

表 9-2-1 各高校问卷发放与回收情况

高校名称	发放问卷数量/份	回收有效问卷/份	筛选后有效问卷/份	筛选后有效问卷回收率/%
西安交通大学	1310	466	415	31.68
西安邮电大学	900	333	333	37.00
河南财经政法大学	1000	635	635	63.50
杭州师范大学	6500	1669	1669	25.68
杭州电子科技大学	1000	260	255	25.50
合计	10710	3363	3307	—

对上述有效样本进行简单地描述性统计分析，结果显示样本中女生人数几乎是男生人数的 1.5 倍，主要是因为杭州师范大学样本中女生比例较高所引起的总体样本变化；在所有样本中来自农村和县级市的高校学生占到了绝大多数，达到将近90.00% 的比例；从学历分布来看，本科生是有效样本中的绝大部分，占到了接近

85.00%的比例,研究生只占少部分,这也符合目前国家总体高校学生不同学历人数的实际比例。此外,从样本数量来看,杭州师范大学样本数占到总样本数的50.47%,其他高校样本总数共占比 49.53%,故本章随后将据此标准按照师范类高校和非师范类高校进行划分(50.47∶49.53),对模型中可能存在中介作用进行分样本比较分析。下面将对总样本进行基本的数据质量分析,主要从以下几个方面进行。

第一,样本年龄、性别分布。从总体样本的分布上来看,3307 个样本中,女生人数达到 2036 人,所占的比例超过了 3/5,性别变量整体上略呈偏态分布。

各高校不同学科样本的计数如表 9-2-2 所示,在样本中,西安交通大学、西安邮电大学、河南财经政法大学的样本数量较为平均,杭州师范大学的样本数超过了 1600 人。在性别的分布上,西安交通大学、西安邮电大学、杭州电子科技大学作为传统的工科院校,男生的比例明显超过女生;而在河南财经政法大学、杭州师范大学的样本中,女生的数量又远远超过男生。从年龄上看,样本的年龄主要集中在 18~25 岁,年龄最小的为 16 岁,年龄最大的为 35 岁。虽然年龄在 27~35 岁的都存在,但是由于数量较少,几乎可以忽略不计。

表 9-2-2　各高校不同学科样本的计数表

性别	西安交通大学			西安邮电大学			河南财经政法大学			杭州师范大学			杭州电子科技大学		
	文	理	经管	文	理	经管	文	理	经管	文	理	经管	文	理	经管
女	14	89	73	16	142	9	121	29	264	204	712	235	7	47	74
男	10	155	74	8	152	6	49	33	139	40	385	93	1	89	37
总计	24	244	147	24	294	15	170	62	403	244	1097	328	8	136	111

第二,样本地区、高校分布。从地区分布来看,杭州的样本占比 59%,西安地区和郑州地区样本分别占比 21%和 20%。从高校分布中,可以看出杭州地区之所以样本量很高,是因为杭州师范大学有超过 1600 个样本,占样本数据总量的 51.00%。

第三,样本学历、学科分布。学生的学历分布较为符合实际情况,本科生数量为 2790 人,占总体样本数的绝大部分;调研到的硕士生为 472 人,博士生仅有 45 人。各高校不同学历的样本数量如表 9-2-3 所示,随着学历的升高,样本数量逐渐减少。

表 9-2-3　各高校不同学历样本计数

学历	西安交通大学		西安邮电大学		河南财经政法大学		杭州师范大学		杭州电子科技大学	
	女	男	女	男	女	男	女	男	女	男
本科	106	145	89	105	374	187	1145	512	76	51
硕士	56	87	77	58	36	25	4	4	49	76
博士	14	7	1	3	4	9	2	2	3	0

从学科分布上来看，调研对象主要的学科为理工科总量为 1833 人，占到了整个调研样本数量的一半，经管类学生人数为 1004 人。文史类学科的学生人数最少，数量为 470 人。从样本的生活费用来看，半数以上的被调查高校学生的月生活费用在 1000～2000 元的区间，而有 39.00%的学生消费水平在 500～1000 元，也有部分学生在 500 元以内，或在 4000 元以上。

9.2.2　变量测度与重编码

下面将具体的构成因素及其变量测度方法整理和归纳如表 9-2-4 所示。

表 9-2-4　各级变量的构成和测度

一级变量	二级变量	测量变量	变量的具体测度
就业能力	专业技能	(1) 实习经历；(2) 解决问题能力；(3) 实践能力；(4) 技能应用能力	(1) 非常不满意；(2) 比较不满意；(3) 不确定；(4) 比较满意；(5) 非常满意
	人际交往能力	(1) 领导能力；(2) 学业交流能力；(3) 关系维护能力	(1) 非常不满意；(2) 比较不满意；(3) 不确定；(4) 比较满意；(5) 非常满意
	信息获取能力	(1) 信息数量；(2) 搜索时长；(3) 信息质量	(1) 非常不满意；(2) 比较不满意；(3) 不确定；(4) 比较满意；(5) 非常满意
求职意愿	—	择业倾向	(1) 内在满足；(2) 偏内在满足；(3) 中性；(4) 偏外在报酬；(5) 外在报酬
	—	就业地区	(1) 回到居住地或者离家近的地方工作；(2) 去到北京、上海、广州等一线大城市；(3) 去到经济压力相对较小的二线城市；(4) 只要工作满意，去哪个城市都可以
	—	工作性质	(1) 内在满足；(2) 偏内在满足；(3) 中性；(4) 偏外在报酬；(5) 外在报酬
高校就业服务	—	就业培训	(1) 每天；(2) 每周；(3) 每月；(4) 每三月；(5) 每半年及以上
	—	教师指导	(1) 每天；(2) 每周；(3) 每月；(4) 每三月；(5) 每半年及以上
	—	朋辈指导	(1) 每天；(2) 每周；(3) 每月；(4) 每三月；(5) 每半年及以上
课外活动	—	社团活动	使用原始编码 0～5，依次表示频率由低到高
	—	兼职活动	使用原始编码 0～5，依次表示频率由低到高
	—	学习活动	使用原始编码 0～5，依次表示频率由低到高
个人特质	—	性别	(1) 男；(0) 女
	—	学科	(0) 文史类；(1) 理工类；(2) 经管类
	—	党员	(1) 是；(0) 否
	—	学历	(0) 本科生；(1) 硕士生；(2) 博士生

对表 9-2-4 中各一级变量影响因素的内部结构以及相关的信度和效度进行处理，结果如下。

（1）就业能力相关变量的处理。就业能力包含三个二级变量，这里对其进行验证性因子分析以检验其信度和效度。分别对专业技能、人际交往和信息获取能力三个维度的变量进行 CFA 分析，结果显示测量变量相关程度的指标 KMO 值分别为0.714、0.656、0.638，Bartlett 检验结果均显著，累积总方差解释率分别达到了 60.00%、59.89%、60.42%，各变量因子载荷依次在 0.7 以上、0.6 左右、0.6 左右，标准化 Cronbach's α 系数依次达到 0.662、0.665、0.671，说明上述三组变量均适合做降维处理。

对合并后的虚拟变量与个人特质各变量进行相关性分析，方差分析中的 ETA^2 系数显示，性别与专业技能和信息获取因子显著相关；学科与专业技能、信息获取和人际交往因子均显著相关；学历与专业技能和人际交往因子显著相关；是否为党员仅与专业技能显著相关。

（2）求职意愿相关变量的处理。求职意愿因素包括三个变量，在进行 CFA 分析后结果显示 KMO 值为 0.686，Bartlett 检验结果显著，累积总方差解释率达到了69.76%，各变量因子载荷均在 0.6 以上，Cronbach's α 标准化信度系数为 0.66，说明适合做降维处理。随后将因子得分标准化，并将其命名为求职意愿变量。将求职意愿变量与就业能力中的三个潜变量做相关性分析，使用皮尔逊相关系数来判断其相关程度，结果显示其与人际交往能力和信息获取能力在 0.01 水平上显著相关，与专业技能相关性并不显著。

（3）高校就业服务相关变量的处理。高校就业服务影响因素包括三个测量变量，对其进行 CFA 分析结果显示 KMO 值为 0.692，Bartlett 检验结果显著，累积总方差解释率达到了 68.80%，各变量的因子载荷均在 0.64 以上，Cronbach's α 标准化信度系数为 0.773，说明适合做降维处理。随后对因子得分并将其标准化，并命名为高校就业服务，将此变量与就业能力的三个变量做相关分析，使用皮尔逊相关系数来判断其相关程度，结果显示高校就业服务与专业技能和信息获取能力在 0.01水平上显著相关，对人际交往能力相关性并不显著，其中与专业技能呈显著负相关。

（4）课外活动相关变量的处理。课外活动影响因素包括三个测量变量，对其进行 CFA 验证性因子分析，结果显示其 KMO 值达到 0.735，Bartlett 检验结果显著，累积总方差解释率达到 73.74%，各变量的因子载荷均在 0.76 以上，Cronbach's α 标准化信度系数为 0.873，说明适合做降维处理。将因子得分标准化后命名为课外活动变量，并对其与就业能力变量做相关性分析，同样采用皮尔逊相关系数来判断其相关性程度，结果显示课外活动与就业能力的三个维度均呈现显著性相关。

下面是各变量问卷设计的具体情况。

（1）控制变量的测度与重新编码。

性别变量：（1）男；（0）女。学科变量：选择 1、3、4、5、6 的学生划归为"（0）文史类"；将选择 7、8、9、10、11、13 的学生划归为"（1）理工科"；将 2、12 的学生划归为"（2）经管类"。学历变量：将 1 重新编码为"（2）博士生"，2、

3、4 重新编码为"（1）硕士生"，5、6、7、8、9 重新编码为"（0）本科生"。党员变量：（1）是；（0）否。

（2）就业能力影响因素的变量测度与重新编码。

第一，高校就业服务变量编码。"教师指导"变量用问题 Q201 测度：您和专业导师或者专业课老师讨论就业问题频率，用问卷原编码，1～5 分别代表频率的从低到高。"朋辈指导"变量用问题 Q202 测度（同 Q201），1～5 分布代表频率从低到高。"就业培训"变量用 Q203 测度：您参加学校组织相关的职业选择与规划教育培训的频率，编码方法同 201。

第二，择业倾向变量编码。"择业因素"变量用问题 405 来度量，根据前人文献，将择业时的态度从"内在满足型"到"外在报酬型"，分成五个等级：①内在满足：适合个人兴趣；②偏内在满足：工作环境舒适，师长建议；③中性：专业对口，有编制；④偏外在报酬：个人发展晋升，公司规模；⑤外在报酬：工资福利，所在地区。"工作性质"变量同样用从内在满足型到外在报酬型的程度进行排序：①内在满足：无要求，只要用人单位肯要；②偏内在满足：固定工作，待遇一般且发展前途不明确；③中性：临时工作，但就业地点满意；④偏外在报酬：临时工作，待遇一般但有发展前途；⑤外在报酬：临时工作，但待遇好。"择业地区"变量采用问卷编码，不做调整。

第三，课外活动变量编码。社团活动变量用 Q205 度量（参加社团活动的频率），编码 0-5 代表频率由低到高。组织活动变量与学业交流变量分别用 Q206 和 Q207 度量，编码 0-5 代表频率由低到高。

（3）就业能力结构变量的测度和重新编码，如表 9-2-5 所示。

表 9-2-5　就业能力结构变量重新编码

就业能力结构要素	具体指标	问卷题目	编码方法
专业知识和技能	解决能力	Q212-2 提高自己的实际应对问题、解决问题的能	"1"～"5"代表认同程度从低到高
	实习经历	Q210 参加过实习的次数	"0"～"5"代表频率从低到高
	实践能力	Q212-1 锻炼自己的工作能力、沟通能	"1"～"5"代表认同程度从低到高
	运用能力	Q212-5 了解社会、企业具体需求和专业技能水平要	"1"～"5"代表认同程度从低到高
人际交往能力	学业交流	Q204 拜访同学朋友探讨问题的频率	"0"～"5"代表频率从低到高
	领导能力	Q208 作为活动组织者参加活动的频率	"0"～"5"代表频率从低到高
	关系维系	Q209 您是否在休闲时间与社团成员联系？	"0"～"5"代表频率从低到高
信息获取能力	信息数量	Q408 您最近 6 个月内，平均每天浏览相应求职信息网站的次数	"1"～"4"代表频率从低到高
	搜索时长	Q409 您最近 6 个月内，平均每天浏览相应求职信息网站的时间是	"1"～"4"代表时间从短到长
	信息质量	Q411 您最近 6 个月内，您浏览到的求职信息中认为适合自己条件的就业信息	"1"～"5"代表信息质量从低到高

9.3　在校培养情况的描述性统计分析

本节根据已构建的理论框架对高校学生在校培养情况进行深入的数据分析，从这些分析中，可以反映高校学生的在校培养情况中存在的优势和劣势，同时找出高校就业服务中存在的问题。在统计分析的基础上，找到不同地区不同高校在就业能力及其影响因素中的差异性。

9.3.1　高校就业服务情况分析

随着 21 世纪以来高校扩招和国内经济发展压力增大，高校学生的就业压力越来越大，随之诞生了各大高校的就业服务机构，通过就业指导培训等方式提高高校高校学生的就业能力。表 9-3-1 是不同地区高校学生参与就业培训频率的交叉表。从表中可以看出，高校学生参与就业培训的积极性存在十分明显的地区差异：中西部（郑州、西安）的学生参与就业培训的频率远不及东部（杭州）地区的高校学生参与就业培训的积极性。这样的结果或许跟地区经济和就业氛围有关。

表 9-3-1　不同地区高校学生参与就业培训频率的交叉表

地区	学生参与高校就业培训的频率					总计
	半年一次	每三月	每月	每周	每天	
西安	13.3%	3.5%	3.3%	1.7%	0.8%	22.60%
郑州	9.6%	4.5%	3.3%	1.2%	0.5%	19.10%
杭州	30.9%	14.1%	9.6%	3.1%	0.5%	58.20%

带着这样的猜想，我们再对地区进行进一步的划分，表 9-3-2 即为不同高校学生参与就业培训频率的交叉表。从表中可以明显看出，杭州高校学生之所以参与就业培训频率明显高于其他地区，是因为杭州师范大学出现与其他高校的数据分析结果出现了明显的偏差。而同在杭州的杭州电子科技大学的学生参与就业培训的积极性与中西部地区高校学生基本一致。

表 9-3-2　不同高校学生参与就业培训频率的交叉表

高校	学生参与高校就业培训的频率				
	半年一次	每三月	每月	每周	每天
西安交通大学	15.7%	4.7%	3.9%	0.7%	0.7%
西安邮电大学	12.8%	11.2%	3.2%	0.1%	0.8%

续表

高校	学生参与高校就业培训的频率				
	半年一次	每三月	每月	每周	每天
河南财经政法大学	9.6%	4.5%	3.3%	1.2%	0.5%
杭州师范大学	53.3%	25.4%	16.4%	4.1%	0.8%
杭州电子科技大学	12.2%	6.1%	7.3%	2.1%	0.4%

在研究过高校就业指导中心提供的就业培训之后，再来研究高校教师对高校学生就业的指导。对于高校学生尤其是研究生来说，导师的指导行为将对学生未来的就业和发展起到很重要的作用。由表 9-3-3 也可以明显看出不同地区高校教师对学生就业能力的培养情况。杭州地区高校教师对学生就业能力的培养要由于西安和郑州地区，此外，河南财经政法大学的教师指导工作是相对较差的。

表 9-3-3　不同地区高校教师指导学生就业的频率交叉表

地区	高校教师指导学生就业的频率					总计
	半年一次	每三月	每月	每周	每天	
西安	16.1%	9.8%	4.0%	2.9%	0.8%	33.6%
郑州	9.8%	3.6%	3.3%	1.8%	0.7%	19.2%
杭州	33.1%	11.3%	9.2%	3.9%	0.6%	58.1%

9.3.2　学生课外活动参与情况分析

学生课外活动的参与度在以往的文献中，都被认为是影响学生就业能力的重要因素。在本次调研中的"高校培养部分"也对学生参与社团活动、学业相关的课外活动、社会兼职活动等一系列课外活动做了广泛的调查，调查结果如下。

首先，根据如下高校学生社团活动参与度的交叉表，高校学生参与社团活动的情况并没有明显的规律。因此还要进一步做交叉柱形图进行分析。

由表 9-3-4 可知，在参加社团活动方面，西安交通大学的学生在社团活动的参与性上明显要高于其他高校；与西安交通大学相比，另外四所高校的学生参与社团活动的积极性基本相当，比较之下，杭州师范大学的学生参与社团活动的积极性最差。

表 9-3-4 各高校学生社团活动参与度

高校		学生社团活动的参与度						合计
		不参加	极少	较少	一般	较多	经常	
西安交通大学	计数	162	21	24	61	123	24	415
	占比	39.0%	5.1%	5.8%	14.7%	29.6%	5.8%	100.0%
西安邮电大学	计数	171	8	43	48	21	42	333
	占比	51.4%	2.4%	12.9%	14.4%	6.3%	12.6%	100.0%
河南财经政法大学	计数	306	17	65	114	63	70	635
	占比	48.2%	2.7%	10.2%	18.0%	9.9%	11.0%	100.0%
杭州师范大学	计数	608	65	469	312	115	100	1669
	占比	36.4%	3.9%	28.1%	18.7%	6.9%	6.0%	100.0%
杭州电子科技大学	计数	137	6	48	33	13	18	255
	占比	53.7%	2.4%	18.8%	12.9%	5.1%	7.1%	100.0%
合计	计数	1384	117	649	568	335	254	3307

同理，在对不同高校学生参与与学业相关的课外活动及课外兼职活动做同样的统计分析得到"不同高校学生参与专业相关活动情况"和"参与兼职活动情况"，与社团参与情况不同的是，各高校学生与专业相关的课外活动参与情况并没有明显的差别，不再展示相关统计图表。

在调研的高校中，通过对高校教师和高校组织就业培训的频率的比较可以看出，杭州地区高校的学生能够接受到更多就业方面的培训。然而从总体上看，各个高校的教师指导力度仍然很低，有超过 50.00%的学生没有接受过从教师那里得到的任何就业信息。高校教师依然把教学放在第一位，并没有对学生的就业情况提到工作日程上来。相比而言，接受过高校就业中心就业指导的学生超过了 60.00%，比例相对较多。

接下来对各个高校学生参与兼职活动的频率做简要统计分析。与社团活动参与度完全相反，在兼职活动参与情况调查结果中，西安交通大学的学生的参与度明显低于其他高校，从未参与过兼职活动的学生多达近七成。而其他高校有参与过兼职活动经历的学生数量都超过了一半。这种社团活动和兼职活动的急剧反差，可能是由于培养学生的目标不同导致的。同时也跟高校获得的国家补助多少有关。这一现象的原因值得进一步探究。

在我们调研的高校中，通过对高校教师和高校组织就业培训的频率的比较可以很明显地看出，杭州地区高校的学生能够接受到更多的就业方面的培训。经过课题组的分析，我们认为杭州地区的高校更能够发挥教师在学生就业创业培训中的作用。例如，杭州师范大学的阿里巴巴商学院的电子商务课程，即把开网店的结果作为期末考试的考核标准。这不仅仅促进了学生的实践能力，更是一种简单的创业方式。相比于教师指导情况而言，虽然高校就业指导中心的出现比较晚，但是其效果已经得到了学生的肯定。

9.3.3　学生求职意愿和择业观分析

对于学生的择业倾向，在框架模型里主要有三个测度变量：就业岗位与专业相关度的倾向、就业地点的倾向以及就业时所考虑的因素。由于最后一个测度变量不容易通过描述性统计方法解释，在本节中只对前两个变量进行统计和描述。

首先在专业相关度方面，西安交通大学的样本情况依然与其他各所高校不同，其学生对未来工作与专业的关联程度要普遍较高。有超过 80.00%的西安交通大学的学生认为未来的工作岗位要与现在所学的专业完全相关或者比较相关。相比之下，另外四所学校的学生，尤其是杭州电子科技大学的学生，在专业相关度上的要求就相对低一些。

在未来就业地点倾向上，通过统计数据可以得出相比之下，中西部的学生相对于东南沿海地区的学生，更倾向于去一线和二线城市工作。在学校层次的对比中，我们也可以发现 985 高校的学生也更倾向于去大城市工作。

在未来就业地点倾向上，统计数据显示中西部的学生相对于东南沿海地区的学生，更倾向于去一线和二线城市工作。在学校层次的对比中，我们也可以发现 985 高校的学生也更倾向于去大城市工作。

9.3.4　学生就业能力描述性分析

在学生就业能力结构要素中，共有 3 个潜变量和 10 个测量变量。在这些变量中可以通过描述性统计分析较为直观地分析主要有三个：是否以组织者的身份参加过活动；是否参加过实习；以及在闲暇时间是否与社团成员保持联系。

在是否有过以组织者的身份参与学生活动这一观测变量的调查结果中，各个学校的学生统计数量基本在 60.00%～70.00%，并没有显著性的差异。而实习参与度则与其的结果完全不同，不同学校学生在实习经历这一项的数据差异性很大，极差达到了 30%。在五个高校的样本中，有实习经历的杭州师范大学的学生比例超过 70.00%，相比之下，西安交通大学有实习经历的学生仅占四成，远远低于其他高校的样本。这个现象也存在地区差异，东南地区的学生参与实习的积极性要明显高于中西部地区的学生。

最后，在闲暇时间与社团成员联系这个观测变量上，各个学校也存在普遍差异，极差更是超过了 40.00%。同样存在高校地区差异。与社员联系最为紧密的杭州师范大学的数据达到了 73.10%。同在杭州的杭州电子科技大学的数据也远高于中西部地区的样本。

通过以上的描述性统计分析可以发现，在高校培养情况方面，各个地区和各个高校的学生情况有着明显的不同。在人际交往和兼职活动等方面，东部地区的学生有着更高的参与度；而在社团活动和专业相关学生活动中，西安与河南地区的学生有着更高的参与度。此外，在求职意愿方面，位于中西部地区的学生更加倾向于去一线和二线大城市工作，而地处杭州的学生反而对一线和二线城市没有那么高的倾向。

9.4　影响就业能力的因素分析

9.4.1　影响就业能力因素的探索性因子分析

在 9.1.3 节中，已经得到了实证研究部分的概念框架模型。每一个部分的自变量和因变量都不是独立存在的，均有三个以上的观测变量。为了下一步实证研究的简化，我们对自变量和因变量做进一步的降维处理，本节所使用的软件功能是 SPSS 20.0 软件中的"因子分析"。

1）高校就业服务维度自变量的降维处理

根据研究概念模型，高校就业服务维度通过就业培训、教师指导、朋辈辅导三个方面进行测度。因而对这三个观测变量进行探索性因子分析，以反映观测变量对潜在变量的测度情况。

首先，将三个观测变量进行因子分析，结果显示 Bartlett 球度检验的显著性水平 Sig 值为 $0.00 < 0.50$，KMO 值为 $0.692 > 0.6$，检验值均表明观测变量适合做因子分析。根据原有变量的相关系数矩阵，采用主成分分析法提取因子并选取大于 1.00 的特征值。所有变量的信息提取比率均大于 0.50，表明经过因子分析后，因子对原变量的解释度总体效果较好。同时可以得出一个解释总方差达到 68.80%的主成分。总体上，表明因子分析的效果较好。在合并变量为因子得分之前，还要进行信效度检验，只有通过信效度检验，才有利于进行降维。通过 SPSS 20.0 的可靠性分析得到 Cronbach's α 值为 0.771，标准化后为 0.773，说明三个观测变量有较好的信度，适合进行降维处理。得到"高校就业服务"自变量的因子得分并对其进行标准化处理，将其命名为新的"高校就业服务"变量。

2）课外活动维度自变量的降维处理

根据研究概念模型，课外活动维度通过社团活动、组织活动、学业交流三个方面进行测度。因而对这三个观测变量进行探索性因子分析，以反映观测变量对潜在变量的测度情况。将三个观测变量进行因子分析，结果显示 Bartlett 球度检验的显著性水平 Sig 值为 0.00＜0.50，KMO 值为 0.735＞0.6，检验值均表明观测变量适合做因子分析。根据原有变量的相关系数矩阵，采用主成分分析法提取因子并选取大于 1 的特征值。所有变量的信息提取比率均大于 0.5，表明经过因子分析后，因子对原变量的解释度总体效果较好。同时可以得出一个解释总方差达到 73.7% 的主成分，表明因子分析的效果较好。进行信效度检验，结果显示 Cronbach's α 值为 0.873，标准化后为 0.873，说明三个观测变量有较好的信度，适合进行降维处理。计算可得"高校就业服务"自变量的因子得分并对其进行标准化处理，将其命名为新的"课外活动"变量。

3）求职意愿维度自变量的降维处理

根据研究概念模型，求职意愿维度通过择业地区、求职因素、专业相关三个方面进行测度。因而对这三个观测变量进行探索性因子分析，以反映观测变量对潜在变量的测度情况。将三个观测变量进行因子分析，结果显示 Bartlett 球度检验的显著性水平 Sig 值为 0.00＜0.50，KMO 值为 0.686＞0.6，检验值均表明观测变量适合做因子分析。同时可以得出一个解释总方差达到 69.76% 的主成分。因子分析的效果较好，适合做降维处理。计算得到"择业倾向"自变量的因子得分并进行标准化，将其命名为新的"择业倾向"变量。

4）专业技能维度因变量的降维处理

根据研究概念模型，专业技能维度通过实习经历、解决能力、实践能力和技能应用四个观测变量进行测度。因而对这四个观测变量进行探索性因子分析，以反映观测变量对潜在变量的测度情况。将四个观测变量进行因子分析，结果显示 Bartlett 球度检验的显著性水平 Sig 值为 0.00＜0.50，KMO 值为 0.714＞0.6，检验值均表明观测变量适合做因子分析。根据原有变量的相关系数矩阵，采用主成分分析法提取因子并选取大于 1 的特征值。所有变量的信息提取比率中，除"实习经历"变量的提取比率较小外，其他比率均大于 0.50，表明经过因子分析后，因子对原变量的解释度总体效果较好。同时可以得出一个解释总方差达到 60.24% 的主成分，表明因子分析的效果较好。进行信效度检验可得 Cronbach's α 值为 0.443，标准化后为 0.662，说明三个观测变量信度一般，但标准化的 α 大于 0.60，依然比较适合进行降维处理。分析后得到"高校就业服务"变量的因子得分并进行标准化，将其命名为新的"专业技能"变量。

5）人际交往能力维度因变量的降维处理

根据研究概念模型，人际交往能力维度通过领导能力、学业交流、关系维系三个观测变量进行测度。故对这三个观测变量进行探索性因子分析,以反映观测变量对潜在变量的测度情况。将四个观测变量进行因子分析,结果显示 Bartlett 球度检验的显著性水平 Sig 值为 0.00＜0.50,KMO 值为 0.656＞0.6,检验值均表明观测变量适合做因子分析。根据原有变量的相关系数矩阵,采用主成分分析法提取因子并选取大于 1.00 的特征值。所有变量的信息提取比率中,除"实习经历"变量的提取比率较小外,其他比率均大于 0.50,表明经过因子分析后,因子对原变量的解释度总体效果较好。同时也可以得出一个解释总方差达到 59.89%的主成分,表明因子分析的效果较好。进行信效度检验,结果显示 Cronbach's α 值为 0.662,标准化后为 0.665,说明三个观测变量信度较好,比较适合进行降维处理。分析可得到"高校就业服务"变量的因子得分并进行标准化,将其命名为新的"人际交往能力"变量。

6)信息获取能力维度因变量的降维处理

根据研究概念模型,信息获取能力维度通过信息数量、搜索时长、信息质量三个观测变量进行测度。因而对这三个观测变量进行探索性因子分析,以反映观测变量对潜在变量的测度情况。将四个观测变量进行因子分析,结果显示 Bartlett 球度检验的显著性水平 Sig 值为 0.00＜0.50,KMO 值为 0.638＞0.6,检验值均表明观测变量适合做因子分析。根据原有变量的相关系数矩阵,采用主成分分析法提取因子并选取大于 1.00 的特征值。所有变量的信息提取比率中,除"实习经历"变量的提取比率较小外,其他比率均大于 0.50,表明经过因子分析后,因子对原变量的解释度总体效果较好。同时也可以得出一个解释总方差达到 60.62%的主成分,表明因子分析的效果较好。进行信效度检验,结果显示 Cronbach's α 值为 0.661,标准化后为 0.671,信度水平较高,计算可得"信息获取能力"变量的因子得分并进行标准化,将其命名为新的"信息获取能力"变量。

9.4.2　就业能力影响因素与就业能力结构要素的相关分析

1)性别与就业能力的相关性

由于性别属于类别变量变量,应该进行卡方检验来测试性别这一控制变量与三个因变量之间的相关性。由分析结果可知,性别与专业技能和信息获取能力的卡方检验结果通过检验,因而得出性别与专业技能、信息获取存在相关关系。

2)学科与就业能力的相关性

学科属于类别变量,因此采用卡方检验来测试学历这一控制变量与三个因变量之间的相关性。结果显示学科与专业技能、性别与信息获取能力的 ETA^2 值小于 0.05,通过检验,因而得出学科与专业技能、人际交往能力信息获取能力存在相关关系。

3）学历与就业能力的相关性

这里同样使用卡方检验，来检验学历水平与三个因变量之间的相关性。结果显示学历与专业技能、学历与人际交往能力的 ETA^2 值小于 0.05，通过检验，因而得出学历与专业技能、人际交往能力存在相关关系。

4）是否为党员与就业能力的相关性

由于是否为党员属于类别变量变量，应该进行卡方检验来测试党员这一控制变量与三个因变量之间的相关性。检验结果中显示，党员变量仅与专业技能之间关系的 ETA^2 值小于 0.05，且卡方检验结果在 0.001 水平上显著，即二者显著相关。

5）课外活动、求职意愿、就业服务与就业能力的相关性

通过对因变量的梳理和降维，也得到了因变量的三个维度（包括专业技能、人际交往和信息获取）。同自变量一样，经过因子分析后得到三个因变量标准化的因子得分，成为定序变量，也可作为连续变量来处理。由分析结果可知，课外活动自变量与专业技能和人际交往两个就业能力的结构分支存在相关性；就业服务与专业技能和信息获取存在相关性；求职意愿与人际交往和信息获取存在相关性。通过以上对控制变量与因变量、自变量与因变量的相关性分析可以得出各个变量之间存在的关系。通过本节相关分析，得到了存在相关关系的变量，对下一步进行回归分析有很好的铺垫作用。

9.5　影响就业能力因素的直接关系分析

9.5.1　各影响因素对就业能力的直接影响

由于就业能力由三个潜变量组成，本节将三个主要影响因素对就业能力的影响分为三组分别进行分析。这里考虑到控制变量的影响也将其加入回归分析中，我们使用 OLS 回归分析方法，所得回归结果如表 9-5-1 所示。

表 9-5-1　各影响因素对就业能力影响的回归结果

变量	专业知识和技能		人际交往能力		信息获取能力	
	模型 1-1	模型 1-2	模型 1-3	模型 1-4	模型 1-5	模型 1-6
性别	−4.271**	−0.614	0.901	0.51	3.416***	2.008***
学历	−1.198	0.184	−12.158***	−12.461***	5.12***	4.159***
学科	2.085***	0.623*	−0.983	−0.906	−1.229*	−0.558
党员	−2.032**	−1.274**	5.393***	5.295***	5.136***	4.512***
求职意愿	—	0.004	—	0.072***	—	0.031**

变量	专业知识和技能		人际交往能力		信息获取能力	
	模型 1-1	模型 1-2	模型 1-3	模型 1-4	模型 1-5	模型 1-6
就业服务	—	-0.038***	—	0.039*	—	0.164***
课外活动	—	0.839***	—	0.061***	—	-0.008
常数项	77.526***	15.604	28.666***	19.356***	21.44***	15.249***
调整 R^2	0.016	0.694	0.03	0.037	0.035	0.058
F	14.82***	1072***	26.646***	18.947***	31.283***	30.05***
N	3307	3307	3307	3307	3307	3307

由表 9-5-1 可知，从模型 1-2、模型 1-4 和模型 1-6 中可以看出，在加入三个主要影响因素后回归方程调整 R^2 系数都有明显提高，说明回归方程自变量对就业能力的解释效果较好，同时三个方程的 F 值均通过显著性检验。从模型 1-2 中回归系数具体来看，同时加入控制变量和自变量后，控制变量中的学科和党员变量对专业知识和技能分别造成正向和负向显著性影响：其中，学科在 0.1 的显著性水平下显著，回归系数为 0.623，党员变量在 0.05 的显著性水平下显著，回归系数为-1.274，说明理科生在专业知识和技能上要优于文科生和经管类学生，非党员比党员的专业知识和技能更强；而就业服务和课外活动分别对专业知识和技能呈现负向和正向的显著性影响：其中，就业服务在 0.01 的显著性水平下显著，回归系数为-0.038，课外活动在 0.01 的显著性水平显著，回归系数为 0.839，说明参与就业服务越多的求职者专业知识和技能较差，课外活动越丰富的求职者专业知识和技能较强。从模型 1-4 中系数显著性可以看出，学历和党员控制变量，以及求职意愿、就业活动和课外活动三个影响因素均对人际交往能力产生了显著性的影响，其中学历对人际交往能力产生负向的影响：学历在 0.01 的显著性水平下显著，回归系数为-12.461，党员在 0.01 显著性水平下显著，回归系数为 5.295，说明学历越高人际交往能力越差，党员比非党员的人际交往能力普遍较强。求职意愿在 0.01 显著性水平下显著，回归系数为 0.072，就业服务在 0.05 显著性水平下显著，回归系数为 0.039，课外活动在 0.01 显著性水平下显著，回归系数为 0.061，说明求职意愿越强烈，获取就业服务的次数越多，参与课外活动越丰富，求职者的人际交往能力越强。从模型 1-6 中的结果则可得出，除了学科和课外活动因素外，其他变量都对信息获取能力产生了正向的显著影响：其中，性别在 0.01 显著性水平下显著，回归系数为 2.008，学历在 0.01 显著性水平下显著，回归系数为 4.159，党员在 0.01 显著性水平下显著，回归系数为 4.512，求职意愿在 0.05 显著性水平下显著，回归系数为 0.031，就业服务在 0.01 显著性水平下显著，回归系数为 0.164，说明男性较女性获取信息的能力更强，学历越高获取信息的能力越强，

党员比非党员获取信息的能力更强，求职意愿越高获取信息的能力更强，就业服务参与度越频繁获取信息的能力越强。至此，假设 H6、H2、H3 得到了部分验证，假设 H1 得到了部分验证（H1a 未得到验证）。

9.5.2　高校就业服务对求职意愿和课外活动的影响

基于本章研究概念模型中提到的相关假设，针对高校就业服务对求职意愿和课外活动的影响作用进行检验，同样将相关控制变量考虑在内，采用 OLS 回归方法进行具体分析，回归结果如表 9-5-2 所示。

表 9-5-2　高校就业服务对求职意愿和课外活动的回归结果

变量	求职意愿		课外活动	
	模型 1-1	模型 1-2	模型 1-3	模型 1-4
性别	4.832***	4.8***	−4.045***	−3.494***
学历	2.56**	2.537**	−1.421	−1.029
学科	−0.258	−0.24	1.565**	1.272*
党员	−0.063	−0.079	−0.733	−0.454
就业服务	—	0.004	—	−0.074***
常数项	48.397***	48.254***	74.996***	77.396***
调整 R^2	0.012	0.012	0.013	0.018
F	10.978***	8.788***	11.868***	13.255***
N	3307	3307	3307	3307

由表 9-5-2 可知，模型 1-1 和模型 1-2 中回归方程的调整 R^2 值没有变化，也验证了新加入的就业服务影响因素对求职意愿的影响不显著的结果，只有性别和学历控制变量对求职意愿产生了正向的显著影响：其中，性别在 0.01 显著性水平下显著，回归系数为 4.832，加入就业服务后回归的回归系数为 4.8，说明男性的求职意愿高于女性；学历在 0.05 显著性水平下显著，回归系数为 2.56，加入就业服务后回归的回归系数为 2.537，说明学历越高求职意愿越强。所以，假设 H7 得到了部分验证，假设 H5 没有得到验证。模型 1-3 和模型 1-4 中结果显示，加入就业服务变量后调整 R^2 值有显著提高，就业服务变量对课外活动产生了负向显著的影响，就业服务在 0.01 显著性水平下显著，回归系数为−0.07，说明参与就业服务的频率越高，其活动参与度越低，同时性别和学科分别对课外活动产生了负向和正向的显著性影响，性别在 0.01 显著性水平下显著，回归系数为−3.494，学科在

0.1 显著性水平下显著，回归系数为 1.272，即女生比男生有更高的活动参与度，理科生相对有较高的活动参与度。所以，假设 H4 得到了验证，而假设 H8 得到了部分验证。

9.6　影响就业能力因素的间接关系和中介作用

9.6.1　求职意愿和课外活动的中介模型拟合

在上述分析的基础上，考虑影响因素间的相互关系从模型整体拟合的角度出发对其进行路径分析。这里采用结构方程模型的分析思路，分析结果显示该路径模型整体检验卡方值为 261.621，自由度为 10，卡方与自由度比为 26.162；相关拟合指标，CFI、IFI、NFI 值分别为 0.953、0.954、0.952，均大于 0.95 的判断标准，RMSEA 值为 0.087，总体来看模型拟合情况较为理想，标准化路径系数关系图如图 9-6-1 所示。

由图 9-6-1 中的路径系数显著性来看，基本符合上述单方程回归结果。具体来说，求职意愿对就业能力中的人际交往和信息获取能力都呈现显著的正向影响；课外活动对专业知识和技能以及人际交往能力有显著的正向影响；而高校就业服务对就业能力三个方面都有显著的影响，但对其中的专业知识和技能影响是负向的，此外，高校就业服务对课外活动有负向的显著影响，对求职意愿没有显著地影响作用。

9.6.2　求职意愿和课外活动中介效应的结果分析

由上述中介作用模型的拟合结果可知，其中求职意愿和课外活动两个变量可能同时存在中介作用，由于两个变量在模型中所处的特殊关系位置决定了该模型是并行多重中介模型，即两个中介变量是并联关系。在讨论两个变量的中介作用时，整体模型的拟合结果中二者中介作用必然会相互干扰，所以，这里将图 9-6-1 的中介作用模型拆分为包含不同中介变量的两个中介模型分别进行分析。

1）求职意愿中介作用模型拟合分析

首先，对求职意愿中介作用模型进行拟合分析，分析结果显示该路径模型整体检验卡方值为 267.865，自由度为 10，卡方与自由度比为 26.787；相关拟合指标，CFI、IFI、NFI 值分别为 0.826、0.829、0.824，RMSEA 值为 0.088，相关指标未达到理想范围值内，但总体来看模型拟合情况可以接受。

其次，对求职意愿变量可能存在的中介作用进行分析，下面将求职意愿中介模型中涉及的中介作用按照上述步骤的检验结果进行总结，如表 9-6-1 所示。

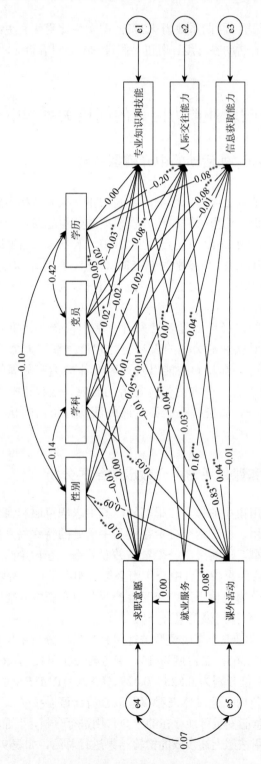

图 9-6-1　因素间标准化路径系数图

表 9-6-1 求职意愿中介效应的分步骤检验结果

自变量	因变量	检验步骤	标准化回归方程	回归系数检验	中介效应比例
就业服务	专业知识和技能	第一步	$y = -0.102x$	SE = 0.022, $p = 0.00^{***}$	—
		第二步	$w = 0.004x$	SE = 0.019, $p = 0.886$	
		第三步	$y = 0.065w - 0.103x$	SE = 0.018, $p = 0.00^{***}$	
				SE = 0.022, $p = 0.00^{***}$	
	人际交往能力	第一步	$y = 0.026x$	SE = 0.017, $p = 0.119$	—
		第二步	$w = 0.004x$	SE = 0.019, $p = 0.886$	
		第三步	$y = 0.07w - 0.026x$	SE = 0.017, $p = 0.00^{***}$	
				SE = 0.017, $p = 0.128$	
	信息获取能力	第一步	$y = 0.156x$	SE = 0.019, $p = 0.00^{***}$	—
		第二步	$w = 0.004x$	SE = 0.019, $p = 0.886$	
		第三步	$y = 0.034w - 0.156x$	SE = 0.017, $p = 0.045^{**}$	
				SE = 0.019, $p = 0.00^{***}$	
学科	专业知识和技能	第一步	$y = 0.044x$	SE = 0.018, $p = 0.014^{**}$	—
		第二步	$w = -0.005x$	SE = 0.018, $p = 0.782$	
		第三步	$y = 0.065w + 0.044x$	SE = 0.018, $p = 0.00^{***}$	
				SE = 0.018, $p = 0.011^{**}$	
	人际交往能力	第一步	$y = -0.016x$	SE = 0.017, $p = 0.371$	—
		第二步	$w = -0.005x$	SE = 0.018, $p = 0.782$	
		第三步	$y = 0.07w - 0.015x$	SE = 0.017, $p = 0.00^{***}$	
				SE = 0.017, $p = 0.369$	
	信息获取能力	第一步	$y = -0.015x$	SE = 0.017, $p = 0.39$	—
		第二步	$w = -0.005x$	SE = 0.018, $p = 0.782$	
		第三步	$y = 0.034w - 0.014x$	SE = 0.017, $p = 0.045^{**}$	
				SE = 0.017, $p = 0.402$	
性别	专业知识和技能	第一步	$y = -0.091x$	SE = 0.018, $p = 0.00^{***}$	7.21%
		第二步	$w = 0.101x$	SE = 0.018, $p = 0.00^{***}$	
		第三步	$y = 0.065w - 0.098x$	SE = 0.018, $p = 0.00^{***}$	
				SE = 0.018, $p = 0.00^{***}$	
	人际交往能力	第一步	$y = 0.014x$	SE = 0.018, $p = 0.421$	—
		第二步	$w = 0.101x$	SE = 0.018, $p = 0.00^{***}$	
		第三步	$y = 0.07w + 0.007x$	SE = 0.017, $p = 0.00^{***}$	
				SE = 0.018, $p = 0.696$	
	信息获取能力	第一步	$y = 0.051x$	SE = 0.018, $p = 0.00^{***}$	6.73%
		第二步	$w = 0.101x$	SE = 0.018, $p = 0.00^{***}$	
		第三步	$y = 0.034w + 0.047x$	SE = 0.017, $p = 0.045^{**}$	
				SE = 0.018, $p = 0.00^{***}$	

续表

自变量	因变量	检验步骤	标准化回归方程	回归系数检验	中介效应比例
学历	专业知识和技能	第一步	$y = -0.014x$	SE $= 0.023$, $p = 0.505$	20.89%
		第二步	$w = 0.045x$	SE $= 0.021$, $p = 0.021$**	
		第三步	$y = 0.065w-0.017x$	SE $= 0.018$, $p = 0.00$***	
				SE $= 0.023$, $p = 0.382$	
	人际交往能力	第一步	$y = -0.199x$	SE $= 0.018$, $p = 0.00$***	1.58%
		第二步	$w = 0.045x$	SE $= 0.021$, $p = 0.021$**	
		第三步	$y = 0.07w-0.202x$	SE $= 0.018$, $p = 0.00$***	
				SE $= 0.018$, $p = 0.00$***	
	信息获取能力	第一步	$y = 0.085x$	SE $= 0.022$, $p = 0.00$***	1.80%
		第二步	$w = 0.045x$	SE $= 0.021$, $p = 0.021$**	
		第三步	$y = 0.034w + 0.084x$	SE $= 0.017$, $p = 0.045$**	
				SE $= 0.022$, $p = 0.00$***	
党员	专业知识和技能	第一步	$y = -0.033x$	SE $= 0.011$, $p = 0.083$*	—
		第二步	$w = -0.001x$	SE $= 0.279$, $p = 0.947$	
		第三步	$y = 0.065w-0.033x$	SE $= 0.018$, $p = 0.00$***	
				SE $= 0.038$, $p = 0.085$*	
	人际交往能力	第一步	$y = 0.078x$	SE $= 0.011$, $p = 0.00$***	—
		第二步	$w = -0.001x$	SE $= 0.023$, $p = 0.947$	
		第三步	$y = 0.07w + 0.078x$	SE $= 0.018$, $p = 0.00$***	
				SE $= 0.038$, $p = 0.00$***	
	信息获取能力	第一步	$y = 0.082x$	SE $= 0.011$, $p = 0.00$***	—
		第二步	$w = -0.001x$	SE $= 0.131$, $p = 0.947$	
		第三步	$y = 0.034w + 0.082x$	SE $= 0.017$, $p = 0.045$**	
				SE $= 0.043$, $p = 0.00$***	

注：x 为自变量；y 为因变量；w 为中介变量，下同。

　　由表 9-6-1 可知，求职意愿中介变量在不同自变量与就业能力之间所起到的中介作用不尽相同，我们将按照逐个变量的顺序进行分析。

　　首先，是高校就业服务自变量，其在第一步检验结果中仅对专业知识和技能以及信息获取能力显著，对人际交往能力的整体影响不显著，所以这里仅对前者两对关系中的中介作用进一步分析。从第二步和第三步分析结果可知，就业服务对求职意愿中介变量的影响并不显著，但中介变量对专业知识和技能以及信息获取能力的影响显著。所以，采用 Sobel 检验计算可得，两组关系之间的检验值 $z_1 = 0.210$，$z_2 = 0.209$，查阅 MacKinnon 临界值表可知 z_1、z_2 小于 0.90（$p < 0.05$），故求职意愿的中介作用在这里并不显著。

　　其次，是学科对就业能力影响关系中求职意愿的中介作用检验，由第一步检验结果可知学科仅对专业知识和技能因变量的整体影响显著，而第二步分析结果显示学科对求职意愿的直接影响并不显著，所以这里同样采用 Sobel 检验计算可得 $z = -0.277$，查阅 MacKinnon 临界值表可知$-0.277 > -0.90$（$p < 0.05$），故求职意愿的中介作用在这里也不显著。

　　再次，是性别作为自变量的中介作用检验，由第一步检验结果可以看出性别对专业知识和技能以及信息获取能力的总体影响显著，且第二步和第三步检验结果均显著，所以这里可以判断求职意愿在上述两组影响关系中均存在显著的部分中介作用，且通过计算可得中介作用在性别对就业能力整体影响效应中所占的比例分别为 7.21%和 6.73%。

　　然后，是学历作为自变量的中介作用检验，由第一步检验结果可知学历对人际交往能力和信息获取能力总体影响显著，进一步对这两组关系的中介作用检验结果考察可知，第二步和第三步检验结果均显著，即自变量、中介变量和因变量之间的间接影响关系均显著。故可以判断求职意愿在上述两组影响关系中均起到了显著的部分中介作用，且经过计算可知求职意愿的中介作用在上述两组关系中所占到的比例分别为 1.58%和 1.80%。此外，虽然学历对专业知识和技能的整体影响并不显著，但是从第三步检验结果可知，自变量对因变量的间接影响为负值，而中介变量对因变量的影响为正值，所以有可能出现"遮掩效应"从而导致自变量对因变量的总效应不显著。故这里进一步采用 Sobel 检验，计算可得检验值 $z = 1.843$，查阅 MacKinnon 临界值表可知 $1.843 > 0.90$（$p < 0.05$），所以，求职意愿在这里也起到了显著的部分中介作用，经过计算可知该中介作用占总效应的比例为 20.89%。

　　最后，是党员作为自变量的中介作用检验，三组变量关系中检验结果可知，第一步和第三步的检验结果在三组关系中均显著，但第二步的检验结果均不显著。所以，这里进一步采用 Sobel 检验，计算可得检验值 $z_1 = -0.05$，$z_2 = -0.05$，$z_3 = -0.05$，查阅 MacKinnon 临界值表可知$-0.05 > -0.90$（$p < 0.05$），所以，求职意愿在这里未起到任何显著的中介作用。

　　2）课外活动中介作用模型拟合分析

　　接下来对课外活动中介作用模型的拟合结果进行分析，分析结果显示该路径模型整体检验卡方值为 262.132，自由度为 10，卡方与自由度比为 26.213；相关拟合指标，CFI、IFI、NFI 值分别为 0.953、0.953、0.951，均大于 0.95 达到了理想范围值内，RMSEA 值为 0.087，未达到理想范围值内，但总体来看模型拟合情况可以接受。参照上述中介作用分析流程，这里对课外活动中介作用模型中所涉及的中介作用关系进行分步骤分析，相关检验结果如表 9-6-2 所示。

　　由表 9-6-2 可知，课外活动中介变量在不同自变量与因变量关系之间的中介作用显著有所差异，且与求职意愿所起到的中介作用也有所不同。

表 9-6-2 课外活动中介效应的分步骤检验结果

自变量	因变量	检验步骤	标准化回归方程	回归系数检验	中介效应比例
就业服务	专业知识和技能	第一步	$y = -0.102x$	$SE = 0.022,\ p = 0.00^{***}$	62.35%
		第二步	$w = -0.077x$	$SE = 0.022,\ p = 0.00^{***}$	
		第三步	$y = 0.826w - 0.039x$	$SE = 0.008,\ p = 0.00^{***}$	
				$SE = 0.011,\ p = 0.00^{***}$	
	人际交往能力	第一步	$y = 0.026x$	$SE = 0.017,\ p = 0.119$	14.22%
		第二步	$w = -0.077x$	$SE = 0.022,\ p = 0.00^{***}$	
		第三步	$y = 0.048w + 0.03x$	$SE = 0.017,\ p = 0.00^{***}$	
				$SE = 0.017,\ p = 0.081^{*}$	
	信息获取能力	第一步	$y = 0.156x$	$SE = 0.019,\ p = 0.00^{***}$	—
		第二步	$w = -0.077x$	$SE = 0.022,\ p = 0.00^{***}$	
		第三步	$y = -0.004w + 0.156x$	$SE = 0.017,\ p = 0.809$	
				$SE = 0.019,\ p = 0.00^{***}$	
学科	专业知识和技能	第一步	$y = 0.044x$	$SE = 0.018,\ p = 0.014^{**}$	61.95%
		第二步	$w = 0.033x$	$SE = 0.018,\ p = 0.067^{*}$	
		第三步	$y = 0.826w + 0.016x$	$SE = 0.008,\ p = 0.00^{***}$	
				$SE = 0.011,\ p = 0.092^{*}$	
	人际交往能力	第一步	$y = -0.016x$	$SE = 0.017,\ p = 0.371$	9.9%
		第二步	$w = 0.033x$	$SE = 0.018,\ p = 0.067^{*}$	
		第三步	$y = 0.048w - 0.017x$	$SE = 0.017,\ p = 0.00^{***}$	
				$SE = 0.017,\ p = 0.313$	
	信息获取能力	第一步	$y = -0.015x$	$SE = 0.017,\ p = 0.39$	—
		第二步	$w = 0.033x$	$SE = 0.018,\ p = 0.067^{*}$	
		第三步	$y = -0.004w - 0.014x$	$SE = 0.017,\ p = 0.809$	
				$SE = 0.019,\ p = 0.401$	
性别	专业知识和技能	第一步	$y = -0.091x$	$SE = 0.018,\ p = 0.00^{***}$	84.42%
		第二步	$w = -0.093x$	$SE = 0.018,\ p = 0.00^{***}$	
		第三步	$y = 0.826w - 0.015x$	$SE = 0.008,\ p = 0.00^{***}$	
				$SE = 0.01,\ p = 0.127$	
	人际交往能力	第一步	$y = 0.014x$	$SE = 0.018,\ p = 0.421$	31.89%
		第二步	$w = -0.093x$	$SE = 0.018,\ p = 0.00^{***}$	
		第三步	$y = 0.048w + 0.018x$	$SE = 0.017,\ p = 0.00^{***}$	
				$SE = 0.018,\ p = 0.295$	
	信息获取能力	第一步	$y = 0.051x$	$SE = 0.018,\ p = 0.00^{***}$	—
		第二步	$w = -0.093x$	$SE = 0.018,\ p = 0.00^{***}$	
		第三步	$y = -0.004w + 0.05x$	$SE = 0.017,\ p = 0.809$	
				$SE = 0.018,\ p = 0.00^{***}$	

续表

自变量	因变量	检验步骤	标准化回归方程	回归系数检验	中介效应比例
学历	专业知识和技能	第一步	$y = -0.014x$	$SE = 0.023,\ p = 0.505$	—
		第二步	$w = -0.021x$	$SE = 0.023,\ p = 0.325$	
		第三步	$y = 0.826w + 0.004x$	$SE = 0.018,\ p = 0.00^{***}$	
				$SE = 0.013,\ p = 0.72$	
	人际交往能力	第一步	$y = -0.199x$	$SE = 0.018,\ p = 0.00^{***}$	—
		第二步	$w = -0.021x$	$SE = 0.023,\ p = 0.325$	
		第三步	$y = 0.048w - 0.198x$	$SE = 0.017,\ p = 0.00^{***}$	
				$SE = 0.018,\ p = 0.00^{***}$	
	信息获取能力	第一步	$y = 0.085x$	$SE = 0.022,\ p = 0.00^{***}$	
		第二步	$w = -0.021x$	$SE = 0.023,\ p = 0.325$	
		第三步	$y = -0.004w + 0.085x$	$SE = 0.017,\ p = 0.809$	
				$SE = 0.022,\ p = 0.00^{***}$	
党员	专业知识和技能	第一步	$y = -0.033x$	$SE = 0.019,\ p = 0.083^{*}$	—
		第二步	$w = -0.009x$	$SE = 0.019,\ p = 0.626$	
		第三步	$y = 0.826w - 0.025x$	$SE = 0.008,\ p = 0.00^{***}$	
				$SE = 0.011,\ p = 0.018^{**}$	
	人际交往能力	第一步	$y = 0.078x$	$SE = 0.02,\ p = 0.00^{***}$	—
		第二步	$w = -0.009x$	$SE = 0.019,\ p = 0.626$	
		第三步	$y = 0.048w + 0.078x$	$SE = 0.017,\ p = 0.00^{***}$	
				$SE = 0.02,\ p = 0.00^{***}$	
	信息获取能力	第一步	$y = 0.082x$	$SE = 0.02,\ p = 0.00^{***}$	
		第二步	$w = -0.009x$	$SE = 0.019,\ p = 0.626$	
		第三步	$y = -0.004w + 0.082x$	$SE = 0.017,\ p = 0.809$	
				$SE = 0.02,\ p = 0.00^{***}$	

具体来说，首先是高校就业服务作为自变量的中介效应分析，由表 9-6-2 可知就业服务对专业知识和技能以及信息获取能力的总体效应显著，且对专业知识和技能影响的第二步和第三步分析结果均显著，所以课外活动在高校就业服务与专业知识和技能的影响之间起到了显著的部分中介作用，通过计算可得中介效应占到了总效应的比例为 62.35%。

而对信息获取能力的影响检验过程中发现中介变量对因变量的直接影响不显著，故进一步采用 Sobel 检验，计算可得检验值 $z = 0.235$，查阅 MacKinnon 临界值表可知 $0.235 < 0.90$（$p < 0.05$），故课外活动在这里并未起到显著的中介作用。由于就业服务对人际交往能力影响的中介作用检验结果中，中介作用为负值自变量对因变量的直接影响为正值，可能出现"遮掩问题"抵消了自变量对因变量的

总效应显著性（温忠麟等，2006）。所以，进一步采用 Sobel 检验，计算可得检验值 $z = -2.197$，查阅 MacKinnon 临界值表可知 $-2.197 < -0.90$（$p < 0.05$），所以，课外活动在这里起到了显著的部分中介作用，经过计算可得该中介作用占到总效应的比例为 14.22%。

　　其次，是学科作为自变量的中介作用检验，由上述检验结果可知学科仅对专业知识和技能影响的总效应显著，且第二步和第三步分析的结果中所有间接和直接关系均显著，所以课外活动在该组影响关系中起到了显著的部分中介作用，通过计算可得中介作用占总效应的比例为 61.95%。此外，虽然学科对人际交往能力和信息获取能力的总体效应均不显著，但其中人际交往能力的关系影响中中介效应为正值，自变量对因变量的直接影响为负值，所以也有可能存在"遮掩问题"。故这里进一步采用 Sobel 检验，计算可得检验值 $z = 1.538$，查阅 MacKinnon 临界值表可知 $1.538 > 0.90$（$p < 0.05$），故课外活动起到了显著的部分中介作用，占总效应的比例为 14.22%。

　　再次，是性别作为自变量的中介作用检验，有检验结果可知性别仅对专业知识和技能以及信息获取能力的总效应显著，故先对这两组关系进一步检验，在专业知识和技能因变量关系组中第二步和第三步检验结果中除了性别对专业知识和技能直接影响不显著外，其他关系均显著。所以，课外活动中介变量在性别对专业知识和技能影响的关系中起到了显著的完全中介作用。在信息获取能力关系组中仅有第三步检验结果中，中介变量对因变量的直接影响不显著，故这里进一步采用 Sobel 检验，计算可得检验值 $z = 0.235$，查阅临界值表可知 $0.235 < 0.90$（$p < 0.05$），所以，课外活动在这里并未起到显著的中介作用。而在人际交往关系组中，出现了中介作用为负值自变量对因变量影响为正值的情况，同样可能存在"遮掩效应"，所以进一步采用 Sobel 检验，计算可得检验值 $z = -2.478$，查阅 MacKinnon 临界值表可知 $-2.478 < -0.90$（$p < 0.05$），所以，课外活动在这里起到了显著的部分中介作用，且经过计算可得中介作用占总效应的比例为 31.89%。

　　然后，在学历作为自变量的中介作用检验过程中，需要对专业知识和技能以及人际交往能力进行 Sobel 检验，检验值分别为 -0.9 和 -0.869，与均大于等于临界值 -0.9（$p < 0.05$），所以课外活动的中介作用并不显著。而在信息获取能力关系组中，自变量对中介变量的影响和中介变量对因变量的影响均不显著，所以可以判断课外活动的中介作用在这里也并不显著。

　　最后，是党员作为自变量的中介作用检验，由于党员对就业能力的三个维度影响的总体效应均显著，进一步观察第二步和第三步的检验结果，发现信息获取能力关系组中中介变量对因变量和自变量对中介变量的影响均不显著，所以课外活动在该组关系中的中介作用并不显著。而在专业知识和技能以及人际交往能力关系组中，都是仅有自变量对中介变量的影响不显著，所以，分别进行 Sobel 检

验可得检验值 z 分别为–0.474 和–0.467，均大于临界值–0.9（$p<0.05$），故在这两组关系中课外活动也没有起到任何显著的中介作用。

9.6.3 求职意愿和课外活动的中介效应分样本比较分析

由不同高校的具体样本分布情况可知，师范类高校与非师范类高校样本所占总样本的比例分别为50.47%和49.53%，二者基本相同，考虑到结构方程模型多群组分析对不同群组中样本数量分布的要求，这里拟采用对高校样本中的师范类和非师范类高校进行对比分析，具体考察两组样本中相关中介作用的显著性情况。

1）求职意愿中介作用模型的分样本分析

首先，是求职意愿中介变量模型的分样本分析情况，经过对此中介模型进行拟合，发现模型各个拟合指数中整体检验卡方值为200.914，自由度为18，卡方与自由度比为11.162；相关拟合指标，CFI、IFI、NFI 值分别为0.822、0.831、0.817，RMSEA 值为0.055，未达到理想范围值内，但总体来看模型拟合情况可以接受。

（1）师范类高校样本中求职意愿中介作用的检验

中介效应检验显著的结果及检验过程如表 9-6-3 所示。

表 9-6-3 师范类高校样本组求职意愿中介作用的分步骤检验结果

自变量	因变量	检验步骤	标准化回归方程	回归系数检验	中介效应比例
性别	专业知识和技能	第一步	$y = -0.076x$	SE = 0.025，$p = 0.00^{***}$	4.32%
		第二步	$w = 0.08x$	SE = 0.025，$p = 0.00^{***}$	
		第三步	$y = 0.041w - 0.079x$	SE = 0.024，$p = 0.09^{*}$	
				SE = 0.025，$p = 0.00^{***}$	
	人际交往能力	第一步	$y = 0.008x$	SE = 0.025，$p = 0.738$	—
		第二步	$w = 0.08x$	SE = 0.025，$p = 0.00^{***}$	
		第三步	$y = 0.056w + 0.004x$	SE = 0.024，$p = 0.021^{**}$	
				SE = 0.025，$p = 0.882$	
	信息获取能力	第一步	$y = 0.037x$	SE = 0.026，$p = 0.143$	—
		第二步	$w = 0.08x$	SE = 0.025，$p = 0.00^{***}$	
		第三步	$y = 0.038w + 0.034x$	SE = 0.024，$p = 0.114$	
				SE = 0.025，$p = 0.159$	

续表

自变量	因变量	检验步骤	标准化回归方程	回归系数检验	中介效应比例
学历	专业知识和技能	第一步	$y = -0.032x$	$SE = 0.046$，$p = 0.465$	—
		第二步	$w = -0.035x$	$SE = 0.026$，$p = 0.204$	
		第三步	$y = 0.041w - 0.03x$	$SE = 0.024$，$p = 0.09^{*}$	
				$SE = 0.046$，$p = 0.214$	
	人际交往能力	第一步	$y = -0.045x$	$SE = 0.023$，$p = 0.077^{*}$	4.36%
		第二步	$w = -0.035x$	$SE = 0.026$，$p = 0.204$	
		第三步	$y = 0.056w - 0.043x$	$SE = 0.024$，$p = 0.021^{**}$	
				$SE = 0.023$，$p = 0.076^{*}$	
	信息获取能力	第一步	$y = 0.082x$	$SE = 0.036$，$p = 0.016^{**}$	—
		第二步	$w = -0.035x$	$SE = 0.026$，$p = 0.204$	
		第三步	$y = 0.038w + 0.084x$	$SE = 0.024$，$p = 0.114$	
				$SE = 0.035$，$p = 0.00^{***}$	

由表 9-6-3 可知，首先，在性别作为自变量的中介作用关系中，第一步检验结果显著的只有性别对专业知识和技能的总体影响，故进一步观察第二步和第三步的检验结果，结果显示三步的检验结果均显著，故求职意愿在性别对专业知识和技能影响的关系中起到了显著的部分中介作用。且经过计算可得该中介作用占到总效应的比例为 4.32%。

其次，是学历作为自变量的中介作用关系，在第一步检验结果显著的有学历对人际交往能力和信息获取能力，但是对信息获取能力影响关系进一步检验发现，自变量对中介变量和中介变量对因变量的影响均不显著，故这里求职意愿的中介作用并不存在。所以，进一步观察学历对人际交往能力影响关系中的中介作用检验，从第二步和第三步检验结果可知虽然自变量对中介变量的影响不显著，但是中介变量对因变量的影响显著。故这里进一步采用 Sobel 检验，计算可得检验值 $z = -1.166$，查阅 MacKinnon 临界值表可知 $-1.166 < -0.90$（$p < 0.05$），故求职意愿在这里起到了显著的部分中介作用，该中介作用占总效应的比例达到了 4.36%。

（2）非师范类高校样本中求职意愿中介作用的检验

中介效应检验显著的结果及检验过程如表 9-6-4 所示。

由表 9-6-4 可知，第一步总效应检验结果只有性别对专业知识和技能的影响显著，所以进一步检验第二步和第三步发现结果均显著，即求职意愿在性别与专业知识和技能关系之间起到了显著的部分中介作用，且经过计算可得该中介作用占总效应的比例达到了 9.76%。

表 9-6-4 非师范类高校样本组求职意愿中介作用的分步骤检验结果

自变量	因变量	检验步骤	标准化回归方程	回归系数检验	中介效应比例
性别	专业知识和技能	第一步	$y=-0.093x$	$SE=0.026,\ p=0.00^{***}$	9.76%
		第二步	$w=0.089x$	$SE=0.026,\ p=0.00^{***}$	
		第三步	$y=0.102w-0.102x$	$SE=0.025,\ p=0.00^{***}$	
				$SE=0.026,\ p=0.00^{***}$	
	人际交往能力	第一步	$y=0.008x$	$SE=0.025,\ p=0.73$	—
		第二步	$w=0.089x$	$SE=0.026,\ p=0.00^{***}$	
		第三步	$y=0.078w+0.001x$	$SE=0.023,\ p=0.00^{***}$	
				$SE=0.025,\ p=0.965$	
	信息获取能力	第一步	$y=0.032x$	$SE=0.026,\ p=0.223$	—
		第二步	$w=0.089x$	$SE=0.026,\ p=0.00^{***}$	
		第三步	$y=0.001w+0.031x$	$SE=0.025,\ p=0.968$	
				$SE=0.026,\ p=0.21$	

综上所述，求职意愿变量只在个人特质对就业能力的影响关系之间起到了中介作用，师范类与非师范类高校学生群体之间总体来看差异较为显著，但在两群体中相同的地方是，不同性别群体对求职意愿有显著影响，并对专业知识和技能起到了显著间接影响。而在师范类高校样本中，学生拥有不同的学历水平对其今后教师职业发展的影响相对非师范类高校学生的影响更显著，因此对其求职意愿的影响也相对更显著，进而影响了其人际交往能力。

2）课外活动中介作用模型的分样本分析

经过对此中介模型进行拟合，发现模型各个拟合指数中整体检验卡方值为192.701，自由度为 16，卡方与自由度比为 12.044；相关拟合指标，CFI、IFI、NFI值分别为 0.964、0.964、0.961，RMSEA 值为 0.058，未达到理想范围值内，但总体来看模型拟合情况可以接受。

（1）师范类高校样本中课外活动中介作用的检验

课外活动中介效应检验结果显著的步骤及结果如表 9-6-5 所示。

由表 9-6-5 可知，首先，在高校就业服务为自变量的中介作用关系中，自变量对专业知识和技能以及信息获取能力影响的总效应显著，进一步检验发现课外活动在高校就业服务与专业知识和技能之间起到了显著的部分中介作用，占到总效应的比例为 56.36%。由于中介变量对信息获取能力的影响不显著，进一步采用 Sobel 检验确认中介效应的显著性，计算得检验值 $z=0.287$，小于临界值 0.9（$p<0.05$），所以课外活动在高校就业服务和信息获取能力之间并未起到显著的中介作用。此外，

表 9-6-5　师范类高校样本组课外活动中介作用的分步骤检验结果

自变量	因变量	检验步骤	标准化回归方程	回归系数检验	中介效应比例
就业服务	专业知识和技能	第一步	$y = -0.077x$	$SE = 0.032,\ p = 0.019^{**}$	56.36%
		第二步	$w = -0.051x$	$SE = 0.031,\ p = 0.092^{*}$	
		第三步	$y = 0.851w - 0.033x$	$SE = 0.011,\ p = 0.00^{***}$	
				$SE = 0.014,\ p = 0.01^{***}$	
	人际交往能力	第一步	$y = 0.028x$	$SE = 0.024,\ p = 0.258$	9.29%
		第二步	$w = -0.051x$	$SE = 0.031,\ p = 0.092^{*}$	
		第三步	$y = 0.051w + 0.031x$	$SE = 0.023,\ p = 0.038^{**}$	
				$SE = 0.024,\ p = 0.205$	
	信息获取能力	第一步	$y = 0.145x$	$SE = 0.027,\ p = 0.00^{***}$	—
		第二步	$w = -0.051x$	$SE = 0.031,\ p = 0.092^{*}$	
		第三步	$y = -0.007w + 0.144x$	$SE = 0.024,\ p = 0.776$	
				$SE = 0.027,\ p = 0.00^{***}$	
学科	专业知识和技能	第一步	$y = -0.05x$	$SE = 0.025,\ p = 0.053^{*}$	86.80%
		第二步	$w = -0.051x$	$SE = 0.026,\ p = 0.063^{*}$	
		第三步	$y = 0.851w - 0.007x$	$SE = 0.011,\ p = 0.00^{***}$	
				$SE = 0.012,\ p = 0.596$	
	人际交往能力	第一步	$y = -0.073x$	$SE = 0.024,\ p = 0.00^{***}$	3.56%
		第二步	$w = -0.051x$	$SE = 0.026,\ p = 0.063^{*}$	
		第三步	$y = 0.051w - 0.071x$	$SE = 0.023,\ p = 0.038^{**}$	
				$SE = 0.024,\ p = 0.00^{***}$	
	信息获取能力	第一步	$y = 0.132x$	$SE = 0.022,\ p = 0.00^{***}$	—
		第二步	$w = -0.051x$	$SE = 0.026,\ p = 0.063^{*}$	
		第三步	$y = -0.007w + 0.132x$	$SE = 0.024,\ p = 0.776$	
				$SE = 0.022,\ p = 0.00^{***}$	
性别	专业知识和技能	第一步	$y = -0.076x$	$SE = 0.025,\ p = 0.00^{***}$	83.98%
		第二步	$w = -0.075x$	$SE = 0.025,\ p = 0.00^{***}$	
		第三步	$y = 0.851w - 0.012x$	$SE = 0.011,\ p = 0.00^{***}$	
				$SE = 0.013,\ p = 0.214$	
	人际交往能力	第一步	$y = 0.008x$	$SE = 0.025,\ p = 0.738$	47.81%
		第二步	$w = -0.075x$	$SE = 0.025,\ p = 0.00^{***}$	
		第三步	$y = 0.051w + 0.012x$	$SE = 0.023,\ p = 0.038^{**}$	
				$SE = 0.025,\ p = 0.628$	
	信息获取能力	第一步	$y = 0.037x$	$SE = 0.026,\ p = 0.143$	—
		第二步	$w = -0.075x$	$SE = 0.025,\ p = 0.00^{***}$	
		第三步	$y = -0.007w + 0.036x$	$SE = 0.024,\ p = 0.776$	
				$SE = 0.026,\ p = 0.13$	

高校就业服务对人际交往能力影响的中介作用关系中可能存在"遮掩问题",所以采用 Sobel 检验做进一步验证,计算得检验值 $z = -1.32$,小于临界值 -0.9 ($p < 0.05$),所以课外活动在高校就业服务和人际交往能力之间起到了显著的部分中介作用,经过计算可知该中介作用占总效应的比例为 9.29%。

其次,是学科作为自变量的中介作用关系,由于自变量对因变量影响的总效应均显著,三组关系均继续检验,专业知识和技能作为因变量的关系中只有自变量对因变量的直接影响不显著,所以课外活动在学科与专业知识和技能关系中起到了显著的完全中介作用,计算可得中介作用占到总效应的比例为 86.80%。人际交往能力作为因变量的关系中检验结果均显著,所以课外活动在学科与人际交往能力之间中起到了显著的部分中介作用,占到总效应比例的 3.56%。在信息获取能力作为因变量的关系中,需要进一步采用 Sobel 检验,计算可得检验值 $z = 0.288$,小于临界值 0.9 ($p < 0.05$),所以课外活动在这里的中介作用并不显著。

最后,是性别作为自变量的中介作用关系,总效应只有性别对专业知识和技能的影响显著,所以继续后两步的检验,结果只有性别对专业知识和技能的直接影响不显著,所以课外活动在性别与专业知识和技能之间起到了显著的完全中介作用,且占到总效应的比例为 83.98%。性别对人际交往能力和信息获取能力影响的总效应不显著,但是人际交往能力作为因变量的关系中,中介作用与自变量对因变量直接影响符号相反,可能存在"遮掩问题",故采用 Sobel 检验,可得到检验值 $z = -1.78$,小于 -0.9 ($p < 0.05$),又自变量对因变量的直接影响不显著,所以课外活动在性别与人际交往能力之间起到了显著的完全中介作用,计算可得占到总效应的比例为 47.81%。

(2)非师范类高校样本中课外活动中介作用的检验

检验结果显著的步骤及结果如表 9-6-6 所示。

表 9-6-6　非师范类高校样本组课外活动中介作用的分步骤检验结果

自变量	因变量	检验步骤	标准化回归方程	回归系数检验	中介效应比例
就业服务	专业知识和技能	第一步	$y = -0.105x$	$SE = 0.031,\ p = 0.00^{***}$	61.71%
		第二步	$w = -0.081x$	$SE = 0.031,\ p = 0.00^{***}$	
		第三步	$y = 0.8w - 0.041x$	$SE = 0.013,\ p = 0.00^{***}$ $SE = 0.016,\ p = 0.00^{***}$	
	人际交往能力	第一步	$y = 0.023x$	$SE = 0.024,\ p = 0.337$	15.85%
		第二步	$w = -0.081x$	$SE = 0.031,\ p = 0.00^{***}$	
		第三步	$y = 0.045w + 0.027x$	$SE = 0.024,\ p = 0.065^{*}$ $SE = 0.024,\ p = 0.261$	
	信息获取能力	第一步	$y = 0.136x$	$SE = 0.026,\ p = 0.00^{***}$	1.97%
		第二步	$w = -0.081x$	$SE = 0.031,\ p = 0.00^{***}$	
		第三步	$y = 0.033w + 0.138x$	$SE = 0.026,\ p = 0.177$ $SE = 0.026,\ p = 0.00^{***}$	

续表

自变量	因变量	检验步骤	标准化回归方程	回归系数检验	中介效应比例
学科	专业知识和技能	第一步	$y = 0.098x$	$SE = 0.025,\ p = 0.00^{***}$	62.86%
		第二步	$w = 0.077x$	$SE = 0.025,\ p = 0.00^{***}$	
		第三步	$y = 0.8w + 0.037x$	$SE = 0.013,\ p = 0.00^{***}$	
				$SE = 0.016,\ p = 0.014^{**}$	
	人际交往能力	第一步	$y = 0.039x$	$SE = 0.025,\ p = 0.109$	—
		第二步	$w = 0.077x$	$SE = 0.025,\ p = 0.00^{***}$	
		第三步	$y = 0.045w + 0.036x$	$SE = 0.024,\ p = 0.065^{*}$	
				$SE = 0.024,\ p = 0.145$	
	信息获取能力	第一步	$y = -0.069x$	$SE = 0.026,\ p = 0.00^{***}$	3.68%
		第二步	$w = 0.077x$	$SE = 0.025,\ p = 0.00^{***}$	
		第三步	$y = 0.033w - 0.072x$	$SE = 0.026,\ p = 0.177$	
				$SE = 0.026,\ p = 0.00^{***}$	
性别	专业知识和技能	第一步	$y = -0.093x$	$SE = 0.026,\ p = 0.00^{***}$	80%
		第二步	$w = -0.093x$	$SE = 0.026,\ p = 0.00^{***}$	
		第三步	$y = 0.8w - 0.091x$	$SE = 0.013,\ p = 0.00^{***}$	
				$SE = 0.016,\ p = 0.207$	
	人际交往能力	第一步	$y = 0.008x$	$SE = 0.025,\ p = 0.73$	52.31%
		第二步	$w = -0.093x$	$SE = 0.026,\ p = 0.00^{***}$	
		第三步	$y = 0.045w + 0.012x$	$SE = 0.024,\ p = 0.065^{*}$	
				$SE = 0.025,\ p = 0.624$	
	信息获取能力	第一步	$y = 0.032x$	$SE = 0.026,\ p = 0.223$	9.59%
		第二步	$w = -0.093x$	$SE = 0.026,\ p = 0.00^{***}$	
		第三步	$y = 0.033w + 0.035x$	$SE = 0.026,\ p = 0.177$	
				$SE = 0.026,\ p = 0.167$	

由表 9-6-6 可知，首先，在高校就业服务作为自变量的关系中，在对专业知识和技能影响的中介作用关系检验中结果均显著，故课外活动在高校就业服务对专业知识和技能影响的关系中起到了显著的部分中介作用，计算可得该中介作用占总效应的比例为 61.71%。由于高校就业服务对人际交往能力的总效应不显著，但是可能存在"遮掩问题"，同时对信息获取能力的影响关系检验过程中中介变量对因变量的影响不显著，二者均需要进行 Sobel 检验，计算可得检验值 z 分别等于-1.523 和-1.142，均小于临界值-0.9（p<0.05），故课外活动在两组关系中分别起到了显著的完全和部分中介作用，且中介作用分别占总效应比例为 15.85%和 1.97%。

其次，是学科对因变量影响过程中的中介作用检验，其中学科与专业知识和技能关系中的三个步骤检验结果均显著，所以课外活动在其中起到了显著的部分中介作用，且占到总效应的比例为 62.86%。而学科对人际交往能力影响的总效应不显著，所以课外活动的中介作用在这里并不显著。学科对信息获取能力影响的关系检验中，仅有中介变量对因变量的影响不显著，所以进一步采用 Sobel 检验，计算可得到检验值 $z = 1.173$ 大于临界值 0.9（$p < 0.05$），所以课外活动在学科与信息获取能力之间起到了显著的部分中介作用，且占总效应的比例达了 3.68%。

最后，是性别对因变量影响关系中的中介作用检验，其中性别对专业知识和技能的影响关系组检验结果中仅有自变量对因变量的直接影响不显著，所以课外活动在这里起到了显著的完全中介作用，占总效应的比例为 80%。而性别对人际交往能力和信息获取能力影响的总体效应不显著，但是可能存在"遮掩问题"的情况，所以进一步采用 Sobel 检验，计算可得检验值 z 分别等于 -1.661和 -1.196，二者均小于 -0.9（$p < 0.05$），又性别在两组关系中对因变量的直接影响均不显著，故课外活动均起到了显著的完全中介作用，占总效应的比例分别为 52.31% 和 9.59%。

综上所述，通过对课外活动变量中介作用的分样本比较结果可知，总体来看两组样本的分析结果差异较为显著，课外活动基本都在高校就业服务、学科和性别对高校学生就业能力的影响关系中起到了相应的中介作用。然而，仔细比较后也可以看出非师范类高校样本中，课外活动中介变量的中介作用相对来说多了两组显著的结果，这也许归因于不同类型高校对毕业生的最终培养目标有所差异，师范类高校对于毕业生的非专业能力的培养相对较弱，反之非师范类的高校相对更重视通过课外活动等形式培养起来的人际交往、信息获取等能力。

9.7　本　章　小　结

本章通过实证分析得到了高校培养学生就业能力的基本情况以及各个影响因素对高校学生就业能力的影响关系，本节对本章通过描述性统计和回归分析得出的主要结论进行总结，最终得出各个假设检验的结论。通过对上述单方程回归的结果，以及因素间关系的综合考察和分析过程得到的相应结果，现将本章主要结论及相应的政策建议概括如下。

（1）求职意愿、高校就业服务和课外活动分别对就业能力产生了部分显著的直接影响。

与以往针对特定类型高校学生的就业能力相关研究相比，本章涉及的各类型高校学生研究对象的就业能力影响因素更具有说服力。其中，求职意愿对人际交往能力和信息获取能力均产生了显著的正向影响，即求职意愿越高的求职者往往具备更强的人际交往能力和信息获取能力。

高校就业服务对就业能力三个维度均产生了显著的影响，其中对人际交往能力和信息获取能力均产生了显著的正向影响，而对专业知识和技能则产生了显著的负向影响。也就是说，求职者过多地参与高校组织的就业培训类活动，会在一定程度上减少高校学生对实习、实践和相关技能的学习时间，从而降低专业知识和技能的培养。然而，通过此类高校就业服务可以显著提升高校学生的人际交往能力和信息获取能力。课外活动因素则仅对专业知识和技能以及人际交往能力产生了显著的正向影响，即参与课外活动越多的高校学生对其专业知识和技能以及人际交往能力的提升越有益处。

（2）求职意愿和课外活动两个因素分别在相应因果关系之间起到了显著的中介效应。

通过路径分析及因素间直接效应、间接效应和总效应的分析，结果显示相关变量存在中介作用。具体来说，主要的中介变量为求职意愿和课外活动因素。首先，求职意愿在性别和学历对与专业知识和技能之间分别起到显著的部分中介作用；它在性别和学历与信息获取能力之间也起到显著的部分中介作用；其次，求职意愿还在学历与人际交往能力之间起到显著的部分中介作用。然后，我们讨论了课外活动因素的中介效应：课外活动在高校就业服务和学科与专业知识和技能之间分别起到显著的部分中介作用，在性别与专业知识和技能之间起到显著的完全中介作用；课外活动还在高校就业服务、学科和性别与人际交往能力之间分别起到显著的部分中介作用。

由此可见，本章不仅验证了求职意愿变量在不同求职能力影响因素之间起到了关键的影响作用，成为影响高校学生求职能力获取的重要直接和中介影响因素，还发现了高校学生参与课外活动行为的重要意义，其在求职能力的影响因素中也起到了至关重要的影响作用。

（3）求职意愿和课外活动变量的中介效应在不同样本中均存在显著的差异性。

在对师范类和非师范类高校不同样本中的结果比较可以看出，求职意愿在个人特质对求职能力影响关系中的中介作用存在显著差异，而课外活动在个人特质对高校就业服务与求职能力影响关系起到的中介作用也存在显著差异，且相对来说比求职意愿中介作用的差异较大。首先，求职意愿变量只在个人特质对就业能力的影响关系之间起到了相应中介作用，师范类与非师范类高校学生群体之间总体来看差异不大，主要体现在不同性别群体的求职意愿有所差异，并对专业知识和技能起到了显著影响。而在师范类高校样本中，由于学生拥有不同的学历水平对其今后教师职业发展的影响相对非师范类高校学生的影响更显著，对其求职意愿的影响也相对更显著，进而显著地影响了其人际交往能力。其次，通过对课外活动变量中介作用的分样本比较结果可知，总体来看两组样本的分析结果差异较为显著，课外活动在高校就业服务、学科和性别对高校学生就业能力的影响关系中基本都起到了显著的中介作用。然而，仔细比较后也可以看出非师范类高校样本中，课外活动中介变量的中介作用相对来说多了两组显著的结果，这也许归因于不同类型高校对毕业生的最终培养目标有所差异，师范类高校对于毕业生的非专业能力的培养相对较弱，反之非师范类的高校相对更重视通过课外活动等形式培养起来的人际交往、信息获取等能力。

本章相关假设检验结果汇总如表 9-7-1 所示。

表 9-7-1 假设检验结果汇总表

编号	假设内容	是否通过验证
H1	高校就业服务能够显著影响高校学生就业能力	部分通过
H1a	高校就业服务工作能够降低高校学生专业知识和技能	未通过
H1b	高校就业服务工作能够提升高校学生的人际交往能力	通过
H1c	高校就业服务工作能够提升高校学生的信息获取能力	通过
H2	提升参加课外活动的频率有利于提升高校学生就业能力	部分通过
H2a	提升参加课外活动的频率能够提升高校学生专业知识和技能	通过
H2b	提升参加课外活动的频率能够提升高校学生的人际交往能力	通过
H2c	提升参加课外活动的频率能够提升高校学生的信息获取能力	未通过
H3	外在报酬型求职者相对拥有更高的就业能力	部分通过
H3a	外在报酬型求职者拥有更好的专业知识和技能	未通过
H3b	外在报酬型求职者拥有更好的人际交往能力	通过
H3c	外在报酬型求职者拥有更好的信息获取能力	通过
H4	高水平的高校就业服务会降低高校学生参与课外活动的频率	未通过
H5	高水平的高校就业服务能够显著影响高校学生的求职意愿	未通过
H6	个人特质对高校学生就业能力有显著影响	部分通过
H7	个人特质对高校学生求职意愿有显著影响	部分通过
H8	个人特质对课外活动的参与度有显著影响	部分通过
中介效应		是否通过验证
	求职意愿在个人特质和就业能力之间起到了显著的中介作用	部分通过
	求职意愿在高校就业服务和就业能力之间起到了显著的中介作用	未通过
	课外活动在个人特质和就业能力之间起到了显著的中介作用	部分通过
	课外活动在高校就业服务和就业能力之间起到了显著的中介作用	部分通过
	求职意愿在个人特质和就业能力之间的中介作用存在显著的样本间差异	部分通过
	课外活动在个人特质和就业能力之间的中介作用存在显著的样本间差异	未通过
	课外活动在高校就业服务和就业能力之间的中介作用存在显著的样本间差异	未通过

10 我国高校学生的求职意愿和途径影响因素分析

10.1 研究框架和假设

10.1.1 研究框架

本章主要探讨高校学生求职意愿和求职途径（信息获取途径）的影响因素，主要有高校毕业生的人力资本、个人特征和社会网络因素。同时探讨了各个因素相互之间具有直接效应和间接效应影响，具体模型如图 10-1-1 所示。

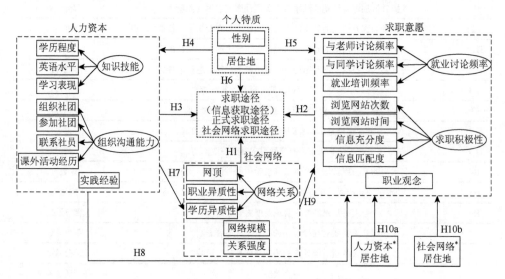

图 10-1-1 求职意愿及求职途径影响因素概念模型

10.1.2 研究假设

1）社会网络对求职途径的影响假设

社会网络特征的差异对于求职者选择何种求职途径有着显著影响，有的学者从社会网络的关系强度入手，认为关系的强、弱对求职者能否更有效地获取求职信息起到关键作用（Granovetter，1973；边燕杰和张文宏，2001）。有学者认为网络规模对于求职途径的选择也有显著的影响（van Hoye et al.，2009）。此外，由于社会网络能够为求职者提供更多具有异质性的求职信息，即社会网络为求职者所能提供社会资源的差异性对求职途径选择的影响（赵延东，2003a），社会网络中成员本身的差异性也会对求职途径的选择造成影响。

在求职途径方面的研究已有许多学者对其进行了归纳，并针对中国经济体制发展所经历的不同历史时期特殊的就业机制，总结出几种类型的就业求职途径的存在形式与发展。排除计划经济体制的政府和单位安排工作的就业机制，目前我国所处的市场经济体制时期，求职者面临能选择的求职途径主要是通过市场途径（正式求职途径）或者社会网络求职途径（非正式求职途径），两种途径并存发展。

其中，正式求职途径是通过市场公平竞争、筛选和淘汰来实现对人才的开发与聘用，是较为公开化与透明化的一种运作机制。相对来说，非正式求职途径对于求职者的发掘与聘用过程是一个较为不公开和"神秘"的过程，其运作机制及其对求职者选择求职途径的影响引起了不少学者的兴趣。其实，求职者对于求职途径选择的实质就是选择通过何种渠道来获取求职信息，能够快速有效地达到就业的最终目的。边燕杰和张文宏（2001）在对天津市市民的问卷调查中发现，中国人在寻找工作的过程中更多地使用强关系，而非 Granovetter（1973）在更早的研究中提出的弱关系理论。这也说明了社会网络求职途径中的强关系能够为求职者带来更多的、更有效的求职信息，使得非正式求职途径对求职者来说更加快速、有效，也就更有选择的吸引力。桂勇等（2002）在对上海市下岗职工求职的实证研究中，也证明了社会网络求职途径与正式求职途径相比，是一个更有效的途径。在社会资源相对丰富的前提下，更多的人愿意选择社会网络求助途径，而非正式求职途径。赵延东（2003a）在对下岗职工的社会网络与再就业保留工资的实证研究中从社会网络资源的视角发现，社会网络资源越丰富的人再就业后的保留工资越高，其使用社会网络寻找工作的效率也就越高，即促使其在求职途径的选择上更偏向使用非正式求职途径。van Hoye 等（2009）的实证研究结果证明，求职者的社会网络规模、网络连接强度对其选择社会网络求职途径有着积极的影响，即网络规模越大、链接强度越大越倾向于选择社会网络求职途径，而非宣传广告、互联网或政府发布的官方信息等正式求职途径。说明网络规模和链接强度越大，越能够使社会网络为求职者提供充分有效的求职信息，对其求职成功越有帮助。

综上所述，不同学者从不同的角度对社会网络在求职过程中发挥的作用给予了积极肯定，换句话说，若求职者的社会网络特征能够实现为求职者带来更多更有效的求职信息，就会有效地影响求职者对求职途径的选择，即更多地倾向于选择社会网络求职途径。

基于此，我们提出如下假设，试图验证社会经济转型对新一代知识型劳动力求职时社会网络的作用是否发生改变。

H1：社会网络资源越多，求职者越倾向于选择非正式求职途径；反之，社会资源越少，求职者越倾向于选择正式求职途径。

H1a：社会网络关系差异越大，求职者越倾向于选择非正式求职途径；反之，社会关系差异越小，求职者越倾向于选择正式求职途径。

H1b：社会网络规模越大，求职者越倾向于选择非正式求职途径；反之，社会规模越小，求职者越倾向于选择正式求职途径。

H1c：社会网络关系强度越大，求职者越倾向于选择非正式求职途径；反之，社会网络关系强度越小，求职者越倾向于选择正式求职途径。

2）求职意愿对求职信息获取途径的影响假设

根据计划行为理论，高校学生自身愿意付出多大努力、多少时间付诸于具体求职行为，高校学生这种典型的行为意向对其最终的求职途径选择行为必定会造成一定程度的影响。如果仔细分析有关求职意愿相关定义，我们将高校学生的求职意愿用三个指标来考量，简单来说：①是否愿意去求职；②求职中考虑对就业岗位的薪酬满意度；③求职中考虑就业岗位对自身未来发展的影响。求职者对于求职的态度是否积极，可以从其自身所拥有的人力资本与社会资本多少的角度来理解，正如孟大虎等（2011）、岳昌君和程飞（2013）等所提到的，高校学生拥有的人力资本越大，无形中其寻找工作的自信心就越强，所以寻找工作的热情就会更加高涨，也就会更加积极地寻找工作。结合人力资本对于求职者求职途径选择的影响来看，不难推断求职者寻找工作的态度越积极、求职的频率越高，越倾向于选择正式求职途径；反之，越不积极寻找工作的求职者，往往是借助自身拥有的"社会资本"，通过社会网络求职途径寻找工作。此外，求职者对于工作与自身所学专业匹配程度的要求可以间接反映出其自身人力资本的高低，所以这必然对其选择求职途径有着不可避免的影响或关系。本章将验证求职者的意愿是否影响其行为。求职意愿变量的测度主要指高校学生在校期间的求职态度积极与否，以及对将要从事的工作岗位与所学专业的相关程度。故提出如下假设。

H2：求职意愿对求职者求职途径的选择有显著性影响。

H2a：求职者的求职态度越积极，越倾向于选择非正式求职途径；反之，求职态度越消极，则越倾向于选择正式求职途径。

H2b：求职者就业讨论频率越高，越倾向于选择正式求职途径；反之，则越倾向于选择非正式求职途径。

H2c：求职者要求工作与专业匹配程度越高，越倾向于选择正式求职途径；反之，匹配程度要求越低，则越倾向于选择非正式求职途径。

3）人力资本对求职途径的影响假设

根据前面所述人力资本的概念可以看出，人力资本所包含的知识、技能、健康和实践经验等因素的好坏与水平的高低，对求职者来说可以将其称为求职过程中的基础要素。在决定求职成败的相关因素当中，起到了相当重要的作用。然而，人力资本的大小对于求职者选择何种求职途径是否会有影响，又会有什么样的影响呢？不少学者对不同人群的人力资本对求职途径的选择作用机制进行了研究，并得出了相应的支持性结论。

Strobl（2003）对手工业市场的研究发现通过正式求职途径相比非正式求职途径应聘求职者的平均受教育年限高出 1.3 年。赵延东（2003a）在对下岗职工再就业的过程中，选择求职途径的影响因素研究中发现，人力资本的高低直接影响了其对求职途径的选择。由于没有受到较好教育和其他技能培训，同时不具备丰富的社会资源，下岗职工的再就业只能选择劳务市场途径接受市场的竞争和"自然选择"。经过实践的检验证明，这样的求职途径使得下岗职工能够获得相对其他途径更好的工作，这也说明，求职者的人力资本情况好坏能够对求职者选择求职途径造成一定的影响。桂勇等（2002）在对上海地区个人的职业流动途径研究中发现，人力资本对劳动者的职业流动途径选择有着直接的影响。人力资本较高的个人在职业流动途径的选择上，对社会网络求职途径的依赖更少，因为他们更有能力通过正式的市场途径崭露头角，获得新的工作机会。钟云华（2008）在对高校学生求职渠道影响因素的研究中，实证分析结果显示在高校学生的人力资本中，学历、专业等因素显著地区别了不同个体人力资本的差异，这些差异使得人力资本越大的高校学生越倾向于选择正式求职途径，反之，则越依赖于社会网络求职途径。孟大虎等（2011）同样在将"学习成绩"和"获取等级资格证书"作为衡量高校学生求职中的人力资本指标，研究其与高校学生求职渠道选择的关系，实证研究结果同样证明人力资本越大，高校学生越会选择正式求职途径；人力资本越小，越会选择亲朋好友等关系人组成的社会网络求职途径。随后，岳昌君和程飞（2013）又将高校毕业生的就业单位类型进行细分，在不同就业类型情况下分析人力资本对高校学生求职途径的影响。同样发现，高校学生的受教育年限、学习成绩越好，人力资本越丰富，越倾向于选择正式求职途径寻找工作。也有学者进行了中西方求职途径选择的对比分析，李煜（2013）在对上海市与彼得堡市劳动力市场转型中，人们求职途径的发展变化比较中发现，随着历史发展时期的变化，在上海市人力资本越高的求职者越多地通过市场获得工作信息并最终获得职位，即选择正式求助途径；相反，相同情形下，彼得堡的人们更多的选择社会网络求职途径。我们可以看出，在中国（市场化程度相对成熟）人力资本的高低对于求职者选择求职途径的影响是显著的。

根据上述研究结论可以得出，对求职者人力资本的衡量仅从受教育水平和学习成绩等传统计量标准出发，但除此之外，高校学生的沟通能力和实践经验等因素为代表的人力资本对于求职途径的影响也依然是不可忽视的。因此，这里再次以新的测量标准验证人力资本对于高校学生求职途径的影响，并提出如下假设。

H3：求职者的人力资本越高，越倾向于选择正式求职途径；相反，求职者的人力资本越低，越倾向于选择非正式求职途径。

H3a：求职者的知识技能水平越高，越倾向于使用正式求职途径；反之，则更倾向于选择社会网络求职途径。

H3b：求职者的组织沟通能力越强，越倾向于使用正式求职途径；反之，则更倾向于选择社会网络求职途径。

H3c：求职者的实践经验越丰富，越倾向于使用正式求职途径；反之，则更倾向于选择社会网络求职途径。

4）个人特质对人力资本、求职意愿和求职途径的影响假设

作为控制变量的个人特质影响因素，这里具体指求职者的性别和居住地因素，由于个体性别的差异，其在社会生活中所扮演的角色不同，所承担的义务和责任也有明显差异，其人力资本和主观求职意愿都会有所差别，进而导致了求职途径选择的必然差别。对于求职者居住地的城乡差异，不同生源地对于高校学生个体人力资本和求职意愿的形成过程也会造成显著的影响，从而使个体求职者依据自身不同的资本特征选择相应的求职途径（Wang and Moffatt，2008）。据此，再次验证和控制个人特质影响因素，提出如下假设。

H4：个人特质对求职者的人力资本有显著性影响。

H5：个人特质对求职者的求职意愿有显著性影响。

H6：个人特质对高校学生求职途径的选择有显著性影响。

H6a：男性相对于女性来说，更倾向于选择使用非正式求职途径；女性则更倾向于使用正式求职途径。

H6b：来自城市的求职者相对于来自农村地区的求职者，更倾向于选择使用非正式求职途径；而来自农村的求职者更愿意选择正式求职途径。

5）因素间相互影响和社会网络的中介作用的假设

相关研究结果指出，对求职途径造成影响的因素之间也存在相互之间的影响及间接关系。如人力资本对社会网络的影响上，最典型的是企业中不同层级的个体特征对于其自身社会网络的构建上都有显著的正向影响（高蔡联，2013；彭晴，2014；李正卫等，2015）。人力资本迥异的高校学生在选择工作与专业相关程度上有着显著差异（刘海玲，2010），而社会网络和求职意愿对求职途径的影响又将会使人力资本对求职途径产生间接的影响作用。同样，个人社会网络资源越多，求职者通过非正式求职途径能够找到与自身实际情况更加匹配的工作（Horváth，2014），即对其求职意愿产生了较为显著的影响。

具体来说，首先是人力资本与社会网络之间似乎存在着一种内在的联系，不少学者对人力资本与社会资本的关系进行过探讨，不少人认为社会资本对于人力资本起到了整合与联系的作用，一定程度上来说是人力资本的一种有效率的集合。

然而，根据不同学者的共识，这里"社会网络"的概念只能算是社会资本的一种存在形态，而非全部。所以，在清楚了这一概念划分后，我们对二者的影响关系进行了具体的分析。通过对以往文献的查找和分析发现，学者对于求职者个体的人力资本对其自身社会网络构成特征的影响研究不多，其中大多是在企业发展的环境中研究个人资本对于企业社会网络构建的影响。高蔡联（2013）在研究创始人的个人资源和人格特质对企业创新绩效的影响过程中，发现社会网络在其中起到了关键的完全中介作用，即企业创始人的个人资源和人格特质对企业社会网络的构成起到了显著的正向影响作用。彭晴（2014）在研究人力资本对企业网络特性的影响中发现，企业员工自身的人力资本对于企业内部的网络特征，如网络联系的密度、网络的联系强度、网络中成员的互惠程度都有积极的正向影响。随后，李正卫等（2015）也对类似的问题进行了关注，在研究企业家的人力资本和性格对企业社会网络的影响时，发现企业家人力资本中的管理经验、技术能力企业社会网络的构建均具有正向的影响作用，此外，企业家的性格越趋向于外向型，以及越具有宜人性对于企业社会网络的构建越具有显著的正向影响作用。根据上述学者的研究结论，我们发现在企业中，无论员工还是企业家其自身的人力资本对其所在的公司社会网络特征都呈现出积极的正向影响。所以，不难推论高校毕业生自身的人力资本对其社会网络构建的特征也具有一定程度的正向影响。总体来说，学者认为高校学生人力资本与高校学生的社会网络关系非常密切。如果高校学生人力资本状况较好，自身在能力方面、知识方面比较优秀，能够有更多的机会在社会上认识更多的人，随着自身层次的不断提高，接触到的人的层次也就越高。人力资本状况会影响高校学生社会网络的质量和规模。高校学生人力资本状况越好，越有利于社会网络的发展。

其次是人力资本与就业意愿的关系：不少学者对此进行了不同视角的实证研究与理论探索，刘海玲（2010）在对高校学生就业意愿方面的实证研究中就发现，名牌高校毕业生比一般高校毕业生在就业意愿的选择中，对工作的专业对口率明显更加注重。因为名牌高校在一定程度上隐含着毕业生本身具有相对较高的人力资本，所以高校学生更"有资本"对未来的就业岗位就业要求和注重对将来所要从事工作与自身专业的对口程度。文凤梅等（2014）在研究成都市的退休医生再就业意愿的影响因素中，通过实证研究发现在退休前技术职称、月平均收入越高的医生，在退休后越倾向于选择再就业。也就是说，人力资本越高的退休老医生对选择再次就业的意向越强烈，越愿意积极地去寻找再就业的岗位。江维（2013）在对北京市朝阳区的老年人再就业意愿实证研究中，发现老年人的受教育程度和经济状况都对其是否愿意就业有显著性影响，即老年人自身的人力资本越高越倾向于选择再就业的倾向，这一点与文凤梅的结论也是一致的。无论从高校学生角度还是从社会上其他就业个体的角度来看，自身人力资本的高低对其就业意愿的影响还是比较显著的。具体来说，人力资本较高的就业个体会更倾向于积极地寻找工作和就业的机会；同时，高校学生所拥有的人力资本越高（如毕业高校知名度越高，高校学生自身学习能力越强），对于就业岗位与自身所学专业的对口程度要求越高；根据刘雪梅（2013）对求职意愿影响因素的职业成功观的相关内容阐述，我们得知不同特质的高校学生对将来就业岗位的要求是有区别的，文献从不同人格特质的角度进行了分析。但是，在具体的就业过程当中，高校学生除了其人格特质差异性会对就业意愿造成影响外，自身所具备的人力资本大小对选择"外在报酬型"还是"内在满足型"的工作也起到了至关重要的决定作用。根据徐晓军（2002）的研究结果，因为人力资本对高校学生求职成功与否及就业质量等都发挥着重要影响，人力资本越高的求职者往往就业质量较高，也相对较为顺利，所以这类求职者在求职过程中看重的不是当前工作的薪资报酬，而是更为重视工作本身对自身将来的职业发展或与兴趣爱好、专业的契合度等"内在满足感"；反之，人力资本较低的求职者由于求职过程中相对较难找到合适的工作，更加注重将要从事工作的"外在报酬"是否符合自身的需求。

基于此，我们提出以下假设。

H7：求职者的人力资本越大，其拥有的社会网络资源越大；反之，人力资本越小，其社会网络资源也越小。

H8：求职者的人力资本越大，越倾向与拥有较高水平的求职意愿；反之，人力资本越小，越倾向于拥有较低水平的求职意愿。

H9：求职者的社会网络资源越大，其拥有求职意愿的水平越高；反之，社会网络资源越小，其求职意愿水平越低。

6）居住地因素的调节作用假设

由于高校毕业生的居住地差异性，也就是生源地的城乡差异直接导致其社会关系网络和社会资本形成的过程、结果的差异，来自农村的高校学生的社会资本相对城市高校学生来说对其求职所提供的帮助相对较小（陈成文和谭日辉，2004）；此外，来自城市的高校学生由于拥有相对较好教育和培养环境，会有平均更高的人力资本并由此导致其具备更高的求职意愿水平。如上所述，由于居住地的差异，高校毕业生自身的求职优势存在显著的差异性，进而会导致其自身的求职意愿存在明显的差异。就此，提出如下假设。

H10：居住地在人力资本和社会网络对求职意愿的影响关系中起到了显著调节作用。

H10a：居住地为城市的高校毕业生相对更倾向于具备较高的社会资本，从而拥有更高水平的求职意愿；居住地为农村的高校毕业生则反之。

H10b：居住地为城市的高校毕业生相对更倾向于具备较高的人力资本，从而拥有更高水平的求职意愿；居住地为农村的高校毕业生则反之。

10.2 数据选择和变量测度

10.2.1 样本选取

本次调研对象是高校本科生和研究生。基于"代表性"、"较为明显的差异性"和"资源的可获取性"三个基本原则，选取了西安交通大学、西安邮电大学、河南财经政法大学、杭州电子科技大学校和杭州师范大学等五所高校，分别代表了985、211类高等院校，以及专业类院校、师范类院校，其具有代表性的不同级别、文理科专业特色。同时这些学校所在地区的信息服务业发展有快有慢，劳动力需求上存在显著差异。首先选择西安交通大学的学生中进行纸质问卷的预调研，并对调研分析后进行问卷的修改。调研实施采用在线问卷平台，在选中高校按在校学生数，分年级分学院抽取一定比例发放固定编码的网址。而后通过在线统计平台监督和跟踪调研质量和数量。

10.2.2 数据的质量和变量处理

在完成了预调研后，我们正式开展了对上述抽样高校的问卷调研活动。调研结束后整理后台数据库的电子问卷统计数据，这里已经对有效问卷参考本章节研究所涉及的变量进行筛选，故存在与其他相关章节样本量不同的情况，所有高校问卷发放与回收情况统计如表 10-2-1 所示。考虑到各高校样本量分布的具体情况，在随后对总模型中可能存在中介作用进行分样本分析时，需要对样本的划分拟采用将师范类高校（杭州师范大学）与其他非师范类高校二分的形式（样本量分别为 916 和 1428），来具体对比师范类与理工类高校样本的显著差异。

表 10-2-1　各高校问卷发放与回收情况

高校名称	发放问卷/份	回收有效问卷/份	有效问卷回收率/%
西安交通大学	1 000	348	34.80
西安邮电大学	900	292	32.44
河南财经政法大学	1 310	518	39.54
杭州电子科技大学	1 000	270	27.00
杭州师范大学	6 500	916	14.09
合计	10 710	2344	—

最终经过数据清洗、剔除无效问卷后，收回有效问卷的数量为 2344 份，其中

样本分布情况如表 10-2-2 所示。样本中女性占比 60.1%，原因为财经类和师范类院校学生的女生占大多数；而来自农村的高校学生占比 50.6%略多于来自城市的高校学生；本科生是此次调研对象的主体，占 79.5%左右，研究生的人数占比相对较少，与本研究调查设计目标一致。

据上述提出研究概念模型的构成，相关研究变量的组成和选项处理情况如表 10-2-2 所示。

表 10-2-2　各级变量的构成和测度

因素	潜变量	测量变量	变量的具体测度
—	—	求职信息获取途径	（1）学校就业信息中性、网络应聘、企业直招/公司官网、新闻媒体广告应聘；（0）亲友介绍、同学朋友告知、其他个人关系
个人特质	—	性别	性别：（1）男；（0）女
	—	居住地	家庭居住地：（1）城市；（1）县级市；（0）农村
人力资本	知识技能	学历程度	（1）本科一年级；（2）本科二年级；（3）本科三年级；（4）本科四年级；（5）研究生一年级；（6）研究生二年级；（7）研究生三年级；（8）博士生
		英语水平	在校期间，获得过的语言证书的具体数量
		学习表现	在校期间，获得的学校奖励证书的数量
	组织沟通能力	组织社团	是否作为活动组织者参加社团活动？（1）是；（0）否
		参加社团	是否参加学校社团组织？（1）是；（0）否
		联系社员	是否在休闲时间与社团成员联系？（1）是；（0）否
	实践经验	课外活动经历	是否参加专业相关的课外活动？（1）是；（0）否
		兼职经历	是否参加校外兼职、勤工助学等活动？（1）是；（0）否
社会网络	网络关系	网顶	就业讨论网成员的职业地位最大差异（数值）
		职业异质性	就业讨论网成员中非学生职业人数的占比
		学历异质性	就业讨论网成员中与被调查者学历不同的人数占比
	网络规模	讨论网人数	讨论网成员的数量
	关系强度	讨论网联系强度	讨论网成员电子邮件联系强度、电话联系强度、见面联系强度的因子得分
	职业讨论频率	与老师讨论	（1）每半年及以上；（2）每三月；（3）每月；（4）每周；（5）每天
		与同学讨论	同上
		就业培训	同上
求职意愿	求职积极性	浏览网站次数	（1）至多每天一次；（2）每天二次；（3）每天三次；（4）每天三次以上
		浏览网站时间	（1）半个小时以下；（2）半个小时至 1 个小时；（3）1 至 2 个小时；（4）2 个小时以上
		获得的求职信息充分度	最近 6 个月内，您认为自己获得的求职信息充分程度：（1）很匮乏；（2）比较匮乏；（3）一般；（4）比较充分；（5）非常充分
		获得的求职信息匹配度	最近 6 个月内，您浏览到的求职信息中认为适合自己条件的就业信息：（1）几乎没有；（2）比较少；（3）一般；（4）比较多；（5）非常多
	职业观念	工作专业相关度	将来想从事的工作与所学的专业的相关程度：（1）完全不相关；（2）不太相关；（3）比较相关；（4）紧密相关

1）人力资本因素处理

人力资本因素中包含八个变量，其中由于年级、英语水平、学校表现三个变量为定序变量，使用 Spearman 相关分析。结果显示三者之间具有显著的相关性，参考相关处理方式和测度指标，可以将年级、英语水平、学校表现合并成一个变量，这里采用因子分析法提取主成分，并命名为知识技能水平。KMO 值为 0.603，Bartlett 检验结果显著，累积解释总方差为 49.49%，因子载荷都在 0.67 以上效果较好。

由于组织社团经历、参加社团经历、联系社员经历、课外活动经历等变量为二分变量，采用交叉列联分析来观察其相关性，结果显示它们相互之间同样具有很高的显著性，故合并成一个变量，命名为组织沟通能力。KMO 值为 0.761，Bartlett 检验显示显著，累积解释总方差为 58.51%，具体的因子载荷结果均大于 0.62，效果较好。

2）社会网络因素处理

构成社会网络因素的五个测量变量均为定距型变量，所以这里直接使用皮尔逊相关分析，结果显示前三差异性变量之间均呈现出 0.01 水平上的显著正相关。所以，可以将讨论网的网顶、职业异质性、学历异质性合并成一个变量，并命名为社会网络差异性。因子分析结果中的 KMO 值为 0.636，Bartlett 检验结果显示显著，累积解释总方差达到了 59.29%，各因子载荷均达到了 0.71 以上。

3）求职意愿因素处理

求职意愿因素由八个测量变量构成，且均为定序变量，所以这里使用 Spearman 相关分析方法。具体分析结果显示，前三个变量间的相关性均在 0.01 水平上高度显著相关，所以我们考虑将其合并为一个潜变量，使用因子分析的方法分析结果中，KMO 值为 0.691 说明十分适合做因子分析，Bartlett 检验结果显示在 0.01 水平上显著，各变量的因子载荷均在 0.8 以上，总因子提取率达到了 68.28%，这里将该因子命名为职业讨论频率因子。

分析结果显示接下来的四个变量之间均呈现 0.01 水平上的显著相关，所以考虑将其合并为一个潜变量命名为求职积极性。在因子分析的方法分析结果中，KMO 值为 0.723，说明十分适合做因子分析，Bartlett 检验结果显示在 0.01 水平上显著，各变量的因子载荷均在 0.68 以上，累计方差解释率达到了 60.17%。

4）各因素与求职途径的相关性分析

由于求职途径、性别、居住地和实践经验变量为二分变量，工作专业相关度变量为序次变量，其余变量均为连续变量。分别采用列联表分析的卡方值、和方差分析的 ETA^2 系数来检验各变量与求职途径变量的相关性水平。

分析结果显示，居住地和工作专业相关度变量与求职途径变量在 0.01 水平上显著相关；实践经验、知识技能水平、网络关系强度和就业讨论频率变量与求职途径变量在 0.05 水平上显著相关；而性别、组织沟通能力、网络规模、网络差异性和求职积极性变量与求职途径之间并不存在显著相关的关系。社会网络与居住地的交乘项与就业讨论频率和求职积极性显著相关，与职业观念相关性不显著；人力资本与居住地的交乘项与就业讨论频率和求职积极性只有部分显著相关，与职业观念也仅有组织沟通能力的交乘项显著相关。

10.2.3　各变量的详细描述

10.2.3.1　个人特征

根据前面已经建立的概念模型，个体特征主要包括性别和居住地两个测量变量，分别根据问卷中第一部分的问题 Q101 和 Q103。

具体来讲，问题 Q101：您的性别（1）男；（2）女。答案编码为选择男为"1"，选择女为"0"，这里的答案编码使用原始数据，不做修改。问题 Q103：您的家庭居住地（1）城市；（2）县级市；（3）农村。答案编码为数字 1~3，这里我们重新编码，将选择"1、2"的求职者划归为"城市居住地"，重新编码为"1"，选择"3"的求职者划归为"农村居住地"，重新编码为"0"。

10.2.3.2　人力资本

参考前人的研究，本章选择年级、英语证书、奖励证书作为知识技能水平的测度变量，兼职经历作为实践经验的主要变量，是否组织社团、是否参加社团、是否联系社员、是否参加专业相关课外活动作为组织沟通能力的主要变量。

学历在问卷中主要分为博士、硕士一年级、硕士二年级、硕士三年级、本科一年级、本科二年级、本科三年级、本科四年级 8 个选项。由于研究对象分布于各个年级，将年级由低到高由本科一年级到博士编码 1~8。英语水平在问卷中的测度问题是"在校期间，您获得过的英语证书"，并统计获得证书的数量代表英语水平。学校表现在问卷中的测度问题是"在校期间，您获得的学校奖励证书"，并统计获得证书的数量代表学校表现。兼职经历在问卷中测度问题是"在校期间您是否参加过兼职"，0 表示缺乏兼职经验，1 表示参加过实习。组织社团经历在问卷中测度问题是"您是否作为活动组织者参加社团活动"，0 表示没有组织过社团活动，1 表示组织过社团活动。参加社团经历在问卷中测度问题是"您是否参加学校社团组织"，0 表示没有，1 表示参加过。联系社员经历在问卷中测度问题是"您是否在休闲时间与社团成员联系"，0 表示没有，1 表示联系。课外活动经历在问卷中测度问题是"您是否参加专业相关的课外活动"，0 表示没有，1 表示参加过。

10.2.3.3　社会网络

对于社会网络的测度指标，许多学者提出了自己的测度观点。边燕杰（2004）认为，社会资本由四个因素决定：网络规模、网络顶端、网差以及网络的构成。利用这四个指标可以测量个人层次的社会资本。罗家德和赵延东（2005）使用提名法和定位法，其中提名生成法指根据被调查者所提供的网络成员的姓名，具体来询问每个网络成员的特征、与被调查者之间的关系等。张文宏（2006）在研究城市居民社会网络结构特征时，从社会网络规模、密度、异质性以及角色关系的种类等方面测度个人社会网络情况。王卫东（2006）将社会网络视为社会资本的主要形式之一，提出的模型中包括的指标有网络规模、网络成员的 ISEI（国际标准职业社会经济指数）均值、网络密度，网顶、网差以及社会网络资本总量。Campbell 等（1966）利用网络规模、网络多样性、网络密度等指标来测度社会网络。Seibert 等（2001）将可使用的社会资本的测度多元化为网络结构、可以使用的信息、可以使用的资源等，利用结构方程模型验证了社会资本对工资收入、工作满意度的正向作用。Beaman（2012）通过网络规模、有长期工作的熟人的数量来测度社会网络，研究其对求职的影响。

根据前人的相关研究，本章中社会网络测度指标选择使用较多的网络规模、网络异质性、网顶和网络关系强度。具体测度方法如下。

（1）网络规模测度。网络规模是指网络中参与者的数量，学者对这个概念界定较为一致。本章使用的网络中总人数，分别是问卷中采用提名法询问在近半年内和调查对象讨论过就业问题的人。

（2）关系强度。问卷中用调查者与讨论网成员联系的频率来表示关系强度。高校学生与讨论网成员联系的频率越高，更有可能获得有价值的就业信息以及得到相关的帮助。问卷中将频率划分为三个维度，分别为"与您电子邮件联系频率"、"与您电话联系频率"、"与您见面联系频率"，将这三个变量进行因子分析并合成为因子得分，用因子得分来表示网络关系强度。

（3）网络职业异质性测度。网络异质性是指网络中成员与被调查者职业的差别。对于高校学生，一方面可以和同辈学生进行讨论，另一方面可以和已经工作的人进行讨论，和已经工作的人讨论就业往往会获得有价值的信息。本章使用讨论网中职业不是学生的成员占比来表示讨论网职业异质性。

（4）网络学历异质性测度。网络学历异质性是指网络中成员与被调查者学历的差别。不同学历的人会提供不同的有关就业的信息，对被调查者产生不同影响。本章使用讨论网学历与被调查者不同的成员占比来表示讨论网学历异质性。

（5）网顶测度。网顶的计算核心就是测度网络中参与者的最高社会地位。关于社会地位的测度指标主要有社会经济地位、职业地位、国际标准职业社会经济指数三种。在郑杭生的社会阶层划分主要原则中，将其划分为下岗失业、工人、自雇佣者、办事员、专业技术人员、管理干部等 6 个等级变量。陆学艺（2006）提出应以职业分类为基础，将组织资源、经济资源和文化资源的占有状况作为标准划分社会阶层，将中国当代社会阶层分成 10 个社会阶层和 5 种社会经济地位等级。

职业是社会分层中最基本的指标，在现代社会中，职业可以反映社会阶层的状况，衡量家庭社会地位和经济地位，是家庭社会经济地位的重要表现形式。在对职业等级的划分方面，陆学艺（2006）在当代中国社会流动一书中对当代中国社会阶层的结构进行了划分，其划分的依据是劳动力在劳动分工、权威等级、生产关系、制度分割中所处的不同位置和所占的不同资源。具体划分等级由高到低如下：国家与社会管理者、经理人员、私营企业主、专业技术人员、办事人员、个体工商户、商业服务业员工、产业工人、农业劳动者、城乡无业（失业、半失业）者。本章将沿用这一划分方法，对 10 个不同职业地位分层进行赋值，由低到高分别从 1~10，再选取父母二者最高的职业等级代表家庭职业等级（表 10-2-3）。

表 10-2-3　职业分类

职业地位	赋值	题项
国家与社会管理者	10	（1）党政干部；（2）机关团体人员
经理人员	9	（3）国企经理；（4）非国企经理/所有者
私营企业主	8	（5）个体所有者/经理
专业技术人员	7	（12）教师；（15）科研人员；（16）法律工作者（17）医疗工作者；（18）文艺工作者
办事人员	6	—
个体工商户	5	—
商业服务业员工	4	（6）企业管理人员；（7）企业服务人员；（8）企业技术人员（9）企业生产人员；（10）企业销售人员；（11）企业财务人员
产业工人	3	—
农业劳动者	2	（19）农民
城乡无业（失业、半失业）者	1	（13）学生；（14）自由职业者；（20）无职业

从表 10-2-3 中可以看出网络职业异质性反映了讨论网成员职业与被调查者职业（学生）差异情况，网络学历异质性反映了讨论网成员学历与被调查者学历差

异情况，网顶反映了讨论网成员的最高社会地位，由于学生的等级最低，网顶也可以看成讨论网成员社会地位与被调查者的差异情况，将这三个变量合并为一个变量，命名为社会网络差异性。

10.2.3.4　求职意愿

对于一级指标求职意愿的测度，通过对相关变量的分析与合并我们发现可以用三个维度去衡量，其中两个二级变量为潜变量（合成变量），一个为显变量（测量变量），它们分别是职业讨论频率、求职积极性和职业观念。

首先，职业讨论频率二级变量包括三个维度的测量变量：与老师讨论的频率，与同学讨论的频率和培训频率，结合问卷的测度问题和选项设置，我们分别使用问卷中第二部分的问题："Q201 您和专业导师或者专业课老师讨论就业问题频率"、"Q202 您和本专业同学、学长学姐讨论就业问题频率"和"Q203 您参加学校组织相关的职业选择与规划教育培训的频率"来测度，这里的数据使用的是将原答案编码重新编码后的数据，重新编码规则是用 6 减去原编码，则重新编码后数据值域为 1～5，数值越大表明讨论的频率越高。

其次，求职积极性二级指标我们采用浏览网站次数、浏览网站时间、信息充分度、信息匹配度等四个测量变量来测度，其中对应的问卷中的具体问题分别为第四部分的："Q408 您最近 6 个月内，平均每天浏览相应求职信息网站的次数"、"Q409 您最近 6 个月内，平均每天浏览相应求职信息网站的时间"、"Q410 您最近 6 个月内，您认为自己获得的求职信息充分程度"、"Q411 您最近 6 个月内，您浏览到的求职信息中认为适合自己条件的就业信息"。这几项问题的答案编码均直接使用问卷中的原始编码，不做重新编码处理，其数值越大表明次数越多、时间越长、程度越大、越适合自己。

最后，用一个显变量来测度求职者的职业观念，即自己所学专业与工作匹配程度，对应问卷中的具体问题是"Q402 您以后想从事的工作与所学的专业关系？"。对该问题的答案进行重新编码处理，新编码等于 6 减去原始编码，新编码的范围为 1～4，数值越大表明求职者所学专业与工作的关系越相关。

10.2.3.5　求职信息获取途径

求职途径往往被分为正式途径和非正式途径，由于本章的研究对象为高校学生，而非单指毕业生，本章所述的求职途径为求职信息获取途径。正式途径包括：学校就业信息中心、网络应聘、企业直招/公司官网、新闻媒体广告应聘。非正式途径主要包括：亲友介绍、同学朋友告知、其他个人关系。根据以上划分方法，其核心是在询问高校学生在求职信息收取的过程中是否获得了他人帮助，在此本章问卷使用的问题为"您都从哪些渠道收集关于就业信息"。没有人帮忙为正式途径，设值为 0，有人帮忙为非正式途径，设值为 1。

10.3　学生求职意愿、求职信息获取途径相关情况分析

10.3.1　学生求职意愿、求职信息获取途径情况的概述

10.3.1.1　求职意愿情况概述

在求职意愿因素中，主要考虑与老师讨论频率、与同学讨论频率、培训频率、浏览网站次数、浏览网站时间、信息充分度、信息匹配度、工作与专业关系八个测量变量，具体描述性统计情况如表 10-3-1 所示。

表 10-3-1　求职意愿变量描述性分析结果

二级变量	测度变量	极小值	极大值	均值	标准差
职业讨论频率	与老师讨论频率	1	5	1.93	1.119
	与同学讨论频率	1	5	2.23	1.193
	培训频率	1	5	1.82	1.033
求职积极性	浏览网站次数	1	4	1.58	0.964
	浏览网站时间	1	4	1.64	0.800
	信息充分度	1	4	2.34	1.010
	信息匹配度	1	4	2.50	0.938
职业观念	工作与专业关系	1	4	2.90	0.728

从表 10-3-1 中可以看出，职业讨论频率的三个指标的均值均在 2.00 左右，说明高校学生与老师、同学讨论以及参加相关就业培训的频率一般在 3 个月一次的水平。高校学生浏览就业网站的均值 1.58，说明高校学生平均浏览就业信息网站在每天一次的水平；浏览时间均值为 1.64，说明平均浏览时间在半小时左右；求职信息获取的充分度以及个人条件和这些信息的匹配度均值都在 2～3，对应选项说明高校学生求职信息的充分性和匹配度都在比较少和一般之间；工作相关度均值为 2.90，接近 3，说明大部分高校学生以后想从事的专业和现在所学的专业比较相关。

10.3.1.2　求职信息获取途径情况概述

求职途径变量为 0-1 变量，通过描述性统计发现，75.10% 的高校学生在收集

求职信息时采用正式途径,24.90%的高校学生在收集求职信息时采用非正式途径。总体来看,本次调研过程中所涉及的高校学生样本中绝大部分还是采用正式的求职途径来获取就业相关的信息,只有少部分学生使用非正式求职途径,这也符合我们事先的预期,因为使用社会网络等非正式求职途径的前提是需要个体拥有较为丰富的社会资本或资源。对于初入社会的高校毕业生,更多的人不会拥有较多的社会资本来支撑其使用非正式的求职途径去寻找工作,所以,更多的高校学生会凭借自身的知识技能去通过正式求职途径寻找工作。

10.3.2　各影响因素的描述性统计分析

通过对四所高校学生的调研,最终有效样本总计 2344,相关影响因素有个人特征、人力资本、社会网络三个变量。其中,个人特征变量在 10.2 节中已经进行过描述,本节将对人力资本、社会网络两个变量进行描述性统计分析。

10.3.2.1　人力资本

在人力资本因素中,主要考虑年级、英语水平、学校表现、组织社团经历、参加社团经历、联系社员经历、课外活动经历、兼职经历八个测量变量,描述性统计如表 10-3-2 所示。

表 10-3-2　人力资本变量描述性统计分析

变量	样本数量	所占比例
年级	2344	大一 15.00%,大二 20.00%,大三 21.00%,大四 27.00% 研一 6.00%,研二 6.00%,研三 4.00%,博士 1.00%
英语水平	2344	极小值 0,极大值 4,均值 1.31
学校表现	2344	极小值 0,极大值 4,均值 1.46
组织社团经历	2344	未组织过社团 63.40%,组织过社团 36.60%
参加社团经历	2344	未参加过社团 44.40%,参加过社团 55.60%
联系社员经历	2344	未联系过社员 56.10%,联系过社员 43.90%
课外活动经历	2344	未参加相关课外活动 48.00%,参加相关课外活动 52.00%
兼职经历	2344	未参加过兼职 51.90%,参加过兼职 48.10%

总样本中,学历水平上本科生合计 83.00%,研究生 17.00%,这一结果与社会上研究生数量少于本科生一致;英语水平由 0~4,水平参差不齐,均值为 1.31 这一结果很好地反映了大多数学生都至少有 1 个英语证书(大学英语四级证书)

与高校要求一致；学校表现反映在获得奖励的证书数量方面，样本中有高校学生没有获得过奖励证书，也有最多获得过 4 种奖励证书，均值为 1.46 反映了总体上高校学生一般获得 1～2 个奖励证书，这也与大学的现实状况一致；组织社团方面，63.40%的高校学生没有组织过社团，36.60%的高校学生组织过社团，这与社团组织者少于社团成员一致；参加社团方面，44.40%的高校学生没有参加过社团，55.60%的高校学生参加过社团，这也与现在高校学生积极参与社团活动有关；联系社员方面，56.10%的高校学生没有联系过社员，43.90%的高校学生联系过社员，这反映了很多高校学生与社团成员没有较深的关系，联系较少，但也有接近一半的学生靠社团发展新的联系人；专业相关课外活动方面，48.00%的高校学生没有参加专业相关课外活动，52.00%的高校学生参加过专业相关课外活动，这也与现在高校学生积极参与社团活动有关；兼职经历上，有 51.90%的高校学生没有参加过兼职，48.10%高校学生参加过实习，很多学生都会找一些兼职工作供日常消费，这一结果与大学实际状况相似。

10.3.2.2　社会网络

社会网络方面测度了讨论网的网络规模、网络关系强度、网络学历异质性、网络工作异质性、网顶 5 个指标，具体的描述性统计情况如下。

在讨论网中，网络规模最小值为 2，最大值为 15，网络规模均值为 7.17，也处于平均水平，讨论网成员平均在 7 个左右；关系强度变量由于是因子分析所得的因子得分，存在负值，在后续回归中没有影响；网络职业异质性最小值为 0，最大为 1，职业异质性均值为 0.56，说明讨论网中，平均有一半以上的成员不是学生；网络学历异质性最小值为 0，最大为 1，职业异质性均值为 0.36，说明讨论网中，平均有 36.00%的成员与高校学生的学历不同；网顶最小为 0，最大为 10，非正式求职途径的网顶均值为 6.40，说明高校学生的平均网顶在社会地位的中上层，与实际相符。

10.3.3　各影响因素的相关分析

10.3.3.1　人力资本因素相关关系

下面对上述八个变量进行相关分析，因组织社团经历、参加社团经历、联系社员经历、课外活动经历、兼职经历都为两分变量，为了保证严谨性，单列出来采用交叉列联分析。对年级、英语水平、学校表现进行 Spearman 相关分析，结果显示年级、英语水平、学校表现之间具有显著的相关性，参考相关处理方式和测度指标,可以将年级、英语水平、学校表现合并成一个变量,所以采用因子分析法提取主成分,合成一个变量,并命名为知识技能水平。KMO 值为 0.586,Bartlett 检验结果显著,累积解释总方差为 47.62%,具体的因子载荷分别为 0.632、0705 和 0.730。

此外,组织社团经历、参加社团经历、联系社员经历、课外活动经历相互之间同样具有很高的显著性,故采用因子分析法将其合并成一个变量,并命名为组织沟通能力。KMO 值为 0.761,Bartlett 检验显示显著,累积解释总方差为 58.12%,因子载荷分别为 0.787、0.789、0.828 和 0.631。

该新变量知识技能水平、组织沟通能力与实践经验(兼职经历)的相关如下。由于实践经验为 0-1 变量,采用方差分析的 ETA^2 系数来观察二者之间的相关关系,结果显示,新变量知识技能水平、组织沟通能力、实践经验经历显著相关,后续回归分析时同时加入可能存在多重共线性,但后述回归时发现 VIF 值小于 10,不存在明显的多重共线性,故不作处理。此外,知识技能水平与组织沟通能力负相关,这在一定程度上说明了现实情况中知识技能较高的学生,也就是我们所谓的"学习好的学生"普遍在组织沟通能力方面会有一定的欠缺,这两种能力的增减呈现出负相关的趋势。

10.3.3.2　社会网络因素相关关系

本章研究的社会网络所使用的是讨论网,我们先对构架中社会网络差异中各因素间的相关性进行初步的分析,分析结果显示讨论网的网顶、职业异质性、学历异质性具有较强的相关性,参考相关处理方式和测度指标,可以将讨论网网顶、职业异质性、学历异质性合并成一个变量,故采用因子分析法提取主成分合成变量,并命名为社会网络差异性。因子分析结果中的 KMO 值为 0.622,Bartlett 检验结果显示显著,累积解释总方差达到了 65.94%,具体的因子载荷结果分别为 0.750、0.884 和 0.796。

该新变量社会网络差异与网络规模、关系强度的相关关系分析结果显示,三者之间均显著相关。可以看出,新变量社会网络差异性与网络规模、关系强度显著相关,后续回归分析时同时加入可能存在多重共线性,但后续所作的回归分析结果中的 VIF 值小于 10,不存在明显的多重共线性,故不作处理。值得注意的是,关系强度与其他两个变量负相关,考虑到高校学生的网络规模越大所需要用于维持网络中各关系人的精力就越多,所以关系强度与网络规模的关系呈现出负向相关的情况;在社会网络差异性方面,高校学生与已经工作的讨论网中的成员差异性越高,说明与自身学历等背景不同的成员越多,其与各个成员之间的共同语言就会相对越低,导致他们之间的关系强度必然也就相对较低。同样的道理,若高校学生讨论网中的成员差异性越低，说明网络中这些成员与高校学生自身的学历教育背景相似或相同的比例较多，容易有更多的共同话题，所以联系的强度就会相对较高。

10.4 影响求职意愿、求职信息获取途径因素的直接关系分析

10.4.1 社会网络与求职意愿和求职途径之间的影响

由于求职积极性和就业讨论频率为连续变量求职途径为离散变量，我们分别使用 OLS 回归模型和 Logit 回归模型来具体验证社会网络对求职意愿和求职途径的影响关系，回归结果如表 10-4-1 所示。

表 10-4-1　社会网络对求职意愿和求职途径影响的回归分析结果

自变量	模型 1-1（OLS）B 系数（求职积极性）	模型 1-2（OLS）B 系数（就业讨论频率）	模型 1-3（Logit）Exp（B）系数（求职途径）	模型 1-4（Logit）Exp（B）系数（求职途径）
常数项	−0.075	0.06	2.672***	1.988***
网络规模	0.01	−0.009	1.023	—
关系强度	0.183***	0.242***	0.884**	—
社会网络差异性	0.107***	0.139***	1.031	—
求职积极性	—	—	—	1.084
就业讨论频率	—	—	—	0.887**
职业观念	—	—	—	1.271***
R^2	0.032	0.052		
F	25.518***	43.166***	—	—
−2 对数似然值	—	—	2581.724	2573.494
卡方值	—	—	7.35*	15.58***
自由度	—	—	3	3
N	2344	2344	2344	2344

模型 1-1 和模型 1-2 结果显示，社会网络差异性和关系强度对高校学生的求职积极性和就业讨论频率具有显著地影响，其中模型 1-1 中，社会网络差异性在 0.001 显著性水平下显著，B 值为 0.107，说明社会网络差异性越大，高校学生求职的积极性越高；关系强度在 0.001 显著性水平下显著，B 值为 0.183，说明关系强度对高校学生求职积极性有正向影响；模型 1-2 中，社会网络差异性在 0.001 显著性水平下显著，B 值为 0.139，说明社会网络差异性越大，高校学生就业讨论

频率越高；关系强度在 0.001 显著性水平下显著，B 值为 0.242，说明关系强度对高校学生就业讨论频率有正向影响，假设 H9 得到了部分验证。模型 1-3 结果显示，社会网络关系强度对求职途径选择有显著影响，社会网络关系强度对求职途径的 Exp（B）值为 0.884，小于 1，且在 0.01 水平上显著，说明社会网络强度越高的高校学生更倾向于通过非正式途径获取就业信息。假设 H1 得到部分验证。模型 1-4 结果显示，就业讨论频率和职业观念对求职途径的选择都有显著性影响，就业讨论频率对求职途径的 Exp（B）值为 0.887，小于 1，且在 0.01 水平上显著，即就业讨论频率越高的高校学生越倾向于选择非正式求职途径，反之则越倾向于选择正式求职途径；而职业观念对求职途径的 Exp（B）值为 1.271，大于 1，且在 0.001 水平上显著，对工作与专业相关度要求越高的高校学生越倾向于选择正式求职途径，反之则越倾向于选择非正式求职途径。所以，假设 H2 得到了部分验证。

10.4.2　人力资本对求职途径、求职意愿和社会网络的影响

因为社会网络三个测量变量和求职意愿变量为连续型因变量，求职途径为离散型因变量，所以我们分别使用 OLS 回归分析模型和 Logit 回归分析模型验证人力资本对社会网络、求职意愿和求职途径的影响关系，回归结果如表 10-4-2 所示。

表 10-4-2　人力资本对各变量影响的 OLS 回归分析结果

自变量	模型 2-1（OLS）B 系数（网络规模）	模型 2-2（OLS）B 系数（关系强度）	模型 2-3（OLS）B 系数（网络差异性）	模型 2-4（OLS）B 系数（求职积极性）	模型 2-5（OLS）B 系数（就业讨论频率）	模型 2-6 Logit Exp（B）系数（求职途径）
常数项	6.594	0.015	0.01	−0.175***	0.051	2.866***
知识技能水平	0.009	0.005	0.225***	0.189***	0.129***	1.11**
组织沟通能力	0.317***	0.062***	−0.046	−0.052*	0.074*	0.969
实践经验	0.394**	0.004	−0.02	0.282***	−0.052	1.243**
R^2	0.018	0.001	0.067	0.043	0.138	—
F	6.362***	0.51	24.744***	22.934***	5.689***	—
−2 对数似然值	—	—	—	—	—	2579.335
卡方值	—	—	—	—	—	9.739**
自由度	—	—	—	—	—	3
N	2344	2344	2344	2344	2344	2344

模型 2-1、模型 2-2 和模型 2-3 中的分析数据显示，高校学生的组织沟通能力

和实践经验都对社会网络的规模有显著的影响，其中模型 2-1 中，组织沟通能力在 0.001 显著性水平下显著，B 值为 0.317，说明组织沟通能力较强的高校学生拥有的社交网络规模大，实践经验在 0.01 显著性水平下显著，B 值为 0.394，说明实践经验越丰富的高校学生拥有的社交网络规模越大。此外，知识技能水平只对社会网络的差异性有显著性影响。在模型 2-3 中，知识技能水平在 0.001 显著性水平下显著，B 值为 0.225，说明高校学生的知识技能越多，拥有的网络差异性越大。假设 H7 得到了部分验证。

模型 2-4 和模型 2-5 中的分析结果显示，人力资本的三个变量对求职意愿的两个变量都有显著性影响，唯独实践经验对就业讨论频率没有显著性影响。在模型 2-4 中，知识技能水平在 0.001 显著性水平下显著，B 值为 0.189，说明知识技能水平越高的高校学生引起求职的积极性越高，组织沟通能力在 0.05 显著性水平下显著，B 值为 –0.052，说明组织沟通能力越强的高校学生导致其求职的积极性降低，实践经验在 0.001 显著性水平下显著，B 值为 0.282，说明拥有实践经验越多的高校学生引起求职的积极性越高。在模型 2-5 中，知识技能水平在 0.001 显著性水平下显著，B 值为 0.129，说明知识技能水平越高的高校学生引起就业讨论频率越高，组织沟通能力在 0.05 显著性水平下显著，B 值为 0.074，说明组织沟通能力越强的高校学生引起就业讨论频率也越高，假设 H8 得到了部分验证。

模型 2-6 的结果显示，实践经验和知识技能水平对求职途径都有显著性影响，在 0.01 显著性水平下，有过兼职经验的高校学生获取求职信息选择正式途径比非正式途径高 1.24 倍；而同样在 0.01 显著性水平下，知识技能水平越高的高校学生获取求职信息选择正式途径比非正式途径高 1.11 倍。假设 H3a 和 H3c 得到了验证，而 H3b 组织沟通能力的影响未得到验证。

10.4.3 个人特质对求职途径、人力资本和求职意愿的影响

类似于上述回归分析模型的应用情境，这里具体验证个人特质对求职途径、人力资本和求职意愿分别产生的影响及作用，回归分析结果如表 10-4-3 所示。

表 10-4-3　个人特质对求职途径、人力资本和求职意愿变量影响的回归分析结果

自变量	模型 3-1 (OLS) B 系数 (知识技能水平)	模型 3-2 (OLS) B 系数 (组织沟通能力)	模型 3-3 (OLS) B 系数 (求职积极性)	模型 3-4 (OLS) B 系数 (就业讨论频率)	模型 3-5 Logit Exp (B) 系数 (实践经验)	模型 3-6 Logit Exp (B) 系数 (求职途径)
常数项	−0.015	0.004	−0.010	−0.192***	1.493***	3.793***
性别	0.072	−0.019	0.246***	0.382***	0.723***	0.888
居住地	0.056	0.128**	−0.178***	0.142***	0.460***	0.764***
R^2	0.002	0.004	0.022	0.041	—	—

续表

自变量	模型 3-1 (OLS) B 系数 (知识技能水平)	模型 3-2 (OLS) B 系数 (组织沟通能力)	模型 3-3 (OLS) B 系数 (求职积极性)	模型 3-4 (OLS) B 系数 (就业讨论频率)	模型 3-5 Logit Exp (B) 系数 (实践经验)	模型 3-6 Logit Exp (B) 系数 (求职途径)
F	1.315	2.898*	26.719***	32.056***	—	—
-2 对数 似然值	—	—	—	—	3135.4	2579.829
卡方值	—	—	—	—	99.299***	9.245***
自由度	—	—	—	—	2	2
N	2344	2344	2344	2344	2344	2344

首先，模型 3-1 显示性别与居住地对知识技能水平无显著影响。模型 3-2 显示城市生比农村生对组织沟通能力的影响显著，居住地在 0.01 显著性水平下显著，B 系数为 0.128，说明居住在城市的高校学生比居住在农村的高校学生的知识技能水平高，平均高出 0.13 个单位。模型 3-5 显示性别和居住地对实践经验影响非常显著，性别在 0.001 显著性水平下显著，Exp（B）系数为 0.723，小于 1，居住地在 0.001 显著性水平下显著，Exp（B）系数为 0.460，小于 1，说明女生比男生、农村高校学生比城市高校学生获得更多的实践经验。假设 H4 得到了大部分验证。

其次，模型 3-3 和模型 3-4 显示性别和居住地对求职意愿的影响非常显著。其中，模型 3-3 中，居住地在 0.001 显著性水平下显著，B 系数为-0.178，城市高校学生与农村高校学生比对求职积极性的影响出现了反向关系，说明城市高校学生的求职积极性低于农村高校学生。假设 H5 得到了部分验证。

最后，模型 3-6 显示居住地对求职途径选择的影响非常显著。获取求职信息时城市高校学生选择正式途径的比率是农村高校学生选择正式途径比率的 76%，即更多使用非正式途径，而性别影响不显著。假设 H6a 未得到验证，假设 H6b 得到了验证。

此外，在针对求职意愿中职业观念变量的多分类 Logit 回归分析中，社会网络、知识技能和个人特质等因素的影响不够显著，也验证了上述相关假设的分析，所以，在此不再赘述。

10.4.4　居住地对高校学生求职意愿的影响

将上述文献内容结合本研究的总体框架，那么从主观上来看高校学生来源的城乡差异究竟是如何对其求职行为造成影响的，这里主要探讨高校学生城乡差异在个体人力资本和社会网络资本对求职意愿影响过程中的调节作用，来具体揭示城乡差异在其中的作用机制。具体的计算结果如表 10-4-4 所示。

表 10-4-4　居住地的调节作用 OLS 回归结果

自变量	就业讨论频率	求职积极性	职业观念
常数项	−0.019/−0.04	0.006/0.049[*]	1.963[***]/1.953[***]
知识技能×居住地	0.139[***]	0.17[***]	−0.005
组织沟通能力×居住地	0.006	−0.033	0.041[**]
实践经验×居住地	0.092[*]	−0.046	−0.032
网络差异×居住地	0.179[***]	0.107[***]	−0.017
网络规模×居住地	0.009[*]	−0.016[***]	0.002
关系强度×居住地	0.239[***]	0.11[***]	−0.015
R^2	0.012/0.036	0.018/0.013	0.002/0.001
F	9.756[***]/29.16[***]	14.06[***]/10.088[***]	1.581/0.441
N	2344	2344	2344

注：表中每个变量回归结果为两个回归方程的结果整合，分别为人力资本和社会网络与居住地变量的交乘项的回归结果。

由表 10-4-4 可知，在人力资本和社会资本对求职意愿的影响作用上，居住地变量对高校学生社会资本的调节作用较为显著，即整体来看城市生源的高校毕业生会拥有相对更多的社会资本，从而具备更高的求职讨论频率和求职积极性；对人力资本的影响中，城市生源的高校毕业生会拥有相对较高的知识技能水平，从而使其在求职过程中具备较高的就业讨论频率和求职积极性，在人力资本的另外两个测量维度的调节作用并不显著。而在对求职观念的影响上，高校学生的城乡来源差异并没有显著性的调节作用。就此，假设 H10a 得到了部分验证，而假设 H10b 得到了部分验证。

10.5　影响求职意愿、求职信息获取途径因素的间接关系分析

10.5.1　因素间的间接关系模型拟合与结果分析

按照本书提出的总体模型构架考虑各因素间相互影响的作用，采用 Amos21.0 软件，经过整体模型的路径分析，模型整体检验卡方值 38.36，自由度为 6，卡方值与自由度的比值为 6.39。模型拟合结果，CFI、IFI、NFI 值分别为 0.97、0.97、0.97，均大于 0.95，RMSEA 值为 0.048，小于 0.05，数据显示模型整体拟合情况比较好。标准化路径系数图如图 10-5-1 所示。

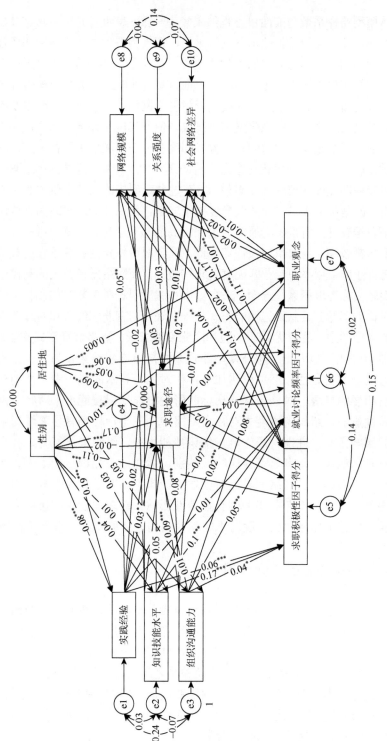

图 10-5-1　影响求职途径因素分析（系数标准化）路径图

　　整体模型路径系数与前面单方程结果较为一致,表明研究结果具有较好的稳定性。从不同路径系数的显著性水平具体来看,在人力资本方面,男生和居住地在城市的高校学生相对女生与来自农村的高校学生兼职的经历更少,而男生相对女生却拥有更高的知识技能水平。在社会网络方面,有过兼职经验的高校学生社会网络规模相对更大;知识技能水平越高的高校学生社会网络差异性越大;而组织沟通能力越强的其社会网络规模、关系强度水平越高,但是其网络差异性却是越小的。在求职意愿方面,男生比女生的求职积极性、强度和专业匹配度水平都要高,来自城市的高校学生就业讨论的频率相对来自农村的高校学生较高,但是具体求职行为的积极性和对专业匹配度的要求却相对较低;有过兼职经历的高校学生求职积极性普遍相对较高,但是对工作与专业的匹配度要求较低;知识技能水平高的高校学生求职意愿水平普遍较高,而组织沟通能力水平较高的高校学生,其就业讨论频率和专业匹配度要求都较高,但求职积极性却偏低;社会网络差异性和关系强度较大的高校学生,其就业讨论频率和专业匹配度要求均较高,而网络规模较大的高校学生其求职积极性较高。在求职途径方面,来自城市和就业讨论频率较高的高校学生(相对农村和讨论频率低)更愿意选择非正式的求职途径,有兼职经验和对专业匹配度要求较高的高校学生(相对无兼职经验和匹配度要求低)更多选择正式求职途径。

　　从图 10-5-1 可以看出,整体模型路径系数与单方程结果较为一致,表明研究结果具有较好的稳定性。汇总说明如下:在对人力资本的影响中,性别和居住地对是否兼职影响显著。对社会网络指标的影响中,知识技能水平对社会网络差异性有显著性影响,组织沟通能力对社会网络中的三个指标都有显著性影响。对求职意愿的影响方面,性别、居住地、知识技能水平、组织沟通能力、社会网络三个指标对求职积极性都有显著性影响,性别、居住地、知识技能水平、组织沟通能力、网络关系强度、网络差异性对就业讨论频率都有显著性影响,组织沟通能力、网络差异性对工作专业相关度有显著性影响。对求职途径的影响方面,居住地、兼职经历、工作专业相关度对求职途径(信息获取途径)有显著性影响。

10.5.2　模型中显著的中介作用分析

　　由于本章模型较为复杂,无法明确地直接分析可能存在的中介效应,但由上述间接关系模型可以看出主要有五组可能存在中介作用的关系,下面仅将五组关系中经过检验后显著的中介作用分析结果及过程展示如下。

　　1)人力资本在个人特质与求职途径关系之间的中介作用分析

　　由于人力资本中介变量包含三个测量变量,分别进行中介作用的分析和检验,这里经过检验发现组织沟通能力变量的中介作用并不显著,所以仅将中介作用显著的其他两组中介作用检验结果进行展示。

首先，对知识技能中介作用模型进行拟合分析，分析结果显示该路径模型整体检验卡方值为 0.048，自由度为 1，卡方与自由度比为 0.048；相关拟合指标，CFI、IFI、NFI 值分别为 1.00、1.00、0.998，RMSEA 值为 0.00，相关指标均达到了理想范围值内，总体来看模型拟合情况较好。

其次，对知识技能变量可能存在的中介作用进行分析，参照温忠麟等的中介作用检验标准程序，分别将自变量对因变量的总体影响，自变量对中介变量的影响以及中介变量和自变量对因变量同时影响的系数显著性进行检验，从而判断中介效应的显著性。下面将知识技能中介模型中涉及的中介作用按照上述步骤的检验结果进行总结，如表 10-5-1 所示。

表 10-5-1　知识技能中介效应的分步骤检验结果

因变量	自变量	检验步骤	标准化回归方程	回归系数检验	中介效应比例
求职途径	性别	第一步	$y = -0.025x$	$SE = 0.021$，$p = 0.225$	7.30%
		第二步	$w = 0.038x$	$SE = 0.021$，$p = 0.07^{*}$	
		第三步	$y = 0.048w - 0.027x$	$SE = 0.02$，$p = 0.019^{**}$	
				$SE = 0.021$，$p = 0.194$	
	居住地	第一步	$y = -0.057x$	$SE = 0.021$，$p = 0.00^{***}$	2.36%
		第二步	$w = 0.028x$	$SE = 0.021$，$p = 0.183$	
		第三步	$y = 0.048w - 0.059x$	$SE = 0.02$，$p = 0.019^{**}$	
				$SE = 0.021$，$p = 0.00^{***}$	

由表 10-5-1 可知，在性别作为自变量的关系中，虽然第一步检验不显著，但中介效应与自变量对因变量的直接影响符号相反，可能存在"遮掩问题"（温忠麟等，2012）；而居住地为自变量的关系中仅有自变量对中介变量的影响不显著，故进一步采用 Sobel 检验计算可得检验值分别为 $z_1 = 1.445$，$z_2 = 1.166$，查阅MacKinnon 临界值表可知 z_1、z_2 大于 0.90（$p < 0.05$），所以，知识技能的中介作用在这两组关系中均显著，且分别起到了显著的完全中介作用和部分中介作用。经过计算可得，两个中介作用分别占总效应的比例为 7.30% 和 2.36%。

最后，对实践经验中介作用模型进行拟合分析，分析结果显示该路径模型整体检验卡方值为 0.048，自由度为 1，卡方与自由度比为 0.048；相关拟合指标，CFI、IFI、NFI 值分别为 1.00、1.00、1.00，RMSEA 值为 0.00，相关指标均达到了理想范围值内，总体来看模型拟合情况较好。下面是对实践经验中介作用的分步骤检验结果，如表 10-5-2 所示。

表 10-5-2　实践经验中介效应的分步骤检验结果

因变量	自变量	检验步骤	标准化回归方程	回归系数检验	中介效应比例
求职途径	性别	第一步	$y = -0.025x$	SE = 0.021，$p = 0.225$	—
		第二步	$w = -0.076x$	SE = 0.02，$p = 0.00^{***}$	
		第三步	$y = 0.033w - 0.022x$	SE = 0.021，$p = 0.12$	
				SE = 0.021，$p = 0.277$	
	居住地	第一步	$y = -0.057x$	SE = 0.021，$p = 0.00^{***}$	11%
		第二步	$w = -0.19x$	SE = 0.02，$p = 0.00^{***}$	
		第三步	$y = 0.033w - 0.051x$	SE = 0.021，$p = 0.12$	
				SE = 0.021，$p = 0.015^{**}$	

由表 10-5-2 可知，性别作为自变量的关系中，第一步检验结果不显著，所以这里实践经验的中介作用并不显著。居住地作为自变量的关系中，仅有中介变量对因变量的直接影响不显著，所以进一步采用 Sobel 检验计算可得检验值 $z = -1.550$，查阅 MacKinnon 临界值表可知 $-1.550 < -0.90$（$p < 0.05$），故实践经验起到了显著的部分中介作用，占总效应的比例为 11.00%。

2）求职意愿在个人特质与求职途径关系之间的中介作用分析

求职意愿中介变量包含三个测量变量，所以分别进行中介作用的分析和检验，经过检验发现求职积极性和职业观念两个变量的中介作用并不显著，所以，这里仅将中介作用显著的职业讨论频率中介作用分析结果进行展示。

对职业讨论频率中介作用模型进行拟合分析，分析结果显示该路径模型整体检验卡方值为 0.048，自由度为 1，卡方与自由度比为 0.048；相关拟合指标，CFI、IFI、NFI 值分别为 1.00、1.00、0.998，RMSEA 值为 0.00，相关指标均达到了理想范围值，总体来看模型拟合情况较好。下面是对职业讨论频率中介作用的分步骤检验结果，如表 10-5-3 所示。

表 10-5-3　实践经验中介效应的分步骤检验结果

因变量	自变量	检验步骤	标准化回归方程	回归系数检验	中介效应比例
求职途径	性别	第一步	$y = -0.025x$	SE = 0.021，$p = 0.224$	—
		第二步	$w = 0.196x$	SE = 0.021，$p = 0.00^{***}$	
		第三步	$y = -0.035w - 0.018x$	SE = 0.022，$p = 0.092^{*}$	
				SE = 0.021，$p = 0.391$	
	居住地	第一步	$y = -0.057x$	SE = 0.021，$p = 0.00^{***}$	4.30%
		第二步	$w = 0.07x$	SE = 0.02，$p = 0.00^{***}$	
		第三步	$y = -0.035w - 0.055x$	SE = 0.022，$p = 0.092^{*}$	
				SE = 0.021，$p = 0.00^{***}$	

　　由表 10-5-3 可知，性别作为自变量的关系中，第一步检验不显著，所以实践经验在这里的中介作用并不显著。居住地作为自变量的关系中，三步检验结果均显著，所以实践经验在这里起到了显著的部分中介作用，占总效应的比例为 4.30%。

　　3）社会网络在人力资本与求职途径之间的中介作用检验

　　社会网络中介变量同样包含三个测量变量，所以分别进行中介作用的分析和检验，结果发现网络关系和关系强度变量的中介作用并不显著，所以这里仅将中介作用显著的网络规模中介作用分析结果进行展示。

　　对网络规模中介作用模型进行拟合分析，分析结果显示该路径模型整体检验卡方值为 1.250，自由度为 1，卡方与自由度比为 1.250；相关拟合指标，CFI、IFI、NFI 值分别为 0.999、0.999、0.999，RMSEA 值为 0.01，相关指标均达到了理想范围值，总体来看模型拟合情况较好。下面是对网络规模中介作用的分步骤检验结果，如表 10-5-4 所示。

表 10-5-4　网络规模中介效应的分步骤检验结果

因变量	自变量	检验步骤	标准化回归方程	回归系数检验	中介效应比例
求职途径	知识技能	第一步	$y = 0.044x$	SE = 0.02，$p = 0.029$**	—
		第二步	$w = -0.022x$	SE = 0.019，$p = 0.244$	
		第三步	$y = 0.034w + 0.045x$	SE = 0.021，$p = 0.106$	
				SE = 0.02，$p = 0.031$**	
	组织沟通能力	第一步	$y = -0.014x$	SE = 0.021，$p = 0.556$	22.34%
		第二步	$w = 0.092x$	SE = 0.021，$p = 0.00$***	
		第三步	$y = 0.034w - 0.017x$	SE = 0.021，$p = 0.106$	
				SE = 0.022，$p = 0.432$	
	实践经验	第一步	$y = 0.046x$	SE = 0.021，$p = 0.03$**	3.92%
		第二步	$w = 0.053x$	SE = 0.02，$p = 0.00$***	
		第三步	$y = 0.034w + 0.045x$	SE = 0.021，$p = 0.106$	
				SE = 0.021，$p = 0.032$**	

　　由表 10-5-4 可知，在知识技能与求职途径关系间，检验结果中自变量对中介变量和中介变量对因变量的影响均不显著，所以网络规模在这里的中介作用并不显著。在组织沟通能力作为自变量的关系中可能存在"遮掩问题"，实践经验作为自变量的关系中，仅有中介变量对因变量的影响不显著，所以分别对上述两组关系中的中介作用做进一步的 Sobel 检验，计算得检验值分别为 $z_1 = 1.519$，$z_2 = 1.382$，

查阅 MacKinnon 临界值表可知 z_1、z_2 大于 0.90（$p<0.05$），所以，网络规模分别起到了显著的完全部分中介作用，占总效应的比例分别为 22.34% 和 3.92%。

4）社会网络在人力资本和求职意愿之间的中介作用检验

由于社会网络因素包含三个显变量，这里分别针对每个变量进行三组中介作用检验模型的拟合与分析，经过检验三组中介作用分析结果均有显著的结果，将结果展示如下。

首先，对网络关系中介作用模型进行拟合分析，分析结果显示该路径模型整体检验卡方值为 2.224，自由度为 2，卡方与自由度比为 1.112；相关拟合指标，CFI、IFI、NFI 值分别为 1.000、1.000、0.996，RMSEA 值为 0.007，相关指标均达到了理想范围值，总体来看模型拟合情况较好。下面是对网络关系中介作用的分步骤检验结果，如表 10-5-5 所示。

表 10-5-5　网络关系中介效应的分步骤检验结果

因变量	自变量	检验步骤	标准化回归方程	回归系数检验	中介效应比例
就业讨论频率	知识技能	第一步	$y = 0.134x$	SE = 0.02, $p = 0.00$***	15.56%
		第二步	$w = 0.204x$	SE = 0.019, $p = 0.00$***	
		第三步	$y = 0.103w + 0.113x$	SE = 0.022, $p = 0.00$***	
				SE = 0.021, $p = 0.00$***	
	组织沟通能力	第一步	$y = 0.06x$	SE = 0.021, $p = 0.00$***	11.77%
		第二步	$w = -0.072x$	SE = 0.021, $p = 0.00$***	
		第三步	$y = 0.103w + 0.068x$	SE = 0.022, $p = 0.00$***	
				SE = 0.021, $p = 0.00$***	
	实践经验	第一步	$y = -0.017x$	SE = 0.02, $p = 0.143$	—
		第二步	$w = -0.014x$	SE = 0.02, $p = 0.495$	
		第三步	$y = 0.103w - 0.016x$	SE = 0.022, $p = 0.00$***	
				SE = 0.02, $p = 0.457$	
求职积极性	知识技能	第一步	$y = 0.18x$	SE = 0.021, $p = 0.00$***	7.10%
		第二步	$w = 0.204x$	SE = 0.019, $p = 0.00$***	
		第三步	$y = 0.065w + 0.167x$	SE = 0.022, $p = 0.00$***	
				SE = 0.022, $p = 0.00$***	
	组织沟通能力	第一步	$y = -0.029x$	SE = 0.021, $p = 0.944$	—
		第二步	$w = -0.072x$	SE = 0.021, $p = 0.00$***	
		第三步	$y = 0.065w - 0.025x$	SE = 0.022, $p = 0.00$***	
				SE = 0.021, $p = 0.236$	
	实践经验	第一步	$y = 0.075x$	SE = 0.02, $p = 0.375$	—
		第二步	$w = -0.014x$	SE = 0.02, $p = 0.495$	
		第三步	$y = 0.065w + 0.075x$	SE = 0.022, $p = 0.00$***	
				SE = 0.02, $p = 0.00$***	

由表 10-5-5 可知,知识技能和组织沟通能力对就业讨论频率影响的检验中,三步检验结果均显著,所以网络关系在这两组关系中起到了显著的部分中介作用,且经过计算中介作用分别占到了总效应的比例为 15.56% 和 11.77%。而实践经验对就业讨论频率影响的总效应不显著,所以这里不存在显著的中介作用。此外,仅有知识技能对求职积极性的影响关系中第一步检验结果显著,且其余关系检验结果均显著,所以网络关系在该组关系中起到了显著的部分中介作用,占到总效应的比例为 7.10%。

其次,对网络规模中介作用模型进行拟合分析,分析结果显示该路径模型整体检验卡方值为 2.279,自由度为 2,卡方与自由度比为 1.140;相关拟合指标,CFI、IFI、NFI 值分别为 0.999、0.999、0.995,RMSEA 值为 0.008,相关指标均达到了理想范围值内,总体来看模型拟合情况较好。下面是对网络规模中介作用的分步骤检验结果,如表 10-5-6 所示。

表 10-5-6 网络规模中介效应的分步骤检验结果

因变量	自变量	检验步骤	标准化回归方程	回归系数检验	中介效应比例
就业讨论频率	知识技能	第一步	$y = 0.134x$	$SE = 0.02$, $p = 0.00^{***}$	—
		第二步	$w = -0.022x$	$SE = 0.019$, $p = 0.244$	
		第三步	$y = -0.021w + 0.134x$	$SE = 0.021$, $p = 0.31$ $SE = 0.02$, $p = 0.00^{***}$	
	组织沟通能力	第一步	$y = 0.06x$	$SE = 0.021$, $p = 0.00^{***}$	3.22%
		第二步	$w = 0.092x$	$SE = 0.021$, $p = 0.00^{***}$	
		第三步	$y = -0.021w + 0.062x$	$SE = 0.021$, $p = 0.31$ $SE = 0.021$, $p = 0.00^{***}$	
	实践经验	第一步	$y = -0.017x$	$SE = 0.02$, $p = 0.415$	—
		第二步	$w = 0.053x$	$SE = 0.02$, $p = 0.00^{***}$	
		第三步	$y = -0.021w - 0.016x$	$SE = 0.021$, $p = 0.31$ $SE = 0.02$, $p = 0.451$	
求职积极性	知识技能	第一步	$y = 0.18x$	$SE = 0.021$, $p = 0.00^{***}$	0.53%
		第二步	$w = -0.022x$	$SE = 0.019$, $p = 0.244$	
		第三步	$y = 0.043w + 0.181x$	$SE = 0.022$, $p = 0.034^{**}$ $SE = 0.021$, $p = 0.00^{***}$	
	组织沟通能力	第一步	$y = -0.029x$	$SE = 0.021$, $p = 0.164$	13.64%
		第二步	$w = 0.092x$	$SE = 0.021$, $p = 0.00^{***}$	
		第三步	$y = 0.043w - 0.033x$	$SE = 0.022$, $p = 0.034^{**}$ $SE = 0.021$, $p = 0.111$	
	实践经验	第一步	$y = 0.075x$	$SE = 0.02$, $p = 0.00^{***}$	3.04%
		第二步	$w = 0.053x$	$SE = 0.02$, $p = 0.00^{***}$	
		第三步	$y = 0.043w + 0.072x$	$SE = 0.022$, $p = 0.034^{**}$ $SE = 0.02$, $p = 0.00^{***}$	

续表

因变量	自变量	检验步骤	标准化回归方程	回归系数检验	中介效应比例
职业观念	知识技能	第一步	$y = 0.23x$	$SE = 0.02$，$p = 0.285$	—
		第二步	$w = -0.022x$	$SE = 0.019$，$p = 0.244$	
		第三步	$y = 0.025w + 0.023x$	$SE = 0.021$，$p = 0.224$	
				$SE = 0.02$，$p = 0.263$	
	组织沟通能力	第一步	$y = 0.073x$	$SE = 0.021$，$p = 0.00^{***}$	3.15%
		第二步	$w = 0.092x$	$SE = 0.021$，$p = 0.00^{***}$	
		第三步	$y = 0.025w + 0.071x$	$SE = 0.021$，$p = 0.224$	
				$SE = 0.021$，$p = 0.00^{***}$	
	实践经验	第一步	$y = -0.056x$	$SE = 0.021$，$p = 0.013^{**}$	2.37%
		第二步	$w = 0.053x$	$SE = 0.02$，$p = 0.00^{***}$	
		第三步	$y = 0.025w - 0.057x$	$SE = 0.021$，$p = 0.224$	
				$SE = 0.021$，$p = 0.00^{***}$	

由表 10-5-6 可知，在就业讨论频率为因变量的关系中，第一步检验结果显著的仅有前两组，但是在知识技能为自变量的关系中，第二步检验和中介变量对因变量的影响均不显著，所以这里不存在显著的中介作用。在组织沟通能力作为自变量的关系中，三步检验结果中仅有中介变量对因变量的影响不显著，所以进一步采用 Sobel 检验，计算可得检验值 $z = -0.975$，小于临界值 -0.90（$p < 0.05$），故网络规模在组织沟通能力与就业讨论频率关系之间起到了显著的部分中介作用，且占到总效应的比例为 3.22%。

在求职积极性作为因变量的关系中，实践经验作为自变量的中介作用关系三步检验结果均显著，所以网络规模在这里起到了显著的部分中介作用，占到总效应的比例为 3.04%。在知识技能为自变量的关系中，检验结果仅有自变量对中介变量的影响不显著，而在组织沟通为自变量的关系中可能存在"遮掩问题"，所以对上述两组关系均采用 Sobel 检验，计算得到检验值分别为 $z_1 = -0.996$，$z_2 = 1.785$，对比临界值可知 $z_1 < -0.9$，$z_2 > 0.90$（$p < 0.05$），故网络规模中分别起到了显著的部分和完全中介作用，分别占到总效应的比例为 0.53% 和 13.64%。

在职业观念作为因变量的关系中，知识技能作为自变量的中介作用三步检验结果均不显著，所以这里不存在任何显著的中介作用。而在组织沟通能力和实践经验作为自变量的和中介作用检验结果中，均是仅有中介变量对因变量的影响不显著，故采用 Sobel 检验，分别计算得到检验值 $z_1 = 1.149$，$z_2 = 1.086$，对比临界值可知 z_1 和 z_2 大于 0.90（$p < 0.05$），所以网络规模在这两组关系中均起到了显著的部分中介作用，且分别占总效应的比例为 3.15% 和 2.37%。

最后，对关系强度中介作用模型进行拟合分析，分析结果显示该路径模型整体检验卡方值为 2.664，自由度为 2，卡方与自由度比为 1.332；相关拟合指标，

CFI、IFI、NFI 值分别为 0.999、0.999、0.995，RMSEA 值为 0.012，均达到了理想范围值，总体来看模型拟合情况较好，下面是对关系强度中介作用的分步骤检验结果，如表 10-5-7 所示。

表 10-5-7　关系强度中介效应的分步骤检验结果

因变量	自变量	检验步骤	标准化回归方程	回归系数检验	中介效应比例
就业讨论频率	知识技能	第一步	$y = 0.134x$	$SE = 0.02$, $p = 0.00^{***}$	—
		第二步	$w = 0.006x$	$SE = 0.023$, $p = 0.836$	
		第三步	$y = 0.179w + 0.133x$	$SE = 0.022$, $p = 0.00^{***}$ $SE = 0.02$, $p = 0.00^{***}$	
	组织沟通能力	第一步	$y = 0.06x$	$SE = 0.021$, $p = 0.00^{***}$	23.57%
		第二步	$w = 0.079x$	$SE = 0.02$, $p = 0.00^{***}$	
		第三步	$y = 0.179w + 0.046x$	$SE = 0.022$, $p = 0.00^{***}$ $SE = 0.021$, $p = 0.027^{**}$	
	实践经验	第一步	$y = -0.017x$	$SE = 0.02$, $p = 0.159$	—
		第二步	$w = 0.002x$	$SE = 0.02$, $p = 0.945$	
		第三步	$y = 0.179w - 0.017x$	$SE = 0.022$, $p = 0.00^{***}$ $SE = 0.02$, $p = 0.4$	
求职积极性	知识技能	第一步	$y = 0.18x$	$SE = 0.021$, $p = 0.00^{***}$	—
		第二步	$w = 0.006x$	$SE = 0.023$, $p = 0.836$	
		第三步	$y = 0.138w + 0.179x$	$SE = 0.021$, $p = 0.00^{***}$ $SE = 0.021$, $p = 0.00^{***}$	
	组织沟通能力	第一步	$y = -0.029x$	$SE = 0.021$, $p = 0.938$	37.59%
		第二步	$w = 0.079x$	$SE = 0.02$, $p = 0.00^{***}$	
		第三步	$y = 0.138w - 0.04x$	$SE = 0.021$, $p = 0.00^{***}$ $SE = 0.021$, $p = 0.053^{*}$	
	实践经验	第一步	$y = 0.075x$	$SE = 0.02$, $p = 0.942$	—
		第二步	$w = 0.002x$	$SE = 0.02$, $p = 0.945$	
		第三步	$y = 0.138w + 0.074x$	$SE = 0.021$, $p = 0.00^{***}$ $SE = 0.02$, $p = 0.00^{***}$	
职业观念	知识技能	第一步	$y = 0.23x$	$SE = 0.02$, $p = 0.423$	—
		第二步	$w = 0.006x$	$SE = 0.023$, $p = 0.836$	
		第三步	$y = -0.021w + 0.023x$	$SE = 0.022$, $p = 0.317$ $SE = 0.02$, $p = 0.272$	
	组织沟通能力	第一步	$y = 0.073x$	$SE = 0.021$, $p = 0.4$	2.27%
		第二步	$w = 0.079x$	$SE = 0.02$, $p = 0.00^{***}$	
		第三步	$y = -0.021w + 0.075x$	$SE = 0.022$, $p = 0.317$ $SE = 0.021$, $p = 0.00^{***}$	
	实践经验	第一步	$y = -0.056x$	$SE = 0.021$, $p = 0.194$	—
		第二步	$w = 0.002x$	$SE = 0.02$, $p = 0.945$	
		第三步	$y = -0.021w - 0.056x$	$SE = 0.022$, $p = 0.317$ $SE = 0.021$, $p = 0.00^{***}$	

　　由表 10-5-7 可知，在就业讨论频率为因变量的关系中，第一步检验结果显著的只有前两组，其中组织沟通作为自变量的中介作用三步检验结果均显著，所以关系强度在这里起到了显著的部分中介作用，且占到总效应的比例为 23.57%。在知识技能作为自变量的中介作用仅有第二步检验结果不显著，所以采用 Sobel 检验，进一步分析计算得检验值 $z = 0.261$，小于临界值 0.90（$p < 0.05$），所以改组关系中不存在显著的中介作用。

　　在求职积极性作为因变量的关系中，仅有知识技能对因变量的总效应显著，但其第二步检验结果不显著，所以采用 Sobel 检验，计算得检验值 $z = 0.261$，小于临界值 0.90（$p < 0.05$），所以该组关系中不存在显著的中介作用。而在组织沟通能力作为因变量的中介作用关系中，可能存在"遮掩问题"，所以进一步采用 Sobel 检验，计算得检验值 $z = 3.385$，大于临界值 0.90（$p < 0.05$），所以关系强度在这里起到了显著部分中介作用，且占总效应的比例为 37.59%。

　　在职业观念作为因变量的关系中，自变量对因变量影响的总效应均不显著，但组织沟通能力对职业观念影响的关系中可能存在"遮掩问题"，所以采用 Sobel 检验，计算得检验值 $z = -0.928$，小于 -0.90（$p < 0.05$），故关系强度起到了显著的部分中介作用，占总效应的比例为 2.27%。

　　5）求职意愿在社会网络和求职途径之间的中介作用检验

　　由于作为中介变量的求职意愿因素包含三个显变量，这里分别对三组中介作用模型进行拟合与分析，结果发现求职积极性和职业观念两个变量的中介作用并不显著，所以这里仅将就业讨论频率变量的中介作用检验过程及结果展示如下。

　　对就业讨论频率中介作用模型进行拟合分析，分析结果显示该路径模型整体检验卡方值为 2.695，自由度为 1，卡方与自由度比为 2.695；相关拟合指标，CFI、IFI、NFI 值分别为 0.990、0.991、0.985，RMSEA 值为 0.027，相关指标均达到了理想范围值，总体来看模型拟合情况较好。下面是对就业讨论频率中介作用的分步骤检验结果，如表 10-5-8 所示。

表 10-5-8　就业讨论频率中介作用分步骤检验结果

因变量	自变量	检验步骤	标准化回归方程	回归系数检验	中介效应比例
求职途径	网络关系	第一步	$y = 0.013x$	SE = 0.02，$p = 0.542$	40.63%
		第二步	$w = 0.139x$	SE = 0.023，$p = 0.00^{***}$	
		第三步	$y = -0.038w + 0.019x$	SE = 0.022，$p = 0.07^{*}$	
				SE = 0.02，$p = 0.377$	
	网络规模	第一步	$y = 0.031x$	SE = 0.021，$p = 0.14$	—
		第二步	$w = -0.029x$	SE = 0.02，$p = 0.156$	
		第三步	$y = -0.038w + 0.03x$	SE = 0.022，$p = 0.07^{*}$	
				SE = 0.021，$p = 0.152$	

续表

因变量	自变量	检验步骤	标准化回归方程	回归系数检验	中介效应比例
求职途径	关系强度	第一步	$y = -0.042x$	SE = 0.02，$p = 0.055^*$	23.54%
		第二步	$w = 0.192x$	SE = 0.02，$p = 0.00^{***}$	
		第三步	$y = -0.038w - 0.034x$	SE = 0.022，$p = 0.07^*$	
				SE = 0.02，$p = 0.104$	

由表 10-5-8 可知，关系强度对求职途径影响的关系中，仅有自变量对因变量的直接影响不显著，所以就业讨论频率在这里起到了显著的完全中介作用，占到总效应的比例为 23.54%。网络关系和网络规模对求职途径影响的总效应均不显著，但是在网络关系对求职途径影响的关系中可能存在"遮掩问题"，故采用 Sobel 检验，计算得检验值 $z = -1.671$，小于-0.90（$p < 0.05$），所以就业讨论频率起到了显著的完全中介作用，占到总效应比例的 40.63%。

10.5.3 中介作用的分样本比较分析

根据上述对总样本的中介作用分析结果，我们继续对上述中介作用分析结果显著的关系进行分样本对比分析，参照 10.2 节中对总样本的划分标准，这里将师范类高校（杭州师范大学）和非师范类高校（其他）两类样本进行多群组分析（样本数量分别为 916 和 1428），来具体比较分析两类群体中中介作用的差异性。

参照 10.5.2 节中对总样本中介作用的分析结果，在五组中介作用关系分析结果中共有 8 对关系存在显著的中介作用，所以下面分别对这 8 对因果关系中存在的中介作用进行分样本比较分析。但从分析结果中发现，在人力资本与求职途径关系之间的网络规模变量的中介作用，在两组样本中的检验结果均不显著，说明该组关系的中介模型稳定性相对较差。所以，下面对另外的 7 对关系中介作用分样本回归分析结果进行展示。

1）人力资本在个人特质与求职途径关系之间的中介作用分样本比较分析

首先，对知识技能中介作用模型进行多群组拟合分析，分析结果显示该路径模型整体检验卡方值为 0.112，自由度为 2，卡方与自由度比为 0.056；相关拟合指标，CFI、IFI、NFI 值分别为 1、1、0.997，RMSEA 值为 0.00，相关指标均达到了理想范围值，总体来看模型拟合情况较好，标准化路径系数如表 10-5-9 所示。

表 10-5-9　知识技能中介模型多群组分析标准化路径系数

变量间关系	师范类高校	非师范类高校
知识技能水平因子得分←性别	-0.069^{**}	0.005
知识技能水平因子得分←居住地	-0.061^*	0.071^{***}

续表

变量间关系	师范类高校	非师范类高校
求职途径←性别	−0.031	−0.047*
求职途径←知识技能水平	−0.066**	0.063**
求职途径←居住地	−0.092***	−0.04

　　下面对两组样本中知识技能中介模型分别进行检验，由于检验过程与 10.5.2 节类似，这里不再进行详细展示，仅对检验结果进行简单展示。具体来说，非师范类高校学生的性别对求职途径的影响过程中并未受到知识技能变量的显著中介作用，即高校学生的性别差异对其自身是否拥有较强的知识技能没有显著的影响，从而导致其选择不同的求职途径。而在师范类高校中由于女性的数量远大于男性（7∶3）造成了显著的样本差异，这类影响较为显著，居住地自变量的相关中介作用并没有显著差异。

　　其次，是实践经验中介作用模型进行多群组拟合分析，分析结果显示该路径模型整体检验卡方值为 0.112，自由度为 2，卡方与自由度比为 0.056；相关拟合指标，CFI、IFI、NFI 值分别为 1.00、1.00、0.999，RMSEA 值为 0.00，相关指标均达到了理想范围值，总体来看模型拟合情况较好，标准化路径系数如表 10-5-10 所示。

表 10-5-10　　实践经验中介模型多群组分析标准化路径系数

变量间关系	师范类高校	非师范类高校
知识技能水平因子得分←性别	−0.062*	−0.071***
知识技能水平因子得分←居住地	−0.138***	−0.224***
求职途径←实践经验	0.038	0.038
求职途径←居住地	−0.083**	−0.027
求职途径←性别	−0.024	−0.044*

　　由中介多群组分析检验的分样本结果可知，居住地对求职途径影响过程中实践经验的中介作用在两组中均显著，仅在中介效应的形式和比例有所差异。但是在性别与求职途径之间，师范类高校中实践经验的中介作用并不显著，分析可知其中原因可能仍在于师范类高校男女生比例分布较偏，样本偏误导致了结果的不显著性。

　　2）求职意愿在个人特质与求职途径关系之间的中介作用分样本比较分析

　　对就业讨论频率中介作用模型进行多群组拟合分析，分析结果显示该路径模型整体检验卡方值为 0.112，自由度为 2，卡方与自由度比为 0.056；相关拟合指标，CFI、IFI、NFI 值分别为 1.00、1.00、0.997，RMSEA 值为 0.00，相关指标均达到了理想范围值，总体来看模型拟合情况较好，标准化路径系数如表 10-5-11 所示。

表 10-5-11 就业讨论频率中介模型多群组分析标准化路径系数

变量间关系	师范类高校	非师范类高校
知识技能水平因子得分←性别	0.125***	0.201***
知识技能水平因子得分←居住地	0.031	0.095***
求职途径←就业讨论频率因子得分	−0.015	−0.069***
求职途径←居住地	−0.087***	−0.029
求职途径←性别	−0.024	−0.033

与总样本的中介作用检验结果相比，居住地对求职途径影响关系中就业讨论频率的中介作用在分样本之后，由于样本量的下降变得不显著了；而性别变量对求职途径影响的关系中，由于剔除了师范类样本中性别偏误的影响，在非师范类样本中该组关系的就业讨论频率中介效应变得显著，并且是完全中介效应，占总效应的比例为 29.51%。

3）社会网络在人力资本和求职意愿之间的中介作用分样本比较分析

首先，对网络关系中介模型进行拟合，分析结果显示该路径模型整体检验卡方值为 19.687，自由度为 4，卡方与自由度比为 4.922；相关拟合指标，CFI、IFI、NFI 值分别为 0.967、0.970、0.962，RMSEA 值为 0.41，相关指标基本都达到了理想范围值，总体来看模型拟合情况较好，标准化路径系数如表 10-5-12 所示。

表 10-5-12 网络关系中介模型多群组分析标准化路径系数

变量间关系	师范类高校	非师范类高校
网络关系←知识技能	0.152***	0.198***
网络关系←组织沟通能力	−0.089***	−0.052**
网络关系←实践经验	0	−0.022
就业讨论频率←网络关系	0.122***	0.085***
就业讨论频率←实践经验	0.015	−0.023
就业讨论频率←知识技能	0.035	0.083***
就业讨论频率←组织沟通能力	0.105***	0.067**
求职积极性←网络关系	0.071**	0.054**
职业观念←网络关系	0.005	0.002
求职积极性←知识技能	0.2***	0.097***

续表

变量间关系	师范类高校	非师范类高校
职业观念←知识技能	0.002	0.049*
求职积极性←组织沟通能力	0.02	−0.036
职业观念←实践经验	−0.076**	−0.043
职业观念←组织沟通能力	0.059*	0.075***
求职积极性←实践经验	0.079**	0.077***

由两类群体中介作用分析结果对比可知,两组样本相比较之下总体差异不大,但师范类高校学生的组织沟通能力通过对网络关系的影响能够更显著地间接影响求职积极性,即网络关系起到显著中介作用;而在非师范类高校中这一中介作用并不显著,这主要得益于师范类高校对学生组织沟通能力方面培养的相对侧重性,是一种更有利于其将来走向工作岗位的基本技能,这点对于非师范类高校的学生而言相对较弱。

反之,非师范类高校对高校学生的知识技能方面的培养相对更注重,导致其能够更显著地通过对网络关系的影响进一步对就业讨论频率产生显著的间接影响,即网络关系的部分中介作用在这里显著;而在师范类高校中知识技能培养的方面相对较弱,故不显著。

其次,对网络规模中介模型进行拟合,分析结果显示该路径模型整体检验卡方值为2.128,自由度为2,卡方与自由度比为1.064;相关拟合指标,CFI、IFI、NFI值分别为1、1、0.995,RMSEA值为0.005,相关指标基本都达到了理想范围值,总体来看模型拟合情况较好,标准化路径系数如表10-5-13所示。

表10-5-13 网络规模中介模型多群组分析标准化路径系数

变量间关系	师范类高校	非师范类高校
网络规模←知识技能	−0.032	−0.023
网络规模←组织沟通能力	0.086***	0.097***
网络规模←实践经验	0.051	0.055**
就业讨论频率←网络规模	0.038	−0.058**
就业讨论频率←实践经验	0.013	−0.022
就业讨论频率←知识技能	0.055*	0.099***
就业讨论频率←组织沟通能力	0.091***	0.068**
求职积极性←网络规模	0.068**	0.029
职业观念←网络规模	−0.001	0.044
求职积极性←知识技能	0.213***	0.109***

续表

变量间关系	师范类高校	非师范类高校
职业观念←知识技能	0.003	0.05[*]
求职积极性←组织沟通能力	0.008	−0.041
职业观念←实践经验	−0.076^{**}	−0.045[*]
职业观念←组织沟通能力	0.059[*]	0.071^{***}
求职积极性←实践经验	0.075^{**}	0.074^{***}

网络规模多群组中介作用的检验结果显示，在师范类高校样本中网络规模仅在组织沟通能力与就业讨论频率之间和实践经验与求职积极性两组关系之间起到了显著的部分中介效应。在非师范类高校中，则网络规模仅在知识技能与求职意愿之间的中介效应不显著。

具体来说，非师范类高校学生的人力资本水平通过网络规模能够相对更显著地对其自身的求职意愿产生间接影响，尤其是对实践经验的影响中相对师范类高校学生来说显著性更强。说明非师范类高校学生的知识技能能够通过其网络规模对求职意愿产生更显著的间接影响，相对网络关系维度的影响非师范类高校学生更注重规模对求职的影响，而师范类高校学生则相反。

最后，对关系强度中介模型进行拟合，分析结果显示该路径模型整体检验卡方值为3.593，自由度为4，卡方与自由度比为0.898；相关拟合指标，CFI、IFI、NFI 值分别为1、1、0.993，RMSEA 值为0.000，指标都达到了理想范围值，总体来看模型拟合情况较好，标准化路径系数如表 10-5-14 所示。

表 10-5-14 关系强度中介模型多群组分析标准化路径系数

变量间关系	师范类高校	非师范类高校
关系强度←知识技能	−0.046	0.017
关系强度←组织沟通能力	0.113^{***}	0.06^{**}
关系强度←实践经验	0.043	−0.017
就业讨论频率←关系强度	0.164^{***}	0.187^{***}
就业讨论频率←实践经验	0.009	−0.023
就业讨论频率←知识技能	0.061[*]	0.097^{***}
就业讨论频率←组织沟通能力	0.071^{**}	0.054^{**}
求职积极性←关系强度	0.152^{***}	0.133^{***}
职业观念←关系强度	0.005	−0.036
求职积极性←知识技能	0.217^{***}	0.107^{***}
职业观念←知识技能	0.003	0.05[*]

续表

变量间关系	师范类高校	非师范类高校
求职积极性←组织沟通能力	−0.029	−0.026
职业观念←实践经验	−0.077**	−0.042
职业观念←组织沟通能力	0.062*	0.074***
求职积极性←实践经验	0.08***	0.071***

对关系强度多样本中介作用进行检验，结果显示师范类高校样本中，关系强度在人力资本和求职意愿之间起到了显著的中介作用，而在人力资本与实践经验之间未起到显著的中介效应。而在非师范类高校样本中，关系强度仅在组织沟通能力与求职意愿之间起到了显著的中介效应。总体来说，师范类高校学生人力资本通过关系强度对其求职意愿产生的间接影响显著性更强，即关系强度的中介作用更显著；而非师范类高校样本中则相对较弱。

4）求职意愿在社会网络和求职途径之间的中介作用分样本比较分析

这里仅对中介作用显著的就业讨论频率中介模型进行拟合，分析结果显示该路径模型整体检验卡方值为 2.695，自由度为 1，卡方与自由度比为 2.695；相关拟合指标，CFI、IFI、NFI 值分别为 0.990、0.991、0.985，RMSEA 值为 0.027，相关指标基本都达到了理想范围值，总体来看模型拟合情况较好，标准化路径系数如表 10-5-15 所示。

表 10-5-15　就业讨论频率中介模型多群组分析标准化路径系数

变量间关系	师范类高校	非师范类高校
就业讨论频率←网络关系	0.134***	0.118***
就业讨论频率←网络规模	0.041	−0.065**
就业讨论频率←关系强度	0.186***	0.197***
求职途径←就业讨论频率	−0.024	−0.067**
求职途径←网络规模	0.030	0.031
求职途径←网络关系	0.016	0.007
求职途径←关系强度	0.000	−0.055**

对就业讨论频率多群组中介作用进行检验，结果显示在师范类高校样本中没有显著的中介效应，在非师范类高校样本中在网络规模与求职途径和关系强度与求职途径之间，就业讨论频率起到了显著的完全中介效应，占总效应比例分别为 6.31%和 37.71%。

在非师范类高校样本中，社会网络更容易通过就业讨论频率对求职途径产生显著的间接影响，即就业讨论频率产生的完全中介作用相比师范类高校样本更显著。原因在于，非师范类高校培养的高校学生相对来说更善于团队合作，以及遇到问题相互讨论解决的特质，导致其更愿意去经营社会网络关系，并受其影响与周边老师同学讨论就业问题，从而进一步在一定程度上决定了其求职途径的最终选择。

10.6 本 章 小 结

本章主要运用相关性分析、OLS 回归分析、Logit 回归分析、路径分析的分析方法，考虑直接和间接效应的作用，探讨了高校毕业生的个人特质、人力资本、就业讨论网络对求职意愿和求职途径（信息获取途径）的影响，以及各影响因素间的相互关系，得到以下结论。

（1）求职意愿、人力资本和社会网络影响因素均对求职途径产生了部分显著的影响。

求职意愿影响因素中的就业讨论频率和职业观念变量对求职途径的选择产生了显著影响。具体来说，就业讨论频率越高的高校学生说明其社会关系网络资源相对更丰富，其运用社会网络求职渠道的成功率越高，所以更倾向于选择非正式求职途径。职业观念中要求岗位与专业对口程度越低的高校学生，说明其自身的人力资本相对较低，求职的目的仅是快速找到工作，所以更倾向于寻找周围的关系网络，即选择非正式求职途径，反之，则更倾向于选择正式求职途径。

人力资本影响因素中的知识技能水平和实践经验对求职途径的选择产生了显著影响，而社会网络影响因素中网络关系强度对求职途径的选择产生了显著影响。具体来看，知识技能水平和实践经验越高的高校学生更倾向于选择正式求职途径，从而能够依据自身的能力水平选择适合的岗位工作。社会网络关系强度越高的高校学生更倾向于选择非正式求职途径，而这里由于高校学生还未涉足社会、交际范围有限，这里社会网络规模和差异性变量未对求职途径的选择产生相应显著的影响。

（2）人力资本、求职意愿和社会网络因素分别在相应因果关系之间起到了显著的中介效应。

从研究结果可以看出，个人特质不仅对求职途径产生了显著的直接影响，还能够通过人力资本中的知识技能、实践经验和求职意愿中的就业讨论频率的影响，对求职途径产生显著的间接影响。即在不同个人特质（性别和居住地）的研究群体中，求职者可能因为拥有显著差异的人力资本和求职意愿，从而对求职途径的选择造成显著的影响。

　　同样，人力资本不仅能够直接对求职意愿中的求职态度是否积极产生显著的正向影响，而且可以通过对其社会网络各种特征的影响，间接地影响求职者求职态度的高低。所以，个体求职资本中的人力资本和社会资本（网络嵌入性资本）均对个体的求职意愿造成了显著的影响，其中存在直接影响和间接影响的不同作用机制。此外，人力资本对求职途径选择的影响也存在直接影响和间接影响，即能够通过对网络规模的显著影响，对求职途径产生显著的间接影响，网络规模在这里起到了显著的中介作用。

　　最后，社会网络除了对求职途径的选择能够产生显著的直接影响外，还能够通过对就业讨论频率的显著影响，从而对求职途径产生显著的间接影响。因为不同的网络资源会引起求职者不同程度的就业讨论欲望，进而引起不同求职意愿的求职者选择有差异性的求职途径，即就业讨论频率在这里起到了显著的中介作用。

　　（3）居住地因素对求职意愿影响因素产生显著的调节作用。

　　由上述计算结果可知，居住地因素在人力资本和社会网络对求职意愿的影响过程中起到了显著的调节作用，其中社会网络因素在对就业讨论频率和求职积极性的影响中呈现出显著的求职者城乡差异性，来自城市的高校学生求职者的社会资本对求职态度能够产生相对更加积极的影响。人力资本因素中仅有知识技能水平对就业讨论频率和求职积极性的影响中展现出显著的城乡差异，即来自城市的高校学生在求职时知识技能水平对求职态度的影响更加显著。二者对职业观念的影响上均没有显著的城乡差异性，即求职者的城乡来源差异不会对其人力资本和社会资本水平对职位匹配性的影响产生显著的调节作用。

　　（4）人力资本、求职意愿和社会网络因素中介效应在不同样本中存在显著的差异性。

　　在个人特质对求职途径的影响关系中，人力资本和求职意愿中的不同变量分别起到了显著的中介作用，但是通过对师范类高校和非师范类高校不同样本的结果比较可以看出，个人特质中的性别变量对求职途径的影响关系中，中介作用的差异性比较明显。究其原因，不难看出在这两类样本中性别比例师范类高校中女性比例大于男性，而非师范类高校中则相反；由于不同性别的高校学生在人力资本和求职意愿方面存在显著差异，能够最终对求职途径产生显著的间接影响。

　　在人力资本对求职意愿的影响关系中，总体来看网络关系和网络规模的中介作用在非师范类高校样本中相对更加显著，关系强度的中介作用则在师范类样本中相对更显著。主要原因在于非师范类（理工类）高校学生相对师范类高校学生更加理性，所以网络结构关系和网络规模对求职意愿影响较为显著；而师范类高校学生则更加注重关系强度的大小，并据此直接影响其求职意愿，最终导致求职途径选择的差异性。

　　最后，在社会网络与求职途径关系之间，就业讨论频率的完全中介作用在非师范类高校样本中的显著性明显高于师范类高校样本，主要是因为非师范类高校学生在遇到问题时相对更善于团队合作和讨论解决，所以在越丰富的网络关系成员中，他们越能够通过对就业相关问题的充分讨论和吸取相关建议，从而最终对求职途径的选择作出有效的决策；而在师范类高校学生中，这样的能力相对较弱，所以就业讨论频率在其中的中介作用并不显著。

本章相关假设检验结果汇总如表 10-6-1 所示。

表 10-6-1 假设检验结果汇总表

编号	假设内容	是否通过验证
H1	社会网络资源越多，求职者越倾向于选择非正式求职途径；反之，社会资源越少，求职者越倾向于选择正式求职途径	部分通过
H1a	社会网络关系差异越大，求职者越倾向于选择非正式求职途径；反之，社会关系差异越小，求职者越倾向于选择正式求职途径	未通过
H1b	社会网络规模越大，求职者越倾向于选择非正式求职途径；反之，社会规模越小，求职者越倾向于选择正式求职途径	未通过
H1c	社会网络关系强度越大，求职者越倾向于选择非正式求职途径；反之，社会网络关系强度越小，求职者越倾向于选择正式求职途径	通过
H2	求职意愿对求职者求职途径的选择有显著性影响	部分通过
H2a	求职者的求职态度越积极，越倾向于选择非正式求职途径；反之，求职态度越消极，则越倾向于选择正式求职途径	未通过
H2b	求职者就业讨论频率越高，越倾向于选择正式求职途径；反之，则越倾向于选择非正式求职途径	通过
H2c	求职者要求工作与专业匹配程度越高，越倾向于选择正式求职途径；反之，匹配程度要求越低，则越倾向于选择非正式求职途径	通过
H3	求职者的人力资本越高，越倾向于选择正式求职途径；相反，求职者的人力资本越低，越倾向于选择非正式求职途径	部分通过
H3a	求职者的知识技能水平越高，越倾向于使用正式求职途径；反之，则更倾向于选择社会网络求职途径	通过
H3b	求职者的组织沟通能力越强，越倾向于使用正式求职途径；反之，则更倾向于选择社会网络求职途径	未通过
H3c	求职者的实践经验越丰富，越倾向于使用正式求职途径；反之，则更倾向于选择社会网络求职途径	通过
H4	个人特质对求职者的人力资本有显著性影响	部分通过
H5	个人特质对求职者的求职意愿有显著性影响	通过
H6	个人特质对高校学生求职途径的选择有显著性影响	部分通过
H6a	男性相对于女性来说，更倾向于选择使用非正式求职途径；女性则更倾向于使用正式求职途径	未通过
H6b	来自城市的求职者相对于来自农村地区的求职者，更倾向于选择使用非正式求职途径；而来自农村的求职者更愿意选择正式求职途径	通过

续表

编号	假设内容	是否通过验证
H7	求职者的人力资本越大，其拥有的社会网络资源越大；反之，人力资本越小，其社会网络资源也越小	部分通过
H8	求职者的人力资本越大，越倾向与拥有较高水平的求职意愿；反之，人力资本越小，越倾向于拥有较低水平的求职意愿	部分通过
H9	求职者的社会网络资源越大，其拥有求职意愿的水平越高；反之，社会网络资源越小，其的求职意愿水平越低	部分通过
H10	居住地在人力资本和社会网络对求职意愿的影响关系中起到了显著调节作用	部分通过
H10a	居住地为城市的高校毕业生相对更倾向于具备较高的社会资本，从而拥有更高水平的求职意愿；居住地为农村的高校毕业生则反之	部分通过
H10b	居住地为城市的高校毕业生相对更倾向于具备较高的人力资本，从而拥有更高水平的求职意愿；居住地为农村的高校毕业生则反之	部分通过
中介效应		是否通过验证
人力资本变量在个人特质与求职途径之间起到了显著的中介作用		部分通过
求职意愿在个人特质与求职途径之间起到了显著的中介作用		部分通过
求职意愿在社会网络与求职途径之间起到了显著的中介作用		部分通过
社会网络在人力资本与求职途径之间起到了显著的中介作用		部分通过
社会网络在人力资本与求职意愿之间起到了显著的中介作用		部分通过
人力资本在个人特质与求职途径之间的中介作用存在显著的样本间差异		部分通过
求职意愿在个人特质与求职途径之间的中介作用存在显著的样本间差异		部分通过
求职意愿在社会网络与求职途径之间的中介作用存在显著的样本间差异		未通过
社会网络在人力资本与求职途径之间的中介作用存在显著的样本间差异		部分通过
社会网络在人力资本与求职意愿之间的中介作用存在显著的样本间差异		部分通过

11 我国高校学生的工作满意度影响因素分析

11.1 研究框架和假设

11.1.1 研究框架

本章主要探讨的是高校学生的工作满意度的影响因素，主要有高校毕业生的人力资本、家庭社会资本、社会网络、求职途径等因素。其中，人力资本会影响家庭社会资本，人力资本会影响社会网络，求职途径也会受到人力资本、社会网络的影响。各个因素相互之间具有直接效应和间接效应影响，具体研究概念模型如图11-1-1所示。

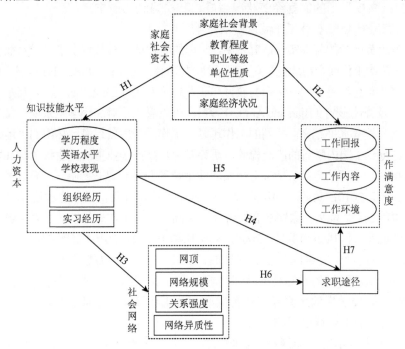

图 11-1-1　工作满意度影响因素概念模型

11.1.2 研究假设

1）家庭社会资本对人力资本的影响
高校学生在校期间的人力资本积累除了受到自身努力程度影响之外，还会受到家庭背景等因素的影响。1966年美国社会学家Coleman等（1966）指出，影响孩子学业成绩的主要因素不是来自于学校，而是来自于家庭。大量的研究关注父母亲的教育水平，家庭经济状况等因素对子女在校表现的影响。研究发现，父母的学历水平越高，其子女在学校中的表现越好（Baker，1990；Portes，1987，1998）。Bethanne等（2009）的研究指出，家庭经济状况对子女的学业表现有持续性的影响。还有研究认为，父母能力水平对子女的在校表现以及学习能力有极其显著的正相关关系。基于以上研究，提出以下假设。

H1：高校学生的家庭社会资本越高，其人力资本也就越高。

H1a：高校学生的家庭社会背景越高，其知识技能水平越高。

H1b：高校学生的家庭社会背景越高，其组织经历越丰富。

H1c：高校学生的家庭社会背景越高，其实习经历越丰富。

H1d：高校学生的家庭经济状况越好，其知识技能水平越高。

H1e：高校学生的家庭经济状况越好，其组织经历越丰富。

H1f：高校学生的家庭经济状况越好，其实习经历越丰富。

2）家庭社会资本对工作满意度的影响

大量欧美社会的相关实证研究表明，父母的职业地位与教育水平对子女社会地位的获得（首次工作或当前职业）具有显著性的正向影响（Lin，1982；Barbieri，1996）；亚洲国家的研究经验表明，父亲的教育和职业地位对子女的职业地位，尤其是首次职业获得有显著性影响（Bian and Ang，1997）。可以看出，对高校学生来说，父母的职业地位以及教育水平越高，找到的工作越好，工作满意度就越高。林南的"地位获得理论"也得到了国内学者的广泛检验，研究发现，高校毕业生的就业状况与其家庭背景密切相关，家庭社会经济地位对子女职业地位的获得有显著影响（李慧勤和郭华，2003；向芳，2010；黄娟，2010）。郑洁（2004）指出父母的受教育程度越高，就业的概率也就越高。此外，家庭社会经济地位对高校学生工作满意度的显著性影响也得到了广泛证实（闫凤桥和毛丹，2008；刘宏伟和王晓璐，2010）因此提出以下假设。

H2：高校学生的家庭社会资本越高，其工作满意度也就越高。

H2a：高校学生的家庭社会背景越好，其工作满意度也就越高。

H2b：高校学生的家庭经济状况越好，其工作满意度也就越高。

3）人力资本对社会网络的影响

关于人力资本对社会网络的影响方面，许多学者认为，高校学生人力资本与高校学生的社会网络关系非常密切。如果高校学生人力资本状况较好，自身在能力方面、知识方面比较优秀，能够有更多的机会在社会上认识更多的人，随着自身层次的不断提高，接触到的人的层次也就越高。人力资本状况会影响高校学生社会网络的质量和规模。高校学生人力资本状况越好，越有利于社会网络的发展，因此提出以下假设。

H3：高校学生人力资本越高，社会网络资源越丰富。

H3a：高校学生知识技能水平越高，社会网络资源越丰富。

H3b：参加过实习高校学生的社会网络资源越丰富。

H3c：组织过社团的高校学生的社会网络资源越丰富。

4）人力资本对求职途径的影响

早期的人力资本研究主要关注的是教育水平的影响。Jimeno 和 Bentolila（1998）发现，学历高低对于求职途径的选择有显著影响，学历越低越可能动用社会关系找寻工作。Mau 和 Kopischke（2001）进一步验证发现，受教育水平较高的群体更加青睐正式的途径，原因在于高校毕业生寻找的工作岗位具有较强的专业性和技术性，而这样的工作岗位的聘用筛选环节往往较为规范和正式。国内学者中，钟云华和应若平（2007）关注找工作的不同阶段中，求职者对途径选择是否会有不同的机制，研究发现不论在信息收集阶段还是在求职进行阶段，学历对选择非正式的求职渠道有显著负影响。关于人力资本和求职途径影响分析，陈成文和谭日辉（2004）将外貌条件、所学专业、工作经历和工作能力作为影响因素。岳昌君等（2004）通过实证调查研究发现：学历、学校、专业、学业情况、英语四六级证书、双学位等与求职途径存在显著相关，而普通的技能证书与求职途径的关系不显著。李泽彧和谭净（2011）从人力资本因素中选取了所学专业、学校类别、工作经验等，认为研究生就业竞争主要是人力资本的竞争。陆德梅（2005）利用高校毕业生调查数据进行分析，发现与人力资本较低的个体相比，高人力资本的个体对社会网络的依赖性较小。从国内外的研究中，可以发现，人力资本对求职途径有显著影响，由此提出如下假设。

H4：高校学生人力资本越高，求职过程中越可能选择正式途径。

H4a：高校学生知识技能水平越高，越可能选择正式途径求职。

H4b：具有组织经验的高校学生更可能选择正式途径求职。

H4c：参加过实习高校学生更可能选择正式途径求职。

5）人力资本对工作满意度的影响

高校学生的人力资本体现了高校学生的基本文化素质，同时是高校学生自身可持续发展能力的基础。高校学生的知识水平包括高校学生就读的（最高学历）院校、最高学历、最终学历的学科门类；技能水平包括大学期间考取的相关证书、在校期间获得的奖学金状况等；经验程度包括高校学生在大学期间的学生工作经验、大学期间拥有的实习和实际的工作经历等；身体状况就是指高校学生自身的身体健康状况。胡书伟（2010）发现高校学生的人力资本对社会资本有显著的预测作用，社会资本与就业期望正相关，与就业渠道和求职信息的丰富程度正相关，与工作满意度呈显著正相关。高耀（2011）结合访谈、调研和回归的研究方法探究了人力资本与家庭资本对高校毕业生就业结果和工作满意度的影响，发现学历层次在校奖励对高校学生工作满意度有显著性影响。邢朝霞和何艺宁（2013）研究发现，参加社会实践活动对提高高校学生工作满意度有显著影响，专业成绩学生工作和求职前期准备同样会对工作满意度产生影响。由此提出以下假设。

H5：高校学生人力资本越高，工作满意度就越高。

H5a：高校学生知识技能水平越高，工作满意度就越高。

H5b：具有组织经验的高校学生工作满意度就越高。

H5c：参加过实习的高校学生工作满意度就越高。

6）社会网络对求职途径的影响

个人所拥有的社会网络对求职途径及其结果具有巨大的影响力，这一点得到了各种经验研究的证实（Flores et al.，1999）。Granovetter（1983）的研究表明，在求职过程中社会关系网络具有比较重要的作用。Yener 和 Coşkun（2013）对求职渠道的使用状况进行了深入研究，发现 1994 年美国仅有 15%的失业人员使用社会网络找寻工作，而到了 1998 年这一数字猛增到 50%。在有关城市居民求职行为的一项研究发现，人们倾向于通过关系网络来获得工作（Logan et al.，1997）。对武汉下岗职工再就业情况的调查中，发现社会关系网络对下岗职工能否获得工作岗位具有显著影响（赵延东，2003b）。在从网络结构视角分析对求职途径影响研究中，边燕杰（2004）研究春节拜年网网络规模、网络顶端、网络差异和网络构成四个网络特征对于求职的影响。张文宏（2006）在研究城市居民社会网络资本的结构特征时，从社会网络规模、社会网络密度、社会网络异质性以及角色关系种类等方面测度个人社会网络情况，发现社会网络资源越丰富的个体越容易通过社会网络实现工作变动。由此可见，社会网络中的资源对于求职途径的选择有显著影响，而社会网络的结构测度可以体现资源丰富情况。因此，提出如下假设。

H6：高校学生社会网络特征对非正式求职途径选择有正向促进作用。

H6a：高校学生所有用的社会网络中网顶越大，越可能选择非正式途径求职。

H6b：社会网络规模越大的高校学生越可能选择非正式途径求职。

H6c：高校学生所有用的社会网络中关系强度越大，越可能选择非正式途径求职。

H6d：高校学生所拥有的社会网络中职业异质性越高，越可能选择非正式途径求职。

7）求职途径对员工工作满意度的影响

Villar 等（2000）指出在求职过程中，使用非正式的关系更有可能获得较高的收入和较高的工作满意度。Degenne 和 Forsé（1999）指出对于拥有相同教育背景的求职者而言，那些能够更好利用其社会资本的个体更有可能找到较好的工作。Walton 和 Mckersie（1991）研究发现，对于哈佛大学的毕业生，那些使用了个人关系获得工作的人的平均薪酬要高于通过正规渠道求职的毕业生。Guppy 和 Gutteridge（1991）发现借助非正式工作信息的求职者比借助正式渠道（如大学就业中心求职中介）的求职者获得的薪酬水平要高。Larsen 等（2008）给出社会资本对求职结果产生影响的解释：一方面，拥有较高社会资本的求职者更有可能使用个人关系来获得工作；另一方面，个人关系的使用可以带来更高的收入水平。可见，非正式求职途径对于工作满意度提高有正向作用。故提出以下假设。

H7：非正式求职途径能获得更高的工作满意度。

H7a：非正式求职途径能获得更高的工作回报满意度。

H7b：非正式求职途径能获得更高的工作内容满意度。

H7c：非正式求职途径能获得更高的工作环境满意度。

11.2 数据选择和变量测度

11.2.1 样本选择

本次调研对象是高校中处于毕业年级的高校学生以及研究生群体。基于以下三个基本原则："代表性"、"较为明显的差异性"和"资源的可获取性"，本次研究分别选取了西安交通大学、西安邮电大学、河南财经政法大学、杭州电子科技大学校和杭州师范大学等五所高校作为调研对象，分别在985、211类高等院校、专业类院校以及师范类院校等方面具有一定的代表性，这些高校分别具有不同教育层次水平，文、理科专业也各具特色，所以最终确定以上高校作为全国高校调研的代表样本。在实际调研行开始之际，首先选择西安交通大学的学生进行纸质问卷的预调研，并在做出适当的修改后启动正式调研。正式调研采用在线问卷填写的方式，按年级和学院分别抽取一定比例发放固定编码的在线问卷访问网址。后期对回收的问卷数据进行收集和统计，主要通过前期自行开发的在线统计平台数据库进行操作，包括实时监控调研质量和数量。

11.2.2 数据质量和变量处理

由于本章的研究对象仅包含毕业年级的高校学生样本，相关变量进行筛选后与前面几章数据总量有所差异，经过数据清洗、删除、逻辑检查后最终有效问卷446份。其中，河南财经政法大学51份，西安邮电大学60份，西安交通大学67份，杭州师范大学234份，杭州电子科技大学34份。由于本章研究的主要问题是高校学生工作满意度，研究对象为找工作的毕业生，从整体样本中筛选出处于毕业年级的高校学生样本进行研究，各地区能够选取的样本数量相对较少，但总体数量符合统计研究的"大样本"概念，能够进行相应的统计学分析，从各个地区选取样本的状况如表11-2-1所示。此外，参照这里各高校类型及其样本数量的分布，拟将总样本分为师范类高校（杭州师范大学）和非师范类高校（其他），这两类高校样本数量分别为 234 和 212，分别占总样本的比例为 52.47% 和 47.53%。并在随后对总模型中可能存在的中介作用进行分样本分析的内容中，按照此分配标准进行分析。

表 11-2-1 毕业生性别特征描述

高校	男	所占比例	女	所占比例	合计	所占比例
河南财经政法大学	17	33.33%	34	66.67%	51	11.43%
西安邮电大学	36	60.00%	24	40.00%	60	13.45%
西安交通大学	33	49.25%	34	50.75%	67	15.02%
杭州师范大学	79	33.76%	155	66.24%	234	52.47%
杭州电子科技大学	13	38.24%	21	61.76%	34	7.63%
合计	178	—	268	—	446	100.00%

从表 11-2-1 可以发现，总体来看女性比例高，这其中尤以河南财经政法大学和杭州师范大学女性比例为最高。考虑到财经类和师范类学校自身专业设置上的特点，这一抽样结果也在预料之中，可以接受。其余三所高校以理工类专业为主，男性高校学生在抽样样本总体中所占的比例就相对较高，综合来看总体样本中男女比例相差不是很大，符合预期的抽样结果。

从各个高校样本的出生地情况来看（表 11-2-2），主要包括城市、县级市和农村三类，其中农村和非农村出生地的样本比例接近 1：1，样本包含人群类型比较合理。其中，杭州电子科技大学的农村学生比例最高，占到了总人数的 67.65%；农村样本比例最低的是西安交通大学，只有总人数的 35.82%。

表 11-2-2 毕业生居住地特征描述

高校	城市	所占比例	县级市	所占比例	农村	所占比例	合计	所占比例
河南财经政法大学	13	25.49%	9	17.65%	29	56.86%	51	11.43%
西安邮电大学	11	18.33%	9	15.00%	40	66.67%	60	13.45%
西安交通大学	26	38.81%	17	25.37%	24	35.82%	67	15.02%
杭州师范大学	41	17.52%	48	20.51%	145	61.97%	234	52.47%
杭州电子科技大学	4	11.76%	7	20.59%	23	67.65%	34	7.63%
合计	95	—	90	—	261	—	446	100.00%

如表 11-2-3 所示，本次调研所涉及的高校学生学历主要分为本科生和研究生，由总体情况来看，样本中研究生比例相对低于本科生的比例，这也符合现如今就

业市场中本科生远多于研究生数量的事实。综上分析，样本整体具有较好的代表性，有助于后续研究的展开。

表 11-2-3　毕业生学历特征描述

高校	本科生	所占比例	研究生	所占比例	合计	所占比例
河南财经政法大学	45	88.24%	6	11.76%	51	11.43%
西安邮电大学	43	71.67%	17	28.33%	60	13.45%
西安交通大学	29	43.28%	38	56.72%	67	15.02%
杭州师范大学	234	100.00%	0	0.00%	234	52.47%
杭州电子科技大学	15	44.12%	19	55.88%	34	7.63%
合计	366	—	80	—	446	100.00%

11.2.3　变量测度

11.2.3.1　家庭社会资本

Hogan（2001）认为，家庭社会资本就是家庭的人际关系中可以利用的社会网络资源。郑洁（2004）指出，家庭是中国社会资本的核心，家庭社会关系网络是社会资本的载体。仇立平（2001）通过对子辈家庭地位与父母家庭地位的相关分析，提出尽管个人社会地位的获得主要依赖于自身，但是仍与父母家庭有较为密切的关系。即从代际流动的角度来看，家庭背景影响着子代就业机会的获得与就业质量的好坏，林南（2005）通过解析社会资源与地位获得之间的因果关系，提出地位获得是人们动用已掌握的资本进行投资和竞争的过程。高校学生的毕业资本存量主要是由家庭资本存量构成的，家庭社会经济地位就是高校毕业生社会资本存量的表现形式。

个体家庭背景差距划分的主要依据就是社会分层理论。20世纪六七十年代，社会分层理论有了新的发展，美国社会学家 Blau 和 Duncan（1967）在他们的地位获得模型中提出，在分层的社会体系中，人与人之间的社会经济地位是有差别的，是不平等的，通过研究社会地位获得的继承机制和自致机制，分析了先赋因素（父亲的受教育水平、父亲的职业地位）和自致因素在地位获得中的作用。后来的学者通过进一步对子辈家庭地位与父母家庭地位的研究证实，尽管教育在社会分层中的作用日益明显，使个人能力等自致因素的作用在提升，家庭背景等先赋性作用在下降，但它对地位获得的作用仍然显著。因此，本章将家庭社会资本分为家庭社会背景和家庭经济状况两部分，具体测度模型如表 11-2-4 所示。

表 11-2-4　一级指标家庭社会资本变量的测度模型

二级变量	测度变量	问卷问题
家庭社会背景	教育程度	Q501 家庭情况统计表格
	职业等级	Q501 家庭情况统计表格
	单位性质	Q501 家庭情况统计表格
家庭经济状况	月均收入	Q501 家庭情况统计表格

　　父母的教育程度是衡量家庭社会资本的重要指标。吉登斯、帕金和戈德索普都是新韦伯主义的代表人物，他们在阶级阶层理论中坚持韦伯主义传统。吉登斯强调阶级划分的主要依据是人们的市场能力，包括生产资料的占用状况、教育资历的拥有状况、体力劳动能力，而帕金和戈德索普提出阶级分类的基本构建是职业结构，戈德索普在父母职业阶层的调查中将体力劳动和非体力劳动作为最基本的社会分割。总的来说，他们的本质都是由教育程度的不同决定的，受教育程度越高，其拥有的教育资历就越高，主要从事非体力劳动。可见教育程度的差异导致了家庭社会分层的现象，影响了不同家庭经济社会地位状况的差异。本章将教育程度变量设置为序次型变量，将父母学历由低到高进行编码0~5，再取二者均值表示教育程度。

　　职业是社会分层中最基本的指标，在现代社会中，职业可以反映社会阶层的状况，衡量家庭社会地位和经济地位，是家庭社会经济地位的重要表现形式。在对职业等级的划分方面，陆学艺（2004）在当代中国社会流动一书中对当代中国社会阶层的结构进行了划分，其划分的依据是劳动力在劳动分工、权威等级、生产关系、制度分割中所处的不同位置和所占的不同资源。具体划分等级由高到低如下：国家与社会管理者、经理人员、私营企业主、专业技术人员、办事人员、个体工商户、商业服务业员工、产业工人、农业劳动者、城乡无业（失业、半失业）者。本章将沿用这一划分方法，对10个不同职业地位分层进行赋值，由低到高分别从 1~10，再选取父母二者最高的职业等级代表家庭职业等级。相应的转换情况如表 11-2-5 所示。

表 11-2-5　职业分类

职业地位	赋值	题项
国家与社会管理者	10	（1）党政干部；（2）机关团体人员
经理人员	9	（3）国企经理；（4）非国企经理/所有者
私营企业主	8	（5）个体所有者/经理
专业技术人员	7	（12）教师；（15）科研人员；（16）法律工作者（17）医疗工作者；（18）文艺工作者

续表

职业地位	赋值	题项
办事人员	6	—
个体工商户	5	—
商业服务业员工	4	（6）企业管理人员；（7）企业服务人员；（8）企业技术人员 （9）企业生产人员；（10）企业销售人员；（11）企业财务人员
产业工人	3	—
农业劳动者	2	（19）农民
城乡无业（失业、半失业）者	1	（13）学生；（14）自由职业者；（20）无职业

在中国，有正式编制的工作享有较高的社会资源，一般被认为是稳定、有保障的，如果父母的工作具有正式编制，那么对于高校学生自身来说也会具有较高的家庭社会资本。问卷中将工作单位划分为 13 个维度，分别为：①党政机关；②国有企业；③高校及科研院所；④事业单位；⑤集体企业；⑥个体经营；⑦私营企业；⑧外资企业；⑨中外合作企业；⑩股份制企业；⑪联合企业；⑫私立事业；⑬其他类型。我们对①～⑤单位赋值为 1，认为是有正式编制的工作，对其他单位类型赋值为 0，认为是非正式编制的工作。最终的单位性质变量取决于家庭中是否具有正式编制的人，父母至少有一方具有正式编制则赋值为 1，父母都没有正式编制则赋值为 0。

社会分层是将社会中的人按一定的标准，划分成高低有序的不同等级、层次和过程的现象，马克思的阶级理论和韦伯的多元社会分层理论提供了两种最基本的理论模式和分析框架。尽管两者有本质的区别，但是它们在很多层面上可以合并起来，因为它们同样强调财产关系在阶级划分中的重要作用。在中国的现实经济环境中，收入差距是中国阶层分化的主要依据之一，并且有明显的数量特征，因而成为划分地位高低的重要标准。本问卷将月收入分为 7 个区间，本章将父母的月收入由低到高从 1～7 赋值，再将父母收入加总表示高校学生的家庭经济状况。

综上，家庭社会资本变量处理情况总结如表 11-2-6 所示。

表 11-2-6　家庭社会资本变量处理

变量名称	变量类型	变量测度	研究学者
教育程度	序次型	将父母的学历水平取平均值	陆学艺（2006）
职业等级	序次型	先计算父母的职业等级，再取二者最大值	林南（2005）
单位性质	类别型	父母工作是否为体制内	Hogan（2001）
家庭经济状况	连续型	先计算父母收入等级，再将二者求和	郑洁（2004）

11.2.3.2　人力资本

参考前人的研究，本章选择学历、英语证书、奖励证书作为知识技能水平的测度变量，实习经历作为实践经验的主要变量，社团组织经历作为人际交往能力的主要变量。

学历在问卷中主要分为博士、硕士一年级、硕士二年级、硕士三年级、本科一年级、本科二年级、本科三年级、本科四年级 8 个选项。因为研究对象为应届毕业生，所以最终将变量重新编码，本科四年级设为 0，由于硕士分为两年制和三年制，将硕士二年级和硕士三年级合并赋值为 1。英语水平在问卷中的测度问题是"在校期间，您获得过的英语证书"，并统计获得证书的数量代表英语水平。学校表现在问卷中的测度问题是"在校期间，您获得的学校奖励证书"，并统计获得证书的数量代表学校表现。实习经历在问卷中测度问题是"在校期间您是否参加过实习"，0 表示缺乏实习经验，1 表示参加过实习。组织沟通能力在问卷中测度问题是"您是否作为活动组织者参加社团活动"，0 表示没有组织过社团活动，1 表示组织过社团活动。

11.2.3.3　社会网络特征

对于社会网络的测度指标，许多学者提出了自己的测度观点。边燕杰（2004）认为，社会资本由网络规模、网络顶端、网差以及网络的构成四个因素决定，利用这四个指标可以测量个人层次的社会资本。赵延东和罗家德（2005）使用提名法和定位法，其中提名法指根据被调查者所提供的网络成员的姓名，具体来询问每个网络成员的特征、与被调查者之间的关系等。张文宏（2006）在研究城市居民社会网络结构特征时，从社会网络规模、密度、异质性以及角色关系的种类等方面测度个人社会网络情况。王卫东（2006）将社会网络视为社会资本的主要形式之一，提出的模型中包括的指标有网络规模、网络成员的 ISEI（国际标准职业社会经济指数）均值、网络密度，网顶、网差以及社会网络资本总量。Campbell 等（1986）利用网络规模、网络多样性、网络密度等指标来测度社会网络。Seibert 等（2001）将可使用的社会资本的测度多元化为网络结构、可以使用的信息、可以使用的资源等，利用结构方程模型验证了社会资本对工资收入、工作满意度的正向作用。Beaman（2012）通过网络规模、有长期工作的熟人的数量来测度社会网络，研究其对求职的影响。

根据前人的相关研究（表 11-2-7），本章中社会网络测度指标选择使用较多的网络规模、网络异质性、网顶和网络关系强度，具体测度方法如下。

表 11-2-7　社会网络测度指标研究总结

研究学者	网络测度指标
边燕杰（2004）	网络规模、网络顶端、网差以及网络的构成
罗家德和赵延东（2005）	网络规模、网络的成分（由哪些类型的成员构成）以及网络的密度（网络成员之间联系的紧密程度）
张文宏（2006）	社会网络的规模、社会网络的密度、社会网络的异质性包括网络异质性性别异质性、职业异质性和阶层异质性按照异质性指数（IQV）的标准公式计算以及角色关系的种类
王卫东（2006）	网络规模、网络成员的 ISEI（国际标准职业社会经济指数）均值、网络密度、网络成员中的最高 ISEI、网差
Campbell 等（1986）	网络规模、网络多样性（不同性别、工作、种族、宗教和年龄所占比例）、网络密度（亲密度均值、频率均值、持续时间、交流内容、角色联系）
Seibert 等（2001）	网络结构（网络规模等）、可以使用的信息、可以使用的资源等
Beaman（2008）	网络规模、长期工作的熟人的数量

（1）网络规模测度。网络规模是指网络中参与者的数量，学者对这个概念界定较为一致。本书使用的网络中总人数，分别是问卷中采用提名法询问在近半年内和调查对象讨论过就业问题的人。

（2）网络异质性测度。网络异质性是指网络中成员与其他成员的差别。对高校学生求职来说，一方面和同辈学生进行讨论，另一方面可以和已经工作的人进行讨论，由于工作的人有实践经验，高校学生和已经工作的人的讨论就业往往会获得有价值的信息。本章使用就业讨论网中非学生的成员占比来表示就业讨论网的职业异质性。

（3）网顶测度。网顶的计算核心就是测度网络中参与者的最高社会地位。关于社会地位的测度指标主要有社会经济地位、职业地位、国际标准职业社会经济指数三种。在郑杭生（2009）的社会阶层划分主要原则中，将其划分为：下岗失业、工人、自雇佣者、办事员、专业技术人员、管理干部等 6 个等级变量。陆学艺（2002）提出应以职业分类为基础，将组织资源、经济资源和文化资源的占有状况作为标准来划分社会阶层，将中国当代社会阶层分成 10 个社会阶层和 5 种社会经济地位等级。本章将继续沿用陆学艺对职业等级的划分方法来表示讨论网网顶，如表 11-2-5 所示。由于讨论网中有很多学生，而学生是无职业者，在职业等级中属于最低级，网顶与网差没有明显的差异，仅选取网顶作为测度变量。

（4）网络关系强度测度。问卷中用调查者与讨论网成员联系的频率来表示关系强度。高校学生与讨论网成员联系的频率越高，就越有可能获得有价值的就业信息并得到相关的帮助。问卷中将频率划分为三个维度，分别为"与您电子邮件联系频率"、"与您电话联系频率"、"与您见面联系频率"将这三个变量进行因子分析并合成一个因子，用因子得分来表示网络关系强度。

11.2.3.4　求职途径

求职途径往往被分为正式途径和非正式途径，本章参考赵延东的划分方法，正式途径包括政府和单位安置、通过劳务市场或中介机构求职、单位招聘；非正式途径则主要包括朋友亲人介绍、熟人推荐、找人帮忙。根据以上划分方法，其核心是在询问求职者在求职过程中是否获得了外界帮助，在此本章问卷使用的问题"目前这份工作的获得有多少人帮忙"。没有人帮忙为正式途径，设值为 0，有人帮忙为非正式途径，设值为 1。

11.2.3.5　工作满意度

工作满意度的测量方法主要有单一整体评估法、综合要素评估法、层次分析法、二级模糊综合评价方法。本章采用利克特量表测评，测量变量参考 Montgomery（1991）量表。主要测度方面及其包含测量变量如下：①工作回报满意度：薪水、福利待遇、单位/公司内的升迁机会；②工作内容满意度：工作自主性、对以后发展的帮助、工作量；③工作环境满意度：工作条件与设施、与同事的关系、与老板/上司的关系、职业的社会地位。

根据上述研究框架的设计及相关假设的提出和变量的文献研究，相关研究变量的构成及选项编码的处理如表 11-2-8 所示。

表 11-2-8　各级变量的构成和测度

一级变量	二级变量	测量变量	变量的具体测度
工作满意度	工作回报	（1）薪水；（2）福利待遇；（3）单位/公司内的升迁的机会	（1）非常不满意；（2）比较不满意；（3）不确定；（4）比较满意；（5）非常满意
	工作内容	（1）工作自主性（2）对以后发展的帮助（3）工作量	（1）非常不满意；（2）比较不满意；（3）不确定；（4）比较满意；（5）非常满意
	工作环境	（1）工作条件与设施（2）与同事的关系（3）与老板/上司的关系（4）职业的社会地位	（1）非常不满意；（2）比较不满意；（3）不确定；（4）比较满意；（5）非常满意
求职途径	—	求职过程是否有人帮忙	没有人帮忙视为正式求职途径，赋值为 0；有人帮忙视为非正式求职途径，赋值为 1

续表

一级变量	二级变量	测量变量	变量的具体测度
家庭社会资本	家庭社会背景	教育程度	（6）博士；（5）硕士；（4）本科；（3）大专；（2）高中/中专/技校；（1）初中及以下。将父母的学历水平取平均值
		职业等级	将问卷中 20 类职业划分为 1~10 个等级。先计算父母的职业等级，再取二者最大值
		单位性质	（1）党政机关；（2）国有企业；（3）高校及科研院所；（4）事业单位；（5）集体企业；（6）个体经营；（7）私营企业；（8）外资企业；（9）中外合作企业；（10）股份制企业；（11）联合企业；（12）私立事业；（13）其他类型。这里将（1）～（5）单位视为正式编制单位，赋值为 1；（6）～（13）单位视为非正式编制单位，赋值为 0
	家庭经济状况	月均收入	（1）0；（2）1000 元以下；（3）1000~3000 元；（4）3000~5000 元；（5）5000~1 万元；（6）1 万~5 万元；（7）5 万元以上。先计算父母收入等级，再将其求和
人力资本	知识技能水平	学历程度	（1）本科一年级；（2）本科二年级；（3）本科三年级；（4）本科四年级；（5）研究生一年级；（6）研究生二年级；（7）研究生三年级；（8）博士生
		英语水平	在校期间，获得过的语言证书的具体数量
		学校表现	在校期间，获得的学校奖励证书的数量
	组织沟通能力	组织社团经历	是否作为活动组织者参加社团活动（1）是；（0）否
	实践经验	实习经历	是否参加过实习（1）是；（0）否
社会网络	—	网络规模	讨论网的具体成员人数
	—	网络职业异质性	非学生成员占比
	—	网顶	沿用陆学艺对职业等级的划分，取网络成员中职业地位最高的得分
	—	网络关系强度	网络成员与被测者的联系频率

1）工作满意度因素的处理

通过对工作满意度因素中工作回报满意度、工作环境满意度和工作内容满意度三个维度变量数据的信、效度分析和验证性因子分析（CFA），结果显示整体模型拟指标中，CFI、GFI、NFI 值分别为 0.983、0.965、0.975，均大于 0.90，RMSEA 值为 0.068，小于 0.08，RMR 为 0.020，小于 0.05，表明整个模型拟合情况比较好。

而三个维度的数据 α 信度系数均大于 0.80，表明内部一致性较好；各因素负荷量均大于 0.70，AVE 分别为 0.659、0.672 和 0.641，均大于 0.50，说明量表具有较好的聚合效度。三个维度变量的相关分析结果显示，其 AVE 的算术平方根均大于相应变量与其他变量的相关系数，即三个维度变量的区分效度较好。

2）家庭社会资本因素的处理

家庭社会资本包括四个变量，由于教育程度、职业等级和家庭经济状况变量分别定序型、定序型和连续型变量,使用 Spearman 相关系数来判断其相关性;而单位性质变量为分类变量,所以使用方差分析中 ETA^2 系数来判断其与其他变量的相关性。结果显示,除了教育程度、单位性质与家庭经济状况之间相关性不显著外,其他各变量间均呈现显著相关。

对包含教育程度、职业等级和单位性质三个变量的家庭社会背景进行因子分析,结果显示 KMO 值为 0.697,Bartlett 检验显示显著,累积解释总方差达到 69.70%,各变量的因子载荷均大于 0.80。随后对合成的因子与家庭经济状况做相关分析,观察其皮尔逊相关系数发现其在 0.05 水平上显著相关,在回归分析中存在多重共线性的可能,但在后续做回归分析的过程中发现 VIF 值小于 10,多重共线性不明显,故对变量不作过多处理。

3)人力资本因素的处理

人力资本包括五个变量,其中学历程度、组织社团经历和实习经历等变量均为 0-1 两分变量,英语水平与学校表现为连续型变量,所以前三个变量我们使用交叉列联分析,后两个变量与前三个变量分别使用方差分析来观察它们之间的相关性。结果显示,英语水平、学校表现和学历程度三者之间两两显著相关,考虑将其合并为一个变量,通过因子分析方法处理后,KMO 值为 0.627,Bartlett 检验显示出比较显著的结果,且累积解释总方差为 54.12%,因子载荷均大于 0.70,即合成效果较好。

随后将合成后的因子与实习经历和组织社团经历变量做方差分析,观察其相关性发现 ETA^2 系数并不显著,即知识技能水平与实习经历、组织社团经历并不相关,所以回归分析时同时加入不会存在多重共线性的风险。

4)社会网络因素的处理

这里采用皮尔逊相关系数来讨论社会网络中各变量的相关性,结果显示网顶与网络异质性和网络规模显著相关,网络异质性与关系强度显著相关。但是尝试做前三个变量的因子分析发现结果并不好,所以暂不作合并处理。上述变量的相关性在后续回归分析中的有多重共线性可能,但实际分析时发现其 VIF 值小于 10,即不存在明显多重共线性,故不作处理。

11.3　高校学生工作满意度相关情况分析

11.3.1　工作满意度情况的概述

11.3.1.1　高校学生工作满意度情况概述

工作满意度的量表共包含 10 个题项,每个题项都是 1~5 的程度提问,分别是非常不满意、比较不满意、一般满意、比较满意和非常满意。在工作回报相关的

3 个题项中，均值最大的薪水的分数是 3.31，福利待遇和单位/公司内升迁的机会分值都超过 3，可见高校学生对于目前工作回报满意度较高。在工作内容相关的 3 个题项中，均值最大的对以后发展的帮助的分数为 3.31，接近比较满意；工作自主性、工作量均值略大于 3，也都接近比较满意。表明高校学生对于工作的工作内容还是比较满意的。工作环境相关的 4 个题项中，工作条件与设施、与同事的关系、与老板/上司的关系、职业的社会地位的得分在 3.30～3.40，也都偏向于比较满意。表明高校学生对于工作的工作环境比较满意，描述性统计分析结果如表 11-3-1 所示。

表 11-3-1　工作满意度描述性分析结果

二级变量	一级变量	变量测度（利克特量表）	均值	标准差
工作满意度	工作回报	（1）薪水	3.31	0.988
		（2）福利待遇	3.22	0.944
		（3）单位/公司内升迁的机会	3.17	0.862
	工作内容	（4）工作自主性	3.22	0.926
		（5）对以后发展的帮助	3.31	0.900
		（6）工作量	3.18	0.893
	工作环境	（7）工作条件与设施	3.30	0.900
		（8）与同事的关系	3.37	0.848
		（9）与老板/上司的关系	3.36	0.873
		（10）职业的社会地位	3.30	0.910

11.3.1.2　信度和效度分析

本章运用 Amos 21.0 进行验证性因子分析，具体的检验结果如下。

1）验证性因子分析

由图 11-3-1 和表 11-3-2 中相关模型拟合指数和因子分析结果可知，整个模型拟合情况比较好，结构方程模型中变量之间的路径系数显著。

2）信度分析

根据分析结果显示，量表中的潜变量，即工作回报满意度，工作环境满意度和工作内容满意度的 α 信度系数均大于 0.70，表明内部一致性较好。

3）效度分析

这里分别对内容效度和结构效度进行检验，结构效度又包括聚合效度和区分效度。

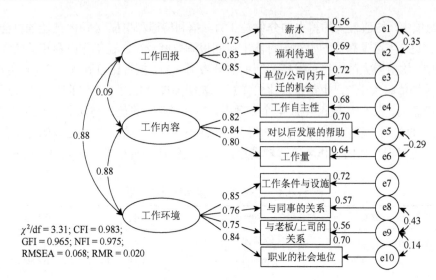

图 11-3-1　验证性因子分析

表 11-3-2　验证性因子分析结果

变量	测量题项	因子载荷	显著性	α 系数	CR	AVE
工作回报	薪水	0.744	***	0.872	0.852	0.659
	福利待遇	0.828	***			
	单位/公司内升迁的机会	0.859	***			
工作环境	工作条件	0.841	***	0.843	0.86	0.672
	与同事的关系	0.763	***			
	与老板/上司的关系	0.755	***			
	职业的社会地位	0.839	***			
工作内容	工作自主性	0.823	***	0.893	0.877	0.641
	对以后发展的帮助	0.838	***			
	工作量	0.799	***			

（1）内容效度。相关变量测度是建立在前人文献研究的基础上，通过具有研究经验的专家学者的审查，并通过预调研的结果对问卷进行了测试，因此本章量表具有较高的内容效度。

（2）聚合效度。如表 11-3-2 所示，各因素负荷量均大于 0.70，CR 均大于 0.80；AVE 均大于 0.6；说明量表具有较好的聚合效度，模型内在质量理想。

（3）区分效度。分析结果显示，对角线值小于非对角线值，即所有变量的 AVE 的算术平方根小于该变量与其他任一变量之间的相关系数，未通过区分效度检验，虽然构念之间区分效度不明显，但考虑到工作回报、工作内容、工作环境的 AVE

的算术平方根与相关系数接近，并且对高校学生来说，这三个构念都可以衡量工作满意度的各个方面，故依然将工作满意度划分为这三个方面作后续分析。

11.3.2 各影响因素的描述性统计分析

通过对五个高校毕业生的调研，最终有效样本总计 446 份，本章分别对家庭社会资本、人力资本、社会网络、求职途径四个方面因素进行描述性统计分析。

1) 家庭社会资本

在家庭社会资本因素中，主要考虑教育程度、职业等级、单位性质、家庭经济状况四个测量变量。总样本中，教育程度最小值为 0，最大值为 5，说明家庭教育程度从初中及以下到博士不等，数据跨度较大，均值为 0.84，说明调查高校学生父母总体的教育水平偏低，平均在高中水平左右；父母的职业等级最小值为 0，最大值为 10，说明从无业、半失业人员到社会管理者都存在，跨度较大，均值为 4.77，处在 1～10 范围内，说明样本很好地反映了社会平均状况；单位性质为 0-1 变量，均值为 0.27，虽然 0-1 变量的平均值没有实际含义，但其均值可以反映赋值为 1 的变量所占的比例，说明有 27% 的高校学生父母有正式编制的工作。家庭经济状况方面父母收入之和极小值为 1，极大值为 14，说明家庭月收入从 0～10 万元不等，均值为 6.13，反映了总体上平均家庭月收入在 1 万元左右。

2) 人力资本

在人力资本因素中，主要考虑学历、英语水平、学校表现、组织社团经历、实习经历五个测量变量。总样本中，学历水平上本科生 82.00%，研究生 18.00%，这一结果与社会上研究生数量少于本科生一致；英语水平为 0～4，水平参差不齐，均值为 1.26，这一结果很好地反映了大多数学生都至少有 1 个英语证书（大学英语四级证书）与高校要求一致；学校表现反映在获得奖励的证书数量方面，样本中有高校学生没有获得过奖励证书，也有最多获得过 5 种奖励证书，均值为 1.43，反映了总体上高校学生平均获得 1～2 个奖励证书，这也与大学的现实状况一致；组织社团方面，59.00% 的高校学生没有组织过社团，41.00% 的高校学生组织过社团，这也与现在高校学生积极参与社团活动有关；实习经历上，有 30.00% 的高校学生没有参加过实习，70.00% 高校学生参加过实习，大多数学生都会在找工作的前一个学期或者假期寻找实习为找工作做准备，这一结果与大学实际状况相似。

3) 社会网络

社会网络方面测度了讨论网的网顶、网络规模、网络关系强度、网络异质性 4 个指标。在讨论网中，网顶最小为 0，最大为 10，非正式求职途径的网顶均值为 6.82，正式途径的网顶均值为 6.32，可见非正式求职途径的网顶大于正式途径的网顶。这也是由于使用非正式求职途径的高校学生对于社会网络资源的依赖性较强，需要网络中关系人的社会层级维持在较高水平上，从而能够为高校学生带来更有效、更丰富的求职信息；网络职业异质性最小值为 0，最大为 1，非正式求职途径的职业异质性均值为 0.56，正式求职途径的职业异质性均值为 0.52，可见非正式求职途径的职业异质性大于正式途径的职业异质性。同样的道理，使用非正式求职途径的高校学生更注重其社会网络资源的丰富性，也就会维持更多样的网络差异性。相对来说，使用正式求职途径的高校学生网络异质性就会相对较低；网络规模最小值为 1，最大值为 15，非正式求职途径的网络规模均值为 7.53，正式求职途径的网络规模为均值 6.69，可见非正式求职途径的网络规模高于正式途径的网顶。这一结果，说明使用非正式求职途径的高校学生需要较大规模的社会网络，以求获得更多的社会资源来获取有效的求职信息，而使用正式求职途径的高校学生对这种需求相对较弱；关系强度变量由于是因子得分，经过标准化后范围为 0~100，其中非正式求职途径的网络关系强度均值为 59.78，正式求职途径的网络关系强度为均值 52.68，可见非正式求职途径的网络关系强度高于正式求职途径的网络关系强度。这一点也十分容易理解，使用非正式求职途径寻找工作的高校学生必然对于自身社会网络关系的经营更加注重，所以，相应的与关系网中各成员的关系强度就会较高。

4）求职途径

求职途径变量为二分的 0-1 变量，描述性统计发现，80%的高校学生在找工作的时候会找人帮忙，20%的高校学生在找工作的时候不会找人帮忙。这里找人帮忙的含义较为宽泛，涵盖了从提供求职信息、面试技巧到提供实质性的职位获得帮助，故找人帮忙的高校学生比例较高。除此之外，我们还探究帮助人提供何种帮助、帮助人和被帮助人关系、关键帮助人和被帮助人的交往情况以及帮助人和被帮助人的相熟程度、亲密程度、信任程度。由于帮助人提供何种帮助、帮助人和被帮助人关系的测度问题的多选项，用 SPSS 中多重响应来处理多选项问题，处理结果显示，排在前三位的是提供就业信息、解决求职中的具体问题、帮助整理申请材料。72.89%的受访者认为得到他人帮助的方式是帮助者提供的就业信息，37.13%的受访者认为得到他人帮助的方式是帮助解决求职中的具体问题，26.65%的受访者认为得到他人帮助的方式是帮助整理申请材料。由此可见主要的帮助方式都是和找工作的准备过程有关。

在帮助人和被帮助人关系方面，排在前三位的是朋友、家人、同学，其所占调查者比例分别为 54.98%、40.95%、36.20%。这些也都是高校学生平时接触最多的人，说明高校学生倾向于向身边的人寻求帮助。

在关键帮助人和帮助人的联系频率方面，可以看出总人数中几乎有一半的高校学生都是和关键帮助人经常来往，有大约 1/4 的高校学生和关键联系人偶尔来往，说明高校学生倾向于向身边的人，经常联系的人寻求帮助。关于关键帮助人和帮助人的关系强度，我们分别统计了相熟程度、亲密程度和信任程度的关系强度，关系强度由低到高分别赋值从 1～5，可以看出三种关系程度大都在 3～4，说明高校学生一般在寻求求职帮助时，会更倾向于寻找比较熟、比较亲密和比较信任与很熟、很亲密、很信任的帮助者。

11.3.3 各影响因素的相关分析

1）家庭社会资本因素相关关系

家庭社会资本包括四个变量：教育程度、职业等级、单位性质、家庭经济状况。下面针对其中不同性质的变量分别采用不同的方法进行相关分析。数据分析结果显示，教育程度与职业等级有较为明显的相关性，在 0.05 水平上显著；职业等级变量与家庭经济状况变量在 0.05 水平上显著相关；教育程度与家庭经济状况相关性并不显著。

由于单位性质变量是 0-1 变量，用方差分析中的 ETA^2 系数来判断其相关性，从分析结果可以看出，单位性质与教育程度和职业等级两个变量都在 0.01 水平上显著相关，具有较高的相关性，但是单位性质与家庭经济状况相关性并不显著。

就此，教育程度、职业等级、单位性质之间具有较高并且显著的相关性，参考相关处理方式，可以将教育程度、职业等级、单位性质使用因子分析合并成一个变量，并命名为家庭社会背景。分析结果显示 KMO 值为 0.697，Bartlett 检验显示显著，累积解释总方差为 69.70%，具体的因子载荷分别为 0.858、0.837 和 0.811，因子分析的结果非常好。

最后，家庭社会背景与家庭经济状况两个变量的相关分析，结果显示合成后的家庭社会背景因子与家庭经济状况相关系数在 0.05 水平上相关，但只有 0.114，并不是非常相关，在后续进行回归分析的过程中发现 VIF 值小于 10，多重共线性不明显，故对变量不作过多处理。

2）人力资本因素相关关系

人力资本包括五个变量：学历程度、英语水平、学校表现、组织社团经历、实习经历。随后对其进行相关分析，因为学历、组织社团经历、实习经历等变量均为 0-1 两分变量，基于研究的严谨性，我们将此三个变量单列出来采用交叉列联分析来确定其间的相关关系；而对英语水平、学校表现与学历、组织社团经历、实习经历等变量进行方差分析，从分析结果可以看出学历程度、英语水平、学校表现之间具有较高且显著的相关性，参考相关处理方式和测度指标，可以将学历程度、英语水平、学校表现采用因子分析法合并成一个变量，并命名为知识技能水平。因子分析结果显示 KMO 值为 0.627，Bartlett 检验显示出比较显著的结果，且累积解释总方差为 54.12%，比较适合进行因子分析。具体的因子载荷结果分别为 0.760、0.745 和 0.701，变量的整体合成效果较好。

　　知识技能水平因子与实习经历、组织社团经历变量的相关分析结果显示各变量之间并不相关,后续回归分析时同时加入不存在明显的多重共线性。所以在进行接下来的回归分析之前,不需要继续处理这些变量。

　　3）社会网络因素相关关系

　　本章研究的社会网络是高校学生讨论就业问题的熟人讨论网,这里用皮尔逊相关系数讨论每种网络指标之间的相关关系,分析结果显示讨论网网顶与网络异质性和网络规模具有较强的相关性,但网络规模与网络异质性没有较强的相关性,尝试对上述三个变量进行因子分析发现结果不好,故不将其进行合并,在后面章节中的回归中可能存在多重共线性,但后面的回归结果发现 VIF 值小于 10,不存在明显的多重共线性,故不作处理。

11.4　影响高校学生工作满意度因素的直接关系分析

11.4.1　家庭社会资本对人力资本和工作满意度的影响

　　根据不同的数据类型,这里区分并使用不同方法进行回归分析,以求更准确和细致的描述因素变量之间的直接影响与因果关系。首先是家庭社会资本对人力资本与工作满意度的回归结果,如表 11-4-1 所示。

表 11-4-1　家庭社会资本对人力资本和工作满意度的回归分析结果

自变量	模型 1-1 (OLS) (知识技能水平)	模型 1-2 (Logit) Exp (B) 系数 (实习经历)	模型 1-3 (Logit) Exp (B) 系数 (组织社团经历)	模型 1-4 (OLS) (工作回报满意度)	模型 1-5 (OLS) (工作内容满意度)	模型 1-6 (OLS) (工作环境满意度)
家庭社会背景	0.203***	0.963	0.935	0.038	−0.009	−0.001
家庭经济状况	−0.67***	1.019	1.074**	0.052***	0.071***	0.075***
常数项	0.01***	2.801	0.447	−3.19***	−0.434***	−0.457***
R^2	0.06	—	—	0.019	0.029	0.033
F	14.174***			4.189***	6.687***	7.515***
−2 对数似然值		554.943	600.393			
卡方值		0.286	3.467*			
自由度		2	2			
N	446	446	446	446	446	446

　　由表 11-4-1 中模型 1-1～模型 1-3 可以看出,高校学生的家庭社会资本对人力资本中的知识技能水平有 0.01 水平的显著性影响,对实习经历没有显著影响。其

中人力资本的知识技能水平模型中，家庭社会背景在 0.01 水平下显著，*B* 值为 0.203，说明高校学生家庭社会背景越丰富，他的知识技能水平越高。家庭经济状况在 0.01 水平下显著，*B* 值为−0.67，说明高校学生家庭经济条件越优越，他的知识技能水平越低。且只有家庭经济状况对于组织社团经历有正向的 0.05 水平上的显著性影响，*B* 值为 1.074，说明高校学生家庭经济状况越好有助于其有更多的组织社团经历。所以，假设 H1 得到了部分验证。从模型 1-4～模型 1-6 的分析结果来看，只有家庭经济状况对三个维度的工作满意度均有正向的 0.01 水平上的显著性影响，其中工作回报满意度模型中，家庭经济状况的 *B* 值为 0.052，在工作内容满意度模型中，家庭经济状况的 *B* 值为 0.071，在工作环境满意度模型中，家庭经济状况的 *B* 值为 0.075。即高校学生的家庭经济状况越好，其就业后的工作满意度水平越高。所以假设 H2 也得到了部分验证。

11.4.2 人力资本对社会网络、工作满意度和求职途径的影响

人力资本三个维度变量对社会网络、工作满意度和求职途径影响的回归分析结果如表 11-4-2 所示，由于前期的相关分析结果显示人力资本与网络异质性和网络关系强度没有显著相关的关系，这里仅选取网顶和网络规模指标进行回归分析。

表 11-4-2　人力资本对社会网络、工作满意度和求职途径的回归分析结果

自变量	模型 2-1 (OLS) (网顶)	模型 2-2 (OLS) (网络规模)	模型 2-3 (OLS) (工作回报满意度)	模型 2-4 (OLS) (工作内容满意度)	模型 2-5 (OLS) (工作环境满意度)	模型 2-6(Logit) Exp（*B*）系数 求职途径
常数项	6.037***	6.363***	−0.247	−0.234	−0.265***	3.283***
知识技能水平	0.356**	0.083	0.072	−0.008	−0.056	1.251*
组织社团经历	0.142	0.522	0.219**	0.149	0.177*	0.804
实习经历	0.899***	1.130***	0.225**	0.247**	0.275***	1.621*
R^2	0.031	0.03	0.028	0.019	0.027	—
F	4.653***	4.633***	4.168***	2.802**	4.129***	—
−2 对数似然值	—	—	—	—	—	435.136
卡方值	—	—	—	—	—	7.876**
自由度	—	—	—	—	—	3
N	446	446	446	446	446	446

由表 11-4-2 中的模型 2-1 与模型 2-2 可以看出，人力资本中实习经历对网顶和网络规模有显著性影响，其中模型 2-1 中，实习经历在 0.01 水平下显著，*B* 值为 0.899，说明实习经历越丰富，网顶越高，网络资源总量就越大。模型 2-2 中，实习经历在

0.01 水平下显著，B 值为 1.130，再次说明高校学生实习经历越丰富，网络规模越大，网络资源总量也就越大。知识技能水平仅对网顶有正向的显著性影响，模型 2-1 中，知识技能水平在 0.05 显著性水平下显著，B 值为 0.356，说明高校学生知识技能水平越高，网顶越高，网络资源总量越大。所以这里假设 H3 得到了部分验证。从模型 2-3～模型 2-5 的结果来看，知识技能水平对工作满意度没有显著影响，而组织社团经历和实习经历对工作满意度均有不同水平的正向显著性影响，其中，工作回报满意度模型中，组织社团经历在 0.05 显著性水平下显著，B 值为 0.219，说明高校学生组织社团经历越多，对求职过程中获得工作的回报越满意。工作回报满意度模型中，实习经历在 0.05 显著性水平下显著，B 值为 0.225，说明高校学生实习经历越多，对求职过程中获得工作的回报越满意。工作内容满意度模型中，实习经历在 0.05 显著性水平下显著，B 值为 0.247，说明高校学生实习经历越多，对求职过程中获得工作的主要从事内容越满意。工作环境满意度模型中，组织社团经历在 0.1 显著性水平下显著，B 值为 0.177，说明高校学生组织社团经历越多，对求职过程中获得工作的所处环境氛围越满意。工作环境满意度模型中，实习经历在 0.01 显著性水平下显著，B 值为 0.275，说明高校学生实习经历越多，对求职过程中获得工作的所处环境越满意。仅有组织社团经历对工作内容满意度的影响不是十分显著。即高校学生的组织经历和实习经历越丰富，其就业后的工作满意度相对越高，所以这里假设 H5 得到了部分验证。最后模型 2-6 中的数据结果显示，知识技能水平和实习经历对求职途径有 0.1 水平上的显著影响，其中知识技能水平的 Exp（B）为 1.251，实习经历的 Exp（B）为 1.621，两者都大于 1，即知识技能水平越高、实习经历越丰富越倾向于选择有人帮忙的非正式求职途径，所以假设 H4 也得到了部分验证。

11.4.3 社会网络对求职途径与求职途径对工作满意度的影响

社会网络对求职途径的影响，以及求职途径对工作满意度的影响回归分析结果如表 11-4-3 所示，由各个回归模型的卡方值和 F 检验结果的显著性可以看出，其中的回归方程均呈现显著的整体回归结果。

表 11-4-3　社会网络对求职途径及其对工作满意度的回归分析结果

自变量	模型 3-1（Logit）Exp（B）系数 求职途径	模型 3-2（OLS）（工作回报满意度）	模型 3-3（OLS）（工作内容满意度）	模型 3-4（OLS）（工作环境满意度）
求职途径	—	0.196*	0.297**	0.298**
常数项	0.999	−0.158	−0.238**	−0.240**
网顶	1.079	—	—	—

续表

自变量	模型 3-1（Logit） Exp（*B*）系数 求职途径	模型 3-2 （OLS） （工作回报满意度）	模型 3-3 （OLS） （工作内容满意度）	模型 3-4 （OLS） （工作环境满意度）
网络规模	1.022**	—	—	—
网络关系强度	1.709***	—	—	—
网络异质性	0.528	—	—	—
−2 对数似然值	426.477	—	—	—
卡方值	16.534***	—	—	—
自由度	4	—	—	—
R^2	—	0.006	0.014	0.014
F	—	2.737*	6.297**	6.367**
N	446	446	446	446

由表 11-4-3 中的模型 3-1 可以看出，社会网络中的网络规模和关系强度对求职途径有显著性影响，其中网络规模在 0.05 显著性水平下对求职途径有显著影响，Exp（*B*）值为 1.022，网络关系强度在 0.01 显著性水平下对求职途径有显著影响，Exp（*B*）值为 1.709，两者都大于 1，说明高校学生就业讨论网的网络规模和关系强度越大，其求职过程中越倾向于选择有人帮助的非正式求职途径，所以假设 H6 得到了部分验证。而由模型 3-2～模型 3-4 中的结果所示，求职途径对三个维度的工作满意度均有显著性的影响，其中求职途径在 0.1 显著性水平下对工作回报满意度有影响，*B* 值为 0.196；求职途径在 0.05 显著性水平下对工作内容满意度有影响，*B* 值为 0.297；求职途径在 0.05 显著性水平下对工作环境满意度有影响，*B* 值为 0.298；符号为正的系数说明在求职过程中，高校学生选择非正式求职途径相对更容易获得较高的工作满意度。所以，假设 H7 得到了全部验证。

11.5 影响高校学生工作满意度因素的间接关系分析

11.5.1 影响因素间的间接关系模型拟合与分析

接下来将影响因素间相互之间的关系考虑进去并将其同时纳入同一个模型进行分析，即使用结构方程模型的方法对其相互之间的影响及因果关系进行具体详细的探索。具体的标准化路径系数图如图 11-5-1 所示，模型整体检验卡方值256.114，自由度为 126，卡方值与自由度的比值为 2.033，接近 2。模型拟合结果，CFI、GFI、NFI 值分别为 0.963、0.945、0.931，均大于 0.90，RMSEA 值为 0.048，小于 0.05，表明模型拟合情况比较好。

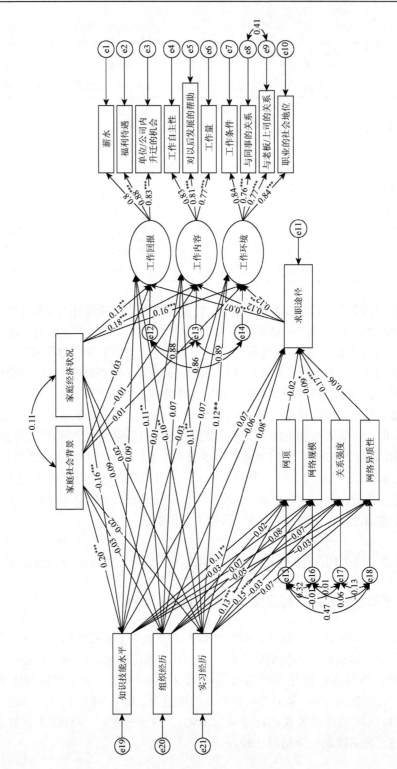

图 11-5-1　影响工作满意度因素分析的标准化系数路径图

　　该路径系数与11.4节中的回归结果中的直接关系较为一致，即该结果比较稳定。从图11-5-1中的具体路径系数显著性来看，高校学生的家庭社会背景越好其知识技能水平越高，而家庭经济状况的越好却会对其知识技能水平的高低带来负面的影响，而知识技能水平越高，其就业讨论网中成员的网顶越高，同时实习经历越丰富的高校学生的讨论网网络规模和网顶也会越大和越高。高校学生的人力资本中实习经历越丰富以及就业讨论网的网络规模和关系强度越大，会导致其更倾向选择非正式求职途径。此外，人力资本变量水平越高和家庭经济状况越好，会对高校学生的工作回报满意度造成显著的正向影响；而高校学生的家庭经济状况越好，实习经历越丰富以及选择非正式求职途径则会获得更高的工作内容满意度和工作环境满意度。

11.5.2　求职途径在人力资本与工作满意度之间的中介效应分析

　　由于本模型较为复杂，无法同时分析其因素间存在的中介效应，这里仅将存在显著中介效应的各因素间中介作用模型进行拟合，并进一步分析其中存在中介作用的显著性水平。

　　首先，对该求职途径中介作用模型进行模型拟合分析，分析结果显示该路径模型整体检验卡方值为1.143，自由度为2，卡方与自由度比为0.572；相关拟合指标，CFI、IFI、NFI值分别为1.000、1.000、0.999，RMSEA值为0.000，相关指标达到了理想范围值内，所以总体来看模型拟合情况较好。

　　其次，对求职途径变量可能存在的中介作用进行分析，参照温忠麟等（2006）的中介作用检验标准程序，下面将分步骤检验结果进行总结，如表11-5-1所示。

表 11-5-1　求职途径中介作用分步骤检验结果

因变量	自变量	检验步骤	标准化回归方程	回归系数检验	中介效应比例
工作回报	知识技能	第一步	$y = 0.072x$	$SE = 0.045,\ p = 0.108$	—
		第二步	$w = 0.083x$	$SE = 0.043,\ p = 0.064^{*}$	
		第三步	$y = 0.068w + 0.066x$	$SE = 0.05,\ p = 0.146$	
				$SE = 0.045,\ p = 0.156$	
	组织经历	第一步	$y = 0.108x$	$SE = 0.047,\ p = 0.022^{**}$	—
		第二步	$w = -0.043x$	$SE = 0.047,\ p = 0.354$	
		第三步	$y = 0.068w + 0.111x$	$SE = 0.05,\ p = 0.146$	
				$SE = 0.047,\ p = 0.017^{**}$	

续表

因变量	自变量	检验步骤	标准化回归方程	回归系数检验	中介效应比例
工作回报	实习经历	第一步	$y = 0.103x$	$SE = 0.048,\ p = 0.029^{**}$	60.74%
		第二步	$w = 0.092x$	$SE = 0.05,\ p = 0.055^{*}$	
		第三步	$y = 0.068w + 0.097x$	$SE = 0.049,\ p = 0.146$	
				$SE = 0.048,\ p = 0.039^{**}$	
工作内容	知识技能	第一步	$y = -0.008x$	$SE = 0.049,\ p = 0.903$	—
		第二步	$w = 0.083x$	$SE = 0.043,\ p = 0.064^{*}$	
		第三步	$y = 0.114w - 0.017x$	$SE = 0.05,\ p = 0.016^{**}$	
				$SE = 0.049,\ p = 0.718$	
	组织经历	第一步	$y = 0.073x$	$SE = 0.047,\ p = 0.132$	—
		第二步	$w = -0.043x$	$SE = 0.047,\ p = 0.354$	
		第三步	$y = 0.114w + 0.088x$	$SE = 0.05,\ p = 0.016^{**}$	
				$SE = 0.048,\ p = 0.094^{*}$	
	实习经历	第一步	$y = 0.113x$	$SE = 0.046,\ p = 0.016^{*}$	9.28%
		第二步	$w = 0.092x$	$SE = 0.05,\ p = 0.055^{*}$	
		第三步	$y = 0.114w + 0.103x$	$SE = 0.049,\ p = 0.016^{**}$	
				$SE = 0.048,\ p = 0.028^{**}$	
工作环境	知识技能	第一步	$y = -0.056x$	$SE = 0.049,\ p = 0.222$	17.49%
		第二步	$w = 0.083x$	$SE = 0.043,\ p = 0.064^{*}$	
		第三步	$y = 0.118w - 0.066x$	$SE = 0.05,\ p = 0.012^{**}$	
				$SE = 0.048,\ p = 0.158$	
	组织经历	第一步	$y = 0.087x$	$SE = 0.048,\ p = 0.073^{*}$	—
		第二步	$w = -0.043x$	$SE = 0.047,\ p = 0.354$	
		第三步	$y = 0.118w + 0.092x$	$SE = 0.049,\ p = 0.012^{**}$	
				$SE = 0.047,\ p = 0.048^{**}$	
	实习经历	第一步	$y = 0.126x$	$SE = 0.048,\ p = 0.011^{**}$	8.62%
		第二步	$w = 0.092x$	$SE = 0.05,\ p = 0.055^{*}$	
		第三步	$y = 0.118w + 0.115x$	$SE = 0.049,\ p = 0.012^{**}$	
				$SE = 0.048,\ p = 0.013^{**}$	

由表 11-5-1 可知，因变量为工作回报满意度的关系组中，在知识技能对工作

回报影响的中介作用关系检验结果中，自变量对因变量影响的总效应不显著，所以这里不存在显著的中介作用；而组织经历对工作回报影响的中介作用关系检验结果中，自变量对中介变量的影响和中介变量对因变量的影响均不显著，故这里也不存在显著的中介作用。在实习经历对工作回报影响的中介作用关系检验结果中，仅有中介变量对因变量的影响不显著，所以这里进一步采用 Sobel 检验，按照公式 $z = \dfrac{ab}{\sqrt{S_a^2 b^2 + S_b^2 a^2}}$ 计算可得检验值 $z = 1.094$，查阅 MacKinnon 临界值表可知 $1.094 > 0.90$（$p < 0.05$），所以，求职途径在这里起到了显著的部分中介作用，经过计算可得中介作用占总效应的比例为 60.74%。

在因变量为工作内容满意度的关系组中，知识技能和组织经历对因变量影响的总效应并不显著，所以这两组关系中并不存在求职途径显著地中介作用。在实习经历对工作内容满意度影响的关系中，中介作用检验结果的三步均显著，所以求职途径在这里起到了显著的部分中介作用，计算可得中介作用占总效应的比例为 9.28%。

在因变量为工作环境满意度的关系组中，知识技能对工作环境影响的总效应并不显著，但是有可能存在"遮掩问题"，所以这里进一步采用 Sobel 检验，按照公式计算可得检验值 $z = 1.506$，查阅 MacKinnon 临界值表可知 $1.506 > 0.90$（$p < 0.05$），所以，求职途径在这里起到了显著的完全中介作用，经过计算可得中介作用占总效应的比例为 17.49%。

在组织经历对工作环境满意度影响的关系中，仅有第二步检验结果不显著，即自变量对中介变量的影响不显著，所以这里进一步采用 Sobel 检验，计算得检验值 $z = -0.855$，大于 -0.90（$p < 0.05$），所以，求职途径在这里的中介作用并不显著。在实习经历对工作环境满意度影响的关系中，三步检验结果均显著，所以求职途径在这里起到了显著的部分中介作用，且经过计算可得中介作用占总效应的比例为 8.62%。

11.5.3 求职途径在人力资本与工作满意度间中介效应的分样本比较

在上述总样本中介作用模型分析的基础上，按照师范类高校和非师范类高校的区分标准（占比分别为 52.47%和 47.53%），对求职途径中介变量模型的分样本分析情况，经过结构方程模型分析方法对此中介模型进行拟合，发现模型各个拟合指数中整体检验卡方值为 11.716，自由度为 5，卡方与自由度比为 2.343；相关拟合指标，CFI、IFI、NFI 值分别为 0.992、0.993、0.987 均大于 0.95 的理想值范围内，RMSEA 值为 0.055，未达到理想范围值，但总体来看模型拟合情况可以接受，标准化路径系数如表 11-5-2 所示。

表 11-5-2　求职途径中介模型分样本拟合标准化路径系数

变量间关系	师范类高校	非师范类高校
求职途径←知识技能水平	−0.036	0.14**
求职途径←组织经历	0.005	−0.081
求职途径←实习经历	0.013	0.172***
工作环境满意度←实习经历	0.171***	0.025
工作环境满意度←知识技能水平	−0.071	−0.011
工作环境满意度←组织经历	0.078	0.124*
工作回报满意度←知识技能水平	0.065	0.081
工作回报满意度←组织经历	0.045	0.195***
工作回报满意度←实习经历	0.118*	0.033
工作内容满意度←知识技能水平	0.023	−0.003
工作内容满意度←组织经历	0.044	0.113*
工作内容满意度←实习经历	0.097	0.071
工作回报满意度←求职途径	−0.038	0.21***
工作内容满意度←求职途径	0.055	0.193***
工作环境满意度←求职途径	0.053	0.202***

通过对两类样本中的求职途径中介作用检验，结果发现在师范类高校样本中求职途径的中介作用检验结果并不显著，而在非师范类高校样本中的检验结果如表 11-5-3 所示。

表 11-5-3　非师范类高校求职途径中介作用分步骤检验结果

因变量	自变量	检验步骤	标准化回归方程	回归系数检验	中介效应比例
工作回报	知识技能	第一步	$y = 0.111x$	SE = 0.074, $p = 0.142$	—
		第二步	$w = 0.14x$	SE = 0.062, $p = 0.026$**	
		第三步	$y = 0.21w + 0.081x$	SE = 0.073, $p = 0.00$***	
				SE = 0.075, $p = 0.224$	
	组织经历	第一步	$y = 0.178x$	SE = 0.068, $p = 0.011$**	9.56%
		第二步	$w = -0.081x$	SE = 0.071, $p = 0.256$	
		第三步	$y = 0.21w + 0.195x$	SE = 0.073, $p = 0.00$***	
				SE = 0.066, $p = 0.00$***	
	实习经历	第一步	$y = 0.069x$	SE = 0.073, $p = 0.317$	—
		第二步	$w = 0.172x$	SE = 0.071, $p = 0.017$**	

续表

因变量	自变量	检验步骤	标准化回归方程	回归系数检验	中介效应比例
工作回报	实习经历	第三步	$y = 0.21w + 0.033x$	$SE = 0.073,\ p = 0.00^{***}$	—
				$SE = 0.071,\ p = 0.625$	
工作内容	知识技能	第一步	$y = 0.024x$	$SE = 0.076,\ p = 0.773$	—
		第二步	$w = 0.14x$	$SE = 0.062,\ p = 0.256$	
		第三步	$y = 0.193w - 0.003x$	$SE = 0.073,\ p = 0.00^{***}$	
				$SE = 0.077,\ p = 0.968$	
	组织经历	第一步	$y = 0.098x$	$SE = 0.069,\ p = 0.153$	15.95%
		第二步	$w = -0.081x$	$SE = 0.071,\ p = 0.00^{***}$	
		第三步	$y = 0.193w + 0.113x$	$SE = 0.073,\ p = 0.00^{***}$	
				$SE = 0.068,\ p = 0.091^{*}$	
	实习经历	第一步	$y = 0.104x$	$SE = 0.072,\ p = 0.154$	—
		第二步	$w = 0.172x$	$SE = 0.071,\ p = 0.017^{**}$	
		第三步	$y = 0.193w + 0.071x$	$SE = 0.073,\ p = 0.00^{***}$	
				$SE = 0.072,\ p = 0.301$	
工作环境	知识技能	第一步	$y = 0.017x$	$SE = 0.076,\ p = 0.84$	—
		第二步	$w = 0.14x$	$SE = 0.062,\ p = 0.256$	
		第三步	$y = 0.202w - 0.011x$	$SE = 0.072,\ p = 0.00^{***}$	
				$SE = 0.078,\ p = 0.874$	
	组织经历	第一步	$y = 0.107x$	$SE = 0.069,\ p = 0.124$	15.29%
		第二步	$w = -0.081x$	$SE = 0.071,\ p = 0.00^{***}$	
		第三步	$y = 0.202w + 0.124x$	$SE = 0.072,\ p = 0.00^{***}$	
				$SE = 0.067,\ p = 0.066^{*}$	
	实习经历	第一步	$y = 0.06x$	$SE = 0.073,\ p = 0.413$	—
		第二步	$w = 0.172x$	$SE = 0.071,\ p = 0.017^{**}$	
		第三步	$y = 0.202w + 0.025x$	$SE = 0.072,\ p = 0.00^{***}$	
				$SE = 0.073,\ p = 0.716$	

由表 11-5-3 可知,首先,在工作回报满意度为因变量的关系组中,知识技能和实习经历对因变量影响的总效应并不显著,所以这里不存在任何显著的中介作用。而组织经历对工作回报满意度的影响关系中,仅有自变量对中介变量的影响结果不显著,所以进一步采用 Sobel 检验确认其中介作用的显著性,按照公式计

算的检验值 $z = -1.060$，小于临界值-0.90（$p < 0.05$），所以求职途径在这里起到了显著的部分中介作用，经过计算可得其占到总效应的比例为 9.56%。

其次，在工作内容满意度为因变量的关系组中，三个自变量对因变量影响的总效应均不显著，但是在组织经历对工作内容满意度影响的关系中可能存在"遮掩问题"，所以对此进一步采用 Sobel 检验，计算得检验值 $z = -1.047$，小于临界值-0.90（$p < 0.05$），所以求职途径在这里起到了显著的部分中介作用，计算可得中介作用占总效应的比例为 15.95%。

最后，在工作环境满意度为因变量的关系组中，自变量对因变量影响的总效应也都不显著，但是组织经历对工作环境满意度影响的关系中同样可能存在"遮掩问题"，所以对此进一步采用 Sobel 检验，计算得到检验值 $z = -1.057$，小于临界值-0.90（$p < 0.05$），所以求职途径在这里起到了显著的部分中介作用，计算可得中介作用占总效应的比例为 15.29%。

综上所述，在非师范类高校样本中，组织经历变量对工作满意度三个维度的影响关系中，求职途径均起到了显著的部分中介作用；而在师范类高校样本中，求职途径对人力资本与工作满意度之间的关系并未起到任何显著的中介作用。仔细分析可以发现，两类样本群体中，不同类型高校对学生培养目标、职业生涯规划类型以及高校学生自身个性特征等都有着相对较大的差异性。本章所涉及的非师范类高校学生，由于所从事专业的类型往往在遇到事情需要做出选择的时候会相对更加理性，会充分考虑到各个方面的利与弊，在求职过程中，他们往往会充分考虑自身人力资本与社会网络关系之间的强与弱，较为敏感地选择求职途径的类型，因此会对最终的工作满意度产生间接影响。相反，师范类高校学生由于上述分析原因再加之女性比例较高，在对求职途径的选择上相对较为感性，受到自身人力资本的影响显著性并不高，通过其对工作满意度产生的间接影响也就相对较弱，即求职途径的中介作用在师范类高校样本中相对并不显著。

11.6　本　章　小　结

本章主要运用相关性分析、OLS 回归分析、Logit 回归分析、探索性因子分析、验证性因子分析以及结构方程模型的分析方法，考虑直接和间接效应的作用，从工作环境满意度、工作内容满意度、工作回报满意度三个维度，探讨了高校毕业生的家庭社会资本、人力资本、社会网络（就业讨论网）以及求职途径对高校毕业生的工作满意度的影响，以及各影响因素之间的相互关系，得到以下结论。

（1）家庭社会资本、人力资本和求职途径对工作满意度产生了显著的积极影响。

首先，对于工作回报满意度方面，高校毕业生的人力资本因素中的实习经历变量对其满意度起到了显著的正向影响，此外，高校毕业生的家庭经济状况也对工作回报满意度起到了正向显著的影响作用。其次，在工作内容满意度的影响因素方面，高校毕业生的家庭经济状况和人力资本中的实习经历对其造成了显著的正向影响；而高校学生在求职过程中选择非正式求职途径找到工作的人，会在工作内容上获得相对较高的工作满意度。最后，在对工作环境满意度的直接影响因素的分析中，我们发现同工作内容较为一致的结论，即高校毕业生的家庭经济状况和其自身的实习经历丰富程度水平越高，就会对其就业后的工作环境产生相对较高的工作满意度；同样，选择非正式求职途径找到工作的高校学生，比通过正式求职途径找到工作的人获得更高的工作环境满意度；与工作内容满意度的结论唯一不同的是：组织社团经历对工作环境满意度有显著正向影响。此外，求职途径的选择对工作回报满意度、工作内容满意度和工作环境满意度三个维度均产生了显著的积极影响，即选择非正式求职途径获得工作的高校学生相对能够获得更高的工作满意度。然而，对比同时期章培蓓（2015）对浙江、江苏、安徽、上海等地区应届毕业生的相关研究发现，本章的结论得到了进一步证实。即高校学生要获得更高的工作满意度除了对非正式求职途径选择外，具体要通过网络关系中的弱关系为自己带来更丰富的求职信息，最终还是要摆正心态，通过自身积极的求职行为和态度才能实现。

（2）求职途径因素在人力资本与工作满意度之间起到了显著的中介作用。

高校学生的求职途径因素在人力资本因素中的实习经历变量与工作满意度中的工作内容满意度、工作回报满意度和工作环境满意度之间起到了部分中介的作用，即实习经历部分通过对求职途径的影响，再通过求职途径对工作满意度的影响进而间接的对其中的上述三个维度满意度造成了显著影响。也就是高校毕业生的实习经历越丰富，就会导致其越倾向于选择非正式求职途径，而这一选择会进一步造成其就业后对工作内容和工作环境拥有相对较高的满意度，所以实习经历通过中介变量——求职途径对工作内容满意度、工作回报满意度和工作环境满意度起到了间接显著的影响作用。此外，高校学生的求职途径因素在人力资本因素的知识技能水平与工作环境满意度之间起到了完全中介作用，说明高校毕业生拥有的知识技能水平越高，会倾向于选择非正式求职途径，进而提升工作环境满意度。

（3）求职途径在人力资本与工作满意度关系中的中介效应在不同样本中存在显著的差异性。

在对师范类高校和非师范类高校不同样本中的结果比较可以看出，在非师范类高校样本中，组织经历变量对工作满意度三个维度的影响关系中，求职途径均起到了显著的部分中介作用；而在师范类高校样本中，求职途径对人力资本与工作满意度之间的关系并未起到任何显著的中介作用。原因是：不同类型高校对学生培养目标、职业生涯规划类型以及高校学生自身个性特征等都有着相对较大的差异性。非师范类高校学生，由于所从事专业的类型往往在需要做出选择时，会充分考虑到各个方面的利与弊，在求职过程中，他们往往对求职途径类型的选择较为敏感，因此对最终的工作满意度产生间接影响。相反，师范类高校学生在对求职途径的选择上相对较为感性，受到自身人力资本的影响显著性并不高，所以通过其对工作满意度产生的间接影响也就相对较弱。

本章相关假设检验结果汇总如表 11-6-1 所示。

表 11-6-1　假设检验结果汇总表

编号	假设内容	是否通过验证
H1	高校学生的家庭社会资本越高，其人力资本也就越高	部分通过
H1a	高校学生的家庭社会背景越高，其知识技能水平越高	通过
H1b	高校学生的家庭社会背景越高，其组织经历越丰富	未通过
H1c	高校学生的家庭社会背景越高，其实习经历越丰富	未通过
H1d	高校学生的家庭经济状况越好，其知识技能水平越高	未通过
H1e	高校学生的家庭经济状况越好，其组织经历越丰富	通过
H1f	高校学生的家庭经济状况越好，其实习经历越丰富	通过
H2	高校学生的家庭社会资本越高，其工作满意度也就越高	部分通过
H2a	高校学生的家庭社会背景越好，其工作满意度也就越高	部分通过
H2b	高校学生的家庭经济状况越好，其工作满意度也就越高	通过
H3	高校学生人力资本越高，社会网络资源越丰富	部分通过
H3a	高校学生知识技能水平越高，社会网络资源越丰富	部分通过
H3b	参加过实习高校学生的社会网络资源越丰富	通过
H3c	组织过社团的高校学生的社会网络资源越丰富	未通过
H4	高校学生人力资本越高，求职过程中越可能选择正式途径	部分通过
H4a	高校学生知识技能水平越高，越可能选择正式途径求职	通过
H4b	具有组织经验的高校学生更可能选择正式途径求职	未通过
H4c	参加过实习高校学生更可能选择正式途径求职	通过
H5	高校学生人力资本越高，工作满意度就越高	部分通过
H5a	高校学生知识技能水平越高，工作满意度就越高	未通过
H5b	具有组织经验的高校学生工作满意度就越高	部分通过
H5c	参加过实习的高校学生工作满意度就越高	通过
H6	高校学生社会网络特征对非正式求职途径选择有正向促进作用	部分通过

编号	假设内容	是否通过验证
H6a	高校学生所有用的社会网络中网顶越大，越可能选择非正式途径求职	未通过
H6b	社会网络规模越大的高校学生越可能选择非正式途径求职	通过
H6c	高校学生所有用的社会网络中关系强度越大，越可能选择非正式途径求职	通过
H6d	高校学生所拥有的社会网络中职业异质性越高，越可能选择非正式途径求职	未通过
H7	非正式求职途径能获得更高的工作满意度	通过
H7a	非正式求职途径能获得更高的工作回报满意度	通过
H7b	非正式求职途径能获得更高的工作内容满意度	通过
H7c	非正式求职途径能获得更高的工作环境满意度	通过
中介效应		是否通过验证
求职途径在知识技能与工作满意度之间起到了显著的中介作用		部分通过
求职途径在组织经历与工作满意度之间起到了显著的中介作用		未通过
求职途径在实习经历与工作满意度之间起到了显著的中介作用		通过
求职途径在知识技能与工作满意度之间的中介作用存在显著的样本间差异		未通过
求职途径在组织经历与工作满意度之间的中介作用存在显著的样本间差异		通过
求职途径在实习经历与工作满意度之间的中介作用存在显著的样本间差异		未通过

第4部分　高校学生和企业员工的求职差异对比

12 社会网络和人力资本对求职途径影响的差异性研究

12.1 研究框架与假设

12.1.1 研究框架

本章研究内容主要聚焦于知识密集型劳动力的求职过程中途径的选择受到个体网络资源影响的核心问题，以及网络维持成本对其起到的调节作用。将人力资本因素作为控制变量同时考虑到该影响关系中，现将总体研究框架概括如图 12-1-1 所示。

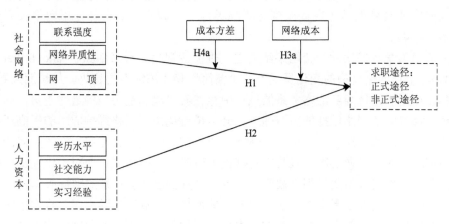

图 12-1-1 研究概念框架

12.1.2 研究假设

1）主效应相关影响的假设

自从社会网络中的强、弱关系被引入求职领域后，不少学者通过实证调研的方式，对求职过程中社会网络关系的使用对求职行为和结果的影响进行了一系列研究、包括网络关系的强度、网络异质性和网络成员的职位高低（网顶）均能够对求职者选择非正式求职途径等产生显著影响（边燕杰，2004）。相关研究显示，若求职者的社会网络资源越丰富，此时个体在求职的过程中就会更加倾向于依赖自身的社会网络资源优势，从而选择非正式求职途径求职，寻求网络关系的帮助（张文宏，2006）。而人力资本越丰富的个体则更倾向于选择正式途径，就此提出如下假设。

H1：个体社会网络资源越丰富，越倾向于选择非正式求职途径。

H2：人力资本越丰富，越倾向于选择正式求职途径。

2）社会网络成本的高低对社会网络资源使用效率影响的调节作用

前面提到，由于受到个体时间和精力的限制，以及"认知计算能力"的有限性等从不同方面限定了个体社会网络资源使用的有限边界特性（Dunbar and Stiller，2007；Dávid-Barrett and Dunbar，2013）。此外，Sutcliffe 等（2012a）还从成本收益的角度出发对进行分析，结果发现净收益随着网络规模的增加而先增加后减少的倒 U 形变化规律（Sutcliffe et al.，2012b）。然而，由于求职者个体网络的"核心圈"成员规模较小（9～15 人）（赵延东和罗家德，2005），个体需要付出的网络维持总成本相对较小，所需具备的个人社会认知能力要求也相对不高（Dunbar and Stiller，2007），即对网络关系所带来的信息进行识别和处理的能力要求相对较低；同时，对"核心圈"成员的关系互惠需求的满足也相对较为容易。所以，个体在处理该"核心圈"网络成员的关系维持方案时，所需付出的成本或具备的能力应尚未到达"临界值"，即不会对个体使用网络关系造成负向影响。

从相关学者提出的社会网络结构进化规律的视角来看（Dunbar and Stiller，2007），个体网络规模的变化呈现不断"精简"和"浓缩"的趋势。从长期来看，个体在使用和维持自身网络关系的过程中存在着"趋利避害"的进化趋势，即在个体自身有限的网络维持能力前提下，会尽量避免由于网络维持成本的提高所带来的网络使用负向影响。所以，个体网络成员构成的变化会趋向于保留更多的强关系和贡献大的"核心圈"成员并对其投入较多的维持成本，而对于仅能提供信息的弱关系网络成员数量则会被不断减少，并减少已有弱关系的维持成本。

当然，不同求职者也会存在一定的个体差异，那么在实际求职过程中求职者对小规模的"核心圈"网络成员的成本投入规律是否能摆脱有限网络成本的束缚（Tong et al.，2008），网络维持成本对社会网络使用效率的影响能否起到单调递增的调节作用且成为普遍适用的规律呢？此外，该调节作用在中西部和东部地区之间是否存在显著的差异性？在处于不同求职阶段的求职群体中，由于求职者自身所具备的人力资本和社会网络资源等客观条件的差异性，其在求职过程中对求职途径选择时所受到相关因素影响是否存在显著的差异？就此提出如下假设。

H3：社会网络维持成本对社会网络"核心圈"资源使用效率呈现出单调调节作用。

H3a：社会网络"核心圈"维持成本在社会网络对求职途径选择的影响中呈现单调调节作用。

H3b：社会网络"核心圈"维持成本在社会网络对求职途径选择影响中的调节作用，在中西部和东部地区之间存在显著的差异。

H3c：社会网络和人力资本在对求职途径选择的影响中，在企业员工和高校学生两类群体中存在显著的差异。

3）社会网络成本的分配差异对社会网络资源使用效率影响的调节作用

由前面内容可知，在个体网络中成员存在"一系列有差异的阶级阶层"分布的特点（Dunbar and Spoors，1995），由内到外大体呈现三倍的人数差异递增（Roberts et al.，2009），且与个体关系亲密程度、维系成本有着规律性的层次分布关系（Hill and Dunbar，2003）。相关实证研究发现，针对不同层次的成员应该给予有差别的时间成本投入，如对支持层和同情层投入相对较多的时间，相反对贡献较少的亲和层与活跃层减少时间投入，即一个有效的社会网络结构必定会使网络维持者将维持资源有差异性的分配给不同"生产力"的网络成员（Jackson and Wolinsky，1996）。此外，个体网络中信任的形成也会受到"稀释效应"的影响，从而对网络使用效率造成显著影响，正如广义均衡理论（general balance theory）指出的如果个体将注意力分散的过于稀薄，网络成员会因为个体将注意力分散到其他成员身上而感到一种"背叛感"（Cartwright and Harary，1956）。所以个体网络规模在维持适当水平的同时，应将关系维持成本有重点的分配在贡献相对较大的网络成员身上。然而，由于个体会不可避免地受到社会时间有限性的限制，为了实现每一单位网络维持成本能够为个体带来最大的网络收益，网络成本势必会被更多地分配给关系较为密切、对网络收益贡献更大的成员（Sutcliffe et al.，2016）。

那么，求职者在对自身网络中"核心圈"（支持层＋同情层）网络成员进行网络成本的分配时，是否同样应该考虑网络成员的贡献不同而有差异的集中分配有限的网络维持成本呢（Dunbar and Stiller，2007）？此外，若上述网络成本单调调节作用成立，网络成本的分配差异在高、低不同网络成本投入水平的稳健性如何？该调节作用在中西部和东部地区之间是否存在显著的差异性？就此提出如下假设。

H4：求职者对社会网络维持成本的分配差异大小，对其社会网络资源的使用效率会起到显著的正向影响。

H4a：求职者对社会网络维持成本的分配差异大小，在其社会网络对求职途径选择的影响中会起到显著的正向调节作用。

H4b：求职者对社会网络维持成本分配差异的调节作用会在较高的网络成本投入水平时更加显著；反之，在较低的网络成本投入水平时网络成本分配差异的调节作用相对较弱。

H4c：求职者对社会网络维持成本分配差异的调节作用在中西部和东部地区存在显著的差异性。

12.2　数据选择和变量测度

12.2.1　样本选择与问卷回收

依据研究目标,在全国范围内选择了西安、深圳、广州、苏州、杭州、上海等在信息服务业发展方面具有一定代表性的六个地区,并在各个地区分别随机抽取了信息服务类企业中工作 1~3 年的新员工作为调研对象;同时,本章也在我国西部、中部和东部地区,按照具有代表性、差异性(高校级别、地域、文理类)和资源的可获取性等原则分别选取了 5 所高校:西安交通大学、西安邮电大学、河南财经政法大学、杭州师范大学、杭州电子科技大学。作为知识密集型劳动力(高校毕业生)的供给方研究分析的样本,随机抽取各高校中处于毕业年级的学生进行问卷调研。问卷发放以及回收的具体情况如表 12-2-1 所示。

由表 12-2-1 可以看出,总体问卷回收率达到了 40.82%,处于可以接受的水平,而最终企业员工与高校毕业生的总体有效样本数量为 3634 例,属于统计学研究意义的大样本研究对象;其中企业有效问卷总数为 1418 份,高校有效问卷数为 2216 份,分布比例相对较为均衡,可作为下一步研究的数据集进一步分析和假设检验。

表 12-2-1　各地区信息服务类企业员工和高校毕业生问卷发放与回收情况

编号	地区(高校)名称	发放问卷/份	回收问卷/份	有效问卷/份	有效回收率/%
1	西安	800	373	243	30.38
2	深圳	510	322	216	42.35
3	广州	585	271	185	31.62
4	苏州	918	394	290	31.59
5	杭州	1 110	338	249	22.43
6	上海	771	354	235	30.48
7	西安交通大学	1 000	447	279	27.90
8	西安邮电大学	900	607	263	29.22
9	河南财经政法大学	1 310	776	551	42.06
10	杭州师范大学	6 500	2 042	881	13.55
11	杭州电子科技大学	1 000	364	242	24.20
	合计	15 404	6 288	3 634	—

资料来源:实地调研数据整理。

12.2.2　变量构成与信效度检验

根据图 12-1-1 中所描述的研究主体框架和相关假设的提出，这里对研究所涉及相关因素的变量构成、测度以及处理情况进行相关描述。

1）社会网络要素的变量构成及测度

自 Granovetter 提出的经典社会网络弱关系研究成果以来，不少学者致力于社会网络及其特征的研究和具体测度，包括边燕杰对社会资本构成的测度（边燕杰，2004），张文宏对社会网络结构的测度描述（张文宏，2006），以及赵延东和罗家德提出的提名法和定位法来具体测量居民个体形成的社会网络中成员的属性（赵延东和罗家德，2005），及其相互间的关系结构特征，等等。本章继续沿用边燕杰等学者对社会网络相关变量的测度方法，主要从网络关系强度、网络异质性和网顶三个变量进行具体测度。

（1）关系强度变量的测度，使用的数据是求职者个体与求职讨论网络中不同成员沟通联系的频率，分别从“电子邮件联系频率”、“电话联系频率”和“见面联系频率”三个方面衡量，采用因子分析的方法进行变量的降维处理，结果显示 KMO 值为 0.605，Bartlett 球度检验 p 值显著性水平为 0.000，该组数据适合进行因子分析，累计方差解释率达到了 62%，各变量的因子载荷分别为 0.687、0.865、0.799，由此得到该组变量的 AVE 为 0.620＞0.5，所以变量的聚合效度较好；且各变量的信度指标 $\alpha=0.649＞0.5$，显示了较好的内部一致性，故合成为关系强度变量因子来衡量求职者与社会网络成员之间的关系强度。

（2）网络异质性变量的测度，具体是指求职者所构建的就业讨论网中所有成员中与自身职业不同的人数，答案编码是将每个求职者就业讨论网中与其自身职业类型不同的人数统计出来，作为最终使用的答案编码，其数值越大表明求职者的网络异质性越大。

（3）网顶变量的测度，具体指的是求职者就业讨论网所有成员中职业地位最高的评价得分，这里沿用边燕杰对相关变量的定义（边燕杰，2004），选用国际标准职业社会经济指数确定不同职位地位得分来直接衡量网顶的高低，其中得分越高则网顶越高。

2）求职途径变量的测度及处理

根据相关研究结果，求职者的求职途径可以被分为正式求职途径和非正式求职途径两大类，即没有通过个体的相关社会关系和其他途径求职的称为正式求职途径；相反，则称为非正式求职途径。正式求职途径重新编码为 1；非正式求职途径重新编码为 0。

3）网络维持成本变量的测度与处理

不少学者通过研究发现，求职者在构建或维持其自身的社会关系网络时，如果个体与朋友间的关系长时间不作出任何努力，关系就会慢慢消退（Burt，2000）。而想要防止关系消退最关键的因素就在于花费自身本就有限的时间和精力去主动而频繁的沟通、交流（Dindia and Canary，1993；Oswald and Clark，2003；Miritello，2013），沟通和交流的频率是体现关系密切程度重要指标（Dunbar and Shultz，2010；Hays，1989），而沟通与交流过程中投入时间的多少最终决定了能够维持的网络关系密切程度（Hill and Dunbar，2003）。所以，这里使用维持社会网络所需沟通与交流的关键"时间成本"来测量。这里主要从"电子邮件时间成本"、"电话时间成本"和"见面时间成本"三个维度进行衡量，随后将三个维度的时间成本求和进行降维处理，因子分析结果显示其 KMO 值为 0.649，Bartlett 检验 p 值显著性水平为 0.000，即适合进行因子分析；累计方差解释率达到了 78.324%，各变量因子载荷分别为 0.783、0.942、0.922，该组变量的 AVE 为 0.784＞0.5，说明变量的聚合效度较好；且各变量的信度指标 $\alpha = 0.846$，显示了较好的内部一致性，最终得出"网络成本"变量 M 的值为因子得分。

以此为基础，将倒序处理后的答案编码分别求其标准方差，其数值越大表明求职者在对其社会网络成员进行维持所投入的时间成本使用相对越集中，反之表明时间成本的投入越分散或平均，即描述网络维持成本投入的集中与分散程度的变量——"网络成本分配差异"。同样这里涉及三个维度的成本方差，拟对其进行变量的降维处理，因子分析结果显示其 KMO 值为 0.606，Bartlett 检验 p 值显著性水平为 0.000，即适合进行因子分析；累计方差解释率达到了 58.191%，各变量因子载荷分别为 0.639、0.826、0.809，该组变量的 AVE 为 0.582＞0.5，说明变量的聚合效度较好；且各变量的信度指标 $\alpha = 0.629$，显示了较好的内部一致性。就此，形成了"网络成本分配差异"变量 M_1，其具体数值为因子分析的因子得分。

为进一步检验网络成本分配差异的调节作用在不同网络成本投入水平的差异，这里对网络成本变量也进行"高、低"二分类处理，参照"网络成本"变量的中位数确定高、低网络成本的临界值为 46，即网络成本变量值小于等于 46 时划分为低成本样本并编码为 0，大于 46 时将其划分为高成本样本并编码为 1。

此外，为检验网络成本及其分配差异的调节作用在不同地区间的差异性，将样本中西安和河南地区的样本划分为"中西部地区"；将长三角和珠三角地区分布的样本划分为"东部地区"。随后，按此地区划分标准进行分组分析，具体考察其网络成本及其分配差异对社会网络使用效率的调节作用。类似地，将企业员工样本和高校学生样本分别重新编码为 1 和 0，形成"群体控制变量"为 0-1 二分类变量。

4）人力资本要素的变量构成及测度

根据 Schultz 对"人力资本"的定义：相对于物质资本而存在的一种资本形态，表现为人所拥有的知识、技能、经验和健康等（Schultz，1990）。结合本章问题及问卷设计题项，本章拟从知识、能力、经验三个方面来测度作为控制变量的人力资本，其中：①"知识"维度的测量变量主要由其"学历水平"的高低来衡量，将原始答案进行倒序重新编码处理后使用，则答案的编码数字越大表明其学历越高；②"能力"维度测量主要由社交能力来测度，答案编码是与同学老师讨论问题的频率，数值越大表明其社交能力越强；③"经验"维度的测量主要用实习经验来衡量，答案编码为具体参加过实习的次数，数值越大表明求职者的实习经历越丰富。

综合上述所有变量的构成、测度与处理方法，现将其具体信息汇总如表 12-2-2 所示。

表 12-2-2　构成变量的构成与测度处理情况

一级变量	二级变量	变量类型	变量测度
人力资本	学历水平	离散型	Q104：您的学历（目前在读）是？（6）博士（5）硕士（4）本科（3）大专（2）高中/中专/技校（1）其他
	社交能力	离散型	Q202：您和本专业同学、学长学姐讨论就业问题频率？答案编码：（5）每天（4）每周（3）每月（2）每三月（1）每半年及以上
	实习经验	离散型	Q210：您是否参加过实习？（次数）
社会网络	关系强度	连续型	与网络成员联系的频率（Q428_1_6，Q428_1_7，Q428_1_8）
	网络异质性	连续型	不同于求职者自身职业的人数（Q428_1_4）
	网顶	离散型	网络成员职业地位得分最高值（Q428_1_6，Q428_1_7，Q428_1_8）
求职途径	求职信息获取的途径	二分类型	Q416：找目前这份工作的过程中您大概找过多少人帮忙？没找人帮忙编码为 1（正式途径）；找人帮忙编码为 0（非正式途径）
网络成本	网络时间成本	连续型	与网络成员联系付出的时间成本之和的因子（Q428_1_6，Q428_1_7，Q428_1_8）
	网络成本分配差异	连续型	与网络成员联系所投入时间成本的方差（Q428_1_6，Q428_1_7，Q428_1_8）

资料来源：结合相关文献和资料整理。

12.3　社会网络与人力资本对求职途径的直接影响分析

首先，对模型中相关主要变量进行描述性统计分析，结果显示，人力资本、社会网络和工作满意度与求职途径均呈现出显著的正向相关（$p<0.01$）。关系强度与工作回报满意度呈现出显著正向相关（$r=0.062$；$p<0.01$），关系强度、异质性及网顶与工作内容满意度和工作环境满意度均呈现显著的正向相关（$p<0.01$），这表明本章的主效应得到了初步的支持。社交能力与关系强度、异质性、网顶均有显著的正向相关（$p<0.01$），实习经验与异质性和网顶变量有显著的正相关（$p<0.01$）；学历仅与异质性呈现显著的负相关（$r=-0.062$，$p<0.01$）。

具体来看，社会网络和人力资本对求之途径影响的分析结果如表 12-3-1 所示。其中，模型 1-2 中社会网络的三个变量均对求职途径产生了显著的影响，B 系数为负，即 $Exp(B)$ 小于 1，反映求职者选择正式求职途径与选择非正式求职途径的发生比递减，说明社会网络中关系强度越强、网络异质性越大和网顶的差异越大，选择非正式途径求职的可能性越大。所以，假设 H1 和 H2 得到了全部验证。

表 12-3-1　社会网络对求职途径影响的回归结果

自变量	模型 1-1（Logit）B 系数 （求职途径）	模型 1-2（Logit）B 系数 （求职途径）
常数项	−0.053	1.066***
学历水平	0.396***	0.356***
社交能力	−0.096***	−0.054*
实习经验	−0.275***	−0.252***
关系强度	—	−0.126***
网络异质性	—	−0.142***
网顶	—	−0.010***
−2 对数似然值	4303.144	4117.633
卡方值	329.484***	514.994***
自由度	3	6
R^2	—	—
F	—	—
N	3634	3634

12.4　网络成本及其分配差异在社会网络对求职途径影响过程中的调节作用

12.4.1　网络成本在社会网络对求职途径影响过程中的调节作用

网络成本的变化对"核心圈"社会网络使用效率可能造成单调增的调节

作用，对网络成本（*M*）对社会网络的调节作用检验（温忠麟等，2005）结果如表 12-4-1 所示。

表 12-4-1 网络成本对网络关系强度和网顶影响作用的单调调节作用

自变量	模型 2-1（Logit） *B* 系数 求职途径	模型 2-2（Logit） *B* 系数 求职途径
常数项	1.166***	1.277***
学历水平	0.367***	0.329***
社交能力	−0.056*	−0.054*
实习经验	−0.249***	−0.239***
关系强度	−0.143***	−0.180***
异质性	−0.185***	−0.175***
网顶	−0.008***	−0.008***
网络成本 *M*	0.140***	0.227**
关系强度×*M*		−0.205***
异质性×*M*		−0.015
−2 对数似然值	4107.433	4071.018
卡方值	525.295***	561.609***
自由度	7	9
R^2	—	—
F	—	—
N	3634	3634

在回归分析过程中，由于检验发现网顶与网络成本交乘项出现了相对严重的多重共线性，将其剔除后单独检验，结果显示相关调节作用并不显著，这里不再列示检验结果。由表 12-4-1 中的模型 2-1 和模型 2-2 可知，网络成本、关系强度对求职途径的影响中起到了显著的作用，*B* 系数为负值，即 Exp（*B*）小于 1，反映求职者选择正式求职途径与选择非正式求职途径的发生比递减，网络成本与关系强度交乘项对求职途径的影响中 *B* 系数仍为负值，且变化，网络成本的调节作用明显。说明网络成本投入每增加一单位，选择非正式求职途径的可能性增大 1.271 倍，与关系强度共同作用对选择非正式途径求职的影响更大。即求职者对核心圈网络关系的维持所投入的成本越大，其网络关系对求职途径的影响越大，更加丰富的社会网络资源会促使求职者更倾向于选择非正式求职途径进行求职，从而获得对自身十分有利的网络关系的帮助。又因为网络成本对其余两个社会网络变量的调节作用不显著，所以假设 H3a 得到了部分验证。

12.4.2 网络成本分配差异在社会网络对求职途径影响过程中的调节作用

结合上述假设内容，这里对个体社会网络维持成本的分配差异对社会网络在求职过程中使用效率的调节作用进行检验，由于网顶与成本分配差异交乘项也存在多重共线性，将其剔除后单独分析发现调节作用并不显著，所以这里不再列示相关分析结果，剩余两个变量相关的调节作用分析结果如表 12-4-2 所示。

表 12-4-2　网络成本分配差异对关系强度和异质性影响作用的调节作用检验结果

自变量	模型 3-1（OLS）B 系数 求职途径	模型 3-2（OLS）B 系数 求职途径
常数项	1.188***	1.205***
学历水平	0.348***	0.347***
社交能力	−0.058*	−0.058*
实习经验	−0.248***	−0.249***
关系强度	−0.109***	−0.118***
异质性	−0.156***	−0.153***
网顶	−0.009***	−0.009***
M_1	0.156***	0.257***
关系强度×M_1		−0.018
异质性×M_1		−0.028*
−2 对数似然值	4100.006	4097.018
卡方值	532.621***	535.610***
自由度	7	9
N	3634	3634

表 12-4-2 中模型 3-1 和模型 3-2 显示，异质性与网络成本分配差异交乘项系数显著，且 B 系数为负值，即 Exp（B）小于 1，反映求职者选择正式求职途径与选择非正式求职途径的发生比递减，网络成本分配差异每增加一单位，选择非正式求职途径的概率增大 1.029 倍，对选择非正式求职途径的影响更大。也就是说，若求职者增大对自己社会网络核心圈关系维持成本的分配差异，对个别"贡献"较大的网络成员付出相对较大的维持成本，而对"贡献"相对较小的网络成员付

出相对较少的维持成本。这样能够更高效地维持网络关系的有效性，使社会网络对求职途径的影响更显著，求职者更倾向于选择非正式求职途径。由于其他网络变量的调节作用并不显著，假设 H4a 得到了部分验证。

此外，从不同网络成本投入水平来看，由于网络成本的单调增调节作用，在较高水平的网络成本投入样本中，网络成本分配差异的调节作用是否会相对低水平的成本投入更加显著，是否会有显著性差异？这里对高、低网络成本两组样本进行稳健性检验。值得一提的是，鉴于上述分析中所提到的网顶交乘项的多重共线性问题，这里同样将其剔除后单独做稳健性检验，结果同样并不显著，不再列示。稳健性检验显著的结果如表 12-4-3 所示。

表 12-4-3　网络成本分配差异对关系强度和网络异质性影响的调节作用分组回归检验结果

自变量	模型 4-1（Logit） B 系数 求职途径（低成本）	模型 4-2（Logit） B 系数 求职途径（低成本）	模型 4-3（Logit） B 系数 求职途径（高成本）	模型 4-4（Logit） B 系数 求职途径（高成本）
常数项	1.024**	1.069***	1.731***	1.644***
学历水平	0.347***	0.346***	0.315***	0.311***
社交能力	−0.058	−0.059	−0.062	−0.059
实习经验	−0.214***	−0.213***	−0.269***	−0.272***
关系强度	0.016	0.058	−0.316***	−0.334***
异质性	−0.196***	−0.213***	−0.202***	−0.184***
网顶	−0.008***	−0.009***	−0.008***	−0.008***
M_1	0.100*	0.238**	0.114*	0.428***
关系强度×M_1		0.054		−0.070
异质性×M_1		−0.050		−0.061**
−2 对数似然值	2088.664	2085.311	1973.812	1967.436
卡方值	209.073***	212.426***	352.055***	358.431***
自由度	7	9	7	9
R^2	—	—	—	—
F	—	—	—	—
N	1852	1852	1782	1782

由表 12-4-3 中的模型 4-1～模型 4-4 可知，网络异质性对求职者求职途径选择的影响受到了网络成本分配差异的显著调节作用，且这一调节作用在成本投入较高的样本组中相对更加显著。由模型 4-4 中交乘项的 B 系数为负值，即 Exp(B) 小于 1，可知求职者选择正式求职途径与选择非正式求职途径的发生比是递减

的，说明成本投入差异性每增加一个单位、越集中（对优势网络成员），选择非正式求职途径的可能性就会增大 1.062 倍，与网络异质性共同作用对选择非正式求职途径的影响更大。也就是说，当求职者增大对其社会网络核心圈关系维持成本时，其对网络成本的分配差异对其网络关系使用效率的调节作用更加敏感，网络关系为求职者对非正式求职途径选择的影响更显著。假设 H4b 得到了部分验证。

12.4.3　网络成本及其分配差异调节作用的地区间差异比较

在对网络成本及其分配差异的调节作用进行不同地区间的比较分析中，主要针对样本中的中西部地区与东部地区之间的差异性比较分析，分析结果发现仅有网络成本对社会网络的调节作用存在显著差异，成本分配差异的调节作用在地区间并不存在显著差异。显著的分析结果展示如表 12-4-4 所示。

表 12-4-4　网络成本对网络关系强度和异质性影响调节作用的地区间比较分析结果

自变量	模型 5-1（Logit）B 系数 求职途径（中西部）	模型 5-2（Logit）B 系数 求职途径（中西部）	模型 5-3（Logit）B 系数 求职途径（东部）	模型 5-4（Logit）B 系数 求职途径（东部）
常数项	1.834***	1.866***	1.639***	1.679***
学历水平	0.241**	0.203*	0.234***	0.214***
社交能力	−0.005	−0.016	−0.130***	−0.122***
实习经验	−0.233***	−0.233***	−0.233***	−0.224***
关系强度	−0.195**	−0.289***	−0.151***	−0.182***
异质性	−0.103***	−0.097**	−0.262***	−0.257***
网顶	−0.011***	−0.010***	−0.005***	−0.005***
网络成本 M	0.150	0.060	0.207***	0.244**
关系强度×M		−0.354***		−0.133***
异质性×M		0.020		−0.004
−2 对数似然值	1341.739	1324.180	2669.713	2657.975
卡方值	108.139***	125.698***	411.567***	423.305***
自由度	7	9	7	9
N	1336	1336	2298	2298

由表 12-4-4 中模型 5-1 和模型 5-2 可知，个体求职讨论网中"核心圈"成员的网络成本投入对个体选择求职途径时网络关系强度使用效率的调节作用，对

东部地区求职者的影响更为显著，而中西部区并不显著。假设 H3b 得到了部分
验证。

具体来看，由于东部沿海地区的社会经济发展起步较早，经济发展水平相对
西部地区来说更高，此类地区的求职者拥有相对较高的人力资本，在求职途径的
选择过程中对于社会网络的依赖程度变化相对较为敏感；相反，中西部地区的求
职者人力资本水平相对并不突出，在选择求职途径的过程中对社会网络途径依赖
的变化较为稳定。所以，在网络维持成本不断增加的情况下，对于东部地区的求
职者通过正式求职途径进行求职的机会成本显著增加，更倾向于选择非正式的社
会网络求职途径。

12.4.4　社会网络和人力资本对求职途径影响的两类人群间差异比较

众所周知，处于不同求职阶段的求职群体由于人生经历和求职经验的显著差
异性，其自身所具备的人力资本和社会网络资源必定拥有一定的差异，而且在不
同的求职阶段求职者在求职过程中对于自身所拥有的人力资本和社会网络资源的
依赖程度也会有所不同。这里我们对处于求职准备期的高校学生和职业生涯初期
的企业新员工两类处于不同求职阶段的群体进行比较分析，来具体观察处于不同
求职阶段的知识密集型劳动力在求职过程中对社会网络和人力资本的依赖程度是
否有显著的差异。具体分析结果如表 12-4-5 所示。

表 12-4-5　社会网络和人力资本对求职途径选择影响的差异性比较分析结果

自变量	模型 1-1（Logit） B 系数 求职途径（员工）	模型 1-2（Logit） B 系数 求职途径（高校学生）
常数项	0.432	2.878***
学历水平	−0.075	−0.030
社交能力	−0.100**	−0.024
实习经验	0.028	−0.267***
关系强度	−0.115**	−0.222***
异质性	−0.035	−0.066**
网顶	−0.005**	−0.003
−2 对数似然值	1834.660	1694.018
卡方值	20.176***	99.908***
自由度	6	6
N	1418	2216

由表 12-4-5 可知,无论企业新员工还是高校毕业生,社会网络关系对求职途径的影响均强于人力资本;同时,这种差异性在高校毕业生中表现的显著性比企业新员工更大。此外,在高校毕业生中,人力资本和社会网络资源的丰富与否对其求职途径选择的影响均高于企业新员工,即高校毕业生在求职过程中对求职途径进行选择时,受到人力资本和社会网络影响的敏感性更强;而企业新员工则相对不敏感。

12.5　本章小结

本章基于我国西、中、东不同地域分别具有代表性的城市,对企业新员工和尚未实现正式就业的知识密集型劳动力群体进行随机抽样调查,在总样本数为 3634 人的企业新员工和高校毕业生群体中研究和验证了社会网络维持成本对社会网络使用效率的调节作用,得出相关结论如下。

首先,再次验证了社会网络的使用对求职途径选择的显著影响,即求职者的社会网络资源越丰富,其在求职过程中越倾向于选择非正式求职途径进行求职。

其次,本章部分验证了个体网络维持成本对社会网络使用效率的单调递增调节作用。具体来说,与之前学者研究结果中提到的由信息阻塞(Calvo-Armengol and Zenou,2005)、成员信任(Tong et al.,2008)或者成本收益(Sutcliffe et al.,2012a)等造成的网络规模与社会网络使用效果之间出现的倒 U 形变化趋势不同,随着网络维持成本的增加,社会网络的使用对求职途径选择的影响是不断加强的,并未在超过某临界值后出现负向的影响。区别于前人研究中个体网络规模较大(动辄 100 人的规模),本章关注的对象是求职者的"核心圈"网络成员(15人以内),所以面对较小规模的关键网络成员群体,实证结果显示求职者并不需要考虑时间、精力等有限网络维持成本的限制问题(Dunbar,1998)对社会网络使用效率带来的负向影响,在此范围内网络成本投入越高对社会网络在求职过程中的使用效率就会起到越积极的影响,从而最终提高求职者的总体求职效率。

再次,"网络成本越多越好"的结果并非意味着求职者可以毫无策略地盲目增加网络维持成本,根据之前学者研究结论中指出的对不同关系强度和贡献程度的网络成员应予以差异化、有重点的合理分配有限的网络维持成本(Dunbar and Spoors,1995;Dunbar and Stiller,2007)。那么对于已处于核心圈的网络"关键成员",差异化的成本分配原则是否依然能够有效提高求职者的社会网络使用效率呢?实证分析结果显示,网络成本分配差异仅在网络异质性对求职途径选择的影响关系中起到了显著的调节作用,即网络成本的分配差异化越大、越集中(对

"优势"成员），社会网络对选择非正式求职途径的影响越显著。结合上述网络维持成本的正向调节作用，在对网络成本分配差异调节作用做出高、低成本的稳健性检验后，结果显示在网络成本投入水平较高的求职者群体中，上述网络成本分配差异的调节作用显著高于低水平组，且调节作用十分显著。就此可以看出，对于求职者的"核心圈"网络关键成员，求职者投入的维持成本越高社会网络对其求职结果的积极影响越大；而在高水平网络成本投入的同时，注重根据核心圈成员"贡献度"的不同有差异性和针对性地分配网络成本，是进一步提高求职者社会网络使用效率的有效途径。

然后，通过不同地区间的网络成本及其分配差异对社会网络使用效率调节作用差异性的分析，结果发现东部经济相对发达地区的"知识密集型"求职者拥有相对较高的人力资本，对于在社会网络关系中投入成本多少的变化更敏感，而中西部地区求职者则相对更依赖社会网络，成本变化对是否选择网络关系的途径求职并不敏感。

最后，社会网络和人力资本两个变量对求职途径选择的影响在不同求职阶段的两类求职群体之间存在较为显著的影响，具体来说，高校毕业生在选择求职途径的过程中，相对于人力资本来说更容易受到社会网络的影响，进而选择非正式求职途径进行求职；而这一差异性虽然在企业新员工中也存在，但其显著性水平明显较低。同时，从整体来看，高校毕业生在求职过程中对求职途径的选择受到社会网络和人力资本影响的显著性普遍强于企业新员工，这也说明了在历经一段职场的磨砺之后，求职者对于求职途径选择影响因素的敏感性会显著下降，而更加重视最终所得工作岗位能够为自身带来的益处。

本章相关假设检验结果汇总如表 12-5-1 所示。

表 12-5-1   假设检验结果汇总表

编号	假设内容	是否通过验证
H1	个体社会网络资源越丰富，越倾向于选择非正式求职途径	通过
H2	人力资本越丰富，越倾向于选择正式求职途径	通过
H3	社会网络维持成本对社会网络"核心圈"资源使用效率呈现出单调节作用	部分通过
H3a	社会网络"核心圈"维持成本在社会网络对求职途径选择的影响中呈现单调节作用	部分通过
H3b	社会网络"核心圈"维持成本在社会网络对求职途径选择影响中的调节作用，在中西部和东部地区之间存在显著的差异	部分通过
H3c	社会网络和人力资本在对求职途径选择的影响中，在企业员工和高校学生两类群体中存在显著的差异	部分通过
H4	求职者对社会网络维持成本的分配差异大小，对其社会网络资源的使用效率会起到显著的正向影响	部分通过

续表

编号	假设内容	是否通过验证
H4a	求职者对社会网络维持成本的分配差异大小,在其社会网络对求职途径选择的影响中会起到显著的正向调节作用	部分通过
H4b	求职者对社会网络维持成本分配差异的调节作用会在较高的网络成本投入水平时更加显著;反之,在较低的网络成本投入水平时网络成本分配差异的调节作用相对较弱	部分通过
H4c	求职者对社会网络维持成本分配差异的调节作用在中西部和东部地区存在显著的差异性	未通过

13 社会网络和人力资本对工作满意度影响的差异性研究

13.1 研究框架与假设

13.1.1 研究框架

本章研究内容区别于第 12 章的地方在于，聚焦在知识密集型劳动力的求职过程中工作满意度受到个体网络资源影响的核心问题，以及网络维持成本对其起到的调节作用。同样将人力资本因素作为控制变量放入整体模型中，将研究概念框架概括如图 13-1-1 所示。

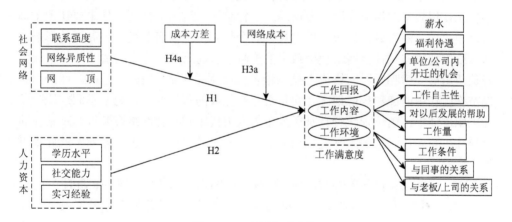

图 13-1-1 研究概念框架

13.1.2 研究假设

1）主效应相关影响的假设

自从社会网络中的强、弱关系被引入求职领域后，不少学者通过实证调研的方式，对求职过程中社会网络关系的使用对求职行为和结果的影响进行了一系列研究，包括网络关系的强度、网络异质性和网络成员的职位高低（网顶）均能够对求职者选择非正式求职途径和获取更高的工作满意度等产生显著影响（边燕杰，

2004；张文宏，2006）。从不同类型的求职群体来看，无论高校学生、农民工还是残疾人群体，在求职过程如果使用了社会网络关系寻找工作，往往能够因为获得了更多就业信息或其他直接帮助而获得相对更好的求职结果，如较高的初始工作薪酬等（Zhou，2000）。然而除了工资外，求职者在使用社会网络关系进行求职的时候，由于网络成员十分了解求职者的兴趣爱好、教育程度和能力等相关信息，求职者能够通过网络关系的直接或间接帮助获得与自身偏好匹配度更高的工作（Franzen and Hangartner，2006），这里的匹配度也包括个体对职业的发展前景预期和企业文化等的匹配程度（Rivera，2012），同时获得与个体匹配度较高的工作能够显著提高其工作满意度水平（Bian et al.，2015）。此外，求职者也能够从社会网络中获得更多的情感支持，显著减轻求职和工作时的压力（Yeh，2015），进而获得更高的工作满意度水平（Jin et al.，2012；Qin et al.，2014）。就此提出如下假设。

H1：个体社会网络资源越丰富，越能够获得更高的工作满意度水平。

H2：人力资本越丰富，越能够获得更高的工作满意度水平。

2）社会网络成本的高低对社会网络资源使用效率影响的调节作用

类似于第 12 章对应假设部分的相关理论综述，这里不再对网络成本对社会网络资源使用效率的调节作用的理论综述进行赘述，这里的区别之处主要在于个体网络中"核心圈"成员的成本投入规律对个体获得工作满意度水平高低的影响。即网络维持成本对社会网络使用效率的影响能否起到单调递增的调节作用且成为普遍适用的规律呢？即网络成本投入越多，社会网络的使用效率越高。此外，该调节作用在中西部和东部地区之间是否存在显著的差异性？在处于不同求职阶段的求职群体中，由于求职者自身所具备的人力资本和社会网络资源等客观条件的差异性，其工作满意度水平受到相关因素的影响是否存在显著的差异？就此提出如下假设。

H3：社会网络维持成本对社会网络"核心圈"资源使用效率呈现出单调调节作用。

H3a：社会网络"核心圈"维持成本在社会网络对工作满意度的影响中呈现单调调节作用。

H3b：社会网络"核心圈"维持成本在社会网络对工作满意度影响中的调节作用，在中西部和东部地区之间存在显著的差异。

H3c：社会网络和人力资本在对工作满意度的影响中，在企业员工和高校学生两类群体中存在显著的差异。

3）社会网络成本的分配差异对社会网络资源使用效率影响的调节作用

同样，网络分配差异是否在社会网络使用对工作满意度的影响中起到显著的调节作用，求职者在对自身网络中"核心圈"（支持层＋同情层）网络成员进行网络成本的分配时，是否同样应该考虑网络成员的贡献不同而有差异地集中分配有限的网络维持成本呢（Dunbar and Stiller，2007）？此外，若上述网络成本单调调节作用成立，网络成本的分配差异在高、低不同网络成本投入水平的稳健性如何？该调节作用在中西部和东部地区之间是否存在显著的差异性？就此提出如下假设。

H4：求职者对社会网络维持成本的分配差异大小，对其社会网络资源的使用效率会起到显著的正向影响。

H4a：求职者对社会网络维持成本的分配差异大小，在其社会网络对工作满意度的影响中会起到显著的正向调节作用。

H4b：求职者对社会网络维持成本分配差异的调节作用会在较高的网络成本投入水平时更加显著；反之，在较低的网络成本投入水平时网络成本分配差异的调节作用相对较弱。

H4c：求职者对社会网络维持成本分配差异的调节作用在中西部和东部地区存在显著的差异性。

13.2 数据选择和变量测度

13.2.1 样本选择与问卷回收

依据研究目标，在全国范围内选择了西安、深圳、广州、苏州、杭州、上海等在信息服务业发展方面具有一定代表性的六个地区，并在各个地区分别随机抽取了信息服务类企业中工作 1～3 年的新员工作为调研对象；同时，本章研究也在我国西部、中部和东部地区，按照具有代表性、差异性（高校级别、地域、文理类）和资源的可获取性等原则分别选取了 5 所高校：西安交通大学、西安邮电大学、河南财经政法大学、杭州师范大学、杭州电子科技大学。作为知识密集型劳动力（高校毕业生）的供给方研究分析的样本，随机抽取各高校中处于毕业年级的学生进行问卷调研。问卷发放以及回收的具体情况如表 13-2-1 所示。

表 13-2-1　各地区信息服务类企业员工和高校毕业生问卷发放与回收情况

编号	地区（高校）名称	发放问卷/份	回收问卷/份	有效问卷/份	有效回收率/%
1	西安	800	373	243	30.38
2	深圳	510	322	216	42.35
3	广州	585	271	185	31.62
4	苏州	918	394	290	31.59
5	杭州	1110	338	249	22.43

续表

编号	地区（高校）名称	发放问卷/份	回收问卷/份	有效问卷/份	有效回收率/%
6	上海	771	354	235	30.48
7	西安交通大学	1000	447	279	27.90
8	西安邮电大学	900	607	263	29.22
9	河南财经政法大学	1310	776	551	42.06
10	杭州师范大学	6500	2042	881	13.55
11	杭州电子科技大学	1000	364	242	24.20
	合计	15404	6288	3634	—

资料来源：实地调研数据整理。

由表 13-2-1 可以看出，总体问卷回收率达到了 40.82%，处于可以接受的水平，而最终企业员工与高校毕业生的总体有效样本数量为 3634 例，属于统计学研究意义的大样本研究对象；其中企业有效问卷总数为 1418 份，高校有效问卷数为 2216 份，分布比例相对较为均衡，可作为下一步研究的数据集进一步分析和假设检验。

13.2.2 变量构成与信效度检验

根据图 13-1-1 中所描述的研究主体框架和相关假设的提出，这里对研究所涉及相关因素的变量构成、测度以及处理情况进行相关描述。

1）社会网络要素的变量构成及测度

自 Granovetter 提出的经典社会网络弱关系研究成果以来，不少学者致力于社会网络及其特征的研究和具体测度，包括边燕杰对社会资本构成的测度（边燕杰，2004），张文宏对社会网络结构的测度描述（张文宏，2006），以及赵延东和罗家德提出的提名法和定位法来具体测量居民个体形成的社会网络中成员的属性（赵延东和罗家德，2005），及其相互间的关系结构特征，等等。本章继续沿用边燕杰等学者对社会网络相关变量的测度方法，主要从网络关系强度、网络异质性和网顶三个变量进行具体测度。

（1）关系强度变量的测度，使用的数据是求职者个体与求职讨论网络中不同成员沟通联系的频率，分别从"电子邮件联系频率"、"电话联系频率"和"见面联系频率"三个方面衡量，采用因子分析的方法进行变量的降维处理，结果显示 KMO 值为 0.605，Bartlett 球度检验 p 值显著性水平为 0.000，该组数据适合进行因子分析，累计方差解释率达到了 62%，各变量的因子载荷分别为 0.687、0.865、0.799，由此得到该组变量的 AVE 为 0.620＞0.5，所以变量的聚合效度较好；且各

变量的信度指标 $\alpha = 0.649 > 0.5$，显示了较好的内部一致性。故将上述三个变量合成为关系强度变量因子来衡量求职者与社会网络成员之间的关系强度。

（2）网络异质性变量的测度，具体是指求职者所构建的就业讨论网中所有成员中与自身职业不同的人数，答案编码是将每个求职者就业讨论网中与其自身职业类型不同的人数统计出来，作为最终使用的答案编码，其数值越大表明求职者的网络异质性越大。

（3）网顶变量的测度，具体是指求职者就业讨论网所有成员中职业地位最高的评价得分，这里沿用边燕杰对相关变量的定义（边燕杰，2004），选用国际标准职业社会经济指数确定不同职位地位得分来直接衡量网顶的高低，其中得分越高则网顶越高。

2）工作满意度要素的变量构成及测度

对于工作满意度的测量有许多典型的方法，这里采用标准利克特量表测评，具体的测量变量参考 Montgomery 量表中的变量设置。结合问卷来看，具体使用到的问题选项为"Q422：您对目前工作的满意情况？"其中主要包含9个子条目，答案直接采用原始利克特五级编码，数值越大表明工作满意度越高。首先对工作满意度因素进行EFA分析，得出各变量的载荷后计算出"工作回报满意度"、"工作内容满意度"和"工作环境满意度"的信度系数 α 值分别为 0.847、0.810、0.858，具有较好的内部一致性，AVE 值分别为 0.767、0.725、0.781，有很好的收敛效度。随后，使用 Amos 21.0 对其进行 CFA 分析，结果得到模型拟合的卡方值为 533.472，$p < 0.001$；RMSEA = 0.084，CFI = 0.974，TLI = 0.953，GFI = 0.968，即该测量模型具有较好的区别效度。最后，使用三个工作满意度水平因子得分来具体测度工作满意度水平。

3）网络维持成本变量的测度与处理

不少学者通过研究发现，求职者在构建或维持其自身的社会关系网络时，如果个体与朋友间的关系长时间不作出任何努力，关系就会慢慢消退（Burt，2000）。而想要防止关系消退最关键的因素就在于花费自身本就有限的时间和精力去主动而频繁地沟通、交流（Dindia and Canary，1993；Oswald and Clark，2003；Miritello et al.，2013），沟通和交流的频率是体现关系密切程度重要指标（Dunbar and Shultz，2010；Hays，1989），而沟通与交流过程中投入时间的多少最终决定了能够维持的网络关系密切程度（Hill and Dunbar，2003）。所以，这里使用维持社会网络所需沟通与交流的关键"时间成本"来测量。这里主要从"电子邮件时间成本"、"电话时间成本"和"见面时间成本"三个维度进行衡量，随后将三个维度的时间成本求和进行降维处理，因子分析结果显示其 KMO 值为 0.649，Bartlett 检验 p 值显著性水平为 0.000，即适合做因子分析；累计方差解释率达到了 78.324%，各变量因子载荷分别为 0.783、0.942、0.922，该组变量的 AVE 为 $0.784 > 0.5$，说明变量的聚合效度较好；且各变量的信度指标 $\alpha = 0.846$，显示了较好的内部一致性，最终得出"网络成本"变量 M 为因子得分。

以此为基础，将倒序处理后的答案编码分别求其标准方差，其数值越大表明求职者在对其社会网络成员进行维持所投入的时间成本使用相对越集中，反之表明时间成本的投入越分散或平均，即描述网络维持成本投入的集中与分散程度的变量——网络成本分配差异。同样这里涉及三个维度的成本方差，拟对其进行变量的降维处理，因子分析结果显示其 KMO 值为 0.606，Bartlett 检验 p 值显著性水平为 0.000，即适合进行因子分析；累计方差解释率达到了 58.191%，各变量因子载荷分别为 0.639、0.826、0.809，该组变量的 AVE 为 $0.582 > 0.5$，说明变量的聚合效度较好；且各变量的信度指标 $\alpha = 0.629$，显示了较好的内部一致性。就此，形成了"网络成本分配差异"变量 M_1，其具体数值为因子分析的因子得分。

为进一步检验网络成本分配差异的调节作用在不同网络成本投入水平的差异，这里对网络成本变量也进行"高、低"二分类处理，参照"网络成本"变量的中位数确定高、低网络成本的临界值为 46，即网络成本变量值小于等于 46 时划分为低成本样本并编码为 0，大于 46 时将其划分为高成本样本并编码为 1。

此外，为检验网络成本及其分配差异的调节作用在不同地区间的差异性，将样本中西安和河南地区的样本划分为"中西部地区"；将长三角和珠三角地区分布的样本划分为"东部地区"。随后，按此地区划分标准进行分组分析，具体考察其网络成本及其分配差异对社会网络使用效率的调节作用。类似地，将企业员工样本和高校学生样本分别重新编码为 1 和 0，形成"群体控制变量"为 0-1 二分类变量。

4）人力资本要素的变量构成及测度

根据 Schultz 对"人力资本"的定义：相对于物质资本而存在的一种资本形态，表现为人所拥有的知识、技能、经验和健康等（Schultz, 1990），结合本章研究问题及问卷设计题项，本章拟从知识、能力、经验三个方面来测度作为控制变量的人力资本，其中：①"知识"维度的测量变量主要由其"学历水平"的高低来衡量，将原始答案进行倒序重新编码处理后使用，则答案的编码数字越大表明其学历越高；②"能力"维度测量主要由社交能力来测度，答案编码是与同学老师讨论问题的频率，数值越大表明其社交能力越强；③"经验"维度的测量主要用实习经验来衡量，答案编码为具体参加过实习的次数，数值越大表明求职者的实习经历越丰富。

综合上述所有变量的构成、测度与处理方法，现将其具体信息汇总如表 13-2-2 所示。

表 13-2-2　构成变量的构成与测度处理情况

一级变量	二级变量	变量类型	变量测度
人力资本	学历水平	离散型	Q104：您的学历（目前在读）是？（6）博士（5）硕士（4）本科（3）大专（2）高中/中专/技校（1）其他
	社交能力	离散型	Q202：您和本专业同学、学长学姐讨论就业问题频率？答案编码：（5）每天（4）每周（3）每月（2）每三月（1）每半年及以上
	实习经验	离散型	Q210：您是否参加过实习？（次数）
社会网络	关系强度	连续型	与网络成员联系的频率（Q428_1_6, Q428_1_7, Q428_1_8）
	网络异质性	连续型	不同于求职者自身职业的人数（Q428_1_4）
	网顶	离散型	网络成员职业地位得分最高值（Q428_1_6, Q428_1_7, Q428_1_8）
工作满意度	薪水	离散型	Q422，答案编码：（1）非常不满意（2）比较不满意（3）不确定（4）比较满意（5）非常满意
	福利待遇	离散型	
	单位/公司内的升迁的机	离散型	
	工作自主性	离散型	
	对以后发展的帮助	离散型	
	工作量	离散型	
	工作条件	离散型	
	与同事的关系	离散型	
	与老板/上司的关系	离散型	
求职途径	求职信息获取的途径	二分类型	Q416：找目前这份工作的过程中您大概找过多少人帮忙？没找人帮忙编码为 1（正式途径）；找人帮忙编码为 0（非正式途径）
网络成本	网络时间成本	连续型	与网络成员联系付出的时间成本之和的因子（Q428_1_6, Q428_1_7, Q428_1_8）
	网络成本分配差异	连续型	与网络成员联系所投入时间成本的方差（Q428_1_6, Q428_1_7, Q428_1_8）

资料来源：结合相关文献和资料整理。

13.3　社会网络与人力资本对工作满意度的直接影响分析

首先，对模型中相关主要变量进行描述性统计分析，结果显示，人力资本、社会网络和工作满意度与求职途径均呈现出显著的正向相关（$p<0.01$）。关系强度与工作回报满意度呈现出显著正向相关（$r=0.062$，$p<0.01$），关系强度、异质性和网顶与工作内容满意度和工作环境满意度均呈现显著的正向相关（$p<0.01$），

这表明本章的主效应得到了初步的支持。社交能力与关系强度、异质性、网顶均有显著的正向相关（$p<0.01$），实习经验与异质性和网顶变量有显著的正相关（$p<0.01$）；学历仅与异质性呈现显著的负相关（$r=-0.062$，$p<0.01$）。

具体来看，关系强度对工作满意度的三个维度均产生了显著的正向影响（见表 13-3-1 中的模型 1-1～模型 1-3）；网络异质性和网顶变量对工作内容满意度和工作环境满意度均产生了显著的正向影响，但对工作回报满意度无显著影响。总体来看，假设 H1 社会网络因素对工作满意度呈现显著的正向作用，得到了大部分验证。在人力资本对工作满意度的影响结果中，只有学历水平和社交能力对工作满意度的三个维度产生了显著的影响，社交能力的影响并不显著，所以假设 H2 中人力资本对工作满意度水平的影响得到了部分验证。

表 13-3-1　社会网络对求职途径和工作满意度的回归结果

自变量	模型 1-1（OLS）B 系数 回报满意度	模型 1-2（OLS）B 系数 内容满意度	模型 1-3（OLS）B 系数 环境满意度
常数项	-0.383^{***}	-0.082	0.020
学历水平	0.085^{***}	-0.071^{**}	-0.135^{***}
社交能力	-0.015	0.020	0.011
实习经验	0.029^{***}	0.069^{***}	0.096^{***}
关系强度	0.064^{***}	0.049^{***}	0.055^{***}
网络异质性	-0.003	0.032^{***}	0.063^{***}
网顶	0.000	0.001^{*}	0.002^{**}
R^2	0.009	0.043	0.099
F	5.678^{***}	26.872^{***}	66.251^{***}
N	3634	3634	3634

13.4　网络成本及其分配差异在社会网络对工作满意度影响过程中的调节作用

13.4.1　网络成本在社会网络对工作满意度影响过程中的调节作用

网络成本的变化对"核心圈"社会网络使用效率可能造成单调增的调节作用，网络成本（M）对社会网络的调节作用检验结果如表 13-4-1 所示。

表 13-4-1　网络成本对网络关系强度和网顶影响作用的单调调节作用

自变量	模型 2-1（OLS）B系数 工作回报满意度	模型 2-2（OLS）B系数 工作回报满意度	模型 2-3（OLS）B系数 工作内容满意度	模型 2-4（OLS）B系数 工作内容满意度	模型 2-5（OLS）B系数 工作环境满意度	模型 2-6（OLS）B系数 工作环境满意度
常数项	−0.385***	−0.367***	−0.101	−0.119	0.002	−0.046
学历水平	0.086***	0.084***	−0.070**	−0.058**	−0.132***	−0.111***
社交能力	−0.015	−0.015	0.021	0.020	0.011	0.011
实习经验	0.029***	0.029***	0.068***	0.065***	0.095***	0.090***
关系强度	0.066***	0.071***	0.053***	0.060***	0.060***	0.066***
异质性	−0.007	−0.003	0.024***	0.019**	0.050***	0.037***
网顶	0.001	0.000	0.002***	0.002***	0.002***	0.002***
网络成本 M	0.014	0.053	0.019	0.008	0.037*	−0.021
关系强度×M		0.004		0.055***		0.086***
异质性×M		−0.010		0.004		0.016**
−2 对数似然值	—	—	—	—	—	—
卡方值	—	—	—	—	—	—
自由度	—	—	—	—	—	—
R^2	0.010	0.010	0.045	0.049	0.102	0.115
F	5.015***	4.125***	24.175***	20.784***	59.041***	52.270***
N	3634	3634	3634	3634	3634	3634

由于在回归分析过程中，检验发现网顶与网络成本交乘项出现了相对严重的多重共线性，将其剔除后单独检验，结果显示相关调节作用并不显著，这里不再列示检验结果。由表 13-4-1 可知，模型 2-1 和模型 2-3 中调节变量网络成本 M 对因变量的影响系数并不显著，所以网络成本对社会网络对工作回报满意度和工作内容满意度的影响关系并没有起到任何显著的调节作用。

而在模型 2-5 中，调节变量网络成本 M 对因变量工作环境满意度产生了显著的正向影响，且模型 2-6 中的检验结果显示网络成本变量 M 与关系强度和异质性的交乘项对工作环境满意度的影响系数显著，即网络成本对关系强度和异质性对工作环境满意度影响的关系均起到了显著的正向调节作用。也就是说，求职者对自身社会网络核心圈关系投入的维持成本越高，网络关系强度和网络异质性对工作环境满意度的正向影响程度越大且显著。

但总体来说，求职者付出网络时间成本越高，在求职过程中社会网络的使用对非正式求职途径的选择倾向影响越大，就会获得更高的工作满意度。假设 H3a 得到了部分验证。

13.4.2 网络成本分配差异在社会网络对工作满意度影响过程中的调节作用

结合上述假设内容，这里对个体社会网络维持成本的分配差异对社会网络在求职过程中使用效率的调节作用进行检验，由于网顶与成本分配差异交乘项也存在多重共线性，将其剔除后单独分析发现调节作用并不显著，所以这里不再列示相关分析结果，剩余两个变量相关的调节作用分析结果如表 13-4-2 所示。

表 13-4-2　网络成本分配差异对关系强度和异质性影响作用的调节作用检验结果

自变量	模型 3-1（OLS）B 系数 工作回报满意度	模型 3-2（OLS）B 系数 工作回报满意度	模型 3-3（OLS）B 系数 工作内容满意度	模型 3-4（OLS）B 系数 工作内容满意度	模型 3-5（OLS）B 系数 工作环境满意度	模型 3-6（OLS）B 系数 工作环境满意度
常数项	-0.410^{***}	-0.406^{***}	-0.135	-0.143	-0.047	-0.067
学历水平	0.086^{***}	0.086^{***}	-0.070^{**}	-0.070^{**}	-0.134^{***}	-0.133^{***}
社交能力	-0.014	-0.015	0.021	0.022	0.012	0.013
实习经验	0.028^{***}	0.028^{***}	0.067^{***}	0.067^{***}	0.094^{***}	0.094^{***}
关系强度	0.059^{***}	0.062^{***}	0.044^{***}	0.038^{**}	0.048^{***}	0.040^{**}
异质性	-0.002	-0.002	0.031^{***}	0.030^{***}	0.062^{***}	0.058^{***}
网顶	0.001	0.001	0.002^{***}	0.002^{***}	0.002^{***}	0.002^{***}
M_1	-0.031^{*}	-0.019	-0.041^{**}	-0.072^{**}	-0.053^{***}	-0.156^{***}
关系强度×M_1		0.005		-0.009		-0.010
异质性×M_1		-0.003		0.009		0.031^{***}
-2 对数似然值	—	—	—	—	—	—
卡方值	—	—	—	—	—	—
自由度	—	—	—	—	—	—
R^2	0.010	0.010	0.046	0.046	0.104	0.110
F	5.404^{***}	4.238^{***}	24.905^{***}	19.606^{***}	60.143^{***}	44.975^{***}
N	3634	3634	3634	3634	3634	3634

由表 13-4-2 中的模型 3-1～模型 3-4 可知，分析结果显示调节变量网络成本分析差异（M_1）对工作回报满意度和工作内容满意度的直接影响均显著，但是调节变量与关系强度和异质性的交乘项对因变量的影响并不显著，所以，网络成本分

配差异对社会网络对工作回报满意度和工作内容满意度影响的关系并未起到显著地调节作用。

但是,由模型 3-5 和模型 3-6 的分析结果可知,网络成本分配差异对工作环境满意度的直接影响显著,且与异质性的交乘项对工作环境满意度的正向影响也显著,所以在网络异质性对工作环境满意度的影响关系中网络成本分配差异起到了显著的调节作用。其中,对工作环境满意度的影响过程中,个体对网络成本分配的差异性越大,相对集中地重点分配在"优势"网络成员身上,异质性对工作环境满意度的正向影响越大,即求职者能够获得相对更高的工作环境满意度水平。

此外,从不同网络成本投入水平来看,由于网络成本的单调增调节作用,在较高水平的网络成本投入样本中,网络成本分配差异的调节作用是否会相对低水平的成本投入更加显著,是否会有显著性差异?这里对高、低网络成本两组样本进行稳健性检验。这里同样将存在多重共线性的网顶交乘项剔除后再进行分析,剔除后显著的稳健性检验回归结果如表 13-4-3 所示。

表 13-4-3 网络成本分配差异对关系强度和网络异质性影响的调节作用分组回归检验结果

自变量	模型 4-1 (OLS) B 系数 工作内容满意度 (低成本)	模型 4-2 (OLS) B 系数 工作内容满意度 (低成本)	模型 4-3 (OLS) B 系数 工作内容满意度 (高成本)	模型 4-4 (OLS) B 系数 工作内容满意度 (高成本)
常数项	0.017	−0.027	−0.261	−0.244
学历水平	0.084**	−0.084**	−0.031	−0.030
社交能力	−0.017	−0.017	0.059***	0.058***
实习经验	0.057***	0.055***	0.072***	0.072***
关系强度	−0.021	−0.045	0.146***	0.148***
异质性	0.020	0.035**	0.028***	0.022**
网顶	0.002***	0.002***	0.001	0.001
M_1	−0.031	−0.140***	−0.051**	−0.128***
关系强度×M_1		−0.028		−0.003
异质性×M_1		0.046***		0.017*
−2 对数似然值	—	—	—	—
卡方值	—	—	—	—
自由度	—	—	—	—
R^2	0.035	0.042	0.074	0.075
F	9.695***	8.910***	20.139***	15.999***
N	1852	1852	1782	1782

表 13-4-3 中的模型 4-1 和模型 4-2 可知，在低成本组中调节变量网络成本分配差异 M_1 对工作内容满意度的影响并不显著，所以模型 4-2 中的检验结果也就没有了意义，即在低成本组中网络成本分配差异对社会网络变量的调节作用不显著。而从模型 4-3 和模型 4-4 的分析结果可知，在高成本投入组中调节变量网络成本分配差异对工作内容满意度的直接影响显著，且在模型 4-4 中 M_1 余异质性的交乘项对工作内容满意度的影响系数也呈现正向显著影响，所以异质性对工作内容满意度的影响受到了网络成本分配差异的显著调节作用，且这一调节作用在成本投入较高的群组中更加显著。即求职者对个体网络核心圈的投入成本越高，成本投入差异性越大、越集中（对优势网络成员），异质性对工作内容满意度的正向影响越显著，即工作内容满意度越高。所以，假设 H4b 得到了部分验证。需要说明的是，在模型 4-1～模型 4-4 中均出现了社会网络变量回归系数显著性有所变化的现象，由于在三个网络变量单独检验调节作用时自变量的主效应均显著且不变，这里在进行全模型分析时主效应发生显著性变化是由自变量交互项的加入对主效应显著性的干扰和覆盖效应所导致（Gravetter and Forzano，2015；Zhang and Venkatesh，2013），分析结果可以接受。

13.4.3 网络成本及其分配差异调节作用的地区间差异比较

由上述假设部分内容可知，社会网络成本及其分配差异在对求职者使用社会网络进行求职的过程起到调节作用的同时，有可能存在不同地区之间的差异性。经过相关数据的分组回归分析，我们发现网络成本和成本分配差异均在社会网络对工作环境满意度的影响过程中起到的调节作用存在显著的地区间差异，而在工作回报满意度和工作内容满意度维度上的差异性并不显著。限于篇幅这里仅将显著的地区间差异性调节作用分析结果进行展示，首先，网络成本调节作用的地区间差异比较如表 13-4-4 所示。

表 13-4-4　网络成本对网络关系强度和异质性影响调节作用的地区间比较分析结果

自变量	模型 5-1（OLS） B 系数 工作环境满意度 （中西部）	模型 5-2（OLS） B 系数 工作环境满意度 （中西部）	模型 5-3（OLS） B 系数 工作环境满意度 （东部）	模型 5-4（OLS） B 系数 工作环境满意度 （东部）
常数项	0.089	0.038	-0.353**	-0.364**
学历水平	-0.101**	-0.079*	-0.063*	-0.051
社交能力	-0.039**	-0.036*	0.056***	0.052**
实习经验	0.036***	0.034***	0.113***	0.108***
关系强度	0.099***	0.114***	0.053***	0.065***

续表

自变量	模型 5-1（OLS）B 系数 工作环境满意度（中西部）	模型 5-2（OLS）B 系数 工作环境满意度（中西部）	模型 5-3（OLS）B 系数 工作环境满意度（东部）	模型 5-4（OLS）B 系数 工作环境满意度（东部）
异质性	0.001	−0.014	0.080***	0.076***
网顶	0.003***	0.003***	0.001	0.001
网络成本 M	0.059*	−0.022	0.014	0.012
关系强度×M		0.089***		0.072***
异质性×M		0.029***		0.000
R^2	0.046	0.060	0.139	0.147
F	9.068***	9.348***	53.020***	43.739***
N	1336	1336	2298	2298

由表 13-4-4 可知，在模型 5-1 中调节变量网络成本（M）对工作环境满意度的正向影响显著，且在模型 5-2 中 M 与关系强度和异质性的交乘项对工作环境满意度的影响均显著，即网络成本的调节作用在网络关系强度和异质性对工作环境满意度的影响过程中，中西部地区的求职者体现出十分显著的调节作用。但在模型 5-3 中调节变量网络成本对工作环境满意度的影响并不显著，所以模型 5-4 中的调节作用检验结果也就没有了意义，即在东部地区网络成本对社会网络影响作用的调节作用并不显著，假设 H3b 得到了部分验证。

具体来看，从使用社会网络关系求职对个体工作满意度的影响来说，由于中西部地区的求职者对社会网络求职途径的依赖相对更高，成本的不断增加对社会网络使用效率的调节作用更加显著；反之，东部地区的求职者对社会网络求职途径的依赖相对较小，网络成本的增加并不能显著地提高社会网络对工作满意度影响的效率。

其次，是网络成本分配差异调节作用的地区间差异比较，分析结果如表 13-4-5 所示。

表 13-4-5　网络成本分配差异对网络关系强度和异质性影响调节作用的地区间比较分析结果

自变量	模型 6-1（OLS）B 系数 工作环境满意度（中西部）	模型 6-2（OLS）B 系数 工作环境满意度（中西部）	模型 6-3（OLS）B 系数 工作环境满意度（东部）	模型 6-4（OLS）B 系数 工作环境满意度（东部）
常数项	0.050	0.027	−0.387**	−0.404**
学历水平	−0.108***	−0.105***	−0.063*	−0.064*
社交能力	−0.036*	−0.037*	0.055***	0.057***

续表

自变量	模型 6-1（OLS）B 系数 工作环境满意度（中西部）	模型 6-2（OLS）B 系数 工作环境满意度（中西部）	模型 6-3（OLS）B 系数 工作环境满意度（东部）	模型 6-4（OLS）B 系数 工作环境满意度（东部）
实习经验	0.037***	0.037***	0.111***	0.111***
关系强度	0.071***	0.055*	0.046**	0.048**
异质性	0.015	0.015	0.087***	0.081***
网顶	0.003***	0.003***	0.001	0.001**
成本方差 M_1	−0.038	−0.094**	−0.045**	−0.157***
关系强度×M_1		−0.036		0.005
异质性×M_1		0.016		0.033***
R^2	0.045	0.048	0.141	0.147
F	8.916***	7.388***	53.758***	43.955***
N	1336	1336	2298	2298

由表 13-4-5 可知，在模型 6-1 的分析结果中，成本分配差异（M_1）调节变量对工作环境满意度的影并不显著，所以模型 6-2 中的调节作用检验结果没有了意义，即在中西部地区网络成本分配差异对社会网络影响关系的调节作用并不显著。而由模型 6-3 中检验结果可知，网络成本分配差异对工作环境满意度的直接影响显著，且在模型 6-4 中 M_1 与一直的交乘项对工作环境满意度的影响也呈现正向显著，所以在东部地区，网络成本分配差异对网络异质性影响关系的调节作用显著。总体来看，成本分配差异对网络异质性的调节作用在东部地区求职者身上相对更显著，对中西部地区求职者社会网络使用效率的调节作用并不显著，假设 H4c 得到了部分验证。

结合第 12 章的分析可知，由于东部地区求职者的人力资本水平相对更高，其对社会网络关系求职途径的依赖更为敏感，在对网络关系进行成本投入分析时，更为高效的差异化成本分配策略自然对其使用社会网络关系获得更高的工作满意度影响更为显著。相反，中西部地区的求职者对于成本分配差异对社会网络使用效率的调节作用相对不敏感。

13.4.4 社会网络和人力资本对工作满意度影响的两类人群间差异性比较

由于处于不同的求职阶段，高校毕业生和企业新员工分别处于求职准备期和职业生涯的初期阶段，本身其所具备的社会网络关系和人力资本有显著差异，同时对相关变量对求职结果影响作用的认识上也存在较悬殊的差异。所以,对于这类知识密集型劳动力,不同的职业生涯阶段究竟是否对工作满意度水平的影响因素有着显著的调节作用,对不同维度的工作满意度水平又会造成何种具体的影响?

通过对两类人群的分组回归分析,具体结果如表 13-4-6 所示。

表 13-4-6　社会网络和人力资本对工作满意度影响的不同人群差异性比较分析结果

自变量	模型 7-1(OLS) B 系数 工作回报满意度(企业新员工)	模型 7-2(OLS) B 系数 工作内容满意度(企业新员工)	模型 7-3(OLS) B 系数 工作环境满意度(企业新员工)	模型 7-4(OLS) B 系数 工作回报满意度(高校毕业生)	模型 7-5(OLS) B 系数 工作内容满意度(高校毕业生)	模型 7-6(OLS) B 系数 工作环境满意度(高校毕业生)
常数项	−0.394	−0.196	−0.200*	−0.228*	−0.321***	−0.425***
学历水平	0.129**	0.074	0.087	0.034	−0.003	−0.004
社交能力	−0.032	0.033	0.027	0.001	0.014	0.003
实习经验	0.034*	0.042**	0.048***	0.021***	0.019***	0.023***
关系强度	0.109***	0.086***	0.102***	0.028**	0.019	0.016
异质性	−0.025	0.000	0.040***	0.010*	0.002	−0.004
网顶	0.000	0.001	0.001	0.000	0.001	0.001*
R^2	0.015	0.012	0.023	0.009	0.007	0.008
F	3.537***	2.747**	5.630***	3.387***	2.722**	2.882***
N	1418	1418	1418	2216	2216	2216

由表 13-4-6 中的模型 7-1 和模型 7-4 可知,从人力资本和社会网络对工作回报满意度的影响来说,高校毕业生当中社会关系对工作回报满意度的影响比人力资本更大,而企业新员工群体中则刚好相反。究其原因,高校毕业生对于工作回报的期望不仅仅限于自身所具备人力资本能够匹配的水平,更期望通过网络关系获得更理想的报酬水平,故网络关系比人力资本对其工作回报满意度的影响更显著。对企业员工来说则恰恰相反,经过了一定工作岗位的历练,让他们认识到自身的学历水平高低所能带来的工作回报水平才是最稳定的,故人力资本的影响比社会网络更显著。

由模型 7-2、模型 7-3 和模型 7-5、模型 7-6 的分析结果可知,在高校毕业生中,人力资本的高低对其工作内容满意度和工作环境满意度影响是十分显著的,而社会网络关系所带来的影响并不显著。相反,对于有一定工作经历的企业员工,社会网络关系能够为其带来的工作内容满意度和工作环境满意度更加显著,相比之下人力资本对此的影响显著性水平较低。

13.5　本　章　小　结

本章基于我国西、中、东不同地域分别具有代表性的城市，对企业新员工和尚未实现正式就业的知识密集型劳动力群体进行随机抽样调查，在总样本数为3634 人的企业新员工和高校毕业生群体中研究和验证了社会网络维持成本对社会网络使用效率的调节作用，得出相关结论如下。

首先，再次验证了社会网络的使用对工作满意度造成积极的显著影响，虽然网络异质性与网顶对工作回报满意度影响不显著，但考虑到这两类网络变量为求职者带来的主要是丰富、有益的求职信息而非直接有力的就业帮助（Bian et al., 2015），也是可以解释的。

其次，本章在第 12 章验证结果的基础上，再次验证了在社会网络对工作满意度影响的过程中，网络维持成本同样对个体"核心圈"社会网络关系的使用效率产生了单调递增的调节作用。即求职者对该部分社会网络关系的投入成本越高，在使用社会网络关系进行求职的时候就能够带来更高的工作满意度水平。

再次，在社会网络对工作满意度产生影响的过程中，个体对网络成本的分配差异也起到了显著的正向调节作用，即对网络成本的分配差异性越大、越集中，就能够通过社会网络关系获得越高的工作满意度水平。同时，网络成本投入的水平越高，这种成本的分配差异性所体现出的上述调节作用就越显著。

然后，在因变量是工作满意度水平的前提下，网络成本的调节作用在中西部地区的求职群体中更加显著，而成本分配差异的调节作用则在东部地区的求职群体中体现得更加显著。分析其中的原因，基于第 12 章的研究结果，由于东部经济相对发达地区的"知识密集型"求职者拥有相对较高的人力资本，对于在社会网络关系中投入成本多少的变化更敏感，而中西部地区求职者则相对更依赖社会网络，对成本变化并不敏感。因此，东部地区求职者对网络关系成本的分配差异性调节作用所带来的工作满意度影响更显著，中西部地区的求职者仅对网络成本所带来的工作满意度影响更显著。

最后，在对处于不同职业生涯阶段的两类人群进行比较分析的过程中，社会网络和人力资本两个变量对工作满意度的影响同样存在显著的差异性。具体来说，在对工作回报满意度水平的影响维度上来看，企业新员工明显表现出人力资本大于社会网络的影响程度趋势，而高校毕业生则相反，这归根结底还取决于不同阶段的求职者自身的社会阅历和人生经历有所差异。而在工作内容满意度和工作环境满意度影响维度上来看，相对"单纯"的高校毕业生则明显更依赖于自身所具备的人力资本所能带来的工作满意度水平，而企业新员工则更多地依靠自身积累的职场关系和人脉资源来使自己获得更高的工作满意度水平。

本章相关假设检验结果汇总如表 13-5-1 所示。

表 13-5-1 假设检验结果汇总表

编号	假设内容	是否通过验证
H1	个体社会网络资源越丰富，越能够获得更高的工作满意度水平	部分通过
H2	人力资本越丰富，越能够获得更高的工作满意度水平	部分通过
H3	社会网络维持成本对社会网络"核心圈"资源使用效率呈现出单调调节作用	部分通过
H3a	社会网络"核心圈"维持成本在社会网络对工作满意度的影响中呈现单调调节作用	部分通过
H3b	社会网络"核心圈"维持成本在社会网络对工作满意度影响中的调节作用,在中西部和东部地区之间存在显著的差异	部分通过
H3c	社会网络和人力资本在对工作满意度的影响中,在企业员工和高校学生两类群体中存在显著的差异	通过
H4	求职者对社会网络维持成本的分配差异大小,对其社会网络资源的使用效率会起到显著的正向影响	部分通过
H4a	求职者对社会网络维持成本的分配差异大小,在其社会网络对工作满意度的影响中会起到显著的正向调节作用	部分通过
H4b	求职者对社会网络维持成本分配差异的调节作用会在较高的网络成本投入水平时更加显著;反之,在较低的网络成本投入水平时网络成本分配差异的调节作用相对较弱	部分通过
H4c	求职者对社会网络维持成本分配差异的调节作用在中西部和东部地区存在显著的差异性	部分验证

第5部分　结 论 建 议

14　研究结论与政策建议

14.1　知识密集型劳动力需求的现状和影响因素分析

14.1.1　知识密集型劳动力需求的现状

改革开放以来，中国经济的发展走上快车道。随着经济、社会、金融等领域全面的国际化，中国的国际地位也在不断提高，但是其中也存在一定的问题。社会和文化的升级速度赶不上经济的火箭式发展，而社会结构的调整也无法及时满足经济发展的需求，中国面临经济和社会双重转型。

近五年来，我国在发展经济的同时也在不断调整内部结构。社会转型的总体方向，就是要加快推进初级城市化社会转向高级城市化社会。具体来讲，要实现"四大转变"：一是从城乡二元冲突型社会向城乡协调型社会转变；二是从本地与外地户籍人口分割型社会向本地与外来人口融合型社会转变；三是从矛盾多发的不稳定社会向阶层和谐的稳定社会转变；四是从不协调、不全面发展的社会向以人为本、全面协调发展的社会转变。

信息服务业是一个飞速发展的行业，其对人才的需求量呈逐年上升趋势，因而信息服务业的就业问题也是国家相关部门和各地区政府非常重视的一项工作。其中，信息服务业企业对员工的需求不仅包括专业技能需求，还包括很多复合型技能。信息服务业具有很强的专业性，主要的专业性需求包括扎实的专业知识、良好的文档编写能力和编码规范化能力、良好的学习能力逻辑思维等。复合型人才应不仅在专业技能方面有突出的经验，还应具备较高的相关技能。随着信息技术完全融入银行、保险、证券等行业之中，复合型人才在未来几年的需求量极大。

当前，国家和各地区出台了许多促进信息服务业发展的政策：①信息服务业小微企业吸纳新员工优惠政策；②对吸纳就业能力强的信息服务细分领域和相关企业的优惠政策；③对吸纳高校毕业生的信息服务企业适当拓宽融资渠道和减免税收。中国正在研究制定"互联网＋"行动计划，用新的思路和工具解决交通、医疗、教育等公共问题，助力大众创业。在促进互联网创业上，国家推出的优惠政策主要包括如下几个方面：①降低准入门槛；②税费减免；③信贷支持；④创业补贴；⑤培训补贴。

现代服务业的发展呼唤高职人才培养模式的不断创新。加大高技能人才培养模式的改革力度，推进高技能人才培养机制的不断创新，建设一支适应现代服务业发展要求的高技能创新人才队伍，形成高素质的现代服务业产业大军，对实现现代服务业的产业优化、提高现代服务业的核心竞争力具有不可或缺的重要作用。企业内部培训员工和员工继续教育的加强。信息服务业员工的培训发展趋势：首先，从学历教育转向技能、观念培训；其次，从社会化教育转向企业个性培训；然后，从个体学习到团队学习；最后，在知识和技能培训之上加强员工良好心理品质的培养。

14.1.2　信息服务类企业员工求职途径影响因素的分析结果

从社会网络视角研究信息服务业员工求职问题，通过阅读文献，归纳总结了前人研究所使用的变量测度方法，采用客观题项和量表结合的方式，而网络测度方面使用的是提名法，并将讨论网、熟人网、相识网引入研究中。考虑信息搜寻、获取方式被社交工具改变，以及社交工具对人际关系的建立和维护的影响，将社交工具使用引入到求职途径影响探讨中。在前人关于人力资本、社会网络对求职途径影响模型的基础上，结合中国情境和互联网时代特点进行了扩展，构建了相关研究模型，如图 5-1-1 所示。

技术的发展产生了很多便捷的信息沟通工具，这对于求职者获取求职信息势必起到一定的影响作用。这也使得前人针对求职途径的研究模型具有一定的时代局限性，没有能够考虑互联网时代信息技术发展对于信息传播的影响，尤其是社交工具使用对信息获取方式和人际交往方式的巨大改变。社交工具使用最重要的目的之一就是信息的获取和分享，通过社交工具可以获得与搜索要求匹配度更高的信息。信息的传播速度更快，范围更广泛，大大促进了劳动力市场信息流动的充分性。同时，通过社交工具，人们普遍将线下活动转移到线上，开始基于网络与亲人、朋友或者素未谋面的陌生人进行交流、分享、讨论、娱乐等。Hossain 和 Silva（2009）指出线上交往和线下交往一样，人们通过线上交往也可以保持社会关系。Wellman 和 Haythornthwaite（1996）指出随着线上交往时间逐步增加，线上关系变得更加亲密，在线关系最终可以发展成为和线下一样亲密的关系。Garton 等（1997）指出线上社会关系和线下社会关系一样，会因为交往频度增加，相互交换、互利互惠、情感支持而形成强关系。社交工具的使用突破了地理空间的限制，更好地帮助个人建立和维护社会关系，加强了与亲人、朋友、同学等群体的联系，扩大了社交的范围。因此，在求职过程中需要帮助时，积极的社交工具使用者可能获得更多、更有效的帮助。综上所述，在互联网这个特殊的时代背景下，社交工具的使用对求职途径的影响不可忽视，值得探讨分析。本书在传统模型基础上，增加了社交工具使用这一因素，通过使用频率、组织活动、扩大交友三个方面测度社交工具使用程度，分析社交工具使用对求职途径的影响，还探讨了求职途径影响因素之间的关系，即社交工具、人力资本和社会网络特征三者之间的关系。

经过数据清洗、删除、逻辑检查后，在本书研究知识密集型劳动力求职途径中，使用的各城市样本分布情况如表5-2-1所示，其中，西安地区样本量为197，深圳地区样本量为203，广州地区样本量为245，苏州地区样本量为330，杭州地区样本量为194，上海地区样本量为297。最终，六个地区的总样本数为1466。

具体样本情况描述如表5-2-2所示，可以发现样本中男女比例相近，男性比例稍高，符合信息服务业中男性多于女性的现状。年龄主要分布在20~30岁，符合信息服务业员工年轻化的实际情况。出生地包括城市、县级市和农村，农村和非农村比例接近1:1，样本包含人群比较合理。学历主要集中在硕士和本科，符合信息服务业中员工具有较高知识水平、知识密集型的特点。样本整体具有较好的代表性。

人力资本、社会网络特征和社交工具使用都会影响求职途径的选择。具体研究结果如下。

（1）社交工具使用程度越高，员工越有可能选择非正式求职途径。社交工具以互联网技术为依托可以支持使用者的社会互动行为，实现社会情境。同一行为在不同的时间、不同的场合会具有不同的意义。社会互动可以是面对面的，也可以在非面对面的场合下发生。社交工具的使用更好地支持了在线社会互动在特定的情境下进行。并且很明显，在线社会互动还会对互动双方及他们之间的关系产生一定的影响，甚至有可能对整体虚拟社会环境形成一定的作用。社交工具使用频率、在线社交互动行为、在线交友圈的扩大等有利于使用者以较低的成本，建立和维护大量多样化的人际联系。积极有效的社交工具使用者可以更好地维护个人的交际网络，从而获得更高的信息资源交互效率，增加与联系人的感情和信任程度，在求职过程需要帮助时，可以更便捷有效地获得支持。这样使求职者更愿意依赖非正式求职途径求职。

（2）社会网络会对求职途径产生影响。讨论网、熟人网和相识网的网络结构特征会促进非正式求职途径的选择。网络结构不同，嵌入网络中的资源也不同。在完全市场条件下，信息是最重要的资源，弱关系相对于强关系能够提供更多的社会就业机会。根据林南等学者的研究，拥有较大的网络规模和较高的网络异质性的求职者，可以获取到及时准确的信息资源，形成信息优势（如更多领域、更多行业以及更多岗位的招聘信息）。同时，拥有较高网顶和网差的求职者，可以获得更多的有效的支持和实质性的帮助（如介绍、推荐等），从而得到更多求职机会和更好的求职结果，这与边燕杰（2004）的研究结论一致。因此，求职者更愿意通过网络中成员的帮助来求职。综上，求职者网络规模越大，网络异质性越高，网顶和网差越大，越愿意使用非正式的求职途径。

（3）社交工具对于熟人网和相识网的网络特征有影响，对于讨论网没有影响。同时发现，在社交工具使用对求职途径的影响关系中，熟人网网络结构特征和相识网网络结构特征起到了中介效应，而讨论网不具有中介效应。在互联网时代，社交工具具有技术属性和社会属性双重特点。基于社交工具使用搭建起个人社交平台，实现人际互动、信息的互联互通以及与社会生活的融合。社交工具在建立和维护人际关系中发挥着重要作用，有利于人与人之间产生新的关系，可以扩大网络规模，丰富网络中大量的弱关系，但却很难直接建立起网络中强关系。熟人网和相识网属于网络规模较大，网络中弱关系较多的网络类型，社交工具的使用可以更好地维护这种类型的网络；而讨论网是小核心网络，一般为3~5人，网络中强关系较多，社交工具的使用很难改变讨论网自身属性特点。这个研究发现与之前学者（Boyd and Ellison，2007）研究结果相一致，新兴社交工具使用对于网络结构相对松散，弱关系较多的熟人网络和相识网络的网络特征有显著影响，而对于小核心的讨论网网络结构特征没有影响。所以社交工具的使用可以通过影响熟人网和相识网网络资源，从而影响求职途径的选择，即熟人网网络结构特征和相识网网络结构特征在社交工具使用对求职途径影响关系中起中介作用。

（4）人力资本越高的员工，越会选择正式求职途径，其中主要是学历和工作经验的影响作用明显。学历高的员工比学历低的员工具有更好的专业技能（如信息技术）、较高的综合素质、快速的学习能力。相对于低学历员工，高学历员工能够更好地适应企业的发展速度，在劳动市场中具有更高的竞争力，所以更可能选择正式的求职途径。此外，那些具有丰富工作经验的员工，大都具有很强的工作能力，不需要企业花费更多的培训成本就能够独立完成工作任务，因此比工作经验少的员工更受青睐，更易于通过正式途径求职，这与之前很多学者的研究结果一致。而社团活动和实习经验对于员工求职的影响不明显，员工从社团活动和实习中获得的求职能力提升非常有限，很难获得有价值的锻炼和培训，对于员工日后求职技能和岗位胜任能力都没有显著提高，所以对于正式求职途径选择没有显著影响。

14.1.3 信息服务类企业员工工作满意度影响因素的分析结果

不同的求职途径选择会产生不同的工作满意度。相关研究表明，非正式求职途径可以获得更高的工作满意度。本书研究的信息服务业员工普遍年轻化，具有较高的流动性，更注重自我价值的实现，所以此类人群的求职途径选择对于工作满意度的影响应该进行重新验证。由于社交工具使用是互联网时代新兴产物，其对信息的传播扩散和人际关系的建立与维护有着深刻的影响，本书不仅考虑了人力资本、社会网络这样的传统因素，更重要的是探讨了新兴社交工具使用对求职途径及工作满意度的影响作用，以及社交工具使用与传统社会网络特征之间的关系。

通过对信息服务业员工求职途径和工作满意度影响因素的研究，本书得到以下结论。

（1）社交工具使用程度越高，员工越有可能获得更高的工作回报满意度和工作内容满意度，而对于工作环境满意度没有显著影响。社交工具的使用建立了更为有效的多维度、双向沟通机制，促进信息的传播和扩散，更好地推动求职信息在雇主和雇员之间充分流动，降低劳动力市场的信息不对称性。积极的社交工具使用者可以获取更丰富、有效和差异化的求职信息，形成信息优势，提升信息资源配置效率。同时，通过社交工具的使用求职者可以与潜在雇主进行在线沟通，实现更充分的自我展示。所以，在求职过程中，积极的社交工具使用者可能更容易获得自己理想的工作，对于自己的工作报酬和从事的具体工作内容更接近自己的期望值。此外，虽然积极的社交工具使用者可以获得更好的工作回报满意度和工作内容满意度，但对于工作环境满意度，社交工具的使用带来的帮助非常有限。工作环境本身如工作地点、与上下级关系改善，这些一方面源于工作自身的客观情况，难以通过自身的努力很快改变（如工作地点），另一方面需要在实际工作的过程中，进行面对面的有效沟通和人际互动。由此可见，社交工具的使用不能完全替代实际交往中的传统人际关系互动方式，只起到了补充作用。

（2）非正式求职途径有可能获得更高的工作回报满意度和工作内容满意度。非正式的求职途径可以拥有更多信息资源和人情资源。求职者通过非正式求职途径可以获得及时、充分和有效的求职信息，强关系带来的实质性帮助，这样求职者容易获得更多的求职机会，从而可以获得更接近自己期望值的工作和回报。本书的结论和 Mouw 等的研究结果一致，均认可非正式求职途径对于工作回报满意度的影响，而对工作环境满意度没有显著影响。在求职过程中求职者往往最关注工作薪酬回报问题，其次是具体从事工作是否符合自己的专业技能和喜好，而对于工作环境的要求和关注相对很少。与此同时，信息服务业行业整体工作环境水平比较好，员工工作满意度较高；整个行业内企业工作环境比较相似，行业内工作环境不存在巨大差异，所以求职途径的选择并不会影响工作环境满意度。

（3）在社交工具使用对工作回报满意度和工作内容满意度的影响关系中，求职途径起到了中介作用。求职途径的中介作用可以理解为，社交工具的使用促进了在线社会互动，建立了同事、朋友、亲人甚至招聘人员之间有效的沟通渠道，便于维护人际关系，增进与联系人的关系强度。当双方建立起了良好的信任和情感基础后，求职者就更愿意借助他人帮助求职，倾向于选择非正式途径，带来更高的工作内容满意度和工作回报满意度。由之前分析可知，社交工具使用对于工作环境满意度没有显著影响，所以企业员工在求职过程中对社交工具的使用并不能通过求职途径的选择差异最终影响其工作环境满意度的水平。

14.1.4　信息服务类企业员工流动影响因素的分析结果

本书研究的问题是信息服务业中知识型劳动力的职业流动情况以及探究导致员工发生流动的因素。从两个基本变量入手，一是知识型员工的人力资本，二是信息服务企业的组织环境，研究它们对于员工职业流动的影响。此外，本书结合中国情景和大数据时代的特点，从知识型员工的社会网络视角来揭示员工的社会网络结构对于其职业流动的影响。在此基础上，本书探究了影响因素之间的关系，并探讨了因素的中介作用，以及个人特征变量的调节作用。本书提出了研究知识密集型劳动力流动性的分析概念模型（图 7-1-1），并针对该模型提出了以下几点研究假设，并对这些假设进行一一论证。

本书使用的各城市样本分布情况如表 7-2-1 所示。其中，西安地区样本量为 290，深圳地区样本量为 267，广州地区样本量为 246，苏州地区样本量为 353，杭州地区样本量为 202，上海地区样本量为 317。最终，六个地区的总样本数为 1675。

分别将人力资本、组织环境、社会网络下的各影响因素对员工流动作了 Logit 多元回归模型，以揭示它们之间的线性关系。此外，本书也探讨了各影响因素之间的关系，通过建立路径模型进行分析，得出以下几点结论。

1）员工流动影响因素的直接影响

（1）人力资本对员工流动有显著性的影响。第一，员工的工作经验越丰富，越容易造成其进行职业的流动。由于知识型员工在企业中工作需要专业的技能与知识，企业对于这些员工的培养相对较为重视，一旦员工在相关领域中通用的专业知识、经验积累到一定程度后，员工选择离职寻求更高待遇工作的概率便会升高。第二，社会实践对员工流动也同样有显著性的正影响，即员工的社会实践能力越高，越容易造成其进行职业的流动。这是因为社会实践能力强的员工，一旦在该企业得不到应有的报酬、待遇以及职位，该员工便会立即想要跳槽，由于自身的实践能力比较强，不必担心找不到好的工作，这也是优秀的员工难留的原因。第三，学历水平对于员工流动也有着显著的正向影响。相对较高的学历水平会使得员工对所工作的岗位有较多的条件要求，一旦达不到满足就会造成员工的流动，因此越高的学历水平可能会显著增加员工的流动。

（2）企业文化对员工流动也有着显著性的负影响，即企业文化越好，越不容易造成员工的流动。好的企业文化是留住员工的重要因素之一，企业的文化氛围需要得到员工的认同，这样可以增加员工的归属感，为企业发光发热。同样地，岗位特性对员工流动有显著的负影响，即员工的工作与专业越匹配，越不容易造成其进行职业的流动。合适的岗位才能够使得员工发挥自己的能力，因此，岗位匹配度对于员工流动是十分重要的，如果能够在与自己所学专业相匹配的工作岗位上任职，能够大大降低员工的流动行为。

（3）在社会网络层面，研究结果表明，网络规模、密度、异质性和关系强度对员工的流动均有显著性正影响，员工讨论网的规模越大、密度越高、异质性越大、关系强度越强，越容易造成员工的职业流动。知识型员工的网络规模越大，说明该员工平时的社交圈子中的人数越多，得到的职业信息也会越多；密度越高，说明该员工的讨论网成员之间的联系越强，加速了信息在讨论网中的传递；异质性越大，表明讨论网中的职业差异越大，带来的职业信息是多样的，而不局限于某一领域，因此为该员工带来更多可能的求职信息；关系强度强表明员工依赖于其讨论网的程度很高，更有可能从中获取到自己想要的信息，因此，这些条件均有利于员工从讨论网中获取有价值的信息，从而帮助其完成职业流动。

2）各影响因素之间的关系分析结果

（1）组织环境中的企业文化自变量对网络规模、异质性和关系强度指标产生了显著的负向影响，即企业文化发展越好，给员工带来的归属感会越强，从而导致员工对就业讨论网关系的构建会显著减弱，即潜在流动的意向会有所降低。而岗位匹配度变量对网络规模、网络密度和关系强度产生了显著的负向影响，即企业员工自身能力与岗位要求的匹配程度越高，其自身就业讨论网络的规模、密度和网络成员之间的关系强度水平都会因此有显著下降，也就是员工产生离职倾向的念头会显著下降。

（2）组织环境中的企业文化对工作环境满意度和工作回报满意度均产生了显著的正向影响，而岗位匹配度仅对工作回报满意度产生了显著的正向影响。所以从总体来看，企业的组织环境对员工工作满意度产生了较为显著的正向影响，员工在更好的企业组织环境当中会对自身的工作回报和工作环境有更高程度的工作满意度水平。

（3）工作满意度影响因素中的工作环境满意度对就业讨论网的网络规模、网络密度、异质性和网络关系强度四个维度均产生显著的负向影响；而工作回报满意度仅对网络规模、网络密度和异质性产生了显著的负向影响。所以总体来看，工作满意度对就业讨论网的产生了较为显著的负向影响，即企业员工对于当前所工作岗位中工作环境满意度和工作回报满意度水平越高，其对于就业讨论网关系的构建意愿就会相对较弱，更满足于现有的工作状态和待遇。

（4）社会网络的中介效应在本书得到验证，工作满意度对职业流动有着显著的影响，而员工的社会网络可以加强这样的影响。具体而言，具有较强的工作环境满意度和工作回报满意度的员工，更倾向于职业不流动，同时正是由于较强的工作满意度，员工的就业讨论网特征更不显著，从而进一步限制了员工通过网络关系进行工作流动的可能性，所以通过该间接影响进一步加强了原有的负向影响。

此外，组织环境对员工流动影响关系中，社会网络也起到了显著的中介作用，而且进一步加强了组织环境对员工流动的影响作用。具体来看，企业具备较好的组织环境更能够利用"软实力"感化和留住员工，从而对员工的流动产生了显著的负向影响，同时更好的组织环境能够减弱员工对就业讨论网络关系的构建，进而限制了员工通过网络关系进行流动的可能性，所以通过该间接影响进一步加强了原有影响关系。

（5）人力资本的调节效应在本书同样得到验证。工作满意度对员工的职业流动有着显著的负向影响，而其人力资本中的学历水平、实习经历和工作经验对此关系有着显著的调节作用；而在组织环境对职业流动的显著负相影响中，实习经历、工作经验和社会实践变量对其也产生了显著的调节作用。

同样，在社会网络对员工流动的影响过程中也受到了人力资本相关变量的显著调节作用，但是由于社会网络还起到了相应显著的中介作用，这里同时存在有中介的调节作用。具体来说，员工的学历水平越高会促使工作满意度和社会网络变量对员工流动产生正向影响，即促使员工流动；并通过社会网络的中介作用增强学历对工作满意度的调节作用，以及增强社会网络原本的中介作用。实习经历越丰富的员工，会促使工作满意度、组织环境和社会网络变量对员工流动产生负向影响，即促使员工不流动；并通过社会网络的中介作用增强其对工作满意度和组织环境的调节作用，以及减弱社会网络原本的中介作用。社会实践经验越丰富，越会促使组织环境对员工流动产生正向影响，即促使员工流动；并会促使社会网络对员工流动产生负向影响，即促使员工不流动，并减弱社网络原本的中介作用。工作经验丰富的员工，则会促使员工工作满意度和组织环境对员工流动产生正向影响，促使员工流动，并通过社会网络的中介作用得以加强；而对社会网络则会产显著的负向影响，即促使员工不流动，并减弱了社会网络原本的中介作用。

14.2　知识密集型劳动力供给的现状和影响因素分析

14.2.1　知识密集型劳动力供给的现状

我国的劳动力正由过剩向短缺转变。在 2009 年，从珠三角到长三角出现的"招工难"也为这种观点提供了部分验证。没料到随后爆发国际金融危机,外部需求萎缩,出口加工业收缩,大批农用工被迫返乡,有机构预测就业岗位缺口达千万个之多。一时间,"刘易斯拐点"之说似乎不攻自破。可是,随着经济强劲反弹,"保增长"大局已定,"用工荒"又浮出水面,而且大有从沿海地区向内陆省份蔓延之势。

近年来,技能型人才的短缺日益成为制约我国由制造业大国向制造业强国转变的重要因素。以制度经济学作为分析工具,认为引起技能型人才供给不足的原因主要是制度性因素,如企业技术培训中存在"囚徒困境",而政府未能通过公共服务体系进行协调,职业教育与学历教育非均衡发展,人才评价体系长期扭曲且知识型人才与技能型人才严重分割,职业资格认证体系缺乏公信力等。有学者提出了治理技能型人才供给不足问题的若干制度安排。

根据《中国就业现状与政策白皮书》和十八届三中全会中与就业政策有关的会议精神,现阶段的国家就业政策主要在三个方面着手:创造岗位、活跃劳动力市场、再就业。

中国的高校扩招从1999年开始,2008年到高潮,招生从300万人增加到约700万人,适龄人口从一直徘徊在2000万~2500万人,再到2013年的1800万人,2014年开始减少到1300万人;毛入学率增加到50%。作为培养知识知识型人才的"摇篮",近年来,高等教育机构开始面临与社会需求对接的延迟效应,高等职业技术教育也未能得到良好发展,高等教育在教育结构中的失衡成为制约知识型人才供给的重要原因。

教育部从2014年开始要求高校把每年的就业质量报告公布在自己的官方网站上,并把相应链接发给教育部。为应对高校毕业生的就业压力,2014年国务院办公厅发出通知,要求各地区、各有关部门采取切实有效措施,拓宽就业门路,促进高校毕业生就业,并相继出台了一系列促进高校毕业生就业的政策措施,如鼓励高校毕业生到城乡基层、中西部地区和中小企业就业,鼓励骨干企业和科研单位吸纳高校毕业生就业等。

基于国家的总体政策,各个高校也推出了许多帮助就业和鼓励创业的新政策,包括鼓励高校学生到基层中去,鼓励高校学生应征入伍成为高水平国防力量等。近几年,由于国家对科研工作的扶持越来越大,高校毕业生在参与项目研究期间,享受劳务性费用和有关社会保险补助,户口、档案可存放在项目单位所在地或入学前家庭所在地人才交流中心。聘用期满,根据需要可以续聘或到其他岗位就业,就业后工龄与参与项目研究期间的工作时间合并计算,社会保险缴费年限连续计算。国家对高校学生创业的扶持力度也逐年增大。为支持高校学生创业,国家和各级政府出台了许多优惠政策,涉及融资、开业、税收、创业培训、创业指导等诸多方面。对打算创业的高校学生来说,了解这些政策,才能走好创业的第一步。这些扶持政策集中在我国的大中城市。

　　各地区政府也针对本地区的学生特点和经济社会发展形势，展开了各个地区高校学生就业引导和扶持工作。在此基础上，各地区均建立了较为成熟的就业信息发布平台和招聘平台、就业政策信息网等诸多高校学生就业信息传播媒介，以促进高校学生就业和创业。

　　但是就目前的实施情况来看，地区的就业服务并没有达到预期效果。根据本课题组在西安地区毕业生招聘会上的调研信息，大部分企业对区域就业信息平台的使用率并不高。与企业的低利用率相对应的，高校毕业生对地区性的就业和招聘服务网站的利用率也不高。与经济发展不平衡相对应，各个地区的就业政策与就业服务水平也有很大的差异。北京市和上海市的就业服务走在全国前列，而东北、西部地区的就业服务水平并没有显著提高。此外，部分地区的招生政策和优惠条件都是在互相效仿，并没有真正做出适合本地区战略发展规划的就业服务。因此，就业地区的就业服务还有比较长的路要走。

　　在制度层面上，虽然我国从 1993 年起就实施了职业资格证书制度，但在实践中却存在层次多样、名目繁杂的资格鉴定，标准不统一，通用性和透明度较差。从全国用工制度看，到 2016 年底，仅劳动部门规定必须持证上岗的行业就多达 90 个，人事部门在全国 23 个行业建立了专业技术人员职业资格证书制度。

　　中华人民共和国成立以来经历了六次人口普查，人口的金字的重心也在不断上移。多年来的计划生育确实解决了当初中国发展的燃眉之急。几十年后的今天，人口红利不断减少就成了快速发展的一种代价。人口红利在不断减少的同时相对应的高等教育机构和院校的不断扩招。在人口红利逐渐减少的同时，我们却看到了高等教育输出的"人才"数量总体呈上涨趋势。从目前来看，高等院校的入学率已经超过了 75%，大学已经不是一个拥有顶尖才华和思维的人才能进入的地方。这也导致了一部分高校毕业生的真实实力达不到社会对他们的要求，因此才会出现就业率逐年下降、就业形势越来越严峻的情况。

　　中国要从过去依靠人口红利的发展模式向依靠人才红利的发展模式转变。人才是中国经济实现成功转型的关键，经济要保持中高速发展，向中高端水平迈进，经济发展方式必须从劳动力和资本投入驱动型，转向主要依靠创新和生产率提高驱动型，这需要人才作支撑，需要充分激发人才红利，经济转向才会成功。

　　此外，实现人力资源红利的另一个条件是保证人力资源的适当流动性。人才只有合理流动，才能有效解决人才供求矛盾，优化人才结构，促进人才使用社会化，充分发挥每个人的潜力。一个人只有在适合的工作岗位上才能充分施展其才华，而人才流动是个人寻找适合工作岗位、企业寻找合适人才的一条重要途径，有利于人才资源的最佳配置。

14.2.2 高校学生就业能力影响因素的分析结果

从高校形式就业情况调研结果显示，就业能力培养方面：①高校就业服务工作发挥越来越重要的作用，而高校教师对学生的就业情况关心程度普遍不够；②目前实习信息最主要的获取途径是个人关系。求职信息最主要的获取途径是就业中心信息平台。根据相关的文献综述，发现了高校学生所拥有的就业能力会受到以下几种因素的干扰，即择业倾向、高校就业服务、课外活动以及个人特质等四个方面。这四个方面的因素不仅可能会影响到高校学生就业能力的高低，也可能存在相互的影响，甚至使其中的某个方面的因素成为一个中介变量，产生调节作用。

通过对高校学生就业能力培养情况定性和定量分析，得出如下主要结论。

（1）通过文献研究得到了高校学生就业能力结构要素，并最终汇总为专业知识和技能、人际交往能力、信息获取能力的三因素能力模型。

（2）就业能力影响因素的直接影响关系结论就业服务对高校学生的专业知识和技能有显著的负向影响。接受良好的就业服务不利于个人专业知识和技能的提高。就业服务对高校学生的人际交往能力有显著的正向影响。接受良好的就业服务有助于高校学生人际交往能力的提高。就业服务对高校学生的信息获取能力有显著的正向影响。接受良好的就业服务有助于高校学生信息获取能力的提高。接受更多就业培训和服务的学生有着相对更低的课外活动参与度。

课外活动对高校学生的专业知识和技能有显著的正向影响。多参加与专业课程有关的课外活动有助于提高高校学生的专业知识和技能；课外活动对高校学生的人际交往能力有显著的正向影响。多参加与专业课程有关的课外活动有助于提高高校学生的人际交往能力。

外在报酬型求职者的人际交往能力和信息获取能力更高。就业培训服务对高校高校学生在就业时的求职意愿并未产生显著的影响。

（3）分析各影响因素之间的关系，发现求职意愿和课外活动变量分别在不同影响关系之间起到了显著的中介作用。具体来说，人力资本中的性别变量对专业知识和技能以及信息获取能力影响关系中，以及学历变量对就业能力三个维度的影响关系中，求职意愿均在其中起到了显著的部分中介作用。在高校就业服务、学科、性别变量对专业知识和技能以及人际交往能力的影响关系中，课外活动变量起到了显著的中介作用。

也就是说，高校学生求职群体中拥有不同人力资本水平的求职者，会部分因此而拥有差异较大的求职意愿水平和参与课外活动的动力、频率，从而最终影响其求职就业能力；同样，高校为学生提供的就业服务水平也会从一定程度上影响高校学生参与课外活动的积极性和频率，从而最终间接对高校学生就业能力产生显著影响。

14.2.3　高校学生求职意愿和途径影响因素的分析结果

从高校形式就业情况调研结果显示，学生求职意愿方面：①找工作和读研依然是主要去向；学生创业意愿依然不够强烈；②学生最关心工作的前途发展，首次就业时毕业生最关注的要素是行业是否有发展前途，其次才是工作稳定性、待遇、就业地点要素；③就业地点：中西部地区高校、985 高校学生更倾向于去一二线城市就业，杭州学生反而更倾向于回到家乡就业；④未来工作与专业相关度，部分学生不愿从事自己专业相关工作。

探讨高校学生求职意愿和求职途径（信息获取途径）的影响因素，主要有高校毕业生的人力资本、个人特征、社会网络因素。

考虑直接和间接效应的作用，探讨了高校毕业生的个人特质、人力资本、社会网络（就业讨论网）对求职意愿和求职途径（信息获取途径）的影响，以及各影响因素之间的相互关系，得到以下结论。

（1）求职信息的获取方面，居住地在农村的高校学生、具有兼职经历的高校学生、希望找和自己专业相关度高工作的高校学生更愿意通过正式途径（如学校就业信息中心、网络应聘、企业直招/公司官网、新闻媒体广告应聘等）获取求职信息。

（2）内在求职意愿方面，居住地在农村的高校学生、男性学生、知识技能水平越高的高校学生、社会网络差异性越大的高校学生、与讨论网成员关系越强的高校学生的求职积极性越高。

（3）外在求职意愿方面，居住地在城市的高校学生、男性学生、知识技能水平越高的高校学生、组织沟通能力越强的高校学生、社会网络差异性越大的高校学生、与讨论网成员关系越强的高校学生就业讨论频率就越高。

（4）工作专业相关度方面，组织沟通能力越强的高校学生在找工作时更愿意找和自己专业相关的工作；有兼职经历的高校学生更愿意找和自己专业关系不大的工作。

（5）各个影响因素之间关系方面，个人特征对人力资本、人力资本和社会网络都有显著性影响。具体来说，居住地在农村的高校学生、女性学生更愿意找兼职；组织沟通能力和知识技能水平越高的高校学生，网络差异性就越强；组织沟通能力越强、知识技能水平越高的高校学生往往和自己社会背景接近的人讨论就业问题比较多；组织沟通能力越强的高校学生其讨论网的网络规模、网络异质性和关系强度就越高。

此外，人力资本、求职意愿和社会网络因素分别在相应因果关系之间起到了显著的中介效应。具体来说，个人特质不仅对求职途径产生了显著的直接影响，还能够通过人力资本中的知识技能、实践经验和求职意愿中的就业讨论频率的影响，对求职途径产生显著的间接影响。同样，社会网络除了对求职途径的选择能够产生显著的直接影响外，还能够对就业讨论频率产生显著影响，从而对求职途径产生显著的间接影响。最后，人力资本不仅能够直接对求职意愿中的求职态度是否积极产生显著的正向影响，而且可以通过对其社会网络各种特征的影响，间接地影响求职者的求职态度。

14.2.4　高校学生工作满意度的影响因素分析结果

本节探讨的是高校学生工作满意度的影响因素，主要对高校毕业生的人力资本、家庭社会资本、社会网络、求职途径等因素的作用进行了相关分析。其中，人力资本会影响家庭社会资本，人力资本会影响社会网络，求职途径也会受到人力资本、社会网络的影响。

考虑直接和间接效应的作用，从工作环境满意度、工作内容满意度、工作回报满意度三个维度探讨了高校毕业生的家庭社会资本、人力资本、社会网络（就业讨论网）以及求职途径对高校毕业生的工作满意度的影响，以及各影响因素之间的相互关系，得到以下结论。

（1）高校毕业生的家庭经济状况越好、具有实习经历和组织社团经历、找工作时寻求他人帮助，那么其工作环境满意度就越高。

（2）高校毕业生的家庭经济状况越好、具有实习经历、找工作时寻求他人帮助，那么其工作内容满意度就越高。

（3）高校毕业生的家庭经济状况越好、具有实习经历和组织社团经历，找工作时寻求他人帮助，那么工作回报满意度就越高。

（4）各个影响因素之间的关系方面，家庭社会资本与人力资本、人力资本与社会网络、人力资本和社会网络与求职途径之间都有显著性影响。具体来说，高校毕业生家庭社会背景越好，其知识技能水平越高；家庭经济状况不好的高校学生知识技能水平反而更好；家庭经济状况好的高校学生具有更丰富的组织社团经历；人力资本越高的高校学生其讨论网的网络规模和网顶就越大，找工作时也更倾向寻求帮助；高校学生就业讨论网的规模规模越大、关系强度越高，就更倾向于在找工作时寻求帮助。

此外，高校学生的求职途径因素在人力资本因素中的实习经历变量与工作内容满意度、工作回报满意度和工作环境满意度之间起到了部分中介的作用。同时，求职途径也在人力资本因素的知识技能水平与工作环境满意度之间起到了完全中介作用。也就是说高校学生自身所拥有的人力资本水平高低能够显著影响其求职途径的选择，从而对最终其获得的工作满意度水平产生显著的间接影响，因此对高校学生来说如何选择正确与适合的途径进行求职，对以后的职业生涯发展的起步来说是至关重要的，所以在人力资本基本确定的前提之下，选择何种求职途径是高校学生职业生涯起步时面临的重要抉择。

14.3　求职结果影响因素的地区和群体差异对比

14.3.1　企业员工求职途径、工作满意度和流动性影响因素地区差异比较

1）知识密集型劳动力企业需求现状的地区间差异分析

中国各地区的信息服务业发展也各有特色。长三角、环渤海、珠三角地区的信息服务业发展环境优于中部和西部地区。首先，东部沿海的三个地区经济环境相对中西部地区具有较大优势，作为全新的高科技行业，信息服务业是经济发展到一定层次的产物。良好的经济环境为信息服务业的发展提供了优越的资金、基础设施、人才、交通等条件。其次，东部沿海三个地区聚集了大批的高科技人才、研究机构和具有充足的科研经费，信息服务业是一门高技术行业，信息技术具有更新速度快、周期短的特点，极大地依赖于区域科技环境。我国各地区的科技环境极度不平衡，中西部地区科技发展滞后现象比较严重。最后，东部沿海的三个地区的信息服务业相关政策上享有较大优势。现阶段，信息服务业的发展与国家和地区的政策激励息息相关。长三角、环渤海、珠三角地区由于有能力承载较高层次的现代服务业和具备更加开放的经济体系，国家和地区内部对信息服务业的扶持政策更加完善和具体。中西部虽然受"中部崛起"和"西部大开发"的政策扶持，但在其更多的集中于农业、工业和传统服务业方面，而现代信息服务业的政策环境不如前三者。

2）企业员工求职途径影响因素的分地区比较分析结果

（1）人力资本、社交工具和社会网络对求职途径直接影响的分地区比较分析。

在上述对员工求职途径影响因素结果分析的基础上，我们针对相关影响因素的直接影响作用在不同地区的差异展开了进一步的比较分析，发现如下基本结论。

第一，人力资本对求职途径的影响在经济相对发达地区更加显著。在人力资本影响因素中，学历对于求职途径选择的影响在上海地区要强于西安和深圳地区，即上海地区信息服务企业员工受到高学历影响而选择正式途径的现象更明显；而工作经验对于求职途径选择的影响在深圳地区要强于西安和上海地区，即信息服务业员工工作经验越丰富，员工越可能选择正式途径求职的现象在深圳地区更明显。总体来看，人力资本影响因素在社会经济发展水平相对较高的地区中，对于

信息服务类企业员工求职途径的影响更显著，原因也不难理解，在于这些地区信息服务类企业对于员工自身人力资本的要求更高，同时整体就业环境当中也相对更看重求职者自身的人力资本水平高低。

第二，社交工具使用对求职途径的影响在经济相对不发达地区更加显著。而在社交工具对求职途径的影响中，使用社交工具进行联系的频率对于求职途径选择的影响在西安地区要强于深圳地区，而上海地区最弱；利用社交工具进行组织活动、扩大交友对于求职途径选择的影响在西安和深圳地区要强于上海地区。总体来看，在经济发展相对落后的地区中，企业员工由于更重视对朋友关系的依赖性（而非自身人力资本），社交工具的使用才能够对其选择何种求职途径产生相对更加显著的影响。

第三，在经济相对发达地区员工更重视就业讨论网对求职途径选择的影响；经济相对落后地区的员工则更重视对相识网对求职途径选择的影响。而在社会网络对求职途径影响的分地区比较中，研究发现上海、深圳地区的信息服务企业员工使用讨论网的频率更高，因此讨论网对于上海、深圳地区的员工具有更高的影响力，从而更显著地影响其求职途径的选择；而西安地区的员工受到相识网的影响更高，因此相识网对于西安地区员工的求职途径选择具有更高的影响。即在经济发展水平相对较高的地区，信息服务类企业员工自身的就业素质相对较高，所以对于专门讨论就业信息的网络关系更重视；反之，在经济发展水平相对较低的地区员工往往本身就业素质相对较低，所以对日常生活中形成的相识网关系求助更显著，其对求职途径的选择也就相对作用更大。

（2）求职途径的影响因素中社会网络中介效应的分地区比较分析。

在分地区比较不同类型网络中介作用的差异性过程中，参照西部、长三角和珠三角地区三个地区中不同城市的样本数量以及不同城市对相应地区的代表性，这里按照上海、深圳和西安三个具有代表性的三个地区进行具体划分，再对不同地区样本的社会网络中介作用模型进行多群组分析，从而分析不同地区间中介作用模型中路径系数的差异性，以及不同地区间中介作用分析结果的异同。

由于讨论网的中介作用并不显著，这里并没有讨论其地区差异性。在熟人网中介作用的分地区比较分析中，深圳和西安地区的熟人网分别起到了显著的部分中介作用和完全中介作用，而上海地区的熟人网和总结作用并不显著。此外，由相识网中介作用的分地区比较结果可知，只有西安地区的相识网起到了显著的部分中介作用，上海和深圳地区的相识网并没有起到显著的中介作用。究其原因，主要在于相对上海地区来说深圳和西安地区的社会、经济发展水平相对较低，尤其西安地区是三个地区当中相对水平最低的，所以这类地区中求职者对社交工具的使用对网络关系的影响更显著，且社会网络关系对求职途径选择的影响更敏感，求职者对网络关系的依赖性更强，最终对社交工具的使用通过社会网络对求助途径造成的影响就会在深圳和西安地区更显著，即熟人网和相识网的中介作用会更显著。

3）对企业员工工作满意度影响因素中求职途径中介效应的分地区比较分析结果

通过比较各地区求职途径在社交工具对不同工作满意度起到的中介作用：由于西部样本量很少，会对总体拟合造成较大偏误，只讨论珠三角和长三角地区的比较情况。求职途径在社交工具对工作回报满意度影响关系间的中介作用分地区比较分析中，仅有长三角地区的求职途径在此关系中都起到部分中介作用；求职途径在社交工具对工作内容满意度的中介作用的分地区比较分析中，长三角地区的求职途径在该关系中起到部分中介作用，但珠三角地区的求职途径在该关系中不起任何中介作用；同样地，求职途径在社交工具对工作环境满意度的中介作用的分地区比较分析中，长三角地区的求职途径在该关系中起到部分中介作用，而珠三角地区的求职途径在在该关系中没有中介作用。究其原因，在长三角地区由于社会经济发展状况相对更好，人们的生活工作节奏更快，求职者在求职过程中对社交工具的使用更频繁且对不同求助途径更敏感，选择不同途径进行求职对于最终的工作满意度的影响更显著。反之，在珠三角地区的求助途径对工作满意度的影响显著性相对较弱。所以，求职途径在社交工具使用与工作满意度之间的中介作用在长三角地区体现得更为显著。

4）对企业员工流动影响因素的分地区比较分析结果

（1）不同地区信息服务类企业员工流动差异性的基本情况。

通过对不同地区的比较分析发现，不同地区信息服务类企业员工的流动基本情况如下：①上海、深圳信息服务业中的知识型员工流动性最大，而西安信息服务业中的知识型员工流动性相对最小；②长三角地区信息服务业中知识型员工流动性最大，其次是珠三角地区，西部地区信息服务业中知识型员工的流动性相对最小；③从城市来看，苏州地区信息服务业中员工职业流动率最高，而西安最低；从地区来看，长三角地区信息服务业的员工职业流动率最高，西部地区信息服务业的员工职业流动率最低；④在信息服务业中，女性知识型员工的流动率高于男性，来自农村的知识型劳动力的流动率高于非农村的，本科以下学历的知识型员工的流动率则高于本科以上学历的员工。

（2）员工流动影响因素的直接影响的地区间差异分析。

第一，工作回报满意度对员工流动的直接影响在经济相对发达地区更显著，工作环境满意度的影响显著性的差异则相反。通过对长三角、珠三角和西部地区的比较分析发现，该负向影响在三地区中均显著。但仔细分析可知，相比于珠三角地区和西部地区，长三角地区的工作回报满意度对员工流动的影响系数更大，而工作环境满意度对员工流动的影响系数更小，从中可以看出长三角地区信息服务业的员工在工作中更看重工作回报满意度，而珠三角地区和西部地区的员工更看重工作环境满意度。究其原因,主要在于长三角地区属于经济发展相对较为发达的地区,求职者的生存压力相对更大,所以在此前提下此类地区的求职者对于工作回报满意度的水平高低将更加显著的决定其在当前岗位的去留决定。反之,在经济发展水平相对较低的地区,员工在工作回报满意度对工作流动的影响上就相对不那么敏感。

第二,就业讨论网对员工流动的直接影响在经济相对发达地区更显著。通过对三个地区的比较分析发现,网络规模、网络密度和异质性对员工流动的影响在长三角地区、珠三角地区和西部地区均显著,但关系强度对员工流动的影响仅在长三角地区显著,而在珠三角地区和西部地区不显著。原因在于,长三角地区的员工在建立网络渠道方面比西部地区员工更有优势,本书提到的讨论网主要是员工与同事、朋友之间的弱关系,员工弱关系的主导作用在长三角等经济发达地区更明显,而在西部等经济发展相对滞后地区中,员工主要通过与家人之间的强关系进行员工流动,强关系的建立难度比弱关系更大。因此,西部地区员工的流动行为受网络规模、密度的影响更小,而长三角和珠三角地区的员工在流动过程中更希望寻求网络的帮助,获取更多的就业信息,就业信息的获取面比西部地区的员工更大。

第三,工作满意度对就业讨论网的直接影响在经济相对不发达地区更不显著。通过对该影响关系的分地区比较分析,结果发现珠三角地区和长三角地区的结果相差不大,西部地区员工的工作满意度对网络特征的影响较弱。主要原因在于工作回报和工作环境的不满会使得长三角地区和珠三角地区的员工更倾向于在身边建立就业讨论网,而就业讨论网中的成员主要是同事、朋友,属于员工的弱关系,而西部地区的员工更愿意找家人帮助,家人的强关系网络比较难建立,因此工作满意度对网络特征的影响不明显。

最后,由于因素间关系的影响相对较稳定,最终社会网络变量在工作满意度对员工流动的影响和组织环境对员工流动的影响两组关系中所起到的中介作用差异并不显著,这里不再对其进行阐述。

14.3.2 高校学生就业能力、求职途径和工作满意度影响因素的群体差异比较

1)就业能力影响因素的两群体比较分析结果

(1)就业能力及其影响因素在不同地区、群体中的差异比较。

通过对样本基本情况的描述性统计分析可知,东部地区的学生对就业培训的参与度更高,形式也更多样;东部地区学生实习热情更高,中西部地区学生主要通过校内活动参与实践。具体按照不同地区的高校差异来分析,可以看出杭州地

区高校教师对学生就业能力的培养要优于西安和郑州地区。此外，河南财经政法大学的教师指导工作是明显不足的。西安交通大学的学生在社团活动的参与性上明显要高于其他高校；与西安交通大学相比，另外四所高校的学生参与社团活动的积极性基本相当，杭州师范大学的学生参与社团活动的积极性最低。各高校学生与专业相关的课外活动参与情况并没有明显的差别。在兼职活动参与情况调查结果中，西安交通大学的学生的参与度明显低于其他高校，从未参与过兼职活动的学生多达近七成。而其他高校有参与过兼职活动经历的学生数量都超过了一半。中西部的学生相对于东南沿海地区的学生，更倾向于去一线和二线城市工作。在学校层次的对比中得知，985 高校的学生也更倾向于去大城市工作。东南地区的学生参与实习的积极性要明显高于中西部地区的学生。

通过实证研究得到的诸多结论：理科生在就业能力上普遍优于文科生和经管类学生。学生党员在人际交往和信息获取能力上表现得更强。女生有着更高的课外活动参与度。学历较低的学生（本科生）比学历较高的学生（研究生）有着更高的课外活动参与度；理工科学生与文科生相比更倾向于外在报酬型的择业观。

（2）求职意愿和课外活动两个变量中介作用的不同群体比较分析。

在对就业能力影响因素之间的间接关系进行分析时，发现其中求职意愿和课外活动两个变量分别在不同影响关系中起到了相应的中介作用，且通过对师范类高校和非师范类高校不同样本中的结果比较可以看出，求职意愿在个人特质对求职能力影响关系中的中介作用存在显著差异，求职意愿变量只在个人特质对就业能力的影响关系之间起到了相应中介作用，师范类高校与非师范类高校学生群体之间总体来看差异较为显著，但在两类群体中相同的地方是，不同性别群体对求职意愿有显著影响，并对专业知识和技能起到了显著间接影响。而在师范类高校样本中，学生拥有不同的学历水平对其今后教师职业发展的影响相对非师范类高校学生的影响更显著，所以对其求职意愿的影响也相对更显著，进而更显著地影响了其人际交往能力。

通过对课外活动变量中介作用的分样本比较结果可知，总体来看两组样本的分析结果差异较为显著，课外活动基本都在高校就业服务、学科和性别对高校学生就业能力的影响关系中起到了相应的中介作用。然而，仔细比较后也可以看出非师范类高校样本中，课外活动的中介作用相对来说多了两组显著的结果，这也许可以归因于不同类型高校对毕业生的最终培养目标有所差异，师范类高校对于毕业生的非专业能力的培养相对较弱，反之非师范类高校相对更重视通过课外活动等形式培养起来的人际交往、信息获取等能力。总体来看，两个中介变量相比较而言，课外活动中介作用在两类群体中所体现出的差异性比求职意愿中介作用的差异更大。

由上述分析结果可知，对于高校学生求职群体来说主观方面的影响因素求职意愿在不同培养目标的高校类型中所起到的关键中介作用较为稳定；而对于较为客观的课外活动变量由于师范类高校和非师范类高校的培养目标先天差异性存在，其在影响因素关系中起到的关键中介作用有相对较大的差异性。

2）求职途径影响因素间的中介作用分样本比较结果

在对求职意愿和人力资本的中介作用进行比较分析时，通过其在师范类高校和非师范类高校两种样本群体中所存在的显著差异来体现。具体来看，在个人特质对求职途径的影响关系中，人力资本和求职意愿变量分别起到了不同程度的显著性中介作用，但在性别对求职途径的影响关系中该中介作用的差异性较为显著。究其原因主要在于师范类高校中女生比例相对较高，而非师范类高校中则相对均衡或男生比例稍高，所以性别变量对求职途径影响关系间人力资本和求职意愿的中介作用相对差异较大。

在人力资本对求职意愿的影响关系中，总体来看网络关系和网络规模的中介作用在非师范类高校样本中相对更加显著，关系强度的中介作用则在师范类高校样本中相对更显著。在社会网络与求职途径关系之间，就业讨论频率的完全中介作用在非师范类高校样本中的显著性明显高于师范类高校样本。原因在于，非师范类高校培养的高校学生相对来说更善于团队合作，以及遇到问题相互讨论解决的特质，导致其更愿意去经营社会网络关系，并受其影响与周边老师同学讨论就业问题，从而进一步在一定程度上决定了其求职途径的最终选择。

3）工作满意度影响因素中介作用的分样本比较结果

而在对师范类高校和非师范类高校不同样本中的结果比较中，对于非师范高校样本，组织经历变量对工作满意度三个维度的影响关系中，求职途径均起到了显著的部分中介作用；而对于师范类高校样本，求职途径对人力资本与工作满意度之间的关系并未起到任何显著的中介作用。

其中的原因，仔细分析不难发现是由于不同类型高校对学生培养目标、职业生涯规划类型以及高校学生自身个性特征等都有着相对较大的差异性。对于非师范类高校学生，由于所从事专业的类型往往在需要做出选择时，会充分考虑到各个方面的利与弊。在求职过程中，他们往往对求职途径类型的选择较为敏感，因此对最终的工作满意度产生间接影响。相反，对于师范类高校学生，其在对求职途径的选择上相对较为感性，受到自身人力资本的影响并不显著，所以通过其对工作满意度产生的间接影响也就相对较弱。

14.3.3　社会网络和人力资本对求职途径影响因素的两类群体差异性

本节探讨的是社会网络和人力资本在新入职场的求职者对求助途径选择的过程所产生的影响，以及重点分析求职者对自身社会网络所付出的维持成本及其分配差异在该影响关系中所起到的调节作用，同时对该调节作用进行了不同地区之间和样本（员工和高校学生）之间的差异性分析，得出了一些较有意义的结论。

（1）再次验证了社会网络的使用对求职途径选择的显著影响，即求职者的社会网络资源越丰富，其在求职过程中越倾向于选择非正式求职途径进行求职。

（2）本书部分验证了个体网络维持成本对社会网络使用效率的单调递增调节作用。区别于前人研究中个体网络规模较大（动辄 100 人的规模），本书关注的对象是求职者的"核心圈"网络成员（15 人以内），所以面对较小规模的关键网络成员群体，实证结果显示求职者并不需要考虑时间、精力等有限网络维持成本的限制问题（Dunbar，1998）对社会网络使用效率带来的负向影响，在此范围内网络成本投入越高对社会网络在求职过程中的使用效率就会起到越积极的影响，从而最终提高求职者的总体求职效率。

（3）"网络成本越多越好"的结果并非意味着求职者可以毫无策略地盲目增加网络维持成本，根据之前学者研究结论中指出的对不同关系强度和贡献程度的网络成员应予以差异化、有重点的合理分配有限的网络维持成本（Dunbar and Spoors，1995；Dunbar and Stiller，2007）。具体来说，对于求职者的"核心圈"网络关键成员，求职者投入的维持成本越高社会网络对其求职结果的积极影响越大；而在高水平网络成本投入的同时，注重根据核心圈成员"贡献度"的不同有差异性和针对性的分配网络成本，是进一步提高求职者社会网络使用效率的有效途径。

（4）通过不同地区间的网络成本及其分配差异对社会网络使用效率调节作用差异性的分析，结果发现东部经济相对发达地区的"知识密集型"求职者拥有相对较高的人力资本，对于在社会网络关系中投入成本多少的变化更敏感，而中西部地区求职者则相对更依赖社会网络，成本变化对是否选择网络关系的途径求职并不敏感。

（5）社会网络和人力资本两个变量对求职途径选择的影响在不同求职阶段的两类求职群体之间存在较为显著的影响，具体来说，高校学生求职群体在选择求职途径的过程中，相对于人力资本来说更容易受到社会网络的影响，进而选择非正式求职途径进行求职；而这一差异性虽然在企业新员工群体中也存在，但其显著性水平明显较低。但从整体来看，高校学生群体在求职过程中对求职途径的选择受到社会网络和人力资本的影响显著性比企业新员工更加显著。

就此可以看出，对于还未真正进入职场的高校学生求职群体，对人力资本和社会网络关系对其选择求职途径的影响较为看重；而在历经一段时间的职场磨砺之后，求职者对于求职途径选择影响因素的敏感性会显著下降，而更加重视最终所得工作岗位能够为自身带来的益处。所以，对人才的供给方和需求方的高校与企业来说，要分别考虑知识密集型人才在培养阶段和进入职场初期两个关键阶段中，分别需要的关键能力和关系的构建差异性，从而有针对性地指定培养计划和人才需求规划，最终才能促进知识密集型劳动力人才的供给与需求达到相对均衡的状态。

14.3.4 社会网络和人力资本对工作满意度影响因素的两类群体差异性

本章同样探讨了社会网络和人力资本对求职结果的影响，只是因变量在第 13 章研究的基础上更进一步换成了工作满意度，并重点分析了网络维持成本及其分配差异在社会网络对工作满意度影响的过程中所起到的显著调节作用，同时在不同地区和样本之间进行了比较分析。总体概念研究模型见图 13-1-1，得出的相关差异性分析结果如下。

（1）再次验证了社会网络的使用对工作满意度造成积极的显著影响，虽然网络异质性与网顶对工作回报满意度影响不显著，但考虑到这两类网络变量为求职者带来的主要是丰富、有益的求职信息而非直接有力的就业帮助（Bian et al, 2015），也是可以解释的。而人力资本中除了社交能力外，学历水平和实习经验都对工作满意度产生了显著的影响。

（2）在第 12 章验证结果的基础上，同样验证了在社会网络对工作满意度影响的过程中，网络维持成本同样对个体"核心圈"社会网络关系的使用效率产生了单调递增的调节作用。即求职者对该部分社会网络关系的投入成本越高，在使用社会网络关系进行求职的时候就越能够提高工作满意度水平。

（3）在社会网络对工作满意度产生影响的过程中，个体对网络成本的分配差异也起到了显著的正向调节作用，即对网络成本的分配差异性越大、越集中，就越能够通过社会网络关系获得更高的工作满意度水平。同时，网络成本投入的水平越高，这种成本的分配差异性所体现出的上述调节作用就越显著。

（4）在进行网络成本调节作用分地区比较分析时，区别于第 13 章对求职途径的影响关系，在对工作满意度的影响过程中，社会网络受到网络成本的调节作用在中西部地区求职者群体中相对更显著，而成本分配差异的调节作用则在东部地区的求职者群体中体现的相对更加显著。

（5）在对不同样本群体（企业员工和高校毕业生）之间社会网络和人力资本对工作满意度影响的差异性比较分析中，结果发现二者对工作满意度的影响差异也是显著存在的。具体来说，在工作回报满意度影响维度上来看，企业员工明显表现出人力资本大于社会网络的影响程度趋势，而高校毕业生则相反，这归根结底还取决于不同阶段的求职者自身的社会阅历和人生经历有所差异。而在工作内容满意度和工作环境满意度影响维度上来看，相对"单纯"的高校毕业生则明显更依赖于自身所具备的人力资本所能带来的工作满意度水平,而企业员工则更多地依靠自身积累的职场关系和人脉资源来使自己获得更高的工作满意度水平。

综上所述,在工作满意度影响因素的两类人群差异比较结果可知,为能够使求职者最终获得较高的工作满意度水平,高校和企业双方均需要对自身培养人才和接纳人才的具体标准进行有区别的制定,其中高校需要在加强个人能力培养目标的同时,对高校学生的人生观和职业观的培养进行健全;而企业则需要对筛选人才的途径和录用标准进行严格把控,只有这样才能最终实现知识密集型人才工作满意度水平的最大化。

14.4 未来发展的政策建议

14.4.1 高校培养的建议

（1）建议高校实行大类招生平衡供求关系,拓宽就业面,有利于培养复合型人才。

（2）注重高校学生的职业规划工作,让学生赢在知识、能力积累的起跑线上。营造争先氛围,为提高学生人力资本创造条件。调整价值观,重新审视就业的本质。把就业、创业指导融入到课程中去。不仅解决简历、面试等燃眉之急,更从根本上提高学生的综合就业能力。

（3）加强校企合作、提供实习机会。实习依然是提升实践能力最佳方法。着力扩大就业市场覆盖度,挖掘行业重点单位需求,拓宽毕业生就业渠道。多做就业宣讲鼓励会,提升毕业生就业信心。定时、深入地开展就业工作调查研究,及时为人才培养提供反馈。

（4）为学生搭建课余实践平台,鼓励学生参加课外竞赛和活动,加强学生的实践动手能力和社会适应力。注重培养高校学生除学习外的综合素质和全面的知识学习能力和兴趣。

（5）在拓宽就业渠道方面,通过社交工具提高就业市场信息流动的充分性,将企业需求信息更及时传达给求职者。此外,校友网作为高校毕业生的重要网络资源应该得到重视,高校应利用校友网络提高招聘信息的传播速度和辐射范围,甚至是精确分类发布信息到不同群体。

（6）提高对高校学生就业服务的精细化水平。利用微信平台、就业 APP 的上线,主动推送实习、就业信息,完善就业中心信息平台。

（7）鼓励高校学生和研究生积极参与科技创和创业培训,提供创新、创业的实践经费和孵化创业活动场所，从而培养未来的创业人才。拓宽学生未来的职业道路。

14.4.2 企业发展的建议

（1）从企业实际出发，正视对于人才的真实需求。

从现有员工学历构成来看，绝大多数人还是本科和大专学历，较高和较低的人才构成比例均较小，基本符合信息服务业现阶段对于人才需求的比例。但是，在企业未来的发展过程中，对于高端人才的需求比例必定会增加，而对于中等学历层次的人才将会相对下降。然而，最重要的还在于企业中的岗位是否适合相应学历的人才，不仅是专业是否对口的问题，更是人才自身的性格和其他品质是否与工作相匹配的问题。同样，对于党员身份的看重与否也并不是必然的标准，关键在于重视人才在日常工作中的实际道德操守等行为准则。

（2）注重对新员工进行多方面综合素质培养的积极引导。

关注新员工除学习成绩外的其他综合素质，或者是否拥有广泛的兴趣爱好等特点对于信息服务业企业未来多元化和创新发展之路的顺利转型会起到意想不到的推进作用。也就是说在就业前，求职者在校期间的证书获取情况会在一定程度上反映出其平时的兴趣爱好是否广泛，进而推断其就业后能否发挥出预期的创造或创新能力，为企业的进步和发展作出贡献。

（3）实施统一而有区别的人才招聘政策，努力实现人才-岗位的有效匹配。

对于不同岗位的特性，企业应该在严格实施统一招聘要求的硬性标准之外，并行针对岗位特点的具体实施细则。正如苏州市信息服务业企业调查结果显示的，找人帮助后找到第一份工作的企业员工相对其他员工来说，目前的工作满意度最高。而在不同岗位之间，财务岗位通过非正式求职途径寻找工作的员工最多，相反，营销岗位通过正式求职途径寻找工作的员工最多。这些现象都向企业提供一个信号，那就是招聘人才时，在其他硬性条件满足的情况下，需要更加偏向通过关系介绍的，且寻找第一份工作的员工；同时，也要考虑到不同岗位的特点，有所偏重。例如，相对于财务岗位来说，在营销岗位的员工招聘中就应较少地考虑此招聘原则。

（4）有针对性地提高工作满意度，有效降低人才流动性。

根据此次调查结果得知，在三种工作满意度类型的反馈中，员工工作回报满意度的水平普遍偏低，而工作内容满意度和工作环境满意度均比工作回报满意度要高。这就说明苏州市信息服务类企业的新员工对于现有的工作内容及环境与工作回报相互间的不匹配不满程度较大，认为工作回报相对自己所从事的工作来说较低。根据实际调研情况，对于新员工来说对工作回报的不满绝大多数的原因来自于其入职之初对于工作报酬的期望过高。而这里更加突出的是，在公司中起到"顶梁柱"作用的技术研发岗位员工的满意度是最低的，而行政岗位的员工却是满意度最高的群体。

所以，企业应该在现有工作待遇的基础上，针对不同岗位特性对新员工加以积极的思想教育和引导，使其认识到脚踏实地的工作及其实际合理的报酬是相互匹配的，只要一步一个脚印地干好本职工作，工作报酬的提高是必然的。同时要着重对企业发展当中的中坚力量进行关注，保障企业发展的核心竞争力，进而有效降低整体人员的流动性，避免由此带来的人才流动成本，实现提高企业的整体效益的最终目的。

（5）应借助社交网络的力量吸引更多竞争力强的员工。

在社交化网络求职不断发展的环境下，对知识密集型和技术密集型的信息服务业企业而言，人才的获得是企业发展的关键因素，如何获得有价值的员工，并且留住员工是企业最关心的问题。随着互联网的不断发展，企业招聘方式逐步进入社交化招聘时代，信息服务类企业应该充分利用各类开放互联网平台，把握潜在求职者获取信息的入口。借助社交网络的力量，将企业的信息和品牌传递出去，吸引更多竞争力强的员工。此外，注重营造一个良好的工作环境，提高员工的工作满意度，让员工在企业找到归属感和自我价值实现感。拥有社交网络和使用社交工具的员工，也会成为企业获取新员工的重要渠道。

14.4.3 国家和地区的建议

（1）要加大吸引人才的力度，提升就业员工中高学历员工比例，储备和提高员工中创新和领军员工的比例，增加一本以上院校学生的招聘。各地区信息服务类企业中员工的学历构成比例中低学历者，尤指那些一般本科及以下学历的员工比例较高，较好本科生和研究生的员工比例极其稀少。所以，为了应对未来信息服务业的快速发展，各个地区的政府应鼓励信息服务类企业在引进人才的过程中，逐步增加高学历员工的招聘比例，提升企业自身在未来市场竞争中的人力资本优势。

（2）信息技术类企业员工的流动比例较高，且以年轻人为主，各地要继续加大改善用人的环境和配套措施的落实。信息服务类企业中整体员工的流动比例较高，而且从不同岗位的视角分别考察和分析了具体的流动性情况，发现不同岗位的员工流动性虽然有差异性，但整体来看各岗位的员工流动性都普遍偏高。所以，针对这一问题，当地政府应加紧落实各地的人才使用环境，以及相关优秀人才的引进优惠政策等的落实，真正为企业吸引更多的高端人才长期发展作好充足的准备。

（3）完善地区企业和创业的宣传，加强网络宣传和网络招聘环境建设为人才的流通提供便利。各地政府应针对现有信息服务类企业员工应聘渠道的总体趋势，在着重加强企业网络途径的宣传工作上，做好基础的配套设施和网络环境的积极建设工作。真正为当地企业通过新兴的网络应聘渠道招聘到更多优秀的人才打下良好的基础，为信息服务类企业在当地更好更快地发展，带动当地社会经济的整体发展作出贡献。

参 考 文 献

边燕杰. 1998. 找回强关系：中国的间接关系、网络桥梁和求职. 国外社会学，2：50-65.

边燕杰. 2004. 城市居民社会资本的来源及作用：网络观点与调查发现. 中国社会科学，3：136-146.

边燕杰，张文宏. 2001. 经济体制，社会网络与职业流动. 中国社会科学，2（10）：77-89.

贝克尔 G. 1987. 人力资本. 梁小民，译. 北京：北京大学出版社：11-12.

陈成文，谭日辉. 2004. 人力资本与大学毕业生就业的关系——基于 2003、2004 届大学毕业生的实证研究. 高等教育研究，25（6）：31-35.

陈成文，许一波. 2005. 当前中国职业流动问题研究综述. 南华大学学报（社会科学版），6（3）：8-12.

陈恒星. 2016. 公平与效率：高校自主招生制度的运行路径探索. 太原城市职业技术学院学报，4：157-158.

陈勇. 2012. 大学生就业能力及其开发路径研究. 杭州：浙江大学.

陈婧. 2015. 大学生"就业难"与企业"用工荒"并存结构性失业问题研究. 大连：东北财经大学.

程介明. 2006. 人力资本新定义. 职业技术教育，33：31.

池于慧. 2013. 专业与岗位匹配度对工作满意度的影响研究. 成都：西南财经大学.

戴斌荣，周健颖. 2016. 大学生社会适应性现状调查. 中国健康心理学杂志，4：541-544.

丁大建，高庆波. 2004. 毕业了你将去哪里——2003 年北京地区高校本科毕业生就业意愿调查分析. 中国人力资源开发，4：4-10.

董元梅. 2010. 我国大学生就业政策问题及对策建议. 现代商贸工业，22（9）：126-127.

豆丁网. 2016. 地方本科高校该转型了. http://www.docin.com/p-1460205039.html[2016-2-18].

方胜强. 2014. 高校毕业生就业满意度影响因素的实证分析. 安庆师范学院学报（社会科学版），33（6）：162-165.

高蔡联. 2013. 创始人个人资源和人格特质对新创企业创新绩效的影响：社会网络的中介作用. 杭州：浙江工业大学.

高考频道. 2015. 教育部回应自主招生的十大热点问题. http://gaokao.eol.cn/zizhu/news/201501/t20150119_1223683.shtml[2015-01-19].

高耀. 2011. 人力资本与家庭资本对高校学生就业的影响. 南京：南京农业大学.

高怡. 2014. 组织文化、领导权变更对离职倾向的影响研究. 长春：吉林大学.

高志利. 2012. 大学生志愿者自我效能感及其影响因素研究. 中国健康心理学杂志，20（6）：957-959.

龚晓麒. 2006. 高科技企业 R&D 人员工作满意度、组织忠诚度与流动意向关系实证研究. 上海：上海交通大学.

桂勇，顾东辉，朱国军. 2002. 社会关系网络对求职的影响——上海市下岗职工求职实证研究.

劳动保障通讯，9：27-30.

郭旭红，武力.2017. 改革开放以来中国经济发展若干问题述论.中共党史研究，6：5-12.

国家开放大学官方网站.2009.国家中长期教育改革和发展规划纲要. http：//www.oucnet.cn/news/
16[2017-11-29].

国务院新闻办. 2004. 中国就业现状与政策白皮书. http：//www.people.com.cn/GB/shizheng/
1027/2766953.html[2004-09-07].

河南日报.2017. 《河南省"十三五"信息化发展规划》正式出台. http：//www.henan.gov.cn/
jrhn/system/2017/01/26/010704863.shtml[2017-01-26].

胡鞍钢. 2011. 从"六普"看中国人力资源变化：从人口红利到人力资源红利.清华大学教育研
究，4：1-8.

胡鞍钢，马伟. 2012. 现代中国经济社会转型：从二元结构到四元结构.清华大学学报（社会科
学版），1：16-29.

湖北省人民政府办公厅.2017.省人民政府办公厅关于印发湖北省促进中部地区崛起"十三五"
规划实施方案的通知.http：//www.hubei.gov.cn/govfile/ezbf/201709/t20170925_1064982.shtml
[2017-09-05].

胡德鑫，王漫. 2016. 2016—2032 年我国高等教育规模的趋势预测. 教育学术月刊，6：3-7.

胡书伟. 2010. 社会资本与大学生就业关系的实证研究. 长沙：中南大学.

胡晓威. 2015. 京津冀现代服务业区域差异及协同发展研究. 石家庄：河北经贸大学.

黄炳超. 2015. 大学生就业能力结构的要素、特征及构建途径研究. 大学生就业，8：8-12.

黄光国. 2017. 企业员工在职培训问题探究. 现代经济信息，10：66.

黄健. 1995. 苏南界岸村农民的职业流动和阶层分化. 战略与管理，2：88-94.

黄娟. 2010.家庭背景对大学毕业生就业的影响研究. 长沙：湖南师范大学.

黄英忠. 1992. 现代人力资源管理的发展趋势. 深圳大学学报（人文社会科学版），2：43.

籍佳婧. 2013. 劳动力市场扭曲对我国服务业就业的影响分析. 上海经济研究，25（2）：132-144.

江维. 2013. 北京市老年人再就业意愿影响因素分析. 山西农业大学学报（社会科学版），1：
104-108.

蒋来文. 1991. 北京、广州两市职业声望研究.社会学与社会调查，4：51-55.

蒋晓军，黄桂，付春光. 2013. 企业人力资本价值评估：组织环境与个体特征. 学术研究，12：
90-93，160.

教育部官方网站招生考试数据中心统计.2013. 1999—2013 年教育统计数据. http：//www.moe.
gov.cn/publicfiles/business/htmlfiles/moe/s7567/list.html [2013-09-04].

金正一，王玥琦. 2009. 论中国新时期社会转型的基本属性. 东北大学学报（社会科学版），6：
39-44.

京华时报.2016.使西部成为新的开放前沿. http：//money.163.com/16/1226/01/C963NG09002580S6.
html[2016-12-26].

康铭. 2017. 社会主义核心价值观体系下当代大学生择业观. 理论观察，7：138-140.

劳凯声. 2015. 回眸与前瞻：我国教育体制改革 30 年概观. 教育学报，11（5）：3-12.

李慧勤，郭华. 2003. 云南省高等教育现状与发展思路探讨. 学术探索，11：78-81.

李建民. 1999. 人力资本通论. 上海：上海三联书店：5-10.

李金华. 2017. 中国现代教育的发展与创新竞争力的比较研究. 北京师范大学学报（社会科学

版），4：5-14.

李南南，孙秋碧. 2007. 信息服务业的概念及范围初探. 现代情报，27（12）：69-70.

李培林，陈光金，张翼. 2015. 2016 年中国社会形势分析与预测. 北京：社会科学文献出版社：1-21.

李培林，陈光金，张翼. 2016. 2017 年中国社会形势分析与预测. 北京：社会科学文献出版社：1-22.

李培林，陈光金，张翼. 2018. 2018 年中国社会形势分析与预测. 北京：社会科学文献出版社：1-27.

李强. 2000. 转型时期冲突性的职业声望评价. 中国社会科学，4：100-111.

李若建. 1995. 当代中国职业流动研究. 人口研究，19（2）：18-23.

李文静. 2017. 我国高校招生制度改革走向分析. 产业与科技论坛，16（20）：119-120.

李许单. 2006.人力资本、社会资本与中国人的职业流动. 安阳师范学院学报，1：25-27.

李旭. 2017. 关于现代企业员工培训的探讨. 知识经济，17：102-104.

李煜. 2013. 劳动力市场转型的中俄比较——基于上海和彼得堡的实证分析. 江苏社会科学，4：32-39.

李泽彧，谭诤. 2011. 人力资本和社会资本双重作用下的研究生就业分析. 现代大学教育，2：38-43.

李正卫，夏弯弯，潘晓霞，等. 2015. 企业家人力资本、性格对企业社会网络的影响研究. 浙江工业大学学报（社会科学版），1：1-5.

李忠民. 1999. 人力资本：一个理论框架及其对中国一些问题的解释. 北京：经济科学出版社：13.

林昌华. 2014. 我国信息服务业区域发展效率差异研究. 重庆邮电大学学报（社会科学报），26（5）：152-158.

林南. 2005.社会资本：关于社会结构与行动的理论.上海：上海人民出版社：76-97.

林南，俞弘强. 2003. 社会网络与地位获得.马克思主义与现实，2：46-59.

刘爱群，王国权. 1995. 适应市场经济需要调整地方高校专业设置. 黑龙江高教研究，2：68- 69.

刘海玲. 2010. 就业意愿对就业的影响分析与对策研究——从大学生就业的视角.劳动保障世界，8：14-17.

刘宏伟，王晓璐. 2010. 社会分层视角下社会资本对大学生就业的影响.现代教育管理，12：114-116.

刘宏妍. 2007. 大学生就业能力培养研究.长春：东北师范大学.

刘军. 2004. 社会网络分析导论. 北京：社会科学文献出版社：2-7，12-25.

刘巧芝, 2012.大学生就业能力现状及影响因素探析——以浙江省大学毕业生为例.中国青年研究，6：68-70.

刘松琦，甘怡群. 2007. 企业文化与工作满意度：人格的调节作用.北京大学学报（自然科学版），43（2）：251-256.

刘卫东. 2017. "一带一路"带引领包容性全球化.中国科学院院刊，32（4）：331-339.

刘雪莲. 2007. 大学毕业生职业期望对就业满意度的影响研究.成都：四川大学.

刘雪梅. 2013. 大学生职业成功观对就业意愿的影响.高等教育研究，5：76-82.

刘妍. 2011. 社会转型背景下大学生择业观念与择业行为的研究.长春：吉林大学：20.

柳延恒. 2014. 人力资本对新生代农民工职业流动的影响研究.沈阳：沈阳农业大学.

龙琼，曹国辉.2016. "知识型失业"的现状、归因及其化解策略——基于高等教育大众化背景下大学生就业难问题的思考.中共四川省委党校学报，3：46-50.

卢汉龙. 1997. 劳动力市场的形成和就业渠道的转变——力从求职过程看中国市场化变化的特征.上海社会科学院学术季刊，2：123-131.

卢嘉，时勘. 2001. 工作满意度的评价结构和方法.中国人力资源开发，1：15-17.

陆德梅. 2005. 职业流动的途径及其相关因素——对上海市劳动力市场的实证分析.社会，3：101-115.

陆学艺. 2002. 当代中国社会十大阶层分析.学习与实践，3：55-63.

陆学艺. 2006. 中国社会结构的变化及发展趋势.云南民族大学学报（哲学社会科学版），23（5）：28-35.

罗艾花，胡军浩. 2017. 高等教育后大众化阶段的挑战和机遇.教育现代化，4（19）：85-86.

马倩. 2013. 研究生社会网络、信息获取与求职结果间关系的实证研究.成都：电子科技大学.

孟大虎，曾凤婵，杨娟. 2011. 人力资本，社会资本与大学毕业生求职渠道的选择.中南财经政法大学学报，6：38-43.

潘杰.2010.人力资本、求职行为与大学毕业生初次就业满意度的关系研究.上海：华东师范大学.

彭晴. 2014. 人力资本对企业网络特性的影响研究.中国经贸导刊，9：48-49.

仇立平. 2001. 职业地位：社会分层的指示器——上海社会结构与社会分层研究.社会学研究，3：18-33.

齐心. 2007. 低保未就业人员求职意愿及影响因素研究.城市问题，7：71-75.

钱鑫，姜向群.2006. 中国城市老年人就业意愿影响因素分析.人口学刊，5：24-29.

任国鹏. 2010. 知识型员工人力资本价值计量研究.西安：西安电子科技大学.

人民网. 2017. 开启新时代高等教育新征程. http：//politics.people.com.cn/n1/2017/1129/c415608-29675504. html[2017-11-29].

施炜.2012. 普通高校本科毕业生就业能力提升对策的研究.北京：中国矿业大学.

搜狐新闻.2017. 教育部的声音：未来的高考命题方向和改革趋势！. http：//www.sohu. com/a/129175591_149653[2017-3-17].

孙大岩.2006. 信息服务业概念界定.合作经济与科技，23：22-23.

孙忠胜，孟浩.2011. 计算机专业人才需求调研报告.计算机教育，19：25-29.

沈漪文. 2009. 基于能力框架的 HRST 能力建设研究. 杭州：浙江大学.

谭福河，董立刚. 2007. 基于社会网络的企业文化生成主体系统.经济研究导刊，12：50-52.

田川. 2009. 改革开放 30 年我国经济发展走势分析. 改革与开放，6：61.

田奇恒，孟传慧. 2007. 对城市低保对象就业意愿的分析.人青年研究，4：87-88.

涂晓明. 2007. 大学毕业生就业满意度影响因素的实证研究.高教探索，2：117-119.

汪亚丽. 2013. 护生求职意愿与小儿外科实习期间满意度相关性研. 当代，6：168-170.

王革. 1999. 《高等教育法》的主要内容和特点——《学习贯彻〈高教法〉全面推进高等教育的改革与发展》（第二部分节选）. 中国农业教育信息，1：22-23.

王金营，蔺丽莉.2006.中国人口劳动参与率与未来劳动力供给分析. 人口学刊，4：19-24.

王金营.2001.人力资本与经济增长：理论与实证. 北京：中国财政经济出版社：11-19.

王卫东. 2006. 中国城市居民的社会网络资本与个人资本. 社会学研究，3：151-166.

王晓飞，2014. 新生代劳工的流动与工资收入研究：基于新郑富士康案例分析.南京：河海大学.

王雪娅. 2016. 当代中国社会经济转型的困境与策略选择.知识经济，3：18-19.

王宇. 2008. 工作满意度对员工离职的影响研究——社会网络的调节作用.天津：南开大学.

王重鸣，徐琴美. 1990. 教育心理学研究中能力倾向与教学措施的交互影响.应用心理学，3：1-7.

王一鸣. 2018. 高质量发展标定中国经济发展新方位. http：//www.ce.cn/xwzx/gnsz/gdxw/201802/
　　12/t20180212_28159257.shtml[2018-02-12].

韦汉吉.2017. 高校大类考试招生制度改革的思考.教育与教学研究，31（10）：112-113.

韦路，胡雨濛. 2014. 中国微博空间的议题呈现：新浪热门微博实证研究.浙江大学学报（人文
　　社会科学版），44（2）：41-52.

维基百科. 2017a. 计算机科学. http：//zh.wikipedia.org/wiki/计算机科学[2017-09-12].

维基百科. 2017b. 软件工程. http：//zh.wikipedia.org/wiki/软件工程[2017-09-12].

维基百科. 2017c. 数字媒体技术. http：//zh.wikipedia.org/wiki/数字媒体技术[2017-09-12].

维基百科. 2017d. 网络工程专业. http：//zh.wikipedia.org/wiki/网络工程专业[2017-09-12].

维基百科 2017e. 物联网工程. http：//zh.wikipedia.org/wiki/物联网工程[2017-09-12].

维基百科. 2017f. 信息安全. http：//zh.wikipedia.org/wiki/信息安全专业[2017-09-12].

尉建文.2009. 父母的社会地位与社会资本-家庭因素对大学生就业意愿的影响.人青年研究，2：
　　11-17.

魏作磊，詹迁羽. 2017. 改革开放 40 年广东服务业利用外资分析与展望年广东服务业利用外资
　　分析与展望.发展改革理论与实践，10：21-26.

温忠麟，侯杰泰，张雷. 2005. 调节效应与中介效应的比较和应用. 心理学报，37（2）：268-274.

温忠麟，张雷，侯杰泰. 2006. 有中介的调节变量和有调节的中介变量.心理学报，38（3）：448-452.

文凤梅，刘志军，苏维，等. 2014. 成都市公立医院退休医生再就业意愿及影响因素分析. 现代
　　预防医学，10：1803-1817.

吴杲，杨东涛. 2014. 工作嵌入的理论思考：社会网络、匹配理论和资源理论的启发.华东经济
　　管理，9：150-153.

吴晓义. 2006. "情境-达标"式职业能力开发模式研究.长春：东北师范大学.

吴要武，赵泉. 2010. 高校扩招与大学毕业生就业.经济研究，45（9）：93-108.

向芳. 2010. 社会资本对研究生就业的影响研究.长沙：湖南师范大学.

肖红. 2017. 信息服务业发展与研究.通讯世界，5：292.

新华社.2017. 高校专业设置应少些"利己主义". http：//www.gd.xinhuanet.com/newscenter/
　　2017-05/25/c_1121036632.htm[2017-5-25].

新华每日电讯.2017. 3000 多所本科院校 900 多所设新闻专业 千校一面致双输. http：//www.
　　xinhuanet.com/2017-05/24/c_1121024216.htm[2017-5-24].

辛彗，郭黎岩. 2012. 女大学生就业压力与社会公平感的研究.中国健康心理学杂志，20（6）：
　　912-913.

邢朝霞，何艺宁. 2013. 大学毕业生就业满意度与其影响因素的相关性分析.教育学术月刊，12：
　　42-46.

熊励，张潇. 2015. 信息服务平台创新动力机制研究. 科技进步与对策，32（13）：20-25.

徐晓军.2002. 大学生就业过程中的双重机制：人力资本与社会资本.青年研究，6：9-14.

许宪国. 2015. 就业能力内涵和影响因素简析.合作经济与科技，5：109-110.

闫德友. 2016. 我国农村劳动力市场供求关系新形势的研究. 经营管理者, 10: 148.

闫枫. 2010. 从企业文化视角看待银行业员工流动. 吉林金融研究, 11 (11): 20-22.

阎凤桥, 毛丹. 2008. 影响高校毕业生就业的社会资本因素分析. 复旦教育论坛, (4): 56-65.

姚景源. 2018. 社会矛盾的转变为经济发展指明了方向. http://www.liangjiang.gov.cn/Content/2018-03/18/content_418494.htm[2018-03-18].

岳昌君, 文东茅, 丁小浩. 2004. 求职与起薪: 高校毕业生就业竞争力的实证分析. 管理世界, 11: 53-61.

岳昌君, 程飞. 2013. 人力资本及社会资本对高校毕业生求职途径的影响分析. 中国高教研究, 10: 21-27.

阳光高考, 2015. 国家高等教育相关政策汇总. http://gaokao.chsi.com.cn/z/zchz/[2016-01-10].

张楠、李婷. 2008. 试论我国人口老龄化对劳动力资源的影响. 北方经济, 16: 10-11.

曾凡斌. 2014. 互联网使用方式与社会资本的关系研究——兼析互联网传播能力在其间的作用. 湖南师范大学社会科学学报, 43 (4): 152-160.

章培蓓. 2015. 大学生社交网络关系强度对求职满意度的影响. 北方经贸, 12: 165-167.

张文宏. 2006. 社会网络资源在职业配置中的作用. 社会, 6: 27-44, 209.

张文宏. 2011. 中国社会网络与社会资本研究 30 年. 江海学刊, 2: 104-112.

张学和. 2012. 科技组织情境下知识型员工创新绩效实证研究. 合肥: 中国科学技术大学.

张燕生. 2018. 五个指标变化印证中国经济形成新趋势线. http://www.xinhuanet.com/politics/2018lh/2018-03/06/c_1122491821.htm[2018-03-06].

赵慧娟, 龙立荣. 2009. 个人-组织匹配与工作满意度——价值观匹配、需求匹配与能力匹配的比较研究. 工业工程与管理, 14 (4): 113-117.

赵健东, 廖军. 2008. 当前信息服务业现状及发展趋势. 现代电信科技, 38 (7): 63-66.

赵茂磊. 2005. 非交易类虚拟社区的成员参与动机研究. 杭州: 浙江大学.

赵维燕, 侯日霞, 雷明, 等. 2014. 医学生的专业承诺与职业决策自我效能的关系. 中国健康心理学杂志, 22 (11): 1686-1688.

赵延东, 风笑天. 2000. 社会资本, 人力资本与下岗职工的再就业. 上海社会科学院学术季刊, 2: 138-146.

赵延东. 2003a. 求职者的社会网络与就业保留工资——以下岗职工再就业过程为例. 社会学研究, 4: 51-60.

赵延东. 2003b. 再就业途径选择及其影响因素——对武汉市下岗职工的问卷调查结果. 社会科学, 1: 73-78.

赵延东, 罗家德. 2005. 如何测量社会资本: 一个经验研究综述. 国外社会科学, 2: 18-24.

郑爱民. 2007. 员工满意度与员工流动管理研究. 南宁: 广西大学.

郑杭生, 刘精明. 2004. 转型加速期城市社会分层结构的划分. 社会科学研究, 2: 102-110.

郑杭生. 2009. 改革开放三十年: 社会发展理论和社会转型理论. 中国社会科学, 2: 10-19.

郑杭生. 2013. 社会学概论新修. 3 版. 北京: 中国人民大学出版社: 10-12.

郑洁. 2004. 家庭社会经济地位与大学生就业——一个社会资本的视角. 北京师范大学学报 (社会科学版), 3: 111-118.

郑素侠. 2008. 互联网使用与内地大学生的社会资本——以武汉高校的抽样调查为例. 武汉: 华中科技大学.

中国高等教育网. 2016. 中国高等教育将真正走向世界. http：//www.chsi.com.cn/[2016-06-06].

中国教育新闻网. 2008. 湖北高校招生专业目录显示专业设置雷同性较高. http：//www.jyb.cn/xwzx/gdjy/xxgl/t20080423_156844.htm[2008-04-22].

中国电子报.2017.我国信息技术服务业发展呈五大趋势.http：//www.zjjxw.gov.cn/art/2017/6/5/art_1087012_7447351.html[2017-06-05].

中国证券报.2017.发改委：下半年集中力量实施好国企金融等领域改革.http：//finance.cnr.cn/gundong/20170815/t20170815_523902294.shtml[2017-08-15].

中华人民共和国科学技术部.2017.科技部解读"十三五"现代服务业科技创新专项规划.http：//www.gov.cn/zhengce/2017-05/16/content_5194357.htm[2017-05-16].

钟云华, 应若平. 2007. 强弱社会关系对大学生求职影响的实证分析.高等教育研究, 28（12）：31-36.

钟云华.2008. 大学毕业生求职渠道选择及其影响因素研究.高教探索, 3：109-114.

周石, 刘慧卓, 陈圆. 2012. 影响 90 后求职意愿的四大因素. 课堂内外, 1：19.

周屹, 雷国华, 杨茹, 等. 2014. 面向信息服务业的校企合作人才培养研究. 计算机教育, 4：10-12.

朱健, 刘巨钦. 2010. 论高校专业设置与产业结构的对接.理工高教研究, 3：50-53.

朱宗尧. 2012. 上海现代信息服务业发展研究. 上海：东华大学.

曾丽. 2010. 就业能力及其影响因素研究综述. 经营管理者, 24：52-53.

21 世纪经济报道. 2015. 长三角十三五新目标：力争区域经济总量占比升. http：//news.10jqka.com.cn/20151210/c586393147.shtml[2015-12-10].

21 世纪经济报道.2017. 教育部要求创业带动就业确保 765 万毕业生就业水平不降低. http：//epaper.21jingji.com/html/2016-06/08/content_41267.htm[2016-6-8].

Schultz T W. 1990. 论人力资本投资.吴珠华, 译. 北京：北京经济学院出版社：3, 8-10.

Addison J T，Portugal P. 1999.Unemployment benefits and joblessness：A discrete duration model with multiple destinations，ZEW. Discussion Paper：99-03.

Arauzo-Carod J M，Segarra-Blasco A. 2005.The determinants of entry are not independent of start-up size：Some evidence from Spanish manufacturing. Review of Industrial Organization，27（2）：147-165.

Arksey H，Knight P T. 1999. Interviewing for social scientists：An introductory resource with examples. Kolner Zeitschrift Fur Soziologie Und Sozialpsychologie，53（3）：605-607.

Aruoma O I，Halliwell B，Hoey B M，et al. 1989. The antioxidant action of N-acetylcysteine：Its reaction with hydrogen peroxide，hydroxyl radical，superoxide，and hypochlorous acid. Free Radical Biology and Medicine，6（6）：593-597.

Bridgstock R. 2009. The graduate attributes we've overlooked：enhancing graduate employability through career management skills.Higher Education Research & Development，28（1）：31-44.

Baker W E. 1990. Market networks and corporate behavior. American Journal of Sociology，96（3）：589-625.

Barbieri P. 1996. Household，Social Capital and Labour Market Attainment. Berlin：ECSR Workshop. Max Planck Inst. Hum. Dev. Educ.：26-27.

Barnes J A. 1954. Class and communities in a Norwegian island parish. Human Relation：39-58.

Bartel A P. 1979. The migration decision: What role does job mobility play?The American Economic Review, 69 (69): 775-786.

Bavelas A, Lewin K. 1942.Training in democratic leadership. Journal of Abnormal & Social Psychology, 37 (1): 115-119.

Beaman L A. 2012. Social networks and the dynamics of labour market outcomes: Evidence from refugees resettled in the US. The Review of Economic Studies, 79 (1): 128-161.

Bennett N, Dunne E, Carre C. 1999. Patterns of core and generic skillprovision in higher education. Higher Education, 37 (1): 71-93.

Bentolila S, Dolado J J, Jimeno J F. 2008. Two-tier employment protection reforms: The Spanish experience. CESifo DICE Report, 6 (4): 49-56.

Bian Y. 1994. Guanxi and the allocation of urban jobs in China. The China Quarterly, 140: 971-999.

Bian Y. 1997.Bringing strong ties back in: Indirect ties, network bridges, and job searches in China. American Sociological Review, 62 (3): 366-385.

Bian Y, Ang S. 1997. Guanxi networks and job mobility in China and Singapore. Social Forces, 75 (3): 981-1005.

Bian Y, Logan J R, Lu H, et al. 1997."Work units"and the commodification of housing: Observations on the transition to a market economy with Chinese characteristics. Social Sciences In China-English Edition, 4: 28-35.

Bian Y, Huang X. 2015.Beyond the strength of social ties: Job search networks and entry-level wage in urban China. American Behavioral Scientist, 59 (8): 961-976.

Bian Y, Huang X, Zhang L.2015. Information and favoritism: The network effect on wage income in China. Social Network, 40: 129-138.

Blau D M, Robins P K. 1990.Job search outcomes for the employed and unemployed. Journal of Political Economy: 637-655.

Blau P M, Duncan O D. 1967. The American Occupational Structure .New York: John Wiley & Sons, INC.

Boyd D M, Ellison N B. 2007.Social network sites: Definition, history, and scholarship. Journal of Computer-Mediated Communication, 13 (3): 210-230.

Burns A F, Mitchell W C. 1946.Measuring business cycles. NBER Books, 78 (1): 67-77.

Burt R S. 1992. Structural Holes: The Social Structure of Competition. Cambridge: Harvard University Press: 121-188.

Burt R S. 2000. Decay functions. Social Networks, 22 (1): 1-28.

Calvo-Armengol A, Zenou Y. 2005.Job matching, social network and word-of-mouth communication. Journal of Urban Economics, 57 (3): 500-522.

Campbell K E, Marsden P V, Hurlbert J S. 1986. Social resources and socioeconomic status. Social networks, 8 (1): 97-117.

Cartwright D, Harary F. 1956. Structural balance: A generalization of Heider's theory .Psychological Review, 63 (5): 277-293.

Coleman J S, Campbell E Q, Hobson C J, et al. 1966.Equality of Educational Opportunity. U.S.: 1066-5684.

Cook J A，Hurt H T. 1983.The relationships among organizational communication structures and basic communication course learning outcomes. The Annual Meeting of the International Communication Association：36.

Dávid-Barrett T，Dunbar R I M. 2013.Processing power limits social group size：Computational evidence for the cognitive costs of sociality. Proceedings of the Royal Society B. The Royal Society，280（1765）：20131151.

Day R，Allen T. 2004. The relationship between career motivation and self-efficacy with protege career success. Journal of Vocational Behavior，64（1）：72-91.

de Luis Carnicer M P，Sánchez A M，Pérez M P，et al. 2004. Analysis of internal and external labour mobility：A model of job-related and non-related factors. Personnel Review，33（2）：222-240.

Degenne A，Forsé M. 1999. Introducing Social Networks. Los Angeles：Sage Publications Ltd：108-131.

Devine T J，Kiefer N M. 1991. Empirical Labor Economics：The Search Approach. Oxford：Oxford University Press：189.

Dindia K，Canary D J. 1993. Definitions and theoretical perspectives on maintaining relationships. Journal of Social and Personal Relationships，10（2）：163-173.

Donath J S. 1996. Identity and Deception in the Virtual Community. London：Communities in Cyberspace：29-59.

Dunbar R I M，Spoors M. 1995. Social networks，support cliques，and kinship. Human Nature，6（3）：273-290.

Dunbar R I. 1998. The social brain hypothesis. Brain，9（10）：178-190.

Dunbar R I M，Stiller J. 2007. Perspective-taking and social network size in humans. Social Networks，29（1）：93-104.

Dunbar R I M，Shultz S. 2010. Bondedness and sociality. Behaviour，147（7）：775-803.

Eivis Q，Neal M，Carol S.2014. An empirical study of selfperceived employability：Improving the prospects for student employment success in an uncertain environment. Active Learning in Higher Education，15（3）：199-213.

Erik B，Magnus S，Staffan M. 2006. Predicting perceived employability：Human capital or labour market opportunities?.Economic and Industrial Democracy，27（2）：223-244.

Finch D J，Hamilton L K，Baldwin R，et al. 2013.An exploratory study of factors affecting undergraduate employability. Education + Training，55（7）：681-704.

Fligstein N，Zhang J. 2011. A new agenda for research on the trajectory of Chinese capitalism. Management & Organization Review，7（1）：39-62.

Flores H，Hammer F，Thuan T X，et al. 1999. 15 micron infrared space observatory observations of the 1415 + 52 Canada-France redshift survey field：The cosmic star formation rate as derived from deep ultraviolet，optical，mid-infrared，and radio photometry. The Astrophysical Journal，517（1）：148-167.

Fornell C，Bookstein F L. 1982. Two structural equation models：LISREL and PLS applied to consumer exit-voice theory. Journal of Marketing Research，19（4）：440-452.

Forrier A，Sels L. 2003. The concept employability：A complex mosaic. International Journal of

Human Resources Development and Management, 3 (2): 102-124.

Forsé M. 1999. Social capital and status attainment in contemporary France. Tocqueville Review, 20: 59-84.

Franzen A, Hangartner D. 2006. Social networks and labour market outcomes: The non-monetary benefits of social capital. European Sociological Review, 22 (4): 353-368.

Fugate M, Kinicki A J, Ashforth B E. 2004. Employability: A psycho-social construct, its dimensions, and applications. Journal of Vocational behavior, 65 (1): 14-38.

Ganzeboom H B, de Graaf P M, Treiman D J. 1992. A standard international socio-economic index of occupational status. Social Science Research, 21 (1): 1-56

Garton L, Haythornthwaite C, Wellman B. 1997. Studying online social networks. http: // onlinelibrary.wiley.com/doi/10.1111/j.1083-6101.1997.tb00062.x/full?sms_ss=facebook&at_xt= 4da62ce480237b90, 0[1997-6-1].

Gil de Zúñiga H, Valenzuela S. 2011. The mediating path to a stronger citizenship: Online and offline networks, weak ties, and civic engagement. Communication Research, 38 (3): 397-421.

Goldthorpe J H, Lockwood D, Bechhofer F, et al. 1967. The affluent worker and the thesis of embourgeoisement: Some preliminary research findings. Sociology, 1 (1): 11-31.

Granovetter M S. 1973. The strength of weak ties. American Journal of Sociology, 78(6): 1360-1380.

Granovetter M S. 1983. The strength of weak ties: A network theory revisited. Sociological Theory, 1 (6): 201-233..

Granovetter M S. 1995. Getting A Job: A Study of Contacts and Careers. Chicago: University of Chicago Press.

Gravetter F J, Forzano L A B. 2015. Research Methods for the Behavioral Sciences. London: Nelson Education: 316-323.

Gregg P, Wadsworth J. 2004. Two Sides to Every Story: Measuring the Polarisation of Work. London: Centre for Economic Performance: 19-20.

Guppy A, Gutteridge T. 1991. Job satisfaction and occupational stress in UK general hospital nursing staff. Work & Stress, 5 (4): 315-323.

Guthrie D. 1998. The declining significance of, Guanxi in China's economic transition.China Quarterly, 154 (154): 254-282.

Horváth G. 2014. Occupational mismatch and social networks. Journal of Economic Behavior & Organization, 106 (10): 442-468.

Hagan J M. 1998. Social networks, gender, and immigrant incorporation: Resources and constraints . American Sociological Review, 63 (1): 55-67.

Hanser A. 2002. Youth Job Searches in Urban China: The Use of Social Connections in a Changing Labor Market in China. Institutions, Culture, and the Changing Nature of Guanxi. Cambridge: Cambridge University Press: 137-161.

Harvey L. 2001. Defining and measuring employability. Quality in Higher Education, 7 (2): 97-109.

Hays R B. 1989. The day-to-day functioning of close versus casual friendships. Journal of Social and Personal Relationships, 6 (7): 21-37.

Herzberg F. 1959. The Motivation to Work. New York: John Wiley and Sons, INC..

Herzberg F.1968. One more time： How do you motivate employees. Harvard Business Review，5：46-57.

Herzberg F. 2003. One more time： How do you motivate employees? 1968. Harvard Business Review，81（1）：87-96.

Hill R A，Dunbar R I M. 2003. Social network size in humans. Human Nature，14（1）：53-72.

Hoffman D L，Novak T P，Peralta M. 1999. Building consumer trust online. Communications of the ACM，42（4）：80-85.

Hogan P，Moxham L，Dwyer T. 2007. Human resource management strategies for the retention of nurses in acute care setting in hospitals in Australia. Contemporary Nurse： A Journal for the Australian Nursing Proffession，24（2）：189-199.

Holzer H J. 1996. What Employers Want： Job Prospects for Less-educated Workers. New York： Russell Sage Foundation：71-105.

Hossain L，Silva A D. 2009. Exploring user acceptance of technology using social networks. The Journal of High Technology Management Research，20（1）：1-18.

Hillage J，Pollard E. 1998. Employability： Developing A Framework For Policy Analysis. London： Department for Education and Employment：83-84.

Jackson M O，Wolinsky A. 1996. A strategic model of social and economic networks. Journal of Economic Theory，71（1）：44-74.

Jimeno J F，Bentolila S. 1998. Regional unemployment persistence. Labour Economics,5(1):25-51.

Jin L，Wen M，Fan J X，et al. 2012. Trans-local ties，local ties and psychological well-being among rural-to-urban migrants in Shanghai. Social Science & Medicine，75（2）：288-296.

Juhdi N，Pa'Wan F，Othman N A，et al. 2010. Factors influencing internal and external employability of employees.Business and Economics Journal，11：1-10.

Judge T，Bono J. 2001. Relationship of core self-evaluations traits—self-esteem，generalized self-efficacy，locus of control and emotional stability—with job satisfaction and job performance： A meta-analysis. Journal of Applied Psychology，86（1）：80-92.

Kaur G，Singh G，Kaur S，et al. 2008. Malaysian Graduates' employability skills. Unitar E-Journal，4（1）：15-45.

Keister L. 2009. Network resources and job mobility in China's transitional economy. D_Research in the Sociology of Work，19（19）：255-282.

Kalleberg A L，Loscocco K A. 1983. Aging，values，and rewards： Explaining age differences in job satisfaction. American Sociological Review，48（1）：78-90.

Kavanagh M H，Drennan L. 2008. What skills and attributes does and accounting graduate need? evidence from student perceptions and employer expectations. Accounting & Finance，48（2）：279-300.

Keith K，McWilliams A. 1999. The returns to mobility and job search by gender. Industrial and Labor Relations Review，52（3）：460-477.

Kraut R，Patterson M，Lundmark V，et al. 1998. Internet paradox: A social technology that reduces social involvement and psychological well-being?. American Psychologist，53（9）：1017.

Lane J F. 2000. Pierre Bourdieu： A Critical Introduction. London： Pluto Press：96-138.

Larsen C A, Pedersen J, Mouw T. 2008. Relevant ties matter: The causal effect of work ties on unemployment duration. American Sociological Association's 103rd Annual Meeting, Worlds of Work.

Laumann E O, Galaskiewicz J, Marsden P V. 1978. Community structure as interorganizational linkages. Annual review of sociology, 4（1）: 455-484.

Lewis W A. 1954. Economic development with unlimited supplies of labour. The Manchester School, 22（2）: 139-191.

Lin N, Walter M. 1981. Social resources and strength of ties: structural factors in occupational status attainment. American Sociological Review, 46（4）: 393-405.

Lin N. 1982.Social Resources and Instrumental Action. Social Structure and Network Analysis. Los Angeles: Sage Publications: 131-147.

Lin N, Dumin M. 1986. Access to occupations through social ties. Social Networks, 8（4）: 365-385.

Lin N, Bian Y. 1991. Getting ahead in urban China. American Journal of Sociology, 97（3）: 657-688.

Lin N. 1995. Local market socialism: Local corporatism in action in rural China. Theory and Society, 24（3）: 301-354.

Lin N. 1999. Social networks and status attainment. Annual Review of Sociology, 25: 467-487.

Lin N. 2011. Capitalism in China: A centrally managed capitalism（CMC）and its future. Management & Organization Review, 7（1）: 63-96.

Logan J R, Bian Y J, Guan Y, et al. 1997. "Work Units" and the commodification of housing: observations on the transition to a market economy with chinese characteristics. Social Sciences in China, 4: 28-35.

Mallough S, Kleiner B H. 2001. How to determine employability and wage earning capacity. Management Research News, 24（3/4）: 118-122.

Mau W C, Kopischke A. 2001. Job search methods, job search outcomes and job satisfaction of college graduates: A comparison of race and sex . Journal of Employment Counseling, 38: 141-149.

Mayer J D, Salovey P, Caruso D R. 2004. Emotional intelligence: Theory, findings, and implications. Psychological Inquiry, 15（3）: 197-215.

McQuaid R W, Lindsay C. 2005. The concept of employability. Urban Studies, 42（2）: 197-219.

Mckersie R, Ullman J.1966. Success patterns of MBA graduates. Harvard Business School Bulletin: 15-18.

Mika P, Gangemi A. 2004. Descriptions of social relations. https: //www.researchgate.net/publication/ 245876966_Descriptions_of_Social_Relationships [2016-1-14].

Miritello G, Moro E, Lara R, et al. 2013.Time as a limited resource: Communication strategy in mobile phone networks. Social Networks, 35（1）: 89-95.

Montgomery J D. 1991. Social Networks and Persistent Inequality in the Labor Market. Urbana: Center for Urban Affairs and Policy Research: 13-16, 29-32.

Nie N H, Erbring L.2000. Internet and society: Apreliminary report. Stanford Institute, 21（4）: 73-117.

Oswald D L, Clark E M. 2003. Best friends forever?: High school best friendships and the transition to college. Personal Relationships，10（2）：187-196.

Pegg A，Waldock J，Hendy-Isaac S，et al. 2012.Pedagogy for employability. http：// oro.open.ac.uk/30792/1/Pedagogy_for_employability_170212_1724.pdf[2017-2-12].

Pool L D，Sewell P. 2007.The key to employability：Developing a practical model of graduate employability. Education + Training，49（4）：277-289.

Pennings J M，Lec K，van Witteloostuijn A. 1998. Human capital，social capital，and firm dissolution. Academy of Management Journal，41（4）：425-440.

Portes A. 1987. The social origins of the Cuban enclave economy of Miami. Sociological Perspectives，30（4）：340-372.

Portes A. 1998. Social capital：Its origins and applications in modern sociology. Annual Review of Sociaology，24（1）：1-24.

Ports M H. 1993. Trends in job search methods. Monthly Labor Review，116（10）：63-67.

Price J L. 1977.The Study of Turnover.Ames：Iowa State University Press：160.

Qin X，Hom P，Xu M，et al. 2014. Applying the job demands-resources model to migrant workers：Exploring how and when geographical distance increases quit propensity. Journal of Occupational and Organizational Psychology，87（2）：303-328.

Reed R，Lewin K. 1951.Field theory in social science. American Catholic Sociological Review，12（2）：103.

Rivera L A.2012. Hiring as cultural matching：The case of elite professional service firms. American Sociological Review，77（6）：999-1022.

Roberts S B G，Dunbar R I M. 2015. Managing relationship decay network，gender，and contextual effects. Human Nature-an Interdisciplinary Biosocial Perspective，26（4）：426-450.

Roberts S G B，Dunbar R I M，Pollet T V，et al.2009. Exploring variation in active network size：Constraints and ego characteristics. Social Networks，31（2）：138-146.

Ruan D. 1998. The content of the GSS discussion networks：An exploration of C，SS discussion name generator in a Chinese context. Social Networks，20（3）：247-264.

Saks A M，Ashforth B E. 2000. Change in job search behaviors and employment outcomes . Journal of Vocational Behavior，56（2）：277-287.

Saks A M，Zikic J. 2006. Trait affect and job search outcomes. Journal of Vocational behavior，68（2）：233-252.

Saks A M. 2006. Multiple predictors and criteria of job search success. Journal of Vocational behavior，68（3）：400-415.

Salancik G R，Pfeffer J. 1978. A social information processing approach to job attitudes and task design. Administrative Science Quarterly，23（2）：224-253.

Schleea B M，Mullisb A K，Shriner M. 2009. Parents social and resource capital：Predictors of academic achievement during early childhood.Children and Youth Services Review，31（2）：227-234.

Schultz T W. 1961. Investment in human capital. The American Economic Review，51（1）：1-17.

Seibert S E，Kraimer M L，Liden R C. 2001. A social capital theory of career success. Academy of Management Journal，44（2）：219-237.

Shah D V, McLeod J M, Yoon S H. 2001. Communication, context, and community an exploration of print, broadcast, and internet influences. Communication Research, 28 (4): 464-506.

Song J, Kim Y J. 2006. Social influence process in the acceptance of a virtual community service. Information Systems Frontiers, 8 (3): 241-252.

Sørensen A B, Kalleberg A L. 1981. An Outline of a Theory of the Matching of Persons to Jobs-Sociological Perspectives on Labor Markets. Berlin: Springer: 49-74.

Strobl E. 2003. Is education used as a signaling device for productivity in developing countries? evidence from Ghana. IZA discussion paper No. 683. Available at SSRN: https: // ssrn.com/abstract=372504[2003-2-7].

Sutcliffe A G, Dunbar R, Binder J, et al. 2012a. Relationships and the social brain: Integrating psychological and evolutionary perspectives.British Journal of Psychology, 103: 149-168.

Sutcliffe A G, Dunbar R, Wang D. 2012b. Modelling the evolution of social structure. https: // doi.org/10.1371/journal.pone.0158605[2016-7-18].

Sutcliffe A G, Dunbar R, Wang D. 2016.Modelling the evolution of social structure. http: // journals.plos.org/plosone/article?id=10.1371/journal.pone.0158605[2016-7-18].

Tampubolon G. 2010. Social stratification and cultures hierarchy among the omnivores: Evidence from the arts council England surveys. Sociological Review, 58 (1): 1-25.

Thurow L C. 1970. Investment in Human Capital. Sanfrancisco: Wadsworth Pub. Co.: 1-3.

Tong S T, van der Heide B, Langwell L, et al. 2008. Too much of a good thing? The relationship between number of friends and interpersonal impressions on Facebook. Journal of Computer-Mediated Communication, 13 (3): 531-549.

Topel R H, Ward M P. 1992. Job mobility and the careers of young men. The Quarterly Journal of Economics, 107 (2): 439-479.

Valenzuela S, Park N, Kee K F. 2008. Lessons from Facebook: The effect of social network sites on college students' social capital. 9th International Symposium on Online Journalism: 1-39.

Valenzuela S, Somma N M, Scherman A, et al. 2016. Social media in Latin America: Deepening or bridging gaps in protest participation? Online Information Review, 40 (5): 695-711.

van Hoye G, van Hooft E A J, Lievens F. 2009. Networking as a job search behavior: A social network perspective.Journal of Occupational and Organizational Psychology, 82 (3): 661-682.

Villar E, Juan J, Corominas E, et al. 2000. What kind of networking strategy advice should career counsellors offer university graduates searching for a job?. British Journal of Guidance and Counselling, 28 (3): 389-409.

Wahba J, Zenou Y. 2005. Density, social networks and job search methods: Theory and application to Egypt. Journal of Development Economics, 78 (2): 443-473.

Walker J E, Tausky C, Oliver D. 1982. Men and women at work: Similarities and differences in work values within occupational groupings. Journal of Vocational Behavior, 21 (1): 17-36.

Walton R E, McKersie R B. 1991. A Behavioral Theory of Labor Negotiations: An Analysis of a Social Interaction System. New York: Cornell University Press: 185-219.

Wang W, Moffatt P G. 2008. Hukou and graduates'job search in China. Asian Economic Journal, 22 (1): 1-23.

Washington O. 1999. Effects of cognitive and experimental group therapy on self-efficacy and perceptions of employability of chemically dependent women. Issues in Mental Health Nursing, 20 (3): 181-198.

Wellman B, Haase A Q, Witte J, et al. 2001. Does the Internet increase, decrease, or supplement social capital? Social networks, participation, and community commitment. American Behavioral Scientist, 45 (3): 436-455.

Wellman B, Haythornthwaite C. 1996. Computer networks as social networks: Collaborative work, telework, and virtual community . Annual Review of Sociology, 293 (2): 179-207.

Yeh H J.2015. Job demands, job resources, and job satisfaction in East Asia. Social Indicators Research, 121 (1): 47-60.

Yener M, Coşkun Ö . 2013. Using job resources and job demands in predicting burnout . Procedia - Social and Behavioral Sciences, 9: 869-876.

Yorke M, Knight P. 2004. Self-theories: Some implications for teaching and earning in higher education. Studies in Higher Education, 29 (1): 25-37.

Yorke M, Knight P. 2005. Embedding Employability Into the Curriculum. Learning & Employability Series One. New York: The Higher Education Academy.

Yorke M, Knight P. 2007. Evidence-informed pedagogy and the enhancement of student employability. Teaching in Higher Education, 12 (2): 157-170.

Zhang S, Cheng C. 2012. Market reforms and the income effects of social network capital. Sociological. Study, 1: 130-151.

Zhang X, Venkatesh V.2013. Explaining employee job performance: The role of online and offline workplace communication networks. Mis Quarterly, 37 (3): 695-722.

Zhao W. 2013. Social networks, job search and income disparity in a transitional economy: An institutional embeddedness argument. Research in the Sociology of Work, 24: 103-132.

Zhong Z J.2014. Civic engagement among educated Chinese youth: The role of SNS (social networking services), bonding and bridging social capital. Computers & Education, 75: 263-273.

Zhou X. 2000. Economic transformation and income inequality in urban China: Evidence from panel data. American Journal of Sociology, 105 (4): 1135-1174.

附录1：企业员工就业的调研问卷

信息服务业企业员工就业能力调查问卷

问卷编号□□□□□□□□

先生、女士：你们好！

　　中国经济在连续多年快速增长后进入稳定发展时期，随改革深化，各地区开始调整和优化产业结构、企业进入转型升级时期。在此背景下，就业中总量压力和结构性矛盾依旧突出，其中人才就业难、企业招人难成为近年来突出的问题。本次调查希望了解信息服务业企业员工在就业准备、就业能力以及工作满意度等方面情况，目的在于更好地了解信息服务业人才在就业现状和遇到的困难，为信息服务业相关企业、人才培养院校和有关部门提供建议。

　　本次调查为中国工程院电子工程与信息学部咨询项目："知识密集型劳动力供求与信息服务业发展"研究所用。调研通过公司人力资源管理部门相关领导负责人下发电子问卷给公司部分员工。调研对象针对工作1～3年的新员工，尽量保持调研对象男女比例均衡，同时能体现公司整体新员工的学历情况，被调查员工的岗位没有具体限制。请填写人员按照自身的实际情况认真填写问卷，本次调研的数据完全保密，仅作为学术研究所用和制定政策、规划的参考。

西安交通大学管理学院课题组

2014 年 6 月

调查时间：□□□□年□□月□□日

调查员姓名：＿＿＿＿＿＿＿＿＿＿

第一部分：基本情况

101 您的性别（1）男□（2）女□

102 您的年龄周岁□□

103 您的出生地□

（1）城市（2）县/县级市（3）农村

104 您的学历□

（1）博士（2）硕士（3）本科（4）大专（5）高中/中专/技校（6）初中及以下

105 您上学期间所学专业的学科门类□

（1）哲学（2）经济学（3）法学（4）教育学（5）文学　　（6）历史学

（7）理学（8）工学　　（9）农学（10）医学　（11）军事学（12）管理学

（13）建筑学

106 您毕业学校的情况□

（1）985 院校　（2）211 院校　（3）一本院校（除 985、211 之外的）

（4）二本院校（5）三本院校（6）其他_____

107 您是否中共党员□　　　（1）是（2）否

108 您是否结婚？□　　　（1）是（2）否

109 您个人平均每月的生活支出费用□

（1）1000 元内（2）1000～3000 元（3）3000～6000 元（4）6000～10000 元

（5）10000 元以上

110 您最近一月网上购物的次数（包括淘宝、京东、当当和团购等网上购物形式）□

（1）0 次（2）1～3 次（3）4～8 次（4）9～14 次（5）15 次以上

111 平均每天光顾电子商务网站的时长□

（1）不足 10 分钟（2）10～30 分钟（3）30～60 分钟（4）60 分钟以上

112 你通常使用最频繁的在线社交网络是？□

（1）微博（2）微信（3）人人网（4）QQ（5）其他_____（填写具体名称）

（若选择"微博"，请填写 113 问，否则跳问 114）

113 如果是微博，那么你有□□□粉丝，你关注了□□□人，其中互为关注有□□位。

114 你关注的人中大概有多大的比例是你本来就认识的人？□

（1）10%以下（2）10%～30%（3）30%～50%（4）50%～70%（5）70%以上

第二部分：上学期间培养情况

本部分的频率编码：**（1）每天（2）每周（3）每月（4）每三月**

　　　　　　　　（5）每半年及以上

201 您和专业导师或者专业课老师讨论就业问题频率 □

202 您和本专业同学、学长学姐讨论就业问题频率 □

203 您参加学校组织相关的职业选择与规划教育培训的频率 □

204 您拜访同学或朋友的频率 □

205 您是否参加学校社团组织？ □

（1）是（参加活动频率□） （2）否

206 您是否参加专业相关的课外活动？ □

（1）是（参加活动频率□） （2）否

207 您是否参加校外兼职、勤工助学等活动？ □

（1）是（参加活动频率□） （2）否

208 您是否作为活动组织者参加社团活动？ □

（1）是（参加活动频率□） （2）否

209 您是否在休闲时间与社团成员联系？ □

（1）是（联系频率□） （2）否

210 您是否参加过实习？ □

（1）是（参加实习次数□） （2）否

（跳问 212）

211 您的第一份实习是通过什么途径得到的？ □□□（按重要度顺序排列，可多选，不超过 3 项）

（1）学校就业信息中心 （2）亲友介绍 （3）网络应聘

（4）企业直招/公司官网 （5）新闻媒体广告应聘 （6）同学朋友告知

（7）其他个人关系 （8）学校统一组织

（9）其他_____（请说明）

212 您认为参加实习意义：

填写说明：此选项没有对错，只要根据自己情况在方框中填入"1～5"中的某个数字。

（1）非常不同意（2）比较不同意（3）一般（4）比较同意（5）非常同意

220-1 实习能够锻炼自己的工作能力、沟通能力	□
220-2 实习能够提高自己的实际应对问题、解决问题的能力	□
220-3 实习能够拓展了自己的视野，提高了自己的素质	□
220-4 实习能够了解未来工作实际情况，判定是否与预期相符	□
220-5 实习能够了解社会、企业具体需求和专业技能水平要求	□
220-6 实习能够了解工作的未来发展空间	□
220-7 实习能够丰富简历，为日后寻找更好的工作做铺垫	□
220-8 实习能够充分利用业余时间，可以用来充实生活	□

213_1 在校期间，您获得过的英语证书□□□□（可多选，不超过 4 项）

（1）四级证书（2）六级证书（3）英语专业四级（4）英语专业八级

（5）雅思　　　（6）托福　　　　（7）托业　　　　（8）商务英语中级

（9）商务英语高级　（10）其他_____

213_2 在校期间，您获得过的计算机证书□□□（可多选，不超过 3 项）

（1）计算机二级证书（2）计算机三级证书（3）计算机四级证书（4）其他_

214 在校期间，您获得的学校证书□□□□（可多选，不超过 4 项）

（1）三好学生证书（2）优秀学生干部（3）校级奖学金（4）国家奖学金

（5）优秀毕业生（6）优秀学生会干部（7）优秀志愿者（8）其他_____

第三部分：就业能力与意愿

401 目前是否是你的第一份工作？□（1）是（跳转到 409）（2）否（继续 402）

402 您哪年开始参加工作？□□□□年

403 您有过几家企业的工作经历？□□

404 您第一份工作的单位性质？□

（1）国有企业（2）集体企业（3）三资（独资、合资、合作）企业

（4）民营企业

405 您第一份工作与所学的专业关系？□

（1）紧密相关（2）比较相关（3）不太相关（4）完全不相关

406 您第一份工作的职业行业选择倾向是？□

（1）无要求，只要用人单位肯要（2）临时工作，待遇一般但有发展前途

（3）临时工作，但待遇好　　　　（4）固定工作，待遇一般且发展前途不明确

（5）临时工作，但就业地点满意

407 您第一份工作选择的地区的原因是？□

（1）回到居住地或者离家近的地方工作

（2）去到北京、上海、广州等一线大城市

（3）去到经济压力相对较小的二线城市

（4）只要工作满意，去哪个城市都可以　　（5）与上学阶段在同一个省份

408 您第一份工作时怎么获得的

（1）学校就业信息中心　　　（2）亲友介绍　　　　　　（3）网络应聘

（4）企业直招/公司官网　　（5）新闻媒体广告应聘　　（6）同学朋友告知

（7）其他个人关系　　　　　（8）其他_____（请说明）

409 您哪年开始在本公司工作？□□□□年

410 您现在所在单位性质？□

（1）国有企业　　（2）集体企业　　（3）三资（独资、合资、合作）企业

（4）民营企业

411 您目前从事的工作与所学的专业关系？□

（1）紧密相关 （2）比较相关 （3）不太相关 （4）完全不相关

412 您目前这份工作的职业行业选择倾向是？□

（1）无要求，只要用人单位肯要 （2）临时工作，待遇一般但有发展前途

（3）临时工作，但待遇好 （4）固定工作，待遇一般且发展前途不明确

（5）临时工作，但就业地点满意

413 您选择目前这个地区工作的是因为？□

（1）希望回到居住地或者离家近的地方工作

（2）希望去到北京、上海、广州等一线大城市

（3）希望去到经济压力相对较小的二线城市

（4）只要工作满意，去哪个城市都可以

（5）与上学阶段在同一个省份

414 选择职业时，对您的选择最有影响的因素□□□（按重要度顺序排列，可多选，但不超过 3 项）

（1）有利于个人发展和晋升 （2）工资水平及福利 （3）工作所在地区

（4）单位类型及规模 （5）工作的环境和舒适度

（6）有编制，工作稳定性 （7）父母或师长的建议

（8）适合自己的兴趣 （9）专业对口 （10）其他_____

415 您都从哪些渠道收集关于就业信息：□□□（按重要度顺序排列，可多选，但不超过 3 项）

（1）学校就业信息中心 （2）亲友介绍 （3）网络应聘

（4）企业直招/公司官网 （5）新闻媒体广告应聘 （6）同学朋友告知

（7）其他个人关系 （8）其他_____（请说明）

416 找目前这份工作的过程中您大概找过□□人帮忙？

417 他们对您有何帮助?□□□□（可多选，不超过 4 项）

（1）提供就业信息 （2）帮助整理申请材料

（3）帮助报名、递交申请 （4）帮助向有关方面打招呼

（5）帮助解决求职中的具体问题 （6）直接录用/聘用

（7）提供必要的资金 （8）其他（请说明）

418 请问您和他们之间的关系现分别为□□□（可多选，不超过 4 项）

（1）家人 （2）亲戚 （3）朋友 （4）同乡

（5）同学 （6）战友 （7）邻居 （8）师生

（9）师徒 （10）同事 （11）生意/项目合伙人

（12）熟人 （13）其他_____（请注明）

419 在这次帮忙之前，您与对您这次找工作最关键的人的交往情况怎样？

（1）几乎没什么来往　　（2）不经常来往　　（3）偶尔来

（4）经常来往　　　　　（5）几乎天天联系

420 对您得到这份工作起着关键作用的一个人与您的关系是：

相熟程度：（1）不熟（2）不太熟（3）较熟（4）很熟（5）熟极了

亲密程度：（1）谈不上亲密（2）不太亲密（3）较亲密（4）很亲密

　　　　　（5）亲密极了

信任程度：（1）谈不上信任（2）不太信任（3）较信任（4）很信任

　　　　　（5）信任极了

421 您目前在公司的岗位/职务是□

（1）行政（2）财务（3）技术研发（4）项目（5）营销（6）其他

422 目前工作的满意情况

填写说明：此选项没有对错，只要根据自己情况在方框中填入（1）～（5）中的某个数字。

（1）非常不满意（2）比较不满意（3）不确定（4）比较满意（5）非常满意

（1）薪水	□
（2）福利待遇	□
（3）奖惩制度	□
（4）单位/公司内升迁的机会	□
（5）工作自主性	□
（6）对以后发展的帮助	□
（7）知识、经验的积累	□
（8）工作量	□
（9）工作难度	□
（10）工作条件与设施	□
（11）工作地点与住址的距离	□
（12）与同事的关系	□
（13）与老板/上司的关系	□
（14）职业的社会地位	□
（15）领导的支持与帮助	□

423-427 问题中若出现同姓不同人情况，姓氏后加 A、B、C 以示区别（如王 A、王 B）

423 请您回顾最近 6 个月里与您经常讨论就业方面问题的同事，只需写姓

1	2	3

424 请您回顾最近 6 个月里与您经常讨论就业方面问题的朋友，只需写姓

4	5	6

425 请您回顾最近 6 个月里与您经常讨论就业方面问题的家人和亲属，只需写姓

7	8	9

426 请您回顾在最近的 6 个月里经常与您一起外出就餐和娱乐休闲活动人，只需写姓

10	11	12

427 请您回顾在您找目前这份工作时，对您帮助最大的三个人，只需写姓

13	14	15

428 请将 423-427 问题中提到的每个人的基本情况填写在下表中（重复提到的人只填一次）

性别编码：（1）男（2）女

教育程度：（1）博士研究生（2）硕士研究生　　（3）本科
　　　　　（4）大专　　　（5）高中/中专/技校（6）初中及以下

职业编码：

（1）党政干部　　　　　（2）机关事业单位人员　（3）国企经理
（4）非国企经理/所有者　（5）个体所有者/经理　（6）企业管理人员
（7）企业服务人员　　　（8）企业技术人员　　　（9）企业生产人员
（10）企业销售人员　　　（11）企业财务人员　　　（12）教师
（13）学生　　　　　　　（14）自由职业者　　　　（15）科研人员
（16）法律工作者　　　　（17）医疗工作者　　　　（18）文艺工作者
（19）农民　　　　　　　（20）无职业

单位/组织类型：（1）党政机关　　（2）国有企业　　（3）高校及科研院所
　　　　　　　　（4）事业单位　　（5）集体企业　　（6）个体经营
　　　　　　　　（7）私营企业　　（8）外资企业　　（9）中外合作企业
　　　　　　　　（10）股份制企业　（11）联合企业　　（12）私立事业
　　　　　　　　（13）其他_____

频率编码（1）每天（2）每周（3）每月（4）每三月（5）每半年（6）无

姓名	性别	年龄	教育程度	职业	工作单位类型	与您电子邮件联系频率	与您电话联系频率	与您见面联系频率
1	☐	☐☐	☐	☐	☐	☐	☐	☐
2	☐	☐☐	☐	☐	☐	☐	☐	☐
3	☐	☐☐	☐	☐	☐	☐	☐	☐

续表

姓名	性别	年龄	教育程度	职业	工作单位类型	与您电子邮件联系频率	与您电话联系频率	与您见面联系频率
4	☐	☐☐	☐	☐	☐	☐	☐	☐
5	☐	☐☐	☐	☐	☐	☐	☐	☐
6	☐	☐☐	☐	☐	☐	☐	☐	☐
7	☐	☐☐	☐	☐	☐	☐	☐	☐
8	☐	☐☐	☐	☐	☐	☐	☐	☐
9	☐	☐☐	☐	☐	☐	☐	☐	☐
10	☐	☐☐	☐	☐	☐	☐	☐	☐
11	☐	☐☐	☐	☐	☐	☐	☐	☐
12	☐	☐☐	☐	☐	☐	☐	☐	☐
13	☐	☐☐	☐	☐	☐	☐	☐	☐
14	☐	☐☐	☐	☐	☐	☐	☐	☐
15	☐	☐☐	☐	☐	☐	☐	☐	☐

429 以上所提到的这些人之间是否认识？（1 认识，0 不认识）（认识的在方框按钮中点击勾选）

姓名	1 姓	2	3	4	5	6	7	8	9	10	11	12	13	14	15
2	☐	2													
3	☐	☐	3												
4	☐	☐	☐	4											
5	☐	☐	☐	☐	5										
6	☐	☐	☐	☐	☐	6									
7	☐	☐	☐	☐	☐	☐	7								
8	☐	☐	☐	☐	☐	☐	☐	8							
9	☐	☐	☐	☐	☐	☐	☐	☐	9						
10	☐	☐	☐	☐	☐	☐	☐	☐	☐	10					
11	☐	☐	☐	☐	☐	☐	☐	☐	☐	☐	11				
12	☐	☐	☐	☐	☐	☐	☐	☐	☐	☐	☐	12			
13	☐	☐	☐	☐	☐	☐	☐	☐	☐	☐	☐	☐	13		
14	☐	☐	☐	☐	☐	☐	☐	☐	☐	☐	☐	☐	☐	14	
15	☐	☐	☐	☐	☐	☐	☐	☐	☐	☐	☐	☐	☐	☐	15

第四部分：家庭情况

501 您目前家庭共同居住的总人数□人，家庭中有工资收入人数□人

家庭成员	第一个	第二个	第三个	第四个	...
与你的关系称谓	□	□	□	□	□
就业现状	□	□	□	□	□
性别	□	□	□	□	□
年龄	□□	□□	□□	□□	□□
教育程度	□	□	□	□	□
职业类别	□	□	□	□	□
单位性质	□	□	□	□	□
月均收入	□	□	□	□	□

（除了被调查人外，家庭成员数＝家庭总人口数–1，每个成员填写，编码见问卷说明）

502 春节期间，与您一起聚会度过节日的亲人□□人；朋友□□人；相识□□人。

503 他们里面有没有从事下列工作的？（有从事如下工作的在方框按钮中点击勾选）

职业类型	亲属	朋友	相识	职业类型	亲属	朋友	相识
党政干部	□	□	□	企业财务人员	□	□	□
机关事业单位人员	□	□	□	教师	□	□	□
国企经理	□	□	□	学生	□	□	□
非国企经理/所有者	□	□	□	自由职业者	□	□	□
个体经营者/经理	□	□	□	科研人员	□	□	□
企业管理人员	□	□	□	法律工作者	□	□	□
企业服务人员	□	□	□	医疗工作者	□	□	□
企业技术人员	□	□	□	文艺工作者	□	□	□
企业生产人员	□	□	□	农民	□	□	□
企业销售人员	□	□	□	无职业	□	□	□

504 他们里面有没有在下列单位工作的？（有如下工作性质的在方框按钮中点击勾选）

职业类型	亲属	朋友	相识	职业类型	亲属	朋友	相识
党政机关	☐	☐	☐	外资企业	☐	☐	☐
国有企业	☐	☐	☐	中外合作企业	☐	☐	☐
高校及科研院所	☐	☐	☐	股份制企业	☐	☐	☐
国有事业	☐	☐	☐	联合企业	☐	☐	☐
集体企业	☐	☐	☐	私立事业	☐	☐	☐
个体经营	☐	☐	☐	其他类型	☐	☐	☐
私营企业	☐	☐	☐				

505 在平时节假日里，您家里人和他们如何保持联系？☐☐☐☐（可多选，不超过 4 个）

（1）见面联系　（2）电话联系　（3）短信联系

（4）微信、微博、QQ 等社交工具

506 您家里人通过社交工具和他们的联系的频率是☐

（1）从不　（2）很少　（3）有时　（4）较多　（5）经常

507 您家里人通过社交工具联系组织他们一起娱乐活动的机会：☐

（1）从不　（2）很少　（3）有时　（4）较多　（5）经常

508 您家里人通过社交工具是否新认识其他人或者和原本不太熟悉的人熟悉起来☐

（1）从不　（2）很少　（3）有时　（4）较多　（5）经常

非常感谢您的支持！

附录 2：高校学生就业的调研问卷

高校学生就业情况调查问卷

问卷编号□□□□□□□□

亲爱的同学们：你们好！

　　中国经济在连续多年快速增长后进入稳定发展时期，随改革深化，各地区开始调整和优化产业结构、企业进入转型升级时期。在此背景下，就业中总量压力和结构性矛盾依旧突出，其中高校学生就业难成为近年来突出的问题，也是大家所关注的焦点。本次调查希望了解高校学生对于就业准备、就业能力认识以及今后就业意愿等方面情况，目的在于更好地了解大家的就业现状和遇到的困难，为学校的人才培养和有关部门制定政策提供参考。

　　本次调查为中国工程院电子工程与信息学部咨询项目："知识密集型劳动力供求与信息服务业发展"研究所用。请各位同学按照自身的实际情况认真填写问卷，本次调研的数据完全保密，仅作为学术研究所有和制定政策、规划的参考。

西安交通大学管理学院课题组

2014 年 6 月

调查时间：□□年□□月□□日

调查对象详细地址（宿舍住址）＿＿＿＿＿＿＿

未完成原因

　　第一次访问　　　　　□□月□□日□□时　　　＿＿＿＿＿＿

　　第二次访问　　　　　□□月□□日□□时　　　＿＿＿＿＿＿

　　第三次访问　　　　　□□月□□日□□时　　　＿＿＿＿＿＿

调查员姓名：＿＿＿＿＿＿＿＿＿＿

督导员姓名：＿＿＿＿＿＿＿＿＿＿

填表说明

（1）本问卷由在校学生填写。

（2）本问卷的问题答案没有对错之分，请您根据个人的实际情况回答调查员的问题。

（3）本次调查收集到的信息将严格保密，除了合格的调研人员外，任何人不会接触到这些资料。

第一部分：高校学生基本情况

101 您的性别（1）男□（2）女□

102 您的年龄周岁□□

103 您的家庭居住地□

（1）城市（2）县级市（3）农村

104 您目前在读是□

（1）博士研究生（2）硕士一年级（3）硕士二年级（4）硕士三年级

（5）本科一年级（6）本科二年级（7）本科三年级（8）本科四年级

105 您所学专业的学科门类□

（1）哲学（2）经济学（3）法学（4）教育学（5）文学　　（6）历史学

（7）理学（8）工学　　（9）农学（10）医学　（11）军事学（12）管理学

106 您是否中共党员□　（1）是　（2）否

107 您是否结婚？□　　（1）是　（2）否

108 您户口是否签到本校□

（1）是（2）否（若为"否"，您户口所在地为□（1）城市（2）农村）

109 您个人平均每月的生活支出费用□

（1）500 元内（2）500～1000 元（3）1000～2000 元（4）2000～4000 元

（5）4000 元以上

110 您最近一月网上购物的次数（包括淘宝、京东、当当和团购等网上购物形式）□

（1）0 次（2）1～3 次（3）4～8 次（4）9～14 次（5）15 次以上

111 平均每天光顾电子商务网站的时长□

（1）不足 10 分钟（2）10～30 分钟（3）30～60 分钟（4）60 分钟以上

112 你使用的在线社交网络中，你通常使用的在线社交网络包括哪些？□□□（可多选）

（1）微博（2）微信（3）人人网（4）其他_____（填写具体网络名称）

113 你最活跃的社交网账号上有□□□粉丝，你关注了□□□人，其中互为关注有□□位。

114 你关注的人中大概有多大的比例是你本来就认识的人？□

（1）10%以下（2）10%～30%（3）30%～50%（4）50%～70%（5）70%以上

第二部分：高校培养情况

本部分的频率编码：（1）每天（2）每周（3）每月（4）每三月（5）每半年

201 您和专业导师或者专业课老师讨论就业问题频率　　　　　　　　　　□

202 您和本专业同学、学长学姐讨论就业问题频率　　　　　　　　　　　□

203 您参加学校组织相关的职业选择与规划教育培训的频率　　　　　　　□

204 您拜访同学或朋友的频率　　　　　　　　　　　　　　　　　　　　□

205 您是否参加学校社团组织？　　　　　　　　　　　　　　　　　　　□

（1）是（参加活动频率□）　　　　（2）否

206 您是否参加专业相关的课外活动？　　　　　　　　　　　　　　　　□

（1）是（参加活动频率□）　　　　（2）否

207 您是否参加校外兼职、勤工助学等活动？　　　　　　　　　　　　　□

（1）是（参加活动频率□）　　　　（2）否

208 您是否作为活动组织者参加社团活动？　　　　　　　　　　　　　　□

（1）是（参加活动频率□）　　　　（2）否

209 您是否在休闲时间与社团成员联系？　　　　　　　　　　　　　　　□

（1）是（联系频率□）　　　　　　（2）否

210 您是否参加过实习？　　　　　　　　　　　　　　　　　　　　　　□

（1）是（参加实习次数□）　　　　（2）否

（跳问 212）

211 您的第一份实习是通过什么途径得到的？

（1）学校就业信息中心　　（2）亲友介绍　　　　　　（3）网络应聘

（4）企业直招/公司官网　　（5）新闻媒体广告应聘　　（6）同学朋友告知

（7）其他个人关系　　　　（8）其他_____（请说明）

212 您认为参加实习的意义在于：

212-1 实习能够锻炼自己的工作能力、沟通能力	□
212-2 实习能够提高自己的实际应对问题、解决问题的能力	□
212-3 实习能够拓展了自己的视野，提高了自己的素质	□
212-4 实习能够了解未来工作实际情况，判定是否与预期相符	□
212-5 实习能够了解社会、企业具体需求和专业技能水平要求	□
212-6 实习能够了解工作的未来发展空间	□

212-7 实习能够丰富简历，为日后寻找更好的工作做铺垫	☐
212-8 实习能够充分利用业余时间，可以用来充实生活	☐

213 在校期间，您获得过的英语证书☐☐☐☐，计算机证书☐☐☐（可多选）

（1）四级证书　（2）六级证书　（3）英语专业四级　（4）英语专业八级

（5）雅思　（6）托福　（7）托业　（8）商务英语中级

（9）商务英语高级　（10）计算机二级证书　（11）计算机三级证书

（12）计算机四级证书　（13）其他＿＿＿＿

214 在校期间，您获得的学校证书☐☐☐☐（可多选）

（1）三好学生证书　（2）优秀学生干部　（3）校级奖学金　（4）国家奖学金

（5）优秀毕业生　（6）其他＿＿＿＿

215 请您回顾最近 6 个月里与您经常讨论就业方面问题的学校社团组织中的人士，只需写姓

1	2	3

216 请您回顾最近 6 个月里与您经常讨论就业方面问题的校友或者同学，只需写姓

1	2	3

217 请您回顾最近 6 个月里与您经常讨论就业方面问题的家人和亲属，只需写姓

1	2	3

218 请您回顾在最近的 6 个月里经常与您一起外出就餐和娱乐休闲活动人，只需写姓

1	2	3

219 请您回顾在您找第一份实习时，对您帮助最大的三个人，只需写姓

1	2	3

220 请将您在 214-219 问题中提到的每个人的基本情况填写在下表中（重复提到的人只填写一次）

性别编码：（1）男（2）女

教育程度：（1）博士研究生　（2）硕士研究生　（3）本科

（4）大专　（5）高中/中专/技校　（6）初中及以下

职业编码：

（1）党政干部　（2）机关团体人员　（3）事业单位人员

（4）国企经理　（5）非国企经理/所有者　（6）个体所有者/经理

（7）企业管理人员　（8）企业技术人员　（9）企业服务人员

（10）企业生产人员　　（11）企业销售人员　　（12）企业财务人员

（13）教师　　　　　　（14）自由职业者　　　（15）科研人员

（16）法律工作者　　　（17）医疗工作者　　　（18）文艺工作者

（19）农民　　　　　　（20）无

单位/组织类型：

（1）国有企业　　　　　（2）集体企业　　　　（3）股份合作企业

（4）联营企业　　　　　（5）有限责任公司　　（6）股份有限公司

（7）私营企业　　　　　（8）其他内资企业

（9）中外合资经营企业　（10）中外合作经营企业

（11）外资企业　　　　 （12）外商投资股份有限公司

（13）政府机构　　　　 （14）科研院所

（15）高校　　　　　　 （16）事业单位　　　（17）其他_____

姓名	性别	年龄	教育程度	职业	工作单位类型	单位所在地	与您电子邮件联系频率	与您电话联系频率	与您见面联系频率
1	□	□□	□	□	□	□	□	□	□
2	□	□□	□	□	□	□	□	□	□
3	□	□□	□	□	□	□	□	□	□
4	□	□□	□	□	□	□	□	□	□
5	□	□□	□	□	□	□	□	□	□
6	□	□□	□	□	□	□	□	□	□
7	□	□□	□	□	□	□	□	□	□
8	□	□□	□	□	□	□	□	□	□
9	□	□□	□	□	□	□	□	□	□
10	□	□□	□	□	□	□	□	□	□
11	□	□□	□	□	□	□	□	□	□
12	□	□□	□	□	□	□	□	□	□
13	□	□□	□	□	□	□	□	□	□
14	□	□□	□	□	□	□	□	□	□
15	□	□□	□	□	□	□	□	□	□

221 以上所提到的这些人之间是否认识？（1 认识，0 不认识）

姓		1 姓														
2	☐	2														
3	☐	☐	3													
4	☐	☐	☐	4												
5	☐	☐	☐	☐	5											
6	☐	☐	☐	☐	☐	6										
7	☐	☐	☐	☐	☐	☐	7									
8	☐	☐	☐	☐	☐	☐	☐	8								
9	☐	☐	☐	☐	☐	☐	☐	☐	9							
10	☐	☐	☐	☐	☐	☐	☐	☐	☐	10						
11	☐	☐	☐	☐	☐	☐	☐	☐	☐	☐	11					
12	☐	☐	☐	☐	☐	☐	☐	☐	☐	☐	☐	12				
13	☐	☐	☐	☐	☐	☐	☐	☐	☐	☐	☐	☐	13			
14	☐	☐	☐	☐	☐	☐	☐	☐	☐	☐	☐	☐	☐	14		
15	☐	☐	☐	☐	☐	☐	☐	☐	☐	☐	☐	☐	☐	☐	15	

第三部分：求职意愿与信息的获取

401 您毕业之后的打算是☐

（1）继续求学深造 （2）出国 （3）找工作 （4）创业

402 您以后想从事的工作与所学的专业关系？☐

（1）紧密相关 （2）比较相关 （3）不太相关 （4）完全不相关

403 您首次就业的职业行业选择倾向是☐

（1）无要求，只要用人单位肯要 （2）临时工作，待遇差但有发展前途

（3）临时工作，但待遇好 （4）固定工作，待遇差且发展前途不明确

404 您首次就业将会选择的地区是☐

（1）回到居住地或者离家近的地方工作

（2）去到北京、上海、广州等一线大城市

（3）去到经济压力相对较小的二线城市

（4）只要工作满意，去哪个城市都可以

405 选择职业时，对您的选择最有影响的因素☐☐☐（按顺序排列，可多选）

（1）有利于个人发展和晋升 （2）工资水平及福利 （3）工作所在地区

（4）单位类型及规模 （5）工作的环境和舒适度

（6）有编制，工作稳定性　　　（7）父母或师长的建议

（8）适合自己的兴趣　　　　　（9）专业对口　　　　　（10）其他_____

406 当时您都从哪些渠道收集关于就业信息：□□□（按顺序排列，可多选）

（1）学校就业信息中心　　（2）亲友介绍　　　　　　　（3）网络应聘

（4）企业直招/公司官网　（5）新闻媒体广告应聘　　（6）同学朋友告知

（7）其他个人关系　　　　（8）其他_____（请说明）

407 您在确定下来工作之前一共拿到多少 offer？□□个。其中有□□个 offer 是您通过就业信息中心、网络应聘、企业直招、媒体广告途径得到的。（未签约同学可以跳过此题）

408 您最近 6 个月内，平均每天浏览相应求职信息网站的次数是□

（1）至多每天一次　（2）每天二次　（3）每天三次　（4）每天三次以上

409 您最近 6 个月内，平均每天浏览相应求职信息网站的时间是□

（1）半个小时以下　（2）半个小时至 1 个小时　（3）1 至 2 个小时

（4）2 个小时以上

410 您最近 6 个月内，您认为自己获得的信息是否充分□

（1）很匮乏　（2）比较匮乏　（3）一般　（4）比较充分　（5）非常充分

411 您最近 6 个月内，您浏览到的信息中认为适合自己条件的就业信息□

（1）几乎没有　（2）比较少　（3）一般　（4）比较多　　（5）非常多

412 之所以出现就业信息与自身需求不符的原因是□□□（可多选）

（1）所学专业市场需求少

（2）招聘企业单位性质不符合自己预期

（3）自身专业技能有欠缺不符合企业要求

（4）招聘企业待遇差

（5）招聘企业所在地不符合自己预期

（6）招聘企业工作不符合自己兴趣

413 找这份工作的过程中您大概找过□□人帮忙？（未签约同学可以跳至第五部分问题）

414 他们对您有何帮助?□□□□（可多选）

（1）提供就业信息　　　　　（2）帮助整理申请材料

（3）帮助报名、递交申请　　（4）帮助向有关方面打招呼

（5）帮助解决求职中的具体问题　（6）直接录用/聘用

（7）提供必要的资金　　　　（8）其他_____（请说明）

415 请问您和他们之间的关系现分别为□□□（可多选）

（1）家人　　（2）亲戚　　（3）朋友　　（4）同乡

（5）同学　　（6）战友　　（7）邻居　　（8）师生

（9）师徒　　　　（10）同事　　　　（11）生意/项目合伙人

（12）熟人　　　　（13）其他_____（请注明）

416 在这次帮忙之前，您与对您这次找工作最关键的人的交往情况怎样？

（1）几乎没什么来往　　（2）不经常来往　　（3）偶尔来

（4）经常来往　　　　　（5）几乎天天联系

417 对您得到这份工作起着关键作用的一个人与您的关系是：

相熟程度：（1）不熟（2）不太熟（3）较熟（4）很熟（5）熟极了

亲密程度：（1）谈不上亲密（2）不太亲密（3）较亲密（4）很亲密

　　　　　（5）亲密极了

信任程度：（1）谈不上信任（2）不太信任（3）较信任（4）很信任

　　　　　（5）信任极了

418 就业满意情况

填写说明：（1）非常不满意（2）比较不满意（3）不确定（4）比较满意（5）非常满意。此选项没有对错，只要根据自己情况在方框中填入（1）～（5）中的某个数字。

（1）薪水	□
（2）福利待遇	□
（3）单位/公司内升迁的机会	□
（4）工作自主性	□
（5）对以后发展的帮助	□
（6）工作量	□
（7）工资劳动条件与设施	□
（8）与同事的关系	□
（9）与老板/上司的关系	□
（10）职业的社会地位	□
（11）工作地点与住址的距离	□

第四部分：家庭情况

501 您目前家庭共同居住的总人数□人，其中您家子女数□人，家庭中有工资收入人数□人

称谓及称谓编号	就业现状	性别	年龄	教育程度	职业类别	单位性质	月均收入
您的父亲	□	男	□□	□	□	□	
您的母亲	□	女	□□	□	□	□	
您的兄弟 1	□	男	□□	□	□	□	
您的兄弟 2		男	□□	□	□	□	
您的姐妹 1	□	女	□□	□	□	□	
您的姐妹 2	□	女	□□	□	□	□	
您的配偶	□		□□	□	□	□	
您的孩子	□		□□	□	□	□	

教育程度：（1）博士（2）硕士（3）本科（4）大专（5）高中/中专/技校
　　　　　（6）初中及以下
职业编码：
（1）党政干部　　　　（2）机关团体人员　　　（3）事业单位人员
（4）国企经理　　　　（5）非国企经理/所有者　（6）个体所有者/经理
（7）企业管理人员　　（8）企业技术人员　　　（9）企业服务人员
（10）企业生产人员　 （11）企业销售人员　　 （12）企业财务人员
（13）教师　　　　　 （14）自由职业者　　　 （15）科研人员
（16）法律工作者　　 （17）医疗工作者　　　 （18）文艺工作者
（19）农民　　　　　 （20）无
单位/组织类型：
（1）国有企业　　　　（2）集体企业　　　　　（3）股份合作企业
（4）联营企业　　　　（5）有限责任公司　　　（6）股份有限公司
（7）私营企业　　　　（8）其他内资企业　　　（9）中外合资经营企业
（10）中外合作经营企业　　　　　　　　　　　（11）外资企业
（12）外商投资股份有限公司　　　　　　　　　（13）政府机构
（14）科研院所　　　 （15）高校　　　　　　 （16）事业单位
（17）其他_____
就业现状：（1）在业（2）无/失业（3）离/退休（4）在学（5）自由职业者
502 您家里平时节假日会一起度过的，有亲人□□人；亲密朋友□□人；一般朋友□□人。
503 他们里面有没有从事下列工作的？（直接在相应的方格内的数字上画圈）

职业类型	亲属	亲密朋友	一般朋友	职业类型	亲属	亲密朋友	一般朋友
科学研究人员				国企工人			
法律工作人员				大学教师			
经济业务人员				中小学教师			
行政办事人员				医生或护士			
工程技术人员				一般营销人员			
政府机关负责人				司机			
党群组织负责人				会计			
企事业单位负责人				交警、民警			
厨师、炊事员				私企老板			
饭店餐馆服务员				个体经营者			
家庭保姆、计时工				无业人员			

504 他们里面有没有在下列单位工作的？

职业类型	亲属	朋友	相识	职业类型	亲属	朋友	相识
党政机关				外资企业			
国有企业				中外合作企业			
国有事业				股份制企业			
集体企业				联合企业			
个体经营				私立事业			
私营企业				其他类型			

505 在平时节假日里，您家里人和他们如何保持联系？□□□□（可多选）

（1）见面联系 　　（2）电话联系 　　（3）短信联系

（4）微信、微博、QQ 等社交工具

506 您家里人通过社交工具和他们的联系的频率是□

（1）从不 　　（2）很少 　　（3）有时 　　（4）较多 　　（5）经常

507 您家里人通过社交工具联系组织他们一起娱乐活动的机会：□

（1）从不 　　（2）很少 　　（3）有时 　　（4）较多 　　（5）经常

508 您家里人通过社交工具是否新认识其他人或者和原本不太熟悉的人熟悉起来□

（1）从不 　　（2）很少 　　（3）有时 　　（4）较多 　　（5）经常

非常感谢您的支持！

附录 3：调研信息服务类企业名单

表 1 苏州市调研企业名单

序号	名称	序号	名称	序号	名称
1	苏州天地超云科技有限公司	18	苏州国际科技园苏州工业园区科技发展有限公司	35	苏州市普实软件有限公司（待定）
2	中科数据技术（苏州）有限公司	19	苏州科达科技股份有限公司	36	苏州矩子智能科技有限公司
3	智慧芽信息科技（苏州）有限公司	20	苏州英腾信息技术有限公司	37	华冠科技有限公司
4	苏州大学工业园孵化基地	21	北京强度试验检测华东分公司	38	苏州君赢电子科技有限公司
5	苏州云杉世纪网络科技有限公司	22	苏州仕德伟科技	39	苏州敏行医学信息技术有限公司
6	博达软件	23	苏州友通科技有限公司	40	苏州灵思迪赛半导体技术
7	欧瑞动漫	24	苏州仕德伟网络科技股份有限公司	41	苏州路腾软件有限公司
8	凌志软件股份有限公司	25	苏州半导体厂有限公司	42	苏州达通泰科信息技术有限公司
9	苏州微拓网络科技有限公司	26	苏州易德龙电子有限公司	43	苏州新锐博纳米科技有限公司
10	麦迪斯顿（苏州）医疗科技有限公司	27	苏州日宝电子有限公司	44	苏州悦华生物科技有限公司
11	苏州赛富科技	28	苏州亚亚数码科技有限公司	45	奥瑞克（苏州）精密测量系统有限公司
12	江苏风云网络服务有限公司	29	苏州市电子产品检验所有限公司	46	苏州市艾克沃环境能源技术有限公司
13	苏州迈科网络安全技术股份有限公司	30	国家信息网络产品质量监督检验中心（筹）	47	苏州昕健医疗科技有限公司
14	聚众网络	31	苏州国泰新点软件有限公司	48	苏州艾凡信息技术有限公司
15	苏州誉隆信息技术有限公司	32	苏州浩辰软件股份有限公司	49	海视英科光电（苏州）有限公司
16	新宇软件	33	凯美瑞德（苏州）信息科技有限公司	50	苏州广新电视商城有限公司
17	苏州国际科技园,苏州软件园培训中心	34	苏州大拿信息技术有限公司	51	中傲智能科技（苏州）有限公司

续表

序号	名称	序号	名称	序号	名称
52	苏州天智通信息科技有限公司	65	苏州怡生乐居网络信息有限公司	78	工人网
53	苏州朗拓锐软件有限公司	66	苏州同舟电子商务有限公司	79	恒左网络科技有限公司
54	苏州乐贝网络科技有限公司	67	万国数据	80	诚达测绘
55	盟拓软件（苏州）有限公司	68	金蝶软件（中国）有限公司苏州分公司	81	苏州亿脉互联网络科技有限公司
56	苏州舞之动画数码制作有限公司	69	苏州名城信息港发展有限公司	82	柯乐电气科技有限公司
57	儒豹（苏州）科技有限责任公司	70	思科系统（中国）研发有限公司苏州分公司	83	普艺信息技术有限公司
58	方寸软件科技（苏州）有限公司	71	苏州市蜗牛电子有限公司	84	苏州尚嘉信息技术有限公司
59	苏州工业园区攀登软件开发有限公司	72	苏州新炎龙网络科技有限公司	85	苏州米龙信息技术有限公司
60	苏州技杰软件有限公司	73	苏州天一动画有限公司	86	苏州柏奥通信科技有限公司
61	苏州工业园区乐美馆软件有限公司	74	苏州我爱酷信息技术有限公司	87	苏州百泉信息科技有限公司
62	苏州美名软件有限公司	75	苏州玖宝动画有限公司	88	苏州萌瑞信息有限公司
63	苏州市软件评测中心有限公司	76	苏州腾玥电子商务有限公司	89	苏州译敖电子科技有限公司
64	科德宝宜合信息技术（苏州）有限公司	77	金击子电子商务有限公司		

表2　杭州市调研企业名单

序号	名称	序号	名称	序号	名称
1	虹软（杭州）科技有限公司	6	爆米花	11	同花顺网络信息股份有限公司
2	网易（杭州）网络有限公司	7	浙江通策控股集团有限公司	12	杭州天尊信息技术有限公司
3	杭州新中大软件股份有限公司	8	行我行	13	皮皮网
4	浙江公众信息产业有限公司	9	融鼎科技（自行车出租）	14	杭州纬聚网络有限公司（又拍网&花瓣网）
5	阜博通（杭州）网络科技有限公司	10	网盛生意宝（浙江都市家庭服务有限公司）	15	杭州十九楼网络股份有限公司

续表

序号	名称	序号	名称	序号	名称
16	杭州群核信息技术有限公司	31	浙江小草网络科技	46	南讯软件科技有限公司
17	浙江成功软件公司	32	杭州医惠科技有限公司	47	万利九聚自动化技术有限公司
18	杭州时趣信息技术有限公司（蘑菇街）	33	杭州睿琪软件有限公司	48	中移动手机阅读基地
19	杭州每日科技有限公司	34	杭州迪普科技有限公司	49	杭州科利特信息技术有限公司
20	杭州杏林信息科技有限公司	35	浙江网新恒天软件有限公司	50	杭州四喜信息技术有限公司
21	杭州云贝网络科技有限公司	36	炎黄微视	51	浙江托普仪器有限公司
22	杭州大名软件有限公司	37	卡利雅（淘宝客服）	52	浙江天煌科技实业有限公司
23	华为技术有限公司（杭州研究所）	38	韩宿（淘宝客服）	53	康纳新型材料（杭州）有限公司
24	城云科技（杭州）有限公司	39	久加久（淘宝客服）	54	杭州永创智能设备股份有限公司
25	诺基亚西门子通信技术有限公司浙江分公司	40	悠可（淘宝客服）	55	杭州世佳电子有限公司
26	浙江大华技术股份有限公司	41	七匹狼（淘宝客服）	56	杭州汉光照明有限公司
27	税友软件集团股份有限公司	42	聚尚信息科技有限公司	57	杭州柯航仪器仪表有限公司
28	杭州信雅达系统工程股份有限公司	43	定格动画有限公司	58	杭州瑞策控制技术有限公司
29	杭州讯久科技有限公司	44	会搜科技有限公司		
30	海康威视	45	瑞臣医药信息有限公司		

表3　上海市调研企业名单

序号	名称	序号	名称	序号	名称	序号	名称
1	够快网络科技有限公司	6	盛大网络发展有限公司	11	上海易可智联信息科技有限责任公司	16	上海银基安全
2	万得信息股份有限公司	7	吾爱旅游度假产品开发（上海）有限公司	12	上海有程信息技术有限公司	17	格尔软件
3	东方电子支付有限公司	8	帝特汽车技术（上海）有限公司	13	上海棠棣信息科技有限公司	18	蜘蛛网
4	宝信软件	9	上海联势网络科技有限公司	14	上海奇境信息科技有限公司	19	万达信息
5	聚力传媒	10	上海奕行信息科技有限公司	15	快钱支付	20	电科软信

续表

序号	名称	序号	名称	序号	名称	序号	名称
21	华东电脑	29	上海高洁信息科技股份有限公司	37	上海永大环保科技有限公司	45	上海万应信息技术有限公司
22	百视通	30	上海贝锐信息科技有限公司	38	上海元方信息科技公司	46	上海汉特信息技术有限公司
23	上海爱数软件有限公司	31	上海泽阳信息科技有限公司	39	上海复凌科技有限公司	47	上海纽盾科技有限公司
24	普华基础软件	32	上海宜云物联科技有限公司	40	上海爱瓦设计咨询公司	48	上海尚岱信息有限公司
25	和辰信息	33	AMT 信息技术有限公司	41	上海凯洛格信息技术有限公司	49	上海掌圣信息有限公司
26	上海市软件测评中心	34	云迈智能科技有限公司	42	上海餐菊轩信息技术有限公司	50	上海大象信息有限公司
27	中标软件	35	上海理客信息技术有限公司	43	上海尧展电子商务有限公司	51	上海卓卷信息有限公司
28	上海佳锐信息科技有限公司	36	上海河广信息技术有限公司	44	上海柏菲设计有限公司	52	上海熔点信息有限公司

表 4　广州市调研企业名单

序号	企业名称	序号	企业名称
1	华南资讯科技	18	广州羊城通有限公司
2	广州天锐锋信息科技有限公司	19	海华电子企业（中国）有限公司
3	蓝盾信息安全技术股份	20	中国电信股份有限公司广州分公司
4	广东怡创科技股份有限公司	21	广州颐冬通信公司
5	联想中望	22	广州中软信息技术有限公司
6	广州从兴电子开发有限公司	23	卓望公司
7	广州市景心网络科技有限公司	24	广州三星通信技术研究有限公司
8	广州市庆瑞电子科技有限公司	25	广州京华信息
9	广州微智科技有限公司	26	广州海格通信
10	网易互动娱乐有限公司	27	铁通广东分公司网络支撑
11	广州山海网络科技有公司	28	广州市汇维通信设备有限公司
12	广州移动市场运营支撑中心	29	广州城通科技
13	3M 公司	30	中国通信服务股份公司下属专业子公司中捷通信有限公司
14	广州力先电脑有限公司	31	广州中大微电子有限公司
15	广东九博电子科技有限公司	32	广州红又顺企业管理咨询有限责任公司
16	IBM	33	广州溢信科技有限公司
17	广州市腾安产品测试服务有限公司	34	广东省移动公司

续表

序号	企业名称	序号	企业名称
35	广州电子五所	38	上海企源科技股份有限公司（广州分公司）
36	环球市场集团	39	佳都新太科技股份有限公司
37	广州越川网络科技有限公司	40	广州威腾网络科技有限公司

表5　深圳市调研企业名单

序号	名称	序号	名称
1	锐取软件有限公司	26	深圳市百瑞专利商标事务所
2	宏景动力有限公司	27	深圳市福田国际电子商务产业园运营有限公司
3	深圳市路通网络技术有限公司	28	英盛网
4	深圳市金证科技股份有限公司	29	深圳市贝洛安玛蕾娜有限公司
5	深圳市美好明天科技有限公司	30	深圳市桥博研究设计院有限公司
6	深圳市迈乐数码科技股份有限公司	31	网博咨询
7	深圳东方博雅科技有限公司	32	深圳coco文化传播有限公司
8	深圳迈瑞生物医疗电子股份有限公司	33	福田国际电子商务产业园运营公司
9	拨浪鼓科技有限公司	34	平安科技深圳有限公司
10	中兴通讯股份有限公司	35	深圳市沛城电子科技公司
11	深圳市安保科技有限公司	36	深圳康凯斯信息技术公司
12	深圳天行健企业管理咨询公司	37	广东南方通信建设有限公司
13	深圳市鑫天下金融信息服务有限公司	38	高新现代智能系统有限公司
14	深圳泽云科技有限公司	39	中国移动广东公司深圳分公司
15	三诺集团	40	爱立信广州顺德有限公司
16	深圳市皓华网络通讯有限公司	41	东莞太业电子科技有限公司
17	深圳宇恒科技有限公司	42	深圳市华星光电公司
18	深圳市德馨致远电子商务有限公司	43	日立环球存储产品
19	深圳巨正源股份有限公司	44	深圳达实智能股份有限公司
20	深圳市飞音科技有限公司	45	联想集团
21	罗湖区高新技术创业中心	46	深圳市腾讯计算机系统有限公司
22	名游网络	47	冠捷显示科技有限公司
23	深圳市金天福科技有限公司	48	中国广核集团
24	深圳市盈华讯方通信技术有限公司	49	深圳和而泰
25	深圳市牛商网络股份有限公司	50	唯品会

表6　西安市调研企业名单

序号	企业名称	序号	企业名称
1	英特尔移动通信技术（西安）有限公司	34	西安永电电气有限责任公司
2	西安航天民芯科技有限公司	35	西安聚能超导磁体科技有限公司
3	西安华芯半导体有限公司	36	陕西航天蓝西科技开发有限公司
4	西安芯派电子科技有限公司	37	西安晟昕科技发展有限公司
5	西安欣创电子技术有限公司	38	西安宏星电子浆料科技有限责任公司
6	西安锐晶微电子有限公司	39	西安创联光电新材料有限公司
7	西安优势微电子有限责任公司	40	西安创联新能源设备有限公司
8	西电捷通无线网络通信股份有限公司	41	陕西华经微电子股份有限公司
9	西安智多晶微电子有限公司	42	西安中为光电科技有限公司
10	西安中颖电子有限公司	43	西京动力供应公司
11	陕西亚成微电子股份有限公司	44	西安创联企业孵化器有限责任公司
12	陕西北斗恒通信息科技有限公司	45	西安创联电气科技集团有限公司
13	西安翔腾微电子科技有限公司	46	西安博彦科技股份有限公司
14	西安龙腾微电子科技发展有限公司	47	西安丝路软件有限责任公司
15	西安深亚电子有限公司	48	新蛋信息技术（西安）有限公司
16	西安西谷微电子有限公司（军工）	49	西安长城数字软件有限公司
17	西安天芯电子科技有限公司	50	西安葡萄城信息技术有限公司
18	西安航天华讯科技有限公司	51	电讯盈科信息技术（西安）有限公司
19	西安龙飞网络科技有限公司（龙旗）	52	陕西万德软件有限公司
20	西安易朴通讯技术有限公司	53	西安华讯科技有限责任公司
21	西安希德电子有限公司	54	西安宇杰表面工程有限公司
22	陕西运维电力股份有限公司	55	西安维特生物科技有限责任公司
23	陕西北斗伟丰导航技术有限公司	56	西安合科软件有限公司
24	陕西北斗康鑫信息科技股份有限公司	57	西安昊成能源科技有限公司
25	陕西天翌天线有限公司	58	陕西明泰电子科技发展有限公司
26	西安凯士电子科技有限公司	59	和记奥普泰通信技术有限公司
27	陕西创威科技有限公司	60	西安众擎电子科技有限公司
28	陕西精诚达计量检测有限公司	61	西安鼎九科技有限公司
29	西安吾人梦电子科技有限公司	62	西安祥华电子科技有限公司
30	中煤地（西安）视讯科技有限公司	63	陕西紫辰科技有限公司
31	西安大唐智能仪器仪表有限公司	64	西安天畅伟业科技有限公司
32	西安中科晶像光电科技有限公司	65	西安银杏软件有限公司
33	西安龙腾新能源科技发展有限公司	66	西安光向信息科技有限公司

续表

序号	企业名称	序号	企业名称
67	陕西识代运筹信息科技有限公司	74	西安明泰半导体科技有限公司
68	西安普艾网络科技有限公司	75	西安拓尔微电子有限责任公司
69	西安康奈网络科技有限公司	76	西安后羿半导体科技有限公司
70	陕西瑞启科技有限公司	77	西安成峰科技有限公司
71	西安小风车电子科技有限公司	78	西安亚同集成电路技术有限公司
72	西安星团网络科技有限公司	79	新相微电子西安有限公司
73	高新创业园孵化器	80	西安昂纳博电子科技有限公司